भारत में शिक्षा व्यवस्था का विकास

DEVELOPMENT OF EDUCATION SYSTEM IN INDIA

भारत में शिक्षा व्यवस्था का विकास

DEVELOPMENT OF EDUCATION SYSTEM IN INDIA

जे. सी. अग्रवाल

SHIPRA

First Published in India in 2007

Rs. 995

ISBN: 978-81-7541-335-1

2014 Impression

Bharat mein Shiksha Vyavastha ka Vikas

Published by:
SHIPRA PUBLICATIONS
H.O.: LG 18-19, Pankaj Central Market, I.P. Ext.,
Patparganj, Delhi 110092, Ph. 22235152, 22236152
Br. Off.: Ansari Road, Daryaganj,
New Delhi 110002; Ph.9650028065, 9810522367
Email: info@shiprapublications.com
Website: www.shiprapublications.com

प्राक्कथन

प्रस्तुत पुस्तक विश्वविद्यालय अनुदान आयोग (University Grants Commission – UGC) के पाठ्यक्रम; विशेषकर हिमाचल प्रदेश विश्वविद्यालय, शिमला एवं चौधरी चरणसिंह विश्वविद्यालय, मेरठ के बी.एड. के पाठ्यक्रम के सन्दर्भ में है।

इस पुस्तक को कुल चार खण्डों में विभाजित किया गया है। मोटे तौर पर खण्डों की सामग्री निम्न प्रकार है—

खण्ड I	:	वैदिक, बौद्धिक तथा मध्यकालीन भारत में शिक्षा	7 अध्याय
खण्ड II	:	ब्रिटिश कालीन भारतीय शिक्षा	12 अध्याय
खण्ड III	:	स्वतन्त्र भारत में शिक्षा आयोग तथा नीतियाँ	4 अध्याय
खण्ड IV	:	भारत में शिक्षा की सम-सामयिक समस्याएँ	10 अध्याय

पुस्तक में सभी प्रकरणों से सम्बन्धित आधारभूत तथा महत्वपूर्ण सामग्री जो प्राय: मूल स्रोतों तथा दस्तावेजों से ली गई है, को सरल, सुबोध, वैज्ञानिक तथा व्यवहारिक स्वरूप प्रदान किया गया है, जिस से छात्र परीक्षा में उत्तम अंक तथा ग्रेड प्राप्त कर सकें, और साथ ही, विषय पर अधिकार भी।

प्रत्येक विषय की गहन तथा विस्तृत विवेचना करने का प्रयास किया गया है।

भारतीय शिक्षा के विकास के सम्बन्ध में नवीनतम आंकड़ें निम्न प्रकाशनों से लिए गये है।

1. '*भारत 2006*', प्रकाशन विभाग, सूचना और प्रसारण मंत्रालय, भारत सरकार।
2. '*आर्थिक समीक्षा 2005-06*', वित्त मंत्रालय, भारत सरकार।
3. '*वार्षिक रिपोर्ट 2004-05*', मानव संसाधन विकास मंत्रालय, भारत सरकार।
4. '*वार्षिक रिपोर्ट 2003-04*', विश्वविद्यालय अनुदान आयोग।
5. '*शैक्षिक आंकड़ें 2003-04*', शिक्षा विभाग, मानव संसाधन मंत्रालय, भारत सरकार।
6. '*State Report Cards, 2004: Elementary Education in India*', National Institute of Educational Planning and Administration (NIEPA), 2004, New Delhi.

आशा है कि पुस्तक केवल छात्रों की नहीं, वरन् उन सभी वर्गों की आवश्यकताओं की पूर्ति करेगी जो भारतीय शिक्षा में रुचि रखतें हैं।

पुस्तक को और अधिक उपयोगी बनाने के लिए सुझावों का स्वागत होगा।

जे. सी. अग्रवाल

विषय-सूची

इकाई II/Unit II
ब्रिटिश कालीन भारतीय शिक्षा
(Indian Education During the British Period)

इकाई III/Unit III
स्वतन्त्र भारत में शिक्षा आयोग तथा नीतियाँ
(Education Commissions and Committees in Independent India)

इकाई IV/Unit IV
भारत में शिक्षा की सम-सामयिक समस्याएँ (Contemporary Problems/Issues of Education in India)

इकाई I/Unit I

वैदिक, बौद्धिक तथा मध्यकालीन भारत में शिक्षा

EDUCATION IN THE VEDIC, BUDDHIST AND MEDIEVAL PERIOD OF INDIA

1

वैदिक युग में भारत में शिक्षा

(Education in the Vedic Period of India)

1.1 प्रस्तावना: उच्चस्तरीय शिक्षा, दर्शन तथा विज्ञान की समृद्ध परम्परा

जीवन के विभिन्न पक्षों का अध्ययन करने वाले भारत के ही नहीं अपितु विदेशी विचारों ने भी प्राचीन भारत की उच्चस्तरीय शिक्षा, दर्शन तथा विज्ञान की समृद्ध परम्परा की भरपूर प्रशंसा की है। यहां पर इस सन्दर्भ में कुछ विद्वानों का ही उल्लेख किया जा रहा है।

डॉ. एफ. डब्ल्यू. थामस ने अपनी पुस्तक The History and Prospects of British Education in India में इस प्रकार लिखा है "भारत में शिक्षा कोई नई बात नहीं है। संसार का कोई भी देश ऐसा नहीं है जहां ज्ञान के प्रति प्रेम इतने प्राचीन काल से आरम्भ हुआ हो अथवा जिसने इतना स्थायी और शक्तिशाली प्रभाव उत्पन्न किया हो।"

मैक्स मूलर ने अपनी पुस्तक '*India: What Can it Teach Us*' में एक स्थान पर लिखा है: "अगर मैं विश्वभर में से उस देश को ढूँढने के लिए चारों दिशाओं में आँखें उठाकर देखूँ जिस पर प्रकृति-देवी ने अपना सम्पूर्ण वैभव, पराक्रम तथा सौन्दर्य खुले हाथों लुटाकर उसे पृथ्वी का स्वर्ग बना दिया है, तो मेरी अंगुली भारत की तरफ़ उठेगी। अगर मुझसे पूछा जाये कि अन्तरिक्ष के नीचे कौन-सा वह स्थल है जहां मानव के मानस ने अपने अन्तराल में निहित ईश्वर-प्रदत्त अन्यतम सद्भावों को पूर्ण रूप से विकसित किया है, गहराई में उतरकर जीवन की कठिनतम समस्याओं पर विचार किया है, उनमें से अनेकों को इस प्रकार सुलझाया है जिसको जानकर प्लेटो तथा काँट का अध्ययन करनेवाले मनीषी भी आश्चर्य चकित रह जाएँ, तो मेरी अंगुली भारत की तरफ़ उठेगी। और, अगर मैं अपने से पूछूँ कि हम-यूरोप के वासी-जो अबतक केवल ग्रीक, रोमन तथा यहूदी विचारों में पलते रहे हैं, किस साहित्य से प्रेरणा ले सकते हैं जो हमारे भीतरी जीवन का परिशोध करे, उसे उन्नति के पथ पर अग्रसर करे, व्यापक बनाये, विश्वजनीन बनाये, सही अर्थों में मानवीय बनाये, जिससे हमारे इस पार्थिव जीवन को ही नहीं, हमारी सनातन आत्मा को प्रेरणा मिले, तो फिर मेरी अंगुली भारत की तरफ़ उठेगी।"

प्रसिद्ध वैज्ञानिक अल्बर्ट आइन्स्टीन (Albert Einstein) ने लिखा है, "हम भारतीयों के ऋणी हैं क्योंकि उन्होंने हमें गिनना सिखाया जिस के बिना किसी भी महत्त्वपूर्ण वैज्ञानिक आविष्कार का होना संभव नहीं।"

Arnold Toynbee संसार में ख्याति प्राप्त इतिहासकार हैं, का कहना है कि, "यह स्पष्ट हो चुका है कि यहां पश्चिमी अध्याय आरम्भ होता है, वहां भारतीय अध्याय समाप्त होता है। इतिहास के अति भयानक मोड़ पर (परमाणु युग) केवल भारतीय दृष्टिकोण में अद्‌भुत खजाना है जो दिशा प्रदान कर सकता है।"

डॉ. ए.एस. अल्तेकर के अनुसार "वैदिक युग से लेकर आज तक शिक्षा को प्रकाश का स्रोत माना गया है और वह जीवन के विभिन्न क्षेत्रों में हमारा मार्गदर्शन करता रहा है।"

मार्क टवैन (Mark Twain) जो कि अमरीका के एक प्रसिद्ध लेखक हैं, उन के विचार में "भारत मानवजाति का जन्मस्थल है। मानव के इतिहास में जो सबसे महत्त्वपूर्ण तथा निर्देशक्तनिम सामग्री है, उस का खजाना भारत में ही है।"

पी. जॉनस्टोन (P. Johnstone), जिन की गिनती अमरीका के प्रसिद्ध वैज्ञानिकों में है, उन्होंने लिखा है "न्यूटन के जन्म से पूर्व भारतीयों को गुरुत्वाकर्षण के सिद्धान्त की जानकारी थी। शताब्दियों पूर्व उन्होंने रक्त संचार प्रक्रिया के बारे में अन्वेषण किया था।"

विल डयूरैन्ट (Will Durant) ख्याति प्राप्त विचारक तथा लेखक ने लिखा है, "भारत हमें सहनशीलता, मानव मन की कोमलता, समझबूझ प्रवृत्ति, मानव के प्रति संवेदनशीलता का पाठ पढ़ाया है। भारत हमारी जाति की मातृभूमि है। संस्कृत योरोपियन भाषाओं की जननी है। वह हमारे दर्शन तथा गणित की जननी है। भारत ईसाई धर्म के आदर्शों की जननी है। भारत गणतन्त्र की जननी है। भारतमाता कई सन्दर्भों में हम सब की माता है।"

अपनी पुस्तक 'Calendars and Constellation' में इमिलिन पलूनर्ट (Emmelin Plunert) ने उल्लेख किया है कि "भारत में 600 ई० पूर्व उच्च कोटि के खगोलज्ञ थे।"

लेनसीलॉट हॉगिन (Lancelot Hogen) ने अपनी पुस्तक 'Mathematics for the Millions' में लिखा है "भारत के शून्य की खोज से बढ़ कर किसी का कोई योगदान नहीं है।"

जर्मनी के प्रसिद्ध दार्शनिक शोपनहॉर का कथन था कि "विश्व के सम्पूर्ण साहित्यिक भंडार में किसी ग्रन्थ का अध्ययन मानव के विकास के लिए इतना हितकर तथा ऊँचा उठानेवाला नहीं है जितना उपनिषदों का अध्ययन। इनके अध्ययन से मुझे जीवन में शान्ति मिली है, इनके ही अध्ययन से मुझे मृत्यु के समय भी शान्ति प्राप्त होगी।" शोपनहॉर के इन शब्दों का उल्लेख करते हुए मैक्स मूलर ने लिखा है कि "अगर शोपनहॉर की इस भावना का समर्थन करने की आवश्यकता हो, तो दर्शन तथा धर्म के अध्ययन में व्यस्त अपने दीर्घ-जीवन के अनुभव के आधार पर मैं इन शब्दों का सहर्ष अनुमोदन करता हूँ।"

मैक क्रिंडल ने सिकन्दर के आक्रमणों पर लिखी अपनी पुस्तक में मैगस्थनीज़ के '*इंडिका*' ग्रन्थ का उद्धरण देते हुए लिखा है कि जब सिकन्दर भारत पर आक्रमण करने के लिए निकला तब उसके गुरु अरस्तु ने उसे आदेश दिया कि वहाँ से लौटते हुए दो तोहफ़े लेते आना–एक था गीता तथा दूसरा, वहाँ का कोई एक दार्शनिक सन्त। सिकन्दर जब लौटने लगा तब उसने ओनियोक्रोटस नाम के अपने प्रतिनिधि को किसी सन्त को ढूँढकर साथ ले चलने के लिए भेजा। एक सन्त तो साथ चल पड़ा, दूसरे ने जिसका नाम

'डैंडीमीज़' लिखा है साथ चलने से इन्कार कर दिया। 'डैंडीमीज़' शब्द दंडी स्वामी का ग्रीक-रूप जान पड़ता है क्योंकि नाम के साथ -ईज़' लगाना ग्रीक-पद्धति थी। दंडी स्वामी को सिकन्दर के दूत ने कहा कि "आप चलेंगे तो जुपिटर का पुत्र सिकन्दर आपको मालोमाल कर देगा। दंडी स्वामी ने हँसकर उत्तर दिया–हमारे रहने के लिए यह शस्यश्यामला भारत की धरती, पहनने के लिए ये वल्कल-वस्त्र, पीने के लिए कल रव करती गंगा की शीतल धार, खाने के लिए एक पाव आटा बहुत है–हम आत्म-धन के धनी हैं, आत्म-धन जो धनों का धन है, उस धन की दृष्टि से दरिद्र तुम्हारा सिकन्दर हमें क्या दे सकता है?"

1.2 वैदिक साहित्य–वैदिक शिक्षा, दर्शन तथा विज्ञान का महत्त्वपूर्ण स्रोत

पुरातत्त्वीय स्रोत सिंधु घाटी की सभ्यता को प्रमाणित करते हैं किंतु वैदिक युग की सभ्यता के बारे में जानकारी देने के लिए हमारे पास लिखित साहित्यों का अक्षुण भंडार है। वैदिक साहित्य जिसमें श्रुति और स्मृति साहित्य समाहित हैं, ज्ञान का एक ऐसा भंडार है जो भारतवासियों के लिए हज़ारों वर्षों से सूचना, ज्ञान, शिक्षा और प्रेरणा का एक महान स्रोत बना हुआ है। इसमें मनुष्य की भौतिक प्रगति और आध्यात्मिक प्रगति दोनों के लिए उपयुक्त मार्गदर्शन प्रदान किया गया है। वास्तव में यह यह वैदिक दर्शन के सर्वोत्कृष्ट और सर्वोच्च ज्ञान को प्रदर्शित करता है। यह वैदिक युग के लोगों के सांस्कृतिक, आर्थिक, राजनीतिक, धार्मिक, सामाजिक और आध्यात्मिक जीवन पर प्रकाश डालता है।

श्रुति और स्मृति साहित्य – श्रुति साहित्य वैदिक साहित्य का वह भाग है जो हिंदू मान्यता के अनुसार ईश्वर द्वारा कुछ विद्वान मनीषियों को बताया गया और बाद में इन मनीषियों ने उस ज्ञान को मौखिक रूप से पीढ़ी दर पीढ़ी पहुँचाया। इस साहित्य की रचना किसी सांसारिक व्यक्ति द्वारा नहीं की गई और इसे अत्यधिक पवित्र साहित्य माना जाता है। वेद इसी श्रेणी के साहित्य हैं।

दूसरी ओर स्मृति साहित्य की रचना ऋषियों द्वारा अपनी स्मृति के आधार पर की गई। इसमें वेदांत और उपवेद शामिल हैं।

चार वेद–वेद शब्द की व्युत्पत्ति संस्कृत के विद धातु से हुई है जिसका अर्थ है–

(क) जानना (घ) विचार करना
(ख) होना (ङ) कहना
(ग) प्राप्त करना (च) निवास करना

अत: वेदों का निम्नलिखित अभिप्राय है–

1. ईश्वर और ईश्वर के आविर्भाव इस भौतिक संसार को जानना।

2. अन्य प्राणियों के साथ सामंजस्य बनाकर रहना। प्रकृति के साथ सामंजस्य बनाकर तथा ईश्वर के साथ एकात्मकता स्थापित करना।

3. निम्न भौतिक सत्ता से निर्मुक्त होकर उच्च आध्यात्मिक सत्ता के साथ एकाकार की स्थिति प्राप्त करना।

4. यह समझना कि मनुष्य की समृद्धि, उसका तेज़ और उसकी बहुलता उसे ईश्वर और प्रकृति द्वारा प्रदान की गई है तथा प्रसन्न, स्वस्थ और नेक जीवन जीना।

5. सब के लिए सद्भावना रखना।

6. ईश्वर के प्रताप को समझना।

7. अपनी आत्मा की गहराई को समझना और ईश्वर तथा प्रकृति की विशालता में विश्वास करना तथा जीवन को सार्थक बनाना।

वेदों में निहित ज्ञान – वेदों में सभी प्रकार का ज्ञान अंतर्निहित है और ये समस्त कला और विज्ञान की मूलभूत जानकारी प्रदान करते हैं। वास्तव में ये ज्ञान और विवेक के प्राथमिक स्रोत हैं। इनमें मानव जीवन के समस्त पहलुओं का समावेश है। इनमें विद्वानों, विद्यार्थियों, सैनिकों, योद्धाओं और शासकों आदि के कर्तव्यों को निर्धारित किया गया है।

वेदों में अत्यंत उच्च कोटि के आदर्शों और मूल्यों का समावेश है।

यह सोचना गलत है कि वेदों में केवल स्रोत हैं जिनका धार्मिक अनुष्ठानों के समय पाठ किया जाता है और ये केवल अतीत के धार्मिक अनुष्ठानों के गूढ़ार्थों और मिथकों को स्पष्ट करने का कार्य करने वाले विद्वानों के लिए ही उपयोगी हैं। वेदों की विषय-वस्तु पर केवल सरसरी निगाह डालने से ही यह स्पष्ट हो जाता है कि उनकी विषय-वस्तु अत्यंत व्यापक है और मनुष्य के दैनिक जीवन से पूर्णत: संबंधित है तथा ये मनुष्य मात्र के लिए अनिवार्य ज्ञान प्रदान करते हैं।

एस.सी. विलियम जोंस के शब्दों में, "वेदों से हमें शल्य-क्रिया, औषधि, संगीत, धनुर्विद्या तथा भवन निर्माण का व्यावहारिक ज्ञान प्राप्त होता है। वे जीवन के प्रत्येक पहलू, जैसे कि संस्कृति, धर्म, विज्ञान, रहस्यवाद, नीतिशास्त्र, विधि, ब्रह्मांड विज्ञान और मौसम विज्ञान आदि, के विश्वकोष हैं।"

वेदों को ईश्वर की वाणी समझा जाता है। ऋषियों और मनीषियों ने वेदों में निहित ज्ञान को तप साधना द्वारा प्राप्त किया तथा गहन चिंतन किया जिसे तप कहते हैं।

ऋग्वेद विश्व के पवित्र धर्मग्रन्थों में सर्वाधिक प्राचीन है। यह परवर्ती सभी ज्ञानों का मूलस्रोत है। इसमें 10,522 छंदों में लिखे गए 1,028 स्रोत निहित हैं। इसे मंडलों में विभक्त किया गया है जो 85 उप खंडों में उपविभाजित हैं। निस्संदेह ऋग्वेद प्राचीन भारत की बौद्धिक और आध्यात्मिक प्रगति का एक महान कीर्ति-स्तंभ है। सुप्रसिद्ध गायत्री मंत्र (111,63,10) का भी सामवेद और यजुर्वेद में उल्लेख मिलता है। ऋग्वेदकालीन लोग स्वयं को आर्य कहते थे।

यजुर्वेद में 1984 छंद हैं। इसमें प्रार्थनाओं और धार्मिक अनुष्ठानों का विवरण मिलता है।

सामवेद या पवित्र गीतों का वेद विशेष गीतों का एक संग्रह है। इसमें 875 छंद हैं। संगीत के कुछ विद्वानों के अनुसार सामवेद में सात स्वरों का मूल अंतर्निहित है।

अथर्ववेद मूलत: चिकित्सा विज्ञान से संबंधित है। इसमें 5,977 छंद हैं। यह भारतीय चिकित्सा शास्त्र की प्राचीनतम पुस्तक है।

चारों वेद वैदिक साहित्य के मूल और मुख्य स्रोत हैं। परवर्ती साहित्य में इन वेदों की व्याख्या की गई है तथा इनमें छिपे सत्य को प्रकट करने का प्रयास किया गया है। वेदों को श्रुति भी कहते हैं क्योंकि इनमें अंतर्निहित ज्ञान सुनकर अर्जित किया गया था।

वेदों का काल – वेदों के काल के संबंध में अनेक विवाद हैं। इस पर नीचे चर्चा की गई है–

1. गणित-ज्योतिषीय गणना के आधार पर प्रो. जैकोबी ने प्राचीनतम वेद ऋग्वेद का काल 4000 ई०पू० माना है।

2. बाल गंगाधर तिलक भी ऋग्वेद का काल 4000 ई०पू० ही मानते हैं।

3. प्रो. मैक्समूलर के अनुसार ऋग्वेद का काल 1200 ई०पू० से 1500 ई०पू० के बीच है।

4. डॉ. सर्वपल्ली राधाकृष्णन के अनुसार, वैदिक काल अस्पष्ट है और यह 2500 से 6000 ई०पू० के बीच हो सकता है। बाद में मैक्समूलर ने कहा, "पृथ्वी पर ऐसी कोई शक्ति नहीं है जो यह निश्चित कर सके कि वैदिक स्रोत की रचना 1000 ई०पू० में की गई, 1500 ई०पू० में की गई या 2000 ई०पू० अथवा 3000 ई०पू० में की गई।"

5. डॉ. विंटरनिट्ज वेदों की रचनाा का काल 2000 से 2500 ई०पू० के बीच मानते हैं।

6. स्वामी दयानंद के अनुसार वेदों का अस्तित्व अनंत काल से है।

ब्राह्मण – ब्राह्मण व्याख्यात्मक टिप्पणियाँ हैं जो वेदों की विषयवस्तु को सरल करने के लिए लिखी गई हैं। प्रत्येक वेद के अपने ब्राह्मण हैं। ब्राह्मण वैदिक काल के सांस्कृतिक, राजनीतिक और सामाजिक जीवन के बारे में महत्त्वपूर्ण सूचनाएँ भी प्रदान करते हैं।

वेदों के आधार पर ब्राह्मण दैनिक कर्त्तव्यों को स्पष्ट करते हैं। कुछ ज्ञात ब्राह्मण हैं–

1. यजुर्वेद से संबंधित शतपथ ब्राह्मण।
2. अथर्ववेद से संबंधित घोपालय ब्राह्मण।
3. ऋग्वेद से संबंधित ऐतरेय ब्राह्मण।
4. सामवेद से संबंधित साम ब्राह्मण।

इनमें शतपथ ब्राह्मण सब से महत्त्वपूर्ण है। यह उस समय के मानव जीवन और समाज लगभग सभी पहलुओं पर व्यापक प्रकाश डालता है।

1.3 वेदों में शिक्षा (विद्या) का महत्त्व: विद्या मोक्ष प्राणी का साधन

विद्यां चाविद्यां च यस्तद्वेदोभय ँ सह।
अविद्यया मृत्युं तीर्त्वा विद्ययाऽमृतमश्नुते।। –यजुः० 40/14

जो मनुष्य विद्या और अविद्या के स्वरूप को साथ-साथ जानता हैए वह अविद्या अर्थात् कर्मोपासना से मृत्यु को तरके विद्या अर्थात् यथार्थ ज्ञान से मोक्ष को प्राप्त होता है।

विद्या के विषय में वेद में बहुत कुछ कहा है–

विद्या अनश्वर धन है।

न ता नशन्ति न दभाति तस्करो नासामामित्रो व्यथिरो दधर्षति।
देवांश्च याभिर्यजते ददाति च ज्योगित्ताभिः सचते गोपतिः सह।। –अ० 4/21/3

विद्याएँ कभी नष्ट नहीं होती हैं, यह अनश्वर धन हैं। विद्या-धन को चोर चुरा नहीं सकते, दुःखदायी शत्रु भी इसका तिरस्कार नहीं कर सकते। विद्या धन वह धन है जिसके द्वारा देवयज्ञादि पञ्चयज्ञ किये जाते हैं और जिसका दान सर्वोत्तम है तथा इन्द्रियों के स्वामी जीवात्मा गोपति का निरन्तर इस विद्या के साथ सम्बन्ध रहता है अर्थात् मरने पर जीवात्मा के साथ केवल विद्या-धन ही जाता है, अन्य सारे सांसारिक ऐश्वर्य यहीं रह जाते हैं।

जीवन में माधुर्य लाती है।[1]

सरस्वती को एक माता के रूप में प्रशंसा करते हुए कहा गया है कि वह सारे सुख देती है, कल्याण करती है और सारे मनोरथ पूर्ण करती है।[2]

विद्या मानव को जीवन शक्ति, प्राणशक्ति, यश और प्रतिष्ठा देती है।[3]

सरस्वती अपने भक्तों की सभी कामनाएँ पूर्ण करती है।[4]

विद्या योगक्षेम (रायस्पोष) प्रदान करती है।[5]

यह मानव को अक्षय वैभव और श्री प्रदान करती है।[6]

वैदिक शिक्षा में संयम (ब्रह्मचर्य) को बहुत महत्त्व दिया गया है। इस संयम के द्वारा ही मनुष्य मृत्यु पर विजय प्राप्त करता है और सदा हृष्ट-पुष्ट रहता है।[7]

1.4 वैदिक काल में शिक्षा के उद्देश्य

वेदों का गहन अध्ययन करने पर शिक्षा के निम्नलिखित उद्देश्य प्रकाश में आते हैं–

आचार शिक्षा और चरित्र-निर्माण: शिक्षा के उद्देश्य में अन्य महत्त्वपूर्ण तथ्य हैं–चरित्रनिर्माण, सत्यनिष्ठता, सत्याचरण। असत्य, झूठ, छल-प्रपंच आदि का परित्याग। जब तक चरित्रिक शुद्धि और परिष्कार नहीं होगा, तब तक विद्या फलीभूत नहीं होगी। अतएव यजुर्वेद में कहा गया है कि–मैं असत्य को छोड़कर सत्य को अपनाता हूँ।[8]

विद्या और बुद्धि का समन्वय: विद्या के साथ व्यावहारिक बुद्धि का होना आवश्यक है। व्यवहार-शून्य और लौकिक ज्ञान-शून्य विद्या को विद्या नहीं कहा जा सकता है। अत: वेद का कथन है कि सरस्वती (विद्या) के साथ धी (व्यवहार-बुद्धि) आवश्यक है।[9]

अध्यात्म और भौतिकवाद के समन्वय का मूल्य निर्माण करना: वेद अध्यात्म और भौतिकवाद के समन्वय की शिक्षा देता है। यजुर्वेद औद ईश उपनिषद् का कथन है कि केवल भौतिकवाद या प्रकृतिवाद अनर्थ का कारण है और केवल अध्यात्म उससे भी अधिक अनर्थकारी है, अत: जीवन के समन्वित विकास के लिए दोनों का समन्वय अभीष्ट है। भौतिकवाद जीवन की ज्वलन्त समस्याओं को हल करता है और अध्यात्मक अमरत्व एवं आत्मिक शान्ति प्रदान करता है।[10]

ज्ञान और कर्म का समन्वय सिखाना: शिक्षा वही सफल होती है, जिसमें कर्मठता

---

1. अ० 7.68.1 से 3
2. यस्ते स्तनः शशयुः, मयोभूः, सम्नयुः, सुदत्रः०। अ० 7.10.1
3. प्राणाय भूरिधायसे, उभसचे०। अ० 6.41.2
4. सरस्वती दाशुषे वार्य दात्। अ० 18.1.41
5. रायस्पोषं यजमानाय धेहि। अ० 18.1.43
6. रयिमक्षीयमाणम्। अ० 7.20.3
7. ब्रह्मचर्येण तपसा देवा मृत्युमुपाघ्नत। अ० 11.5.19
8. इदमहम् अनृतात् सत्यमुपैमि। यजु० 1.5
9. शं सरस्वती सह धीभिरस्तु। अ० 19.11.2
10. द्वे विद्ये वेदितव्ये .. परा यया तदक्षरम् अधिगम्यते। मुंडक उप० 1.1.4.5

की दीक्षा दी जाती है। प्रगतिशील, कर्मठ एवं सतत संघर्षशील बनाना शिक्षा का लक्ष्य है। अतएव अथर्ववेद में कहा गया है कि मेरी बुद्धि सदा कर्मठ रहे।[1]

एक अन्य मंत्र में कहा गया है कि देवता पुरुषार्थी को चाहते हैं, अकर्मण्य को नहीं।[1]

तप और दीक्षा (अनुशासन और समर्पण) मूल्यों का विकास करना: अथर्ववेद ने तप (अनुशासन Discipline) और दीक्षा (समर्पण, Dedication) को राष्ट्रीय उन्नति का आधार बताया है और कहा है कि इससे ही राष्ट्र, समाज और व्यक्ति की उन्नति होती है।[2]

जीवन को तपस्वी बनाना: शिक्षा का उद्देश्य है– जीवन को सधा हुआ बनाना। तप और साधना से ही जीवन सधा हुआ बनता है। इसके लिए साधारण और कठिन साधनाएँ करनी पड़ती हैं। अत: अथर्ववेद का कथन है कि तपस्वी जीवन व्यतीत करते हुए, वेदों को पढ़ते हुए, दीर्घायु और मेधावी हों।[3]

बुद्धि का परिष्कार और बौद्धिक विकास: अथर्ववेद का कथन है कि शिक्षा का उद्देश्य है– व्यक्ति की बुद्धि को विकसित करना, उसे परिष्कृत करना, उसे तीक्ष्ण बनाना, उन्नति की ओर ले जाना और महान् सौभाग्य प्राप्त करना।[4]

व्रत और श्रद्धा का विकास: किसी एक लक्ष्य को लेकर उसके प्रति समर्पित भाव से जुट जाना व्रत है। यजुर्वेद में व्रत को जीवन की आधारशीला बताते हुए कहा गया है कि व्रत से मनुष्य दीक्षित होता है, दीक्षा से दाक्षिण्य या प्रवीणता आती है, उस दक्षता के कारण ही मनुष्य में श्रद्धा उत्पन्न होती है और श्रद्धा से ही जीवन के लक्ष्य-रूप सत्य-ब्रह्म की प्राप्ति होती है।[5]

ज्ञान-ज्योति प्रज्वलित करना: ऋग्वेद में शिक्षा का उद्देश्य बताया गया है–अज्ञानी को ज्ञान-ज्योति देना, उसके अज्ञानान्धकार को दूर करना, निष्क्रिय और निश्चेष्ट को सक्रिय और सचेष्ट बनाना तथा प्रबुद्ध बनाना।[6]

लोकहितकारी सद्बुद्धि देना: शिक्षा के सामाजिक उद्देश्य की ओर संकेत करते हुए यजुर्वेद में कहा गया है कि शिक्षा के द्वारा ऐसी सुमति (सद्बुद्धि) प्राप्त हो, जो विश्वजनीन हो अर्थात् जिससे संसार का कल्याण कर सकें।[7]

चिन्तन-शक्ति को बढ़ाना: शिक्षा का उद्देश्य है– मनुष्य में विचार-शक्ति, मननशक्ति, चिन्तन-शक्ति और कर्तव्याकर्तव्य के निर्धारण करने वाली विवेक शक्ति को जागृत करना और बढ़ाना। ऋग्वेद का इसके साथ ही आदेश है कि स्वयं में दिव्य गुणों का विकास करके दूसरों में भी दैवी गुणों का विकास करो।[8]

---

1. इच्छन्ति देवा: सुन्वनतम्०। अ० 20.18.3

अविद्यया मृत्युं तीर्त्वा, विद्ययाऽमृतमश्नुते। यजु० 40.14 । ईश०उप० 11

2. भद्रमिच्छन्त ऋषय: .. तपो दीक्षाम् उपनिषेदुरग्रे। अ० 19.41.1
3. तपस्तप्यामहे .. श्रुतानि शृण्वन्त: ... सुमेधस:। अ० 7.61.2
4. वर्धयैनं ज्योतयैनं महते सौभगाय। संशितं चित् संतरं सं शिशाधि। अ० 7.16.1
5. व्रतेन दीक्षामाप्नोति, दीक्षयाप्नोति दक्षिणाम्।

दक्षिणा श्रद्धामाप्नोति, श्रद्धया सत्यमाप्यते।। यजु० 19.30

6. केतुं कृण्वन् अकेतवे, पेशो मर्या अपेशसे। ऋग्० 1.6.3
7. आहं वृणे सुमतिं विश्वजन्याम्। यजु० 17.74
8. मनुर्भव, जनया दैव्यं जनम्। ऋग्० 10.53.6

अज्ञान और अशिक्षा का उन्मूलन करना: ऋग्वेद ने शिक्षा के उद्देश्य के रूप में कहा है कि इसके द्वारा अज्ञान और अविद्या को दूर किया जाये, अन्धविश्वास अपराधी प्रवृतियों आदि को दूर किया जाये तथा जीवन को सुखमय बनाया जाये।[5]

'वेदों में समाजशास्त्र, अर्थशास्त्र और शिक्षाशास्त्र' डॉ. कपिलदेव द्विवेदी, 2002 (के आधार पर) – डॉ. राधा कुमुद मुखर्जी के अनुसार "ज्ञान-प्राप्ति केवल ज्ञान प्राप्ति के लिए ही नहीं थी, और न धर्म का एक अंग ही थी, वरन् इसका प्रमुख उद्देश्य जीवन का चरम लक्ष्य 'मुक्ति' प्राप्त करना था।"

डॉ. ए.एस. अल्तेकर ने लिखा है, "ईश्वर भक्ति एवं धार्मिक भावना, चरित्र-निर्माण, व्यक्तित्व-विकास, नागरिक एवं सामाजिक मूल्यों का विकास, सामाजिक दक्षता का विकास तथा राष्ट्रीय संस्कृति का प्रचार एवं संरक्षण प्राचीन भारतीय शिक्षा के प्रमुख उद्देश्य तथा लक्ष्य थे।"

1.5 महिलाओं की शिक्षा पर बल तथा महिलाओं का गौरवपूर्ण स्थान

वेदों में नारी की शिक्षा, शील, गुण, कर्तव्य और अधिकारों का विशद वर्णन है। इस प्रकार का वर्णन संभवत: संसार के किसी भी धर्मग्रंथ में नहीं है। चारों वेदों में सैकड़ों नारी विषयक मंत्र दिए गए हैं, जिनसे स्पष्ट होता है कि वैदिक काल में नारी का समाज में विशेष स्थान था तथा पुरुषों की भाँति उन्हें जीवन के हर क्षेत्र में बराबर का स्थान प्राप्त था। वैदिक साहित्य के अध्ययन से ज्ञात होता है कि भारतवर्ष के समाज में नारियों को बहुत गौरवपूर्ण स्थान प्राप्त था। स्त्रियों की शिक्षा-दीक्षा की उत्तम व्यवस्था थी। स्त्रियाँ राजनीतिक, सामाजिक तथा प्रशासनात्मक कार्यों में महत्त्वपूर्ण भूमिका निभाती थीं।

ऋग्वेद में 24 और अथर्ववेद में 5 वैदिक विदुषियों का उल्लेख है। ऋग्वेद में इनके 422 मंत्र हैं। इनके नाम इस प्रकार हैं–सूर्यासावित्री (47 मंत्र), घोषा काक्षावती (28 मंत्र), सिकता निवावरी (20 मंत्र), इंद्राणी (17 मंत्र), यमी वैवस्वती (11 मंत्र), दक्षिणा प्रजापात्या (11 मंत्र), अदिति (10 मंत्र), वाक आम्मृणी (8 मंत्र), अपाला आत्रेयी (7 मंत्र), जुहू ब्रह्मजायो (7 मंत्र), अगस्त्यस्वसा (6 मंत्र), विश्ववारा आत्रेयी (6 मंत्र), उवर्वी (6 मंत्र), सरमा देवशुनी (6 मंत्र), देवजामय: इंद्रमातर: (5 मंत्र), श्रद्धा कामायनी (5 मंत्र), नदी (4 मंत्र), सर्पराज्ञी (3 मंत्र), गोधा (22 मंत्र), शश्वती आंगिरसी (23 मंत्र), वसुक्रपत्नी (24 मंत्र), रोमशा ब्रह्मवादिनी (5 मंत्र)।

अथर्ववेद में इनके नाम इस प्रकार हैं–सूर्यासावित्री (139 मंत्र), मातृनामा (40 मंत्र), इंद्राणी (11 मंत्र), देवजामय: (5 मंत्र) तथा सर्पराज्ञी (3 मंत्र)।

महिलाएँ उच्च शिक्षा भी प्राप्त करती थीं। महिलाओं को चारों कोनों से वेदों का अध्ययन करने का अवसर प्राप्त होना चाहिए। (अ. वे. XIV.1.64)। "वे बालिकाएँ जो ब्रह्मचर्य का पालन करते हुए वेदों का अध्ययन करती हैं और जिनमें पूर्णत: आत्म नियंत्रण है वे मनुष्य जाति की आभूषण हैं।" (ऋग्वेद I.79.1)

जिस प्रकार सूर्य का प्रकाश अन्धेरा दूर करता है तथा आनन्द देता है, उसी प्रकार

---

1. क्षिपद् अशस्तिम् अप दुर्मतिं हन्, अथा करद् यजमानाय शंयो:। ऋग्० 10.182.3

विदुषी नारियाँ बालिकाओं की अज्ञानता को दूर करती हैं। उनका दृष्टिकोण विस्तृत करती हैं तथा आनन्द देती हैं। (यजुर्वेद 34.4)

विदुषी नारी पर हमारा सारा जीवन निर्भर है क्योंकि वह शिक्षा प्रदान करती हैं। (ऋग्वेद II.97.17)

यजुर्वेद में कहा गया है कि विदुषी नारी का विवाह उसी से हो जो स्वयं विद्वान हो।

1.6 शिक्षा से संबंधित संस्कार

प्राचीन काल में भारतीय विचारकों एवं ऋषि-मुनियों ने पूर्ण व्यक्तित्व के विकास के लिए, मानव को श्रेष्ठ बनाने के लिए, परिवार, समाज देश तथा संसार में सुख-शान्ति के लिए सोलह संस्कारों का प्रतिपादन किया। इनमें से कुछ का संबंध शिक्षा से जुड़ा हुआ है। उनका संक्षेप में यहां विवरण दिया जा रहा है।

1. **गर्भ धारण संस्कार:** कहा जाता है कि अभिमन्यु (महाभारत में एक पात्र) ने चक्रव्यूह भेदन गर्भावस्था में ही सीख लिया था। गर्भधारण का उल्लेख अथर्ववेद में कई स्थानों पर आया है। माना जाता है कि गर्भधारण के समय की मन की स्थिति का बच्चे पर बहुत प्रभाव पड़ता है। बच्चे के भविष्य-निर्माण में इसकी अहम भूमिका है। आने वाले जीव के भावी जीवन की नींव इसी अवस्था में पड़ जाती है। गर्भावस्था में पड़े संस्कार बच्चे की शिक्षा पर भी प्रभाव डालते हैं। इस अवस्था में माता के सोच-विचार तथा खानपान पर विशेष ध्यान देने की आवश्यकता होती है।

2. **पुंसवन संस्कार:** यह संस्कार गर्भ स्थिति का ज्ञान हुए समय से दूसरे व तीसरे महीने कराने का विधान है। इस संस्कार का उद्देश्य गर्भस्थ सन्तान में नीरोगता, सुन्दरता, तेजस्विता, तथा स्वरूपता आदि का विकास करना है।

3. **सीमन्तोन्नयन संस्कार:** सीमन्तोन्नयन शब्द दो शब्दों से बना है 'सीमन्त' तथा 'उन्नयन'। सीमन्त का अर्थ है 'मस्तिष्क' तथा उन्नयन का अर्थ है 'विकास'। अर्थात् यह संस्कार बच्चे के मानसिक विकास के लिए किया जाता है। यह संस्कार चौथे, छठे या आठवें महीने में किया जाता है।

4. **उपनयन संस्कार:** बालक की शिक्षा में इस संस्कार का विशेष महत्त्व है। उपनयन का अर्थ है 'उप' अर्थात् 'समीप' और 'नयन' अर्थात् 'ले जाना' इस प्रकार विद्याध्ययन के लिए बालक को गुरु अथवा आचार्य के पास ले जाना ही उपनयन है।

उपनयन संस्कार से बालक की शिक्षा-दीक्षा की प्रक्रिया आरम्भ होती है। उपनयन के पश्चात् ही व्यक्ति की 'द्विज' संज्ञा होती है। द्विज उसे कहा जाता है जिसका दूसरा जन्म हुआ हो। हमारा पहला जन्म तो माता-पिता के द्वारा होता है। आचार्य के 'गुरुकुल-रूपी गर्भ' में जाकर जब बालक पूर्ण रूप से शिक्षा-दीक्षा प्राप्त करता था तो उसे द्विज संज्ञा दी जाती थी। संस्कारों से व्यक्ति द्विज बनता है। इस संस्कार में आचार्य बालक को यज्ञोपवीत धारण कराता है। यज्ञोपवीत धारण करते समय जो मंत्र पढ़ा जाता है उसका अर्थ है, "यह यज्ञोपवीत अति पवित्र है। यह आयु तथा बल देने वाला है।"

उपनयन संस्कार का अर्थ इस प्रकार भी लिया जाता है कि आचार्य बालक को नयनों

के ऊपर ज्ञानरूपी एक और नयन देता है। गुरु या आचार्य के समीप हो जाना ही उपनयन है। इस संस्कार के समय आचार्य अपने शिष्य को कहता है:

(मम व्रते ते हृदयं दधामि, मम चित्तं) अनुचित्त ते अस्तु।

मैं तुम्हारे हृदय को अपने हृदय में लेता हूँ। तुम्हारे चित्त को अपने चित्त में लेता हूँ।

बालक आचार्य से प्रार्थना करता है वह उसे ब्रह्मचर्य धारण कराए। आचार्य बालक को अपने सामने बिठा कर उसकी उन्नति के लिए संकल्प करता है।

आचार्य बालक को परीक्षण के लिए तीन दिन अपने पास रखता है। तत्पश्चात् उसका उपनयन संस्कार करता है।

यज्ञोपवीत के तीन धागे तीन ऋणों के प्रतीक हैं। ये ऋण हैं–ऋषि ऋण, देव ऋण तथा पितृ ऋण। यज्ञोपवीत धारण करते समय ही शिष्य पर इन ऋणों के चुकाने का उत्तरदायित्व आ जाता है।

वेदारम्भ संस्कार: उपनयन संस्कार के साथ ही वेदारम्भ संस्कार भी किया जाता है। वेदारम्भ तथा उपनयन संस्कार आपस में इतने मिलते-जुलते हैं कि इनमें भेद करना बहुत कठिन है। इस संस्कार का अर्थ है–वेद्-अध्ययन का आरम्भ करना, इस संस्कार में आचार्य अपने शिष्य को गायत्री मंत्र का उपदेश देता है। गायत्री मंत्र में किसी सांसारिक पदार्थ की कामना न करके सद्बुद्धि की कामना की गई है।

समावर्तन संस्कार अथवा दीक्षान्त संस्कार: यह संस्कार गुरुकुल में शिक्षा की समाप्ति पर होता था। इस संस्कार के पश्चात् विद्यार्थी स्नातक हो जाता था। इस अवसर पर आचार्य भावी जीवन के लिए उपदेश तथा आदेश देता था (इसका विवरण आगे दिया गया है)।

1.7 गुरुकुल शिक्षा व्यवस्था

गुरु शिक्षा व्यवस्था से अर्थ उस शिक्षा व्यवस्था से है जिसमें गुरु का घर ही स्कूल था। छात्र अपने गुरु के साथ रहकर शिक्षा ग्रहण किया करते थे।

गुरु अपने शिष्यों को अपनी सन्तान मानते थे। शिष्य भी गुरु को माता-पिता से बढ़कर मानता था। वह यह अच्छी तरह समझता था कि पिता ने तो उसे शरीर देकर मनुष्य ही बनाया है, परन्तु गुरु उसे मनुष्यत्व से ऊपर उठाकर देवत्व की ओर ले जाता है। वह गुरु के प्रति असीम प्रेम तथा श्रद्धा रखता था।

गुरु के कर्त्तव्य – गुरुकुल में प्रवेश देने के पश्चात् गुरु अपने छात्र के मानसिक, नैतिक और शारीरिक विकास का पूरा ध्यान रखता था। उसके वस्त्र, भोजन, निवास, मनोरंजन आदि की व्यवस्था ठीक उसी प्रकार करता था जिस प्रकार माता-पिता अपने पुत्र के लिए करता है। वास्तव में शिष्य गुरु परिवार में आकर गुरु के पुत्र के समान ही हो जाता था।

गुरु का कर्त्तव्य केवल पढ़ाना ही नहीं था। उसका धर्म था कि वह प्रत्येक शिष्य को सदाचारी बनाये, उसके आचरण की रक्षा करे तथा उसका चरित्र गठन करे। गुरु परिवार में गरीब-अमीर का कोई भेदभाव नहीं था। सबके साथ एक जैसा बर्ताव किया जाता था। गुरु छात्रों के दु:ख-सुख को अपना दु:ख-सुख मानता था। गुरु छात्रों की त्रिशाला शान्त करता था।

1.8 आचार्य, गुरु अथवा शिक्षक के गुण

ऋग्वेद तथा अथर्ववेद मे आचार्य के निम्न गुणों का उल्लेख है–

1. संयमी हो।
2. ब्रह्मचर्य के नियमों का पालन करने वाला हो।
3. विविध विषयों का ज्ञाता हो।
4. कठोरता से अनुशासन का पालन कराने वाला हो।
5. शिष्यों को दुर्गुणों से दूर रखे।
6. शिष्यों को पापों से बचाए।
7. शिष्यों के दोषों को नष्ट करने वाला हो।
8. शिष्यों को शान्ति प्रदान करने वाला हो।
9. शिष्यों की बुद्धि बढ़ाने की क्षमता रखता हो।
10. शिष्यों को निरोगता प्रदान करने वाला हो।
11. शिष्यों के लिए भोजन, जलपान आदि की व्यवस्था करने में सक्षम हो।
12. में बुद्धि का भंडार हो।
13. अन्तर्ज्योति जागृत रहे।
14. विवेकशील हो।
13. चरित्रवान हो।
14. हृदय निर्मल हो।
15. भाषा पर अधिकार हो।
16. सदाचारी हो।
17. मननशील हो।
18. विचारक हो।
19. सदा जागरूक रहे।
20. वैज्ञानिक चिन्तन रखता हो।
21. दूरदर्शी हो।
22. प्रसन्नचित रहने वाला हो।
23. अभिमान रहित हो।
24. विविध विषयों का ज्ञाता हो।
25. विषय को मधुर बनाने वाला हो।
26. शिष्य को पुत्रवत समझे।
27. तत्वदर्शी हो।
28. परम्पराओं की रक्षा करने वाला हो।
29. छात्रों की जिज्ञासा शान्त करने वाला हो।
30. छात्रों के प्रश्नों का ठीक ठीक उत्तर देने वाला हो।

(ऋगवेद 1.69.1, 3.29.5, 7.76.4, 8.3.3, 9.87.3, 9.97.37, 9.10.7.7, 10.53.7 10.56.1, 10.134.7, 10.177.1)

1.9 छात्र अथवा शिष्य का गुरु के आश्रम में जीवन

1. साधना अथवा तप का जीवनः शारीरिक विकास

प्रो. सत्यव्रत सिद्धान्तालंकार ने अपनी पुस्तक 'वैदिक विचारधारा का वैज्ञानिक आधार (1981)' में आश्रम जीवन पर इस प्रकार प्रकाश डाला है।

गुरुकुल में प्रवेश का अभिप्राय है–गुरु के आश्रम में प्रविष्ट होना। 'आश्रम' का अर्थ है– जिसमें श्रम-ही-श्रम है, जिसमें आलस्य को स्थान नहीं, जिसमें हर समय सजग, सचेत रहना पड़ता है, जिसमें लगन-ही-लगन है, परिश्रम-ही-परिश्रम है, वैदिक परिभाषा में जिसमें 'तपस्या' है। गुरुकुलवास को ब्रह्मचर्याश्रम कहा गया है। आश्रम का मूलभूत भाव 'श्रम' या 'तपस्या' है। ब्रह्मचारी को गुरुकुलाश्रम में प्रवेश करते ही माता-पिता तथा आश्रम में उपस्थित जनता के समक्ष जो उपदेश दिये जाते हैं, उनका मूल आधार 'तपस्या' है। बालक को कहा जाता है–**'कर्म कुरु', 'दिवा मा स्वाप्सीः', 'क्रोधानृपे वर्जय', 'उपरि शय्यां वर्जय'**– काम करते रहना, श्रम का जीवन बिताना, निठल्ले मत रहना, रात को सोना, दिन सोने के लिए नहीं काम करने के लिए है, क्रोध मत करना, झूठ मत बोलना, गदेलों पर मत पड़े रहना, तपस्या का जीवन बिताना। शिक्षा के जिस उद्देश्य को सामने रखकर वैदिक कुरुकुल-प्रणाली की नींव रखी गई थी उसका आधार 'तपस्या' था। अथर्ववेद के ग्यारहवें काण्ड के 'ब्रह्मचर्य-सूक्त' के 26 मन्त्रों में 15 वार 'तप' शब्द का प्रयोग हुआ है। 'स आचार्यं तपसा पिपर्ति', 'ब्रह्मचर्येण तपसा देवा मृत्युमुपाध्नत'– ब्रह्मचारी तप से जीवन की साधना करता है। तपकर ही कच्चा लोहा पक्का बनता है, भट्टी में तपकर ही सोना कुन्दन बनता है, तपस्या की आग में से गुजरकर ही इन्सान बनता है।

2. समानता का भाव

गुरुकुल में ऊँच-नीच तथा अमीर-गरीब का भेद मिट जाता है। आश्रम में आकर सब एक स्तर पर पहुँच जाते हैं–न कोई अमीर, न गरीब, न ऊँचा, न नीचा, सब बराबर, सब भाई-भाई। जब अमीरी-गरीबी शिक्षा-संस्था में चल रही हो, जब शिक्षा-संस्था में ही कोई गुप्त, कोई शुक्ल हो, तो यही लोग जब समाज में जायेंगे तब अमीरी-गरीबी, जात-बिरादरी को समाज में क्यों न ले जायेंगे? शिक्षा-संस्था में आकर किसी प्रकार का भेद-भाव नहीं रह सकता, 'गुरुकुल' शब्द का आधारभूत तत्त्व ही यह है। अगर शिक्षण-संस्था में किसी प्रकार का भेद-भाव रहता है, तो वह कूड़े में फेंक देने लायक है। हम समाजवाद की बढ़-चढ़कर चर्चा करते हैं, परन्तु स्मरण रखना होगा कि केवल पत्तों पर जल छिड़कने से वृक्ष हरा नहीं होता, जड़ में जल देने से ही वृक्ष में छटा आती है, पत्ते हरे होते हैं, फूल खिलते हैं, फल लगते हैं। बचपन में ही समाजवाद का भाव डालना वृक्ष की जड़ को सींचना है।

3. ब्रह्मचर्य व्रत

जो गुरु के आश्रम में आता है वह ब्रह्मचारी है। गुरुकुल-शिक्षा-पद्धति में प्रत्येक बालक को जो गुरुकुल में प्रविष्ट होता है 'ब्रह्मचारी' कहा जाता है, सिर्फ विद्यार्थी ही नहीं, क्योंकि प्रत्येक के सामने जीवन में महान् होने का, बड़े होने का संकल्प शिक्षा के प्रारम्भ

होने के दिन से ही रख दिया जाता है। इस शब्द का एक रूढ़ि अर्थ भी है, और वही अर्थ अधिक प्रसिद्ध है। रूढ़ि अर्थ में शरीर की भौतिक शक्ति को–वीर्य को–नष्ट न होने देना, शुद्ध चाल-चलन रखना, सदाचार का जीवन व्यतीत करना 'ब्रह्मचर्य' कहलाता है। इस दृष्टि से 'ब्रह्मचारी' शब्द के आध्यात्मिक तथा आधिभौतिक–ये दो अर्थ हैं। वैदिक शिक्षा की वैदिक विचारधारा के अनुसार गुरुकुलों का लक्ष्य बचपन से ही बालक के सामने दो उद्देश्य स्पष्ट रूप में रख देना था–बालक को आध्यात्मिक संस्कृति के रंग में रंगना होगा–यह वैदिक-शिक्षा का पहला उद्देश्य था जो 'ब्रह्मचारी' शब्द के यौगिक अर्थ में निहित है; बालक को अपने शरीर की भौतिक शक्ति का संचय करना होगा, वीर्य को नष्ट नहीं होने देना होगा, सदाचार का जीवन बिताना होगा–यह वैदिक शिक्षा का दूसरा उद्देश्य था, जो 'ब्रह्मचारी' शब्द के रूढ़ि अर्थ में निहित है।

1.10 छात्रों के गुण तथा उत्तरदायित्व

ऋग्वेद तथा अथर्ववेद में निम्न प्रकार के गुणों का उल्लेख है जो छात्र में होने चाहिए–

1. जिज्ञासु हो।
2. कर्मठ हो।
3. आज्ञाकारी हो।
4. दत्त चित हो।
5. संयमी हो।
6. गुरु में पूर्ण आस्था रखे।
7. परिश्रमी हो।
8. साधना करने वाला हो।
9. ब्रह्मचर्य के सभी गुणों को धारण करने वाला हो।
10. ब्रह्ममूर्त में उठे।
11. वाणी पर नियन्त्रण रखे।
12. माता-पिता तथा आचार्य को देवता समान समझे।
13. स्मरण शक्ति बढ़ाए।
14. प्रबुद्ध हो।
15. जन-कल्याण का कार्य करने वाला हो।
16. गुरु से ज्ञान प्राप्ति के लिए प्रयत्नशील रहे।
17. एकाग्रता हो।
18. काम भावना से मुक्त रहे।
19. गुरु-परिवार की सेवा करे।
20. आलस्य न हो।

21. वाणी पर नियन्त्रण रखे।
22. नियमित यज्ञ के द्वारा तेजस्वी होना।
23. कटि मेखला अर्थात कटिसूत्र धारण करना।
24. तपस्वी का तपोमय जीवन व्यतीत करना।
25. अपनी साधना से आचार्य को सन्तुष्ट रखना।
26. अपने मन को पवित्र रखना।
27. अपनी वाणी को पवित्र रखना।
28. अपने हृदय को पवित्र रखना।
29. अपनी बुद्धि को पवित्र रखना।
30. गुरु से जो विद्या प्राप्त करे और उसकी रक्षा करे।

1.11 शिक्षण विधियाँ

वैदिक काल में निम्नलिखित शिक्षण विधियों को प्रयोग में लाया जाता था।

मौखिक शिक्षण: शिक्षण विधि मुख्यत: मौखिक थी। वेद-मन्त्र मौखिक विधि से ही पढ़ाए जाते थे। लिखे नहीं जाते थे। मौखिक विधि से ही अर्थ बताया जाता था।

अनुपाठ: फिर वेदों के उच्चारण, पढ़ने के ढंग आदि का भी अर्थ से कम महत्त्व न था क्योंकि वेद का अशुद्ध पाठ घातक माना जाता था। इन्हें पढ़ाने से पहले कई दिन शिक्षक स्वर, छन्द आदि का ज्ञान कराकर एक-एक पद विद्यार्थियों के सामने पढ़कर सुनाता था, जिसे वे ठीक उसी प्रकार दोहराते थे। इस समय अध्यापक तथा शिष्य जमीन पर सीधे बैठते थे। शिष्यों के आग्रह पर ही अध्यापन आरंभ होता था। इस विधि में वेद-पाठ के बाद उनका अर्थ बताया जाता था। उसकी विधि यह थी कि कोई कठिन पद आने पर आचार्य उसका अर्थ प्रथम विद्यार्थियों से पूछता था, यदि वह बता दे तो आगे बढ़ता, नहीं तो स्वयं उसे स्पष्ट करता। इस ढंग की शिक्षा में आत्मीयता प्रधान थी क्योंकि गुरु की कृपा पर ही शिक्षा अवलंबित थी। स्मरणशक्ति अत्यन्त प्रबल होती थी और सम्पूर्ण ज्ञान प्रत्येक समय व्यवहार के लिये प्रस्तुत रहता था।

टीका: अर्थ समझाने में तथा सिद्धान्तों को बताने में विशद टीका की जाती थी। दर्शन तथा सूत्र-साहित्य तो इसके बिना समझ में आ ही न सकता था। आवश्यकतानुसार उपमा, उत्प्रेक्षा, कहानी आदि की सहायता अध्यापक भी लेते थे।

कहानी: धर्मशास्त्र, नीतिशास्त्र आदि पढ़ाने में तो आख्यायिकाओं का बड़ा हाथ रहता था।

शंका-समाधान: प्रमुख पाठनविधि शंका-समाधान वाली विधि थी। विद्यार्थी अस्पष्ट तथा संदिग्ध सिद्धान्तों तथा भागों पर प्रश्न करते थे और आचार्य उन्हें स्पष्ट करता था।

भाषण: इस विधि में आचार्य स्वयं ही प्रमुख बातों पर भाषण देता था जिसे सभी छात्र सुनते तथा लाभ उठाते थे। भाषण के बाद तत्सम्बन्धी शंकायें भी स्पष्ट की जाती थीं।

अभ्यास: व्यावसायिक शिक्षा में अभ्यास का मुख्य स्थान था, यथा आयुर्वेद में बीमारों की देखरेख, दवायें ढूँढना, धनुर्वेद में हथियारों का अभ्यास आदि।

श्रवण-मनन तथा तपः अध्ययन की विधियों में मुख्य था गुरु के पढ़ाये पाठ को दोहराना। साथ ही अन्य विद्यार्थियों में शास्त्रार्थ अथवा बातचीत द्वारा अर्थ समझने तथा शंका-निवारण का प्रयास होता था। इस प्रकार श्रवण और बाद में उस पर तथा विशेषतया अस्पष्ट अंगों पर मनन; तथा अन्त में निदिध्यासन के द्वारा उसे सिद्ध कर लेना वैदिक शिक्षा के लिये आवश्यक थे। अध्ययन की एक प्रमुख विधि तप, उपासना अथवा योग था। श्रुतर्षियों ने तप तथा श्रवण द्वारा ऋषित्व प्राप्त किया था।

देश-पर्यटन तथा शास्त्रार्थः देश-पर्यटन तथा अन्य विद्वानों से मिलना, शास्त्रार्थ करना तथा ज्ञान-चर्चा करना भी भारतीय शिक्षा-पद्धति में प्रमुख स्थान रखते थे।

1.12 वेदों में शिक्षा मनोविज्ञान

वेदों का गहन अध्ययन करने वाले प्रसिद्ध विचारक तथा लेखक डॉ. कपिलदेव द्विवेदी ने वेदों में शिक्षा मनोविज्ञान का निम्नलिखित विवरण दिया है–

मनसे चेतसे धिय आकूतय उत चित्तये।
मत्यै श्रुताय चक्षसे विधेम हविषा वयम्।। **अथर्व॰ 6.41.1**

इस मंत्र में इन शब्दों से मनोविज्ञान के इन विषयों का संकलन है:

1. **मनसेः** मनःशक्ति, मन के गुण। संवेदना (Sensation) और प्रेरणा (Motivation)।
2. **चेतसेः** चित्त के गुण-धर्म। चेतना (Consciousness) और चिन्तन (Thinking)।
3. **धियेः** धी के गुण-धर्म। ध्यान या अवधान (Attention)।
4. **आकूतयेः** मनः संवेग और आन्तरिक क्रियाकलाप। अनुभूति (Feeling) और संवेग (Emotion)।
5. **चित्तयेः** संज्ञान और चेतना से संबद्ध गुण-धर्म। स्मरण (Remembering) और उसी का अभावपक्ष विस्मरण (Forgetting)।
6. **मत्यैः** मति का क्रियाकलाप। बुद्धि (Intelligence)।
7. **श्रुतायः** श्रवण और ज्ञानवर्धन से संबद्ध क्रियाकलाप। पठन एवं शिक्षण (Learning)।
8. **चक्षसेः** चक्षु से संबद्ध क्रियाकलाप, दर्शन या प्रत्यक्षीकरण (Perception)।

1.13 इहलोक तथा प्रलोक के सन्दर्भ में शिक्षा

कुछ विचारक वैदिक कालीन की शिक्षा की आलोचना करते हैं कि यह शिक्षा केवल परलोक के लिए थी। परन्तु यह केवल भ्रान्ति है। वैदिक काल में दोनों प्रकार अर्थात् 'परा' तथा 'अपरा' विद्या पर ध्यान दिया जाता था।

संसार में धन-धान्य तथा समृद्धि देने वाली 'अपरा' है तथा संसार के बन्धन, से मोक्ष दिलाकर परमात्मा की प्राप्ति कराने वाली 'परा' विद्या है।

आध्यात्मिकता का यह अर्थ नहीं कि संसार को हम मिथ्या कहें। धन-सम्पत्ति को बेकार कहें। इसका इतना ही अर्थ है कि मानव में शरीर यथार्थ है, परन्तु शरीर के साथ आत्मा भी यथार्थ है। जीवन का संचार करने वाला परमात्मा भी यथार्थ है।

कहा गया है–"संसार का भोग करो परन्तु संसार के भोग में ऐसे लिप्त न हो जाओ कि अपनी सुध-बुध ही भूल जाओ।" आत्मा शरीर के बिना, परमात्मा प्रकृति के बिना अपने चैतन्य-स्वरूप को प्रकट नहीं कर सकता है, इसलिए आत्मा के लिए शरीर और परमात्मा के लिए प्रकृति का विकास उतना ही आवश्यक है जितना किसी कर्त्ता के लिए, कारीगर के लिए उसके साधन का, उपकरण का उत्तम से उत्तम होना आवश्यक है।

भारतीय दार्शनिकों ने कहा कि सच्ची संस्कृति वह है जो परलोक और इहलोक, अध्यात्म और भौतिक जीवन, आत्मा और शरीर–इन सबका समान रूप से हित और कल्याण सम्पादित करती है। यही कारण है कि ऋषियों ने यह प्रतिपादित किया था कि संसार का जो प्रत्यक्ष जीवन है, उसको जाने बिना मनुष्य सर्वदर्शी नहीं हो सकता। सम्पूर्ण या सर्व ज्ञान के लिए मनुष्य के लिए भौतिक जीवन का ज्ञान भी आवश्यक है। इहलोक के जीवन की उपेक्षा करके काम नहीं चल सकता। हमारा सांस्कृतिक दृष्टिकोण अधूरा रह जाता है यदि हम इहलोक की उपेक्षा पर केवल परलोक की ही कामना करें। मनुष्य को इस लोक और प्रत्यक्ष जीवन में जो सुख व कल्याण प्राप्त होता है, उसकी उपेक्षा करना उचित नहीं है।

वैदिक संस्कृति के अनुसार मनुष्य का सर्वांगीण विकास वांछनीय है। शरीर, मन और आत्मा, इहलोक और परलोक, भौतिक सुख और आध्यात्मिक संतोष–सब क्षेत्रों में एक साथ उन्नति द्वारा ही मनुष्य अपनी वास्तविक उन्नति कर सकता है। वैदिक संस्कृति के अनुसार मनुष्य जहाँ धर्म, अर्थ और काम को प्राप्त कर सकता है, वहाँ साथ ही मोक्ष को अपना अन्तिम उद्देश्य मानता है। केवल अर्थ और काम को प्राप्त करके या केवल मोक्ष की प्राप्ति में तत्पर होकर मनुष्य अपनी उन्नति नहीं कर सकता। धर्म पर चल कर अर्थ की उपलब्धि करने, धर्मानुसार काम का सेवन करने और मोक्ष को अन्तिम लक्ष्य बनाकर ही मनुष्य अपनी सर्वांगीण उन्नति कर सकता है–यही वैदिक संस्कृति का आधारभूत सिद्धान्त है।

आत्मा, परमात्मा, जीवन, पुनर्जन्म, मोक्ष आदि पर बल देने के साथ-साथ हमने भारतीय दर्शन के अन्य महत्त्वपूर्ण बिन्दुओं पर प्रकाश डालने का प्रयत्न किया है। भारतीय दार्शनिकों ने अच्छे तथा आदर्श जीवन पर पर्याप्त प्रकाश डाला है। 'अच्छे जीवन' के लिए चार तत्त्वों के उचित मिश्रण की अत्यन्त आवश्यकता है। ये हैं धर्म, (Righteousness), अर्थ (Wealth), काम (Work or Duty) तथा मोक्ष (Liberation from the Cycle of Births and Deaths – Oneness with God)। काम को पुरुषार्थ की भी संज्ञा दी जाती है।

वैदिक दर्शन ने मोक्ष को सबसे महत्त्वपूर्ण माना है। अन्य तीनों तत्त्व इसी लक्ष्य की प्राप्ति के साधन हैं। आध्यात्मवाद का दूसरा रूप मोक्ष ही कहा जा सकता है। मोक्ष प्राप्ति के लिए आवश्यक है कि मानव अच्छे कर्म करे। जीवन में उच्च मूल्यों पर आचरण करे। अर्थ अथवा धन, मोक्ष प्राप्ति का साधन है, साध्य नहीं। यदि धन अच्छे तरीकों से कमाया जाए और अच्छे कार्यों पर खर्च किया जाए, तभी मोक्ष प्राप्त हो सकता है। मोक्ष प्राप्ति से जीवन संसार के दु:खों से छूट सकता है।

1.14 वैदिक कालीन शिक्षा की विशेषताएँ

1. **ज्ञान के प्रति प्रेम**–ऐसा कोई भी देश नहीं है, जहाँ ज्ञान के प्रति प्रेम का इतने प्राचीन समय में प्रारंभ हुआ हो, या जिसने इतना स्थायी और शक्तिशाली प्रभाव उत्पन्न किया हो। शिक्षा और ज्ञान भारतवासियों के लिए नवीन नहीं है।

2. **शिक्षा का तात्पर्य**–वैदिक युग से लेकर आज तक भारत में शिक्षा का मूल तात्पर्य यह रहा है कि शिक्षा प्रकाश का वह स्रोत है, जो जीवन के विभिन्न क्षेत्रों में हमारा सच्चा पथ-प्रदर्शन है। प्राचीन काल में भारतीयों का दृढ़ विश्वास था कि शिक्षा से विकसित बुद्धि ही यथार्थ बल है। उन्होंने दृढ़ता से कहा था कि शिक्षा कल्पवृक्ष के समान हमारे समस्त मनोरथों को सिद्ध करती है। विद्या के बिना मनुष्य पशु समझा जाता था।

प्राचीन काल में शिक्षा का तात्पर्य उस अन्तर्ज्योति और शक्ति से था जिससे मानव के शारीरिक, मानसिक, बौद्धिक तथा आत्मिक बलों का सन्तुलित विकास हो सकता था।

3. **शिक्षा का उद्देश्य**–शिक्षा जीवन के मूल लक्ष्य 'मोक्ष' की प्राप्ति का एक साधन था। इसी भावना से प्रेरित होकर प्राचीन काल में भारतीय ऋषियों ने शिक्षा को धार्मिक क्रियाओं से ओत-प्रोत कर मानव के सर्वांगीण विकास की प्रेरणा दी। अत: ऐसा भी कहा जा सकता है कि ईश्वर-भक्ति तथा धार्मिकता की भावना, चरित्र-निर्माण, व्यक्तित्व का विकास, नागरिक तथा सामाजिक कर्त्तव्यों का पालन, सामाजिक कुशलता की उन्नति तथा राष्ट्रीय संस्कृति का संरक्षण और प्रसार प्राचीन भारत में शिक्षा के मुख्य उद्देश्य एवं आदर्श थे।

इस प्रकार वैदिक शिक्षा का उद्देश्य छात्र का सर्वांगीण विकास कर उसे समाज का सक्रिय एवं उपयोगी सदस्य बनाना था। वैदिक काल में बालक के शारीरिक, मानसिक एवं नैतिक पक्षों का विकास कर उसे कुशल सामाजिक प्राणी बनाने का उद्देश्य प्रमुख था।

4. **शिक्षा का संगठन: गुरुकुल प्रणाली**–वैदिक काल में बालक की शिक्षा गुरुकुल में होती थी। वह गुरु के घर रहता था। किसी शिष्य को स्वीकार करना गुरु की इच्छा पर निर्भर रहता था। जो बालक शिष्य रूप में स्वीकार किया जाता, उसे कई नियमों एवं संस्कारों में होकर गुजरना पड़ता था।

माता-पिता के समान गुरु छात्रों का पालन-पोषण करता था। छात्र ब्रह्मचर्य व्रत धारण करके नियमित दिनचर्या व्यतीत करते थे तथा व्यावहारिक, मानसिक एवं नैतिक शिक्षा प्राप्त करते थे।

गुरुकुल सामान्यत: नैसर्गिक सौन्दर्य से सुरभित, नगर के कोलाहल से दूर, प्रकृति के सुरम्य कक्ष में स्थित होते थे। बड़े-बड़े गुरुकुलों के पोषण के लिए अनेक नृपति अपने गाँव के गाँव लगा देते थे। जिनकी आय से गुरुकुल अपना खर्चा चलाते थे।

5. **पाठ्यक्रम**–वैदिक काल में पाठ्यक्रम बहुत विस्तृत था। आध्यात्मिक और लौकिक, दोनों प्रकार की विद्याओं, का समावेश पाठ्यक्रम में किया जाता था। पाठ्यक्रम में इन विषयों की शिक्षा दी जाती थी–चारों वेद, इतिहास और पुराण, व्याकरण, अर्थशास्त्र, शकुनविद्या, भूगर्भ विद्या, तर्कशास्त्र, आचार शास्त्र, भौतिकी, ब्रह्मविद्या प्राणिशास्त्र, सैन्य विज्ञान, शिल्प विज्ञान, संगीत शास्त्र एवं आयुर्वेद।

छात्र अपनी रुचि और सामर्थ्यानुसार किसी भी विषय का गहन अध्ययन कर सकते थे।

6. **शिक्षण पद्धति**–इस काल की अध्यापन विधि मौखिक थी। शिक्षण पद्धति में तीन क्रियाओं का समावेश होता था।

(क) श्रवण, (ख) मनन, (ग) निदिध्यासन।

श्रवण से स्मृति, एकाग्रता, उच्चारण कुशलता, समझ आदि गुणों का विकास होता था। मनन से तर्कशक्ति, न्याय, निर्णय शक्ति, विश्लेषण, संश्लेषण आदि गुणों का विकास होता था।

निदिध्यासन से आत्मानुभूति, आत्मपरिचय, आत्मालम्बन, आत्मानुशासन, आत्म-नियन्त्रण आदि मानसिक गुणों का विकास होता था।

मनन–वेद मन्त्रों के रहस्य तथा गूढ़ अर्थों का चिन्तन करना था।

निदिध्यासन–इसमें वेद रहस्य की आत्मानुभूति करना आवश्यक था।

अध्ययन के समय छात्र गुरु के वचन को ध्यानपूर्वक सुनते थे। गुरु के उच्चारण को सुनकर छात्र भी तद्नुसार उच्चारण करते थे और यही उच्चारण धीरे-धीरे ग्रन्थों के पाठ में बदल जाता था। छात्र गुरु वचनों को सुनकर वस्तु का मनन तथा निदिध्यासन करते थे। पाठ समाप्त होने पर शिष्य गुरु से प्रश्न पूछते और वे उत्तर देते थे। इस प्रकार अध्यापन में प्रश्नोत्तर प्रणाली प्रचलित थी।

चिन्तन, वाद-विवाद और स्वाध्याय विधियों का भी प्रचलन था।

7. **गुरु शिष्य सम्बन्ध**–जिस प्रकार प्रत्येक पिता अपने पुत्र के विषय में यही आकांक्षा करता है कि वह उससे अधिक सुखी तथा प्रभावशाली हो, उसी प्रकार गुरु भी यही आकांक्षा करता था कि उसका शिष्य प्रत्येक दृष्टि से अधिक समुन्नत हो।

8. **व्यक्तिगत शिक्षण प्रणाली**–सम्पूर्ण शिक्षा-प्रणाली व्यक्तिगत थी। गुरु और शिष्य एक-दूसरे के व्यक्तित्त्व को पहचानते और एक-दूसरे के विचारों का सम्मान करते थे।

9. **शिक्षण काल**–शिक्षा-काल सामान्यत: 12 वर्ष का होता था। छात्र अपनी इच्छा से अधिक समय भी लगा सकता था।

10. **स्त्री शिक्षा**–वैदिक काल में स्त्री शिक्षा का प्रचलन था। बालिकाओं को बालकों के समान ही शिक्षा दी जाती थी। वेदों में 29 स्त्रियों के नाम मिलते हैं जिन्होंने वेद मन्त्र लिखे थे।

11. **परीक्षा प्रणाली**–शिक्षा प्राप्ति पर विशेष परीक्षाओं का प्रबन्ध न था। गुरु का संतोष ही सबसे बड़ी परीक्षा थी। गुरु प्रतिदिन जो भी पढ़ाते थे उसे अगले दिन प्रत्येक विद्यार्थी से सुनते थे। पूर्ण सन्तुष्ट होने पर अगला पाठ शुरू किया जाता था। इस प्रकार प्रत्येक छात्र की व्यक्तिगत योग्यता की ओर ध्यान दिया जाता था। प्रत्येक विद्वान को सदैव शास्त्रार्थ के लिए प्रस्तुत रहना पड़ता था। प्रसिद्ध विद्वानों द्वारा ही किसी भी स्नातक के ज्ञान का अनुमान लगा लिया जाता था।

12. **अनुशासन**–इस काल में आत्मानुशासन को ही उत्तम अनुशासन समझा जाता था। इन्द्रिय निग्रह पर बल दिया जाता था। गुरुकुल में 'सादा जीवन, उच्च विचार' को मानकर रहना पड़ता था।

13. **नि:शुल्क शिक्षा**–ब्राह्मणों का कर्त्तव्य शिक्षा देना समझा जाता था। जब तक एक शिष्य शिक्षा का अर्जन करता रहता था तब तक गुरु उससे किसी प्रकार की फीस स्वीकार नहीं कर सकता था।

14. **बाह्य नियंत्रण से मुक्ति**–प्राचीन भारत में शिक्षा पर राज्य अथवा सरकार का नियंत्रण नहीं था। राजा का यह कर्त्तव्य था कि वह इस बात को देखे कि विद्वान पंडित बिना किसी विघ्न के अध्यापन कार्य में लगे रहें।

15. **जनसाधारण की शिक्षा**–प्रत्येक बालक की शिक्षा का प्रबन्ध था। निर्धनता उच्चतम शिक्षा पाने में किसी प्रकार से रुकावट नहीं डाल सकती थी। कई राजा इस प्रकार का दावा कर सकते थे कि उनके राज्य में कोई अशिक्षित नहीं है। इस शिक्षा पद्धति की

एक प्रमुख विशेषता यह थी कि वह राजा-महाराजाओं की सहायता अथवा कृपा पर ही आश्रित न थी। जनसाधारण, अध्यापकों तथा छात्रों का इसमें विशेष हाथ था।

16. **शिक्षा में दण्ड**–असाधारण परिस्थितियाँ आ जाने पर गुरु अपने शिष्यों को शारीरिक दण्ड भी देता था। कभी-कभी दण्ड कठोर भी बहुत होता था।

17. **गुरुदक्षिणा**–शिक्षा समाप्त होने तथा समावर्तन के उपरान्त शिष्य का कर्त्तव्य था कि वह गुरु को दक्षिणा द्वारा प्रसन्न करे। स्नातकों के लिये यह अपमान की बात थी कि उन्होंने दक्षिणा न दी हो। इसके लिए उन्हें अन्तिम बार भिक्षा माँगने का भी अधिकार था। गृहस्थ तथा राजा-महाराजे ऐसी भिक्षा के लिये 'नहीं' न कर सकते थे। अधिकतर स्नातक के घरवाले ही इसे प्रस्तुत कर देते थे।

1.15 वैदिक शिक्षा के गुण–दोष तथा देन

वैदिक शिक्षा के गुण – वैदिक शिक्षा प्रणाली समाज की आवश्यकतानुसार थी। शिक्षा को मनुष्य की 'तीसरी आँख' कहा जाता था। व्यक्तित्व के विकास पर बल दिया जाता था। शिक्षा बिना किसी भेदभाव से उपलब्ध थी। अमीर-गरीब का कोई अन्तर नहीं था। जीवनपर्यन्त शिक्षा थी।

शिक्षा गुरु के घर पर दी जाती थी जिसे प्राय: गुरु-आश्रम या गुरुकुल कहा जाता था।

पाठ्यक्रम विस्तृत था। यद्यपि यह आध्यात्मिकता पर आधारित था परन्तु व्यावसायिक भी था।

मूल्य शिक्षा को शिक्षा का अभिन्न अंग माना जाता था। गुरु तथा शिष्य का निकटतम सम्बन्ध था।

शिक्षा प्रकृति की गोद में दी जाती थी।

वैदिक शिक्षा की सीमाएँ – 1. शिक्षा में अधिकतर जड़ता थी, 2. अनुशासन बहुत कठोर था, 3. रटने पर ज़ोर था, 4. इहलोक की शिक्षा पर उचित बल नहीं दिया जाता था, 5. धार्मिक अनुष्ठानों की भरमार थी।

वैदिक शिक्षा की विशेषताएँ जो वर्तमान में अपनायी जा सकती हैं – 1. गुरु-शिष्य में निकटता, 2. कक्षाओं का छोटा आकार, 3. अनुशासन पर उचित बल, 4. प्रभावी नैसर्गिक वातावरण, 5. मूल्य शिक्षा को महत्त्व देना, 6. छात्रों का सतत् मूल्यांकन, 7. गुरु अथवा शिक्षकों का समाज में आदर का स्थान होना।

2

उत्तर वैदिक काल में शिक्षा
(Education in the Later Vedic Period)

2.1 वीरगाथा काल/उत्तर वैदिक काल का अर्थ

कभी-कभी उत्तर वैदिक काल और वीरगाथा काल अलग-अलग काल के रूप में समझे जाते हैं और कभी-कभी उनका तात्पर्य एक ही काल से होता है। कुछ विद्वानों ने ऋग्वेद काल को अन्य तीनों वेदों के काल से भिन्न माना है। अत: वे उत्तर वैदिक काल में केवल उसी समाज को समाहित करते हैं जिसका उल्लेख परवर्ती तीन वेदों में किया गया है। तथापि, वैदिक काल को एक दूसरे से बिलकुल भिन्न कालों अर्थात् ऋग्वेद काल में और ऋग्वेद को छोड़कर अन्य तीनों वेदों के काल को व्यक्त करने वाले उत्तर वैदिक काल में विभाजित करना अत्यंत कठिन है। अत: हमने उत्तर वैदिक काल की व्याख्या वीरगाथा काल के रूप में करने का प्रयास किया है।

2.2 उत्तर वैदिक साहित्य

उत्तर वैदिक काल में प्राय: वेदांग अर्थात् उपनिषद, महाकाव्य और भागवत गीता शामिल हैं। इस साहित्य में स्मृतियों को भी शामिल किया गया है।

वेदांग (वेदों के अंग स्वरूप कुछ ग्रंथ): ये सहायक ग्रंथ हैं जो वेदों में निहित शब्दों का सही रूप में उच्चारण करने और अर्थ समझने में सहायता करते हैं। इनकी संख्या छह है–

1. शिक्षा (स्वर विज्ञान या वर्तनी का विज्ञान), 2. छंद, 3. व्याकरण, 4. निरुक्त या व्युत्पत्ति, 5. ज्योतिष, 6. कल्प या धर्मविधि।

उपवेद: चार हैं जो निम्नलिखित चार विषयों से संबंधित हैं–

(क) आयुर्वेद या औषधि (ख) धनुर्वेद या युद्धशास्त्र
(ग) गंधर्ववेद या संगीत (घ) शिल्पवेद या वास्तुशिल्प और कला।

महाकाव्य – दो महाकाव्य, वाल्मीकि कृत रामायण और वेदव्यास कृत महाभारत, हिंदुओं के सर्वाधिक लोकप्रिय ग्रंथ हैं जो लोगों की आर्थिक, सामाजिक, धार्मिक और राजनीतिक अवस्था की सम्पूर्ण जानकारी प्रदान करते हैं। इनका काल आमतौर पर ईस्वी सन की चौथी शताब्दी और दूसरी शताब्दी के बीच माना जाता है।

डॉ. आर.सी. मजूमदार के शब्दों में, "रामायण और महाभारत ने भारतीयों के चरित्र और उनकी सभ्यता को जिस प्रकार से एक साँचे में ढाला है वैसा विश्व के किसी भी भाग में किसी भी साहित्यिक कृति द्वारा नहीं किया गया है।"

2.3 उपनिषद (Upanishad)

उपनिषदः अर्थ और महत्त्व

उपनिषद दो शब्दों अर्थात् *उप* और *निषद* के मेल से बना है। यहाँ *उप* का अर्थ है निकट और *निषद* का अर्थ है बैठना। अतः उपनिषद का अर्थ है छात्र का अपने आध्यात्मिक गुरु के निकट दिव्य उपदेश सुनने के लिए श्रद्धा-आस्थापूर्वक बैठना। वैदिक साहित्य में वेदों के बाद उपनिषदों का ही महत्त्व है।

शोपेनहावर के शब्दों में, सम्पूर्ण विश्व में उपनिषदों के समान लाभकारी और आत्मा को उन्नत बनाने वाला कोई अन्य ग्रंथ नहीं है। इससे मुझे जीवन में शान्ति मिली है और मुझे मृत्यु में भी शान्ति मिलेगी। प्रो. मैक्समूलर के अनुसार, यदि शोपेनहावर के इन शब्दों को समर्थन की आवश्यकता पड़ती है तो उपनिषदों के अध्ययन के लिए समर्पित अपने इस दीर्घ जीवन के अनुभव से मैं स्वेच्छापूर्वक इसे अपना समर्थन दे सकता हूँ। मुगल बादशाह शाहजहाँ के पुत्र दारा शिकोह उपनिषद के दर्शन से इतना प्रभावित थे कि उन्होंने उपनिषदों का फारसी में अनुवाद किया। अपने अनूदित ग्रंथ की भूमिका में उन्होंने लिखा, "मैंने अनेक धार्मिक ग्रंथों का अध्ययन किया है किन्तु मुझे शान्ति केवल उपनिषदों के अध्ययन से ही मिली।"

उपनिषद संतों और ऋषियों द्वारा रचित ग्रंथ हैं। इनमें मुख्य रूप से आत्मा और परमात्मा तथा उनके बीच के परस्पर संबंध की विवेचना की गई है।

स्मृति में उपनिषदों की संख्या एक सौ आठ बताई जाती है तथापि इनमें से निम्नलिखित ग्यारह उपनिषद मुख्य हैं–

1. ईश उपनिषद, 2. केन उपनिषद, 3. कठ उपनिषद, 4. प्रश्न उपनिषद, 5. मुंडक उपनिषद, 6. मांडूक्योपनिषद, 7. छांदोग्य उपनिषद, 8. वृह्दारण्यक उपनिषद, 9. ऐतरेय उपनिषद, 10. तैत्तिरीय उपनिषद, और 11. श्वेताश्वतर उपनिषद।

ईश उपनिषद के आरंभिक छंद में ही सभी उपनिषदों का केन्द्रीय भाव प्रस्तुत किया गया है अर्थात् चराचर जगत में सभी मूर्त-अमूर्त वस्तुओं की आध्यात्मिक एकता और एकात्मकता के बारे में बताया गया है।

उपनिषद मनुष्य की परम सत्य की अवधारणा को परिशुद्ध करता है। कठ उपनिषद का विशेष आकर्षण है कि इसमें गुरु, यम और छात्र नचिकेता के बीच संवाद के रूप में चित्राकर्षक काव्य और अगाध दर्शन का सुखद सम्मिश्रण प्रस्तुत किया गया है। प्रश्न उपनिषद में, जैसा कि इसके नाम से ही स्पष्ट है, वेदांत पर प्रश्नों का समावेश किया गया है। मुंडक उपनिषद सभी प्रकार के ज्ञान को परा या श्रेष्ठ और अपरा या निकृष्ट दो वर्गों में विभाजित करता है।

मांडूक्योपनिषद में आत्मा पर प्रकाश डाला गया है। छांदोग्य उपनिषद में मनुष्य की आध्यात्मिक शिक्षा और भौतिकवाद से ऊपर उठकर आध्यात्मिक दिशा में उसकी प्रगति का प्रभावोत्पादक विवरण प्रस्तुत किया गया है।

वृहददारण्यक उपनिषद, जो उपनिषदों में सबसे वृहत उपनिषद हैं, में चार महान विभूतियों का वर्णन किया गया है। ये चार महान विभूतियाँ हैं–दार्शनिक राजा जनक, दार्शनिक महर्षि याज्ञवल्क्य, महर्षि याज्ञवल्क्य की विदुषी दार्शनिक पत्नी मैत्रेयी तथा वक्तृत्व-कला की धनी और ब्रह्मवादिनी गार्गी। इस उपनिषद में इन महान विभूतियों द्वारा की गई विशद परिचर्चाओं के माध्यम से मनुष्य के देवत्व की प्रकृति तथा इस सम्पूर्ण

ब्रह्मांड की ब्रह्मा में आध्यात्मिक एकात्मकता की व्याख्या की गई है। ऐतरेय उपनिषद में मनुष्य के आत्मा की प्रकृति पर चर्चा की गई है। तैत्तिरीय उपनिषद में ब्रह्मा की वैज्ञानिक परिभाषा देते हुए कहा गया है कि इनसे सभी मनुष्यों का जन्म होता है और जन्म के बाद सभी मनुष्य इनसे ही जीवित रहते हैं और मृत्यु के पश्चात् सभी मनुष्य इनमें ही लीन हो जाते हैं। मनुष्य देह में विद्यमान चैतन्यस्वरूप आत्मा ही उपनिषद का ब्रह्म है। जहाँ-जहाँ ईश्वर की सृष्टि का प्रसार है वहीं-वहीं उसकी भी परमगति है; पहुँच है। वह परमात्मा का अंशीभूत आत्मा है। इस परम बोध का उद्‌घोष करने के लिए उपनिषद के चार महामंत्र हैं–तत्त्वमसि (तुम वही हो), अहं ब्रह्मास्मि (मैं ब्रह्म हूँ), प्रज्ञानं ब्रह्म (आत्मा ही ब्रह्म है) और सर्वम् खिलविदम् ब्रह्म (सर्वत्र ब्रह्म ही है)

उपनिषदों में निहित दार्शनिक विचारों का सार

(i) वह (ईश्वर) प्रत्येक वस्तु को प्रकाशित करता है।
(श्वेताश्वतर उपनिषद 61.4)

(ii) सभी के हृदय में सदा निवास करने वाले ब्रह्मा स्वतः देदीप्यमान हैं।
(मुंडकोपनिषद 2.2.1)

(iii) परमात्मा की प्राप्ति सत्य, तपस्या, उचित ज्ञान और आत्म संयम द्वारा की जा सकती है।
(मुंडकोपनिषद 3.1.8)

(iv) मुझे प्रकाश की ओर ले चलो।
"असत्य मा सत्यम गमय तमसो मा ज्योतिर्गमय, मृत्योर्मा अमृतंगमय"
अर्थात् हे ईश्वर! मुझे असत्य से सत्य की ओर ले चलो, अंधकार से प्रकाश की ओर ले चलो और मृत्यु से अमरत्व की ओर ले चलो।
(वृहदारण्यक उपनिषद 1.3.28)

कर्म ही जीवन है। इस संसार में हम सौ वर्षों तक जीवित रहने की इच्छा कर सकते हैं किन्तु केवल कर्मरत रहकर।
(ईश उपनिषद)

सारांश में, मनुष्य के भीतर ही देवत्व या आध्यात्मिकता निवास करती है और यह है उसकी आत्मा। भौतिकता से आध्यात्मिकता की ओर ऊपर उठने और ब्रह्म में लीन होने के लिए हर प्रयास किए जाने चाहिए।

जीवन के चार आश्रम (विभाग)

जीवन के चार आश्रमों या विभागों की अवधारणा उपनिषदों से ली गई है। इस अवधारणा के अनुसार व्यक्ति के सम्पूर्ण जीवन काल को निम्नलिखित चार आश्रमों या विभागों में बाँटा गया है–

1. **ब्रह्मचर्य आश्रम:** छात्र जीवन जिसमें कठोर अनुशासन का पालन करना पड़ता है।
2. **गृहस्थ आश्रम:** इसमें मनुष्य विवाहित तथा गृहस्थ का जीवन व्यतीत करता है।
3. **वानपृथ आश्रम:** इसमें मनुष्य संसार से वैराग्य लेकर ज्ञान का प्रसार करता है तथा आश्रम में रहता है।
4. **सन्यास आश्रम:** इसमें मनुष्य सर्वत्र भ्रमण करता हुआ उपकार कार्य करता है। वह किसी एक स्थान पर स्थिर होकर निवास निवास नहीं करता है।

2.4 भगवद्गीता तथा अन्य कृतियाँ

आकार में गीता सात सौ छंदों का एक लघु ग्रंथ है। इन छंदों को अठारह अध्यायों में विभाजित किया गया है। यह एक पद्य ग्रंथ है जो महाभारत युद्ध के प्रसिद्ध सेनानायक अर्जुन और भगवान विष्णु के अवतार श्रीकृष्ण के बीच संवाद के रूप में है। अर्जुन के समक्ष खड़ी विशाल सेना में उसके अपने ही बंधु-बांधव और गुरुजन हैं। अपने प्रिय बंधु-बांधवों और श्रेष्ठ गुरुजनों को देखकर अर्जुन युद्ध की इच्छा त्याग देता है और अपने हथियार फेंक देता है। इस स्थिति में उसके मित्र और सारथी श्रीकृष्ण ने एक उचित कारण के लिए अर्जुन को युद्ध करने के लिए प्रेरित किया। अर्जुन के समक्ष कर्तव्य की व्याख्या और उसे पूरा करने के लिए श्रीकृष्ण के उपदेश गीता के सार हैं।

गीता का सार

गीता में निहित दर्शन का सार यह है कि हमें अपने मन के दृढ़ विश्वास के साथ फल की इच्छा किए बिना कर्मनिष्ठ होकर ईमानदारी से अपने कर्तव्यों का निर्वाह करना चाहिए और शेष परमपिता परमात्मा की इच्छा पर छोड़ देना चाहिए।

कर्मण्येवाधिकारस्ते मां फलेषु कदाचन।
मां कर्मफलहेतुर्भुमा ते संगोस्तवकर्मणि।।

हमें न्याय और उचित उद्देश्य के लिए अवश्य संघर्ष करना चाहिए। जिसका जन्म हुआ है उसकी मृत्यु भी निश्चित है। मृत्यु के पश्चात् आत्मा का पुनर्जन्म भी निश्चित है। अत: हमें निश्चित या अवश्यंभावी घटनाओं पर संतप्त नहीं होना चाहिए। आत्मा अमर है और शरीर नश्वर। सृजन का चक्र एक कठोर सत्य है और इससे बचा नहीं जा सकता।

स्मृति: स्मृतियों में मानव जीवन के आचरण के नियमों को निर्धारित किया गया है। महान विचारक स्वायंभुव आदि मनु विश्व में पहले नियम-निर्माता थे। तीन स्मृतियाँ हैं–

1. आदि मनु द्वारा रचित मनुस्मृति
2. महर्षि याज्ञवल्क्य द्वारा रचित याज्ञवल्क्य स्मृति और
3. ऋषि पराशर द्वारा रचित पराशर स्मृति।

मनुस्मृति में हिंदुत्व के चरित्र और उसकी मूल भावना को निरूपित किया गया है। विभिन्न विषयों जैसे कि प्रशासन, कूटनीति, शिक्षा और विधि आदि के अतिरिक्त मनुस्मृति में महिलाओं की स्थिति पर भी विशद चर्चा की गई है। मनुस्मृति में कहा गया है कि "यत्र नार्यस्तु पूज्यन्ते रमन्ते तत्र देवता:" अर्थात् जहाँ नारी की पूजा होती है वहाँ देवताओं का वास होता है।

पुराण: कुल अठारह पुराण हैं। इनमें वंशचरित का उल्लेख मिलता है जिसके कारण ये इतिहासकारों के लिए अत्यंत महत्त्वपूर्ण हैं।

2.5 मनुस्मृति में शिक्षा (विद्या) का महत्त्व

अद्भिर्गात्राणि शुद्ध्यन्ति मन: सत्येन शुद्ध्यति।
विद्यातपोभ्यां भूतात्मा बुद्धिर्ज्ञानेन शुद्ध्यति।। **–मनु० 5/109**

जल से शरीर की शुद्धि होती है, मन सत्य से शुद्ध होता है, विद्या और तप से आत्मा की शुद्धि होती है और बुद्धि ज्ञान से शुद्ध होती है।

धृति: क्षमा दमोऽस्तेयं शौचमिन्द्रियनिग्रह:।
धीर्विद्या सत्यमक्रोधो दशकं धर्मलक्षणम्।। –मनु० 6/91

मनुस्मृतिकार ने जहाँ धर्म के दस लक्षण बताये उसी में विशेषरूप से विद्या को भी धर्म में सम्मिलित किया है।

2.6 उपनिषदों में शिक्षा का महत्त्व: परा तथा अपरा विद्या

द्वे विद्ये वेदितव्ये इति ह स्म।
यद् ब्रह्मविदो वदन्ति परा चैवापरा च।। –मुण्ड० 1/1/3-4

इनमें ऋग्वेद, यजुर्वेद, सामवेद, अथर्ववेद, शिक्षा, कल्प, व्याकरण, निरुक्त, छन्द, ज्योतिष का ज्ञान 'अपरा' विद्या है।

मोक्ष भी प्रकृति के ही सहारे से होता है, परन्तु जैसे प्रकृति से संसार उत्पन्न हुआ है, उस प्रकृति से उत्पन्न हुआ मोक्ष प्रकृतिरूप नहीं होता।

2.7 उत्तर वैदिक काल में शिक्षा के उद्देश्य

उत्तर वैदिक साहित्य के अध्ययन से उत्तर वैदिक काल में शिक्षा के निम्न उद्देश्य दृष्टिगोचर होते हैं–

1. मानव जीवन के लक्ष्य से परिचित कराना।
2. समाज के प्रति व्यक्ति के उत्तरदायित्वों का ज्ञान कराना।
3. राजनैतिक चेतना जागृत कराना।
4. उन कार्यों से व्यक्ति को जानकारी देना जिन से जीवन सफल होता है।
5. आत्मिक शान्ति के लिए जानकारी देना।
6. लौकिक व्यवहारों का ज्ञान कराना।
7. व्यावसायिक कार्यों के लिए तैयार करना।
8. अर्थकारी ज्ञान देना।
9. परमार्थ-विवेक उत्पन्न करना।
10. जीवन में विभिन्न मूल्यों के प्रति संवेदनशील बनाना अर्थात् सत्य, संयम, अंहिसा आदि गुणों का निर्माण करना।
11. उच्च ज्ञान के लिए कटिबद्ध करना।
12. तत्वचिन्तन के मूल्यों का विकास करना।
13. विश्व-बंधुत्व की भावना का निर्माण करना।
14. आचार-व्यवहार में आदर्शवादी बनाना।

2.8 पाठ्यक्रम

उत्तर वैदिक काल में पाठ ्यक्रम का क्षेत्र विस्तृत हो गया था। वैदिक काल की तुलना में कई और विषय उभर कर सामने आए। विषयों के उपनिषय स्वतन्त्र विषय बन गए थे। पाठ्यक्रम में तीन प्रकार के विषय होते थे–आध्यात्मिक, धार्मिक तथा भौतिक। विभिन्न रचनाओं के अध्ययन से पता चलता है कि निम्न विषय पाठ्यक्रम में सामान्यत: पढ़ाए जाते थे–

1. ऋग्वेद
2. अथर्ववेद
3. सामवेद
4. यजुर्वेद
5. इतिहास-पुराण
6. वेदांग (शिक्षा, कल्प, निरुक्त, व्याकरण, छन्द)
7. अरण्यक
8. उपनिषद
9. गणित
10. भौतिकी विज्ञान
11. रसायन विज्ञान
12. प्राणीशास्त्र
13. धनुर्विद्या
14. नक्षत्रविद्या (ज्योतिषशास्त्र)
15. नीतिशास्त्र
16. अर्थशास्त्र
17. तर्कशास्त्र अथवा विधिशास्त्र
18. ब्रह्मविद्या
19. उत्पत्ति विज्ञान
20. सर्पविद्या
21. ललितकला
22. संगीत
23. चिकित्साशास्त्र (रोग निदान, औषधि निर्माण, शल्य चिकिल्सा आदि)
24. नाट्यशास्त्र
25. भूत विद्या
26. मौसम विज्ञान

2.9 व्यावसायिक शिक्षा

उत्तर वैदिक काल में व्यावसायिक शिक्षा को सम्पूर्ण शिक्षा का अभिन्न अंग माना जाता था। इस काल में शिक्षा का विशिष्टीकरण दिखाई देता है। व्यावसायिक शिक्षा के मुख्य अंग निम्नलिखित हैं–

1. पुरोहितीय शिक्षा-मुख्यत: ब्राह्मणों को दी जाती थी।
2. सैनिक शिक्षा-मुख्यत: क्षत्रियों को दी जाती थी।
3. कृषि और वाणिज्य शिक्षा-मुख्यत: वैश्यों को दी जाती थी।
4. औषधि-शास्त्र शिक्षा-यह शिक्षा भारत में अति प्राचीन काल में भी विद्यमान थी।
5. अन्य व्यवसायों की शिक्षा-अनेक प्रकार के शिल्पों की शिक्षा दी जाती थी। मुख्य तौर पर निम्न व्यवसायों की शिक्षा का प्रबंध था।

1. सोने-चांदी के आभूषण बनाना, 2. लोहे की वस्तुएं बनाना, 3. लकड़ी की वस्तुएं बनाना, 4. पीतल की वस्तुएं बनाना, 5. वस्त्र अद्योग में कार्य करने वाले, 6. रथकार, 7. यान्त्रिक, 8. मणिकार, 9. हिरण्यकार, 10. चर्मकार, 11. धनुष्कार, 12. कढ़ाई कार सिलाई कार आदि, 13. मधु निर्माणकर्ता, 14 चीनी उद्योग में संलग्न, 15 नाविक, 16. चिकित्सक, 17. शिकारी, 18. खनिक, 19. शिक्षा आदि से संबद्ध वृत्तियां, 20. कलात्मक वृत्तियां, 21. राज्यशासन से संबद्ध वृत्तियां, 22. सैन्य सेवा से संबद्ध वृत्तियां, 23. कृषि संबद्ध वृत्तियां, 24. यातायात संबंन्धी वृत्तियां, 25. जलचर से संबंन्धी वृत्तियां, 26. भवन निर्माण संबंन्धी वृत्तियां, 27. व्यापार संबंन्धी वृत्तियां।

2.10 बहुमुखी शिक्षा केन्द्र

इस केन्द्र में धार्मिक शिक्षा, व्यावसायिक शिक्षा, आत्मज्ञान की शिक्षा, साहित्य, दर्शन, धर्म (नियम) आदि सभी की शिक्षा एक ही केन्द्र में सम्भव थी। यद्यपि प्रत्येक अध्यापक

किसी-न-किसी विषय का विशेषज्ञ होता था, फिर भी इस प्रकार के सर्वतोमुखी शिक्षा-केन्द्रों का स्नातक होने के कारण उसका ज्ञान संकुचित नहीं रहता था। विशेषज्ञ होना ही नहीं, वरन् बहुज्ञता ही विद्या का आदर्श था। इस शिक्षा-पद्धति के विद्यार्थी विशेषज्ञ होने के साथ ही अन्य विषयों से भी अवगत होते थे।

2.11 स्वायत्त शिक्षा संस्थाएँ

यद्यपि राजा-महाराजे, धनी तथा अन्य लोग शिक्षा के लिए दान देते थे परन्तु उनका किसी भी प्रकार से शिक्षा में हस्तक्षेप नहीं था।

जनसाधारण की शिक्षा: अंतिम बात इस पद्धति में यह है कि प्रत्येक बालक की शिक्षा का प्रबन्ध था। उसकी निर्धनता उसे उच्चतम शिक्षा पाने से भी रोक न सकती थी। बौद्धिक तथा नैतिक क्षमता एवं अध्यवसाय रहने पर हर प्रकार की शिक्षा मिल सकती थी। उस समय सार्वदेशिक अथवा जनसाधारण की शिक्षा सम्भव थी जिससे अश्वपति कैकेय जैसे राजा इस बात का दावा कर सकते थे कि उनके राज्य में कोई अशिक्षित नहीं है।

2.12 नि:शुल्क शिक्षा

छात्रों से किसी भी प्रकार का शुल्क नहीं लिया जाता था। अपनी शिक्षा समाप्त करने के पश्चात छात्र अपने गुरु को गुरु दक्षिणा दिया करते थे।

अनिवार्य शिक्षा: कुछ लेखकों के विचार में शिक्षा सार्वभौमिक थी। मनु का कथन था, "राज्य और समाज को 5 या 8 वर्ष की आयु के पश्चात् बालकों और बालिकाओं के लिए शिक्षा अनिवार्य बना देनी चाहिए और जो व्यक्ति अपने बच्चों को इस आयु के पश्चात् घर पर रखे, उसे दण्ड देना चाहिए।"

व्यक्तिगत सम्पर्क: प्राचीन काल में गुरु के पास छात्रों की संख्या कम होती थी। छात्र गुरु के आश्रम में ही रहते थे। अत: व्यक्तिगत सम्पर्क 24 घण्टे रहता था।

2.13 कक्षा नायक पद्धति (Monitorial System)

कभी कभी एक अध्यापक के पास छात्रों की संख्या बढ़ जाती थी। एक ही समय में सभी स्तर के बालकों को शिक्षा देना अध्यापक के लिए सम्भव न था। अत: अध्यापक निम्न कक्षाओं के छात्रों को पढ़ाने के लिए उच्च स्तर अथवा कक्षाओं के छात्रों की सहायता लेते थे। इस पद्धति के तीन लाभ थे। एक: गुरु की सहायता होती थी। दूसरे: गुरु की अनुपस्थिति में भी शिक्षा कार्य होता रहता था। तीसरे: कुछ समय पश्चात् कक्षा-नायक शिक्षण कार्य में प्रशिक्षित हो जाते थे।

अंग्रेजी शिक्षाविद बेल और लेकास्टर ने भारत की कक्षा नायकीय प्रणाली से प्रभावित होकर उसका इंग्लैंड में सूत्रपात किया।

2.14 शिक्षण विधियाँ

माना जाता है कि प्रत्येक गुरु की अपनी-अपनी शिक्षण विधियां थी। स्मृति चन्द्रिका में शिक्षण के लिए निम्नलिखित सोपानों का उल्लेख किया है–

1. शुश्रूषा (सेवा), 2. श्रवणम् (सुनना), 3. ग्रहणम् (ग्रहण करना), 4. धारणम् (मनन करना), 5. ऊहापोह: (शंका समाधान), 6. तर्क-विर्तक, 7. ज्ञान की वास्तविक प्राप्ति।

2.15 नारी शिक्षा

उत्तर वैदिक काल में भी नारी-शिक्षा की व्यवस्था थी। नारी की स्थिति सम्मानजनक थी। नारियां अध्यापन कार्य भी करती थीं। बालिकाओं की शिक्षा प्राय: घर पर ही होती थी। परन्तु धीरे-धीरे नारी-शिक्षा के प्रसार तथा प्रगति में कमी आने लगी।

2.16 सीखने की विधियां

विद्या किस-किस प्रकार और किन कर्मों से प्राप्त होती है?

चतुर्भि: प्रकारैर्विद्योपयुक्ता भवति।
आगमकालेन स्वाध्यायकालेन प्रवचनकालेन व्यवहारकालेनेति।।

—महा० अ० 1/1/1 आ० 1

विद्या चार प्रकार से आती है—आगम, स्वाध्याय, प्रवचन और व्यवहारकाल से।

आगमकाल उसे कहते हैं कि जिसमें मनुष्य सावधान होकर, ध्यान देके पढ़ानेवाले से विद्यादि पदार्थ ग्रहण कर सके।

स्वाध्यायकाल उसे कहते हैं कि पठन-समय में आचार्य के मुख से जो शब्द, अर्थ और सम्बन्धों की बातें प्रत्यक्ष हों, उन्हें एकान्त में स्वस्थचित्त होकर पूर्वापर विचार के हृदय में ठीक-ठीक दृढ़ कर सके।

प्रवचनकाल: जिसमें दूसरे को प्रीति से विद्याओं को पढ़ा सकना।

व्यवहारकाल उसे कहते हैं कि जब अपने आत्मा में सत्यविद्या होती है, तब यह करना, यह न करना, वही ठीक-ठीक सिद्ध होके वैसा ही आचरण करना हो सके।

महाभारत में कहा गया है कि किसी प्रकार से निम्न चार दोष नहीं होने चाहिए।

आलस्यं मदमोहौ च चापलं गोष्ठिरेव च।
स्तब्धता चाभिमानित्यं तथाऽत्यागित्वमेव च।।

एतै वा अष्ट दोषा: स्यु सदा विद्यार्थिनां मता:।।१।।
सुखार्थिन: कुतो विद्या कुतो विद्यार्थिन: सुखम्।

सुखार्थी जा त्यजेद्विद्यां विद्यार्थी या त्यजेत्सुखम्।।२।।

आलस्य-शरीर और बुद्धि में जड़ता, नशा, मोह-किसी वस्तु में फँसावट, चपलता और इधर-उधर की व्यर्थ कथा कहना-सुनना, पढ़ते-पढ़ते रुक जाना, अभिमानी और अत्यागी होना, ये आठ दोष विद्यार्थियों में होते हैं।।१।।

जो ऐसे हैं उन्हें विद्या कभी नहीं आती। सुख भोगने की इच्छा करनेवाले को विद्या कहाँ? और विद्या पढ़नेवाले को सुख कहाँ? क्योंकि विषय-सुखार्थी विद्या और विद्यार्थी विषय-सुख को छोड़ दे।।२।।

2.17 छात्र जीवन तथा कर्त्तव्य

उत्तर वैदिक काल में छात्रों के लिए निश्चित नियम थे, जिनका कठोरता से पालन आवश्यक था। वे ब्रह्ममुहूर्त में उठकर नित्य कर्म से निपटकर आश्रम के लिए कुश, जल और समिधा लाते थे। गायों को दुहकर, दुग्ध-पान कर गुरु जी के पास अध्ययन के लिए जाते थे। पहला पाठ सुनाने पर ही गुरु अगला ज्ञान देते थे। दोपहर में छात्र भिक्षा लाकर गुरु पत्नी को देते थे।

शिष्य के मुख्यत: दो प्रकार के कर्त्तव्य होते थे–बाह्य व्यावहारिक तथा आन्तरिक आध्यात्मिक। बाह्य व्यावहारिक कर्त्तव्य चार प्रकार के थे–भिक्षाटन, अग्निरक्षण, गोपालन और स्वाध्याय।

आन्तरिक आध्यात्मिक कर्त्तव्यों में उच्चतम ज्ञान को जीवन का लक्ष्य बनाने और उसकी प्राप्ति के लिए सदा प्रयत्न, गुरुसेवा, योग, उपासना सम्मिलित किए जाते थे।

इस प्रकार शिष्य अपने कर्त्तव्यों का पालन करता हुआ गुरु गृह में निवास करता था। यही नहीं, शिक्षा पूरी कर लेने के उपरान्त वह अपने गुरु के प्रति कृतज्ञता अनुभव करता हुआ उसकी विद्या परम्परा को जीवित रखने का प्रयत्न करता रहता था।

अति भोजन, मांस, मधुपान छात्रों के लिए वर्जित थे।

विद्यार्थियों का जीवन सादगी, शिष्टाचार, मर्यादा तथा आत्मसंयम से पूर्ण होता था।

उपनयन संस्कार के बाद बालक ब्रह्मचारी माना जाता था। प्राचीन गुरुकुल प्रणाली में ब्रह्मचर्य को विशेष महत्त्व दिया जाता था। सम्पूर्ण शिक्षा वास्तव में ब्रह्मचर्य की ही शिक्षा थी।

2.18 परीक्षा

शिक्षा-समाप्ति पर विशेष परीक्षाओं का प्रबन्ध न था। गुरु का संतोष ही सबसे बड़ी परीक्षा थी। जब बुद्धकालीन प्रसिद्ध वैद्य, जीवक, सात वर्ष तक्षशिला में आयुर्वेद का अध्ययन करके चलने लगा तो उसके गुरु को संतोष न था कि उसे पूर्ण आयुर्वेद का ज्ञान हो गया है और उसने यह स्पष्ट भी कर दिया था। वेदोपनिषत्काल में समावर्तन के बाद योग्य विद्यार्थियों को गुरु परिषदों में ले जाते थे तथा वहाँ शास्त्रार्थों द्वारा वे योग्यता प्रमाणित करके परिषद् की सदस्यता प्राप्त करते थे। सम्भवत: ये शास्त्रार्थ ही परीक्षा का कार्य करते थे। चरक ने भी विद्वत्परिषेदों में शास्त्रार्थों द्वारा वैद्यों के क्रम के निर्धारण का वर्णन किया है। राजशेखर ने भी राजदरबार में ऐसी ही परीक्षा का वर्णन किया है। परन्तु इन परीक्षाओ से यह स्पष्ट है कि वे किसी निम्नतम ज्ञान की द्योतक न थीं, जैसे आधुनिक परीक्षायें, अपितु किसी सभा तथा परिषद् में ज्ञान के अनुसार क्रम की ही परिचायक थीं।

प्रसिद्ध विद्वानों तथा शिक्षा-केन्द्रों द्वारा ही किसी भी स्नातक के निम्नतम ज्ञान का अनुमान कर लिया जाता था। दूसरे शब्दों में जिस बात का परिचय आधुनिक प्रमाणपत्रों से मिलता है, वह उस समय केवल गुरु तथा शिक्षा-केन्द्र के नाम से हो जाता था। ह्वेनसांग ने इसी हेतु लिखा है कि लोग नालंदा का नाम चुराकर उसके द्वारा अपने को प्रसिद्ध करते थे। इसी दोष को रोकने के लिये पाल राजाओं ने विक्रमशिला के स्नातकों को प्रमाणपत्र देने की विधि निकाली थी। अन्य राजदरबार भी विद्वानों को उपाधियों से विभूषित करते थे।

2.19 विद्यालय भवन

डॉ. आल्तेकर ने इस संबंध में लिखा है, "अच्छे मौसम में कक्षाएँ वृक्षों की छाया में होती होंगी, किन्तु वर्षा ऋतु में किसी प्रकार के साधारण आच्छादन की व्यवस्था अवश्य होगी। जहाँ तक मन्दिरों में शिक्षा ग्रहण करने वाले छात्रों का प्रश्न है, वहां उनके लिए भव्य और विशाल भवन थे।"

प्रकृति से सम्पर्क: प्राचीन काल में गुरुकुल जहां छात्र गुरु के चरणों में बैठकर ज्ञान का संचय करते थे, वे तपोवनों मे थे। छात्र प्रकृति के सुरम्य दृश्यों को देखते थे। इस प्रकार उनके शारीरिक तथा मानसिक विकास पर अत्यन्त स्वस्थ प्रभाव पड़ता था। इस सन्दर्भ में रवीन्द्रनाथ टैगोर ने इस प्रकार विचार व्यक्त किए हैं, "भारत के वनों में सभ्यता की जो धारा प्रवाहित हुई, उसने सम्पूर्ण भारत को आप्लावित कर दिया।"

शिक्षा की अवधि: गुरु-गृह में शिक्षा की अवधि 25 वर्ष तक होती थी। उसके उपरान्त व्यक्ति गृहस्थ आश्रम में प्रवेश करता था। वैसे अनेक छात्र ऐसे थे जो 48 वर्ष की आयु तक भी अध्ययन करते थे। एक वेद के अध्ययन के लिए 12 वर्ष का समय था। विभिन्न लेखकों ने शिक्षा की अवधि पृथक्-पृथक् बताई है। इस संबंध में एक मत नहीं है।

2.20 शैक्षिक संस्थाएँ

उत्तर वैदिक काल में निम्न प्रकार की शैक्षिक संस्थाएं थी-

1. **गुरुकुल:** अलग से विस्तारपूर्वक चर्चा की गई है।
2. **टोल:** टोल में संस्कृत पढ़ाई जाती थी। एक टोल में एक ही शिक्षक होता था। इस प्रकार के टोल बंगाल में मुख्य तौर पर थे।
3. **चरण:** वेदों के केवल एक अंग की शिक्षा चरण में दी जाती थी। एक चरण में एक ही शिक्षक होता था।
4. **घटिका:** घटिका में दर्शन तथा धर्म की शिक्षा दी जाती थी। एक घटिका में अनेक शिक्षक पढ़ाते थे।
5. **विद्यापीठ:** विद्यापीठ में व्याकरण तथा तर्कशास्त्र की शिक्षा दी जाती थी।
6. **परिषद्:** एक परिषद् में विभिन्न विषयों की शिक्षा दी जाती थी।
7. **विशिष्ठ विद्यालय:** विशिष्ठ विद्यालय में केवल एक विषय की शिक्षा दी जाती थी। जैसे वैदिक विद्यालय में वेदों की तथा सूत्र विद्यालय में यज्ञ, हवन आदि की शिक्षा का प्रावधान था।
8. **ब्राह्मणीय महाविद्यालय:** ब्राह्मण महाविद्यालय में चार विषय पढ़ाए जाते थे जैसे दर्शन, पुराण, कानून तथा व्याकरण। इस कारण इस विद्यालय को 'चतष्पथी' भी कहा जाता था। इस प्रकार के महाविद्यालय में केवल एक ही शिक्षक पढ़ाया करता था।
9. **मन्दिर महाविद्यालय:** मन्दिर महाविद्यालय प्राय: मन्दिरों से सम्बद्ध थे। इन महाविद्यालयों को मन्दिर महाविद्यालय कहा जाता था। इन में धर्म, दर्शन, वेदों तथा व्याकरण आदि की शिक्षा दी जाती थी। इस प्रकार के मन्दिर महाविद्यालय दक्षिण भारत में थे।
10. **विश्वविद्यालय:** कालान्तर में उच्च शिक्षा की कुछ संस्थाओं ने विश्वविद्यालयों का रूप धारण कर लिया। इनमें तीनों प्रकार की शिक्षा अर्थात धार्मिक, आध्यात्मिक तथा

भौतिक दी जाती थी। वेदों तथा दर्शनों के अतिरिक्त इनमें वाणिज्य, चित्रकला, चिकित्साशास्त्र आदि की विभिन्न शिक्षकों द्वारा शिखा दी जाती थी। काशी, नालन्दा तथा तक्षशिला के विश्वविद्यालय बहुत ख्याति के थे।

11. **सभायें:** समय समय पर सभायें भी होती थी। जहां पर स्नातक तथा अध्यापक अपनी योग्यता का परिचय देते थे। इन सभाओं से भी विद्वान शिक्षा ग्रहण करते थे।

12. **भ्रमणकारी अध्यापक:** अनेक अध्यापक ऐसे भी थे जो कि स्थान-स्थान पर शिक्षा प्रदान करते थे।

13. **अग्रहार:** दक्षिण भारत में ग्राम पंचायतें तथा शासक कुछ गांव तथा भूमि शिक्षक ब्राह्मणों को दे देते थे जो उस आय से विद्यार्थियों का खर्च भी चलाते थे। ऐसे गांव अग्रहार कहलाते थे।

2.21 स्नातकों के कर्तव्य

शिक्षा प्राप्ति के पश्चात् शिष्य स्नातक का कर्त्तव्य होता है

1. सत्य का प्रचार करें।
2. आसुरी वृत्तियों को नष्ट करें।
3. ज्ञान का प्रचार करें।
4. जनता का मार्गदर्शन करें।
5. अपनी तेजस्विता स्थापित करें।
6. जनता को आचार की शिक्षा दें।
7. शिक्षा का प्रचार करे।
8. जनता को जागृत करे।
9. उच्च परम्पराओं को जीवित रखे।
10. धार्मिक कार्यों का प्रचार करे।
11. जनता को आस्तिक बनाए।
12. शिष्य अपनी तपस्या से आचार्य को पूर्ण करता है।
13. जनता को ज्ञान बताए।
14. जनता में सद्भावनाओं को जागृत करे।

2.22 दीक्षान्त अथवा समावर्तन उपदेश

तैत्तिरीय उपनिषद में स्नातकों के लिए निम्न उपदेश का विवरण है जो कि नीचे दिया जा रहा है।

1. सर्वदा सत्य बोलना।
2. अपने कर्त्तव्य का पालन करना।
3. स्वाध्याय में प्रमाद न करना।
4. सत्य से न हटना।
5. धर्म से न हटना।
6. महान बनने के सुअवसर से न चूकना।

7. वेदों के पठन-पाठन के कर्तव्य में प्रमाद नत करना।
8. देव यज्ञ और पितृ यज्ञ (माता पिता की सेवा) अवश्य करना।
9. माता को देवी समझना।
10. पिता को देव समझना।
11. आचार्य को देव समझना।
12. अतिथि को देव समझना।
13. दोष-रहित कार्य ही करना अन्य नहीं।
14. हमारे अच्छे कार्यों का अनुकरण करना अन्य का नहीं।
15. जो ब्राह्मण अथवा विद्वान हम से श्रेष्ठ है, उन्हें आसन देकर उन का सम्मान करना।
16. जो दान देना हो, उसे श्रद्धा से देना, प्रसन्नता से देना, शीलपूर्वक देना।
17. शिष्टाचार अथवा धर्म के बारे में कोई रोक हो तो समदर्शी विद्वानों से परामर्श करना।
18. समदर्शी विद्वानों जैसा व्यवहार करना।
19. यही तुम्हें आदेश है। यही उपदेश है। 'वेद' और 'उपनिषद' का तत्व यही है। यही अनुशासन है। तुम इसी की उपासना करना, तुम इसका इसी रूप में पालन करना।

2.23 योग शिक्षा

योग शिक्षा वैदिक काल में पाठ्यक्रम का अभिन्न अंग थी। योग का वर्णन प्राय: समस्त वैदिक साहित्य में आता है। जहां पर योग का संक्षिप्त विवरण दिया जा रहा है।

योग का अर्थ – योगशास्त्र नामक प्राचीन पुस्तक के रचयिता पतंजलि (ई.पू. दूसरी शताब्दी) के अनुसार योग मन की प्रवृत्तियों को नियंत्रित करने की एक विद्या है। कुछ विद्वानों के अनुसार योग का अर्थ है आत्मा का परमात्मा या ईश्वर से मिलन। योग का वर्णन शरीर, मन और आत्मा से सामंजस्यपूर्ण विकास के लिए अपनाई जाने वाली जीवन शैली के रूप में भी किया जाता है। योग क्या नहीं है? प्राय: योग का अर्थ समझने में हम भूल कर जाते हैं और इसका अर्थ शरीर को स्वस्थ बनाए रखने के लिए किए जाने वाले कुछ व्यायाम या आसन मान बैठते हैं। यह योग का बहुत संकर्ण अर्थ या अवधारणा है। यह मात्र एक शारीरिक क्रिया या व्यायाम नहीं है। यह उससे काफी अधिक और काफी ऊपर है।

योग की प्रकृति – योग का उद्देश्य व्यक्ति की इच्छाओं और आकांक्षाओं को निर्यंत्रित करना है। योग आत्मा के वास्तविक स्वरूप को समझने का प्रयास करता है। इसे इच्छाओं और आकांक्षाओं को निर्यंत्रित करके वास्तविक अर्थों में समझा जा सकता है। योग की अवस्था इच्छाओं और वासनाओं को निर्यंत्रित करके प्राप्त की जा सकती है। जिस प्रकार हम अशांत जल में अपना सही प्रतिबिंब नहीं देख सकते उसी प्रकार यदि हमारा मन अस्थिर और अनिर्यंत्रित हो तो हम ईश्वर को नहीं समझ सकते। ईश्वर की झलक पाने के लिए योग का चिंतन आवश्यक है।

योग के घटक

योग के आठ घटक हैं जिसे अष्टांग कहते हैं। ये हैं–यम, नियम, आसन, प्राणायाम, प्रत्याहार, धारणा, ध्यान और समाधि। योग के इन घटकों या अंगों की साधना करके अज्ञान को दूर किया जा सकता है और वास्तविक ज्ञान की प्राप्ति की जा सकती है। जैसे-जैसे

साधक अपनी साधना में ऊपर उठता जाता है वैसे-वैसे उसका अज्ञान दूर होता जाता है और उसमें ज्ञान जागृत होता जाता है। अतः योग का मुख्य उद्देश्य अज्ञान को दूर भगाना और ज्ञान प्राप्त करना है। अब हम योग के इन आठ घटकों या अंगों की अलग से चर्चा करेंगे।

योग के चरण या उसकी विभिन्न शाखाएँ – पतंजलि ऋषि के अनुसार योग के निम्नलिखित आठ अंग हैं–

1. यम, 2. नियम, 3. आसन, 4. प्राणायाम, 5. प्रत्याहार, 6. धारणा, 7. ध्यान, 8. समाधि।

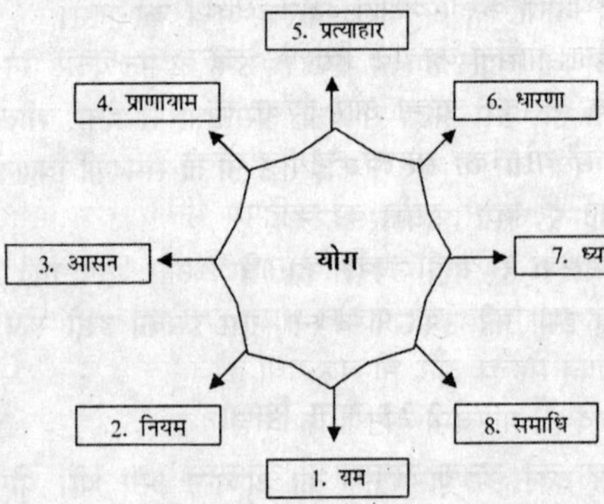

चित्रः योग के आठ अंग

1. **यम (*आत्म नियंत्रण*)**: इसमें मात्र व्यक्ति के लिए नैतिक आचरण का उल्लेख है और इसमें सत्य, ब्रह्मचर्य, अस्तेय, निग्रह तथा अहिंसा का सिद्धांत अंतर्निहित है।

2. **नियम (*अनुपालन*)**: इसका अर्थ है तप, शौच, संतोष, धर्मग्रंथों के पाठ और स्वयं को ईश्वर के प्रति समर्पित करके आत्मशुद्धि करना।

3. **आसन (*मुद्राएँ*)**: इसमें स्वास्थ्य की प्राप्ति और मन की शुद्धि करने के लिए कतिपय शारीरिक व्यायाम करना अंतर्निहित है। विभिन्न आसनों को शताब्दियों के प्रयास से विकसित किया गया है और इनसे शरीर की प्रत्येक मांसपेशी, तंत्रिका और ग्रंथी के व्यायाम में सहायता मिलती है।

4. **प्राणायाम (*साँस का नियंत्रण*)**: यह श्वसन तंत्र को सुदृढ़ बनाने, रक्त को शुद्ध करने और मस्तिष्क को शांत रखने के लिए किया जाने वाला कार्य है।

5. **प्रत्याहार (*इंद्रिय-निग्रह*)**: इसका अर्थ है इंद्रियों को विषयों से हटाना। यह अष्टांग योग के अंतर्गत एक बहिरंग साधन है जिसमें इंद्रियों को उनके विषयों से हटाकर चित्त के समान निरुद्ध करते हैं।

6. **धारणाः** इसका अर्थ है मस्तिष्क में कोई एक वस्तु या बिंदु को धारण करने की शक्ति।

7. **ध्यानः** इसका अर्थ है प्रयास द्वारा सर्वव्यापी ईश्वर का चिंतन करना और उसी पर अपना ध्यान केंद्रित करना।

8. **समाधिः** यह योग का अंतिम चरण या अंग है। इस चरण में योगी स्वयं को परमात्मा में लीन कर देता है और अपने मन को ईश्वर पर केंद्रित कर देता है यद्यपि वह

सजग और सचेत रहता है।

मानसिक प्रक्रिया के नियामक तत्त्व – 1. *साधना:* किसी अवस्था या स्थिति को स्थाई रूप प्रदान करने के लिए साधना आवश्यक है। यदि साधना निरंतर और समर्पण भाव से की जाए तो इसमें कोई संदेह नहीं है कि उससे कार्य की सिद्धि होगी।

2. ***वैराग्य:*** इसका अर्थ है विषय वासना और सांसारिक संबंधो से मन का उचट जाना। साधक की इस दशा को वैराग्य कहते हैं।

3. ***ईश्वर के प्रति समर्पण:*** यह भी योग का एक घटक है। इसका अर्थ है ईश्वर के साथ एकात्मकता स्थापित करना अर्थात् उसके साथ एकाग्र हो जाना या स्वयं को ईश्वर के प्रति समर्पित कर देना। प्रार्थना का एक विशिष्ट लक्ष्य है व्यक्ति मात्र को ईश्वर के इतने निकट होना चाहिए कि उसकी आत्मा और ईश्वर के बीच कोई भेद ही न रह जाए।

आज के संदर्भ में योग का महत्त्व: योग न केवल स्वास्थ्य को उन्नत बनाने अपितु कुछ मानसिक रोगों को दूर करने, शरीर को कतिपय भंगिमात्मक दोषों को दूर करने तथा तनाव दूर करने और इसके साथ ही सर्वशक्तिमान ईश्वर के साधी एकात्मकता स्थापित करने का एक साधन है जो विश्व को प्राचीन भारत द्वारा प्रदत्त एक महत्त्वपूर्ण योगदान है। आधुनिक समय में इसका महत्त्व और भी बढ़ गया है जबकि हम भय, तनाव, विकृति और चिंताओं के बोझ से लदे हैं। पश्चिमी दुनिया के कुछ देशों में अब यह विश्वास किया जाने लगा है कि योग मनुष्य की अनेक समस्याओं का समाधान कर सकता है और मन की शान्ति दे सकता है।

2.24 उत्तर वैदिक काल में शिक्षा: संक्षेप में

उत्तर वैदिक काल शिक्षा पद्धति की महत्त्वपूर्ण विशेषताओं का सारांश नीचे दिया गया है–

1. शिक्षा का अर्थ था आध्यात्मिक और भौतिक विकास। तथापि, शिक्षा में बौद्धिक पहलू का स्थान सर्वोच्च था।
2. शिक्षा को मनुष्य का तृतीय चक्षु (तीसरी आँख) कहा जाता था।
3. शिक्षा को व्यक्ति मात्र में ईमानदारी, सच्चाई, गुरुजनों की आज्ञाकारिता आदि जैसे नैतिक मूल्यों का महत्त्व समझने की शक्ति विकसित करने का साधन समझा जाता था।
4. शिक्षा प्रणाली पूर्णत: सुसंगठित थी यद्यपि इस पर राज्य का नियंत्रण नहीं था।
5. शिक्षा गुरु के आश्रम में प्रदान की जाती थी अर्थात् शिक्षा की गुरुकुल पद्धति प्रचलित थी।
6. शिक्षा उन सभी लोगों के लिए मुक्त रूप से उपलब्ध थी जो इसे प्राप्त करना चाहते थे।
7. छात्रों से कोई शुल्क नहीं लिया जाता था। तथापि, शिक्षा के समापन पर छात्र अपने गुरु को गुरुदक्षिणा या वस्तु के रूप में स्वेच्छा से भुगतान या उपहार देते थे।
8. गुरु को समाज में काफी उच्च स्थान प्राप्त था।
9. महिलाएँ हर प्रकार की शिक्षा प्राप्त कर सकती थीं।

3

बौद्ध काल में शिक्षा तथा प्राचीन काल में शिक्षा के उच्च केन्द्र/विश्वविद्यालय

(Education in the Buddhist Period and Centres of Higher Education/Universities in Ancient India)

3.1 बौद्ध दर्शन तथा शिक्षा के स्रोत

बौद्ध काल में शिक्षा के अर्थ शिक्षण विधि तथा शिक्षा व्यवस्था आदि को समझने के लिए आवश्यक है कि बौद्ध दर्शन पर प्रकाश डाला जाए। बौद्ध काल के दर्शन तथा शिक्षा के प्रमुख स्रोत निम्न दिए गए हैं–

1. **पिटक:** एक लम्बे समय तक महात्मा बुद्ध के उपदेशों के गुरु अपने शिष्यों अथवा छात्रों को याद कराते रहे। इन उपदेशों को श्रीलंका के सम्राट वरधमणि के शासन काल में ईसा पू० 80 में लिपिबद्ध किया गया। तीन पिटकों (बौद्ध दर्शन लिखित तार के पत्तों से युक्त तीन पटरियां) को इस अवधि के दौरान अंतिम रूप दिया जा सका। ये तीनों रचना संग्रह त्रिपिटक भी कहलाते हैं।

पिटकों को जनसाधारण की भाषा पाली में लिखा गया। पिटकों में तीन रचना-संग्रह हैं–(i) सुत्त या कथा, (ii) विनय या अनुशासन और (iii) अभिधर्म या सिद्धांत।

2. **मिलिंद पन्हा (राजा मिलिंद के प्रश्न):** यह बौद्ध विद्वान नागसेन और यूनानी राजा मिनांदर (125-95 ई.पू.) के बीच एक संवाद है।

3. **जातक:** यह भगवान बुद्ध के जीवन पर 551 कथाओं, आख्यानों और पहेलिकाओं का संग्रह है। ये भगवान बुद्ध के उपदेशों को जानने के सर्वाधिक महत्त्वपूर्ण साधन हैं। प्रत्येक कथा बुद्ध के किसी एक पूर्वजन्म की कथा है। विभिन्न कथाएँ भगवान बुद्ध के विभिन्न पूर्वजन्मों–साधु, राजकुमार, देव, दास, महिला, पशु और पक्षी के रूप में–की कथा है।

बौद्ध साहित्य पाली या प्राकृत भाषाओं में लिखे गए थे, जो जन-साधारण की भाषा थी, जबकि वैदिक साहित्य की रचना संस्कृत भाषा में की गई थी।

3.2 महात्मा बुद्ध (563-483 ई.पू.)

महात्मा बुद्ध के बचपन का नाम सिद्धार्थ था। इनका जन्म लगभग 563 ई.पू. में शाक्य वंश के राजपरिवार में लुंबिनी नामक स्थान (अब नेपाल में) पर हुआ था। सिद्धार्थ के

पिता महाराज शुद्धोदन कपिलवस्तु के राजा थे। उनकी माता मायादेवी का देहावसान उनके जन्म के तुरंत बाद हो गया था। सिद्धार्थ को बचपन में एक राजकुमार को उपलब्ध सारी सुविधाएँ दी गई और इन्हें राजगद्दी सँभालने के लिए प्रशिक्षित किया गया। उन्नीस वर्ष की आयु में सिद्धार्थ का विवाह एक सुंदर राजकुमारी यशोधरा के साथ कर दिया गया। किंतु सिद्धार्थ का मन सांसारिक सुख और आनंद में कभी नहीं लगा।

चार दृश्य जिन्हें देखकर सिद्धार्थ ने सन्यास धारण करने का निश्चय किया: समय बीतने के साथ सिद्धार्थ के मन में जीवन के चार प्रश्न उमड़-घुमड़कर आने लगे। चार दृश्यों (एक वृद्ध व्यक्ति, एक रोगी व्यक्ति, एक तपस्वी और एक मृत व्यक्ति के दृश्य) को देखकर वे सांसारिक जीवन का त्याग करने के बारे में सोचने लगे। उन्हें अपने महल के जीवन में कोई रुचि नहीं थी। उनतीस वर्ष की आयु में एक रात्रि उन्होंने चुपचाप अपना गृहत्याग किया और सन्यासी का जीवन व्यतीत करने लगे।

सिद्धार्थ को ज्ञान की प्राप्ति हुई: सिद्धार्थ लगभग सात वर्षों तक एक स्थान से दूसरे स्थान पर घूमते रहे। उन्होंने कठोर साधना की। अंत में जब वे बोधगया में एक पीपल के वृक्ष के नीचे बैठे हुए थे, उन्हें उस ज्ञान की प्राप्ति हुई जिसकी तलाश में वे भटक रहे थे। इसके बाद उन्हें बुद्ध या गौतम बुद्ध कहा जाने लगा। बुद्ध ने अपना पहला उपदेश वाराणसी के निकट सारनाथ में दिया। उसके बाद से उन्होंने उपदेश देना और चिंतन करना जारी रखा। गौतम बुद्ध की मृत्यु 483 ई.पू. में 80 वर्ष की आयु में कुशीनारा (कुशीनगर) में हुई।

3.3 भगवान बुद्ध के उपदेश

भगवान बुद्ध के सिद्धांत: चार उदात्त सत्य तथा अष्ट मार्ग

चार सत्य: मनुष्य के दुखों, उनके कारणों, दुख को दूर करने की संभावना और ऐसा करने के मार्गों से संबंधित हैं। पहला सत्य यह है कि संसार में दुख या विपत्ति है। दूसरा सत्य यह है कि इस दुख के कुछ कारण होते हैं। तीसरा सत्य यह है कि दुख को दूर किया जा सकता है और चौथा सत्य यह है कि दुख को दूर करने के उचित मार्ग हैं तथा इस मार्ग के बारे में ज्ञान प्राप्त करना होता है। बुद्ध के अनुसार मनुष्य का जन्म ही उसके दुखों का कारण है, मनुष्य की इच्छाएँ उसके दुखों को और बढ़ाती हैं तथा दुख को दूर करने के लिए मनुष्य के लिए अपनी इच्छाओं का दमन करना आवश्यक है तथा इच्छाओं का दमन निम्नलिखित आठ मार्गों का अनुसरण करके किया जा सकता है–(i) सम्यक दृष्टि, (ii) सम्यक संकल्प, (iii) सम्यक वाक अथवा वचन, (iv) सम्यक कर्मांत अथवा कर्म, (v) सम्यक आजीव अथवा आजीविका, (vi) सम्यक प्रयत्न, (vii) सम्यक विचार और (viii) सम्यक ध्यान या समाधि। इन अष्ट मार्गों के अनुसरण से इच्छाओं को समाप्त करके मोक्ष की प्राप्ति की जा सकती है।

निर्वाण (मोक्ष)–चरम लक्ष्य: सम्यक वाक, सम्यक कर्मांत और सम्यक आजीव से मनुष्य में शारीरिक नियंत्रण या शील का समावेश होता है। इन तीन से मनुष्य मानसिक नियंत्रण या समाधि की स्थिति में आता है। सम्यक दृष्टि और सम्यक संकल्प का अनुसरण करने पर मनुष्य में अंतर्दृष्टि या प्रज्ञा विकसित होती है। प्रज्ञा से ही मनुष्य मात्र मोक्ष या निर्वाण की प्राप्ति कर सकता है। वास्तव में निर्वाण का ठीक-ठीक अर्थ बता पाना अत्यंत

कठिन है। किंतु सामान्यत: इसका अर्थ होता है सभी इच्छाओं या कामनाओं का अंत तथा जन्म व मृत्यु के चक्र से मुक्ति। यह शाश्वत शान्ति और परमानंद है जिसमें दुख, कामना, रोग तथा जन्म और मृत्यु की पीड़ा का कोई स्थान नहीं होता।

आचार संहिता और अच्छे कर्मों का महत्त्व: भगवान बुद्ध ने दृढ़तापूर्वक उपदेश दिया कि मनुष्य धार्मिक अनुष्ठानों द्वारा नहीं बल्कि दैनिक जीवन में नैतिक और चारित्रिक सिद्धांतों को अपनाकर आनंद की प्राप्ति कर सकता है। सत्यनिष्ठा, उदारता, शुद्धता और कामनाओं पर नियंत्रण आचार संहिता के मुख्य पहलू हैं।

मध्य मार्ग: भगवान बुद्ध ने दैनिक जीवन में मध्य मार्ग को अपनाने की बात कही। उन्होंने अपने अनुयायियों को अत्यधिक तप और अत्यधिक विलासिता, दोनों से बचने की सलाह दी। बुद्ध आदर्शवादी भी थे और व्यवहारवादी भी। उन्होंने इस तथ्य को पूर्णत: स्वीकार किया था कि चरम तप और चरम विलासिता गृहस्थों के हित में नहीं है।

समानता–जाति प्रथा को अस्वीकार करना: बुद्ध ने कहा, "जन्म द्वारा नहीं बल्कि केवल अपने आचरण द्वारा ही मनुष्य निम्न जाति का बनता है या उच्च कुलीन ब्राह्मण बनता है।"

अहिंसा: बुद्ध ने सभी प्राणियों के प्रति अहिंसा पर बल दिया। उन्होंने कहा, "कोई व्यक्ति युद्ध में हज़ारों व्यक्तियों पर विजय प्राप्त कर सकता है किंतु जो स्वयं पर विजय प्राप्त कर सकता है वही महानतम विजेता है।" अहिंसा का अर्थ है शारीरिक और मानसिक दोनों ही प्रकार की हिंसा का अभाव।

ईश्वर के अस्तित्व पर मौन: बुद्ध ने ईश्वर के अस्तित्व के संबंध में सभी दार्शनिक अटकलबाजियों से बचने की सलाह दी।

आत्मा में अविश्वास: बुद्ध आत्मा के अस्तित्व में विश्वास नहीं करते थे।

धार्मिक अनुष्ठानों और यज्ञों पर अविश्वास: बुद्ध उदात्त कर्म में विश्वास करते थे। उनके उपदेश अत्यधिक सरल थे। उन्हें वेदों और ब्राह्मणों की सर्वोच्चता में कोई विश्वास नहीं था। बुद्ध ने वेदों के प्राधिकार पर प्रश्न उठाया।

पुनर्जन्म और कर्म सिद्धांत पर विश्वास: इनका विश्वास था कि यह एक शाश्वत नियम है कि मनुष्य अपने कर्मों का ही फल पाता है और वह अपने कर्म के परिणाम से बच नहीं सकता।

उचित सम्यक आजीव अथवा आजीविका: जब भगवान बुद्ध के अनुयायियों ने उनसे सम्यक आजीव की अवधारणा को अधिक स्पष्टतापूर्वक परिभाषित करने को कहा तो उन्होंने उनके मार्गदर्शन हेतु निम्नलिखित सिद्धांतों का प्रतिपादन किया–

1. किसी भी जीवित प्राणी की हत्या मत करो, 2. ऐसी कोई भी वस्तु ग्रहण न करो जो तुम्हें दी गई हो, 3. असत्य भाषण मत करो, 4. अशुद्ध आचरण मत करो, 5. मादक पेय पदार्थों का सेवन मत करो।

बुद्ध के अनुसार, "हमें क्रोध पर दयालुता द्वारा और बुराई पर अच्छाई द्वारा विजय प्राप्त करनी चाहिए।"

3.4 विभिन्न स्तरों पर शिक्षा व्यवस्था

प्राथमिक स्तर पर शिक्षा –प्राथमिक स्तर पर निम्नलिखित प्रमुख तथ्य दृष्टिगोचर होते हैं:

1. **शिक्षा बिना किसी भेदभाव के:** प्राथमिक शिक्षा की व्यवस्था केवल बौद्ध धर्म मानने वालों के नहीं थी वरन् सभी जातियों के बालकों को उपलब्ध थी।

2. **शिक्षण स्थल:** प्राथमिक शिक्षा बौद्ध मठों तथा विहारों में बौद्ध भिक्षुओं द्वारा दी जाती थी।

3. **बालिकाओं की शिक्षा:** आरम्भ में मठों में केवल भिक्षु ही रहते थे। अत: बालकों को ही शिक्षा दी जाती थी। परन्तु कालान्तर में बालिकाओं को भी प्राथमिक शिक्षा मठों में दी जाने लगी। उन्हें भिक्षुणीयां शिक्षा प्रदान करती थीं।

4. **प्रवेश:** सातवीं शताब्दी में चीनी यात्री आइसांग (I-Tsang) जो भारत में आया उसके अनुसार प्राथमिक शिक्षा आरम्भ करने की आयु 6 वर्ष की थी। प्रथम शिक्षा की अवधि साधारणत: 6 वर्ष की थी।

5. **पाठ्यक्रम:** चीनी यात्री हुएनसांग (Hieun Tsang) ने प्राथमिक शिक्षा के पाठ्यक्रम का विवरण इस प्रकार दिया है—बालकों को पहले 6 महीनों में सिद्धिरस्तु (Sidhhirastu) नाम की बालपोथी पढ़ाई जाती थी। इस पोथी में 12 अध्याय थे तथा वर्णमाला के 49 अक्षर। क्रमानुसार 300 से अधिक श्लोकों की रचना की गई थी। 16 मास के पश्चात् बालकों को इन पांच विषयों की शिक्षा दी जाती थी–(1) व्याकरण (2) तर्कशास्त्र (3) चिकित्सा (4) अध्यात्मक शास्त्र (5) शिल्प विद्या।

6. **शिक्षण विधि:** भिक्षु लकड़ी की तख्ती पर वर्णमाला के अक्षरों को लिखता था तथा साथ ही उसका उच्चारण करता था। शिष्य उसका उच्चारण करता था। इस प्रकार जब कुछ समय के पश्चात् छात्रों को अक्षरों का ज्ञान हो जाता था, वे उनको लिखते थे। बालक उनको कण्ठस्थ करते थे।

7. **शिक्षा का माध्यम:** प्राथमिक स्तर पर मठों में शिक्षण का माध्यम जन साधारण की भाषा पाली थी। वैदिक विद्यालयों में संस्कृत।

उच्च शिक्षा व्यवस्था – 1. ***सबके लिए शिक्षा:*** उच्च शिक्षा सभी धर्मों, सम्प्रदायों तथा जातियों के बालकों के लिए उपलब्ध थी।

2. ***प्रवेश की अवधि:*** उच्च शिक्षा का आरम्भ साधारणतया प्राथमिक शिक्षा समाप्त करने के पश्चात् होता था। अत: बालक इसका आरम्भ 12 वर्ष की आयु में करते थे। अध्ययन की अवधि 12 वर्ष की थी।

3. ***पाठ्यक्रम:*** पाठ्यक्रम मुख्यत: दो प्रकार का था–धार्मिक तथा लौकिक।

मुख्य धार्मिक विषय थे–बौद्ध धर्म, साहित्य, त्रिपिटक, विनय आदि।

लौकिक विषयों द्वारा छात्रों को जीवनयापन के लिए तैयार किया जाता था। इनमें प्रमुख विषय थे–तर्कशास्त्र, न्यायशास्त्र तथा चिकित्सा आदि।

शिक्षा का माध्यम: सामान्य रूप से शिक्षा का माध्यम पाली भाषा थी परन्तु वैदिक साहित्य का शिक्षण संस्कृत में किया जाता था। महात्मा बुद्ध ने भिक्षुओं को अपनी भाषा में बौद्ध धर्म की शिक्षाओं को सीखने की अनुमति प्रदान की थी।

शिक्षा के प्रसिद्ध विश्वविद्यालय: बौद्ध काल में शिक्षा के कई प्रसिद्ध विश्वविद्यालय थे जहां पर शिक्षा प्राप्त करने के लिए छात्र कोरिया, चीन, तिब्बत तथा चीन जैसे सुदूर देशों से आते थे। शिक्षा तथा दर्शन के क्षेत्र में भारत की अन्तर्राष्ट्रीय ख्याति में वृद्धि हुई।

प्रसिद्ध विश्वविद्यालय इस प्रकार थे:

1. नदिया विश्वविद्यालय पूर्वी बंगाल में, 2. वललभी विश्वविद्यालय पूर्वी काठियावाड़ में, 3. विक्रमशिला विश्वविद्यालय उत्तरी मगध में गंगा नदी के तट पर, 4. तक्षशिला महाविद्यालय रावलपिंडी के निकट, 5. नालन्दा विश्वविद्यालय बिहार राज्य में पटना से लगभग 80 किलोमीटर दूर दक्षिण में। *(विश्वविद्यालयों का विवरण अलग से दिया गया है।)*

3.5 बौद्धकाल शिक्षा की विशेषताएँ

1. बौद्ध शिक्षा का आरम्भ: बुद्ध शिक्षा महात्मा बुद्ध के विचारों को साकार रूप देने के लिए ईसा पूर्व 5वीं शताब्दी में अस्तित्व में आयी।

2. बौद्ध काल में शिक्षा के उद्देश्य: बौद्ध कालीन शिक्षा के निम्नलिखित उद्देश्य थे—

1. निर्वाण प्राप्ति के लिए शिक्षा, 2. चरित्र निर्माण के लिए शिक्षा, 3. बौद्ध धर्म के प्रचार के लिए शिक्षा, 4. सामाजिक कुशलता बढ़ाने के लिए शिक्षा, 5. देश-विदेश में बौद्ध धर्म के प्रचार के लिए शिक्षा, 6. भिक्षु तैयार करने के लिए शिक्षा।

3. पाठ्यक्रम—ब्राह्मणिक शिक्षा के समान बौद्धिक शिक्षा भी धर्मप्रधान थी। विनय, साहित्य तथा धर्म मुख्य विषय थे।

शिक्षा दो भागों में विभक्त थी। प्रारम्भिक शिक्षा में लिखना, पढ़ना और साधारण गणित का ज्ञान दिया जाता था।

उच्च शिक्षा में धर्म, शस्त्र, आयुर्वेद आदि सभी प्रकार की शिक्षा दी जाती थी।

धार्मिक विषयों को पढ़ाने का उद्देश्य भिक्षुओं को निर्वाण प्राप्त करने की योग्यता प्रदान करना था। यह पाठ्यक्रम भिक्षु और भिक्षुणियों दोनों के लिए था। उन्हें बौद्धिक धर्म साहित्य-त्रिपिटक आदि का अध्ययन, मठों और विहारों के निर्माण का व्यावहारिक ज्ञान, विहारों को दिए गए दान आदि का लेखा-जोखा रखना सिखाया जाता था।

तुलनात्मक शिक्षा के लिए वेदों का ज्ञान भी दिया जाता था। वैदिक शिक्षा के सभी विषय बौद्धकालीन विश्वविद्यालयों में पढ़ाये जाते थे।

4. शिक्षा का माध्यम—उच्च शिक्षा के लिए संस्कृत का ज्ञान अनिवार्य था। स्थानीय भाषाओं और पाली भाषा का प्रचार भी इसी काल में हो चुका था। महात्मा बुद्ध स्वयं बुद्ध जन-समुदाय की भाषा में ही अपना उपदेश देते थे।

5. विद्या आरम्भ: पब्बज्जा या प्रव्रज्या—विद्या आरम्भ करने का प्रथम संस्कार पब्बज्जा अथवा प्रव्रज्या था। वैदिक काल में जिस प्रकार विद्या शुरू करने से पूर्व उपनयन संस्कार आदि सम्पन्न होता था, उसी प्रकार बौद्ध संघ में प्रविष्ट होने के लिए भी एक प्रणाली प्रचलित थी जिसे प्रव्रज्या कहा जाता था। उसका शाब्दिक अर्थ 'बाहर जाना था' तथा इस प्रचार के अनुसार भावी भिक्षु अपने परिवार से बाहर आकर बौद्ध संघ में प्रवेश करता था।

पब्बज्जा ग्रहण करने की अवस्था 8 वर्ष निर्धारित थी। संघ में प्रविष्ट होने पर 12 वर्ष तक शिक्षा ग्रहण करनी पड़ती थी। सिर मुंडाकर पीले वस्त्र पहने हुए विद्यार्थी बुद्ध धर्म और संघ की शरण आने की घोषणा करता। वह इस प्रकार 'शरण त्रयी' लेता:

बुद्धं शरणं गच्छामि
धम्मं शरणं गच्छामि
संघं शरणं गच्छामि

भिक्षु, अर्थात् गुरु, पब्बज्जा के समय छात्र को आचरण-सम्बन्धी दस मूल्यों की शिक्षा देता था।

1. जीव हत्या न करना, 2. चोरी न करना, 3. अपवित्र आचरण न करना, 4. मिथ्यावादन न करना, 5. सुरापान न करना, 6. असमय भोजन न करना, 7. संगीत में शौक न रखना, 8. आभूषण तथा अमूल्य वस्तुओं से बचाव, 9. ऊँचे पलंग पर न बैठना, 10. सुगन्धि से बचाव।

6. संघ प्रवेश के लिए मनाही–संघ में प्रवेश से पहले पात्र-अपात्र का विचार किया जाता था और निम्नलिखित के होने पर संघ में प्रवेश नहीं मिल सकता था।

1. यदि कोई बालक अपने माता-पिता की आज्ञा के बिना ही संघ में प्रवेश का अभिलाषी हो, 2. यदि वह किसी प्रकार के शारीरिक दोष, भयंकर व्याधियों व संक्रामक रोग से पीड़ित हो, 3. यदि उसने किसी प्रकार का घोर नैतिक अपराध किया हो, 4. यदि परीक्षण काल, में जो कि चार-पाँच दिनों का हुआ करता था, छात्र सदाचार आदि गुणों से युक्त न पाया जाए।

7. उप-संपदा–यह संस्कार 20 वर्ष की अवस्था में किया जाता था। उप-सम्पदा के पश्चात् 'श्रमण' पूर्ण 'भिक्षु' कहा जाता था। श्रमण भिक्षु क. भेष धारण करके, हाथ में कमण्डल, एक कंधे पर चीवर लेकर अन्य भिक्षुओं को प्रणाम करके हाथ जोड़कर बैठ जाता था। उप-सम्पदा के समय भिक्षु संघ के समस्त पक्के भिक्षुओं के सम्मुख उपस्थित होता था और वे सब एकमत होकर उप-सम्पदा ग्रहण करने का आदेश देते थे।

8. छात्र-जीवन–बौद्ध संघ की प्रणाली में गुरु तथा शिष्य मठों में रहते थे। शिष्य गुरु के प्रति श्रद्धा रखते थे। उसकी सेवा में लीन रहते थे। छात्र के लिए नियमित रूप से गुरु की सेवा करना अनिवार्य था। गुरु के भिक्षाटन के लिए वस्त्र व पात्र आदि प्रस्तुत कर वह उसकी इच्छानुसार छात्र उसके साथ भिक्षाटन के लिए भी जाते थे। शिष्यों को भिक्षा ग्रहण कर लेने पर गुरु से पहले ही लौटना पड़ता था क्योंकि गुरु के हाथ-पैर धोने, वस्त्र बदलने व विश्राम की व्यवस्था करना उनका ही कार्य था।

9. गुरु अथवा उपाध्याय–बौद्ध काल में वही भिक्षु शिक्षा दे सकता था जो कम से कम दस वर्ष तक स्वयं भिक्षु रह चुका हो और साथ ही उसका आचरण शुद्ध तथा पवित्र हो और विनम्रता आदि गुणों से युक्त हो। मानसिक क्षमता भी शिष्य को धर्म व विनय की शिक्षा देने के लिए अनिवार्य थी।

10. गुरु शिष्य सम्बन्ध–वैदिक काल की भाँति इस काल में भी गुरु-शिष्य सम्बन्ध में वही पवित्रता विद्यमान थी। इन दोनों का सम्बन्ध घनिष्ठ तथा स्नेहयुक्त था।

11. शिक्षण पद्धति–वैदिक काल की भाँति बौद्ध-शिक्षा भी मौखिक ही थी। गुरु के कहे गए पाठ को शिष्य याद कर लेता था। विद्यार्थियों की मेधाशक्ति की जाँच के लिए गुरु पिछला पाठ सुनता था। उस समय के सभी विद्वान कंठस्थ करने को ही वास्तविक विद्या मानते थे।

बौद्ध विहारों में नित्य-प्रति भिन्न-भिन्न विषयों पर तर्क हुआ करता थे।

विद्यार्थियों की उच्च शिक्षा समाप्त होने पर उन्हें पर्यटन द्वारा ज्ञान का वास्तविक व व्यावहारिक रूप ग्रहण करने की प्रेरणा दी जाती थी। जिससे कि उनका ज्ञान अधिक पूर्ण, ठोस व प्रत्यक्ष हो सके।

गम्भीर एवं गूढ़ विषयों पर शास्त्रार्थ होते थे। विभिन्न विद्वानों के विचार सुनने पर छात्रों का ज्ञान क्षेत्र विकसित होता था।

प्रवचन प्रणाली के अतिरिक्त व्याख्या प्रणाली, प्रश्नोत्तर विधि और वाद-विवाद रीति को प्रमुख स्थान दिया गया।

12. स्त्री शिक्षा–प्रारम्भिक काल में बौद्ध मठों में स्त्री का प्रवेश वर्जित था। बाद में उन्हें मठों में रहने की आज्ञा दी गई। अनेक बौद्ध भिक्षुणियों ने उच्च शिक्षा प्राप्त कर बौद्ध धर्म का प्रचार भी किया। उच्च शिक्षा प्राप्त स्त्रियाँ शिक्षण का कार्य भी करती थीं।

13. शिक्षा केन्द्र–बौद्ध काल में अनेक उच्च शिक्षा केन्द्र थे जिनमें शिक्षा प्राप्ति के लिए दूर से विद्वान तथा छात्र आते थे।

14. विदेशों में शिक्षा का प्रचार–बौद्ध धर्म के प्रचार के लिए अनेक विद्वान विदेशों में गए तथा वहाँ शिक्षा का प्रचार किया।

15. बौद्ध काल में व्यावसायिक शिक्षा: इसमें कोई सन्देह नहीं है कि बौद्ध शिक्षा धर्म प्रधान थी परन्तु व्यावसायिक शिक्षा की भी व्यवस्था थी। व्यावसायिक शिक्षा के प्रमुख अंग नीचे दिए गए हैं—

1. लाभप्रद व्यवसायों की शिक्षा–इस श्रेणी में नीचे लिखित व्यवसाय आते थे।

(i) कृषि, (ii) वाणिज्य, (iii) लेखन कला, (iv) पशुपालन, (v) हिसाब-किताब।

2. भवन निर्माण कला–भवन निर्माण कला का इस युग में आश्चर्यजनक विकास हुआ।

3. मूर्तिकला–भवन निर्माण कला के साथ-साथ मूर्तिकला का भी विस्तृत विकास हुआ। सांची के स्तूप अभूतपूर्व मूर्तिकला का परिचय देते हैं।

4. चित्रकला–अजन्ता तथा अलोरा की चित्रकला बौद्ध काल में इस क्षेत्र में प्रगति की आज भी साक्षी है।

5. प्रावधिक (तकनीकी) तथा वैज्ञानिक शिक्षा–बौद्ध काल में प्रावधिक तथा वैज्ञानिक शिक्षा का उल्लेख प्रसिद्ध पुस्तक मिलिन्द पान्हा (Milinda Panha) में विस्तार से मिलता है।

6. चिकित्सा शास्त्र–जीवक, चरक, धन्वन्तरि आदि महान आयुर्वेदाचार्य बौद्ध युग की ही देन है।

16. **अध्ययन की अवधि:** कुल मिलाकर शिक्षा की पूर्ण अवधि 30 वर्ष थी।

17. सार्वजनिक प्राथमिक शिक्षा: बौद्ध धर्म को जन-जन तक ले जाने के कारण बौद्ध मठों में सार्वजनिक प्राथमिक शिक्षा का प्रावधान था।

18. शिक्षा का जनतन्त्रीय आधार: बौद्ध शिक्षा केन्द्रों में बिना किसी भेदभाव के शिक्षा की व्यवस्था थी।

19. शिक्षा संस्थाओं का जनतन्त्रीय संगठन: बौद्ध शिक्षा केन्द्रों का संचालन जनतन्त्रीय आधार पर किया जाता था।

20. संगठित शैक्षिक संस्थाओं का उदय: बौद्ध काल में शिक्षा प्रदान करने के लिए संगठित शिक्षा-संस्थाओं का उदय हुआ। वैदिक काल में इसके विपरीत शिक्षा प्रदान करने

का कार्य व्यक्तिगत शिक्षकों द्वारा किया जाता था।

3.6 बौद्ध कालीन शिक्षा के प्रमुख दोष

1. बौद्ध शिक्षा में धार्मिक कट्टरता का संकेत मिलता है।
2. बौद्ध शिक्षा धर्म-प्रदान होने के कारण लौकिक जीवन की उपेक्षा करती थी।
3. अधिकांश विचारकों का मत है कि बौद्ध कालीन शिक्षा में सामन्यतया स्त्री शिक्षा पर उचित बल नहीं दिया।
4. "अहिंसा परमो धर्म:" के सिद्धान्त में बौद्ध शिक्षा में सैनिक शिक्षा की अवहेलना हुई।
5. मठों में भिक्षु तथा भिक्षुणियों के सम्पर्क से शैक्षिक वातावरण में सम्भवत: पवित्रता मे कमी आयी।

3.7 बौद्ध कालीन शिक्षा की देन

बौद्ध विहारों में उच्च जीवन व्यतीत करने पर बल दिया जाता था। जाति-पाति का कोई भेद भाव न था। धनी अथवा निर्धनों का भी भेद मिट गया। जीवन में संयम व अनुशासन का संचार करने में भी बौद्ध शिक्षा को पर्याप्त सफलता मिली।

धार्मिक और दार्शनिक शिक्षा के अतिरिक्त बौद्धकालीन शिक्षा सांसारिक भी थी। तत्कालीन शिक्षा पद्धति ने नालन्दा, तक्षशिला तथा विक्रमशिला आदि महान अन्तर्राष्ट्रीय शिक्षा संस्थाओं को जन्म दिया जहाँ उच्च शिक्षा दी जाती थी। बौद्धकालीन विद्यालयों ने चीन, जापान, कोरिया, जावा, ब्रह्मा, लंका, तिब्बत आदि देशों से विद्यार्थियों और जिज्ञासुओं को आकर्षित किया।

बौद्ध शिक्षा ने भवन निर्माण कला, मूर्तिकला तथा चित्रकला को बहुत बढ़ावा दिया।

3.8 वैदिक कालीन शिक्षा तथा बौद्धकालीन शिक्षा में समानता

वास्तव में बौद्ध-शिक्षा का गठन वैदिक शिक्षा का अनुकरण करके ही हुआ था। इसलिए दोनों में कुछ समानता होना स्वाभाविक ही है। मुख्य समानताओं का उल्लेख नीचे दिया जा रहा है।

1. दोनों प्रणालियों में उच्च विचारों, सदाचार तथा सरल जीवन पर बल दिया जाता था।
2. दोनों प्रणालियों में धार्मिक और नैतिक जीवन को प्रमुखता दी जाती थी।
3. दोनों प्रणालियों में शिक्षा-सम्बन्धी संस्कारों को महत्त्व दिया जाता था।
4. दोनों प्रणालियों की शिक्षा में बाह्य नियन्त्रण नहीं था।
5. दोनों प्रणालियों में शिक्षण विधि मुख्यत: मौखिक थी।
6. दोनों प्रणालियों में शिक्षा की संस्थाएँ नगरों के कोलाहल से दूर प्रकृति के शान्तमय वातावरण में स्थित थीं।
7. दोनों प्रणालियों में शिक्षा आरम्भ करने की आयु और अध्ययन की अवधि निर्धारित थी।

8. दोनों प्रणालियों में गुरु-शिष्य सम्बन्ध पवित्र, स्नेहपूर्ण और आध्यात्मिक मूल्यों पर आधारित थे।

9. दोनों प्रणालियों में छात्रों की दिनचर्या लगभग एक जैसी थी।

10. दोनों प्रणालियों में भिक्षा माँगने की प्रथा थी।

11. दोनों प्रणालियों में शिक्षा, भोजन और निवास की नि:शुल्क व्यवस्था थी।

3.9 बौद्ध कालीन शिक्षा तथा वैदिक कालीन शिक्षा में असमानताएँ

बौद्ध धर्म का उदय, वैदिक धर्म के विरूद्ध प्रतिक्रिया के परिणामस्वरूप हुआ था। अत: वैदिक काल और बौद्ध काल की शिक्षा में कुछ अन्तर होना स्वाभाविक था। मुख्य असमानताओं का विवरण इस प्रकार हैं :

1. वैदिक काल में शिक्षा के केन्द्र–आश्रम और गुरुकुल थे परन्तु बौद्ध काल में शिक्षा के केन्द्र–विहार और सुसंगठित शिक्षा-संस्थाएँ थीं।

2. वैदिक काल में शिक्षा का स्वरूप पारिवारिक था। इसके विपरीत बौद्ध काल में शिक्षा का स्वरूप सामूहिक था।

3. वैदिक काल में छात्रों का जीवन अधिक सादा और तपोमय था।

4. बौद्धकाल में वैदिक काल की अपेक्षा गुरु का महत्त्व कम हो गया था।

5. वैदिक काल में शिक्षक केवल ब्राह्मण थे। इसके विपरीत बौद्ध काल में विभिन्न जातियों के भिक्षु शिक्षक थे।

6. बौद्ध काल में उच्च शिक्षा के अनेक संगठित केन्द्र स्थापित थे परन्तु वैदिक काल में ऐसा नहीं था।

7. वैदिक काल में शिक्षा-संस्थाएँ जनतन्त्रवाद के सिद्धान्त पर प्राय: आधारित नहीं थीं। इसके विपरीत बौद्धकाल में शिक्षा-संस्थाएँ जनतन्त्रवाद के सिद्धान्त पर आधारित थीं।

8. वैदिक काल में सामान्य स्कूलों का प्रचलन नहीं था। इसके विपरीत, बौद्ध काल में इन स्कूलों का प्रचलन था।

9. वैदिक काल में शिक्षा का माध्यम संस्कृत थी। इसके विपरीत बौद्ध काल में प्राय: शिक्षा का माध्यम लोकभाषाएँ थीं। परन्तु उच्च शिक्षा प्राय: संस्कृत भाषा में दी जाती थी।

10. वैदिक कालीन शिक्षा वेदों पर आधारित थी। बौद्ध कालीन शिक्षा में बौद्ध दर्शन की प्रभुता थी।

11. वैदिक काल शिक्षा मे जितना बल व्यावसायिक शिक्षा पर दिया जाता था, उतना ही बौद्ध कालीन शिक्षा में भी दिया जाता था।

12. वैदिक कालीन शिक्षा में सैनिक शिक्षा का जितना महत्व था, वह बौद्ध कालीन शिक्षा में नहीं था।

3.10 प्राचीन काल में भारत में शिक्षा के केन्द्र (विश्वविद्यालय)

नालन्दा विश्वविद्यालय – ***ऐतिहासिक पृष्ठभूमि:*** मगध (बिहार) नालन्दा उच्च शिक्षा का प्रसिद्ध केन्द्र था। इसकी स्थापना गुप्त वंश के सम्राट कुमार गुप्त (414-455ण्क्ण) ने की थी। इस शिक्षा के केन्द्र को बढ़ावा देने के लिए अन्य गुप्त वंशी सम्राटों ने बहुत सी जायदाद लगा दी। इसके लिए अनेक भवनों का निर्माण किया, जहां से शिक्षकों तथा

छात्रों के खर्चे का इस प्रकार प्रबंध किया कि नालन्दा को प्रतिवर्ष खर्चे के लिए राशि मिल सके। लगभग 200 गांवों का राजस्व इसके नाम कर दिया। तेरहवीं सदी तक नालन्दा भारत का विख्यात शिक्षा-केन्द्र रहा। मुहम्मद बिन बात्तियार खिलजी ने आक्रमण करके इस विश्वविद्यालय का विनाश किया।

कहा जाता है कि महात्मा बुद्ध भी नालन्दा में पधारे थे। महात्मा बुद्ध के प्रिय शिष्य सरीपुत्ता का भी यही जन्म स्थान है।

नालन्दा विहार के संस्थापक सम्राट अशोक थे।

प्रसिद्ध चीनी यात्री हवेनसांग (600-664 ई.पू.) ने नालन्दा का विस्तृत विवरण दिया है।

इरिंसग नाम के एक चीनी यात्री (सातवीं शताब्दी) ने भी यहां का विवरण दिया है।

आठवीं शताब्दी के आरम्भ में तिब्बत के राजा ने नालन्दा के एक प्रसिद्ध आचार्य शान्तरसित को अपने देश में ज्ञान का प्रसार करने के लिए बुलाया। कई अन्य विद्वान भी यहां से तिब्बत में ले जाए गए। जिन्होंने बौद्ध धर्म तथा शिक्षा का प्रसार किया।

नालन्दा की ख्याति: शिक्षा दर्शन तथा ज्ञान-विज्ञान के केन्द्र के रूप में नालन्दा की ख्याति देश से बाहर भी फैल गई। जहां पर हजारों छात्र तथा अनेक विद्वान तथा विचारक देश-विदेश से आने लगे।

नालन्दा में पाठ्यक्रम: नालन्दा में कार्यक्रम बहुत गहन तथा विस्तृत था। इरिसंग के अनुसार महायान बौद्ध शिक्षा का केन्द्र था। परन्तु यहां पर हीनयान बौद्ध, वैदिक धर्म तथा जैन धर्म का भी अध्ययन कराया जाता था।

यहां पर वेद, वेदांग, दर्शन, पुराण हेतु विद्या, न्याय, सांख्यशास्त्र, चिकित्साशास्त्र, शब्द विज्ञान, तर्क तन्त्र, व्याकरण विधि तथा खगोल आदि विषय पढ़ाए जाते थे।

अध्यापक तथा छात्र: नालन्दा के शिक्षक अपने ज्ञान तथा विद्वत्ता के लिए प्रसिद्ध थे। इन चरित्र सवर्था उज्ज्वल तथा निर्दोष था। सदाचार के सब नियमों का पूर्ण तत्परता से पालन करते थे। भारत के सब भागों मे उनका मान था। उनका अनुकरण सर्वत्र किया जाता था।

यहां पर लगभग 1500 शिक्षक पढ़ाते थे। यहां पर जावा, सुमात्रा, जापान, चीन, लंका तथा तिब्बत आदि देशों से छात्र अध्ययन करने आते थे। लगभग 10,000 छात्र इस विश्वविद्यालय में पढ़ते थे।

भारत शिक्षा का उस समय महान केन्द्र था। नालन्दा का अपना विशेष स्थान था। विदेशी डिग्रियों से जुड़े गौरव की आधुनिक शैली का यदि प्रयोग करें तो उस काल के सन्दर्भ में कहा जा सकता है कि "भारत में शिक्षा प्राप्त कर चुके विदेशी छात्र स्वयं को भारत प्रत्यावर्तित (इंडिया रिटर्न) कहलाने में गौरव का अनुभव करते थे।"

नालन्दा का भवन: कहा जाता है कि नालन्दा की भवन रचना कुशल तथा अनुभवी इन्जीनियरी का उत्कृष्ट उदाहरण है। दुर्भाग्यवश आज यहां पर खण्डर ही खण्डर हैं जो विदेशी क्रूरता का द्योतक है। इसको बुरी तरह से नष्ट किया गया। नालन्दा के भग्नावशेष देखने से पता चलता है कि उस समय भवननिर्माण कला कितने उत्कर्ष पर थी।

नालन्दा का पुस्तकालय बड़ा विशाल था। इसमें तीन भवन थे। जिनके नाम थे-रत्नासागर, रत्नोदधि तथा रत्नारंजक। रत्नोदधि-भवन की नौ मंजिलें थीं।

भोजन के लिए बड़े-बड़े भोजनागार बने हुए थे। छात्रों की चिकित्सा आदि का पूरा-पूरा प्रबंध था।

नालन्दा का प्रबंध: नालन्दा का प्रबंध बहुत नियोजित ढंग से किया जाता था। कुलपति को महास्थाविर कहा जाता था। उसकी सहायता के लिए जनतन्त्र के आधार पर परिषद होती थी। कुलपति को परामर्श देने के लिए प्रशासन तथा शिक्षा समितियां थीं। कहा जाता है कि छात्रों को भी प्रशासन में सहभागी बनाया जाता था।

प्रवेश: नालन्दा में प्रवेश के लिए परीक्षा ली जाती थी। यह परीक्षा 'द्वार-पण्डित' लेता था। इस परीक्षा में उत्तीर्ण होना आवश्यक था। यह परीक्षा बहुत कठिन थी। केवल 20 व 30 प्रतिशत छात्र परीक्षा में उत्तीर्ण होते थे।

विक्रमशिला – ***ऐतिहासिक पृष्ठभूमि:*** विक्रम शिला विश्वविद्यालय मगध में था। इसकी स्थापना नवीं सदी में पालवंश के राजा धर्मपाल ने की थी। धर्मपाल बौद्धधर्म का अनुयायी था।

विक्रमशिला में आरम्भ में सौ से ऊपर आचार्य थे। इसके खर्च के लिए पालवंशी सम्राट धनराशि दिया करते थे। यहां पर बहुत से छात्र दूरन्दराज से शिक्षा पाने के लिए आते थे। कुछ समय के पश्चात् विक्रमशिला के विकास से नालन्दा की कीर्ति कुछ मन्द पड़ने लगी।

यह विश्वविद्यालय लगभग चार सदियों तक रहा। इसे भी विदेशी आक्रमणकारियों ने तहस नहस किया।

पाठ्यक्रम: विक्रमशिला में बौद्ध-साहित्य, वैदिक साहित्य तथा अन्य कई ज्ञान-विज्ञान पढ़ाए जाते थे। तन्त्र विद्या का इस समय बहुत प्रसार हो गया था।

शिक्षकों की संख्या: विक्रमशिला में शिक्षकों की संख्या लगभग 650 थी।

छात्रों की संख्या: अनुमान लगाया जाता है कि छात्रों की संख्या हजारों में थी। विक्रमशिला भवन के सभागार में 8,000 तक अध्यापक तथा छात्र बैठ सकते थे।

विश्वविद्यालय के बाहर एक धर्मशाला थी।

विश्वविद्यालय में प्रवेश: विक्रमशिला विश्वविद्यालय में द्वारपण्डितों की संख्या छः थी। ऐसा अनुमान लगाया जाता है कि विक्रमशिला में छः महाविद्यालय थे। प्रत्येक महाविद्यालय का एक द्वारपण्डित होता था। प्रवेश के लिए छात्रों की परीक्षा द्वारपाल लिया करते थे।

ख्यातिप्राप्त शिक्षक: विक्रमशिला में अध्ययन किए हुए छात्रों में से अनेकों ने बहुत ख्याति पायी। विद्वान अनीश का नाम इतना विख्यात था कि उन्हें तिब्बत में बौद्ध-धर्म की पुनः स्थापना के लिए बुलाया गया।

वल्लभी – वल्लभी शिक्षा केन्द्र काठियावाड़ में पांचवी तथा आठवीं शताब्दी के बीच बौद्ध शिक्षा का प्रसिद्ध केन्द्र था। धर्मशास्त्र की शिक्षा के अतिरिक्त राजनीति तथा चिकित्सा आदि की शिक्षा का प्रबंध था। जहां से शिक्षा प्राप्त करके स्नातक प्रायः राजदरबारों में उच्च स्थान प्राप्त करते थे।

मिथिला – मिथिला प्राचीन काल में ब्राह्मण शिक्षा का प्रसिद्ध केन्द्र था। प्रसिद्ध दार्शनिक राजा जनक के काल में इसकी ख्याति दूर-दूर तक फैल गई। यहां पर जगधारा नामक विद्वान ने अनेक रचनाएं कीं। प्रसिद्ध कवि विद्यापति इसी स्थान पर अपना कार्य करते थे। न्याय की शिक्षा के लिए यह विश्वविद्यालय प्रसिद्ध था।

स्नातक उपाधि प्रदान करने के लिए एक विचित्र प्रकार की परीक्षण व्यवस्था थी जिसे 'शालाका परीक्षा' कहा जाता था। पाण्डुलिपियों के किसी भी पन्ने में सूई डाली जाती थी तथा उन्हीं पन्नों के पाठों के आधार पर छात्रों की परीक्षा ली जाती थी। इसका तात्पर्य था कि छात्र ने सम्पूर्ण पुस्तक का ज्ञान प्राप्त कर लिया है।

तक्षशिला – आधुनिक रावलपिण्डी (पाकिस्तान) के लगभग 50 किलोमीटर पश्चिम में तक्षशिला नगरी थी। जहां पर एक प्रसिद्ध उच्च शिक्षा केन्द्र था। इसकी ख्याति ईसा पूर्व 1,000 वर्ष से ईसा शताब्दी 500 तक रही।

भगवान् बुद्ध के समय में तक्षशिला की प्रसिद्धि स्थिर हो चुकी थी जिससे मगध के विद्यार्थी भी यहाँ आते थे। यथा जीवक सिकन्दर को यहाँ के दार्शनिकों ने चकित किया। कुशनों के समय तक यहाँ के शिक्षक तथा विद्यार्थी बड़े प्रसिद्ध थे। उसके बाद यहाँ का महत्त्व घटने लगा और फाह्यान को यहाँ कुछ महत्त्वपूर्ण न दिखाई दिया, तथा ह्वेनसांग को केवल खंडहर मिले।

तक्षशिला के आचार्यों के पास पाँच-पाँच सौ तक विद्यार्थी आते थे। अपने घर में उनके निवास अथवा भोजन का प्रबन्ध वे न कर सकते थे। इसलिए नियंत्रित छात्रावासों की प्रथा चल पड़ी। यहाँ के विद्यार्थी या तो शुल्क प्रथम ही चुका देते थे, अथवा अपने श्रम से गुरु की सेवा करते थे। पढ़ाने में भी आचार्य अपने कुशल विद्यार्थियों की सहायता लिया करते थे। प्रारम्भिक विद्यार्थियों के शिक्षण का भार इन्हीं पर रहता था।

तक्षशिला में वैदिक तथा साहित्यिक शिक्षा के साथ आयुर्वेद तथा शिल्पों की शिक्षा का भी प्रबन्ध था। ज्योतिष, मूर्तिकला आदि का यह प्रधान केन्द्र था। यहीं के यूनानी मूर्तिकार तथा ज्योतिषी बहुत निपुण माने गये थे। बाहरी सभ्यताओं से सम्पर्क का मुख्य केन्द्र तक्षशिला था। यहाँ पर संस्कृत तथा यूनानी आदि साहित्यों का अध्ययन होता था।

काशी – यहाँ के शिक्षक भगवान् बुद्ध के समय से ही प्रख्यात थे। जातकों में यहाँ के दार्शनिक राजा अजातशत्रु का वर्णन है। उनमें यहाँ के अन्य प्रमुख आचार्यों का भी वर्णन है जो वेद तथा अठारह शिल्पों की शिक्षा देते थे। ईसा पूर्व प्रथम शताब्दी तक तक्षशिला के अध्यापक काशी तथा मगध के विद्यार्थियों को आकृष्ट करते रहे। उसके बाद काशी की समता का कोई शिक्षा-केन्द्र उत्तरी भारत में न था। यहाँ के बौद्ध विहारों में बौद्ध शिक्षा भी दी जाती थी।

काशी में जैनों, बौद्धों तथा हिन्दुओं सभी के तीर्थ स्थल हैं। यहाँ सभी प्रकार की शिक्षा दी जाती थी। बौद्ध शिक्षा का अन्त एक विशेष विदेशी आक्रमणकारी बख्तियार ने कर दिया परन्तु वह आक्रमणकारी वैदिक शिक्षा का कुछ भी न बिगाड़ सका क्योंकि उसके लिए कोई मठ अथवा मन्दिर न थे। उसके लिए तो प्रत्येक शिक्षक का निवासस्थान ही स्कूल का स्थान था।

दक्षिण भारत में उच्च शिक्षा संस्थाऐं – ***काँची:*** सातवीं ई. में दक्षिण भारत में काँची एक प्रसिद्ध शिक्षा केन्द्र था। इसे दक्षिण की काशी की संज्ञा दी जाती थी। विभिन्न भागों से छात्र और विद्वान अध्ययन के लिए आते थे। यहां संस्कृत भाषा के साहित्य को प्रोत्साहित किया जाता था। वेदों तथा अन्य ब्राह्मण धर्म ग्रन्थों का अध्ययन किया जाता था। पल्लव वंश के शासक हिन्दु धर्म तथा संस्कृति के उपासक थे।

एन्नायरम मन्दिर महाविद्यालय (अरकौट जिले में) विभिन्न विषयों में छात्रों के स्थान निश्चित किए गये थे। इस प्रकार ऋग्वेद तथा यजुर्वेद में 75 स्थान तथा अथर्ववेद में 10,

सामवेद में 40, वेदान्त 25, व्याकरण 25, मिमांसा 35 तथा रूपर्वतया 40 स्थान निश्चित किये गये। मुख्य तौर से यह संस्था वैदिक महाविद्यालय थी।

अध्यापक: ऋग्वेद तथा यजुर्वेद पढ़ाने के लिए तीन-तीन शिक्षक थे। मीमांसा के लिए दो तथा अन्यों के लिए एक-एक। 340 छात्रों के लिए 16 अध्यापक थे। इस प्रकार अध्यापक-छात्र का व्यक्तिगत सम्पर्क था।

छात्रों के लिए सुविधाएँ: छात्रों के भोजन का नि:शुल्क प्रावधान था। प्रतिदिन प्रति छात्र को एक सेर चावल दिया जाता था। इससे उनके भोजन का प्रबन्ध हो जाता था। छात्रों को कुछ वार्षिक भत्ता भी दिया जाता था।

अध्यापकों के वेतन: अध्यापकों को प्रतिदिन 16 सेर चावल दिए जाते थे। न तो अध्यापक निर्धन थे और न ही अमीर।

समुदाय से सहायता: स्थानीय समुदाय ने महाविद्यालय के नाम 300 एकड़ जमीन की थी जिस की आय से महाविद्यालय के चलाने का प्रबन्ध किया जाता था।

बहर् महाविद्यालय: यह महाविद्यालय पाण्डेचेरी के समीप था। जहां पर चौदह विषय पढ़ाए जाते थे।

सलोतगी महाविद्यालय: (बीजापुर जिला): यहां पर राष्ट्र राजाओं ने आठवीं शताब्दी में एक मन्दिर के हाल में संस्कृत महाविद्यालय की स्थापना की थी। कालान्तर में छात्रों के लिए 27 छात्रावासों का प्रबंध किया गया। दूर-दूर से छात्र इस महाविद्यालय में अध्ययन के लिए आते थे। ग्राम निवासी मुक्त हृदय से इस महाविद्यालय को दान देते थे।

4

प्राचीन भारत में शासकों का शिक्षा तथा ज्ञान–विज्ञान के प्रसार तथा विकास में योगदान

(Contribution of the Rulers to the Spread and Promotion of Education, Knowledge and Science in Ancient India)

4.1 मौर्यकाल में शिक्षा

चौथी शताब्दी ई.पू. भारत में मौर्य साम्राज्य की स्थापना इस इतिहास की एक अद्वितीय घटना मानी जाती है। कभी–कभी यह भी कहा जाता है कि भारत का इतिहास, तिथियों की दृष्टि से इस काल से आरम्भ होता है। चन्द्रगुप्त मौर्य (324 ई.पू. से 300 ई.पू.) मौर्य वंश का संस्थापक थी। इस काल में इसके प्रधानमंत्री चाणक्य ने 'अर्थशास्त्र' नामक पुस्तक की रचना की। इस पुस्तक को आज भी मान्यता प्राप्त है। अर्थशास्त्री, प्रशासक तथा राजनीतिज्ञ इस पुस्तक को एक मानक पुस्तक के रूप में देखते हैं। इस पुस्तक की रचना से यह आभास होता है कि शिक्षा का स्तर बहुत उत्कृष्ट था।

कौटिल्य (चाणक्य) के अतिरिक्त अन्य विद्वानों ने अनेक पुस्तकों की रचना की–जैसे भद्रबाहु कृत 'कल्पसूत्र' पतंजलि कृत 'महामात्य' पाणिनी कृत 'अष्टाध्यायी' वात्स्यान कृत 'काम सूत्र' तथा कात्यायन कृत 'वाजसनेयी साख्य'।

अशोक सम्राट ने अनेक राजाज्ञाएँ जारी की जिन्हें शिलालेख कहा जाता है। ये राजाज्ञाएँ लगभग 45 स्थानों पर मिली हैं। इनसे स्पष्ट होता है कि जनसाधारण की शिक्षा का उचित प्रबन्ध था। ये शिलालेख जनता के लिए मार्गदर्शक के रूप में थे। इन लिखित शिलालेखों के माध्यम से सम्राट अशोक अपनी जनता से अपने अंतर्मन की भावनाएँ प्रगट करते थे। ये शिलालेख ऐसे स्थानों पर थे जहां जनता सुगमता से इन्हें पढ़ सकती थी।

अशोक के काल में मूर्ति कला तथा वास्तु शिल्प को एक नया आयाम मिला।

मौर्य काल में उच्च शिक्षा के अनेक केन्द्र विकसित हुए। तक्षशिला तथ नालन्दा उच्च शिक्षा के सर्वाधिक प्रसिद्ध केन्द्र थे।

4.2 कुशासन शासन तथा उत्तर मौर्यकाल में शिक्षा

कनिष्क (78 ई. से 101 ई.) एक सक्षम शासक, सभी धर्मों के प्रति सहिष्णुता रखने वाला, स्तूपों के निर्माण में रुचि रखने वाले, शिक्षा, कला तथा साहित्य प्रेमी था। विद्वानों का संरक्षक थे।

कनिष्क के काल में सर्वाधिक प्रसिद्ध विद्वान अश्वघोष था। वह नाटककार, कवि तथा दार्शनिक था। उसकी काव्य रचना 'बुद्ध चरितम' साहित्यिक तथा एतिहासिक महत्त्व का ग्रन्थ है जो भगवान बुद्ध के जीवन के विभिन्न पक्षों पर प्रकाश डालता है। 'बुद्ध चरितम' की तुलना वाल्मीकि रचित रामायण से की जाती है। 'वज्रसूची' में हिन्दुओं में प्रचलित जातिप्रथा की निंदा की गई है। 'श्रपुत्र' एक नाट्य कृति है। अश्वघोष की कृतियों की तुलना मिल्टन, गोथे, कांट, वोल्टायर जैसे विद्वानों की कृतियों से की गई है।

कनिष्क के दरबार में एक अन्य महान विद्वान थे नागार्जुन। ह्वेनसांग ने इन्हें विश्व के देदीप्यमान खगोलशास्त्री माना। वे दार्शनिक के साथ-साथ एक महान वैज्ञानिक भी थे। उन्होंने अपनी कृति 'माध्यमिक् सूत्र' में आपेक्षिकता के सिद्धान्त का प्रतिपादन किया। इन्हें 'भारत के आइंस्टीन की संज्ञा दी जाती है। इस संबंध में यह उल्लेखनीय है कि भारत में यह सब कुछ हजारों वर्ष पश्चिम से पूर्व हुआ।

कनिष्क के काल में गांधार कला शैली का विकास हुआ। और मथुरा कला और मथुरा कलाशैली। उत्तर मौर्य काल में चिकित्साशास्त्र के महान विद्वान चरक ने अपने प्रसिद्ध ग्रंथ 'चरक संहिता' में औषधियों, वनस्पतियों और रसायनों का विशद विवरण प्रस्तुत किया।

वराहमिहिर ने अपनी कृति पंच-सिद्धान्ती' में गणित ज्योतिष की पांच विधाओं पर अत्यधिक उपयोगी सूचना उपलब्ध कराई। शल्यचिकित्सा के क्षेत्र में पच्चीस प्रकार के उपकरणों का प्रयोग किया जाता था।

महान शल्य चिकित्सक सुश्रुत ने 'सुश्रुत संहिता' की रचना की जो शल्य चिकित्सा का एक विश्वकोश है।

4.3 गुप्तकाल में शिक्षा, दर्शन तथा विज्ञान में प्रगति

गुप्तकाल (300-500 ई.) को प्राय: भारत का 'स्वर्णयुग' कहा जाता है। इस काल में जीवन के विभिन्न क्षेत्रों में उन्नति हुई। शिक्षा, संस्कृति, दर्शन तथा विज्ञान के क्षेत्र में भी समुद्रगुप्त तथा चन्द्रगुप्त द्वितीय ने महत्त्वपूर्ण योगदान दिया। संस्कृत साहित्य में उल्लिखित सम्राट विक्रमादित्य संभवत: चन्द्रगुप्त द्वितीय था।

चन्द्रगुप्त का दरबार महाकवि तथा नाटककार कालिदास, अमरसिंह कोशकार, धन्वंतरि (वैद्य), घटकर्पर (कवि), क्षपशाक (खगोलज्ञ) शंकु (वास्तुकार), वरहमिहिर (खगोलज्ञ) वररुचि (वैयाकरणज्ञ) तथा वेतालयट्ट जैसे विख्यात नवरत्नों से सुशोभित था।

इस काल में असंग, वसुबंधु, कुमारजीव जैसे प्रसिद्ध बौद्ध विद्वानों ने अपनी महान कृतियों की रचना की।

गुप्त काल को 'संस्कृत साहित्य का भी स्वर्णकाल' कहा जाता है।

कालिदास द्वारा रचित नाटक 'अभिज्ञान शाकुंतलम्' प्राय: विश्व के एक सौ सर्वोत्तम साहित्यिक कृति कृतियों में माना जाता है। उनकी महत्त्वपूर्ण काव्यात्मक कृतियां हैं–'ऋतु संहार'

'मेघदूत', 'रघुवंश' तथा 'कुमार संभव', 'मालविकाग्निमित्र' तथा 'विक्रम उर्वशी' द्वारा रचित दो अन्य प्रसिद्ध नाटक हैं। गुप्तकाल के एक अन्य महान कवि तथा नाटककार विशाख दत्ते थे। उनकी प्रसिद्ध कृति 'मुद्राराक्षस' है जिसमें नन्द काल की राजनैतिक स्थिति का विवरण है।

शुद्रक का 'मृच्छकटिक' गुप्तकाल की सामाजिक स्थिति पर प्रकाश डालता है।

समुद्रगुप्त के दरबार में हरिसेन एक महान कवि थे। वे इलाहाबाद के स्तंभ पर समुद्रगुप्त की प्रशंसा में लिखी गई कविता के रचनाकार के रूप में प्रसिद्ध हैं। भारवी ने अपने महान काव्य 'किरातर्जुनीय' में शिव तथा अर्जुन के बीच युद्ध का विवरण दिया है। भास 13 नाटकों के रचनाकर के रूप में प्रसिद्ध हैं।

विज्ञान शिक्षा के क्षेत्र में प्रगतिः गुप्तकाल में गणित, खगोल विज्ञान तथा रसायन विज्ञान ने बहुत प्रगति की। गणित तथा खगोल विज्ञान के क्षेत्र में आर्य भट्ट वराहमिहिर और ब्रह्मदत्त की कृतियों को आज भी ज्ञान के क्षेत्र में भारत का अपूर्व योगदान माना जाता है।

अपने ग्रंथ, आर्यभट्टिया, में आर्यभट्ट ने पहली बार उद्घाटन किया कि पृथ्वी अपने अक्ष पर घूमती है और सूर्य की परिक्रमा करती है। आर्यभट्ट ने सूर्य-ग्रहण और चंद्र-ग्रहण होंने के कारणों की खोज की। इनकी एक अन्य युगांतरकारी खोज थी। आवर्तन की दशमलव प्रणाली जिससे अंकगणितीय परिकलन की प्रक्रिया में क्रांति आ गई। इन्होंने पाई (π) का बहुत यथार्थ मान 3.1416 बताया जो इसके आधुनिक मान 3.14159 के सन्निकट है। इन सब कारणों से आर्यभट्ट को भारत का न्यूटन कहा जाता है। नागार्जुन के बारे में माना जाता है कि इन्होंने ऑक्साइड उपचार की शुरुआत की। ये उस काल के महान रसायनज्ञ थे।

वराहमिहिर उस काल में एक अन्य महान वैज्ञानिक थे। उनके द्वारा रचित पंचसैद्धान्तिक खगोल-विज्ञान की एक प्रसिद्ध पुस्तक है। वराहमिहिर की प्रतिमा उनकी अत्यधिक महत्त्वपूर्ण कृति बृहत संहिता में प्रतिबिंबित होती है जो गणित-ज्योतिष, वास्तुकला, भूगोल, प्रतिबिंब निर्माण और आभूषण निर्माण आदि जैसे अनेक विज्ञानों का विश्वकोश है। उस काल के एक अन्य खगोल शास्त्री ब्रह्मगुप्त ने ब्रह्म सिद्धांत की रचना की।

औषधिः इस काल में औषधि के क्षेत्र में भी व्यापक प्रगति हुई। दो महान वैद्यों वागभट्ट और बालभट्ट ने औषधि विज्ञान पर ग्रंथों की रचना की।

इस काल की दो अन्य महत्त्वपूर्ण कृतियाँ हैं 'अष्टांग संग्रह' और 'अष्टांग हृदयसंहिता।'

धातुकर्मः धातुकर्म में वैज्ञानिकों ने इतना व्यापक ज्ञान प्राप्त कर लिया था कि उस काल के शिल्पियों ने महरौली स्थित लौह स्तंभ का निर्माण किया जिस पर 15 शताब्दियाँ बीत जाने के बाद भी आज तक जंग नहीं लगा है। गुप्तकाल के सिक्कों से भी उस काल के उच्च धातुकर्मीय कौशल का पता चलता है।

उस काल में पशुओं के रोगों और उनके उपचार पर हस्त्यायुर्वेद और अश्वायुर्वेद नामक ग्रंथ लिखे गए जिससे यह ज्ञात होता है कि उस काल में पशु चिकित्सा पर भी विशेष ध्यान दिया जाता था।

कला और वास्तुशिल्प शिक्षा के क्षेत्र में उल्लेखनीय उपलब्धियाँ – गुप्त वंश के शासकों के शासनकाल में कला और वास्तुशिल्प में भारी प्रगति हुई। भारतीय अपनी कलात्मक और सृजनात्मक प्रतिभा को अत्यधिक सुंदरता से अभिव्यक्ति प्रदान कर सकते थे। उस काल में मथुरा, वाराणसी और पाटलिपुत्र कला के महान केन्द्र थे।

(i) ***सिक्के:*** गुप्तकालीन सिक्के मुद्राविषयक कला के बेहतरीन नमूने हैं। उनकी सुंदर आकृतियां हैं और उन पर शासकों, महारानियों और पशुओं आदि के चित्र बड़ी सुंदरता से उत्कीर्ण किए गए हैं।

(ii) ***टेराकोटा (पकी मिट्टी):*** गुप्तकाल में पकी मिट्टी से आकृतियाँ आदि बनाने की कला काफी लोकप्रिय और बेहतरीन थी। टेराकोटा से सुंदर मानव आकृतियाँ और हिंदू देवी-देवताओं की मूर्तियाँ बनाई गईं। पकी मिट्टी से बनी मूर्तियों को मंदिरों और स्तूपों में सजाया गया।

(iii) ***वास्तुशिल्प:*** इस दौरान अनेक हिंदू और जैन मंदिरों तथा बौद्ध स्तूपों और मठों का निर्माण कराया गया। दुर्भाग्यवश इनमें से अधिकांश इस समय अस्तित्व में नहीं हैं। देवगढ़ का विष्णु मंदिर, भीतरगाँव का ईंटों का मंदिर, भुमारा का शिव मंदिर विद्यमान नमूने हैं। गुप्तकाल में चट्टानों को काटकर बनाए गए गुफा मंदिर के स्थान पर पत्थर-दर-पत्थर रखकर संरचनात्मक मंदिरों का निर्माण कराया गया। प्राचीनतम ज्ञात संरचनात्मक मंदिर है–ऐहोल में। लगभग 350 ई. या उससे भी पहले भारी पत्थरों से निर्मित किया गया समतल छत वाला एक छोटा तीर्थ मन्दिर।

(iv) ***मूर्तिकला:*** विष्णु, शिव और अन्य हिंदू देवी-देवताओं की मूर्तियां और साथ ही बौद्ध तथा जैन धर्मों की मूर्तियां अपने-आप में बेजोड़ हैं।

(v) ***चित्रकला:*** इस काल में चित्रकला अपने उत्कर्ष पर पहुँच गई थी जैसा कि अजंता की गुफाओं और वाघ गुफाओं के भित्ति चित्रों से देखा जा सकता है।

(vi) ***लोहा और पत्थर काटने और पॉलिश करने की कला:*** महरौली का लौह स्तंभ, इलाहाबाद स्थित शिला अभिलेख और मथुरा का शिला अभिलेख, ये सभी उस काल के शिल्पकारों की महान धातुकर्मीय निपुणता के प्रमाण हैं।

अन्तर्राष्ट्रीय ख्याति प्राप्त: पाठशालाओं और मन्दिर-विद्यालयों के विशाल तन्त्र के अतिरिक्त इस काल में नालन्दा, सारनाथ, उज्जयिनी, अजंता तथा तक्षशिला में स्थित उच्च केन्द्रों का विश्वव्यापी महत्त्व था। उदाहरण के तौर पर तक्षशिला औषधि विज्ञान के क्षेत्र में, अजंता कला और वास्तुशिल्प के क्षेत्र में, उज्जयिनी गणित-ज्योतिष तथा खगोल के क्षेत्र में तथा सारनाथ दर्शन तथा धर्म के क्षेत्र में।

इसी प्रकार वल्लभी तथा विक्रमशिला ज्ञान के महान केन्द्र थे।

भारत शिक्षा का एक महान केन्द्र बन चुका था। विदेशी उपाधियों से जुड़े गौरव की आधुनिक भाषा अथवा शैली का प्रयोग करें जो उस काल के सन्दर्भ में कहा जा सकता है कि भारत से शिक्षा प्राप्त कर चुके विदेशी स्वयं को 'भारत प्रत्यावर्तित' (इंडिया रिटर्न) कहलाने में गौरव का अनुभव करते थे।

4.4 हर्षवर्धन के काल में शिक्षा (604 से 647 ई.)

हर्षवर्धन के काल में शिक्षा के प्रत्येक क्षेत्र में बहुत उन्नति की। शिक्षा 9 वर्ष से आरम्भ होकर 30 वर्ष की आयु तक पूरी हो जाती थी। ह्वेनसांग (600-644 ई.) जैसे विद्वान भारत में चीन से आए। स्वदेश लौटते समय वह अपने साथ 650 हस्तलिखित पुस्तकें ले गये। नालन्दा विश्वविद्यालय का विवरण अलग से दिया गया है।

हर्षवर्धन के काल में साहित्यिक क्रियाकलापों के प्रति भारी प्रेम था। राज्य का एक चौथाई राजस्व विद्वानों, साहित्य तथा शिक्षा पर व्यय होता था।

हर्षवर्धन स्वयं उच्च कोटि का लेखक था। उसने तीन नाटक-रत्नावली, नागानंद और प्रियदर्शिका लिखे। हर्षवर्धन के दरबारी कवि वाणभट्ट ने 'हर्षचरित' की रचना की। उस काल के शिलालेखों से स्पष्ट है कि शिक्षा सर्वसाधारण को उपलब्ध थी।

4.5 प्राचीन दक्षिण भारत में शिक्षा : संगम साहित्य तथा उनके संरक्षक

संगम शब्द संस्कृत के संघ शब्द का तमिल रूप है, जिसका अर्थ है व्यक्तियों का एक समूह। पांड्य शासकों के संरक्षण में तीन-अलग अवधियों में अलग-अलग स्थानों पर विद्वानों तथा उत्कृष्ट कवियों के संगम या सम्मेलन आयोजित किए गए। इतिहास साक्ष्यों के अनुसार अगस्त्य ऋषि की अध्यक्षता में पहला संगम मदुरै (दक्षिणी मदुरै) में आयोजित किया गया था जिसमें 4,449 विद्वानों तथा कवियों ने भाग लिया।

दूसरा संगम पांड्य शासकों की दूसरी राजधानी कबदपुरम में आयोजित किया गया था। इसमें 3,000 उत्कृष्ट विद्वानों और कवियों ने भाग लिया था।

तीसरा संगम मदुरै में सम्पन्न हुआ जिसमें 444 विद्वानों तथा कवियों ने भाग लिया।

यहां यह लिखना आवश्यक प्रतीत होता है कि इस प्रकार के इतनी संख्या में संगम अथवा सम्मेलन प्राचीन काल में किसी भी देश में सम्भवत: नहीं हुए। यह इस बात का प्रतीक है कि शिक्षा का प्रसार व्यापक था तथा जनता की रुचि भी।

संगम साहित्य की रचना का काल 500 ई.पू. और ईसवी 300 के बीच है। संगम साहित्य अत्यन्त समृद्ध है।

संगम साहित्य के अतिरिक्त उस काल में 'तोलकप्पियम' नामक एक प्रसिद्ध ग्रन्थ की भी रचना हुई जो व्याकरण और काव्यशास्त्र का एक मानक ग्रन्थ है।

इसी काल की अन्य कृति 'तिरूक्कुरल' है जो दर्शन व नीति वाक्यों का संग्रह है।

तमिल साहित्य के दो महाकाव्यों 'शिलप्पदिकारम' तथा 'मणिमेखली' की रचना छटी शताब्दी ई. के आस-पास हुई।

दक्षिणी राज्यों में कला, वास्तुशिल्प, चित्रकारी और मूर्तिकला का व्यापक विकास हुआ।

5

प्राचीन धर्म ग्रन्थों में शिक्षा संबंधी मंत्र एवं सूक्तियां

शिक्षा संबन्धी वेदों में सूत्र

1. वर्धयैनं ज्योतियैनं .. संशितं चित् संतरं सं शिशाधि। अ० 7/16/1
2. केतुं कृणवन् अकेतवे, पेशो मर्या अपेशसे। ऋग्० 1/6/3
3. शिक्षमाणस्य देव क्रतुं दक्षं वरुण सं शिशाधि। ऋग्० 8/42/3
4. ब्रह्म जिन्वतम् उत जिन्वतं धिय:। ऋग्० 8/35/16
5. आचार्य:, आचारं ग्राहयति। निरुक्त 1/4
6. आचार्यो मृत्यु:। अ० 11/5/14
7. ज्योतिष्मत: पथो रक्ष धिया कृतान्। ऋग्० 10/53/6
8. आचार्यस्ततक्ष .. उर्वी गम्भीरे पृथिवीं दिवं च। अ० 11/5/8
9. विद्वान् पदस्य गुह्या न वोचत्। ऋग्० 7/87/4
10. शिक्षानर: प्रदिवो अकामकर्शन:। अ० 20/21/2
11. ब्रह्मणा पूता:। अ० 11/1/18
12. अदब्धेन ब्रह्मणा वावृधान:। अ० 17/1/12
13. ब्रह्मणा वर्मणा०। अ० 17/1/28।
    ब्रह्म वर्म ममान्तरम्। ऋग्० 6/75/19
14. नो च विद्विषते मिथ: .. संज्ञानं पुरुषेभ्य:। अ० 3/30/4
15. अनुमति: .. सुवीरतायै, प्रमति: .. देवगोपा। अ० 7/20/5
16. प्र सुमतिम् ... ऊतये। अ० 4/25/6
17. यजु० 32/13 से 15। अ० 6 108/1 से 5
18. मेधां सूर्यस्त रश्मिभि:०। अ० 6/104/5
19. मेधाम् ऋतस्य जग्रभ। अहं सूर्य इवाजनिं। अ० 20/115/1
20. स स्नाती ... पृथिव्यां बहु रचित। अ० 11/5/26

21. से देवानी भवत्येकमङ्.गम्। अ० 5/17/5
22. स आचार्य तपसा पिपर्ति। अ० 11/5/1
23. इन्द्रो ह भूत्वा-असुरान् ततर्ह। अ० 11/5/7
24. आचार्यो मृत्युर्वरुण: सोम ओषधय: पय:। अ० 11/5/14
25. जीमूता आसन् सत्वान: तैरिदं स्वराभृतम्। अ० 11/5/14
26. तद् ब्रह्मचारी प्रायच्छत् स्वान्०। अ० 11/5/15
27. ऐत०ब्रा० 5/14। शत०ब्रा० 11/3/3/7। छान्दोग्य उप० 2/23/2
28. ब्रह्मचार्यसि, अपोऽशान, कर्म कुरु, दिवा मा स्वाप्सी:, आचार्याधीनो वेदमधीष्व। आश्व.गृह्य० 1/22/1-2
29. प्राणापानौ .. वाचं मनो हृदयं ब्रह्म मेधाम्। अथर्व० 11/5/24
30. ब्रह्मचारी .. श्रमेण लोकान् तपसा पिपर्ति। अ० 11/5/4
31. मृत्योरहं ब्रह्मचारी .. तमहं ब्रह्मणा तपसा श्रमेण .. सिनामि। अ० 6/133/3
32. ब्रह्मचारी सिञ्चति सानौ रेत: ... तेन जीवन्ति प्रदिशश्चतस्त्र:। अ० 11/5/12
33. तौ रक्षति तपसा ब्रह्मचारी। अ० 11/5/10
34. स आचार्य तपसा पिपर्ति। अ० 11/5/1
35. सर्वान् स देवान् तपसा पिपर्ति। अ० 11/5/2
36. श्रमेण लोकान् तपसा पिपर्ति। अ० 11/5/4
37. गुहा निधी निहितौ ब्राह्मणस्य, तौ रक्षति तपसा ब्रह्मचारी। अ० 11/5/10
38. अ० 11/5/6 और 13
39. ब्रह्मचर्येण कन्या युवानं विन्दते पतिम्। अ० 11/5/18
40. आचार्य उपनयमानो .. रात्रीस्तिस्त्र उदरे बिभर्ति०। अ० 11/5/3
41. तान् उशतो वि बोधय। ऋग्० 1/12/4
42. अप्नस्वती मम धीरस्तु। ऋग्० 10/42/3
43. शिक्षेयमस्मै दित्सेयम् .. मनीषिणे। ऋग्० 8/14/2
44. शिक्षेयम् इन्महयते दिवेदिवे। ऋग्० 7/32/19
45. विद्या ह वै ब्राह्मणमा जगाम, गोपाय मा शेवधिष्टेऽहमस्मि।
    असूयकायाऽनृजवेऽयताय, न मा ब्रूया वीर्यवती तथा स्याम्।।
    यमेव विद्या: शुचिमप्रमत्तं, मेधाविनं ब्रह्मचर्योपपन्नम्।
    यस्ते न द्रुह्येत् कतमच्चनाह, तस्मै मा ब्रूया निधिपाय ब्रह्मन्।। निरुक्त 2/4
46. तैत्ति० उप० 1/11/2
47. सं श्रुतेन गमेमहि, मा श्रुतेन विराधिषि। अ० 1/1/4
48. विश्वान् देवान् उषर्बुध:। ऋग्० 1/14/9
49. मा नो निद्रा ईशत मोत जल्पि:। ऋग्० 8/48/14
50. तान् उशतो वि बोधय। ऋग्० 1/12/4
51. शिशीहि मा शिशयं त्वा शृणोमि। ऋग्० 10/42/3
52. मय्येवास्तु मयि श्रुतम्। अ० 1/1/2

53. मा शिश्नदेवा अपि गुर्ऋतं नः। ऋग्० 7/21/5
54. ब्रह्मचर्येण कन्या युवानं विन्दते पतिम्। अ० 11/5/18
55. ब्रह्मचर्येण तपसा देवा मृत्युमुपाघ्नत। अ० 11/5/19

शिक्षा का उद्देश्य

वर्धयैनं ज्योतयैनं महते सौभगाय। संशितं चित् संतरं सं शिशाधि। अ० 7/16/1

बुद्धि का परिष्कार और बौद्धिक विकास—अथर्ववेद का कथन है कि शिक्षा का उद्देश्य है—व्यक्ति की बुद्धि को विकसित करना, उसे परिष्कृत करना, उसे तीक्ष्ण बनाना, उन्नति की ओर ले जाना और महान् सौभाग्य प्राप्त करना।

तपस्तप्यामहे .. श्रुतानि शृण्वन्तः ... सुमेधसः। अ० 7/61/2

जीवन को तपस्वी बनाना—शिक्षा का अन्य उद्देश्य है—जीवन को सधा हुआ बनाना। तप और साधना से ही जीवन सधा हुआ बनता है। इसके लिए साधारण और कठिन साधनाएँ करनी पड़ती हैं। अतः अथर्ववेद का कथन है कि तपस्वी जीवन व्यतीत करते हुए, वेदों को पढ़ते हुए, दीर्घायु और मेधावी हों।

इदमहम् अनृतात् सत्यमुपैमि। यजु० 1/5

आचार शिक्षा और चरित्र-निर्माण—शिक्षा के उद्देश्य में अन्य महत्त्वपूर्ण तथ्य हैं—चरित्रनिर्माण, सत्यनिष्ठता, सत्याचरण। असत्य, झूठ, छल-प्रपंच आदि का परित्याग। जब तक चारित्रिक शुद्धि और परिष्कार नहीं होगा, तब तक विद्या फलीभूत नहीं होगी। अतएव यजुर्वेद में कहा गया है कि—मैं असत्य को छोड़कर सत्य को अपनाता हूँ।

व्रतेन दीक्षामाप्नोति, दीक्षयाप्नोति दक्षिणाम्।
दक्षिणा श्रद्धामाप्नोति, श्रद्धया सत्यमाप्यते।। यजु० 19/30

व्रत और श्रद्धा—किसी एक लक्ष्य को लेकर उसके प्रति समर्पित भाव से जुट जाना व्रत है। यजुर्वेद में व्रत को जीवन की आधारशिला बताते हुए कहा गया है कि व्रत से मनुष्य दीक्षित होता है, दीक्षा से दाक्षिण्य या प्रवीणता आती है, उस दक्षता के कारण ही मनुष्य में श्रद्धा उत्पन्न होती है और श्रद्धा से ही जीवन के लक्ष्य-रूप सत्य-ब्रह्म की प्राप्ति होती है।

शं सरस्वती सह धीभिरस्तु। अ० 19/11/2

विद्या और बुद्धि का समन्वय—विद्या के साथ व्यावहारिक बुद्धि का होना आवश्यक है। व्यवहार-शून्य और लौकिक ज्ञान-शून्य विद्या को विद्या नहीं कहा जा सकता है। अतः वेद का कथन है कि सरस्वती (विद्या) के साथ धी (व्यवहार-बुद्धि) आवश्यक है।

अप्नस्वती मम धीरस्तु शक्र। अ० 20/89/3

ज्ञान और कर्म का समन्वय—शिक्षा वही सफल होती है, जिसमें कर्मठता की दीक्षा दी जाती है। प्रगतिशील, कर्मठ एवं सतत संघर्षशील बनाना शिक्षा का लक्ष्य है। अतएव अथर्ववेद में कहा गया है कि मेरी बुद्धि सदा कर्मठ रहे।

इच्छन्ति देवाः सुन्वन्तम्0। अ० 20/18/3

देवता पुरुषार्थी को चाहते हैं, अकर्मण्य को नहीं।

अविद्यया मृत्युं तीर्त्वा, विद्ययाऽमृतमश्नुते। यजु० 40/14। ईश०उप० 11

यजुर्वेद में स्पष्ट रूप से कहा गया है कि ज्ञान और कर्म दोनों का समन्वय ही अभीष्ट है। कर्ममार्ग (अविद्या) से जीवननिर्वाह होता है और ज्ञानमार्ग (विद्या) से मोक्ष (अमृत) प्राप्त होता है।

विनाशेन मृत्युं तीर्त्वा, संभूत्याऽमृतमश्नुते। यजु० 40/11। ईश०उप० 11

अध्यात्म और भौतिकवाद का समन्वय—वेद अध्यात्म और भौतिकवाद के समन्वय की शिक्षा देता है। यजुर्वेद और ईश उपनिषद् का कथन है कि केवल भौतिकवाद या प्रकृतिवाद अनर्थ का कारण है और केवल अध्यात्म उससे भी अधिक अनर्थकारी है, अतः जीवन के समन्वित विकास के लिए दोनों का समन्वय अभीष्ट है। भौतिकवाद जीवन की ज्वलन्त समस्याओं को हल करता है और अध्यात्मक अमरत्व एवं आत्मिक शान्ति प्रदान करता है।

द्वे विद्ये वेदितव्ये .. परा यया तदक्षरम् अधिगम्यते। मुंडक उप० 1.1.4-5

मुण्डक उपनिषद् ने इसी बात को परा और अपरा विद्या कहकर स्पष्ट किया है। अपरा विद्या भौतिक जीवन को सफल बनाती है और परा विद्या (अध्यात्म) जीवन के लक्ष्य अमरत्व या ब्रह्म की प्राप्ति कराती है।

भद्रमिच्छन्त ऋषयः .. तपो दीक्षाम् उपनिषेदुरग्रे। अ० 19.41.1

तप और दीक्षा (अनुशासन और समर्पण)—अथर्ववेद ने तप (अनुशासन Discipline) और दीक्षा (समर्पण, Dedication) को राष्ट्रीय उन्नति का आधार बताया है और कहा है कि इससे ही राष्ट्र, समाज और व्यक्ति की उन्नति होती है।

केतुं कृण्वन् अकेतवे, पेशो मर्या अपेशसे। ऋग्० 1/6/3

ज्ञान-ज्योति प्रज्वलित करना—ऋग्वेद में शिक्षा का उद्देश्य बताया गया है—अज्ञानी को ज्ञान-ज्योति देना, उसके अज्ञानान्धकार को दूर करना, निष्क्रिय और निश्चेष्ट को सक्रिय और सचेष्ट बनाना तथा प्रबुद्ध बनाना।

आहं वृणे सुमतिं विश्वजन्याम्। यजु० 17/74

लोकहितकारी सद्बुद्धि देना—शिक्षा के सामाजिक उद्देश्य की ओर संकेत करते हुए यजुर्वेद में कहा गया है कि शिक्षा के द्वारा ऐसी सुमति (सद्बुद्धि) प्राप्त हो, जो विश्वजनीन हो अर्थात् जिससे संसार का कल्याण कर सकें।

मनुर्भव, जनया दैव्यं जनम्। ऋग्० 10/53/6

चिन्तन-शक्ति को बढ़ाना—शिक्षा का उद्देश्य है—मनुष्य में विचार-शक्ति, मननशक्ति, चिन्तन-शक्ति और कर्तव्याकर्तव्य के निर्धारण करने वाली विवेक शक्ति को जागृत करना और बढ़ाना। ऋग्वेद का इसके साथ ही आदेश है कि स्वयं में दिव्य गुणों का विकास करके दूसरों में भी दैवी गुणों का विकास करो।

क्षिपद् अशस्तिम् उप दुर्मतिं हन्, अथा करद् यजमानाय शंयोः।

ऋग्० 10/182/3

अज्ञान और अशिक्षा का उन्मूलन–ऋग्वेद ने शिक्षा के उद्देश्य के रूप में कहा है कि इसके द्वारा अज्ञान और अविद्या को दूर किया जाय, अन्धविश्वास अपराधी प्रवृत्तियों आदि को दूर किया जाय तथा जीवन को सुखमय बनाया जाय।

शिक्षा या विद्या की अधिष्ठात्री देवी सरस्वती है। उसके विषय में कहा गया है कि उसकी उपस्थिति सुख और शान्ति देती है। जीवन में माधुर्य लाती है।

यस्ते स्तनः शशयुः, मयोभूः, सम्नयुः, सुदत्रः0। अ० 7/10/1

सरस्वती की एक माता के रूप में प्रशंसा करते हुए कहा गया है कि वह सारे सुख देती है, कल्याण करती है और सारे मनोरथ पूर्ण करती है।

प्राणाय भूरिधायसे, उरुव्यचे०। अ० 6/41/2

विद्या मानव को जीवन शक्ति, प्राणशक्ति, यश और प्रतिष्ठा देती है।

सरस्वती दाशुषे वार्यं दात्। अ० 18/1/41

सरस्वती अपने भक्तों की सभी कामनाएँ पूर्ण करती है।

रायस्पोषं यजमानाय धेहि। अ० 18/1/43

विद्या योगक्षेम (रायस्पोष) प्रदान करती है।

रयिमक्षीयमाणम्। अ० 7/20/3

यह मानव को अक्षय वैभव और श्री प्रदान करती है।

ब्रह्मचर्येण तपसा देवा मृत्युमुपाघ्नत। अ० 11/5/19

वैदिक शिक्षा में संयम (ब्रह्मचर्य) को बहुत महत्त्व दिया गया है। इस संयम के द्वारा ही मनुष्य मृत्यु पर विजय प्राप्त करता है और सदा हृष्ट-पुष्ट रहता है।

ब्रह्मणा पूताः। अ० 11/1/18

ज्ञान का महत्त्व–वेदों में बुद्धि और ज्ञान के अर्थ में मति, सुमति, प्रमति, अनुमति और ब्रह्मन् आदि शब्दों का प्रयोग मिलता है। ब्रह्म (ज्ञान) से जीवन में पवित्रता, शुचिता और सद्भावना आती है।

अदब्धेन ब्रह्मणा वावृधानः। अ० 17/1/12

ब्रह्म (ज्ञान) अधर्षणीय है। इससे सदा प्रगति और वृद्धि होती है।

ब्रह्मणा वर्मणा०। अ० 17/1/28। ब्रह्म वर्म ममान्तरम्। ऋग्० 6/75/19

ब्रह्म (ज्ञान) कवच के तुल्य है। यह मनुष्य को सभी विपत्तियों से बचाता है।

नो च विद्विषते मिथः .. संज्ञानं पुरुषेभ्यः। अ० 3/30/4

संज्ञान (सामंजस्य, सद्‌भावना) को परिवार की सुख-समृद्धि का साधन बताते हुए कहा गया है कि इससे परिवार में शान्ति रहती है, पारस्परिक द्वेष नहीं होता और घर में देवों का निवास रहता है।

अनुमतिः ... सुवीरतायै, प्रमतिः .. देवगोपा। अ० 7/20/5

अनुमति (सद्‌विचार, सद्‌भावना) का महत्त्व बताते हुए कहा गया है कि यह प्रमति (सद्‌बुद्धि) देती है, शौर्य और पराक्रम देती है तथा दिव्य गुणों की रक्षा करती है।

प्र सुमतिम् ... ऊतये। अ० 4/25/6

सुमति जीवन की रक्षक है। यह बड़ी से बड़ी विपत्तियों में और संकट के अवसरों पर मनुष्य को सूझ-बूझ प्रदान करके उसके जीवन की रक्षा करती है।

यजु0 32/13 से 15। अ० 6/108/1 से 5

मेधा का महत्त्व–धारणावती बुद्धि को मेधा कहते हैं। धी और मेधा में अन्तर किया गया है। जानने और समझने (Understanding) की शक्ति 'धी' है, परन्तु कम्प्यूटर की तरह स्मृति (Memory) में रखने की शक्ति को 'मेधा' कहते हैं। इसमें स्मरण रखने की शक्ति (Power of retention) प्राप्त हो जाती है, अतः ऐसा विद्वान् 'मेधावी' कहा जाता है। यजुर्वेद और अथर्ववेद में मेधा का बहुत गुणगान है।

मेधां सूर्यस्य रश्मिभिः0। अ० 6/108/5

सूर्य की किरणों में मेधा शक्ति को प्रबुद्ध करने की शक्ति है।

मेधाम् ऋतस्य जग्रभ। अहं सूर्य इवाजनिं। अ० 20/115/1

प्रातः और सायं सूर्याभिमुख होकर संध्या उपासना का विधान है। ब्राह्मण, ऋषि, ब्रह्मचारी, देव और असुर मेधा का महत्त्व जानते हैं, अतएव वे प्रातः और सायं सूर्य की उपासना करते हैं। अथर्ववेद के एक अन्य मंत्र में 'ऋतंभरा प्रज्ञा' को मेधा का ही उत्कृष्ट रूप बताया गया है और कहा गया है कि 'ऋतंभरा प्रज्ञा' से योगी और साधक सूर्य के तुल्य तेजस्वी हो जाता है। उसकी सारे विषयों में अप्रतिहत गति हो जाती है।

अथर्ववेद 11/5/1 से 26

वेदों में शिक्षक के गुण और कर्तव्यों से संबद्ध सामग्री पर्याप्त मात्रा में मिलती है। अथर्ववेद में एक पूरा सूक्त आचार्य और शिष्य (ब्रह्मचारी) के क्रियाकलाप से संबद्ध है।

वेधा अदृप्तो अग्निर्विजानन्, ऊधर्न गोनां स्वाद्मा पितूनाम्। पिता पुत्रः सन्।
ऋग्० 1/69/1 और 2

ऋग्वेद के एक मंत्र में अग्नि के रूप में शिक्षक के गुणों का वर्णन है। 1. **वेधस् (वेधाः):** शिष्यों के चरित्र का निर्माता। 2. **अदृप्तः** दर्प या अभिमान से रहित हो। 3. **अग्निः** अग्नि के तुल्य तेजस्वी हो। 4. **विजानन्:** विविध विषयों का ज्ञाता हो। 5. **ऊधर्न गोनाम्:** गाय के थन के तुल्य ज्ञानरूपी दूध देने वाला हो। 6. **स्वाद्मा पितूनाम्:** विषय को स्वादिष्ट (मधुर) बना देने वाला हो। 7. **पिता पुत्रः सन्:** अपने आचार्यों का पुत्रवत्

शिष्य होने पर भी उच्च योग्यता के द्वारा अपने आचार्यों से भी अधिक योग्य होकर उनके द्वारा भी आदरणीय हो। पुत्र होने पर भी पिता के तुल्य आदरणीय होवे।

आचार्यो ब्रह्मचारी। अ० 11/5/16

संयमी हो–आचार्य के लिए प्रथम आवश्यकता है कि वह संयमी हो और ब्रह्मचर्य के नियमों का पालक हो।

वाचस्पते, वसोष्पते। अ० 1/1/2

वाचस्पति और वसोष्पते–अथर्ववेद में आचार्य को वाचस्पति और वसोष्पति कहा गया है।

ऋषयो भूतकृतः। अ० 6/108/4। 6/133/5

भूतकृत्: आचार्य (ऋषि) को भूतकृत् कहा गया है।

आचार्यो मृत्युर्वरुणः सोम सोषधयः पयः। अ० 11/5/14

आचार्य यम, वरुण और सोम–अथर्ववेद में आचार्य को मृत्यु, वरुण, सोम, ओषधि और पयस् (दूध, जल) कहा गया है।

गुहा निधी निहितौ ब्राह्मणस्य। अ० 11/5/10

आचार्य ज्ञाननिधि–आचार्य की बुद्धि में द्यावा-पृथ्वी के ज्ञान का अनन्त भंडार भरा होता है, अतः वह ज्ञाननिधि है।

(क) तृतीयेन ज्योतिषा सं विशस्व। ऋग्० 10/56/1

(ख) गूढं ज्योतिः पितरो अन्वविन्दन्। ऋग्० 7/76/4

आचार्य का तृतीय नेत्र–आचार्य का तीसरा ज्ञान-नेत्र प्रबुद्ध होता है। अतः उसकी अन्तर्ज्योति जागृत रहती है।

ऋषिर्विप्रो विचक्षणः। ऋग्० 1/107/7

आचार्य ज्ञानी, तत्त्वदर्शी–आचार्य को ऋषि (तत्त्वदर्शी), विप्र (ज्ञानी) और विचक्षण (विवेकशील) कहा गया है।

पावकवर्णाः शुचयो विपश्चितः। ऋग्० 8/3/3

तेजस्वी एवं शुचि–आचार्य के गुण बताए गए हैं कि वह अग्नि के तुल्य तेजस्वी हो, शुद्ध चरित्र वाला हो और ज्ञानवान् हो।

स चिद् विवेद ... अपीच्यं गुह्यं नाम गोनाम्। ऋग्० 9/87/3

वाक्तत्त्ववित्–आचार्य वाक्तत्त्व के रहस्यों को जानता है।

अक्षान् अहो नह्यतनोत सोम्याः। ऋग्० 10/53/7

सदाचारी हो–आचार्य के लिए आदेश है कि वह अपनी इन्द्रियों पर संयम रखे।

मनुर्भव, जनया दैव्यं जनम्। ऋग्० 10/53/6

मनुर्भव–आचार्य के लिए आदेश है कि वह मननशील और विचारक हो। उसका यह भी कर्तव्य है कि वह स्वयं दिव्य गुणों वाला होकर दूसरों को उच्च चरित्र वाला बनावे।

मन्त्रश्रुत्यं चरामसि। ऋग्० 10/134/7

वेदानुसारी जीवन हो–आचार्य का जीवन वैदिक शिक्षाओं के अनुकूल होना चाहिए।

आ जागृविर्विप्रः। ऋग्० 9/97/37

सतत जागरूक हो–आचार्य का कर्तव्य है कि वह सतत जागरूक हो।

मरीचीनां पदमिच्छन्ति वेधसः। ऋग्० 10/177/1

वैज्ञानिक चिन्तन–ऋग्वेद का कथन है कि विद्वान् सूर्य की किरणों का ज्ञान प्राप्त करने के इच्छुक रहते हैं।

कविम् अद्वयन्तम्, प्रचेतसम् अमृतं सुप्रतीकम्। ऋग्० 3/29/5

दूरदर्शी और प्रसन्नचित्त–ऋग्वेद के एक मंत्र में शिक्षक के गुण बताए हैं कि वह क्रान्तदर्शी हो, उसका दृष्टिकोण व्यापक हो, वह संशययुक्त विचारों वाला न हो, प्रबुद्ध विचारों वाला हो, दिव्य चरित्र वाला हो और सदा प्रसन्नचित्त रहे।

आचार्यः कस्मात्? आचार्य आचारं ग्राहयति।
आचिनोति-अर्थान्। आचिनोति बुद्धिम् इति वा। निरुक्त 1/4

आचार्य यास्क के निरुक्त में आचार्य के ये गुण बताये हैं–वह आचार (सदाचार) की शिक्षा देता है। वह शिष्यों के लिये जीवनोपयोगी विषयों का संकलन करता है। वह छात्रों की बुद्धि को विकसित करता है।

यस्माद् धर्मान् आचिनोति स आचार्यः। आप०धर्म० 14

आपस्तम्ब धर्मसूत्र में भी आचार्य का गुण बताया है कि वह शिष्यों के लिए उपयोगी धर्मों अर्थात् कर्तव्यों आदि का संकलन करता है।

वृद्धा ह्यलोलुपश्चैव, आत्मवन्तो ह्यदम्भकाः।
सम्यग् विनीता ऋजवः, तान् आचार्यान् प्रचक्षते।
स्वयमाचरते यस्माद्, आचारं स्थापयत्यपि।
आचिनोति च शास्त्रार्थान्, यमैः सनियमैर्युतः। वायुपुराण 59/29-30

वायु पुराण में आचार्य के गुणों का विस्तृत विवरण दिया है। जो वृद्ध अर्थात् ज्ञानवृद्ध हैं, अलोभी, आत्मिक शक्तियुक्त, दंभरहित, विनीत और सुशील होते हैं, उन्हें आचार्य कहते हैं। जो स्वयं सदाचार के नियमों का पालन करते हैं और दूसरों से पालन करवाते हैं, जो यमों और नियमों का पालन करते हैं तथा शास्त्रीय विषयों का संकलन करते हैं, उन्हें आचार्य कहा जाता है।

आचार्य के कर्तव्य

वर्धयैनं ज्योतियैनं .. संशितं चित् संतरं सं शिशाधि। अ० 7/16/1

शिष्यों की ज्ञानवृद्धि–आचार्य का प्रथम कर्तव्य है, शिष्य में विद्या के प्रति उनकी रुचि बढ़ावे, उनकी बुद्धि को प्रबुद्ध करे, उन्हें ज्ञान-ज्योति दे। उनकी बुद्धि को प्रखर बनाते हुए उसे अत्यन्त तीक्ष्ण बनावे, जिससे वे कठिन से कठिन विषयों को भी आत्मसात् कर सकें।

केतुं कृणवन् अकेतवे, पेशो मर्या अपेशसे। ऋग्० 1/6/3

अज्ञ को प्रज्ञ बनावे–शिक्षक का कर्तव्य है कि वह अनपढ़, अशिक्षित और अज्ञानी को ज्ञान दे और उनमें ज्ञान की ज्योति प्रज्वलित करे। उनकी अकर्मण्यता और निर्जीवता का समाप्त करके उनमें शक्ति का संचार करे।

शिक्षमाणस्य देव क्रतुं दक्षं वरुण सं शिशाधि। ऋग्० 8/42/3

कर्मठता और दक्षता दे–शिक्षक का कर्तव्य है कि वह शिष्यों में कर्मठता, कार्यों के प्रति रुचि उत्पन्न करे और उनमें उच्च शिक्षा के द्वारा दक्षता तथा प्रवीणता उत्पन्न करे।

ब्रह्म जिन्वतम् उत जिन्वतं धियः। ऋग्० 8/35/16

विद्या-बुद्धि प्रदीप्त करे–शिक्षक का कर्तव्य है कि वह शिष्य के ज्ञान (ब्रह्म) को विकसित करे और उनकी बुद्धि को प्रखर बनावे।

आचार्यः, आचारं ग्राहयति। निरुक्त 1/4

संयम और सदाचार की शिक्षा दे–आचार्य का कर्तव्य है कि वह शिष्यों को संयम और सदाचार की शिक्षा दे। केवल शिक्षा देना ही पर्याप्त नहीं है, अपितु संयम और सदाचार के नियमों का कठोरता से पालन कराना भी उसका कर्तव्य है।

ज्योतिष्मतः पथो रक्ष धिया कृतान्। ऋग्० 10/53/6

प्राचीन परंपराओं की रक्षा करना–आचार्य का कर्तव्य है कि वह शिक्षा-संबन्धी प्राचीन उच्च परंपराओं को जीवित रखे।

आचार्यस्ततक्ष .. उर्वी गम्भीरे पृथ्वीं दिवं च। अ०11/5/8

विज्ञान-चर्चा–आचार्य आकाश और पृथ्वी के वैज्ञानिक रहस्यों का ज्ञान स्वयं प्राप्त करे और शिष्यों को उन रहस्यों को बतावे।

विद्वान् पदस्य गुह्या न वोचत्। ऋग्० 7/87/4

शास्त्रों का रहस्य बताना–शिक्षक का कर्तव्य है कि वह शिष्यों को वेद, शास्त्र एवं भाषाविज्ञान के रहस्यों को उन्हें बतावे।

शिक्षानरः प्रदिवो अकामकर्शनः। अ० 20/21/2

छात्रों की जिज्ञासा शान्त करना–अथर्ववेद में एक विशेष बात कही गई है कि शिक्षक छात्रों की जिज्ञासाओं का समुचित समाधान करे। उनकी जिज्ञासाओं को डरा-धमकाकर दबावे नहीं, अपितु उनका ठीक उत्तर दे।

शिष्य के गुण

आचार्य उपनयमानो .. रात्रीस्तिस्र उदरे बिभर्ति०। अ० 11/5/3

प्रवेश परीक्षा—अथर्ववेद में उल्लेख है कि आचार्य प्रवेश से पूर्व विद्यार्थी को तीन दिन परीक्षण में रखता था। जो विद्यार्थी उस कठोर परीक्षण में उत्तीर्ण होते थे, उन्हें ही प्रवेश दिया जाता था और उनका उपनयन संस्कार किया जाता था।

तान् उशतो वि बोधय। ऋग्० 1/12/4

छात्र जिज्ञासु हो—ऋग्वेद का कथन है कि जो जिज्ञासु हैं और वेदादि का ज्ञान प्राप्त करना चाहते हैं, उन्हें ही शिक्षा दें।

अप्नस्वती मम धीरस्तु। ऋग्० 10/42/3

छात्र कर्मठ हो—छात्र के लिए आवश्यक है कि वह कर्मठ हो। जिसकी बुद्धि सक्रिय है, वही ज्ञान का अधिकारी है।

शिक्षेयमस्मै दित्सेयम् .. मनीषिणे। ऋग्० 8/14/2

छात्र प्रबुद्ध हो—ऋग्वेद का कथन है कि जो छात्र प्रबुद्ध और तीव्र बुद्धि वाला (मनीषी) होता है, उसी को गुरु उच्च शिक्षा प्रदान करना चाहता है।

शिक्षेयम् इन्महयते दिवेदिवे। ऋग्० 7/32/19

छात्र आज्ञाकारी हो—ऋग्वेद का कथन है कि आज्ञाकारी शिष्य को ही शिक्षा दे।

विद्या ह वै ब्राह्मणमा जगाम, गोपाय मा शेवधिष्टेऽहमस्मि।
असूयकायाऽनृजवेऽयताय, न मा ब्रूया वीर्यवती तथा स्याम्।।
यमेव विद्याः शुचिमप्रमत्तं, मेधाविनं ब्रह्मचर्योपपन्नम्।
यस्ते न द्रुह्येत् कतमच्चनाह, तस्मै मा ब्रूया निधिपाय ब्रह्मन्।। निरुक्त 2/4

आचार्य यास्क का कथन है कि विद्या एक बहुमूल्य निधि है। इसकी सुरक्षा विद्वानों को करनी चाहिए। जो गुरुद्रोही, कुटिल-प्रकृति, ईर्ष्यालु, परछिद्रान्वेषी और असंयमी हैं, उनको उच्च शिक्षा न दी जाय। जो प्रतिभाशाली, सच्चरित्र, अद्रोही, अप्रमादी, संयमी और विनीत हैं, उनको ही विद्यारूपी निधि दी जानी चाहिए, जिससे यह सुरक्षित रहे और सफल हो।

तैत्ति0 उप0 1/11/2

तैत्तिरीय उपनिषद् का कथन है कि—**मातृदेवो भव, पितृदेवो भव, आचार्य देवो भव। जो माता-पिता और आचार्य का भक्त है तथा आज्ञाकारी है, वही योग्य शिष्य है और वही उच्च शिक्षा का अधिकारी है।**

सं श्रुतेन गमेमहि, मा श्रुतेन विराधिषि। अ० 1/1/4

वेदानुकूल जीवन हो—अथर्ववेद का निर्देश है कि छात्र वेदों के आदेशों के अनुसार अपना जीवन व्यतीत करे। ऐसा कोई कार्य न करे, जो वेदों द्वारा निषिद्ध हो।

विश्वान् देवान् उषर्बुधः। ऋग्० 1/14/9

ब्रह्ममुहूर्त में उठे—ब्रह्ममुहूर्त में उठने वाले को 'उषर्बुध' कहते हैं। छात्र बह्ममुहूर्त में (प्रातः 4 बजे) उठे। जो प्रातः शीघ्र उठते हैं, उनसे सारे देव प्रसन्न रहते हैं, अर्थात् उन पर सारे देवों की कृपा रहती है।

मा नो निद्रा ईशत मोत जल्पिः। ऋग्० 8/48/14

आलसी, प्रमादी, वाचाल न हो–ऋग्वेद ने आलस्य, प्रमाद और वाचालता (बहुत बोलना) को दुर्गण बताया है। अतः छात्र के लिए निर्देश है कि वह आलस्य, प्रमाद, नींद और अनावश्यक बोलना छोड़े।

तान् उशतो वि बोधय। ऋग्० 1/12/4

छात्र जिज्ञासु हो–जिज्ञासु छात्रों को ही विद्या का लाभ प्राप्त होता है। शिक्षक जिज्ञासु छात्रों को ही सूक्ष्म ज्ञान देते हैं।

शिशीहि मा शिशयं त्वा शृणोमि। ऋग्० 10/42/3

छात्र दत्तचित्त हो–छात्र दत्तचित्त होकर अध्ययन करे। छात्र की एकाग्रता के आधार पर ही गुरु उनकी बुद्धि को तीक्ष्ण कर पाता है।

मय्येवास्तु मयि श्रुतम्। अ० 1/1/2

स्मरण शक्ति तीक्ष्ण करे–छात्र अपनी स्मरण शक्ति को प्रबुद्ध करे। तभी वह पढ़े हुए को स्मरण रख सकेगा। अतएव मंत्र का कथन है कि मेरी विद्या मेरे पास ही रहे।

मा शिश्नदेवा अपि गुर्ऋतं नः। ऋग्० 7/21/5

संयमी हो–शिष्य के लिए निर्देश है कि वह संयमी हो, ब्रह्मचर्य का पालन करे। शिष्य और शिष्या दोनों के लिए आवश्यक है कि वे ब्रह्मचर्य के नियमों का पालन करें। ऋग्वेद का कथन है कि काम भावना (शिश्नदेव) हमारी पवित्रता को नष्ट न करे।

ब्रह्मचर्येण कन्या युवानं विन्दते पतिम्। अ०11/5/18

कन्या भी ब्रह्मचर्य का जीवन व्यतीत करते हुए योग्य पति को प्राप्त होती है।

ब्रह्मचर्येण तपसा देवा मृत्युमुपाघ्नत। अ० 11/5/19

ब्रह्मचर्य की महत्त्व बताया गया है कि ब्रह्मचर्य के बल पर ही देवों ने मृत्यु पर विजय प्राप्त की थी।

व्रतं च श्रद्धां चोपैमि0। यजु० 20/24

व्रत और श्रद्धा की दीक्षा–उपनयन के बाद शिष्य का कर्तव्य है–नियमित यज्ञ करना। वह सत्यभाषण का व्रत लेता है और शास्त्रों एवं गुरुओं के प्रति श्रद्धा की भावना जागृत करता है।

वर्चस्वान्, ओजिष्ठः, भ्राजिष्ठः, अहं मनुष्येषु भूयासम्। यजु० 8/38-40

तेजस्वी, वर्चस्वी हो–यजुर्वेद में कहा गया है कि शिष्य यज्ञ करते समय अग्नि, इन्द्र और सूर्य को लक्ष्य में रखकर कहता है कि हे अग्नि आदि देवो तुम सबसे अधिक तेजस्वी और वर्चस्वी हो, मैं भी तुम्हारे तुल्य मनुष्यों में सबसे अधिक तेजस्वी, वर्चस्वी और ओजस्वी होऊँ।

शाक्तस्येव वदति शिक्षमाणः। ऋग्० 7/103/5

पाठ को दुहराना–ऋग्वेद का कथन है कि गुरु जो कुछ पढ़ाता है, शिष्य उसको बार-बार दुहराकर याद करते हैं।

शुम्भन्ति विप्रं धीतिभिः। ऋग्० 9/40/1

गुरु को प्रसन्न रखना–ऋग्वेद का कथन है कि शिष्य गुरु को अपनी श्रद्धा भक्ति से प्रसन्न रखते हैं।

ब्रह्मचारी समिधा मेखलया श्रमेण लोकान् तपसा पिपर्ति। अ० 11/5/4

शिष्य के चार गुण–अथर्ववेद में शिष्य के चार गुणों का उल्लेख है। उनके द्वारा वह सबको सन्तुष्ट करता है। ये गुण हैं–1. **समिधाः** नियमित यज्ञ के द्वारा तेजस्वी होना। 2. **मेखलाः** कटिसूत्र धारण करना। मेखला दृढ़-निश्चय और अध्यवसाय का प्रतीक है। 3. **श्रमः** कठिन परिश्रम करना। 4. **तपस्ः** तपस्वी या तपोमय जीवन व्यतीत करना।

सूरिरसि वर्चोधा ... अति समं क्राम। अ० 2/11/4

उच्चतम ज्ञान प्राप्त करें–अथर्ववेद का कथन है कि वह ज्ञान प्राप्त करके योग्यता के शिखर पर पहुँचे। वह सबसे अधिक योग्य बने, सबसे अधिक तेजस्वी बने।

वाचस्पतिः ... विश्वस्येशान ओजसा। अ० 20/137/5

वाचस्पति हो–स्नातक उच्चतम शिक्षा प्राप्त करके अपनी तेजस्विता स्थापित करे और विश्व का मार्गदर्शक बने।

विप्रा ऋतस्य वाहसा। अ० 20/138/2

सत्य का प्रचारक हो–शिक्षितों का उत्तरदायित्व है कि वे सत्य का प्रचार करें। जनता को आचार की शिक्षा दें और आस्तिकता की स्थापना करें।

इन्द्रो ह भूत्वा-असुरान् ततर्ह। अ० 11/5/7

असुर-नाशन, भ्रष्टाचार-निवारण–अथर्ववेद में कहा गया है कि स्नातक शक्ति संपन्न होकर असुरों और आसुरी वृत्तियों को नष्ट करे।

स सद्य एति पूर्वस्माद् उत्तरं समुद्रम्, जनयन् ब्रह्म0। अ० 11/5/6-7

सर्वत्र शिक्षा-प्रसार–स्नातक पूर्व समुद्र से लेकर पश्चिम समुद्र तक ज्ञान की ज्योति फैलावे और शिक्षा का प्रसार करे।

लोकान् संगृभ्य, जनयन् लोकान्0। अ० 11/5/6-7

जनता में जागृति उत्पन्न करना–अथर्ववेद में 'लोकान् संगृभ्य' और 'लोकं जनयन्' शब्दों के द्वारा स्नातक के लिए आदेश है कि वह लोगों को संगठित करे और जनता में जागृति उत्पन्न करे। जनता में नवजीवन का संचार करना उसका कर्तव्य है।

ज्योतिष्मतः पथो रक्ष धिया कृतान्। ऋग्० 10/53/6

उच्च प्राचीन परम्पराओं को जीवित रखना–ऋग्वेद का कथन है कि विद्वानों का कर्तव्य है कि वे प्राचीन शिक्षा, संस्कृति आदि की उच्च परम्पराओं की रक्षा करें और इन्हें जीवित रखें।

इयक्षन्ति प्रचेतसः। ऋग्० 9/64/21

धार्मिक कृत्यों का प्रचार–ऋग्वेद का कथन है कि प्रबुद्ध व्यक्ति यज्ञ आदि धार्मिक कृत्यों में विशेष रुचि रखते हैं और उनका प्रचार करते हैं।

विप्र देवानां जनिमा विवक्ति। अ० 4/1/3

देवों के जन्म आदि का विवेचन–देवों और दिव्य शक्तियों की उत्पत्ति आदि का विवेचन करना विद्वानों का कार्य है।

जनयन् .. ब्रह्म मेधाम्। अ० 11/5/24

जनता को ज्ञानी और मेधावी बनाना–अथर्ववेद का कथन है कि विद्वान् जनता को आस्तिक और मेधावी बनावे।

शिक्षक और शिष्य का संबन्ध

गुरुर्गरीयान् पितृतो मातृश्च। सुभाषित

आचार्य और शिष्य का संबन्ध पिता-पुत्र-संबन्ध के तुल्य है। जीवन में जो माता-पिता का स्थान है, उससे बढ़कर गुरु का स्थान है। गुरु माता-पिता से भी अधिक पूज्य हैं। अतएव कहा गया है कि–गुरु पिता-माता से बढ़कर हैं।

स विद्यातस्तं जनयति। तत् श्रेष्ठं जन्म। शरीरमेव मातापितरौ जनयतः।
आप० धर्म० 1/1/15-17

आचार्य उपनयन संस्कार से पूर्व शिष्य को तीन दिन परीक्षण के लिये अपने पास रखता है। परीक्षण में उत्तीर्ण होने पर ही बालक का उपनयन संस्कार होता था। यह शिक्षा-संबन्धी नवीन जन्म माना जाता था। यज्ञोपवीत के बाद ही शिष्य वेदाध्ययन का अधिकारी होता था। शिक्षा-संबन्धी इस जन्म के बाद ही शिष्य को 'द्विज' कहते थे। अतएव आपस्तम्ब धर्मसूत्र में कहा गया कि माता-पिता केवल शरीर को ही जन्म देते हैं। आचार्य विद्या के द्वारा उनको शैक्षिक जनम देता है। यह जन्म शारीरिक जन्म से श्रेष्ठ है।

यमेव विद्याः शुचिमप्रमत्तं, मेधाविनं ब्रह्मचर्योपपन्नम्।
यस्ते ने द्रुह्येत् कतमच्चनाह, तस्मै मा ब्रूया निधिपाय ब्रह्मन्।। निरुक्त 2/4

आचार्य के लिए निर्देश था कि वह जिसे सुशील, अप्रमादी, संयमी, प्रतिभाशाली और अद्रोही समझे, उसे ही उच्च शिक्षा दे। जिसे असंयमी, कुटिल और परछिद्रान्वेषी समझे, उसे उच्च शिक्षा न दे।

आयुरस्मासु धेहि–अमृतत्वमाचार्याय। अ० 19/64/4

साधु-प्रकृति वाले शिष्य आजीवन गुरु के भक्त रहते थे और आचार्य की कुशलता की कामना करते थे। अथर्ववेद में ऐसे शिष्यों के लिए ही कहा गया है कि वे यज्ञ के पश्चात् अग्निदेव से प्रार्थना करते थे कि वह उन्हें दीर्घायु करे और आचार्य को अमर बनावें।

अध्यापिता ये गुरुं नाद्रियन्ते, शिष्या वाचा मनसा कर्मणा वा।
यथैव ते न गुरोर्भोजनीयाः तथैव तान् न भुनक्ति श्रुतं तत्। निरुक्त 2/4

कुछ शिष्य दुष्ट प्रकृति के भी होते थे, जो गुरु का आदर नहीं करते थे। निरुक्तकार ने ऐसे शिष्यों की निन्दा की है और कहा है कि उन्हें गुरु का आशीर्वाद और संरक्षण प्राप्त नहीं होता है, ऐसे शिष्यों की विद्या भी सफल नहीं होती है।

षडेते ह्यवमन्यन्ते, नित्यं पूर्वोपकारिणम्।
आचार्य शिक्षिताः शिष्याः, कृतदाश्च मातरम्।। महाभारत

महाभारत में भी छः कृतघ्नों में ऐसे शिष्यों का उल्लेख है जो शिक्षा प्राप्त करके आचार्य का अपमान करते हैं।

अग्ने व्रतपते व्रतं चरिष्यामि,
तच्छकेयं तन्मे राध्यताम्। इदमहमनृतात् सत्यम् उपैमि। यजु० 1/5

शिक्षा का प्रारम्भ-आचार्य के द्वारा तीन दिन के परीक्षण के पश्चात् उत्तीर्ण होने पर ब्रह्मचारी का प्रवेश होता था। उत्तीर्ण छात्रों का उपनयन (जनेऊ) संस्कार होता था। इसके साथ ही शिक्षा प्रारम्भ होती थी। शिक्षा का प्रारम्भ व्रत की दीक्षा से होता था। अग्नि को साक्षी रखकर व्रत लिया जाता था कि असत्य को छोड़कर सत्य को ही ग्रहण करूंगा। असत्य भाषण, असत्य व्यवहार और असद्-विचार आदि का परित्याग करके सत्य मार्ग को अपनाता हूँ। साथ ही परमात्मा से प्रार्थना की जाती थी कि मैं अपने इस व्रत को पूर्ण करने में सफल होऊँ।

व्रतेन दीक्षामाप्नोति दीक्षयाऽऽप्नोति दक्षिणाम्। दक्षिणा श्रद्धामाप्नोति, श्रद्धया सत्यमाप्यते। यजु० 19/30

व्रत का महत्त्व-यजुर्वेद में व्रत का बहुत महत्त्व वर्णन किया गया है। व्रत का अभिप्राय है-किसी उच्च उद्देश्य की पूर्ति के लिए प्रतिज्ञा-बद्ध होना। व्रत की उपयोगिता बताई गई है कि व्रत से मनुष्य दीक्षित (दृढ़ संकल्पयुक्त) होता है। दीक्षा से उसे दक्षिणा (दाक्षिण्य, दक्षता, योग्यता) प्राप्त होती है। दक्षिणा से श्रद्धा (आस्तिकता की बुद्धि) प्राप्त होती है और श्रद्धा से सत्य (सत्यस्वरूप ब्रह्म, परमात्मा) की प्राप्ति होती है।

भद्रमिच्छन्त ऋषयः स्वर्विदस्तपो दीक्षामुपनिषेदुरग्रे।
ततो राष्ट्रं बलमोजश्च जातं तदस्मै देवा उपसंनमन्तु।। अ० 19/41/1

तप और दीक्षा-शिक्षा में तप (अनुशासन, Discipline) और दीक्षा (समर्पण, Dedication) का बहुत महत्त्व है। अथर्ववेद में इनके महत्त्व पर प्रकाश डालते हुए कहा गया है कि वैयक्तिक और राष्ट्रीय उन्नति के लिए तप और दीक्षा को सर्वप्रथम स्थान दिया गया है। तप और दीक्षा को अपनाने से ही व्यक्ति और राष्ट्र की उन्नति हो सकती है।

वाचस्पतिर्नि यच्छतु। अ० 1/1/3

अनुशासन–अथर्ववेद के प्रारम्भ में ही शिक्षा का विषय लिया गया है। इसमें 'नि यच्छतु' (नियम में या अनुशासन में रखे) के द्वारा आचार्य के लिए निर्देश है कि वह स्वयं अनुशासन में रहे और शिष्यों को अनुशासन में रखे।

देवेन मनसा सह। अ० 1/1/2

शुद्ध हृदय–गुरु के लिए निर्देश है कि वह शुद्ध हृदय से शिष्यों को पढ़ावे।

वसोष्पते नि रमय। अ० 1/1/2

रोचक पद्धति अपनाना–अथर्ववेद में 'निरमय' के द्वारा संकेत है कि शिक्षण पद्धति ऐसी हो, जिसमें छात्र का मन स्वयं रम जाए।

किम् एतद् यक्षमिति। केन उप० 1/3/3

इसके लिए कथा या आख्यान का सहारा लिया जा सकता है। इसका उत्तम उदाहरण 'केन उपनिषद्' है। इसमें यक्ष की कहानी के द्वारा ब्रह्म के स्वरूप को समझाया गया है।

मयि-एवास्तु मयि श्रुतम्। अ० 1/1/2

विषय को सरल बनाना–अथर्ववेद का कथन है कि विषय को ऐसे सरल रूप में प्रस्तुत किया जाय कि वह मन में जम जाय और न भूले।

तृतीयं वरं नचिकेतो वृणीष्व। कठ उप० 1/1/19

मृत्यु क्या है? मृत्यु पर विजय कैसे प्राप्त की जा सकती है? आत्मा क्या है? जैसे गूढ़ विषय को समझाने के लिए 'कठ उपनिषद्' में नचिकेता की कहानी दी गई है और विषय को अत्यन्त सरल और रोचक बना दिया गया है।

यजु0 17/18/20। 23/9 से 12। 23/45 से 48। 23/53 से 62

प्रश्नोत्तर विधि–विषय़ को रोचक और सरल बनाने के लिए वेदों में एक अन्य विधि दी गई है। यह है प्रश्न और उत्तर की विधि। छात्र प्रश्न पूछते हैं और गुरु उनका सरल एवं संक्षिप्त उत्तर देता है। सभी वेदों में इसके अनेक उदाहरण हैं।

यजु० 23/47 और 48

यहाँ यजुर्वेद से एक उदाहरण दिया जा रहा है:

प्रश्न: किं स्वित् सूर्यसमं ज्योति:? (सूर्य के तुल्य कौन सी ज्योति है?)

उत्तर: ब्रह्म सूर्यसमं ज्योति:? (ब्रह्म सूर्य के तुल्य ज्योति है।)

प्रश्न: किं समुद्रसमं सर:? (समुद्र के तुल्य सरोवर कौन सा है?)

उत्तर: द्यौ: समुद्रसमं सर:। (आकाश समुद्र के तुल्य विशाल सरोवर है।)

प्रश्न: किं स्वित् पृथिव्यै वर्षीय:? (पृथ्वी पर कौन वर्षा करता है?)

उत्तर: इन्द्र: पृथिव्यै वर्षीयान्। (इन्द्र अर्थात् मेघ पृथ्वी पर वर्षा करता है।)

प्रश्न: कस्य मात्रा न विद्यते? (किसके गुणों की सीमा नहीं है?)

उत्तरः गोस्तु मात्रा न विद्यते। (गाय के गुणों की सीमा नहीं है।)

प्राशं प्रतिप्राशो जहि। अ० 2/27/1

वाद-विवाद विधि–यजुर्वेद और अथर्ववेद में वाद-विवाद विधि का उल्लेख है। अथर्ववेद में वादी और प्रतिवादी या पूर्वपक्ष और उत्तरपक्ष रखने वाले के लिए क्रमशः प्राश् (पूछने वाला) और प्रतिपाश् (उत्तर देने वाला) शब्द हैं।

प्रश्निनम्, अभिप्रश्निनम्। यजु० 30/10

यजुर्वेद में इनके लिए क्रमशः प्रश्निन् (प्रश्न पूछने वाला) और अभिप्रश्निन् (प्रश्न का उत्तर देनेवाला) शब्द हैं।

मर्यादायै प्रश्नविवाकम्। यजु० 30/10

वाद-विवाद में एक निर्णायक की भी आवश्यक होती है। उसके लिए यजुर्वेद में 'प्रश्नविवाक' (निर्णायक) शब्द दिया गया है।

बृहदा0 उप0 3/6 और 3/7

इसका एक बहुत सुन्दर उदाहरण बृहदारण्यक उपनिषद् में मिलता है। इसमें विदुषी गार्गी और याज्ञवल्क्य ऋषि का वाद-विवाद वर्णित है।

एतस्मिन् नु खलु-अक्षरे गार्गि आकाश ओतश्च प्रोतश्च। बृ०उप० 3/8/11

प्रश्न पूछने वाली गार्गी है और उत्तर देने वाले याज्ञवल्क्य हैं। प्रश्न है–यह सारा संसार किसमें ओत-प्रोत है? बहुत वाद-विवाद के पश्चात् अन्त में याज्ञवल्क्य ने उत्तर दिया है कि यह सारा संसार अक्षर ब्रह्म (परमात्मा) में ओत-प्रोत है।

स्वयं वाजिन् तन्वं कल्पयस्व, स्वयं यजस्व, स्वयं जुषस्व। यजु० 23/15

करो और सीखो की विधि–यजुर्वेद में इस विधि का संकेत है। यजुर्वेद में कहा गया है कि स्वयं कार्य करो और स्वयं उसका फल भोगो।

धिय आ तनुध्वम्, नावम् ... कृणुध्वम्, इष्कृणुध्वम्, आयुधारं कृणुध्वम्,।
ऋग्० 10/101/2

परयोजना विधि (Project Method)–ऋग्वेद में परियोजना विधि का संकेत है। ऋग्वेद में कहा गया है कि अपनी बुद्धि का विस्तार करो। नए-नए काम प्रारम्भ करो। नाव बनाओ, वस्तुओं को यथास्थान लगाना सीखो, सुन्दर अस्त्र-शस्त्र बनाना सीखो।

यद्यन्तरिक्षे यदि वात आस यदि वृक्षेषु0। अ० 7/66/1

अनध्याय–कतिपय विशेष अवस्थाओं में वेदादि का अध्ययन निषिद्ध था। ये हैं: आकाश में घने बादल होने पर यदि वर्षा का ढंग हो, आँधी या तूफान में, घने वृक्ष-वनस्पतियों के कुंज में, अधिक घास-फूँस वाले स्थान में और पशुओं के झुंड वाले स्थान के समीप।

नाभ्रे, न छायायां, न पर्यावृत्ते आदित्ये, न हरितयवान् प्रेक्षमाणो, न ग्रामयस्य पशोरन्ते, नारण्यस्य, नापाम् अन्ते। आप० श्रौत० 15/21/8

इसी प्रकार का वर्णन आपस्तम्ब श्रौतसूत्र के स्वाध्याय-धर्मप्रकरण में मिलता है। इन परिस्थितियों में अध्ययन-अध्यापन न करे। ये हैं–अधिक बादल होने पर, अंधेरे वाले स्थान में, सूर्य-ग्रहण आदि में, हरे-भरे खेतों के बीच में, ग्रामीण पशु समूह के निकट, जंगली जानवर वाले स्थानों पर और नदी-तालाब आदि के अतिनिकट।

ब्रह्मचर्येण कन्या युवानं विन्दते पतिम्। अ० 11/5/18

सहशिक्षा (Co-education)–प्राचीनकाल में सहशिक्षा का प्रचलन नहीं था। बालक और बालिकाओं के लिए पृथक्-पृथक् गुरुकुल होते थे। गुरुकुल के प्रमुख को आचार्य कहते थे। बालिकाओं के गुरुकुल के प्रमुख को आचार्या कहते थे। अथर्ववेद में स्पष्ट उल्लेख है कि बालिकाएँ ब्रह्मचर्य का पालन करते हुए उच्च शिक्षा प्राप्त करती थीं और शिक्षा की समाप्ति के बाद वे विवाह करती थीं।

अध्यापयामास पितृन् शिशुराङ्.गिरसः कविः। पुत्रका इति होवाचः। मनु० 2/151
अज्ञो भवति वै बालः, पिता भवति मन्त्रदः।
अज्ञं हि बालमित्याहुः, पितेत्येव तु मन्त्रदम्। मनु० 2/153

प्रौढ़ शिक्षा (Adult-education)–इस विषय की सामग्री अत्यल्प है। जिन्हें बचपन में पढ़ने की सुविधा प्राप्त नहीं होती थी, वे बड़ी आयु में भी शिक्षा प्राप्त करते थे। किसी को भी गुरु बना सकते थे। मनुस्मृति में एक बहुत मनोरंजक प्रसंग दिया गया है कि आंगिरस कवि (अंगिरस् ऋषि के पुत्र, बृहस्पति) बहुत योग्य बालक थे। उनके माता-पिता अशिक्षित थे। आंगिरस कवि अपने माता-पिता को पढ़ाया करते थे। एक दिन उन्होंने पढ़ाते समय अपने माता-पिता को 'पुत्रकाः' (हे बालको!) कह दिया। यह बात माता-पिता को बहुत बुरी लगी। उन्होंने वृद्ध जनों से इसकी शिकायत की। यह बात तूल पकड़ गई और आगे बढ़ी। इस पर शिष्ट जनों ने निर्णय दिया कि–अनपढ़ व्यक्ति बालक (बालक के सदृश) होता है और शिक्षा देने वाला या पढ़ाने वाला व्यक्ति पिता (पिता के तुल्य) होता है। इसलिए शिक्षक या गुरु को अधिकार है कि वह शिष्य को 'बालक' कह सके।

स स्नातो बभ्रुः .. पृथिव्यां बहु रोचते। अ० 11/5/26

समावर्तन (दीक्षान्त) संस्कार–शिक्षा की समाप्ति पर समावर्तन संस्कार होता था। इसको ही 'दीक्षान्त' या शिक्षा का समापन कहते हैं। इस विधि के पश्चात् वह विद्यार्थी 'स्नातक' हो जाता था। अथर्ववेद में दीक्षान्त विधि और स्नातक के स्नान का उल्लेख है।

तैत्तिरीय उपनिषद्। 1/11/1 से 4

तैत्तिरीय उपनिषद् में यह उपदेश बड़े विस्तार से दिया गया है।

सत्यं वद। धर्मं चर। स्वाध्यायात्-मा प्रमदः।
मातृदेवो भव। पितृदेवो भव। आचार्यदेवो भव।
यानि-अनवद्यानि कर्माणि तानि सेवितव्यानि। नो इतराणि। तै० उप० 1/11/1-2

उसका सारांश यह है:

1. सदा सत्य बोलना और धर्म करना। स्वाध्याय में कभी प्रमाद मत करना।

2. देबयज्ञ और पितृयज्ञ (माता-पिता की सेवा) अवश्य करना।
3. माता-पिता और आचार्य को देव-तुल्य मानना।
4. गुरु के अच्छे आचरणों का ही अनुसरण करना, अन्य का नहीं।
5. दान अवश्य देना।
6. अतिथि-सत्कार अवश्य करना।
7. कर्तव्य के विषय में कोई सन्देह हो तो विद्वानों की राय लेना।

यो वा ते शिक्षात्, तस्मै रयिं दयस्व।

आचार्यय प्रियं धनम्०। ऋग्० 1/68/3। तै. उप. 1/11

गुरु-दक्षिणा–प्राचीन परम्परा थी कि शिक्षा की समाप्ति पर शिष्य अपने आचार्य को अपनी श्रद्धा-भक्ति के अनुसार जो कुछ भी उचित समझता था, वह सादर समर्पित करता था। इसमें फल-फूल से लेकर वस्त्र, आभूषण, स्वर्ण आदि सब कुछ सम्मिलित था।

ब्रह्मचर्येण कन्या युवानं विन्दते पतिम्। अ० 11/5/18

ऋग्वेद में गुरु को धन आदि के रूप में दक्षिणा देने का निर्देश है।

सद्योवध्वो ब्रह्मवादिन्श्च।

शिक्षा की समाप्ति पर वे स्नातिका होती थीं और योग्य वर से विवाह करती थीं।

स्त्री हि ब्रह्मा बभूविथ। ऋग्० 8/33/19

स्नातिका होने पर उनके लिए दो मार्ग थे–विवाह करें या आजन्म अविवाहित रहकर 'ब्रह्मवादिनी' बने। ब्रह्मवादिनी स्त्रियाँ ही गार्गी आदि के तुल्य शास्त्रार्थ-महारथी, विदुषी, वेदवित् और मन्त्रद्रष्टा होती थीं।

वशिनी त्वं विदथमा वदासि। अ० 14/1/20

ऋग्वेद में स्पष्ट उल्लेख है कि स्त्री भी ब्रह्मा हो सकती है।

अहं केतुरहं मूर्धा-अहमुग्रा विवाचनी। ऋग्० 10/159/2

मैं ज्ञानियों में अग्रगण्य और मूर्धन्य हूँ। मैं उच्चकोटी की वक्ता हूँ।

इन्द्राण्येतु प्रथमाऽजीताऽमुषिता पुरः। अ० 1/27/4

अथर्ववेद में इन्द्राणी का एक सेनापति के रूप में वर्णन है। वह सेना के आगे-आगे चलती है। वह अजेय और अधृष्य है।

वह धनुष-बाण लेकर शत्रुओं को काटती हुई आगे बढ़ती है।

स्त्रियों हि दास आयुधानि चक्रे। ऋग्० 5/30/9

ऋग्वेद में स्त्री-सेना का भी उल्लेख है। असुरों की स्त्री सेना युद्ध में इन्द्र से लड़ी।

इन्द्राणी वै सेनायै देवता। सैवास्य सेना संश्यति। तैत्ति सं० 2/2/8/1

तैत्तिरीय संहिता में एक महत्त्वपूर्ण बात कही गई है कि इन्द्राणी सेना की देवता है। वही सेना में प्राण फूंकती है। उसके नेतृत्व में निर्बल सेना भी सबल हो जाती है।

विशं विशं युद्धाय सं शिशाधि। अ० 4/31/4

सैन्य शिक्षा–अथर्ववेद में उल्लेख है कि प्रत्येक व्यक्ति को सैन्य शिक्षा दी जाय। राजा के लिए निर्देश है कि वह प्रत्येक व्यक्ति को युद्ध के लिए प्रशिक्षित करे।

सरथम् .. उप प्र यन्तु नरो अग्निरूपाः। अ०4/31/1

अग्नि के तुल्य तेजस्वी वीर रथ पर बैठकर धनुष-बाण हाथ में लेकर शत्रुओं पर आक्रमण करें।

असपत्ना सपत्नघ्नी, जयन्ती-अभिभूवरी। ऋग्० 10/159/5

ऋग्वेद में स्त्री को सपत्नघ्नी (शत्रुओं को नष्ट करने वाली), जयन्ती (विजेता), अभिभूवरी (शत्रुओं को तिरस्कृत करने वाली) कहा गया है।

यजु0 13/26

यजुर्वेद में भी स्त्री को अषाढा (अजेय), सहमाना (विजेता) और सहस्रवीर्या (असंख्य पराक्रम करने वाली) कहा गया है।

अथर्व0 15/6/8 और 11

अथर्ववेद में शिक्षा के इन विषयों का उल्लेख मिलता है:

1. ऋचः (ऋग्वेद), 2. सामानि (सामवेद), 3. यजूंषि (यजुष्, यजुर्वेद), 4. ब्रह्म (ब्रह्मन्, ब्रह्मदेव, अथर्ववेद), 5. इतिहासः (इतिहास), 6. पुराणम् (पुराण, पुरातत्त्व), 7. गाथाः (पद्यात्मक कथावृत्त, दानस्तुतियाँ आदि), 8. नाराशंसीः (उदार दानियों की स्तुतियाँ एवं जीवनवृत्त)।

पञ्च वेदान् निरमिमत-सर्पवेदम्, पिशाचवेदम्, असुरवेदम्, इतिहासवेदम्, पुराणवेदमिति। गोपथ ब्राह्मण 1/1/10

गोपथ ब्राह्मण में विविध विद्याओं को वेद नाम देते हुए पाँच वेदों का उल्लेख किया गया है। ये हैं:

1. **सर्पवेद** (सर्पों की विविध जातियाँ, विषचिकित्सा आदि)।

2. **पिशाचवेद** (पिशाच विद्या, रक्षोनाशन, पिशाचनाशन, पिशाचों के क्रियाकलाप)।

3. **असुरवेद** (आसुरी विद्याएँ, अभिचार कर्म एवं माया आदि का प्रयोग तथा उनका निवारण)। आसुरी विद्या में स्थापत्य कला भी सम्मिलित है।

4. **इतिहास वेद** (ऐतिहासिक तथ्यों का संकलन आदि, प्राचीन इतिहास)।

5. **पुराण वेद** (पुरातत्त्व, सृष्टि-उत्पत्ति आदि का वर्णन, प्राचीन राजवंशों की वंशावली आदि)।

ऋग्वेदं .. यजुर्वेदं, सामवेदम्, आथर्वणं, चतुर्थम्, इतिहासपुराणं पञ्चमम्, वेदानां वेदम्, पित्र्यम्, राशिम्, दैवम, निधिम्, वाकोवाक्यम् एकायनम्, देवविद्याम्, ब्रह्मविद्याम्, भूतविद्याम्, क्षत्रविद्याम्, नक्षत्रविद्याम्, सर्पदेवजनविद्याम्०। छान्दो० उप० 7/1/2

नारद मुनि के अनुसार हुई विद्याओं का वर्णन इस प्रकार है:

1. ऋग्वेद, 2. यजुर्वेद, 3. सामवेद, 4. अथर्ववेद, 5. निधिविद्या (खनिजशास्त्र), 6. वाकोवाक्य (विधि एवं तर्कशास्त्र), 7. एकायन (नीतिशास्त्र), 8. देवविद्या (देवशास्त्र, Mythology), 9. ब्रह्मविद्या (अध्यात्म, Theology, Spritual Science), 10. भूतविद्या (जन्तुशास्त्र), 11. सर्पविद्या (विषविज्ञान, Toxicology), 12. देवजनविद्या (गन्धर्वविद्या, Music), 13. इतिहास, 14. पुराण (पुरातत्त्व), 15. वेदांग (शिक्षा, कल्प, निरुक्त, व्याकरण, छन्द, ज्योतिष), 16. पितृविद्या (नृवंश-विज्ञान, Anthropology), 17. राशिविद्या (गणितशास्त्र), 18. दैवविद्या (वर्षाविज्ञान आदि, Meteorology), 19. क्षत्रविद्या (शस्त्रविद्या), 20. नक्षत्रविद्या (ज्योतिष) । (छान्दो॰ उप॰)

विद्यां चाविद्यां च यस्तद्वेदोभय ँ सह।
अविद्यया मृत्युं तीर्त्वा विद्ययाऽमृतमश्नुते।। –यजु॰ 40/14

जो मनुष्य विद्या और अविद्या के स्वरूप को साथ-साथ जानता है वह अविद्या अर्थात् कर्मोपासना से मृत्यु को तरके विद्या अर्थात् यथार्थ ज्ञान से मोक्ष को प्राप्त होता है।

न ता नशन्ति न दभाति तस्करो नासामामित्रो व्यथिरो दधर्षति।
देवांश्च याभिर्यजते ददाति च ज्योगित्ताभिः सचते गोपतिः सह।। –अ॰ 4/21/3

विद्याएँ कभी नष्ट नहीं होती हैं, यह अनश्वर धन हैं। विद्या-धन को तस्कर चुरा नहीं सकते, दु:खदायी शत्रु भी इसका तिरस्कार नहीं कर सकते। विद्या धन वह धन है जिसके द्वारा देवयज्ञादि पञ्चयज्ञ किये जाते हैं और जिसका दान सर्वोत्तम है तथा इन्द्रियों के स्वामी जीवात्मा गोपति का निरन्तर इस विद्या के साथ सम्बन्ध रहता है अर्थात् मरने पर जीवात्मा के साथ केवल विद्या-धन ही जाता है, अन्य सारे सांसारिक ऐश्वर्य यहीं रह जाते हैं।

अद्भिर्गात्राणि शुद्ध्यन्ति मनः सत्येन शुद्ध्यति।
विद्यातपोभ्यां भूतात्मा बुद्धिर्ज्ञानेन शुद्ध्यति।। –मनु॰ 5/109

जल से शरीर की शुद्धि होती है, मन सत्य से शुद्ध होता है, विद्या और तप से आत्मा की शुद्धि होती है और बुद्धि ज्ञान से शुद्ध होती है।

कामधेनुगुणा विद्या ह्यकाले फलदायिनी।
प्रवासे मातृसदृशी विद्या गुप्तं धनं स्मृतम्।। –चा॰ 4/5

विद्या में कामधेनु के समान गुण हैं, यह असमय में भी फल देनेवाली है, यह विदेश में माता के समान रक्षक और हितकारिणी होती है, इसलिए विद्या को गुप्त-छिपा हुआ धन कहा गया है।

विद्या मित्रं प्रवासेषु भार्या मित्रं गृहेषु च।
व्याधितस्यौषधं मित्रं धर्मो मित्रं मृतस्य च।। –चा॰ 5/15

विदेशों में विद्या मनुष्य का सच्चा मित्र होता है। घर में शील-गुण-युक्त नारी मनुष्य की वास्तविक मित्र होती है। रोगी के लिए औषध मित्र होता है और मरे हुए मनुष्य का मित्र उसका धर्म होता है।

नक्षत्रभूषणं चन्द्रो नारीणां भूषणं पतिः।
पृथिवी भूषणं राजा विद्या सर्वस्य भूषणम्।।

आकाश का आभूषण चन्द्रमा है, नारी का आभूषण पति है, पृथिवी का आभूषण राजा है, परन्तु विद्या सभी का आभूषण है।

कोकिलानां स्वरो रूपं स्त्रीणां रूपं पतिव्रतम्।
विद्या रूपं कुरूपाणां क्षमा रूपं तपस्विनाम्।। —चा० 3/9

कोयलों का रूप स्वर, स्त्रियों का रूप पतिव्रतधर्म, कुरूपों का रूप विद्या और तपस्वियों की शोभा क्षमाशीलता है।

विद्वान् प्रशस्यते लोके विद्वान् गच्छति गौरवम्।
विद्यया लभ्यते सर्वं विद्या सर्वत्र पूज्यते।। —चा० 8/20

संसार में विद्वान् ही प्रशंसित होता है, विद्वान् ही सर्वत्र आदर पाता है। विद्या से धन-धान्य, मान-प्रतिष्ठा आदि सब कुछ मिलता है। विद्या का सर्वत्र आदर होता है।

रूपयौवनसम्पन्नाः विशालकुलसम्भवाः।
विद्याहीना न शोभन्ते निर्गन्धा इव किंशुकाः।। —चा० 3/8

रूप और यौवन से सम्पन्न तथा ऊँचे कुल में जन्म लेने पर भी विद्याविहीन मनुष्य ऐसे ही सुशोभित नहीं होता, जैसे गन्धरहित ढाक के फूल।

शुनः पुच्छमिव व्यर्थं जीवितं विद्यया विना।
न गुह्यगोपने शक्तं न च दंशनिवारणे।। —चा० 7/19

जैसे कुत्ते की पूँछ न तो गुप्तेन्द्रियों को ढाँपने में ही समर्थ है और न ही मच्छर आदि को उड़ाने में। इसी प्रकार विद्याहीन व्यक्ति का जीना व्यर्थ होता है।

किं कुलेन विशालेन विद्याहीनेन देहिनाम्।
दुष्कुलीनोऽपि विद्वांश्च देवैरपि सुपूज्यते।। —चा० 8/19

विद्याहीन बड़े कुल से मनुष्य को क्या लाभ है? नीच कुल में उत्पन्न होनेवाला विद्वान् भी देवों-विद्वानों के द्वारा अत्यन्त सम्मानित होता है।

न विद्यया विना सौख्यं नराणां जायते ध्रुवम्।
अतो धर्म्मार्थमोक्षेभ्यो विद्याभ्यासं समाचरेत्।। —व्यवहारभानु

बिना विद्या के मनुष्य को निश्चल सुख नहीं हो सकता, क्या हुआ, किसी को क्षणभर सुख हुआ, न हुआ-सा है। किसी का सामर्थ्य नहीं है कि जो अविद्वान् होकर धर्म, अर्थ, काम और मोक्ष के स्वरूप को यथावत् जानकर सिद्ध कर सके।

धनहीनो न हीनश्च धनिकः स सुनिश्चयः।
विद्यारत्नेन यो हीनः से हीनः सर्ववस्तुषु।। —चा० 10/1

जो मनुष्य धन से हीन है, वह दीन-हीन नहीं है यदि वह विद्यारूपी धन से युक्त है

तो वह निश्चय ही महाधनी है, परन्तु जो मनुष्य विद्यारूपी रत्न से हीन है वह सभी वस्तुओं से हीन है।

विद्यया स्फीयते ज्ञानं ज्ञानात् तत्त्वनिदर्शनम्।
दृष्टतत्त्वो विनीतात्मा सर्वार्थस्य च भाजनम्।।–महा० अनु० अ० 145 पृ० 5956

विद्या से ज्ञान बढ़ता है, ज्ञान से तत्त्व का दर्शन होता है और तत्त्व का दर्शन कर लेने के पश्चात् मनुष्य विनीतचित्त होकर समस्त पुरुषार्थों का भाजन हो जाता है।

शक्यं विद्याविनीतेन लोके संजीवनं शुभम्।
आत्मानं विद्यया तस्मात् पूर्वकृत्वा तु भाजनम्।।
वश्येन्द्रियो जितक्रोधो भूतात्मानं तु भावयेत्।। –महा० अनु० अ० 145 पृ० 5956

विद्या से विनीत हुआ पुरुष संसार में शुभ जीवन बिता सकता है, अत: अपने-आपको पहले विद्या द्वारा पुरुषार्थ का भाजन बनाकर क्रोध विजयी एवं जितेन्द्रिय पुरुष सम्पूर्ण भूतों के आत्मा-परमात्मा का चिन्तन करे।

भूषणानां भूषणं सविनया विद्या।। –चा०सू० 368

समस्त आभूषणों का आभूषण विनय-सम्पन्न विद्या होती है।

विद्याधनमधनानाम्।। –चा०सू० 295

निर्धनों का धन विद्या ही है।

विद्या चौरैरपि न ग्राह्या।। –चा०सू० 296

विद्या को चोर भी नहीं चुरा सकते।

विद्यया ख्यापिता ख्याति:।। –चा०सू० 297

विद्या से शीघ्र ख्याति मिल जाती है।

केन ब्रह्मत्वं क्रियते? त्रय्यींविद्ययेति।। –एतरेय 5/5/8

ब्रह्मत्व की प्राप्ति कैसे होती है? त्रयीविद्या के अध्ययन से मनुष्य को ब्रह्मत्व की प्राप्ति होती है।

विद्यया देवलोक: देवलोको वै लोकानां श्रेष्ठस्तस्माद्विद्यां प्रशः सन्ति।। –बृहदा० 1/5/16

विद्या से देवलोक की प्राप्ति होती है। देवलोक सारे लोकों में श्रेष्ठ है, इसलिए विद्या की प्रशंसा की जाती है।

विद्यया विन्दतेऽमृतम्। –केन० 2/2/4

विद्या से परम आनन्द की प्राप्ति होती है।

यदेव विद्यया करोति श्रद्धयोपनिषदा तदेव वीर्यवत्तरं भवति।।

–छा० 1/1/10

मनुष्य जिस कर्म को विद्या से, श्रद्धा और ज्ञान से करता है, वह कर्म अधिक फलप्रद होता है।

यथा खात्वा खनित्रेण भूतले वारि विन्दति।
तथा गुरुगतां विद्यां शूश्रूषुरधिगच्छति।। –चा०13/1

जैसे फावड़े आदि के द्वारा भूमि को खोदकर व्यक्ति उसमें से जल प्राप्त कर लेता है, इसी प्रकार सेवा करने वाला विद्यार्थी गुरुगत विद्या को प्राप्त कर पाता है।

गुरुशूश्रूषया विद्या पुष्कलेन धनेन वा।
अथवा विद्यया विद्या चतुर्थो नोपलभ्यते।। –चाणक्य-सार-संग्रह 1/39

विद्या की प्राप्ति या तो गुरु-सेवा से हो सकती है अथवा बहुत बड़ी धनराशि द्वारा विद्या अर्जित की जा सकती है, अथवा विद्या के द्वारा (एक विद्या पढ़कर, दूसरी विद्या पढ़ाना) विद्या की प्राप्ति हो सकती है, चौथा कोई प्रकार नहीं है।

शनैरर्थाः शनैः पन्थाः शनैः पर्वतमारुहेत्।
शनैर्विद्या च धर्मश्च व्यायामश्च शनैः शनैः।। –चा० 6/14

धीरे-धीरे धनोपार्जन करना चाहिए, धीरे-धीरे मार्ग गमन करना चाहिए, धीरे-धीरे पर्वत पर चढ़ना चाहिए, धीरे-धीरे विद्या और धर्म का साधन करना चाहिए तथा धीरे-धीरे व्यायाम करना चाहिए।

सुखार्थी च त्यजेद्विद्यां विद्यार्थी च त्यजेद् सुखम्।
न विद्यासुखयोः सन्धिस्तेजस्तिमिरयोरिव।। –चा० रा० 3/25

सुखार्थी को विद्या प्राप्ति की आशा छोड़ देनी चाहिए और विद्यार्थी को सुख-प्राप्ति की आशा छोड़ देनी चाहिए, क्योंकि विद्या और सुख की सन्धि ऐसे ही असम्भव है, जैसे प्रकाश और अन्धकार का मेल।

गृहाऽऽसक्तस्य नो विद्या नो दया मांसभोजिनः।
द्रव्यलुब्धस्य नो सत्यं स्त्रैणस्य न पवित्रता।। –चा० 11/5

घर में आसक्त विद्यार्थी विद्या की प्राप्ति नहीं कर सकता। माँसाहारी में दया, धन-लोभी में सत्यता और व्यभिचारी में पवित्रता नहीं होती।

जलबिन्दुनिपातेन क्रमशः पूर्यते घटः।
स हेतुः सर्वविद्यानां धर्मस्य च धनस्य च।। –चा० 12/19

क्रमशः पानी की एक-एक बूँद से घड़ा भर जाता है, इसी प्रकार धीरे-धीरे अभ्यास करने से सब विद्याओं की प्राप्ति हो जाती है, इसी प्रकार थोड़ा-थोड़ा करके धर्म और धन का सञ्चय भी हो जाता है।

अभ्यासाद्धार्यते विद्या कुलं शीलेन धार्यते।
गुणेन ज्ञायते त्वार्यः कोपो नेत्रेण गम्यते।। –चा० 5/8

विद्या की प्राप्ति निरन्तर अभ्यास से होती है। कुल की स्थिरता, कुल का यश और गौरव उत्तम गुण-कर्म और स्वभावों से फैलता है। आर्य की पहचान श्रेष्ठ गुणों से होती है और क्रोध का ज्ञान नेत्रों से हो जाता है।

आलास्योपहता विद्या परहस्तगताः स्त्रियः।
अल्पबीजं हतं क्षेत्रं हतं सैन्यमनायकम्।। –चा० 5/7

आलस्य से विद्या नष्ट हो जाती है, दूसरे के पास गई हुई स्त्री नष्ट हो जाती है, बीज की कमी से खेत नष्ट हो जाता है और सेनापति से रहित सेना मारी जाती है।

अनन्तशास्त्रं बहुलाश्च विद्या अल्पश्च कालो बहुविघ्नता च।
यत्सारभूतं तदुपासनीयं हंसो यथा क्षीरमिवाम्बुमध्यात्।। –चा० 15/10

वेदादि शास्त्र अनन्त हैं और विद्याएँ भी बहुत हैं। दूसरी ओर समय बहुत कम है और विघ्न बहुत हैं, अतः इन शास्त्रों में जो सार है, उसे ग्रहण करना चाहिए, जैसे हंस दूध और पानी के मिश्रण में से दूध को ग्रहण कर लेता है और पानी को छोड़ देता है।

प्रमुख स्रोत

1. *वेदों में समाजशास्त्र, अर्थशास्त्र और शिक्षा शास्त्र,* डॉ० कपिलेश द्विवेदी, 2002 ।

2. *विद्यागौरव, आचार्य ब्र० नन्द किशोर, 2004* ।

3. '*Vedas for the young*' T.R. Gupta and J.C. Aggarwal, 1994.

6

मध्यकालीन भारत में शिक्षा
(Education in the Medieval Period of India)

6.1 मध्यकालीन भारत में शिक्षा का सिंहावलोकन

भारतीय इतिहास के मध्यकाल में 800 ई. से 1750 ई. तक का समय सामान्यत: शामिल किया जाता है। इस काल को कभी-कभी मुस्लिम काल भी कहा जाता है तथा शिक्षा को मुस्लिम कालीन शिक्षा। यहां यह लिखना भी आवश्यक है कि यद्यपि शासक वर्ग मुस्लिम शिक्षा को प्रोत्साहन देता था, फिर भी ब्राह्मण शिक्षा व्यवस्था भी कई क्षेत्रों में प्रचलित थी।

6.2 दिल्ली सल्तनत के शासन काल में शिक्षा

800 ई. से 1200 ई. तक का समय शिक्षा की दृष्टि से इतना महत्त्वपूर्ण नहीं था। इस समय में राजनैतिक अस्थिरता का वातावरण था। उत्तरी तथा पश्चिमी भारत में अनेक राजपूत राज्य स्थापित थे। वहां पर हिन्दू शिक्षा व्यवस्था किसी न किसी रूप में प्रचलित थी। 11वीं शताब्दी के आरम्भ में महमूद गजनवी ने अनेक आक्रमण किए। इसके पश्चात् मुहम्मद गौरी ने सन् 1192 में पृथ्वीराज को हरा कर भारत में मुस्लिम शासन को स्थापित किया। यह स्वाभाविक था कि शासक वर्ग अपनी सभ्यता, संस्कृति, भाषा आदि का सम्वर्धन भारत में करे। अत: प्रचलित वैदिक शिक्षा व्यवस्था तथा बौद्धिक शिक्षा व्यवस्था को उत्तर भारत में बहुत क्षति पहुंची। माना जाता है कि आक्रमणकारियों ने यहां के विश्वविद्यालयों को तहस-नहस किया। अनेक महत्त्वपूर्ण सांस्कृतिक, धार्मिक तथा वैज्ञानिक ग्रन्थ नष्ट हुए।

महमूद गजनवी ने अपने देश में अनेक स्कूल तथा कालेज खोले परन्तु भारत में ब्राह्मणिक शिक्षा को नष्ट करने में कोई कसर न छोड़ी। उसके आक्रमण मन्दिरों पर थे जो कि प्राय: शिक्षा के केन्द्र थे।

मुहम्मद गौरी जिसे भारत में मुस्लिम शासन का स्थापितकर्ता माना जाता है, वह पहला सुल्तान था जिसने मुस्लिम संस्कृति का विकास करने हेतु अजमेर में स्कूल तथा अन्य इस प्रकार के संस्थान खोले। उसने अपने गुलामों को भी शिक्षा दी। उसका शासन काल बहुत थोड़ा था। अत: किसी भी योजनाबद्ध तरीके से शिक्षा नीति न बन सकी।

कुतबुद्दीन ऐबक (1206 से 1210 ई.) मुहम्मद गौरी के पश्चात् दिल्ली का सुल्तान बना। उसने अनेक मस्जिदें बनवाई जिनमें धार्मिक तथा अन्य विषयों के अध्ययन की व्यवस्था की।

इल्तुतमिश (1211-1236 ई.) ने दिल्ली में सबसे पहला 'मदरसा' (उच्च शिक्षा केन्द्र) स्थापित किया।

सुल्ताना रजिया बेगम (1236-1240 ई.) ने कुछ स्कूल स्थापित किए।

नसीरुद्दीन महमूद (1246-1266 ई.) सुल्तान स्वयं विद्वान था। वह विद्वानों का मान करता था। जालन्धर में उसने एक कालेज की स्थापना की। 'तबाकत-नासीरि' का लेखक मिन्हाल-उल-सिराज इस कालेज का प्रिंसिपल था।

गियासुद्दीन बलवन (1266-1286 ई.) गियासुद्दीन बलवन विद्वानों का आदर करता था। मध्य एशिया से अनेक विचारकों ने इसके दरबार में शरण ली।

खिलजी वंश (1290-1320 ई.) के सुल्तान जलालुद्दीन (1290-96 ई.) ने शाही पुस्तकालय की स्थापना करके अमीर खुसरो को उसका निरीक्षक नियुक्त किया।

अलाउद्दीन खिलजी (1296-1316 ई.) यद्यपि निरक्षर था, उसने दिल्ली में हौजखास स्थान पर एक मदरसा स्थापित किया। उसने शिक्षा के प्रसार में रूचि ली।

तुगलक वंश (1320-1412 ई.) के सुल्तान मुहम्मद तुगलक (1325-1351 ई.) के शासन काल में दिल्ली में अनेक विद्वान दूसरे देशों से आए। 1346 ई. में उसने दिल्ली में एक मदरसा बनाया तथा इसके साथ एक मस्जिद को जोड़ा। परन्तु उसकी मूर्खतापूर्ण दिल्ली से दौलताबाद राजधानी बदलने की योजना ने दिल्ली को इस्लामिक शिक्षा का केन्द्र बनाने में बहुत क्षति पहुंचाई।

फिरोज शाह तुगलक (1351-1388 ई) के शासन काल में शिक्षा का बहुत प्रसार हुआ। वह स्वयं प्रसिद्ध शिक्षाविद् था तथा विद्वानों का आदर-सत्कार करता था। सर्वसाधारण की शिक्षा के विकास हेतु उसने अपने राज्य के अनेक भागों में कई विद्वान भेजे। पुराने मदरसों की मरम्मत की तथा नए मदरसे बनवाए। उसने लगभग तीस मदरसों की स्थापना की तथा उनके व्यय का उचित प्रबंध किया। इन सबसे ख्याति प्राप्त दिल्ली में 'मदरसा फिरोज शाही' है। यह मदरसा मुस्लिम परम्पराओं पर आधारित था। यहां पर छात्रों के रहने की भी व्यवस्था थी। निर्धन छात्रों को सहायता उपलब्ध थी। अध्यापकों को भी अनेक सुविधाएँ प्रदान की गई थीं। फिरोज शाह ने महल में कार्यरत दासों की शिक्षा की भी व्यवस्था की। उन्हें विभिन्न प्रकार के व्यावसायिक शिल्पों की शिक्षा दिलवाने का प्रबन्ध किया। इस काम के लिए उसने अलग से विभाग की स्थापना की तथा व्यय का प्रबंध किया। मदरसों की देखभाल के लिए फिरोज शाह ने बड़ी-बड़ी जागीरें इनके साथ जोड़ी। उसके शासन काल में दिल्ली में लगभग 1000 मदरसे थे।

सैयद वंश (1414-1451 ई.) ने दो नगरों–बदायु तथा कुटटेर को शिक्षा का केन्द्र बनाया।

लोदी वंश (1451-1526 ई.) के बहलोल लोदी (1451-89 ई.) ने कुछ कालेजों की स्थापना की।

सुल्तान सिकन्दर लोदी (1498-1517 ई.) एक प्रसिद्ध कवि था। उसने सैनिक अधिकारिंयों के लिए अनिवार्य शिक्षा का आरम्भ किया। उसके काल में उच्च स्तर के साहित्य का सृजन हुआ। उनके अपने राज्य के विभिन्न भागों में कई मदरसे स्थापित किए तथा योग्य अध्यापकों की नियुक्ति की। अरब, मध्य एशिया तथा फारस से विद्वानों को आमंत्रित किया। मथुरा तथा नरवार के मदरसे सभी के लिए खोल दिए गए। कायस्थ

हिन्दुओं ने फारसी भाषा तथा साहित्य के अध्ययन में रुचि ली। सिकन्दर लोदी के काल में आगरा उच्च शिक्षा का प्रसिद्ध केन्द्र बना। तैमूर के 1398 ई. के आक्रमण के पश्चात् जौनपुर ने उच्च शिक्षा के केन्द्र के रूप में ख्याति प्राप्त की।

बंगाल राज्य में **सम्राट हुसैन शाह** (1493-1519 ई.) तथा नुसरत शाह (1519-1533 ई.) ने अनेक स्कूल तथा कालेज खोले तथा उनके खर्च का प्रबंध किया। बंगाली भाषा तथा साहित्य का काफी विकास हुआ।

गुजरात में कई मकतब (प्राथमिक स्कूल) तथा मदरसे खोले गए।

काश्मीर के सुल्तान जैनुल आबिदीन (1420-1470 ई.) को फारसी, संस्कृत और तिब्बती का अच्छा ज्ञान था। वह एक महान कवि था। उसने अनेक विद्वानों को संरक्षण दिया। अरबी तथा फारसी के अनेक ग्रन्थों का स्थानीय भाषाओं में अनुवाद कराया। महाभारत तथा राजतरंगिणी का फारसी में अनुवाद किया गया।

दक्षिण भारत में शिक्षा – दक्षिण में अहमदनगर तथा गोलकुण्डा में अनेक मकतब तथा मदरसे स्थापित किए गए।

विजय नगर राज्य (1336-1614 ई.) में हिन्दू धर्म, संस्कृति, दर्शन, व्याकरण आदि पर उत्कृष्ट कृतियों की रचना की गई। शासकों ने संस्कृत, तमिल, तेलगू तथा कन्नड़ साहित्य और भाषाओं को प्रोत्साहित किया। कहा जाता है कि कृष्णदेव राय (1509-1529 ई.) के शासन काल में दक्षिण भारत के साहित्यिक इतिहास में एक नए युग का शुभारंभ हुआ। वह स्वयं एक महान् विद्वान, संगीतकार तथा कवि था।

6.3 मुगल युग में शिक्षा

बाबर (1526-1530 ई.) को मुगल राज्य का संस्थापक माना जाता है। वह अरबी, फारसी तथा तुर्की भाषाओं का विद्वान था। सैयद मकबर अली ने अपनी 'तवारीख' (इतिहास) में लिखा है कि बाबर ने मकतबों तथा मदरसों की उन्नति पर बहुत ध्यान दिया। उसने एक विभाग 'शुहरते-आम' खोला जिसका कार्य शिक्षा संस्थाओं की उन्नति की व्यवस्था करना था। परन्तु उसका शासन अल्पकालिक था। अत: शिक्षा के क्षेत्र में कोई विशेष कार्य न हो सका।

बाबर के पश्चात् उसका लड़का हुमायूँ (1530-1540 ई.) तथा (1555-56 ई.) पुस्तकों का बड़ा प्रेमी था। उसने दिल्ली में एक मदरसे की स्थापना की और पुराने किले (दिल्ली) में पुस्तकालय खोला। उसके काल में भूगोल और ज्योतिष ने बहुत उन्नति की। उसने इन विषयों तथा गणित का अध्ययन अपने द्वारा स्थापित मदरसे में आरम्भ किया। उसने दिल्ली में एक कालेज भी खोला जिसे एक मकबरे के साथ सम्बद्ध किया गया।

शेरशाह सूरी (1540-1545 ई.) जो कि सूर वंश के राज्य का संस्थापक था, उसने शिक्षा के प्रसार के लिए बहुत प्रयास किए तथा ठोस कदम उठाए। बादशाह बनने के पूर्व ही उसने नारनील में एक मदरसे की स्थापना की।

अकबर (1556-1605 ई.) मुगल बादशाहों में सबसे 'महान' बादशाह माना जाता है। यद्यपि वह निरक्षर था तथापि उसने शिक्षा के क्षेत्र में बहुत मूल्यवान कार्य किया। उसने मकतबों और मदरसों की स्थापना तथा देखभाल पर बहुत ध्यान दिया। फतहपुर सीकरी,

आगरा व अन्य अनेक नगरों में उसने मदरसे खुलवाए, जिनमें अनेक विद्वान शिक्षण का कार्य करते थे। अकबर ने यह भी व्यवस्था की कि इन मदरसों में हिन्दू छात्र भी शिक्षा प्राप्त कर सकें। अकबर ने इस प्रकार का एक फरमान जारी किया, जिसके अनुसार यदि किसी धनी व्यक्ति के कोई सन्तान न हो तो उसकी मृत्यु के पश्चात् उसकी सारी जायदाद मदरसों की मरम्मत आदि पर खर्च की जाए।

जहांगीर (1605-1627 ई.) फारसी तथा तुर्की भाषाओं का विद्वान था। अकबर की भान्ति उसने भी एक ही ऐसा फरमान जारी किया। जहांगीर ने अनेक मदरसे जो उजड़े पड़े थे, उनको पुनः चालू किया।

शाहजहाँ (1628-1658) ने एक शाही मदरसे की दिल्ली में स्थापना की तथा इस के साथ जायदाद लगाई। उसकी लड़की जहांआरा ने आगरे में एक मदरसा बनवाया और उसे जामा मस्जिद से सम्बन्धित किया।

शाहजहाँ का लड़का **दाराशिकोह** अरबी, फारसी तथा संस्कृत का विद्वान था। उसने उपनिषद्, भगवद्गीता, योगवासिष्ठ आदि अनेक संस्कृत ग्रन्थों का स्वयं फारसी में अनुवाद किया।

औरंगजेब (1658-1707 ई.) का समय मुगल-साम्राज्य के विस्तार करने में तथा लड़ाई-झगड़ों में गुजरा। उसने मुस्लिम धर्मशास्त्रों के अध्ययन को प्रोत्साहित करने के लिये अनेक महत्त्वपूर्ण कार्य किये।

6.4 मुस्लिम शिक्षा की विशेषताएँ

1. **शिक्षा का महत्त्व**–इस्लाम धर्म में भी हिन्दू धर्म के समान ही शिक्षा को महत्त्व दिया गया है। कुरान में हजरत मुहम्मद ने लोगों को ज्ञान-उपार्जन के लिए प्रोत्साहित किया है। विद्यार्थियों तथा अध्यापकों को इस्लाम ने बहुत पवित्र माना है। कितने ही लोगों ने मदरसों से गाँव जोड़े। शैक्षिक संस्थाएँ स्थापित करने तथा विद्वानों को दान देने में अत्यंत सिद्धान्तहीन निरंकुश शासक, धनी महाजन तथा साधारण धनिक एक-दूसरे से स्पर्धा करते थे।

2. **शिक्षा पर शासक वर्ग के धर्म का प्रभाव**–मुस्लिम शासकों ने इस्लाम धर्म का प्रचार करने की भावना से प्रेरित होकर भारत में मुस्लिम शिक्षा व्यवस्था प्रारम्भ की। कभी-कभी ऐसा भी हुआ कि कुछ मुस्लिम सम्राटों ने भारत की प्राचीन शिक्षा व्यवस्था को समाप्त करने के प्रयास किए। यद्यपि अकबर तथा कुछ अन्य शासकों ने मुस्लिम तथा प्राचीन शिक्षा तथा संस्कृति व्यवस्था को मिलाने के लिए कुछ उपाय किए। परन्तु साधरणतः शासकों ने केवल मुस्लिम शिक्षा पद्धति की उन्नति के लिए प्रयास किए। कालान्तर में हिन्दुओं ने भी अनेक मदरसों से लाभ उठाकर अपने को राजपदों के योग्य प्रमाणित किया। अधिकांश हिन्दू शिक्षा केन्द्र अपने क्रम से चलते रहे यद्यपि कुछ मुसलमान शासकों ने कुछ संगठित शिक्षा केन्द्रों को नष्ट कर दिया।

3. **शिक्षा के उद्देश्य**–समय-समय पर भारत में इस्लामी शिक्षा के विभिन्न उद्देश्य रहे हैं और शासकों द्वारा इन उद्देश्यों में परिवर्तन एवं परिवर्द्धन भी होता रहा है। संक्षेप में इन उद्देश्यों को इस प्रकार सामने रखा जा सकता है–

(i) **धर्मपरायणता**–इस्लामी शिक्षा का मुख्य लक्ष्य लोगों को धर्मपरायण बनाना था। साथ ही उन्हें इस्लाम धर्म का अनुयायी बनाना था। अतः मूल उद्देश्य इस्लाम धर्म की शिक्षा देना था। यही कारण था कि प्रत्येक मस्जिद के साथ एक मकतब होता था। इसी प्रकार मकतब के साथ मस्जिद मकतब जहाँ पर सामूहिक रूप से नमाज व खुदा की इबादत भी की जाती थी।

(ii) **ज्ञानार्जन की प्रेरणा**–इस्लाम धर्म के प्रवर्तक मुहम्मद साहिब ने प्रत्येक सच्चे मुसलमान को ज्ञान प्राप्त करने की प्रेरणा दी है और उनका विचार था कि ज्ञान के बिना हम धर्म का पालन नहीं कर सकते।

(iii) **इस्लाम धर्म का प्रचार**–इस्लामी शिक्षा में लोगों का ऐसा विश्वास था कि जो मुसलमान ईमानदारी से इस्लामी मजहब का प्रचार करता है उससे खुदाबन्द करीम खुश रहता है।

मकतब में बालकों को कुरान की उन आयतों या अंशों को कण्ठस्थ कराया जाता था जो कि एक मुसलमान के लिए नमाज या अन्य धार्मिक बातों के लिए आवश्यक समझे जाते थे।

(iv) **नैतिक भावना का जागरण तथा विकास**–इस्लामी शिक्षा द्वारा व्यक्ति के चरित्र का निर्माण करना भी था क्योंकि इस्लाम धर्म के पैगम्बरों ने चरित्र निर्माण पर बहुत अधिक बल दिया है।

(v) **सांसारिक वैभव की ओर**–इस्लामी शिक्षा का उद्देश्य सांसारिक वैभव प्राप्त करना भी था यद्यपि कुछ विचारक इसे इस्लामी शिक्षा की दुर्बलता मानते हैं। अधिकांश लोग काजी, धर्मोपदेशक पदों के योग्य बनाने के लिए मदरसों में जाते थे।

(vi) **राजनीतिक उद्देश्य**–शासक ऐसे व्यक्तियों को अपनी भाषा में शिक्षित करना चाहते थे जो राज्य के लायक बनकर उनकी मदद कर सकें।

4. **शिक्षा तथा सरकार**–वैदिक और बौद्ध युग में शिक्षा व्यवस्था का राज्य का किसी प्रकार हस्तक्षेप न था। किन्तु मुस्लिम शिक्षा को पूरी तरह शासकों से ही प्रेरणा मिली। मुस्लिम शिक्षा व्यवस्था मुख्यतः राज्याश्रित थी या यों कहिए कि वह शासकाश्रित थी। शासक की रुचि के अनुसार शिक्षा में प्रसार हुआ अन्यथा विनाश। स्थान-स्थान पर अनेक मकतब तथा मदरसे और पुस्तकालयों का आरम्भ शासकों की ओर से ही हुआ। उल्मा और मौलवियों का संरक्षण तथा पालन-पोषण सरकारी खजाने से ही होता था।

5. **मकतब तथा मदरसे**–मकतब एक प्रकार का प्राथमिक स्कूल था जहाँ प्रारम्भिक शिक्षा दी जाती थी। मकतब प्रायः 'मस्जिदों से लगे रहते थे।'

मकतबों से निकलकर विद्यार्थी मदरसों में जाते थे। मदरसों का सम्बन्ध उच्च शिक्षा से था। मकतबों का प्रबन्ध या तो सरकार की ओर से होता था या उनका प्रबन्ध प्रतिष्ठित नागरिकों और समितियों के हाथ में रहता था।

6. **पाठ्यक्रम**–प्राथमिक शिक्षा के पाठ्यक्रम में कुरान की आयतों और प्रार्थनाओं को याद कराना या कहीं-कहीं इदीस, कविता और नीतिशास्त्र की शिक्षा देना सम्मिलित था। सादी का 'पन्दनामा' भी पढ़ाया जाता था। ठीक उच्चारण पर बड़ा ध्यान दिया जाता था। इसके पश्चात् लिखने की शिक्षा दी जाती थी। फिर फारसी का व्याकरण रटाया जाता था। इसके बाद सादी का 'गुलिस्तान' तथा 'बोस्ता' समझाकर पढ़ाए जाते थे जिनसे नैतिक शिक्षा भी मिलती थी, साथ ही लिखने की कला में प्रतिदिन चार-पाँच घण्टे लगाए जाते थे।

मदरसों में शिक्षा का माध्यम साधारणत: फारसी भाषा थी। उच्च शिक्षा का पाठ्यक्रम दो प्रकार का था। धार्मिक तथा सांसारिक। धार्मिक पाठ्यक्रम के अन्तर्गत कुरान शरीफ और उसका अध्ययन, इस्लामी इतिहास और कानून पर बल दिया जाता था। सांसारिक पाठ्यक्रम में अरबी, फारसी, व्याकरण, साहित्य, गणित, इतिहास, भूगोल, यूनानी चिकित्सा, कृषि, दर्शन, कानून, ज्योतिष आदि सम्मिलित थे। कुछ मदरसों में शिल्प एवं वास्तुकला को भी महत्त्व दिया जाता था।

7. **प्रारम्भिक शिक्षा में प्रवेश विधि**–इस्लामी शिक्षा व्यवस्था के अन्तर्गत प्रवेश के समय 'बिस्मल्लाह संस्कार' किया जाता था। जब बालक ठीक 4 वर्ष, 4 माह और 4 दिन का होता था तब यह संस्कार सम्पन्न किया जाता था। उस दिन बालक को नए कपड़े धारण कराए जाते थे। बालक के समक्ष कुरान की भूमिका और कुरान की 55वें अध्याय की कुछ आयतें रखी जाती थीं तथा बालक से यह दुहरवाया जाता।

8. **गुरु शिष्य सम्बन्ध**–गुरु की कृपा तथा सहवास से ही ज्ञान, सदाचार तथा धर्म की शिक्षा सम्भव थी। गुरु का आदर तथा सेवा करना शिष्य का कर्त्तव्य था।

9. **शिक्षक का समाज में स्थान**–शिक्षकों का समाज में बहुत मान होता था। साधारणत: वे धार्मिक व्यक्ति हुआ करते थे। यद्यपि शिक्षक समुदाय इतना धनी नहीं था पर उनकी समाज में प्रतिष्ठा थी। उनकी आवश्यकताएँ कम थीं।

10. **अध्यापन तथा शिक्षण विधि**–सर्वप्रथम बच्चे को लिपि का ज्ञान आँख तथा कान से कराया जाता था। ठीक उच्चारण पर बड़ा ध्यान दिया जाता था। समझने पर प्रारम्भिक अवस्था में कम ध्यान दिया जाता था। रटने पर ज्यादा जोर था। इसके बाद लिखने की शिक्षा दी जाती थी।

मदरसों में भाषण और प्रयोग पद्धति प्रचलित थी। मदरसा शब्द ही इस बात का द्योतक है कि दरस अथवा भाषण द्वारा ही शिक्षा दी जा सकती है।

मदरसों में तर्क पद्धति भी अपनाई जाती थी। राजदरबारों में शास्त्रार्थ हुआ करते थे।

11. **पुरस्कार तथा शारीरिक दण्ड**–छात्रों को उसकी योग्यता एवं कौशल से प्रसन्न होकर पारितोषिक देकर अध्ययन के लिए प्रेरित किया जाता। अध्ययन समाप्ति पर प्रमाण-पत्र तथा सनद दिए जाते। विशेष योग्यता का प्रदर्शन करने वाले छात्रों को राज्य में उच्च अधिकारियों का पद प्रदान करना साधारण-सी बात थी।

अध्यापक बालक की गलती भी बरदाशत नहीं कर सकता था। दण्ड व्यवस्था अति कठोर थी, छात्रों को बैतों, कोड़ों एवं थप्पड़-घूसों से पीटना मामूली बात थी।

12. **स्त्री शिक्षा**–मुस्लिम काल में पर्दा-प्रथा के कारण स्त्री शिक्षा सार्वजनिक नहीं हो सकी। मुस्लिम युग में उच्च स्त्री शिक्षा का कोई समुचित प्रबन्ध न था। जन-साधारण के लिए तो लड़कियों की प्रारम्भिक शिक्षा का भी व्यवस्थित ढंग से प्रबन्ध न था।

मुगलकाल में ऊँचे घरों की लड़कियों की शिक्षा पर विशेष बल दिया जाता। इस युग में कई उच्चकोटि की विदुषी नारियों के उदाहरण मिलते हैं। बाबर की पुत्री गुलबदन ने 'हुमायूंनामा' लिखा। सुल्ताना रजिया, साम्राज्ञी नूरजहाँ फारसी भाषा की प्रसिद्ध कवियत्री थीं। जेबुन्निसा और जहाँनारा भी इस युग की देन हैं। राजघराने की लड़कियाँ घर पर ही शिक्षा प्राप्त करती थीं।

13. **शिल्प शिक्षा**–मुस्लिम शिक्षा विशेषतः शिल्पोन्नति के लिए प्रसिद्ध है। हाथी दाँत का काम, रेशम व ज़री का काम, रथ और युद्ध सामग्री का निर्माण, मलमल की बुनाई आदि हस्त कौशल के लिए मुस्लिम कारीगर विश्व विख्यात थे। भवन निर्माण, चित्रकला, संगीत, नृत्य जैसी ललित कलाओं का पोषण और संरक्षण इस काल के मदरसों में ही हुआ करता था।

14. **मुस्लिम कालीन शिक्षण केन्द्र**–मुस्लिम प्रारम्भिक शिक्षा की व्यवस्था तो प्रत्येक मस्जिद अथवा मुस्लिम आबादी के आसपास होती थी। किन्तु उच्च शिक्षा नगरों में ही केन्द्रित रही जिसका मुख्य कारण यह था कि भारतीय मुस्लिम सभ्यता तथा शासन सत्ता अधिकांशतया नगरों में ही रही।

कुछ केन्द्र कुछ विशेष विषयों के लिए प्रसिद्ध हुए। लाहौर और स्यालकोट गणित तथा ज्योतिष के केन्द्र थे। दिल्ली में इस्लामी प्रचलनों तथा प्रथाओं पर पाण्डित्य की कमी न थी। रामपुर तर्क तथा चिकित्सा के लिए प्रसिद्ध था। लखनऊ शिया-शिक्षा का केन्द्र बन गया। हैदराबाद आगे चलकर उर्दू शिक्षा का केन्द्र बन गया।

15. **निःशुल्क शिक्षाः** मकतबों तथा मदरसों में निःशुल्क शिक्षा की व्यवस्था थी। इन शिक्षा-संस्थाओं के खर्च का सम्पूर्ण भार इनके संस्थापकों तथा संचालकों अथवा शासकों द्वारा वहन किया जाता था।

16. **कक्षा-नायकीय पद्धतिः** मुस्लिम शिक्षा संस्थाओं में कक्षा-नायकीय पद्धति प्रचलित थी। इस पद्धति में अध्यापक अपने अध्यापन कार्य में उच्च कक्षाओं के मेधावी छात्रों की सहायता लेते थे।

17. **भाषा को प्रोत्साहनः** फारसी मुस्लिम शासकों की शासन की भाषा थी। इस कारण इस भाषा को बहुत प्रोत्साहन मिला। इस भाषा के विद्वानों की राजपदों के लिए बहुत मांग थी। अरबी भाषा को भी प्रोत्साहन मिला।

18. **साहित्य तथा इतिहास का विकासः** अनेक मुस्लिम शासकों ने विद्वानों को संरक्षण दिया, जिसके फलस्वरूप उच्च स्तर के साहित्य का सृजन हुआ।

कुछ शासकों ने अपनी आत्मकथाएँ भी लिखीं। कुछ विद्वानों ने इतिहास पर ग्रन्थ लिखे। इतिहास पर प्रसिद्ध पुस्तकें निम्नलिखित हैं–

1. जियाउदवरनी द्वारा लिखित 'तारीख-ए-फिरोजशाही' (13वीं शताब्दी), 2. बाबर द्वारा लिखित 'तुजके-बाबरी' (बाबर के संस्मरण), 3. बेगम गुलबदन का 'हुमायूंनामा' (16वीं शताब्दी), 4. अबुल फ़जल का 'अकबरनामा' (16वीं शताब्दी), 5. जहाँगीर की 'तुजके-जहांगीरी' (17वीं शताब्दी), 6. मुहम्मद मासूम का फ़तुहालि-ए-ऑरंगजेब' (17वीं शताब्दी)।

19. **परीक्षा प्रणालीः** प्रायः शिक्षक स्वयं परीक्षा लिया करते थे।

20. **व्यावसायिक शिक्षाः** मुस्लिम शिक्षा व्यवस्था में व्यावसायिक शिक्षा का भी प्रावधान था। (इसका विवरण अलग से दिया गया है)।

6.5 शिक्षा संस्थाओं के प्रकार

मुस्लिम काल में निम्न प्रकार की शिक्षा संस्थाएँ थीं:

1. **मकतब**–'मकतब' शब्द की उत्पत्ति अरबी के 'कुतुब' शब्द से हुई है जिसका अर्थ है 'उसने लिखा' इस प्रकार मकतब वह स्थान है जहां बालकों को पढ़ना-लिखना सिखाया जाता है। मकतब में प्राथमिक स्तर की शिक्षा प्रदान की जाती थी। प्रायः मकतब में एक शिक्षक होता था। साधारणतः मकतब किसी मस्जिद से सम्बद्ध होते थे। कहीं-कहीं मौलवी व्यक्तिगत रूप से अपने घरों पर या अन्य सुविधाजनक स्थानों पर मकतब चलाते थे।

कई स्थानों पर मकतबों में हिन्दू बालक भी शिक्षा प्राप्त करते थे। प्रायः हर गांव में एक मकतब अवश्य होता था।

2. **खानकाहें**–'खानकाह' मे केवल मुस्लिम छात्र ही शिक्षा प्राप्त कर सकते थे।

3. **दरगाह**–दरगाहों में भी मुस्लिम छात्र ही शिक्षा प्राप्त कर सकते थे।

4. **कुरान-स्कूल**–कुरान-स्कूल साधारणतः मस्जिदों से जुड़े होते थे। इनमें केवल कुरान शरीफ की ही शिक्षा प्रदान की जाती थी। छात्रों को पहले अरबी लिपि का ज्ञान कराया जाता था। इसके पश्चात् कुरान की आयतें रटायी जाती थीं। यहां पर लिखने तथा गणित की शिक्षा की कोई व्यवस्था नहीं थी।

5. **फ़ारसी-स्कूल**–मुस्लिम शासन में, फ़ारसी राज भाषा थी। शासन में विभिन्न पदों पर काम करने के लिए इस भाषा का जानना आवश्यक था। इस मांग को पूरा करने के लिए फ़ारसी के स्कूलों की स्थापना की गई थी।

6. **फ़ारसी तथा कुरान के स्कूल**–इन स्कूलों में फ़ारसी तथा कुरान दोनों की शिक्षा दी जाती थी।

7. **अरबी के स्कूल**–अरबी स्कूलों का प्रमुख उद्देश्य अरबी भाषा में प्रवीण विद्वानों का निर्माण करना था। इनका उच्च स्तर था।

8. **मदरसे**–'मदरसे' शब्द की उत्पत्ति अरबी भाषा के शब्द 'दरस' से हुई थी। जिसका अर्थ है 'भाषण' इस कारण मदरसा वह स्थान है जहां पर भाषा या व्याख्यान विधि का प्रयोग किया जाता है। (मदरसों संबंधी विवरण अलग से दिया गया है)।

6.6 प्राथमिक शिक्षा की व्यवस्था

1. **प्राथमिक शिक्षा संस्थाओं के प्रकार**–मुख्यतः प्राथमिक शिक्षा संस्थाएँ इस प्रकार की थीं। (1) मकतब, (2) खानकारों से जुड़े स्कूल, (3) दरगाहों से जुड़े स्कूल, (4) मौलवियों के घरों में शिक्षा, (5) नवाबों आदि के बच्चों की घर पर शिक्षा।

2. **प्राथमिक स्तर पर प्रवेश विधि**–प्राथमिक शिक्षा का आरम्भ 'बिस्मिल्लाह' की रस्म के पश्चात् होता था। यह रस्म उस समय होती थी, जब बालक 4 वर्ष, 4 माह तथा 4 दिन का होता था। इस अवसर पर बालक को शुभ कामनाएँ देने के लिए उसके लगभग सभी संबंधी उपस्थित रहते थे। मौलवी साहब द्वारा कुरान शरीफ की आयतें पढ़ी जाती थीं। बालक उनहें दोहराता था।

3. **पाठ्यक्रम**–भिन्न-भिन्न प्राथमिक स्कूलों का पाठ्यक्रम एक जैसा न था। साधारणतः बालकों को पढ़ने लिखने तथा गणित की शिक्षा दी जाती थी। कुरान की आयतों को बालकों को कण्ठस्थ कराया जाता था। इन आयतों के शुद्ध उच्चारण पर जोर दिया जाता था। बालक इन आयतों का अर्थ नहीं समझते थे। जब बालक को पढ़ने तथा लिखने का पर्याप्त ज्ञान हो जाता था, तब उन्हें व्याकरण तथा फारसी भाषा की शिक्षा दी जाती थी।

4. **मुख्य पुस्तकें**–बालकों के चरित्र निर्माण के लिए उन्हें शेख सादी की प्रसिद्ध पुस्तकें 'बोस्ताँ' तथा 'गुलिस्ताँ' पढ़ाई जाती थीं। कई स्थानों पर 'पन्दनामा' अतर द्वारा लिखित पुस्तक पढ़ायी जाती थी।

5. **पहाड़े**–ऊंची आवाज से बालकों को पहाड़े (नम्बरों को गुणा करना) सिखाया जाना।

6. **सुन्दर लिखाई**–सुन्दर लिखाई पर बहुत जोर दिया जाता था। लिखने के लिए लकड़ी की तख्ती का प्रयोग किया जाता था।

7. **शिक्षण विधि**–शिक्षण विधि मौखिक थी। पाठ को कण्ठस्थ करने पर जोर दिया गाया।

8. **भवन**–प्रायः छात्र वृक्षों की छाया में कतारों में जमीन पर बैठते थे। अध्यापक चटाई का प्रयोग करते थे।

9. **व्याकरण**–व्याकरण सिखाने पर बल दिया जाता था।

10. **मकतबों का प्रबंध**–मकतबों का प्रबंध 'मौलवी' किया करते थे। मकतबों में धन की व्यवस्था शासक तथा धनी लोग करते थे।

6.7 उच्च शिक्षा व्यवस्था

मदरसे–बड़े-बड़े नगरों में उच्च शिक्षा का प्रबंध था। इनमें आगरा, अजमेर, लाहौर, मुल्तान, स्यालकोट, लखनऊ, जौनपुर तथा मुर्शिदाबाद में मदरसे बहुत ख्याति प्राप्त थे। वहां पर अध्ययन के लिए बाहरी देशों जैसे अफगानिस्तान, बुखारी आदि से आते थे।

पाठ्यक्रम–अबुल फजल ने (1551-1602), जो अकबर के प्रसिद्ध 'नवरत्नों' में से थे, अपनी पुस्तक 'आइन्-ए-अकबरी' में उच्च शिक्षा में पाठ्यक्रम का विवरण विस्तार से दिया है। उच्च शिक्षा की अवधि 10 से 12 वर्ष की थी। इसमें धार्मिक तथा लौकिक विषयों की शिक्षा प्रदान की जाती थी।

1. **धार्मिक पाठ्यक्रम में विषय** – (i) कुरान की आयतों को कण्ठस्थ करना तथा उनका सूक्ष्म एवं आलोचनात्मक अध्ययन। (ii) इस्लामी इतिहास। (iii) सूफी इतिहास। (iv) इस्लामी कानून। (v) इस्लामी परम्पराओं का अध्ययन। (vi) इस्लामी सिद्धान्तों का अध्ययन।

2. **लौकिक पाठ्यक्रम में विषय** – (i) अरबी तथा फारसी भाषाओं का इतिहास, साहित्य तथा व्याकरण, (ii) कृषि, (iii) गणित, (iv) भूगोल, (v) ज्योतिष, (vi) अर्थशास्त्र, (vii) नीतिशास्त्र, (viii) दर्शनशास्त्र, (ix) यूनानी चिकित्सा, (x) शासन के सिद्धान्त, (xi) मेन्सूरेशन, (xii) रेखा गणित, (xiii) संगीत

इन विषयों का अध्ययन कक्षानुसार था।

यहां यह लिखना भी आवश्यक है कि उपर्युक्त विषयों की शिक्षा सभी मदरसों में नहीं दी जाती थी।

3. **शिक्षा का माध्यम**–मुस्लिम शिक्षा व्यवस्था में सामान्यतः भाषा का माध्यम फ़ारसी था। परन्तु कई मदरसों में अरबी भी भाषा का माध्यम थी।

4. **शिक्षण विधि**–मदरसों में शिक्षण विधि साधारण तथा मौखिक थी।

धर्म, दर्शन, तर्कशास्त्र तथा राजनीतिशास्त्र में तर्क-विधि का मुख्य स्थान था।

5. **उच्च शिक्षा में विशिष्टीकरण**–कुछ मदरसे विशेष विषयों में प्रसिद्ध थे–यथा लाहौर

तथा स्यालकोट गणित तथा ज्योतिष में, दिल्ली इस्लामी प्रचलनों तथा प्रथाओं के शिक्षण में, रामपुर तर्क तथा चिकित्सा में, लखनऊ शिया शिक्षा में तथा हैदराबाद ऊर्दू शिक्षा में।

6. **परीक्षा प्रणाली**–मध्यकाल में प्राय: अध्यापक द्वारा ही मूल्यांकन किया जाता था।

7. **तीन प्रकार की सनदें**–(डिगरियां) तथा तमगे भी कई स्थानों पर दिए जाते थे।

(i)'फाजिल' (Fazil) की उपाधि: यह उपाधी तर्क तथा दर्शन में विशिष्टीकरण हेतु दी जाती थी। (ii) 'अलिम' (Alim) यह उपाधि धर्मशास्त्र में दी जाती थी। (iii) 'अबिल' (Abil) साहित्य में यह उपाधि दी जाती थी।

8. **अध्यापकों की स्थिति**–अध्यापकों का समाज में प्रतिष्ठित स्थान था।

9. **फीस**–प्राय: उच्च शिक्षा नि:शुल्क थी।

10. **उच्च शिक्षा का महत्त्व**–मदरसों से निकले व्यक्तियों को इस प्रकार के पद काज़ी मिल जाते थे–काज़ी, मन्त्री, जज तथा विभिन्न स्तरों के सरकारी पद।

6.8 व्यावसायिक शिक्षा

मुस्लिम शिक्षा व्यवस्था में व्यावसायिक शिक्षा निम्न प्रकार की थी–

1. **सैनिक शिक्षा**–सैनिक शक्ति के आधार पर ही मुस्लिम आक्रमणकारियों ने भारत के राजाओ-महाराजा पर विजय प्राप्त की थी। विजय के पश्चात् विभिन्न राज्यों में अनके विद्रोहों का भी सामना करना पड़ता था। इस कारण सैनिक शक्ति पर विशेष बल दिया जाता था। सैनिक शिक्षाऐं कई स्तरों पर दी जाती थी। राजकुमारों के लिए भिन्न प्रकार की सैनकि शिक्षा थी। मुगल काल में तलवार चलाने, घोड़े एवं हाथी पर बैठकर युद्धकला के अतिरक्ति गोली चलाने का भी प्रशिक्षण दिया जाता था। सेना के संचालन, संगठन तथा नेतृत्व का विशेष प्रशिक्षण राजकुमारों को दिया जाता था। दुर्ग को घेरा डालना तथा भेदना भी सैनिक शिक्षा का प्रमुख अंग था।

2. **चिकित्साशास्त्र की शिक्षा**–चिकित्सा के क्षेत्र में शिक्षा देने के लिए संस्कृत ग्रन्थों का फ़ारसी में अनुवाद किया गया। यूनानी चिकित्सा विधि का भी अध्ययन किया जाता था।

चिकित्साशास्त्र की प्रसिद्ध पुस्तकें जो संस्कृत ग्रन्थों के आधार पर रची गईं, निम्नलिखित थीं–

(1) मदानुश-शिफाए-सिकन्दरी, (2) दस्तूर-उल-अतिब्बा, (3) तुहफत-अल-मोमिन

रामपुर में चिकित्साशास्त्र की विशिष्ट शिक्षा संस्था थी। आगरा में अकबर द्वारा स्थाति किए गए मदरसे में भी चिकित्सा शिक्षा का विशेष प्रबन्ध था।

3. **हस्तकलाओं की शिक्षा**–मुगलकाल में मुख्य हस्तकलाएँ निम्न प्रकार की थी, जिनकी शिक्षा की व्यवस्था थी

(i) क़शीदाकारी, (ii) जरी का कार्य, (iii) लकड़ी का काम, (iv) हाथी दांत का काम, (v) रेशम का काम, (vi) आभूषण का काम, (vii) दरी, पर्दों आदि का काम (viii) भवन निर्माण आदि।

4. **ललित कलाओं की शिक्षा**–प्राय: मुगल बादशाह विलास तथा ऐश्वर्य का जीवन

व्यतीत करते थे। इन ललित कलाओं के अन्तर्गत संगीत, नृत्य कला, चित्रकला तथा वास्तुकला को विशेष स्थान प्राप्त हुआ।

6.9 मुस्लिम कालीन शिक्षा की समीक्षा

शिक्षा के गुण – 1. मुस्लिम शिक्षा व्यवस्था में अलौकिक एवं लौकिक शिक्षा का समन्वय था।

2. शिक्षा गृहण करना पवित्र कार्य समझा जाता था।
3. शिक्षा में व्यावहारिकता थी।
4. शिक्षा में शिष्य तथा अध्यापक का व्यक्तिगत सम्पर्क था।
5. अनेक शासक तथा धनी शिक्षा के प्रावधान के लिए सहायता देते थे। प्रायः मकतबों तथा मदरसों के व्यय के लिए जागीरें सम्बधित कर दी गई थी।
6. प्रायः हर प्रकार की शिक्षा निःशुल्क थी।
7. प्रायः छात्रों के भोजन तथा रहने की निःशुल्क व्यवस्था थी।
8. शिक्षा के प्रसार के लिए छात्रों को छात्रवृत्तियां दी जाती थीं।
9. लगभग सभी शिक्षा के केन्द्र नगरों के कोलाहलमय वातावरण से दूर शान्त तथा सुरम्य स्थान पर स्थापित किए गए थे।

शिक्षा के दोष – 1. डॉ. यूसुफ हुसेन ने अपनी पुस्तक '*Glimpses of Medieval Indian Culture*' में लिखा है "एतिहासिक दृष्टि से इस तथ्य पर बल देना सत्य है कि मध्यकालीन शिक्षा व्यवस्था, नेतृत्व के गुणों के विकास करने में विफल रही। अतः यह जीवन के विभिन्न क्षेत्रों के लिए असाधारण व्यक्तियों की मांग-पूर्ति न कर सकी।"

2. टी. एन. सिक्योरा ने '*The Education of India*' में लिखा है, "स्त्रियों की शिक्षा पढ़ने और लिखने के न्यूनतम तत्वों तक सीमित रह गई थी।"

3. डॉ. एफ. ई. केई ने '*Education in Ancient and Later Times*' में लिखा है, "मुस्लिम शिक्षा एक विदेशी प्रणाली थी जिसका भारत में प्रतिरोपण किया गया और जो ब्राह्मणीय शिक्षा से बहुत ही कम संबंध रख कर, नयी भूमि में विकसित हुई।"

मुस्लिम शिक्षा के मुख्य दोष: 1. मातृभाषा शिक्षा का माध्यम न थी।

2. धार्मिक विषयों पर आवश्यकता से अधिक बल दिया जाता था।
3. रटने पर न कि 'समझ' पर जोर था।
4. स्त्री शिक्षा की अवहेलना की गई।
5. प्रान्तीय भाषाओं की उपेक्षा की गई।
6. सामावत्य प्रायः हिन्दुओं की शिक्षा पर उचित ध्यान नहीं दिया गया।
7. शिक्षा में धार्मिक रीति-रिवाजों के अध्ययन की प्रधानता थी तथा आध्यात्मिक पक्ष की उपेक्षा।
8. शिक्षा प्रायः नगरों तक सीमित थी, विशेषकर उच्च शिक्षा।
9. जनसाधारण की शिक्षा में शासकों ने पर्याप्त रूचि नहीं दिखाई।
10. शिक्षा में धार्मिक कटुता की प्रधानता थी।

11. शिक्षण विधि तथा अधिगम विधि प्रभावपूर्ण नहीं थी।

12. मौखिक शिक्षण पर इतना अधिक जोर दिया जाता था कि छात्रों को निरीक्षण, तथा व्यावहारिक क्रियाओं के लिए बहुत कम अवसर प्राप्त होते थे।

13. शिक्षा में लचीलेपन का अभाव था।

14. शिक्षा में लेखन व पठन साथ-साथ नहीं चलते थे।

15. दण्ड व्यवस्था निर्दयतापूर्ण थी।

16. शिक्षा संस्थानों का अस्तित्व अस्थायी था। कई धनी व्यक्ति तथा अमीर-उमराव कीर्ति अथवा धार्मिक भावना से प्रेरित होकर मदरसे तथा मकतब स्थापित करते थे। उनकी मृत्यु के पश्चात् इस प्रकार की शैक्षिक संस्थाएँ प्राय: देखरेख के अभाव के कारण नष्ट हो जाती थी।

उपसंहार – मध्यकालीन मुस्लिम शिक्षा के बारे में प्राय: यह कहा जाता है कि इस्लाम धर्म की शिक्षा ने मुसलमानों को एक सूत्र में बांधा जिसके परिणामस्वरूप बाहर से भारत में आकर वे अपने धर्म तथा संस्कृति की पहचान सुरक्षित रख सके। दूसरी ओर अकबर बादशाह जैसे कुछ मुस्लिम शासकों को छोड़कर अन्य बादशाहों ने सामान्यत: प्रचलित शिक्षा प्रणाली की अवहेलना की तथा कुछ ने उच्च शिक्षा केन्द्रों को नष्ट किया।

6.10 मुस्लिम शिक्षा के उच्च केन्द्र

आगरा – आगरा मुस्लिम शिक्षा संस्कृति तथा दर्शन का मध्यकाल में प्रसिद्ध केन्द्र था। सिकन्दर लोधी, बाबर तथा हुमायूँ ने यहां पर अनेक मदरसों की स्थापना की। परन्तु अकबर ने इस दिशा में अत्यन्त महत्त्वपूर्ण कार्य किये। उसने आगरा को केवल पाण्डित्य तथा शिक्षा का केन्द्र ही नहीं बनाया अपितु संस्कृति तथा ललित कलाओं का केन्द्र भी बनाया। जहांगीर शाहजहाँ तथा औरंगजेब ने भी कई मदरसे स्थापित किए तथा वित्तीय सहायता दी। एस जाफर ने इस प्राकर विवरण दिया है, "अरब, फारस तथा बुखारा के विद्वानों को भारत के शासकों ने खुले दिल से प्रोत्साहन तथा संरक्षण दिया। इस के परिणाम स्वरूप आगरा कालान्तर में बड़ा साक्षर नगर बना जहां पर अनेक स्कूल तथा कालेज थे जिनमें उच्च शिक्षा प्राप्त करने हेतु दूर-दूर से शिक्षार्थी आते थे।"

बीदर – दक्षिण भारत में मुस्लिम शिक्षा का एक प्रसिद्ध केन्द्र था। जहां पर एक बड़ा मदरसा था जिसमें लगभग मुस्लिम धर्म ज्ञान, संस्कृति, दर्शन, चिकित्साशास्त्र, ज्योतिष, इतिहास आदि विषयों पर लगभग 3,000 पुस्तकें थी। बहमनी सुल्तानों (1347-1537 ई.) ने विशेषकर मुहम्मद शाह तृतीय के प्रधानमंत्री महमूद गंवा ने। महमूद गंवा विद्वानों की संगति तथा रचनाओं को पसन्द करता था। उसने स्वयं दो पुस्तकें लिखीं।

दिल्ली – दिल्ली सुल्तानों के पूर्व ही पाण्डित्य: तथा शिक्षा की दृढ़ परम्परा स्थापित हो चुकी थी। इन्होंने इसे अपना मुख्यालय बनाया। संस्कृति के क्षेत्र में दिल्ली 'दूसरा बगदाद' बन गया। अनेक विद्वान उसके दरबार की शोभा को बढ़ाते थे–यथा नूरूद्दीन, मुहम्मद औफी, मिनहाजुस्सिराज तथा हसन निजामी। वह पहला सुल्तान था जिसने दिल्ली में मदरसा-ए-मजीजी की स्थापना की। सुल्ताना रजिया ने 'सबाकत-ए-नसरी' के लेखक मिनहाजुस्सिराज को इसका संरक्षक नियुक्त किया। अमीर खुसरो तथा निजामुद्दीन औलिया ने दिल्ली में शिक्षा तथा संस्कृति के क्षेत्र में बहुत काम किया।

मुहम्मद तुगलक ने दिल्ली में एक मदरसा बनाया तथा एक मस्जिद को इसके साथ जोड़ा। कहा जाता है कि मुहम्मद तुगलक के शासन काल में यहां पर 1,000 मकतबे तथा मदरसे थे। फिरोज तुगलक ने एक मदरसा बनाया तथा इसके साथ मस्जिद को जोड़ा। यह मदरसा एक सुनियोजित योजना से बने बगीचे के अन्दर था। अध्यापकों तथा छात्रों की समुचित व्यवस्था के लिए भवनों का निर्माण किया। विदेशों से विद्वान यहां पर आते थे। इस मदरसे के साथ बहुत जायदाद लगा दी थी। मुगल काल में हुमायूँ ने यहां पर एक मदरसा बनवाया तथा पुस्तकालय स्थापित किया। यहां ज्योतिष, गणित तथा भूगोल विषयों में पढ़ाई की विशेष व्यवस्था की। जामा मस्जिद के पास शाहजहाँ ने शाही कालेज की स्थापना की। शाहजहाँ ने 'दार-उल-बक' (Abode of Enternity) कालेज की स्थापना की। शिक्षा के क्षेत्र में शाहजहाँ के बड़े बेटे दारा शिकोह ने शिक्षा के विकास में महत्त्वपूर्ण योगदान दिया।

जौनपुर – जौनपुर को भारत का 'शीराज' कहा जाता था। यहां 15वीं ई. में सैकड़ों मदरसे थे। इतिहास, दर्शन, शासन पद्धति, सैनिक शिक्षा तथा साहित्य की अध्ययन की विशेष व्यवस्था थी। अनेक विद्वानों का यह नगर निवास स्थान था।

7

मध्यकालीन भारत में हिन्दू शिक्षा व्यवस्था
(Hindu System of Education During the Medieval Period)

7.1 प्रस्तावना

किसी भी देश में राजनैतिक परिवर्तनों के साथ-साथ अन्य क्षेत्रों में विशेषकर शिक्षा के क्षेत्र में क्रान्तिकारी परिवर्तनों का होना स्वाभाविक है। इसका विशेष प्रभाव स्पष्ट दृष्टिगोचर होता है जबकि राजनैतिक परिवर्तन विदेशी आक्रमणों तथा सत्ता के कारण होता है। भारत में भी इस प्रकार का परिवर्तन शिक्षा के क्षेत्र में हुआ। विदेशी आक्रमणकारी जो इस देश के शासक बने, उनकी संस्कृति बिल्कुल भिन्न थी। उनका दर्शन तथा धर्म अलग था। उनकी भाषा भी अलग थी।

प्राचीन काल में भारत में जितने आक्रमणकारी आए और जो यहां बसे, उन सब ने थोड़ा-बहुत भारत के सामाजिक तथा सांस्कृतिक पक्ष पर प्रभाव डाला। परन्तु मुख्यत: वे भारत की मुख्य धारा में मिल गए।

परन्तु मध्यकाल में जो आक्रमणकारी लगभग 12वीं शताब्दी में आए, उन्होंने अपना अलग से अस्तित्व बनाए रखा। वे भारत की मूलधारा का अंग न बने। यही कारण है कि कालान्तर में (1947) में उनके प्रभावी नेताओं ने उनके लिए एक अलग देश की बात थी। परिणाम स्वरूप भारत दो भागों में द्विजाति सिद्धान्त के आधार पर बट गया।

इस तथ्य में भी कोई सन्देह नहीं है कि इस्लाम धर्म तथा हिन्दूधर्म के अनुयायियों में परस्पर सम्पर्क हुआ तथा एक दूसरे की संस्कृति तथा सभ्यता को प्रभावित किया। और इससे मिश्रित संस्कृति का प्रादुर्भाव हुआ।

शिक्षा के क्षेत्र में मुख्यत: निम्न प्रकार से प्रभाव पड़े–

1. शिक्षा व्यवस्था उन क्षेत्रों में जहां पर सम्पूर्ण रूप से मुसलमान शासकों का राज्य था, बहुत प्रभावित हुई।

2. शिक्षा व्यवस्था उन क्षेत्रों में जहां पर मुसलमान शासकों का अपेक्षाकृत कम प्रभाव था, कम प्रभावित हुई।

3. वे क्षेत्र जहां पर बहुत काल तक स्वतन्त्र हिन्दू शासक रहे, प्राय: अपनी परम्परागत शिक्षा प्रणाली को सुरक्षित रख सके।

7.2 मध्यकालीन भारत में हिन्दू शिक्षा व्यवस्था की मुख्य विशेषताएँ

1. **राज्य की सहायता का न होना**–भारत में मुस्लिम शासकों के आते ही हिन्दू शिक्षा व्यवस्था के लिए राज्य सहायता लगभग समाप्त हो गई। यही नहीं, कई स्थानों पर इस व्यवस्था को नष्ट करने के प्रयास भी हुए। हिन्दू शिक्षा व्यवस्था उन धनी लोगों, विद्वानों तथा ग्रामीण समुदाय पर आश्रित थी जहां पर मुस्लिम शासक नहीं थे, वहां पर हिन्दू शिक्षा व्यवस्था को राज्य से संरक्षण मिला। परन्तु इस प्रकार के बहुत कम क्षेत्र थे।

2. **धर्म अभिमुखित-शिक्षा**–प्राय: समस्त शिक्षा धर्म-प्रधान थी।

3. पाठशालाएँ–प्राथमिक शिक्षा पाठशालाओं में दी जाती थी। ये पाठशालाएँ ग्रामीण तथा शहरी दोनों क्षेत्रों में थीं।

4. **पाठशाला भवन**–प्राय: पाठशाला किसी मकान के बरामदे अथवा वृक्ष की छाया में लगती थी। कई स्थानों पर पाठशालाओं के अलग से भवन थी थे। मन्दिरों में भी पाठशालाएँ स्थापित की गई थीं।

5. **शुल्क**–छात्रों से किसी प्रकार की फीस नही ली जाती थी। अभिभावक अध्यापकों को उपहार दिया करते थे। छात्र अध्यापकों की व्यक्तिगत सेवा भी किया करते थे। कभी-कभी अध्यापक अपने निर्वाह के लिए अंशकालिक अन्य कार्य भी करते थे।

6. **उच्च शिक्षा केन्द्र**–मध्यकालीन भारत में प्राचीन काल की भान्ति हिन्दुओं के उच्च शिक्षा केन्द्र भी थे। परन्तु सामान्यत: वे धीरे-धीरे नष्ट कर दिए गए। दक्षिण भारत में ये केन्द्र अपनी ख्याति रख सके क्योंकि काफी समय तक मुस्लिम शासकों के अधीन ये क्षेत्र न आ पाए।

7.3 प्राथमिक स्तर पर हिन्दू शिक्षा व्यवस्था की मुख्य विशेषताएँ

मध्यकालीन भारत में हिन्दू शिक्षा व्यवस्था में प्राथमिक शिक्षा स्तर की निम्न विशेषताएँ थीं–

1. हिन्दू बच्चों की शिक्षा 'उपनयन' संस्कार के पश्चात् शुरु होती थी।

2. प्राथमिक पाठशालाएँ गांवों तथा शहरों दोनों में थीं।

3. प्राथमिक कक्षाएँ प्राय: पेड़ों की छाया में, घर के बरामदे तथा मन्दिरों में लगा करती थीं। कई स्थानों पर अलग से भवन भी थे।

4. छात्रों को पढ़ना-लिखना, गणित तथ बहीखाते की शिक्षा दी जाती थी।

5. पाठशालाओं में मुख्य रूप से कायस्थ जाति के शिक्षक पढ़ाते थे। परन्तु अन्य जातियों के शिक्षक भी अध्यापन कार्य करते थे।

6. छात्रों से नियमित रूप से फीसें नहीं ली जाती थीं। अभिभावक सहर्ष अपनी इच्छा से उत्सवों पर अध्यापकों को उपहार देते थे।

7. जो अध्यापक धन के लिए पढ़ाते थे उनका सामाजिक बहिष्कार किया जाता था। कम आय होने के कारण अनेक अध्यापक अंशकालिक कार्य जैसे खेती तथा व्यापार आदि भी करते थे।

8. शूद्रों (अनुसूचित जातियां) के बच्चे भी कई स्थानों पर पाठशालाओं में पढ़ने के लिए जाया करते थे।

9. प्राथमिक शिक्षा प्राय: व्यवहारिक थी।

10. प्राय: नैतिक शिक्षा नहीं दी जाती थी।

11. नाप-तोल का ज्ञान छात्रों को अनिवार्य रूप से दिया जाता था।

12. उन दिनों में केवल रेत या तख्ती को लिखने के लिए प्रयोग किया जाता था।

13. अच्छी लिखाई पर विशेष बल दिया जाता था।

14. स्कूलों में प्रादेशिक भाषाएँ शिक्षा की माध्यम थीं।

15. छात्र प्राय: प्रात: काल से सांयकाल अध्ययन करते थे।

16. नायक प्रथा (Monitor System) प्रचलित थी।

7.4 शिक्षण-अधिगम विधि

प्राथमिक स्कूलों में प्राय: निर्देशन की चार अवस्थाएँ अथवा चरण थे।

पहली अवस्था–छात्रों को रेत पर अक्षरों का लिखना सिखाया जाता था।

दूसरी अवस्था–दूसरी अवस्था पर ताड़ के पत्तों पर अध्यापक द्वारा अक्षर लिखे जाते थे। छात्र उन पर सरकण्डे के पैन (कलम) से तथा कोयले की स्याही से ट्रेस करते थे जिसे सुगमता से मिटाया जा सकता था। इसके पश्चात् छात्र संयुक्त व्यंजनो का उच्चारण करते थे। छात्रों को स्वर-व्यंजनों के जोड़ने का अभ्यास कराया जाता था।

तीसरी अवस्था–सरकण्डे का स्थान केले के पत्ते ने ले लिया। अब छात्रों को वाक्य बनाना सिखाया जाता था। बोलचाल की भाषा तथा लिखित भाषा का अन्तर छात्रों को सिखाया जाता था। तब छात्रों को अंकगणित के नियम बताए जाते थे।

प्रात: तथा सांय छात्रों को पहाड़े कण्ठस्थ कराए जाते थे। तद्पश्चात् छात्रों को व्यापार तथा खेती का हिसाब-किताब (लेखा रखना) सिखाया जाता था।

चौथी अवस्था–इस अवस्था पर छात्रों को ऊंचे स्तर के बही खातों की जानकारी दी जाती थी। अर्जी लिखना तथा व्यवसायिक पत्र-लेखन की शिक्षा दी जाती थी।

छात्रों को रामायण पढ़ाई जाती थी। उत्तरी भारत में मुख्यत: यही पाठ्यपुस्तक थी। अकबर बादशाह के शासन में इसका स्थान तुलसीदास द्वारा रचित 'रामचरित मानस' ने ले लिया।

भाषा के साथ-साथ गणित का शिक्षण भी दिया जाता था। हिन्दू बच्चों का इस विषय पर बहुत अधिकार था अर्थात् इसका बहुत ज्ञान था।

7.5 हिन्दुओं तथा मुसलमानो के प्राथमिक स्कूल

हिन्दुओं के प्राथमिक स्कूल देशी भाषायी तथा व्यापारिक थे जबकि मुस्लिम स्कूल प्राय: दार्शनिक प्रवृति के थे।

मुस्लिम स्कूलों में पढ़ना पहले सिखाया जाता था। हिन्दु स्कूलों में पहले लिखना तथा बाद में पढ़ना।

फारसी भाषा का ज्ञान–मुस्लिम शासन काल में राज्य का सारा कामकाज फारसी भाषा में होता था। फारसी जानने वालों को ही सरकारी नौकरी मिल सकती थी। फारसी स्कूलों में प्राय: मुस्लिम शिक्षक होते थे। हिन्दु भी फारसी स्कूलों में शिक्षा प्राप्त करते थे।

इन स्कूलों में विषय इस प्रकार थे–फारसी, व्याकरण, पत्रव्यवहार पद्धति तथा प्रसिद्ध कहानियां तथा कविता। धर्म की शिक्षा भी दी जाती थी।

7.6 हिन्दु शिक्षा व्यवस्था के प्राथमिक स्कूलों के प्रकार

हिन्दुओं के प्राथमिक स्कूल निम्न प्रकार से स्थापित हुए–

1. हिन्दु स्कूल मन्दिरों में लगते थे अथवा उनसे सम्बन्धित थे।
2. कुछ प्राथमिक स्कूल ग्रामों के जमीनदारों अथवा धनी लोगों के सौजन्य से स्थापित थे। वे अपने बच्चों की शिक्षा में रुचि रखते थे। अतः स्कूल स्थापित करते थे जिनमें अन्य बच्चे भी शिक्षा प्राप्त करते थे।
3. दान की प्रवृत्ति के कारण दानी सज्जन स्कूल स्थापित करते थे।
4. कुछ स्कूल व्यापारिक दृष्टिकोण से भी उद्यमी व्यक्ति स्थापित करते थे।
5. एक अन्य प्रकार के प्राथमिक स्कूल थे, जिन्हे 'महाजनी स्कूल' कहा जाता था। महाजनी स्कूल व्यापारियों ने अपने बच्चों को शिक्षा देने के लिए स्थापित किए। इनमें प्रायः बही-खाते से संबंधित तथ्यों की शिक्षा दी जाती थी। बच्चों को व्यापार के लिए तैयार किया जाता था।
6. सरस्वती देवी (Goddess of Learning) के अभिवादन की प्रार्थना छात्रों को कण्ठस्थ करायी जाती थी।
7. शिक्षकों का छात्र बहुत मान करते थे। एक प्रकार से उनकी पूजा की जाती थी। उनकी 'चरण वंदना' की जाती थी।

7.7 अनुशासन

अनुशासन बहुत कठोर था। कार्य की अवहेलना करने पर छात्रों के स्कूल-समय के बाद ठहराया जाता था। किसी भी पाठ को बार-बार लिखने के लिए कहा जाता था। चांटे मारे जाते थे। जांघ के नीचे दोनों हाथों से कान पकड़ कर घुटनों के बल बैठाया जाता था। डण्डे से छात्रों की पिटाई की जाती थी।

7.8 छात्र अध्यापक संबंध

स्कूलों में छात्र-अध्यापक संबंध बहुत निकट के थे। बालकों को अध्यापक अपनी सन्तान समझ कर उनकी देखभाल करते थे। छात्र भी अध्यापकों को पिता तुल्य मानते थे। छात्रों के परस्पर सम्बंध भी बहुत मधुर थे।

7.9 मध्यकालीन भारत में हिन्दुओं की उच्च शिक्षा के प्रमुख केन्द्र

यह अत्यन्त दुर्भाग्य है कि कई मुस्लिम आक्रमणकारियों ने संसार में ख्याति प्राप्त उच्च शिक्षा के केन्द्र नष्ट कर दिए। सैकड़ों मूल्यवान पाण्डुलिपियाँ भस्म कर दी गईं। इस प्रकार समृद्ध बौद्धिक विरासत को धूल में मिला दिया। फिर भी कुछ शैक्षिक संस्थान इस बरबरता से बचे रहे। इनका संक्षेप में विवरण दिया जा रहा है।

कश्मीर – 11वीं ई. शताब्दी के आरम्भ में जब पंजाब प्रान्त मुस्लिम शासकों के

कब्जे में आ गया तो अनेक पंजाबी विद्वानों ने कश्मीर में शरण ली। कहा जाता है कि जिन स्त्रियों ने शिक्षा प्राप्त की वे संस्कृत तथा प्राकृत भाषा बोल सकते थे। अनेक ब्राह्मण कश्मीर घाटी में बस गए। उन्होंने वैदिक पांडित्य की परम्परा को बनाए रखा।

कश्मीर में जैनुल आबिदीन (1420-1470 ई.) शासक बहुत उदारवादी था। उसने पूर्व शासक सिकन्दर शाह (1389-1413) के हिन्दुओं के विरुद्ध जारी किए गए सभी आदेशों को बदल दिया। हिन्दुओं के पुस्तकालयों को अनुदान दिया। सुल्तान को फारसी, कश्मीरी, संस्कृत तथा तिब्बती का अच्छा ज्ञान था। वह विद्वानों का संरक्षक था। महाभारत तथा राजतरंगिणी का फारसी में अनुवाद करवाया।

बनारस (काशी) – काशी प्राचीन काल से ही हिन्दु शिक्षा, संस्कृति तथा दर्शन का प्रसिद्ध केन्द्र रहा है। अबुल फजल के अनुसार भारत के अनेक भागों से शिक्षार्थी यहां आया करते थे। भारत में मुस्लिम शासन स्थापित होने पर अनेक विद्वान बनारस छोड़कर दक्षिण भारत में चले गए। इस कारण शिक्षा को बहुत धक्का लगा। परन्तु अकबर बादशाह के काल में पुनः यह उच्च शिक्षा का प्रसिद्ध केन्द्र बना। भारत के कोने-कोने से छात्रों का यहां आना आरम्भ हुआ। दक्षिण भारत में पुनः विद्वान जहां पर आकर बसे। परन्तु औरंगजेब बादशाह के शासनकाल के दोबारा बुरे दिन आए।

अकबर के शासन काल में संत कबीर तथा संत तुलसीदास ने अपनी साहित्यिक रचनाएँ बनारस में की। राजा जयसिंह ने राजकुमारों की शिक्षा के लिए जहां एक कालेज स्थापित किया। बनियर ने मध्यकालीन बनारस की तुलना यूनान के ऐथन्स से की है।

मिथिला – प्राचीन काल से ही मिथिला शिक्षा का केन्द्र रहा है। सम्राट अकबर ने जहां के विद्वानों को बहुत संरक्षण प्रदान किया। जहां के ख्याति प्राप्त विद्वान रघुनन्दनदास की पांडित्य से इतने प्रभावित हुए कि मिथिला नगरी उपहार के रूप में उन्हें दे दी। परन्तु उन्होंने इसे स्वयं न लेकर अपने गुरु को सौंप दी।

मिथिला के विद्वानों को स्थानीय सरदारों का संरक्षण प्राप्त था। 16वीं शताब्दी में यह नगर धार्मिक तथा लौकिक ज्ञान का केन्द्र बना।

नदिया – बंगाल के सेन वंश के राजाओं ने 1063 ई. इस नगर की स्थापना की। लगभग 150 वर्ष तक यह उच्च शिक्षा का केन्द्र बना रहा। जहां पर अनेक शैक्षिक संस्थाएँ थे तथा इनमें शिक्षा पाने के लिए छात्र तथा विद्वान आते थे। उच्च शिक्षा संस्थाएँ 'टॉल' के नाम से जानी जाती थी। जहां पर बड़े-बड़े भवन नहीं थे। मिट्टी से बने कुटीर थे। जिनमें छात्र रहते थे।

यह शिक्षा केन्द्र न्याय शास्त्र की शिक्षा के लिए विशेष रूप से प्रसिद्ध था। शिक्षण में वाद-विवाद पद्धति को प्रमुख स्थान दिया जाता था। शिक्षा के तीन प्रसिद्ध केन्द्र यहां पर इस प्रकार थे-नवद्वीप, गोपाल पाड़ा तथा शान्ति पुर।

एक कालेज में लगभग 25 छात्र थे।

13वीं तथा 14वीं शताब्दी में इसकी ख्याति को बहुत धक्का पहुंचा। अकबर तथा शाहजहां के काल में पुनः यह प्रसिद्ध हुआ। यहां पर निम्न विषय पढ़ाए जाते थे।

तर्क, विधि, काव्य, ज्योतिषशास्त्र, व्याकरण, न्यायशास्त्र, नक्षविद्या, अलंकार शास्त्र, दर्शन, कोश विज्ञान, भगवत् गीता तथा अन्य हिन्दू धर्मग्रन्थ भी यहां पढ़ाए जाते थे।

यहां पर निम्न जातियों को शिक्षा ग्रहण का पूरा-पूरा अवसर दिया जाता था।

विद्वानों में विभिन्न विषयों पर वाद-विवाद हुआ करता था।

अंबेर (जयपुर) – 18वीं शताब्दी में अंबेर (राजस्थान) के राजा सवाई जयसिंह (1699-1743 ई.) ने शिक्षा तथा विज्ञान के क्षेत्र में अत्यन्त उत्कृष्ट कार्य किया। उन्होंने लगभग 44 वर्ष की लंबी अवधि तक राज करके एक कीर्तिमान स्थापित किया। वह एक महान खगोलशास्त्री, निर्माता, इंजीनियर, विधिवेत्ता, समाज सुधारक तथा कुशल राजनेता था।

अपने काल में उसने एक 'विज्ञान-पुरुष' के रूप में अपनी पहचान बनाई जब भारतवासी वैज्ञानिक शिक्षा और प्रगति से बेखबर थे।

जयसिंह ने दिल्ली, जयपुर, मथुरा, उज्जैन तथा वाराणसी में वैज्ञानिक सिद्धान्तों पर आधारित खगोलशास्त्रीय वेधशालाओं का निर्माण करवाया।

खगोल शिक्षा के अध्ययन के लिए उसने सारणियों का एक सैट तैयार किया, जिसे जिजमुहम्मद शाही कहते थे। इन वेधशालाओं को 'जन्तर-मन्तर' के नाम से जाना जाता है।

जयसिंह ने जयपुर नगर को, जिसकी उसने स्थापना की उसको कला तथा विज्ञान का एक महान केन्द्र बना दिया।

जयसिंह एक महान साहित्यिक विभूति था। उसने विज्ञान तथा गणित की अनेक महत्त्वपूर्ण रचनाओं को संस्कृत में अनुवाद कराया। उनमें से प्रमुख थे–युक्लिड (Euclid) की '*Elements of Geometry*' तथा नेपियर (Napier) के लघुगणक (*Logarithms*) का निर्माण।

7.10 दक्षिण भारत में शिक्षा का विकास

विजय नगर साम्राज्य – विजय नगर साम्राज्य में हिन्दू धर्म, दर्शन, व्याकरण, नृत्य, संगीत आदि पर उत्कृष्ट कृतियों की रचना हुई। शासकों ने संस्कृत, तमिल, तेलगू और कन्नड़ साहित्य और भाषाओं को प्रोत्साहन दिया। कहा जाता है कि कृष्णदेव राय (1509-29 ई.) के शासन काल में "दक्षिण भारत के साहित्यिक इतिहास में एक नए अध्याय का शुभारंभ हुआ।" वह स्वयं एक महान विद्वान था।

इस काल में वास्तुकला में भी बहुत प्रगति हुई। भव्य मन्दिरों का निर्माण हुआ।

चोला प्रशासन – 10वीं तथा 11वीं शताब्दी ई. में चौल प्रशासन में शिक्षा के सभी क्षेत्रों में बहुत प्रगति हुई। इसे तमिल साहित्य का स्वर्णयुग कहा जाता है।

पंपा (10वीं शताब्दी) को प्राय: कन्नड़ का 'आदि कवि' कहा जाता है। संत कवि ने दो महाकाव्यों की रचना की। एक 'आदिपुराण' जो पहले जैन तीर्थंकर के जीवन से संबंधित है और दूसरा 'विमार्जुन विजय' जो महाभारत की कथा पर आधारित है। नन्यय (11वीं शताब्दी) ने महाभारत के एक भाग को तेलगू कविता में लिखा। ये सारी कृतियां इस बात को प्रमाणित करती हैं कि यहां शिक्षा का कितना प्रसार था।

तिरूमुककुदल मन्दिर कालेज (Tirumukkudal Temple College) – 11वीं शताब्दी में वेनकेटेसरा पेरूमल मन्दिर जिला चिनगलीपुट (Chingleput) बहुत प्रसिद्ध था। यह मन्दिर एक कालेज छात्रावास तथा कालेज चलाता था। 60 छात्रों के रहने तथा खानपान की यहां व्यवस्था थी। 60 छात्रों की विषयवार संख्या इस प्रकार थी–10 ऋग्वेद

के छात्र, 10 यजुर्वेद के, 20 व्याकरण, 10 पंचारत्तरा, 3 सैयवागमा तथा 7 वानप्रस्थ तथा सन्यास के लिए।

प्रत्येक रविवार सभी छात्रों के लिए तेल-स्नान की व्यवस्था थी।

विरूवाररीयुर मन्दिर कालेज (Tiruvorriyur Temple College) – यह कालेज चिंगलापट्टु (Chingalpattu) जिले में स्थित था। प्रसिद्ध व्याकरण ज्ञाता तथा 'अष्याध्यायी' के लेखक पाणिनी की स्मृति में यह कालेज स्थापित किया गया। यह कालेज 14वीं शताब्दी तक शिक्षा प्रदान करता रहा। यहां पर लगभग 340 छात्रों के लिए निःशुल्क भोजन तथा आवास की भी व्यवस्था थी। यहां पर लगभग 400 छात्र उच्च शिक्षा प्राप्त करते थे। इस कालेज के साथ 300 एकड़ जमीन लगी हुई थी। अध्यापकों की संख्या लगभग 25 थी।

मलकापुरम मन्दिर कालेज – मन्दिर में एक कालेज तथा अस्पताल था। 1268 ई. के एक अभिलेखन के अनुसार यहां पर ये संस्थाएँ थीं। यहां पर 8 शिक्षक थे–4 वेदों तथा अगमा के लिए तथा 4 व्याकरण, साहित्य तथा तर्क शिक्षण के लिए। प्रत्येक शिक्षक के पास लगभग 20 छात्र थे। अर्थात् छात्रों की कुल संख्या लगभग 150 थी। छात्रों को निःशुल्क शिक्षा, भोजन, आवास तथा चिकित्सा उपलब्ध थी।

इकाई 2/Unit 2

ब्रिटिश कालीन भारतीय शिक्षा
INDIAN EDUCATION DURING THE BRITISH PERIOD

8

मैकाले का विवरण पत्र (1835) तथा बैंटिक की विज्ञप्ति (1835)
[Macaulay's Minute (1835) and Bentinck's Proclamation (1835)]

8.1 अंग्रेजी राज्य की भारत में स्थापना तथा शिक्षा पर प्रभाव
Establishment of English Government in India and Its Effect on Education

'यथा राजा तथा प्रजा'–यह कहावत प्राय: सत्य ही मानी जाती है। इस का अर्थ है, 'जैसा राजा, वैसी प्रजा'। अंग्रेज शासकों ने अपनी आवश्यकताओं के अनुरूप भारतीय शिक्षा, भारतीय अर्थव्यवस्था, भारतीय संस्कृति आदि अनेक पक्षों को प्रभावित किया।

23 जून 1757 ई. को प्लासी की लड़ाई में विजय के पश्चात् अंग्रेजों ने भारत पर अपना आधिपत्य स्थापित करने की प्रक्रिया शुरू की और 7 फरवरी 1856 को लॉर्ड डलहौजी (1848-1856) द्वारा अवध राज्य को ब्रिटिश साम्राज्य में मिलाए जाने के साथ यह क्रिया पूरी हो गई। लॉर्ड क्लाइव (1757-1760 और 1765-1767) को भारत में अंग्रेजी शासन का संस्थापक कहा जाता है। लॉर्ड माउण्टबेंटन भारत का अन्तिम वायसराय (1947-48) था। 15 अगस्त 1947 को अंग्रेजी शासन का भारत में अन्त हुआ परन्तु इसकी शिक्षा पर छाप अब भी दिखाई देती है।

8.2 1813 का आज्ञा पत्र (Charter of 1813)

1813 आज्ञापत्र की पृष्ठभूमि–इंगलिश ईस्ट इंडिया कम्पनी की स्थापना 1600 ई. को इंग्लैण्ड की रानी एलिजाबेथ प्रथम के 'आज्ञापत्र' द्वारा, पूर्वी देशों से व्यापार के लिए, की गई थी। परन्तु समय गुजरने पर इसने व्यापार बढ़ाने के लिए भारत में युद्ध करने आरम्भ किए तथा राजनैतिक सत्ता भी सम्भाल ली। सन् 1757 में प्लासी की विजय तथा सन् 1764 में बक्सर की विजय के पश्चात् तो कम्पनी ने शासन की बागडोर भारत के अनेक

भागों में अपने हाथ में ले ली। पहले उच्च शिक्षा के क्षेत्र में कम्पनी ने उच्च शिक्षा की संस्थाएँ स्थापित करने में रुचि ली। 1781 में मुस्लिम उच्च शिक्षा के लिए कलकत्ता मदरसा स्थापित किया। 1791 में बनारस संस्कृत कॉलेज की स्थापना की।

8.3 सन् 1813 के आज्ञापत्र में शिक्षा का स्थान

इंगलिश ईस्ट इंडिया कम्पनी का 'आज्ञापत्र' प्रत्येक बीस वर्ष के पश्चात् ब्रिटिश संसद द्वारा पुनावर्तन किया जाता था। इस उद्देश्य से 1813 में 'आज्ञापत्र' से भारत में शिक्षा प्रसार का उत्तरदायित्व कम्पनी के ऊपर रखा गया। इसमें कहा गया, "साहित्य के पुनरुद्धार और उन्नति के लिए भारतीय विद्वानों को प्रोत्साहित करने के लिए और भारत में ब्रिटिश के अधीन क्षेत्रों में रहने वाले निवासियों में विज्ञानों के ज्ञान का प्रसार एवं विकास करने के लिए प्रतिवर्ष कम से कम एक लाख रुपये की धनराशि पृथक् रखी जाए और व्यय की जाए।"

आज्ञापत्र का प्रभाव–इस आज्ञापत्र ने यह स्पष्ट कर दिया कि भारत में कम्पनी शिक्षा के क्षेत्र में कार्य करेगी।

इस आज्ञापत्र ने निम्नलिखित प्रश्नों को जन्म दिया।

1. कम्पनी किस प्रकार के साहित्य का प्रसार करेगी–भारतीय अथवा पश्चिमी।
2. किस भाषा में साहित्य का प्रसार किया जाएगा?–भारतीय अथवा यूरोपियन।
3. किन विज्ञानों का प्रसार किया जाएगा? भारतीय अथवा पश्चिमी।

आज्ञा पत्र ने प्राच्य-पाश्चात्य विवाद को जन्म दिया।

8.4 प्राच्य-पाश्चात्य विवाद तथा मैकाले (Oriental-Occidental Controversy and Macaulay)

प्राच्य-पाश्चात्य विवाद का कारण–1813 के आज्ञापत्र के अनुसार कई वर्षों तक शिक्षा के क्षेत्र में कोई कार्य न हो सका। जैसा कि ऊपर दर्शाया गया है, इस आज्ञापत्र ने कई विवादों को जन्म दिया।

जब लॉर्ड मैकॉले भारत में आया तो उस समय (प्राच्य-पाश्चात्य (Anglo-Oriental) विवाद) चरम सीमा पर था। 1813 के आज्ञापत्र (Charter) के अनुसार शिक्षा के लिए प्रतिवर्ष कम से कम एक लाख रुपये की धनराशि खर्च करने का प्रावधान था। परन्तु इस बात को स्पष्ट नहीं किया गया था कि यह राशि प्राच्य शिक्षा अथवा पाश्चात्य शिक्षा पर खर्च की जानी है तथा शिक्षा का माध्यम क्या हो? फलस्वरूप इस प्रश्न को लेकर वाद-विवाद आरम्भ हुआ। इस वाद-विवाद का हल मैकॉले ने किया।

8.5 विवाद के तीन पक्ष (Three Portion in the Controversy)

विवाद के मुख्यतः निम्नलिखित तीन पक्ष थे–

1. अरबी-संस्कृत के समर्थक। 2. प्रान्तीय भाषाओं के समर्थक। 3. अंग्रेजी के समर्थक।

अरबी-संस्कृत के समर्थक

भारतीय ब्रिटिश शासकों में शिक्षा-संबंधी तीन गुट थे। भारत में शिक्षा के विरोधियों का तो अंत हो रहा था क्योंकि अब पार्लियामेण्ट ने ही शिक्षा के लिए सरकारी प्रोत्साहन

की नीति मान ली थी। इन गुटों में एक दल वारेन हैस्टिंग्ज और मिण्टो का अनुयायी था, जो भारतीय साहित्य, धर्म, दर्शनों आदि की शिक्षा के साथ ही पाश्चात्य दर्शनों तथा विज्ञानों की शिक्षा देना उचित मानता था, किन्तु इनका माध्यम अरबी तथा संस्कृत रखने के पक्ष में था। स्कूलों का संगठन भी ये भारतीय विधियों द्वारा ही करना चाहते थे जैसे बनारस संस्कृत कॉलेज का संगठन धर्मशास्त्र के नियमों के अनुसार हुआ था। इन स्कूलों में नि:शुल्क शिक्षा, अध्यापकों तथा शिष्यों के निकटतम संबंध द्वारा दी जाती थी। शिक्षा धर्म तथा संस्कृति को केन्द्र मानकर ही आगे बढ़ती थी। कलकत्ता मदरसा तथा बनारस संस्कृत कॉलेज को ही आदर्श मानकर शिक्षा-प्रसार करना चाहते थे। आवश्यकतानुसार वे उनके पाठ्यक्रम में कुछ परिवर्तन भी करने के पक्ष में थे, जैसे अंग्रेजी कक्षायें जोड़ देना।

भारतीय भाषाओं के समर्थक – इस दल की आस्था प्रांतीय भाषाओं के माध्यम पर थी। वे पाश्चात्य विज्ञान भी इन्हीं भाषाओं में अनुवादों द्वारा पढ़ाने के पक्षपाती थे। अंग्रेजी को ये वैकल्पिक रूप से इच्छुक विद्यार्थियों तक ही सीमित रखना चाहते थे। मुनरो तथा एलिफन्स्टन इस दल के नेता थे। वे देशी शिक्षालयों में सुधार तथा पाठ्यक्रम में विस्तार चाहते थे। अध्यापकों की योग्यता में वृद्धि करके वे उन्हें विस्तृत पाठ्यक्रम पढ़ाने के योग्य बनाना चाहते थे। निरीक्षण के भी ये हामी थे।

अंग्रेजी के समर्थक – तीसरा दल अंग्रेजी साहित्य तथा पाश्चात्य विज्ञानों की शिक्षा को अंग्रेजी माध्यम द्वारा देना ही उचित मानता था। इस दल के अनेक समर्थक थे और उनके दृष्टिकोण भी भिन्न थे। इसके समर्थक सभी प्रांतों में थे पर बंगाल में तुलनात्मक दृष्टि से कुछ अधिक थे। इन्हीं का अंत में जोर हुआ और इन्होंने भारत में नयी शिक्षा प्रणाली की नींव रखी।

सभ दलों में भारतीय भी थे। तीसरे दल के भारतीय समर्थकों में राजा राममोहन राय का नाम उल्लेखनीय है। ये बंगाल में स्थित उस भारतीय शिक्षित समाज के अगुआ थे जो अत्यन्त अल्पमत में था तथा जिसने ब्रिटिश संबंध से होने वाले लाभों के फेर में पड़कर क्रांति द्वारा अंग्रेजी राज्य के मूलोच्छेद की भावना को भुला दिया था। इस दल के उद्देश्य सरकार से सहयोग करके समाज की अधिकाधिक उन्नति और प्रगति करना था। उनके अल्पकालीन उद्देश्य थे अंग्रेजी शिक्षा द्वारा पदों की प्राप्ति, शिक्षितवर्ग की वृद्धि तथा सम्पन्नता।

इसी तीसरे गुट में बेंटिंग, ट्रवेलियन आदि भी थे जो शिक्षा द्वारा अंग्रेजी राज्य की नींव दृढ़ और ब्रिटिश शासन को दीर्घायु करना चाहते थे। उनके विचार में भारतीय शिक्षा उन्हें जाग्रत कर देगी। पर उसके विपरीत यह शिक्षा उन्हें अंग्रेजों पर आश्रित तथा अंग्रेजी सम्बंध के लिए कृतज्ञ बना देगी तथा शिक्षित समाज का जब तक बहुमत न होगा वह ब्रिटिश सत्ता का पोषक रहेगा, क्योंकि उसे भी जनता से भय रहेगा।

8.6 मैकॉले का विवरण पत्र (Macaulay's Minute 1835)

10 जून को लॉर्ड मैकॉले भारतीय गवर्नर जनरल की कौंसिल के सदस्य बनकर भारत आए। उन्हें यहाँ "जनरल कमेटी ऑफ पब्लिक इन्स्ट्रक्शन" का अध्यक्ष बनाया गया। सन् 1835 में मैकॉले ने गवर्नर जनरल की कौंसिल के सामने अपना प्रसिद्ध विवरण पत्र (Minute) रखा, जिसके अनुसार पाश्चात्य शिक्षा और अंग्रेजी माध्यम की सिफारिश की गई। 7 मार्च 1835 को लॉर्ड विलियम बैंटिक ने सरकारी नीति स्थिर करते हुए घोषणा की–"ब्रिटिश सरकार का महान् उद्देश्य है कि इस देश में यूरोपीय साहित्य तथा विज्ञानों की उन्नति हो और शिक्षा पर होने वाला समस्त व्यय अंग्रेजी शिक्षा पर ही करना उसका श्रेष्ठतम उपयोग होगा।"

8.7 मैकॉले के विवरण पत्र के कुछ अंश
(Extrcts from Macaulay's Minute's)

शिक्षा का उद्देश्य – मैकॉले शिक्षा के द्वारा भारत में ऐसे लोग निर्माण करना चाहता था जो "रंग-रूप में तो भारतीय हों किन्तु वेशभूषा, बातचीत, चिन्तन तथा विचारों में अंग्रेज हों।" मैकॉले की यह इच्छा आज भी कुछ पाश्चात्य शिक्षा प्राप्त भारतीय पूरी कर रहे हैं।

भाषा संबंधी विचार – मैकॉले ने इस प्रकार के विचार प्रस्तुत किए हैं–

1. "अच्छे यूरोपीय साहित्य की एक अल्मारी अरब तथा भारत के समस्त साहित्य से अधिक महत्त्वपूर्ण है।"

2. "भारत के निवासियों में प्रचलित देशी भाषाओं में साहित्यिक एवं वैज्ञानिक ज्ञान कोष का अभाव है तथा वे इतनी अविकसित और गँवारू हैं कि जब तक उन्हें बाह्य भण्डार से सम्पन्न नहीं किया जाएगा, उनमें सुगमता से किसी भी महत्त्वपूर्ण ग्रन्थ का अनुवाद नहीं हो सकेगा।"

3. मैकॉले ने संस्कृत साहित्य का मज़ाक उड़ाते हुए लिखा कि उसमें ऐसे "चिकित्सा सिद्धांत पढ़ाए जाते हैं, जिन पर अंग्रेज पशु-चिकित्सकों को लज्जा आयेगी, ज्योतिष ऐसा है, जिस पर स्कूलों की अंग्रेज बालिकाएँ हँस पडेंगी, भूगोल ऐसा है जिसमें शीरे तथा मक्खन के समुद्रों के वर्णन हैं।"

4. अंग्रेजी भाषा की प्रशंसा करते हुए उन्होंने लिखा है, "यह भाषा पाश्चात्य भाषाओं में भी सर्वोपरि है, जो इस भाषा को जानता है, वह सुगमता से उस विशाल ज्ञान-भण्डार को प्राप्त कर सकता है जिसे विश्व की सबसे बुद्धिमान जातियों ने रचा है।"

5. इसके बाद मैकॉले ने लिखा था कि संस्कृत तथा अरबी के विद्यार्थियों को छात्रवृत्ति देनी पड़ती है जबकि अंग्रेजी के विद्यार्थी स्वयं फीस अदा करते हैं। "संसार के किसी भी कोने में लोगों को लाभदायक तथा रुचिकारक कार्यों के लिये वेतन नहीं देना पड़ता।"

6. "भारत में अंग्रेजी शासकों की भाषा है तथा राजधानियों में उच्च वर्ग के भारतीय भी इसे बोलते हैं। आस्ट्रेलिया तथा अफ्रीका में उन्नतिशील यूरोपियों की भी यही भाषा है। यही पूर्वी व्यापार की भाषा बनने वाली है। अतः चाहे हम भाषा के महत्त्व पर विचार करें अथवा देश की परिस्थिति पर अंग्रेजी ही भारतीयों के लिए सबसे हितकर रहेगी।

7. 1813 के आज्ञापत्र के बारे में मैकॉले ने लिखा, "..... मेरी समझ में संसद के कानून का वह अर्थ किसी भी प्रकार नहीं लग सकता जो लगाया गया है। उसमें विशेष भाषाओं तथा विज्ञानों का नाम नहीं है, केवल विद्वानों के प्रोत्साहन तथा साहित्य के पुनरुद्धार के लिये एक धनराशि सुरक्षित की गई है। तर्क दिया जाता है कि साहित्य से संसद का अर्थ अरबी तथा संस्कृत साहित्य ही हो सकता है और भारतीय विज्ञान से उसका तात्पर्य न्यूटन का भौतिक शास्त्र नहीं हो सकता।........ यह अर्थ संतोषजनक नहीं है....... यह एक लाख रुपया 'साहित्य के पुनरुद्धार' के ही लिये नहीं है वरन् 'भारतीयों में विज्ञान के प्रसार' के लिए भी है। ये ही शब्द मेरे चाहे परिवर्तनों के लिये यथेष्ट हैं।"

8. "यदि कौसिंल मेरा प्रस्तावित अर्थ स्वीकार करे तो किसी नये कानून की आवश्यकता नहीं है वरना मैं एक छोटे कानून द्वारा 1813 के आज्ञापत्र के उस वाक्यांश को रद्द करने का प्रस्ताव करूँगा।"

9. *शिक्षा समिति से त्यागपत्र का प्रस्ताव* – "यदि जैसा कि मेरा अनुमान है, मेरे

विचारों की पुष्टि समिति द्वारा की जाएगी, तो मैं समझूँगा कि मैंने अपना उत्तरदायित्व उत्साह तथा तत्परता से निभाया है। इसके विपरीत यदि मेरे विचारों की मान्यता नहीं है, तो मुझे समिति से त्यागपत्र देने की अनुमति प्रदान की जाए।"

8.8 लॉर्ड विलियम बैंटिक की स्वीकृति (Acceptance of Macaulay's Minute's by Lord William Bentinck 1935)

7 मार्च 1935 को लॉर्ड विलियम बैंटिक ने सरकारी नीति स्थिर करते हुए घोषणा की—"ब्रिटिश सरकार का महान् उद्देश्य है कि इस देश में यूरोपीय साहित्य तथा विज्ञानों की उन्नति हो, और शिक्षा पर होने वाला समस्त व्यय अंग्रेजी शिक्षा पर ही करना उसका श्रेष्ठतम उपयोग होगा।"

Critical Devised of Macaulay's Minute

मैकॉले के विवरण पत्र की समीक्षा (Critical Devised of Macaulay's Minute)

मैकॉले के अपने विचार—लॉर्ड मैकॉले ने 1836 में अपने पिता को लिखा था, "हमारे अंग्रेजी शिक्षालय आश्चर्यजनक गति से बढ़ रहे हैं। स्कूलों में सभी विद्यार्थियों को स्थान देना कठिन है.... हिन्दुओं पर इस शिक्षा का बड़ा प्रभाव पड़ता है। जितने हिन्दू यह शिक्षा प्राप्त करते हैं, उनका अपने धर्म से सच्चा लगाव नहीं रह जाता। कुछ नीतिवश उसे मानते रहते हैं...... अन्य बहुतेरे ईसाई हो जाते हैं। मेरा दृढ़ विश्वास है कि यदि हमारी शिक्षानीति चलती रही तो तीस वर्ष बाद बंगाल के सम्मानित वर्गों में एक भी मूर्तिपूजक न रह जायेगा, और यह बिना धर्म-प्रचार के केवल ज्ञान और विचार से हो जायेगा। मैं इस संभावना से प्रसन्न हूँ।"

मैकॉले की आलोचना (Criticism of Macaulay) – मैकॉले की अति आलोचना की गई है। उसने भारतीय साहित्य की प्रगति पर अंकुश लगा दिया और ऐसे वर्ग का निर्माण करना चाहा जो पसन्द, विचार, आचरण एवं विद्वता में अंग्रेज हो। इस प्रकार पाश्चात्य सभ्यता तथा संस्कृति के उपासक-वर्ग का निर्माण करके वह भारतीयों में फूट का बीजारोपण करना चाहता था। मैकॉले ने प्रान्तीय भाषाओं के बढ़ने का अवसर नहीं दिया। मैकॉले द्वारा चलाई गई शिक्षा प्रणाली ने भारत में दफ्तर में काम करने वाले बाबूओं का निर्माण किया। मैकॉले द्वारा चलाई गई शिक्षा प्रणाली ने भारतीय सांस्कृतिक धरोहर की अवहेलना की। मैकॉले द्वारा चलाई गई शिक्षा प्रणाली के परिणामस्वरूप भारत में बेरोजगारी की संख्या प्रतिदिन बढ़ती गई। आज भी भारत इस प्रणाली के दोषों से छुटकारा नहीं पा सका है।

संक्षेप में मैकॉले के सुझाव पर निर्मित शिक्षा प्रणाली के निम्न दोष उभर कर सामने आए हैं।

1. विदेशी भाषा को भारत पर थोंपना। 2. विदेशी सभ्यता को भारत पर थोंपना। 3. विदेशी साहित्य को भारत पर थोंपना। 4. भारतीय संस्कृति की अवहेलना करना। 5. भारतीय साहित्य की अवहेलना करना। 6. भारतीय धर्म की अवहेलना करना। 7. पाश्चात्य शिक्षा तथा भाषा द्वारा भारत में शिक्षक वर्ग तथा जनसाधारण के बीच खाई उत्पन्न करना। 8. भारत में ऐसा शिक्षित वर्ग तैयार करना जो अंग्रेजी शासन को दृढ़ करे।

8.9 मैकॉले विवरण पत्र के समर्थक (Supporter of Macaulay's Minute)

मैकॉले भारतीय शिक्षा के पथ-प्रदर्शक – कुछ विचारक मैकॉले को भारतीय शिक्षा का पथ-प्रदर्शक मानते हैं। उनका विचार है कि अंग्रेजी शिक्षा द्वारा भारतीय पाश्चात्य देशों के समानता, स्वतन्त्रता एवं बन्धुत्व के सिद्धान्तों से परिचित हुए और उन्होंने राजनैतिक संघर्ष प्रारम्भ करके भारत को दासता की बेड़ियों से मुक्त किया। परन्तु यह मानने के लिए यथेष्ट प्रमाण नहीं है कि मैकॉले की नीति के कारण ही राष्ट्रीयता और एकता का भारत में विकास हुआ और उसके बिना भारत स्वतन्त्र नहीं होता। जापान, चीन, फ्रांस, जर्मनी तथा रुस जैसे देशों ने बिना किसी विदेशी भाषा के माध्यम से प्रगति की तथा राष्ट्रीयता के मूल्यों को अपनाया। उनकी अपनी भाषा द्वारा ही उन्नति हुई। फिर भी इस बात से भी इन्कार नहीं किया जा सकता कि मैकॉले की शिक्षा नीति ने भारत पर निम्नलिखित अच्छे प्रभाव डाले।

1. भारत के लिए विस्तृत ज्ञान-विज्ञान के द्वारा खोलना। 2. भारत की आधुनिक शिक्षा संरचना का शिलान्यास रखना। 3. भारत में राजनैतिक जागृति उत्पन्न करना।

मैकॉले का संक्षिप्त जीवन चरित्र – थॉमस बेबिंगटन मैकॉले (Thomas Babington Macaulay) का जन्म 25 अक्तूबर 1800 को राथले-टेटपल लीसेस्टर रॉयल (इंग्लैण्ड) में हुआ था। इंग्लैण्ड के एक प्रख्यात पब्लिक स्कूल में शिक्षा प्राप्त करने के पश्चात् 1818 में मैकॉले ने ट्रिनिटी कॉलेज, कैम्ब्रिज में प्रवेश किया। मैकॉले एक प्रतिभाशाली छात्र माने जाते थे। मैकॉले ने साहित्यिक कार्य में ख्याति प्राप्त की। 1830 में चुनाव जीत कर ब्रिटिश संसद में प्रवेश किया। वे उच्च कोटि के वक्ता थे।

1834 में वे भारत की सर्वोच्च परिषद् (Supreme Council of India) के कानूनी सलाहकार बने। बंगाल के गवर्नर जनरल की कार्यकारिणी के सदस्य बने। गवर्नर जनरल द्वारा गठित शिक्षा समिति के अध्यक्ष बने।

8.10 गवर्नर जनरल विलियम बैंटिक की विज्ञप्ति (Governor General William Bentinck's Proclamation)

भारत के गवर्नर जनरल विलियम बैंटिक (1828-35) ने 7 मार्च सन् 1835 को मैकॉले के विचारों का समर्थन करते हुए विज्ञप्ति जारी की तथा निम्नलिखित आदेश दिए।

1. "गवर्नर जनरल इन काउन्सिल' का मत है कि भारतीय लोगों में पाश्चात्य साहित्य एवं विज्ञान का प्रसार करना–यही ब्रिटिश सरकार का बड़ा उद्देश्य होना चाहिए। अत: शिक्षा पर जो कुछ भी निधि खर्च की जानी है, वह अंग्रेजी शिक्षा पर ही खर्च करना अधिक उपयोगी होगा।"

2. 'गवर्नर जनरल इन काउन्सिल' का यह अभिप्राय: नहीं है कि जो भी संस्कृत भाषा की शिक्षा देने वाली संस्थाएँ चालू हों उन्हें बन्द कर दिया जाए..... अत: आदेश दिया जाता है कि इस प्रकार की संस्थाओं को जो कुछ भी सरकार की ओर से सहायता मिल रही हो, उसे आगे चालू रखा जाए। परन्तु भविष्य में इन संस्थाओं में प्रवेश पाने वाले किसी भी विद्यार्थी को कोई छात्रवृत्ति न दी जाए और यदि कोई शिक्षक का स्थान ऐसी संस्थाओं में रिक्त होता है तो उसे भरने के पूर्व सरकार को कक्षा में छात्र-संख्या तथा स्थिति सम्बन्धी एक विवरण प्रस्तुत किया जाए।

3. पूर्वी साहित्य की पुस्तकों के मुद्रण पर अधिक राशि न खर्च की जाए।

4. बची हुई निधि को अंग्रेजी माध्यम द्वारा दी जाने वाली शिक्षा पर खर्च किया जाए। इस प्रकार बैंटिक ने भारत में अंग्रेजी शिक्षा की नींव को स्थायी रूप प्रदान किया।

8.11 शिक्षा के निस्पन्दन अथवा छनने का सिद्धान्त तथा लॉर्ड ऑकलैण्ड (1839) (Filteration Theory of Education and Lord Auckland—1839)

शिक्षा में निस्पन्दन सिद्धान्त का अर्थ–इस सिद्धान्त को इस प्रकार व्यक्त किया गया है, "शिक्षा ऊपर से प्रवेश करके, जनसाधारण तक पहुँचती थी। लाभप्रद ज्ञान, भारत के सर्वोच्च वर्ग से बूंद-बूंद करके नीचे टपकता था।"

इंगलिश ईस्ट इण्डिया कम्पनी व्यापारियों की कम्पनी थी। उसने व्यापार को बढ़ावा देने के साथ-साथ भारत पर अपना अधिकार भी जमा लिया था। कम्पनी भारतीयों की शिक्षा पर कम से कम खर्च करना चाहती थी। अत: उसने यह सिद्धान्त प्रतिपादित किया कि शिक्षा का नियोजन केवल उच्च वर्ग के लिए किया जाए। इन वर्गों से 'छनछन' कर शिक्षा स्वत: निम्न वर्गों तक पहुँच जाएगी।

निस्पन्दन के पक्ष में तर्क – कम्पनी के समर्थक इस सिद्धान्त के पक्ष में निम्नलिखित तर्क देते थे।

1. ईसाई मिशनरियों का विचार था कि यदि भारत के उच्च वर्ग के हिन्दुओं को अंग्रेजी शिक्षा देकर ईसाई धर्म का अवलम्बी बना लिया जाएगा तो उन के उदाहरण से प्रभावित होकर निम्न वर्ग के लोग स्वयं ही ईसाई धर्म को स्वीकार कर लेंगे।

2. व्यवसाय तथा सरकार चलाने के लिए कम्पनी को विभिन्न प्रकार के कर्मचारियों की आवश्यकता थी। इस कारण शिक्षित व्यक्ति अपेक्षित थे। अत: कम्पनी उच्च वर्गों को शिक्षा देना लाभदायक मानती थी।

3. जन-साधारण को शिक्षित करने के लिए कम्पनी के पास पर्याप्त निधि नहीं थी।

4. अंग्रेजी माध्यम से ब्रिटिश शिक्षा पद्धति में शिक्षा प्राप्त करने वाले को सरकारी नौकरी में अच्छे पद मिलेंगे और स्वाभाविक है कि फिर वे जनता को सरकारी शासन के विरूद्ध जाने से रोकने में अपने प्रभाव का प्रयोग करेंगे।

5. अंग्रेजी के माध्यम से शिक्षित उच्च वर्ग अंग्रेजी रहन-सहन अपनाएंगे और फिर निम्न वर्ग के लोगों को प्रभावित करेंगे।

6. कुछ लोगों को शिक्षित कर देने के बाद जन-सामान्य को शिक्षित करने का उत्तरदायित्व उन पर छोड़ा जा सकता है।

निस्पन्दन सिद्धान्त के प्रमुख समर्थक – फ्रांसिस वार्डन ने 23 दिसम्बर, सन् 1823 के अपने "विवरण पत्र" में इस प्रकार विचार व्यक्त किए–"बहुत-से व्यक्तियों को थोड़ा-सा ज्ञान देने के बजाय थोड़े से व्यक्तियों को बहुत-सा ज्ञान देना अधिक उत्तम और निरापद है।"

कम्पनी के संचालकों ने 29 सितम्बर, सन् 1830 के अपने "आदेश-पत्र" में मद्रास के गवर्नर को यह सलाह दी–"शिक्षा की प्रगति उसी समय हो सकती है, जब उच्च वर्ग के उन व्यक्तियों को शिक्षा दी जाए, जिनके पास अवकाश है और जिनका अपने देश के निवासियों पर प्रभाव है।"

मैकॉले ने अपने सन् 1835 के "विवरण पत्र" में "निस्पन्दन-सिद्धान्त" का समर्थन

इस प्रकार किया–हमें इस समय एक ऐसे वर्ग का निर्माण करने का पूरा-पूरा प्रयत्न करना चाहिए, जो हमारे और उन लोगों के बीच में दुभाषिए का काम करे, जिन पर हम शासन करते हैं।

8.12 लॉर्ड ऑकलैण्ड (1836-1842) की स्वीकृति

भारत के तत्कालीन गवर्नर जनरल, लॉर्ड ऑकलैंड ने "निस्पन्दन-सिद्धान्त" को शिक्षा की सरकारी नीति के रूप में स्वीकार किया और 24 नवम्बर, सन् 1839 के अपने "विवरण पत्र" द्वारा अग्रांकित घोषणा की–"सरकार के प्रयास, समाज के उन उच्च वर्गों में उच्च शिक्षा का प्रसार करने तक सीमित रहने चाहिए, जिनके पास अध्ययन के लिए अवकाश है और जिनकी संस्कृति छन-छन कर जनसाधारण तक पहुँचेगी।"

9

विलियम एडम की शिक्षा सम्बन्धी रिपोर्टें: सिफारिशें (1835-1838)

(William Adam's Reports on Education: Recommendations)

9.1 विलियम एडम का संक्षिप्त जीवनवृत (Brief Life Sketch of William Adam)

विलियम एडम (1781-1868) स्कॉटलैण्ड का निवासी था जो भारत में 1818 में धर्म प्रचार-हेतु भारतवर्ष आया। 1835 में उसे ईस्ट इंडिया कम्पनी की सरकार ने देशज शिक्षा प्रणाली (परम्परागत) भारतीय शिक्षा प्रणाली के अध्ययन का कार्य सौंपा।

एडम ने बंगाल तथा बिहार की शिक्षा प्रणाली की वस्तुस्थिति पर तीन रिपोर्टें प्रस्तुत कीं–पहली रिपोर्ट 1835, दूसरी रिपोर्ट (1836) तथा तीसरी रिपोर्ट तथा संस्तुतियाँ (1838)

विलियम एडम एक सच्चे समाज सुधारक, समाज-सेवक, चिन्तक, विद्वान तथा शिक्षाविद् थे। 19 मार्च 1818 को वे भारत आए तथा लगभग 27 वर्षों तक भारत में रहे। भारत आकर उन्होंने बंगला तथा संस्कृत का अध्ययन किया। कलकत्ता में उनका परिचय राजा राममोहन राय से हुआ। राजा राममोहन ने एडम की सहायता से बाइबिल का अनुवाद बंगला में किया। परम्परा ईसाई चर्च की मान्यताओं से उनका मतभेद हो गया। उन्होंने कलकत्ता में एक अलग 'यूनिटेरियन चर्च' की स्थापना की।

एडम ने भारतीय शिक्षा व्यवस्था में बहुत रुचि ली। वे जन-साधारण की शिक्षा के पक्ष में थे तथा शिक्षा के छननी सिद्धान्त के विरूद्ध थे।

9.2 शैक्षिक सर्वेक्षण के लिए एडम की नियुक्ति (Appointment of Adam for the Survey of Education)

भारत के तत्कालीन गवर्नर जनरल विलियम बैंटिक भी सुधारक थे। एडम ने उन्हें दो पत्र–1929 तथा 1934 में लिखे। इन पत्रों में उन्होंने कहा कि भारत में शैक्षिक सुधारों से पूर्व वास्तविक स्थिति का सर्वेक्षण किया जाना चाहिए। 20 जनवरी 1835 को बैंटिक ने एडम को बंगाल की शिक्षा स्थिति का सर्वेक्षण करने का कार्य सौंपा। एडम ने, जैसा कि

ऊपर लिखा गया है, तीन रिपोर्टें दीं तथा तीसरी रिपोर्ट में शिक्षा नीति में सुधार संबंधी अपनी संस्तुतियाँ दीं।

प्रथम रिपोर्ट (1835) – प्रथम रिपोर्ट में निम्न बातों का उल्लेख था।

1. 4 करोड़ जनता के लिए एक लाख देशज प्राथमिक स्कूल थे। 2. प्रत्येक 400 व्यक्तियों के लिए एक स्कूल था। 3. ये स्कूल गाँव की चौपाल, अथवा मन्दिर अथवा किसी बड़े व्यक्ति के घर लगती थी। 4. शिक्षक अपनी उदरपूर्ति के लिए छात्रों तथा अभिभावकों पर निर्भर थे।

दूसरी रिपोर्ट (1836) – इस रिपोर्ट में राजशाही जिले के नैटोर थाने सम्बन्धी विवरण था। इस रिपोर्ट में निम्न बातों का उल्लेख किया गया।

1. नैतिक शिक्षा का अभाव था। 2. बालिकाओं की बहुत कम उपस्थिति थी। 3. मुस्लिम पाठशालाओं में अरबी, फारसी तथा बंगला पढाई जाती थी। 4. नैटोर थाने में मुसलमान तथा हिन्दुओं की जनसंख्या का अनुपात 100:600 था। हिन्दुओं के 11 प्राथमिक स्कूलों में 192 छात्र थे तथा मुसलमानों के 17 प्राथमिक स्कूलों में केवल 20 छात्र थे।

एडम की तीसरी रिपोर्ट (1838) – यह रिपोर्ट बहुत महत्त्वपूर्ण थी क्योंकि यह रिपोर्ट उसकी अपनी खोज का परिणाम है तथा इसमें अनेक सुझाव हैं।

इस रिपोर्ट के दो भाग हैं। प्रथम भाग में बंगाल के 5 जिलों के सर्वेक्षण रिपोर्ट हैं तथा दूसरे भाग में सुझाव।

सर्वेक्षण के जिले थे–

1. मुर्शिदाबाद, 2. वीरभूम, 3. बर्दवान्, 4. दक्षिण बिहार, तथा 5. तिरहुत।

सर्वेक्षण रिपोर्टों की मुख्य बातें (Important Points of Survey Reports) – 1. शिक्षकों की औसत आयु लगभग 40 वर्ष थी। 2. अधिकांश शिक्षक कायस्थ जाति के थे। 3. कई स्कूलों में शिक्षक अपनी सेवाओं के लिए कुछ भी नहीं लेते थे। वे पुजारी का कार्य करते थे। 4. वेतन लेने वाले कुछ शिक्षक छात्रों को नि:शुल्क शिक्षा भी देते थे। 5. शिक्षकों का वेतन लगभग 13 आने था। 6. अधिकांश स्कूलों के अपने भवन नहीं थे। 7. छात्र लगभग 6 वर्ष की आयु में स्कूल में शिक्षा आरम्भ करते तथा 16-17 वर्ष में स्कूल छोड़ देते थे। 8. ब्राह्मण तथा कायस्थ छात्रों की संख्या सबसे अधिक थी। 9. कई स्थानों पर प्रौढ़ शिक्षा के साधन भी उपलब्ध थे।

9.3 एडम द्वारा निकाले गए निष्कर्ष (Conclusions Arrived at by Adam)

1. **शिक्षा का प्रसार**–बंगाल में कोई ऐसा गाँव नहीं है, जहाँ पर प्राथमिक स्कूल न हो।
2. **स्कूलों की संख्या**–बंगाल में लगभग एक लाख प्राथमिक स्कूल हैं।
3. **स्कूल का स्थान**–अधिकांश स्कूल घरों में थे।
4. **स्कूली शिक्षा का समय**–8 वर्ष तथा 14 वर्ष के बच्चे प्राथमिक स्कूलों में जाते थे।
5. **पाठ्यक्रम**–हिन्दू छात्र प्राय: बंगाली तथा संस्कृत भाषाएँ पढ़ते थे तथा मुस्लिम अरबी तथा फारसी।
6. **स्त्री शिक्षा**–स्त्री शिक्षा लगभग नहीं थी, स्त्री शिक्षा के 'नाम' से लोग बहुत डरते थे।
7. **सभी के लिए स्कूल**–स्कूल-प्रवेश में कोई भेदभाव न था। सभी को स्कूल में प्रवेश बिना किसी जात-पात के मिलता था।

8. **अध्यापक का वेतन**–अध्यापक की लगभग 5 रुपये मास की आय थी।

9.4 शिक्षा नीति संबंधी एडम की संस्तुतियाँ (Adams Recommendations on Education Policy)

1. **शिक्षा नीति के आधार** – एडम ने इस संदर्भ में निम्न बातों पर बल दिया–

(i) शिक्षा प्रणाली सरल हो। (ii) शिक्षा इस प्रकार की हो जो कि जनता की भावनाओं तथा विचारों की अवहेलना न करे। (iii) शिक्षा सस्ती हो। (iv) शिक्षा इस प्रकार की हो जो भारतीयों को प्रेरित तथा उत्साहित कर सके। (v) शिक्षा में शासन की भी भागेदारी रहे अर्थात् सरकार का योगदान भी।

2. **सार्वजनिक शिक्षा के प्रसार के लिए सुझाव** – ये सुझाव इस प्रकार थे–

(i) वर्तमान देशी शिक्षा संस्थाओं को बढ़ावा दिया जाए। (ii) देशी भाषा शिक्षण को प्रोत्साहन दिया जाए। (iii) नयी संस्थाएँ खोलने के स्थान पर देशी संस्थाओं को प्रोत्साहित किया जाए।

3. **पाठ्य-पुस्तकें** – (i) नई पाठ्य-पुस्तकें तैयार की जाएं, जिनमें पाश्चात्य ज्ञान को भारतीय विचार-प्रणाली तथा भाषा में व्यक्त किया जाए। (ii) पाठ्य-पुस्तकें तैयार करने के लिए एक यूरोपीय-भारतीय संगठन को स्थापित किया जाए। (iii) कक्षा की पुस्तक में अमरसिंह की कोषावली तथा चाणक्य की नीति-वाक्य भी होने चाहिए। (iv) दूसरी पुस्तक में जीवनोपयोगी ज्ञान हो–जैसे व्यापार, कृषि, शिल्पकारी तथा यन्त्र सम्बन्धी बातें। (v) तीसरी पुस्तक में नीति-शासन तथा कानून सम्बन्धी ज्ञान प्रस्तुत किया जाए। (vi) चौथी पुस्तक में देश, विदेश तथा विश्व सम्बन्धी तथ्य हों। (vii) प्रत्येक जिले में एक सरकारी अधिकारी की नियुक्ति की जाए जो देशी-भाषा तथा अंग्रेजी से परिचित हो।

4. **शिक्षक** – शिक्षकों की परीक्षा सरकार द्वारा तैयार पाठ्य-पुस्तकों के आधार पर ली जाए।

5. **शिक्षक प्रशिक्षण स्कूल** – प्रत्येक जिले में शिक्षकों के प्रशिक्षण के लिए नॉर्मल स्कूल खोले जाएं। प्रशिक्षण काल में प्रशिक्षार्थियों को भोजन, आने-जाने का खर्च दिया जाए तथा उन्हें आर्थिक भार से मुक्त किया जाए।

6. **शिक्षा पर व्यय** – ब्रिटिश संसद द्वारा भारत में शिक्षा के लिए निर्धारित राशि का आधा भाग गरीब बच्चों की देशी शिक्षा पर व्यय किया जाए।

9.5 एडम की रिपोर्टो का मूल्यांकन (Evaluation of Adam's Reports)

एडम की तीसरी रिपोर्ट से पहले ही मैकॉले के विचारों को स्वीकृति मिल चुकी थी। मैकॉले की भाँति एडम अंग्रेजी को शिक्षा का एकमात्र माध्यम बनाने के पक्ष में नहीं था। यद्यपि एडम की संस्तुतियाँ व्यावहारिक थीं परन्तु मैकॉले के विवरण-पत्र में उनकी भूमिका पर प्रश्नचिन्ह लग गया।

कुछ विद्वानों का मत है कि यदि एडम के सुझावों को मान लिया जाता तो भारत में राष्ट्रीय शिक्षा प्रणाली में पर्याप्त सुधार होते और वह भारतीयों की आशाओं के अनुरुप होती।

10

वुड क़ा घोषणा पत्र अथवा आज्ञापत्र (1854)

(Wood's Despatch 1854)

10.1 वुड के घोषणा पत्र की पृष्ठभूमि (Background of Wood's Despatch)

1813 में सरकार ने भारतीय शिक्षा के सम्बन्ध में अपना प्रथम आज्ञापत्र जारी किया। इसके पश्चात् 1835 में मैकॉले की सिफारिशों के आधार पर एक दूसरा आदेश-पत्र प्रस्तुत किया गया। इसके पश्चात् शिक्षा में विकास का प्रयास लगातार चालू रहे। 1854 ई. में एक आज्ञापत्र प्रसारित किया गया। चूँकि चार्ल्स वुड उस समय ईस्ट इंडिया कम्पनी के 'बोर्ड ऑफ कंट्रोल' के प्रधान थे, अत: उन्हीं के नाम पर यह घोषणा-पत्र कहा गया।

10.2 घोषणा पत्र से मुख्य अंश (Main Exracts from the Despatch)

1853 में कंपनी का आज्ञापत्र बदलते समय ब्रिटिश संसद ने भारतीय शिक्षा के सम्बन्ध में बहुत लोगों से परामर्श किया। अधिकांश का मत था कि अंग्रेजी शिक्षा-विकास से ब्रिटिश शासन की नींव दृढ़ होगी और जब भारतीय साम्राज्य टूटेगा तो दोनों ओर सद्भावना बनी रहेगी। इनके मत में अशिक्षितों की अपेक्षा शिक्षितों पर शासन करना अधिक आसान है, तथा शिक्षित वर्ग को युद्धप्रिय अशिक्षित वर्ग से अपनी रक्षा करने के लिये ब्रिटिश सरंक्षण की आवश्यकता होगी।

अतएव आज्ञापत्र (1853) के बाद बोर्ड ऑफ कंट्रोल के सभापति चार्ल्स वुड ने सरकारी प्रयासों को संगठित कर शिक्षा बढ़ाने के लिये अपनी योजना प्रस्तुत की जो डायरेक्टरों ने 19 जुलाई 1854 को गवर्नर-जनरल के पास भेज दी। यही '1854 का आज्ञापत्र' (Wood's Despatch of 1854) है।

उद्देश्य–इस आज्ञापत्र के आरम्भ में ही भारतीयों की दशा सुधारने की इच्छा प्रकट करते हुए डायरेक्टरों ने लिखा था, "हमारे सामने जो अनेक महत्त्वपूर्ण समस्याएँ हैं। उनमें शिक्षा का स्थान सर्वोपरि है।"

इस प्रकार शिक्षा का महत्त्व स्वीकृत हो गया। उन्होंने शिक्षा का प्रथम और मुख्य उद्देश्य लोगों की नैतिक तथा आत्मिक उन्नति माना जो उपयोगी शिक्षा के प्रसार से ही संभव है। दूसरा उद्देश्य था सामाजिक कुरीतियों के निराकरण में भारतीयों की सहानुभूति एवं सहयोग

प्राप्त करना। शासन का उद्देश्य जनता की हितसाधना मान ली गई और इसके लिये आवश्यक था कि शिक्षा द्वारा जनता की नैतिक तथा मानसिक उन्नति करके उन्हें उत्तरदायी पदों पर रखा जा सके, क्योंकि जनहित अधिकारियों की ईमानदारी तथा योग्यता पर निर्भर है। तीसरे, भारतीयों की शिक्षा से इंग्लैण्ड को आर्थिक लाभ की भी आशा थी। "जब भारतीय अपने व्यावसायिक संगठन द्वारा अपने आर्थिक साधनों की उन्नति करेंगे तो भारतीयों को तो लाभ होगा ही, साथ ही हमें ऐसा माल मिल सकेगा जिसको हमारी जनता तथा उत्पादकों को आवश्यकता है और हमारे मजदूरों के बनाये माल की भारत में उत्तरोत्तर माँग बढ़ होगी।"

इस प्रकार भारतीय शिक्षा ब्रिटेन के आर्थिक हितसाधन का भी अंग बन गई।

शिक्षा का स्वरूप–"हम घोषणा करते हैं कि हम भारत में जिस शिक्षा का प्रसार करना चाहते हैं उसका उद्देश्य है–उन्नत कलाओं, विज्ञान, दर्शन, तथा यूरोपीय साहित्य का प्रसार; संक्षेप में यूरोपीय विद्या। पूर्वीय दर्शन तथा विज्ञान में बड़ी अशुद्धियाँ हैं। पूर्वी साहित्य में आधुनिक अनुसंधानों की कमी है। उससे हमारा उद्देश्य सिद्ध होगा। फिर भी हम विशेष विद्यालयों में संस्कृत, अरबी तथा फारसी साहित्य को पढ़ने की सुविधाएँ कम नहीं करना चाहते हैं।"

"हमें अत्यन्त संतोषजनक प्रमाण मिले हैं कि पिछले कुछ वर्षों में भारतीयों ने अंग्रेजी साहित्य तथा यूरोपीय विज्ञानों में उच्चकोटि की योग्यता प्राप्त की है। किंतु ऐसी योग्यता बहुत ही थोड़े लोगों तक सीमित है। अत: हमारी इच्छा है कि साधारण यूरोपीय ज्ञान प्राप्त करने के साधन भी बढ़ें। चाहे वह ज्ञान निम्नस्तर का ही हो परन्तु ऐसा अवश्य हो जो भारतीयों के लिए क्रियात्मक रूप से उपयोगी हो।"

शिक्षा का माध्यम–"प्रांतीय भाषाओं में यूरोपीय ज्ञान की पुस्तकों की कमी है। अत: उच्च ज्ञान के इच्छुकों को अंग्रेजी भाषा में निपुणता प्राप्त करनी होती है जो उक्त ज्ञान की कुंजी है। जो भारतीय उच्च शिक्षा चाहेंगे उनके लिये अंग्रेजी का ज्ञान सदा अनिवार्य रहेगा।"

"प्रांतीय भाषाओं के स्थान पर अंग्रेजी को स्थान देना न तो हमारा उद्देश्य है और न हमारी इच्छा। इन भाषाओं के द्वारा ही यूरोपीय ज्ञान जनसाधारण तक पहुँच सकता है।" "जनसाधारण की शिक्षा-योजना में अंग्रेजी वहीं पढ़ाई जाए जहाँ उसकी माँग हो किंतु उसके साथ ही प्रांतीय भाषा द्वारा साधारण ज्ञान दिया जाए।"

"इस कार्य का सफल संपादन अंग्रेजी-पढ़े (भारतीय) अध्यापकों तथा प्रोफेसरों द्वारा संभव है, जिनकी अंग्रेजी द्वारा यूरोपीय ज्ञान तक पहुँच हो और जो अपने देशवासियों को वह ज्ञान मातृभाषा में पढ़ा सकें। धीरे-धीरे यूरोपीय प्रगति से अवगत लोगों की पुस्तकों तथा अनुवादों से प्रांतीय भाषा-साहित्य भर जायेगा और इस प्रकार यूरोपीय ज्ञान जनसाधारण की पहुँच में आ जायेगा। हम यूरोपीय ज्ञान के प्रसार-हेतु प्रांतीय भाषा तथा अंग्रेजी दोनों को एक-साथ माध्यम बनाने और भारत के प्रत्येक विद्यालय में साथ-साथ पढ़ाने के इच्छुक हैं।"

शिक्षा-विभाग तथा निरीक्षण–"अब हम उन साधनों पर आते हैं जिन्हें हम शिक्षा के निर्देशन व निरीक्षण के लिये उपयोग करना चाहते हैं। हमने प्रत्येक प्रेसीडेंसी व प्रांत में शिक्षा-विभाग बनाने का संकल्प किया है।......अब तक यह कार्य शिक्षा-बोर्ड या शिक्षा-समिति करती आ रही है जिनमें कुछ यूरोपीय तथा भारतीय महानुभाव थे। उन्होंने यह कार्यभार शिक्षा तथा सभ्यता की उन्नति के लिये ले रखा था और यही उनका पारिश्रमिक था।.....किंतु अब हमने अपने प्रयत्नों को इतना बढ़ा दिया है, तो हमारी राय है कि हम शिक्षा के निरीक्षण एवं निर्देशन के कार्य का सुसंगठित आधार पर लावें.....।"

शिक्षा निदेशक–हम यह प्रस्ताव करते हैं कि प्रत्येक प्रांत में एक ऐसा ऑफिसर नियत हो जो शिक्षा-सम्बन्धी सभी व्यवस्थाओं को सँभाले एवं सरकार के प्रति उत्तरदायी हो। और हमारी इच्छा है कि यथेष्ट संख्या में योग्य निरीक्षक नियुक्त किये जायें। ये सरकारी तथा सहायता-प्राप्त शिक्षालयों की रिपोर्ट समय-समय पर भेजते रहेंगे। ये इन संस्थाओं की परीक्षाओं का संचालन करेंगे या इस कार्य में उनकी सहायता करेंगे और शिक्षकों को हर प्रकार के स्कूल तथा कॉलेज चलाने में परामर्श देते रहेंगे।

"भविष्य में यथेष्ट निरीक्षण हमारी शिक्षा-पद्धति का अभिन्न अंग होगा।"

विश्वविद्यालय–भारतीयों में उदारशिक्षा की तीव्र प्रगति सरकारी छात्रवृत्ति पाने में उनकी कुशलता, मैडिकल कॉलेजों की सफलता तथा यूरोपीय और एंग्लो-इंडियनों की बढ़ती जनसंख्या से हम इस परिणाम पर पहुँचे हैं कि भारतवर्ष में विश्वविद्यालय स्थापित होने का समय आ गया है जो कला तथा विज्ञान की विभिन्न शाखाओं में प्राप्त योग्यता के प्रमाणस्वरूप डिग्रियाँ प्रदान कर नियमित तथा उदार शिक्षा को प्रोत्साहित करे,......शिक्षा-कौंसिल ने लंदन विश्वविद्यालय को आदर्श मानने का प्रस्ताव किया था, हम उससे सहमत हैं।

"इस हेतु विश्वविद्यालयों में कुलपति, उपकुलपति तथा फेलो होंगे। इन सबको मिलाकर सेनेट बनेगा। सेनेट नियम बनाएगा जो तुम (गवर्नर-जनरल) स्वीकृत करोगे। विश्वविद्यालय के आय-व्यय की देखरेख भी सेनेट करेगा। वही कला एवं विज्ञान की विभिन्न शाखाओं के लिये परीक्षक नियुक्त कर परीक्षाओं का आयोजन करेगा। विश्वविद्यालय अपने अन्तर्गत कॉलेजों के उन विद्यार्थियों को डिग्री प्रदान करेगा जो उपर्युक्त परीक्षाओं में सफल होंगे।......डिग्री परीक्षाओं में धार्मिक विषय नहीं होंगे.....जिन विषयों की पढ़ाई का प्रबन्ध कॉलेजों में न होगा उनके लिये विश्वविद्यालय प्रोफेसर नियत करेंगे यथा विधि। ....सिविल इंजीनियरिंग के प्रोफेसर भी विश्वविद्यालयों में नियत किये जा सकते हैं, और सिविल इंजीनियरिंग की डिग्रियाँ भी योजना में सम्मिलित की जा सकती हैं।"

जनसाधारण की शिक्षा–"इस प्रकार हम भारतीय उच्चवर्ग के समक्ष शिक्षा से होने वाले लाभों को उतने स्पष्ट एवं व्यावहारिक रूप में रख चुकेंगे जितना कोई भी सरकार कर सकती है। अब हमारा ध्यान उस पर जाना चाहिए जो इससे भी कहीं अधिक महत्त्वपूर्ण है और जिस पर अभी तक बिल्कुल ध्यान नहीं दिया गया है। यह विषय है कि जनसाधारण, जो केवल अपने प्रयासों से उपयोगी शिक्षा जुटाने में असमर्थ है, उन्हें जीवन की विभिन्न परिस्थितियों के लिये उपयोगी शिक्षा कैसे दी जाए। हमारी इच्छा है कि भविष्य में सरकार की योजनाएँ इधर अधिक सक्रिय हों, जिसके लिए हम अधिकाधिक व्यय स्वीकार करने को तैयार हैं।

सहायक अनुदान प्रथा (Grant-Aid Practice)–"यह विचार करें कि सरकार स्वयं अकेले भारतीयों की शिक्षा के साधन जुटाने में असमर्थ है और उसने उन लोगों को अभी तक प्रोत्साहित नहीं किया है जो स्वेच्छा से शिक्षा के लिये सहायता दे सकते हैं, हम इस निष्कर्ष पर पहुँचे हैं कि सरकारी प्रयासों के साथ शिक्षित एवं धनिक वर्ग के प्रयास को जोड़ दिया जाए। अतः हमारे भारतवर्ष में सहायक अनुदान-प्रथा अपनाने का निश्चय किया है। स्कूलों को अनुदान धार्मिक शिक्षा में हस्तक्षेप न करने के आधार पर मिलेगा। अच्छी लौकिक शिक्षा देने वाले सभी विद्यालयों को सहायता मिलेगी यदि वे स्थानीय प्रबन्ध चलाते हों। स्थानीय प्रबन्ध (Local Management) से तात्पर्य एक या अधिक व्यक्तियों

से है जो स्कूलों की देखभाल करें, उसके स्थायित्व के लिये उत्तरदायी हों, जिनके मैनेजर स्कूलों के सरकारी निरीक्षण तथा अनुदान-सम्बन्धी नियमों को स्वीकार कर लें।......हमारी इच्छा यह है कि सहायता उन्हीं स्कूलों को मिले जो थोड़ी फीस लेते हों।

"इस सहायक अनुदान-प्रथा को अंग्रेजी माध्यम वाले स्कूलों में लागू करने में कोई कठिनाई न होगी। साथ ही इस प्रथा में उन सभी वर्नाक्युलर तथा एंग्लो वर्नाक्यूलर स्कूलों को भी सहायता मिलेगी जो अच्छी प्रारंभिक शिक्षा देते हों।"

"उन जिलों में सरकारी स्कूल तथा कॉलेज न खोले जाएँ जहाँ ऐसे स्कूल यथेष्ट संख्या में वर्तमान हैं जो सरकारी अनुदान द्वारा स्थानीय शिक्षा-सम्बन्धी आवश्यकताओं को पूरा कर सकते हैं। हम उस दिन की प्रतीक्षा करेंगे जब सरकारी स्कूलों में बिना भय (शिक्षा कम होने का भय) बन्द किया जा सके अथवा अनुदान-प्राप्त संस्थाओं को हस्तांतरित किया जा सके।"

अध्यापकों का प्रशिक्षण–"हमारी इच्छा है कि प्रत्येक प्रेसीडेंसी में प्रशिक्षण-कक्षाएँ तथा प्रशिक्षण संस्थाएँ स्थापित हों।"

प्रांतीय भाषाओं में साहित्य–"देशी भाषाओं में यूरोपीय ज्ञान-सम्बन्धी साहित्य प्रस्तुत करना अध्यापकों के प्रशिक्षण के समान ही महत्त्वपूर्ण है।"

स्त्री-शिक्षा–"भारतवर्ष में स्त्री शिक्षा का अत्यधिक महत्त्व है। हम गवर्नर-जनरल की इस घोषणा से पूर्णतया सहमत हैं कि भारतीय स्त्री-शिक्षा को सरकार की स्पष्ट तथा मैत्रीपूर्ण सहायता मिलनी चाहिए।"

10.3 घोषणा पत्र की प्रमुख सिफारिशें (Main Recommendations of Wood's Despatch)

1. **शिक्षा के उद्देश्य**–आदेश-पत्र के अनुसार भारतीय शिक्षा के निम्नलिखित पांच उद्देश्य थे–

(i) शिक्षा द्वारा भारतीय की मानसिक तथा चारित्रिक उन्नति करना। (ii) भारतीयों को पाश्चात्य ज्ञान से अवगत कराना। (iii) भारतीयों को राजपदों के लिए तैय्यार करना।(iv) भारतीयों की भौतिक समृद्धि करना। (v) इंगलैंड की भौतिक समृद्धि में सहायता देना।

2. **पाठ्यक्रम**–पाश्चात्य साहित्य एवं विज्ञान का अध्ययन ही भारतीयों के लिए उपयुक्त समझा गया यद्यपि संस्कृत, अरबी एवं फारसी की उपयोगिता स्वीकार कर ली गई।

3. **शिक्षा का माध्यम**–यूरोपीय ज्ञान के लिए अंग्रेजी भाषा को स्वीकार किया गया। अन्य के लिए शिक्षा का माध्यम देशी भाषाएँ रहीं। इस प्रकार अंग्रेजी तथा देशी भाषाओं को शिक्षा का माध्यम माना गया।

4. **लोक शिक्षा विभाग**–भारत के प्रत्येक प्रान्त में एक लोक शिक्षा विभाग स्थापित करने का आदेश दिया गया जिसका सर्वोच्च अधिकारी लोक-शिक्षा संचालक हो।

5. **विश्वविद्यालय**–घोषणा पत्र में कहा गया कि उच्च शिक्षा प्रदान करने के लिए कलकत्ता, बंबई और यदि आवश्यकता हो, तो मद्रास तथा अन्य स्थानों पर विश्वविद्यालय स्थापित किए जाएँ। इन विश्वविद्यालयों का निर्माण लंदन विश्वविद्यालय को आदर्श मानकर किया जाए। विश्वविद्यालय अपने से सम्बद्ध कॉलेजों के विद्यार्थियों की परीक्षा लेगा एवं उपाधियाँ प्रदान करेगा।

6. **क्रमबद्ध विद्यालयों की स्थापना**–शिक्षा के ढाँचे में शिक्षा संस्थाओं का क्रम इस प्रकार रखा गया–

(i) देशी प्राथमिक विद्यालय, (ii) मिडिल विद्यालय, (iii) हाई स्कूल, (iv) कॉलेज, (v) विश्वविद्यालय।

7. **जनसमूह की शिक्षा**–यह मान लिया गया कि जीवन के सर्वांगीण विकास के लिए शिक्षा सब के लिए हो न कि किसी विशेष वर्ग के लिए। यह सिफारिश भी की गई कि निर्धन किन्तु योग्य विद्यार्थियों को शिक्षा के सभी स्तरों पर छात्रवृत्तियाँ दी जाएँ जिससे वे शिक्षा प्राप्त करने से वंचित न रह सकें।

8. **अनुदान व्यवस्था**–बिना पर्याप्त धन के शिक्षा-सम्बन्धी समस्त कार्य सम्भव न थे। अत: अनुदान प्रणाली का सहारा लिया गया। सरकार की ओर से अनुदान स्कूल भवन, पुस्तकालय तथा छात्रवृत्तियाँ एवं अध्यापकों के वेतन आदि के लिए। यह अनुदान केवल धर्मनिरपेक्ष संस्थाओं को देने की घोषणा की गई।

9. **अध्यापकों का प्रशिक्षण**–इस बात पर बल दिया गया कि भारत में शिक्षा की दशा सुधारने के लिए आवश्यक है कि अध्यापकों के प्रशिक्षण का प्रबन्ध किया जाए। यह आशा भी व्यक्त की गई कि प्रशिक्षण काल में छात्रों को छात्रवृत्तियाँ दी जाएँ तथा शिक्षकों का वेतन बढ़ा दिया जाए।

10. **स्त्री-शिक्षा**–नारी शिक्षा के लिए स्कूलों को अनुदान दिया जाए।

11. **व्यावसायिक शिक्षा**–व्यावसायिक विद्यालयों की स्थापना की सिफारिश की गई।

12. **भारतीय भाषाओं को प्रोत्साहन**–यह सुझाव दिया गया कि देशी भाषाओं में पुस्तकें लिखवाई जाएँ तथा पाश्चात्य साहित्य एवं विज्ञान की पुस्तकों का भारतीय भाषाओं में अनुवाद कराया जाए।

13. **शिक्षा और रोजगार**–यह बात स्पष्ट कर दी गई कि नौकरियाँ देते समय व्यक्तियों की शिक्षा पर विशेष रूप से ध्यान दिया जाए और उन व्यक्तियों को प्राथमिकता दी जाए जिनकी शिक्षा-योग्यता अन्य व्यक्तियों से अधिक हो।

10.4 वुड के आज्ञा पत्र का मूल्यांकन (Evaluation of Wood's Despatch)

घोषणा पत्र के गुण – 1. ***जेम्स (James) के अनुसार*** – "1854 के घोषणा पत्र का भारतीय शिक्षा के इतिहास में सर्वोत्कृष्ट स्थान है। जो कुछ इसके पूर्व हुआ, वह इसकी ओर संकेत करता है और जो कुछ इसके बाद हुआ वह इसकी ओर संकेत करता है और जो कुछ इसके बाद हुआ वह इससे निकला है। जेम्स ने इसे भारत में अंग्रेजी शिक्षा का महाधिकार पत्र (Magna Carta of English Education in India) कहा।"

2. ***ए.एन. बसु (A.N. Basu)*** – "इस आदेश-पत्र को भारतीय शिक्षा का शिलाधार कहा जाता है। यह कहा जाता है कि इसने हमारी आधुनिक शिक्षा प्रणाली का शिलान्यास रखा।"

3. ***हैम्प्टन (Hampton)*** – "सन् 1854 का आदेश-पत्र एक युग का, शिक्षा का महान् अग्रदूतों के युग का अन्त करता है।

4. ***लॉर्ड डलहौजी (Lord Dalhousie) के मतानुसार*** – 'आदेश-पत्र' में सम्पूर्ण भारत की शिक्षा के लिए एक योजना थी। इस प्रकार की व्यापक एवं विस्तृत योजना की रूपरेखा प्रान्तीय अथवा केन्द्रीय सरकार द्वारा कदापि प्रस्तुत नहीं की जा सकती थी।

5. 'आदेश-पत्र' ने भारतीय शिक्षा के उद्देश्य का स्पष्टीकरण किया और इस प्रकार शिक्षा को एक निश्चित मार्ग की ओर अग्रसर किया।

6. 'आदेश-पत्र' के द्वारा कम्पनी ने अधिकृत रूप से मान लिया कि जनसाधारण को शिक्षा देना सरकार का प्रमुख कर्त्तव्य है।

7. 'आदेश-पत्र' ने प्रथम बार शिक्षा-योजना की रूपरेखा प्रस्तुत की, जिसमें प्राथमिक शिक्षा से लेकर विश्वविद्यालय तक की शिक्षा को स्थान दिया गया।

8. 'आदेश-पत्र' ने क्रमबद्ध (Graded) विद्यालयों की स्थापना का सुझाव देकर शिक्षा-प्रसार के कार्य को सफल बनाने का प्रयास किया।

9. 'आदेश-पत्र' ने 'निस्पन्दन सिद्धान्त' को ठुकराया तथा जन-शिक्षा को मान्यता दी।

10. 'आदेश-पत्र' ने भारतीय के महत्त्व को स्वीकार किया तथा प्राच्य-भाषाओं को पाठ्यक्रम में स्थान दिया गया।

11. 'आदेश-पत्र' ने व्यावसायिक शिक्षा-संस्थाओं पर जोर देकर बेकारी की समस्या को हल करने का प्रयत्न किया।

12. 'आदेश-पत्र' ने प्राच्य-साहित्य को प्रोत्साहन देने के लिए भारतीय भाषाओं में पुस्तकें लिखवाने की व्यवस्था की।

13. 'आदेश-पत्र' ने देशी प्राथमिक विद्यालयों को प्रोत्साहित करने की ओर सरकार का ध्यान आकर्षित किया।

14. 'आदेश-पत्र' ने अंग्रेजी के साथ-साथ, देशी भाषाओं को माध्यमिक शिक्षा के माध्यम के रूप में अपनाने पर बल दिया गया।

15. 'आदेश-पत्र' ने प्रत्येक प्रान्त में सार्वजनिक शिक्षा-विभाग की स्थापना करके और उसमें शिक्षा निदेशक, निरीक्षकों आदि की नियुक्ति करके शिक्षा को राज्य के अन्तर्गत एक सुव्यवस्थित तथा सुसंगठित रूप प्रदान किया।

16. 'आदेश-पत्र' के द्वारा शिक्षा के प्रत्येक स्तर पर विद्यालयों की संख्या में पर्याप्त वृद्धि पर जोर दिया गया और विश्वविद्यालयों की स्थापना करके उच्च शिक्षा के प्रबन्ध पर भी।

17. 'आदेश-पत्र' से प्रभावित होकर ब्रिटिश संसद ने भारतीय शिक्षा की नीति निर्धारित कर दी और उसे वैधानिक रूप देने का प्रयास किया।

18. 'आदेश-पत्र' के आधार पर सरकारी नौकरियों के लिए व्यक्तियों को तैयार करने के विचार से अंग्रेजी विद्यालयों की स्थापना तीव्र गति से होने लगी। सरकार ने उन्हीं पर शिक्षा-सम्बन्धी धन का अधिक भाग व्यय करना आरम्भ किया।

19. 'आदेश-पत्र' द्वारा स्वीकार किया गया कि स्त्री शिक्षा को प्रोत्साहित करना-सरकार का स्पष्ट कर्त्तव्य है।

20. 'आदेश-पत्र' ने निर्धन किन्तु योग्य छात्रों के लिए छात्रवृत्तियों की व्यवस्था की, जिससे कि वे सरलतापूर्वक शिक्षा प्राप्त कर सकें।

21. 'आदेश-पत्र' ने शिक्षकों के प्रशिक्षण के लिए नॉर्मल स्कूलों तथा प्रशिक्षण-विद्यालयों की स्थापना पर जोर दिया और छात्रवृत्तियाँ देकर योग्य व्यक्तियों को उनमें अध्ययन करने के लिए आकर्षित करने की संस्तुति की।

22. 'आदेश-पत्र' द्वारा शिक्षकों की अधिक वेतन की सिफारिश की गई, और इस प्रकार शिक्षा-विभाग की नौकरियों को आकर्षक बनाया गया।

23. 'आदेश-पत्र' ने सब प्रकार के स्कूलों के लिए सहायता अनुदान की प्रणाली प्रचलित की, जिससे शिक्षा के विस्तार की गति तीव्र होने की संभावना बढ़ गई।

24. 'आदेश-पत्र' ने यह बात स्पष्ट कर दी कि सरकारी नौकरियों में शिक्षित व्यक्तियों को प्राथमिकता दी जाएगी। फलस्वरूप जनसाधारण की शिक्षा में अधिक रुचि होने लगी।

आज्ञापत्र के दोष अथवा कमियाँ – 1. शिक्षा का माध्यम, अंग्रेजी हो जाने से भारतीय छात्रों को विभिन्न विषयों का समुचित ज्ञान प्राप्त करने में कठिनाई का अनुभव होने लगा। अत: छात्रों ने सरल उपाय खोज निकाले। वे बिना समझे विषय-वस्तु को रटने लगे। साथ ही, उन्हें इस कार्य में सहायता देने के लिए बाजार में पुस्तकों की टीकाओं तथा कुञ्जियों की बाढ़ आ गई। इन सब का छात्रों की स्वतन्त्र विचार-शक्ति पर अति दूषित प्रभाव पड़ा।

2. शिक्षा की नई प्रणाली में परीक्षाओं का स्थान सर्वोपरि हो गया। छात्रों का ध्येय–ज्ञान-प्राप्ति न रहकर, परीक्षा पास करना हो गया।

3. 'आदेश-पत्र' के द्वारा सहायता-अनुदान केवल उन्हीं स्कूलों को मिल सकता था, जो अपना आधा व्यय वहन करें। इस व्यय के लिए अंग्रेजी शिक्षा देने वाले स्कूलों को अनुदान प्राप्त हो जाता था, पर देशी शिक्षा-संस्थाओं को नहीं मिलता था।

4. 'आदेश-पत्र' ने शिक्षा को पूर्णत: राज्य के अधीन कर दिया।

5. 'आदेश-पत्र' द्वारा माध्यमिक तथा उच्च शिक्षा का माध्यम अंग्रेजी बना दिया गया, जिससे प्राच्य भाषाओं का शिक्षण में वह स्थान न रहा, जो पहले था।

6. 'आदेश-पत्र' ने प्राच्य साहित्य और देशी भाषाओं को संरक्षण तो दिया, पर अंग्रेजी को अधिक महत्त्व देकर उनकी प्रगति पर रोक लगा दी।

7. हिन्दू एवं मुस्लिम शिक्षा-पद्धतियों में धर्म का प्रमुख स्थान था। 'आदेश-पत्र' ने धर्म को शिक्षा से अलग कर दिया। इस प्रकार शिक्षा में भारतीय धर्म को स्थान न देकर इस प्रकार शिक्षा को पूर्ण रूप से लौकिक बना दिया। फलस्वरूप भारतीयों ने अध्यात्मवाद पर कम ध्यान देना शुरू कर दिया।

8. 'आदेश-पत्र' द्वारा संस्कृत, अरबी और फारसी की उपादेयता को तो स्वीकार कर लिया परन्तु शिक्षा का उद्देश्य–पाश्चात्य ज्ञान का प्रसार बताकर अप्रत्यक्ष रूप से उनके महत्त्व को कम करने का प्रयास किया।

9. 'आदेश-पत्र' ने स्पष्ट कर दिया कि केवल अंग्रेजी शिक्षित व्यक्तियों को ही राजपदों पर नियुक्त किया जाएगा। परिणामस्वरूप, देशी विद्यालयों में पढ़ने वाले छात्रों की संख्या में क्रमिक ह्रास होने लगा।

10. 'आदेश-पत्र' द्वारा शिक्षा का ढाँचा पूर्णत: विदेशी कर दिया गया।

11. 'आदेश-पत्र' में विश्वविद्यालयों की स्थापना के लिए लंदन के विश्वविद्यालय का आदर्श रखा गया। इस प्रकार, भारत के प्राचीन विश्वविद्यालय की आदर्श परम्पराओं की अवहेलना की गई।

12. 'आदेश-पत्र' द्वारा कुछ व्यावसायिक शिक्षा-संस्थाओं की स्थापना की गई। परन्तु इनसे भारतीयों का कोई विशेष हित नहीं हुआ क्योंकि इनका प्रमुख उद्देश्य-भारतीयों को नौकरी देकर राजनिष्ठ बनाना था।

आज्ञापत्र के कुछ विद्वान आलोचक – 1. **डॉ. मुकर्जी**–"आदेश-पत्र ने देश की

प्राचीन परम्पराओं का पता नहीं लगाया और इस बात पर लेशमात्र भी विचार नहीं किया कि भारत में शिक्षा धार्मिक संस्कार की थी।"

2. **परांज्पे** के शब्दों में, "यह घोषणा पत्र न तो भारतीयता की शिक्षा व्यवस्था करने की दिशा में प्रयास करता है और न ही राज्य को ऐसा कोई आदेश देता है कि एक निर्धारित आयु वर्ग के सभी बालकों को अनिवार्य रूप से शिक्षित करे।"

उपसंहार – भारतीय शिक्षा के इतिहास में वुड का घोषणा पत्र बेजोड़ है क्योंकि घोषणा पत्र ने भारतीय शिक्षा के उद्देश्य का स्पष्टीकरण कर दिया और इस प्रकार शिक्षा को एक निश्चित मार्ग की ओर अग्रसर किया। देश-भर में शिक्षा के संगठन का एक विस्तृत ढाँचा प्रस्तुत किया। सरकारी तथा गैर-सरकारी शिक्षा-प्रयासों को प्रतियोगी होने के स्थान पर पूरक बना दिया। सहायक अनुदान द्वारा जनता से शिक्षा के क्षेत्र में योगदान की अपील की। धार्मिक हस्तक्षेप से बचने के लिए सरकार ने धार्मिक शिक्षा स्कूलों के अनिवार्य कार्यक्रम से अलग कर दी तथा विद्यार्थियों एवं अध्यापकों की स्वेच्छा पर छोड़ दिया। अध्यापक-प्रशिक्षण, व्यावसायिक शिक्षा, स्त्री शिक्षा, प्रान्तीय भाषाओं में आधुनिकतम विषयों पर साहित्य-सृजन आदि अत्यन्त उपयोगी सुझाव दिए।

परन्तु इन सब प्रशंसनीय तत्त्वों के विपरीत इस घोषणा पत्र में अनेक कमियाँ थीं। शिक्षा के महान् उद्देश्यों की अवहेलना की गई और केवल नौकरी के लिए ही शिक्षा सीमित कर दी गई। व्यावहारिक रूप में अंग्रेजी को ही बढ़ावा दिया गया। भारतीय विश्वविद्यालयों का आदर्श लंदन विश्वविद्यालय रखा गया। शिक्षा प्रणाली भारत के औद्योगिक विकास में सहायक न बनाई गई। इसमें राष्ट्रीय शिक्षा का आधार बनने की क्षमता न थी।

इसमें सन्देह नहीं कि इस घोषणा पत्र ने सरकारी ढुलमुल शिक्षा योजना में जान फूँक दी।

10.5 वुड के आज्ञापत्र का कार्यान्वयन
(Implementation of Wood's Despatch)

1. 1855 में बंगाल, मद्रास, बुम्बई, पंजाब तथा पश्चिमोत्तर प्रान्त (उत्तर प्रदेश) में 'लोक शिक्षा विभाग' (Department of Pubic Instruction) स्थापित हुए। इसका भार निदेशक को सौंपा गया तथा उसकी सहायता के लिए इन्सपेक्टर नियुक्त हुए। यही ढाँचा आज भी चल रहा है।

2. 1857 ई. तक मद्रास तथा कलकत्ता विश्वविद्यालय भी स्थापित हो गए। ये इंजीनियरिंग, चिकित्सा, विधि तथा कलाओं (विज्ञान-सहित) में परीक्षा लेते थे।

3. उच्चतर विद्यालयों तथा कॉलेजों को अनुदान मिलने लगा, यद्यपि सरकारी शिक्षालय स्थानीय प्रबन्ध में स्थानान्तरित नहीं किये गये। 1857 ई. तक बंगाल में अध्यापक-प्रशिक्षण के लिये चार नॉर्मल स्कूल खुल गए जिनमें 238 छात्राध्यापक पढ़ रहे थे। मद्रास में एक नॉर्मल स्कूल (सैदापेट) स्थापित हुआ। पश्चिमोत्तर प्रान्त में 'बनारस नॉर्मल स्कूल' तो था ही, तीन और स्कूलों की स्वीकृति भी 1856 में मिल चुकी थी। इन नॉर्मल स्कूलों में वर्नाक्यूलर तथा एंग्लो-वर्नाक्यूलर दोनों ही प्रकार के शिक्षक तैयार होते थे।

इसके अतिरिक्त अन्य प्रगति न हो पाई क्योंकि स्वतन्त्रता का युद्ध छिड़ गया। उसके असफल होने पर 1858 में महारानी विक्टोरिया ने कम्पनी को हटाकर सीधे शासन सँभाल लिया।

11

भारतीय शिक्षा आयोग अथवा हण्टर आयोग (1882-83): संस्तुतियाँ, मूल्यांकन तथा प्रभाव

[Indian Education Commission or Hunter Commission (1882-83): Reccomendations, Evaluation and Impact]

11.1 आयोग की नियुक्ति की भूमिका
(Background of the Appointment of the Commission)

1854 के घोषणा पत्र के अनुसार कोई आशाजनक प्रगति न हुई। प्राथमिक शिक्षा के लिए लगभग कुछ भी नहीं किया गया। माध्यमिक शिक्षा तथा उच्च शिक्षा के क्षेत्र में कुछ प्रगति अवश्य हुई।

इसी बीच 1857 के क्रान्ति के स्वरूप भारत में ईस्ट इंडिया कम्पनी की सत्ता समाप्त कर दी गई तथा भारत की राजसत्ता ब्रिटिश सरकार ने अपने हाथ में ले ली।

1882 में लार्ड रिपन भारत का वायसराय नियुक्त होकर भारत आया और सर विलियम हण्टर की अध्यक्षता में भारतीय शिक्षा आयोग की नियुक्ति की जिसे हण्टर कमीशन भी कहा जाता है।

11.2 आयोग की जाँच के विषय
(Terms of Reference of the Commission)

1. क्या सरकार ने उच्च एवं माध्यमिक शिक्षा पर अधिक ध्यान देकर प्राथमिक शिक्षा की अवहेलना की? 2. प्राथमिक शिक्षा की वर्तमान स्थिति क्या है और उसके सुधार एवं विकास के लिए क्या उपाय अपनाए जाने चाहिए? 3. माध्यमिक शिक्षा की वर्तमान स्थिति क्या है और उसका प्रसार तथा सुधार किन साधनों के द्वारा किया जाना चाहिए? 4. देश की शिक्षा-प्रणाली में सरकारी स्कूलों की क्या स्थिति है और भारतीय शिक्षा-प्रणाली में उनकी आवश्यकता है या नहीं? 5. देश की शिक्षा व्यवस्था में मिशन स्कूलों का क्या स्थान होना चाहिए? 6. शिक्षा के क्षेत्र में व्यक्तिगत प्रयासों के प्रति सरकार की नीति क्या होनी चाहिए? 7. "आयोग" को दो विशेष आदेश दिए गए–"(1) इस बात की जाँच करना कि

1854 के 'आदेश-पत्र' के सिद्धान्तों को किस प्रकार क्रियान्वित किया गया है। (2) ऐसे उपायों का सुझाव देना, जिनको 'आयोग', 'आदेश-पत्र' में निर्धारित की गई नीति को क्रियान्वित करने के लिए उचित समझता है।"

11.3 आयोग के मुख्य सुझाव तथा सिफारिशें (Main Suggestions and Recommendations of the Commission)

आयोग ने भारतीय शिक्षा के सभी स्तरों के सभी पक्षों पर विचार किया तथा अपनी संस्तुतियाँ दीं। यहाँ पर केवल मुख्य सुझाव तथा सिफारिशें दी जा रही हैं।

I. शिक्षा नीति (Policy on Education) – 1. सरकार को सरकारी स्कूलों की स्थापना की गति को धीरे-धीरे मन्द करके इन स्कूलों के प्रत्यक्ष उत्तरदायित्व से हट जाना चाहिए। 2. सरकार को सहायता अनुदान के नियमों को अधिक उदार बनाकर, शिक्षा के क्षेत्र में व्यक्तिगत प्रयासों को प्रोत्साहन देना चाहिए। 3. सरकार को प्राथमिक विद्यालयों का स्वयं संचालन न करके, उनका उत्तरदायित्व स्थानीय निकायों पर छोड़ देना चाहिए।4. सरकार को माध्यमिक स्कूलों और कॉलेजों का प्रबन्ध क्रमश: कुशलतापूर्वक कार्य कराने वाली व्यक्तिगत संस्थाओं को सौंप देना चाहिए। 5. भविष्य में सरकार को केवल सहायता-अनुदान के आधार पर स्थापित किए गए माध्यमिक स्कूलों और कॉलेजों की स्थापना को प्रोत्साहन देना चाहिए।

II. प्राथमिक शिक्षा (Primary Education) – आयोग ने प्राथमिक शिक्षा के उद्देश्य, प्रसार, प्रशासन, वित्त-व्यवस्था, पाठ्यक्रम, शिक्षा-स्तर के उन्नयन और सरकार की नीति के सम्बन्ध में निम्नलिखित महत्त्वपूर्ण सुझाव दिए; यथा–

1. ***प्राथमिक शिक्षा का उद्देश्य*** – प्राथमिक शिक्षा का एकमात्र उद्देश्य–जनसाधारण में शिक्षा का विस्तार करना होना चाहिए।

2. ***प्राथमिक शिक्षा का प्रसार***– प्राथमिक शिक्षा का आदिवासियों और पिछड़ी हुई जातियों में प्रसार करने के लिए सरकार को ठोस कदम उठाने चाहिए।

3. **प्रशासन**–प्राथमिक शिक्षा के प्रशासन और संचालन का पूर्ण उत्तरदायित्व, सरकार को जिला-परिषदों, नगरपालिकाओं आदि स्थानीय निकायों को हस्तान्तरित कर देना चाहिए।

4. ***वित्त व्यवस्था*** – प्राथमिक शिक्षा के व्यय के लिए स्थानीय निकायों द्वारा स्थायी और पृथक् कोष का निर्माण किया जाना चाहिए।

5. ***पाठ्यक्रम*** – प्राथमिक शिक्षा के पाठ्यक्रम में सुधार करने के उद्देश्य से उसमें पहले से समाविष्ट विषयों के अतिरिक्त कुछ जीवनोपयोगी विषयों को सम्मिलित किया जाना चाहिए जो इस प्रकार है–कृषि, बहीखाता, सरल-विज्ञान, आरोग्य विज्ञान, महाजनी गणित और औद्योगिक कलाएँ।

सम्पूर्ण देश में एक ही पाठ्यक्रम होना चाहिए और उसे स्थानीय आवश्यकताओं को ध्यान में रखकर निर्धारित किया जाना चाहिए।

6. ***शिक्षा-स्तर का उन्नयन*** – प्राथमिक शिक्षा के स्तर के उन्नयन करने के लिए प्रत्येक विद्यालय-निरीक्षक के अधिकार-क्षेत्र में कम-से-कम एक नॉर्मल स्कूल स्थापित किया जाना चाहिए।

7. ***सरकार की नीति–प्राथमिक शिक्षा, शिक्षा प्रणाली का अभिन्न अंग*** –

प्राथमिक शिक्षा की नीति के विषय में "आयोग" ने सरकार को यह परामर्श दिया–"देश की वर्तमान परिस्थितियों में यह वांछनीय है कि जनसाधारण की प्राथमिक शिक्षा और उसकी व्यवस्था, प्रसार एवं उन्नति को शिक्षा-प्रणाली का वह अंग घोषित किया जाए, जिसके प्रति अब राज्य की सतत् चेष्टाएँ पहले से अधिक मात्रा में केन्द्रित की जानी चाहिए।"

III. माध्यमिक शिक्षा संबंधी आयोग के सुझाव –

1. ***माध्यमिक शिक्षा का प्रसार तथा अनुदान प्रणाली*** – माध्यमिक शिक्षा के प्रसार के लिए सहायता अनुदान प्रणाली का प्रयोग किया जाना चाहिए। इस प्रणाली में सरकार को अपनी उदारता का परिचय देना चाहिए।

2. ***माध्यमिक स्तर पर पाठ्यक्रम*** – माध्यमिक शिक्षा के दोषों का निराकरण करने के लिए, आयोग ने उच्च कक्षाओं में दो प्रकार के पाठ्यक्रमों का सुझाव दिया–"A" कोर्स तथा "B" कोर्स "आयोग" का मत था कि "A" कोर्स साहित्यिक होना चाहिए तथा उन छात्रों के लिए होना चाहिए, जो उच्च शिक्षा प्राप्त करने के लिए विश्वविद्यालय में प्रवेश पाने के इच्छुक हों। "B" कोर्स में व्यापारिक, व्यावसायिक और गैर साहित्यिक विषयों का समावेश होना चाहिए। यह कोर्स उन छात्रों के लिए होना चाहिए, जो शिक्षा प्राप्त करने के पश्चात् व्यावसायिक या गैर-साहित्यिक कोर्सों में संलग्न होने के इच्छुक हो।

3. ***शिक्षा-स्तर का उन्नयन*** – माध्यमिक शिक्षा के स्तर का उन्नयन करने के लिए, लाहौर और मद्रास में पहले से स्थापित प्रशिक्षण-कॉलेजों के अतिरिक्त अन्य स्थानों पर प्रशिक्षण-कॉलेजों की स्थापना की जानी चाहिए। इन कूलेजों में छात्राध्यापकों को शिक्षा-सिद्धान्त और कक्षा-शिक्षण में भली-भाँति परिचित कराया जाना चाहिए।

4. ***माध्यमिक स्तर पर शिक्षा का माध्यम*** – आयोग ने शिक्षा के माध्यम के विषय में कोई स्पष्ट सुझाव नहीं दिया। उसने केवल इतना कहा कि मिडिल स्कूलों में मातृभाषा को शिक्षा का माध्यम बनाना अधिक वांछनीय है, परन्तु छात्रों को अंग्रेजी का भी कुछ ज्ञान होना आवश्यक है। 5. ***सरकार की नीति*** – सरकार को माध्यमिक शिक्षा का भार कुशल भारतीयों को सौंपकर, इससे मुक्त हो जाना चाहिए। सरकार को केवल सहायता-अनुदान द्वारा माध्यमिक शिक्षा को प्रोत्साहित करना चाहिए। सरकार को अपने सरकारी स्कूलों को क्रमशः व्यक्तिगत सरकारी संस्थाओं को हस्तान्तरित कर देना चाहिए। सरकार को सरकारी स्कूलों का निर्माण और संचालन केवल उन स्थानों में करना चाहिए, जहाँ की जनता अनुदान-प्रथा के आधार पर स्कूलों को चलाने में असमर्थ हो। इस सम्बन्ध में भी "आयोग" ने सरकार की शिक्षा-नीति को इन शब्दों में स्पष्ट किया–"सरकार का कर्त्तव्य प्रत्येक जिले में केवल एक हाई स्कूल की स्थापना करना है। उस के पश्चात् उस जिले में माध्यमिक शिक्षा का प्रसार व्यक्तिगत प्रयासों पर छोड़ देना चाहिए।"

IV. कॉलेज शिक्षा – 1. कॉलेजों में शिक्षकों की नियुक्ति करते समय विश्वविद्यालयों से शिक्षा प्राप्त करने वाले भारतीयों को प्राथमिकता दी जाए। 2. कॉलेजों के शिक्षकों की संख्या, व्यय, फर्नीचर, पुस्तकालय और भवन निर्माण की आवश्यकता को ध्यान में रखकार सहायता अनुदान दिया जाए। 3. कॉलेजों के पाठ्यक्रमों को छात्रों की रुचि के अनुसार विस्तृत करके उन्हें चयन करने का अवसर दिया जाए। 4. कॉलेजों को समय-समय पर फर्नीचर, पुस्तकालय, भवन निर्माण और शिक्षण-सम्बन्धी अन्य कार्यों के लिए आवश्यकतानुसार आर्थिक सहायता दी जानी चाहिए। 5. कॉलेजों के छात्रों के नैतिक स्तर का उत्थान करने के

लिए उनको प्रकृति-धर्म और मानव-धर्म के सिद्धान्तों से परिचित कराया जाना चाहिए। 6. कॉलेजों के छात्रों को नागरिक कर्त्तव्यों से अवगत कराने के लिए व्याख्यान मालाओं का आयोजन किया जाना चाहिए। 7. कॉलेजों में अध्ययन करने वाले छात्रों के लिए उचित छात्रवृत्तियों की व्यवस्था की जानी चाहिए। 8. सिन्ध, गुजरात, दिल्ली, बिहार व मध्य प्रदेश में कॉलेज खोले जाएँ ताकि उच्च शिक्षा की सुविधा सभी प्रान्तों में समान हो जाए। 9. सरकारी तथा गैर सरकारी, सभी कॉलेजों में अधिकाधिक विषयों का प्रावधान किया जाए ताकि छात्रों की सांस्कृतिक चेतना, साहित्यिक ज्ञान तथा व्यवहार-कुशलता बढ़े। इसीलिए अध्यापकों की संख्या तथा योग्यता भी बढ़ानी चाहिए। 10. भारतीय अध्यापकों की नियुक्ति तथा वेतन और पेंशन में सुधार किया जाए। 11. परीक्षाफलों तथा विद्यार्थियों की संख्या पर आधारित अनुदान-प्रथा अनुचित है क्योंकि इसके कारण पिछड़े इलाकों में कॉलेज नहीं खुलते थे, साथ कक्षाओं में विद्यार्थियों की संख्या अधिक तथा पढ़ाये जाने वाले विषय थोड़े होते थे। कॉलेजों के व्यय, अध्यापकों की संख्या, स्थानीय आवश्यकता (पिछड़े क्षेत्रों में थोड़े विद्यार्थियों के लिए भी अधिक अध्यापक ताकि प्राय: सभी विषय खोलें जा सकें) आदि के आधार पर अनुदान दिया जाए। 12. सरकार तथा गैरसरकारी, सभी कॉलेजों में छात्रवृत्तियाँ दी जाएँ तथा विदेशों में शिक्षा विशेषतया तकनीकी एवं प्राविधिक शिक्षा-के लिए भी उदारतापूर्वक छात्रवृत्तियाँ होनी चाहिए। 13. सहायता प्राप्त कॉलेजों में फीस सरकारी कॉलेजों के समान होनी चाहिए वांछनीय है किन्तु सरकार उन्हें बाध्य न करे।

V. सहायता अनुदान प्रणाली – 1. प्राथमिक स्कूलों के लिए परीक्षा फल के अनुसार वेतन प्रणाली (Payment by Result System) का प्रयोग किया जाए। 2. सहायता अनुदान देते समय स्कूलों की आवश्यकताओं तथा परिस्थितियों को ध्यान में रखा जाए। 3. स्कूलों को पुस्तकालय, शिक्षण सामग्री फर्नीचर आदि के लिए विशेष सहायता अनुदान दिया जाए।

VI. धार्मिक शिक्षा – 1. सरकारी स्कूलों में किसी प्रकार की धार्मिक शिक्षा न दी जाए। 2. गैर सरकारी स्कूलों में धार्मिक शिक्षा दी जा सकती है परन्तु सरकार द्वारा उसकी ओर कोई ध्यान न दिया जाए।

VIII. मुसलमानों की शिक्षा – 1. परम्परागत ढंग से शिक्षा देने वाले मुस्लिम स्कूलों को प्रोत्साहित किया जाए। 2. जिन प्राथमिक स्कूलों में मुसलमानों की संख्या अधिक है, उनमें फारसी की शिक्षा दी जाए। 3. मुसलमानों में शिक्षा के प्रसार के लिए उन्हें छात्रवृत्तियाँ दी जाएँ। 4. मुसलमानों की सरकारी नौकरियों में उचित अनुपात में रखा जाए।

IX. स्त्री शिक्षा – 1. बालिकाओं के स्कूलों को अधिक सहायता-अनुदान दिया जाए। 2. बालिकाओ में शिक्षा का प्रसार करने के लिए छात्रवृत्तियाँ और नि:शुल्क शिक्षा देने की योजनाएँ बनाई जाएँ। 3. पर्दे में रहने वाली बालिकाओं के लिए अध्यापिकाओं को नियुक्त किया जाए जो उनके घरों में जाकर शिक्षा दें। 4. बालिकाओं के स्कूलों का निरीक्षण करने के लिए निरीक्षिकाओं की नियुक्ति की जाए।

11.4 हण्टर आयोग का मूल्यांकन तथा प्रभाव
(Evaluation and Impact of Hunter Commission)

हण्टर कमीशन का भारतीय शिक्षा के इतिहास में अद्वितीय स्थान है। कमीशन की जाँच के परिणामस्वरूप भारत में शैक्षिक जागृति हुई तथा एक निश्चित नीति का सूत्रपात

हुआ। देश में प्राथमिक विद्यालयों का जाल-सा बिछ गया। अंग्रेजी स्कूलों तथा कॉलेजों का आश्चर्यजनक विस्तार हुआ।

आयोग की सिफारिशों में निम्नलिखित दोष भी थे–

1. आर्थिक एवं औद्योगिक विकास के लिए शिक्षा का अभाव था। 2. समाज को इस शिक्षा प्रणाली ने दो स्पष्ट वर्गों में बाँट दिया। 3. पुस्तकीय ज्ञान पर अधिक बल था। 4. आयोग ने सार्वजनिक शिक्षा की अवहेलना की।

11.5 आयोग की सिफारिशों पर कुछ लेखकों के मत

1. **ए.एन. बसु** के शब्दों में, "आयोग ने लगभग उन्हीं सिद्धान्तों को दुहराया, जिनको वर्षों पूर्व वुड के आदेश-पत्र में स्वीकार किया गया था। भारतीय शिक्षा आयोग ने उन सिद्धान्तों में से कुछ को केवल विस्तृत किया तथा कुछ पर यत्र-तत्र थोड़ा सा बल दिया।"

2. **नरूला तथा नायक** के विचार में "आयोग की जाँच के फलस्वरूप भारत में महान् शैक्षिक जागृति तथा शैक्षिक निर्णयों का 1902 तक भारत की शिक्षा नीति पर प्रमुख प्रभाव रहा।"

3. **टी.एन. सिक्येरा** का कथन है, "अपने सब सुझावों के लिए आयोग हार्दिक स्वागत का पात्र है। यदि आज भारतीय शिक्षा प्रणाली के प्रति इतने व्यापक असंतोष का अनुभव किया जा रहा है तो इसका कारण 1882 में निर्धारित की गई शिक्षा के मुख्य भाव अथवा उद्देश्यों का अनुसरण नहीं किया गया।"

12

लॉर्ड कर्जन तथा शिक्षा

(Lord Curzon and Education)

12.1 लॉर्ड कर्जन (1899-1905) के शिक्षा के क्षेत्र में कार्य

(Lord Curzon's Work in the field of Education)

लॉर्ड कर्जन शिक्षा का अत्यन्त प्रेमी था। उसके कार्यकाल में शिक्षा में निम्नलिखित कार्य किए गए।

1. शिमला शिक्षा सम्मेलन (1901)। 2. भारतीय विश्वविद्यालय आयोग (1902)। 3. भारतीय विश्वविद्यालय अधिनियम (1904)। 4. शिक्षा नीति संबंधी प्रस्ताव (1904)। 5. शिक्षा के विभिन्न संत्रों में सुधार। 6. प्राथमिक शिक्षा में सुधार।

12.2 शिमला शिक्षा सम्मेलन (1901)

लॉर्ड कर्जन लगभग 6 वर्ष भारत के गवर्नर जनरल रहे। उसकी शिक्षा में विशेष रुचि थी। जिस समय लॉर्ड कर्जन भारत आया उस समय शिक्षा की स्थिति अत्यन्त शोचनीय थी। ऐसा माना जाता था कि वह काल भारत के शिक्षा के इतिहास में अत्यन्त अप्रगतिशील था। कर्जन को पूरा विश्वास था कि भारतीय प्रशासन के पुनर्गठन के कार्यक्रम में शिक्षा का महत्वपूर्ण योगदान है। अपने विचारों को क्रियात्मक रूप देने के लिए उसने सन् 1901 में एक शिक्षा सम्मेलन बुलाया। यह सम्मेलन लॉर्ड कर्जन के सभापतित्त्व में 15 दिन चला। इस सम्मेलन में उसने प्रत्येक प्रांत के शिक्षा निदेशक तथा मिशनारियों के प्रतिनिधियों को आमंत्रित किया। लॉर्ड कर्जन ने इस सम्मेलन में भारतीयों के एक भी प्रतिनिधि को स्थान न दिया।

सम्मेलन में पारित प्रमुख प्रस्ताव – 15 दिन चलने वाले सम्मेलन में लगभग 150 प्रस्ताव पारित किए गए। उनमें मुख्य इस प्रकार थे–

1. शिक्षा के सभी क्षेत्रों पर प्रशासन का नियंत्रण हो। 2. शिक्षा केन्द्र द्वारा नियन्त्रित तथा संचालित हो। 3. सरकार शिक्षा के लिए अधिक धन राशि निर्धारित करे। 4. भिन्न-भिन्न स्थानों पर राजकीय स्कूल खोले जायें जो भारतीयों द्वारा स्थापित संस्थाओं के लिए आदर्श का काम करें।

सामान्यत: भारतीयों ने इस सम्मेलन को 'शंका' तथा 'भयंकर षड़यंत्र' की संज्ञा दी क्योंकि यह सम्मेलन गुप्त रखा गया था तथा इसमें किसी भारतीय प्रतिनिधि को नहीं बुलाया गया था। सम्मेलन की कार्यवाही को समाचार पत्रों में प्रकाशित भी नहीं किया गया।

12.3 भारतीय विश्वविद्यालय आयोग (1902)
(Indian Universities Commission)

आयोग की नियुक्ति के कारण – 27 जनवरी सन् 1902 को लॉर्ड कर्जन ने भारतीय विश्वविद्यालय आयोग की नियुक्ति की। आयोग ने उसी वर्ष जून में अपनी सिफारिशें दीं। आयोग की नियुक्ति के निम्नलिखित कारण थे–

1. विश्वविद्यालयों से सम्बद्ध कॉलेजों की संख्या में तीव्र गति से वृद्धि होने के कारण विश्वविद्यालयों का इतना कार्य-भार हो गया था कि वे अपने कार्यों का पर्याप्त कुशलता से पालन नहीं कर पाते थे। फलस्वरूप, कॉलेजों का शिक्षण-स्तर निम्न हो गया था। 2. सीनेट के सदस्यों की संख्या आवश्यकता से अधिक थी। 3. सीनेट में विश्वविद्यालय के अध्यापकों का उचित प्रतिनिधित्व नहीं था। 4. विश्वविद्यालय केवल परीक्षा लेने और मान्यता देने का कार्य करते थे। उनमें शिक्षण की, जो उनका मुख्य कार्य था, कोई व्यवस्था नहीं थी। 5. पंजाब विश्वविद्यालय को छोड़ कर भारत के सभी विश्वविद्यालयों का ढाँचा, लंदन विश्वविद्यालय को आदर्श मान कर किया गया था। लंदन विश्वविद्यालय का सन् 1898 में पुर्नसंगठन हो गया था। अत: भारतीय विश्वविद्यालयों को उसके अनुरूप परिवर्तित किया जाना आवश्यक था।

आयोग द्वारा जाँच के विषय (Terms of Reference of the Commission) – 1. ब्रिटिश भारत में विश्वविद्यालयों की वर्तमान दशा और उनकी भावी उन्नति की जाँच करना। 2. विश्वविद्यालयों के विधान और उनकी कार्यप्रणाली में सुधार करने के लिए प्रस्ताव प्रस्तुत करना। 3. विश्वविद्यालयों के शिक्षण-स्तर को ऊँचा उठाने और विद्या की उन्नति करने के लिए उपयुक्त विधियों का सुझाव देना।

आयोग की संतुतियाँ – 1. नए विश्वविद्यालयों की स्थापना नहीं की जानी चाहिए। 2. वर्तमान विश्वविद्यालयों द्वारा शिक्षण कार्य किया जाना चाहिए। 3. स्नातक-पूर्व शिक्षण का कार्य, सम्बद्ध कॉलेजों में और स्नातकोत्तर शिक्षण-कार्य, विश्वविद्यालयों में किया जाना चाहिए। 4. प्रत्येक विश्वविद्यालय की भौगोलिक सीमा स्पष्ट रूप से निश्चित कर दी जानी चाहिए। 5. सीनेट के सदस्यों की संख्या कम कर दी जानी चाहिए और उनकी सदस्यता की अवधि पाँच वर्ष की होनी चाहिए। 6. सिण्डीकेट (Syndicate) के सदस्यों की संख्या 9 से बढ़ा कर 15 तक होनी चाहिए और उनका निर्वाचन सीनेट (Senate) के द्वारा किया जाना चाहिए। 7. कॉलेजों और विश्वविद्यालयों के योग्य अध्यापकों को सीनेट में प्रतिनिधित्व दिया जाना चाहिए। 8. कॉलेजों को मान्यता देने के नियमों में कड़ाई की जानी चाहिए। 9. प्रत्येक सम्बद्ध कॉलेज का प्रबन्ध, एक संगठित समिति के द्वारा किया जाना चाहिए। 10. इण्टरमीडिएट की कक्षाओं को समाप्त किया जाए और स्नातकों का पाठ्यक्रम 3 वर्ष किया जाए। 11. मेट्रीकुलेशन का स्तर ऊँचा किया जाए। 12. छात्रों के लिए छात्रावासों की व्यवस्था की जाए।

विश्वविद्यालय आयोग की रिपोर्ट का मूल्यांकन – आयोग ने भारतीय विश्वविद्यालय व्यवस्था के आधारभूत पुनर्गठन के बारे में कोई ठोस सुझाव नहीं दिए।

कक्षा 11 से 12 वाले, अर्थात् इण्टरमीडिएट कक्षाओं, को तोड़ने की संतुति का बहुत विरोध हुआ।

आयोग की सिफारिशों के आधार पर भारतीय विश्वविद्यालय अधिनियम बनाया गया।

12.4 भारतीय विश्वविद्यालय अधिनियम (1904) (Indian Univesities Education Act)

21 मार्च 1904 को भारतीय विश्वविद्यालय अधिनियम पास किया गया। इस अधिनियम के निम्नांकित प्रस्ताव थे जिन्हें लागू किया गया।

विश्वविद्यालयों संबंधी नियम – 1. विश्वविद्यालयों के कार्य-क्षेत्र को विस्तृत कर दिया गया। अब वे परीक्षाओं के अतिरिक्त शिक्षण कार्य भी कर सकते थे। 2. विश्वविद्यालय प्रयोगशालाओं तथा पुस्तकालयों का इस दृष्टि से विकास कर सकते थे कि उच्च विश्वविद्यालय की प्रगति हो सके। 3. अधिनियम ने सीनेट की अधिकतम 100 तथा न्यूनतम 50 सदस्यों की संख्या निर्धारित कर दी। 4. सीनेट के 'फैलो' के लिए चुनाव-प्रणाली लागू की गयी। 5. गवर्नर-काउन्सिल को अधिकार दे दिया कि वह विभिन्न विश्वविद्यालयों की प्रादेशिक सीमाएँ निर्धारित तथा निश्चित करे।

माध्यमिक शिक्षा – माध्यमिक शिक्षा के गुणात्मक विकास के लिए माध्यमिक स्कूलों की मान्यता के नियम कड़े किए गए।

प्राथमिक शिक्षा – प्राथमिक शिक्षा के संख्यात्मक विकास की दृष्टि से दिए जाने वाली अनुदान-राशि की मात्रा को दुगना कर दिया गया।

12.5 शिक्षा नीति सम्बन्धी सरकारी प्रस्ताव (1904) (Government Resolution on Education Policy 1904)

लॉर्ड कर्जन के शिक्षा नीति संबंधी सरकारी प्रस्ताव के दो भागों में बाँटा जा सकता है– 1. प्रचलित शिक्षा नीति के दोष 2. शिक्षा की नीति निर्धारित करना।

प्रचलित शिक्षा नीति के दोष – 1. संख्यात्मक दोष 2. गुणात्मक दोष।

संख्यात्मक दोष – 1. पाँच में से चार ग्रामों में कोई स्कूल नहीं थे। 2. चार में से तीन बालक शिक्षा से वंचित थे। 3. चालीस में केवल एक बालिका शिक्षा पा रही थी।

प्रचलित शिक्षा नीति के गुणात्मक दोष – 1. पाठ्यक्रम पूर्ण रूप से पुस्तकीय थे। 2. परीक्षाओं पर आवश्यकता से अधिक बल दिया जाता था। 3. अंग्रेजी की शिक्षा पर अधिक ध्यान देने के कारण भारतीय भाषाओं की अवहलेना की गई थी। 4. उच्च शिक्षा का उद्देश्य केवल नौकरी प्राप्त करना है। इस कारण उच्च शिक्षा संकीर्ण बन गई थी। 5. स्कूलों तथा कॉलेजों में छात्रों की बुद्धि के विकास पर कम तथा स्मृति पर अधिक बल दिया जाता था।

शिक्षा नीति के विशेष तत्त्व – 1. प्राथमिक शिक्षा का प्रसार करना सरकार का प्रमुख कार्य होना चाहिए था। 2. प्राथमिक शिक्षा के पाठ्यक्रम में अंग्रेजी को कोई स्थान नहीं दिया जाना चाहिए था। 3. प्राथमिक स्तर पर भारतीय भाषाओं पर अधिक बल दिया जाना चाहिये था। 4. माध्यमिक शिक्षा का स्तर बढ़ाने के लिए मान्यता तथा अनुदान के नियमों में अधिक कड़ाई की जानी चाहिए थी। 5. कॉलेज तथा विश्वविद्यालय की शिक्षा के स्तर का उन्नयन किया जाना चाहिये था।

12.6 लॉर्ड कर्जन द्वारा किए गए शिक्षा में अन्य सुधार

कला शिक्षा – कला शिक्षा के विकास के लिए कर्जन ने निम्न कार्य किए–

1. भारतीय कलाओं की शिक्षा कला विद्यालयों में दी जाने लगी। 2. कला विद्यालयों का स्वरूप व्यावसायिक विद्यालयों की भाँति न किए जाने पर बल दिया। 3. चुने हुए विषयों की शिक्षा कला विद्यालयों में देने पर जोर दिया। 4. कला विद्यालयों के छात्रों से शुल्क अवश्य लिया जाए इस बात पर बल दिया।

कृषि की शिक्षा पर विकास – 1. कृषि विषय को मिडिल तथा हाई स्कूलों के पाठ्यक्रम में शामिल किया जाए। 2. प्रत्येक प्रान्त में कृषि महाविद्यालय की स्थापना पर बल दिया। 3. किसानों को कृषि सम्बन्धी विषयों की जानकारी प्राप्त कराने के लिए विशेष कक्षाओं का प्रबन्ध किया। 4. कृषि शिक्षा को बढ़ावा देने के लिए भारतीय भाषाओं में कृषि की उपयुक्त पुस्तकें प्रकाशित करने पर बल दिया। 5. बिहार प्रान्त के पूसा स्थान पर कृषि अनुसंधानशाला की स्थापना की गई।

स्त्री शिक्षा का विकास – 1. लड़कियों के लिए उपयुक्त विद्यालयों की स्थापना पर बल दिया। 2. लड़कियों के स्कूलों में सुयोग्य अध्यापिकाओं की नियुक्ति पर बल दिया। 3. लड़कियों के स्कूलों के लिए अधिक धन राशि उपलब्ध कराने पर बल दिया।

12.7 शिक्षा के क्षेत्र में लॉर्ड कर्जन के कार्यों का मूल्यांकन (Evaluation of Lord Curzon's Work in Education)

लॉर्ड कर्जन के शिक्षा संबंधी सुधारों की प्रशंसा करते हुए नरूला तथा नायक ने इस प्रकार विचार व्यक्त किए, "जो कार्य कर्जन ने सात वर्ष में किए, उनको करने में किसी अन्य व्यक्ति को निश्चित रूप से दुगने समय की आवश्यकता पड़ती।"

ए.एन. बसु ने इसके विपरीत अपने विचार इस प्रकार प्रकट किए हैं, "यद्यपि रोग का निदान ठीक था, तथापि प्रस्तावित औषधि न तो उपयुक्त थी और न सामयिक। लॉर्ड कर्जन ने जो बातें कहीं, उनमें से अनेक सत्य थीं। किन्तु, जिस विधि से वह सुधार करना चाहता, उससे शिक्षित भारतीयों के मस्तिष्क में गम्भीर सन्देह की उत्पत्ति हो गई। उन्होंने यह समझा कि इस सुधार कार्य में कोई गहरी राजनीतिक चाल छिपी हुई थी।"

गोपाल कृष्ण गोखले ने कर्जन के शासन काल की तुलना औरंगजेब के काल से की।

निष्पक्ष तौर पर कर्जन के सुधारों का अवलोकन करने पर उसकी शिक्षा की देन निम्नलिखित है–

1. शिक्षा नीति पर प्रस्ताव पास करना। 2. विश्वविद्यालयों का पुनर्गठन तथा शिक्षा स्तर का उन्नयन। 3. प्राथमिक शिक्षा में सुधार लाना। 4. प्राथमिक तथा माध्यमिक स्तर पर भारतीय भाषाओं को शिक्षा का माध्यम बनाना। 5. कृषि शिक्षा की व्यवस्था करना। 6. केन्द्रीय शिक्षा विभाग की स्थापना करना। 7. माध्यमिक शिक्षा में अनुदान तथा मान्यता के कड़े नियम बनाना। 8. कला शिक्षा को प्रोत्साहन देना। 9. नैतिक शिक्षा पर बल देना। 10. विदेशों में अध्ययन हेतु छात्रवृत्तियाँ प्रदान करना।

उपसंहार – यद्यपि लॉर्ड कर्जन ने शिक्षा में सुधार के लिए अनेक कदम उठाए परन्तु भारतीयों ने इन्हें उचित न माना क्योंकि वह भारतीयों को हीन समझता था। उन्हें घृणा की दृष्टि से देखता था। इस कारण उस की प्रत्येक नीति की आलोचना की जाती रही। वह पक्का साम्राज्यवादी था तथा भारत में अंग्रेजी राज्य को दृढ़ बनाने के लिए दमन की नीति में विश्वास रखता था।

13

राष्ट्रीय चेतना का विकास तथा राष्ट्रीय शिक्षा का आन्दोलन

(Growth of National Consciouness and National Education Movement)

13.1 भूमिका (Background)

भारत में ब्रिटिश शासन की शुरूआत 1757 में प्लासी के युद्धक्षेत्र में मीर कासिम तथा अन्यों के विश्वासघात के कारण नवाब सिराजुद्दौला की पराजय के साथ हुई थी। तभी से विभिन्न वर्गों के लोग सामान्यत: ब्रिटिशन शासन का प्रतिरोध करते रहे। सन् 1857 तक शायद ही कोई वर्ष बीता हो, जिसमें भारत के किसी न किसी भाग में किसी प्रकार का विद्रोह न भड़का हो। 1763 तथा 1856 के बीच 40 बड़े विद्रोह हुए। 1857 का विद्रोह जिसे भारतीय स्वतन्त्रता संग्राम का प्रथम युद्ध भी कहा जाता है, असफल रहा।

19वीं शताब्दी को "भारत के पुनर्जागरण काल" कहा जाता है। देश में कई धार्मिक, सामाजिक तथा शैक्षिक सुधारकों ने राष्ट्रीय चेतना को बढ़ावा दिया।

1885 में भारतीय राष्ट्रीय कांग्रेस के बनने से पहले कई राष्ट्रीय जागरण की संस्थाएँ बनीं।

13.2 राष्ट्रीय शिक्षा आन्दोलन के चरण (Phases of National Education Movement)

राष्ट्रीय जागृति के साथ-साथ राष्ट्रीय शिक्षा आन्दोलन ने भी जन्म लिया। मुख्यत: इसे चार भागों में बाँटा जा सकता है–

1. पहला चरण: (1890 से 1904) सामाजिक जागृति। 2. दूसरा चरण: (1905 के आसपास)–बंग आन्दोलन 1905। 3. तीसरा चरण: (1921-22)–असहयोग आन्दोलन। 4. चौथा चरण: (1937-39)–वर्धा शिक्षा योजना।

राष्ट्रीय शिक्षा आन्दोलन का पहला चरण – स्वामी दयानन्द (1824-1883) के अनुयायियों ने 1 जून 1886 को उनकी स्मृति में डी.ए.वी. स्कूल, लाहौर की स्थापना की। यह निर्णय लिया गया कि इसको चलाने के लिए सरकारी सहायता नहीं ली जाएगी।

स्वामी दयानन्द के एक अन्य समर्पित अनुयायी स्वामी श्रद्धानन्द (1857-1926) ने

आश्रमों की प्राचीन पद्धति की शैली पर हरिद्वार के निकट 1901 में गुरुकुल की स्थापना की। इसको स्थापित करने का प्रस्ताव आर्य प्रतिनिधि (पंजाब) ने नवम्बर 1896 में पारित किया।

प्रथम भारतीय कुलपति, गुरुदास बैनर्जी ने अपने दीक्षान्त भाषणों (1891-92) में आगे चलकर स्थापित होने वाली 'राष्ट्रीय शिक्षा परिषद्' की समस्त शैक्षिक शैली का पूर्वाभास दे दिया था। लगभग उसी समय रवीन्द्रनाथ टैगौर ने 'साधना' के दिसम्बर 1892 जनवरी 1893 अंक में प्रकाशित अपने लेख 'शिक्षार हेर-फेर' में ब्रिटिश शासन द्वारा चलाई जा रही शिक्षा प्रणाली की कमियों का उल्लेख किया था।

'डॉन' पत्रिका के सम्पादक सतीश चन्द्र मुखर्जी ने 1898 में प्रचलित विश्वविद्यालय शिक्षा प्रणाली की कड़े शब्दों में आलोचना की तथा इसे बिल्कुल असफल कहा।

राष्ट्रीय शिक्षा आन्दोलन का दूसरा चरण – सन् 1905 में लॉर्ड कर्जन ने बंगाल प्रान्त का विभाजन किया। इसके परिणामस्वरूप देश भर में असंतोष फैला। यह असंतोष शिक्षा के क्षेत्र में भी उभर कर सामने आया। विद्यार्थियों ने अपने असंतोष को व्यक्त करने के लिए सभाएँ कीं तथा जलूस निकाले। शासन ने दमन चक्र आरम्भ किया और छात्रों को राजनीति से पृथक् रहने का आदेश दिया। आदेश में स्पष्ट किया गया कि जो छात्र आन्दोलन में भाग लेंगे, उन्हें शिक्षा संस्थाओं से निष्कासित कर दिया जाएगा।

शिक्षा में रुचि लेने वाले भारतीयों ने देश-प्रेमी छात्रों की समुचित व्यवस्था करना अपना कर्त्तव्य माना। अत: देश के अनेक भागों में राष्ट्रीय शिक्षा-संस्थाएँ स्थापित की गईं। सबसे पहला कदम बंगाल में उठाया गया। वहाँ गुरुदास बैनर्जी की अध्यक्षता में राष्ट्रीय शिक्षा प्रसार समिति (Society for Promotion of National Education) की स्थापना की गई।

13.3 राष्ट्रीय शिक्षा परिषद् (National Council for Education)

1906 में राष्ट्रीय शिक्षा परिषद् (National Council for Education) बनाई गई। इस के अनेक सदस्य प्रतिमास 100 रुपये इस कार्य के लिए देते थे। कई स्रोतों से धन की व्यवस्था की गई तथा एक स्कूल खोला गया इसी वर्ष बंगाल राष्ट्रीय कॉलेज की स्थापना की गई।

राष्ट्रीय परिषद के उद्देश्य – 1. राष्ट्रीय आधार पर और पूर्णत: राष्ट्रीय नियन्त्रण में साहित्यिक, वैज्ञानिक तथा तकनीकी शिक्षा उपलब्ध करना। 2. शारीरिक एवं नैतिक शिक्षा को प्रोत्साहित करना और विशेष रूप से उस उद्देश्य के लिए प्राप्त निधियों में से धार्मिक शिक्षा की व्यवस्था करना। 3. छात्रों में देश के प्रति सच्चा प्यार तथा देश सेवा के लिए वास्तविक लगन पैदा करना। 4. पश्चिमी आदर्शों के ग्राह्य स्वरूप को भारतीय संदर्भ में ग्रहण करके शिक्षा प्रदान करना। 5. भारत के प्राकृतिक संसाधनों को विवेकशील उपयोग करने के लिए उन्नतशील वैज्ञानिक और कलात्मक शिक्षा की व्यवस्था करना जिससे वर्तमान आवश्यकता सन्तुष्ट हो सके। 6. देश की सांस्कृतिक एवं विविध परम्पराओं के संदर्भ में अनुशासन स्थापित करके कार्यक्षमता का स्तर बढ़ाना। 7. कला और विज्ञान की उत्तम पुस्तकें भारतीय भाषाओं में अनुवादित करना और लिखना जिससे भारतीय भाषाओं में शिक्षा दी जा सके। 8. शिक्षकों में नैतिक, बौद्धिक और शैक्षिक विशिष्टताएँ स्थापित करना जिससे वे उत्तमोत्तम ज्ञान प्रदान कर सकें। 9. शिक्षा को बढ़ावा देने लिए सामयिक अधिवेशन और सभाएँ व्यवस्थित करना।

शिक्षा के स्तर – राष्ट्रीय शिक्षा-परिषद् ने राष्ट्रीय शिक्षा के स्तर इस प्रकार निश्चित किए–

(अ) प्राथमिक शिक्षा-स्तर (3 वर्षीय)–6 वर्ष की आयु से प्रारम्भ, (ब) माध्यमिक शिक्षा-स्तर (7 वर्षीय)–9 वर्ष की आयु से प्रारम्भ, (स) उच्च शिक्षा-स्तर (4 वर्षीय)–किसी एक साहित्यिक, वैज्ञानिक विषय का गहन अध्ययन और किसी एक बी. ए. ऑनर्स पाठ्यक्रम का कोई साहित्यिक विषय।

13.4 श्री अरविंद घोष तथा राष्ट्रीय शिक्षा योजना

श्री अरविंद घोष (1872-1950) ने पाण्डिचेरी में बसने से पूर्व स्वतन्त्रता संग्राम विशेषकर बंग-बंग विरोधी आन्दोलन में प्रमुख भूमिका निभाई, इस समय उन्होंने दो क्रान्तिकारी योजनाएँ–राष्ट्रीय शिक्षा का विकास तथा 'वन्दे मातरम्' समाचार पत्र का सम्पादन प्रारम्भ किया। अगस्त 1906 में कलकत्ता में नेशल कॉलेज की स्थापना होने पर वे बड़ौदा में अपनी आकर्षक नौकरी छोड़ कर उस कॉलेज में काम करने का उत्तरदायित्व स्वीकार किया। यह उल्लेखनीय है कि बड़ौदा की तुलना में उनका वेतन पाँचवा भाग ही था।

उनकी रुचि तो राष्ट्रीय गतिविधियों तथा शिक्षा में थी। उन्हें 1 जून 1906 को स्थापित राष्ट्रीय शिक्षा परिषद् द्वारा आमंत्रित किया गया था। उनकी शिक्षा योजना में निम्न बातें प्रमुख थीं।

एक, शिक्षा में चरित्र के विकास पर बल देना।

दूसरे, शिक्षा को उच्च स्थान देकर राष्ट्र निर्माण की प्रक्रिया का अभिन्न अंग बनाना।

तीसरे, शिक्षा में उपयुक्त आधुनिक प्रौद्योगिकी को अपनाना।

चौथे, गाँवों में शिक्षा का प्रसार करना।

पाँचवें, अध्यापकों के छात्रों के सम्मुख स्वयं आदर्श उपस्थित करना।

राष्ट्रीय शिक्षा का आन्दोलन ढीला पड़ गया जब 1911 में सरकार ने बंगाल विभाजन का आदेश वापस ले लिया तथा बंग-भंग आन्दोलन समाप्त हो गया।

राष्ट्रीय शिक्षा आन्दोलन का तीसरा चरण: असहयोग आन्दोलन (1920-22) – असहयोग आन्दोलन गांधी जी ने 1920 में शुरू किया। इस आन्दोलन के तीन मुख्य कारण थे। (1) प्रथम महायुद्ध के पहले अंग्रेजों ने भारतीयों से कुछ वायदे किए थे जिनमें प्रमुख था, भारतीयों को शासन में भागेदारी बनाने के उचित मार्ग खोलना। (2) जलियाँवाला हत्याकाण्ड, अमृतसर (1919) के विरूद्ध आवाज उठाना। (3) मुसलमानों द्वारा अंग्रेजों के विरूद्ध खिलाफत आन्दोलन।

आन्दोलन देश में बड़ी तेजी से फैला। छात्रों ने विशेष रूप से भाग लिया। अनेक राष्ट्रीय शैक्षिक संस्थाएँ खोलीं गईं जिनमें छात्रों ने सरकारी संस्थाएँ छोड़ कर प्रवेश लिया।

राष्ट्रीय स्तर पर राष्ट्रीय शैक्षिक संस्थापित की गई। इन शैक्षिक संस्थानों ने अनेक देशभक्त पैदा किए।

प्रमुख राष्ट्रीय विश्वविद्यालय निम्नलिखित थे–

1. (राष्ट्रीय) विद्यापीठ, काशी, 2. (राष्ट्रीय) विद्यापीठ, गुजरात, 3. (राष्ट्रीय) विद्यापीठ, बिहार, 4. (राष्ट्रीय) तिलक विद्यापीठ, 5. जामिया मिलिया इस्लामिया, अलीगढ़ (बाद में दिल्ली आ गया), 6. बंगाल राष्ट्रीय विश्वविद्यालय, 7. राष्ट्रीय विद्यापीठ, 8. वनस्थली विद्यापीठ, राजस्थान। (विद्यापीठें विश्वविद्यालय स्तर की संस्थाएँ हैं।)

13.5 श्रीमती ऐनी बेसेन्ट (Smt. Annie Besant (1847–1933)

राष्ट्रीय शिक्षा के विकास में श्रीमती ऐनी बेसेंट का बहुत योगदान रहा। वे एक आयरिश महिला थीं जो 1893 में भारत आईं। उन्होंने राष्ट्रीय चेतना, समाज सुधार तथा राष्ट्रीय शिक्षा के क्षेत्र में बहुत महत्त्वपूर्ण कार्य किया। उन्होंने बनारस में 1898 में एक कॉलेज की स्थापना की।

श्रीमती ऐनी बेसेंट के कुछ महत्त्वपूर्ण कथन – 1. ब्रिटिश आदर्श, ब्रिटेन के लिए अच्छे है, किन्तु भारत के लिए भारत के आदर्श ही अच्छे हैं। 2. राष्ट्रीय जीवन और राष्ट्रीय चरित्र को अधिक शीघ्रता और अधिक निश्चित रूप में निर्बल बनाने के लिए इससे अधिक उत्तम उपाय और कोई नहीं हो सकता है कि बालकों की शिक्षा पर विदेशी प्रभावों और विदेशी आदर्शों का प्रभुत्व हो। 3. भारतीय शिक्षा–भारतवासियों द्वारा नियन्त्रित, भारतवासियों द्वारा निर्मित और भारतवासियों द्वारा संचालित की जानी चाहिए। 4. भारतीय शिक्षा को भक्ति, ज्ञान एवं नैतिकता के भारतीय आदर्श प्रस्तुत करने चाहिए और उसमें भारतीय धार्मिक भावना का समावेश होना चाहिए। 5. राष्ट्रीय शिक्षा द्वारा राष्ट्रीय चित्र का विकास किया जाना चाहिए।

वनस्थली विद्यापीठ, राजस्थान – राजस्थान से लगभग 70 कि मी. दूर वनस्थली गाँव में श्री हीरा लाल शास्त्री 'जीवन कुटीर' संस्था की स्थापना की जो प्रौढ़ शिक्षा तथा भारतीय संस्कृति के आधार पर कार्य करती थी। धीरे-धीरे इसने शैक्षिक क्षेत्र में भारतीय आदर्शों के अनुरूप कार्य किया। 1935 में जीवन कुटीर के अन्तर्गत एक 'शिक्षा कुटीर' की स्थापना की गई। 1942–43 में यही राजस्थान बालिका विद्यालय वनस्थली विद्यापीठ में परिवर्तित हो गई।

श्रीमती बेसेन्ट ने निम्नलिखित पुस्तकें लिखीं।

1. *Education as a National Duty* (1903), 2. *The Education of Indian Girls* (1906), 3. *Education for the New Era* (1914), 4. *Principles of Education* (1915)।

इन सभी पुस्तकों में भारतीयता तथा भारतीय शिक्षा की छाप थी।

जामिया मिलिया इस्लामिया तथा डॉ. जाकिर हुसैन (1897-1969) का राष्ट्रीय शिक्षा में योगदान – गांधी जी के आह्वान पर डॉ. जाकिर हुसैन तथा उनके साथी अपनी शिक्षा छोड़ कर राष्ट्रीय आन्दोलन में लगे और असहयोग आन्दोलन में भाग लिया।

अलीगढ़ में अपने कुछ साथियों के साथ मिल कर जामिया मिलिया इस्लामिया की स्थापना अलीगढ़ में की जिसका बाद में स्थानान्तर ओखला, दिल्ली में किया गया। 1926 में वे इस विश्वविद्यालय के उपकुलपति बने। यहाँ पर उन्होंने इसी रूप में लगभग 22 वर्ष कार्य किया। उन्होंने वर्धा शिक्षा योजना की रूपरेखा तैयार करने में महत्त्वपूर्ण कार्य किया। 1948 में वे अलीगढ़ विश्वविद्यालय के उपकुलपति बने।

13.6 राष्ट्रीय शिक्षा आन्दोलन के प्रमुख तत्त्व (Chief Characteristics of National Education Movement)

1. राष्ट्रीय शिक्षा व्यवस्था पर भारतीय नियन्त्रण। 2. राष्ट्रीय शिक्षा के भारतीय आदर्श। 3. राष्ट्रीय चरित्र का विकास। 4. ब्रिटिश आदर्शों को न अपनाना। 5. भारतीय भाषाओं पर अधिक बल। 6. व्यावसायिक शिक्षा पर बल। 7. भारत माता से प्यार की भावना भरना। 8. पाश्चात्य ज्ञान को भारतीय स्थिति के अनुसार ग्रहण करना।

राष्ट्रीय शिक्षा आन्दोलन का चौथा चरण – *गांधी जी के विचार तथा उन के अनुसार परिपादित वर्धा योजना–*

अलग से विवरण दिया गया है।

मोटे तौर पर कहा जा सकता है कि जिस मात्रा में राष्ट्रीय शिक्षा संस्थाओं का प्रसार होना चाहिए था, वह नहीं हो पाया। जहाँ तक कि गांधी जी द्वारा प्रस्तावित शिक्षा व्यवस्था भी असफल रही।

इसमें भी कोई सन्देह नहीं है कि अनेक शिक्षाशास्त्री तथा छात्र राष्ट्रीय शिक्षा आन्दोलन से जुड़े। उन्होंने अपूर्व त्याग का परिचय दिया। राष्ट्रीय स्वतन्त्रता आन्दोलन में बढ़-चढ़ कर भाग लिया।

14

गोपाल कृष्ण गोखले का प्राथमिक शिक्षा पर प्रस्ताव तथा इसका प्रभाव (1910-12)

(Gopal Krishna's Gokhale's Resolution on Primary Education and Its Impact)

14.1 गोपाल कृष्ण गोखले (1866 to 1915) का संक्षिप्त जीवन चरित्र

गोपाल कृष्ण गोखले भारत के उच्च कोटि के राजनीतिज्ञ, समाज सुधारक तथा शिक्षाविद् थे। उन्होंने बड़े उदार, शान्त एवं वैज्ञानिक ढंग से राष्ट्रीय चेतना जाग्रत करने में महत्त्वपूर्ण भूमिका का निर्वाह किया। उन्होंने शिक्षा के क्षेत्र में भी प्रशंसनीय कार्य किया। 20 वर्ष की आयु में गोखले प्रोफेसर बन गए।

22 वर्ष की आयु में बम्बई विधान परिषद् के सदस्य बने। 1884 में उन्होंने डेकन एजूकेशन सोसायटी तथा 1905 में सर्वेन्ट्स ऑफ इण्डिया सोसायटी की स्थापना की। साप्ताहिक 'सुधारक' तथा दैनिक 'ज्ञान प्रकाश' का सम्पादन किया। 1902 में केन्द्रीय धारा सभा (Central Imperial Legislative Council) के सदस्य बने तथा 1905 में राष्ट्रीय कांग्रेस के अध्यक्ष।

प्राथमिक शिक्षा पर प्रस्ताव – भारत में प्राथमिक शिक्षा के क्षेत्र में सबसे पहले बड़ौदा के महाराजा ने पहल की। 1892 में उन्होंने अपने राज्य में गाँवों में प्राथमिक स्तर पर अनिवार्य तथा निःशुल्क प्राथमिक शिक्षा की योजना लागू की। इस सफलता को देख कर 52 गाँवों में लागू की। तत्पश्चात् 1906 में अपने सम्पूर्ण राज्य में।

गोपाल कृष्ण गोखले भी इस कार्य से बहुत प्रभावित हुए।

केन्द्रीय धारा सभा के सदस्य के रूप में 19 मार्च 1910 को गोखले ने यह प्रस्ताव रखा, "यह सभा सिफारिश करती है कि सम्पूर्ण देश में प्राथमिक शिक्षा को निःशुल्क एवं अनिवार्य बनाने का कार्य आरम्भ किया जाए और इस सम्बन्ध में निश्चित प्रस्तावों को प्रस्तुत करने के लिए सरकारी तथा गैर-सरकारी अधिकारियों का एक संयुक्त आयोग शीघ्र ही नियुक्त किया जाए।"

इस प्रस्ताव को प्रस्तुत करने का प्रमुख कारण यह था कि भारत में प्राथमिक शिक्षा की दयनीय दशा देखकर गोखले का हृदय द्रवित हो गया। उनका विश्वास था "यह बात स्पष्ट है कि एक अशिक्षित तथा अज्ञानी राष्ट्र कदापि वास्तविक उन्नति नहीं कर सकता है और जीवन की दौड़ में अवश्य पीछे रह जाएगा।"

उस समय देश में केवल 6 प्रतिशत साक्षरता थी और प्राथमिक शिक्षा को प्राप्त करने योग्य बालकों में से केवल 23.8 प्रतिशत बालक और 2.7 प्रतिशत बालिकाएँ इस शिक्षा से लाभ उठा रहे थे। अत: गोखले ने प्रस्ताव में निम्नलिखित सुझाव दिए–

1. जिन क्षेत्रों में 33 प्रतिशत बालक शिक्षा प्राप्त कर रहे हैं उनमें 6 से 10 वर्ष तक आयु के बालकों के लिए शिक्षा नि:शुल्क एवं अनिवार्य कर दी जाए। 2. प्राथमिक शिक्षा का व्यय स्थानीय संस्थाएँ तथा सरकार 1:2 के अनुपात से वहन करें। 3. प्राथमिक शिक्षा की देखभाल के लिए एक मन्त्री की नियुक्ति की जाए। 4. बजट में प्रतिवर्ष शिक्षा की प्रगति का स्पष्ट वर्णन किया जाए। 5. केन्द्र में प्राथमिक शिक्षा के लिए एक पृथक् विभाग स्थापित किया जाए जो प्राथमिक शिक्षा के प्रसार के लिए एक योजना बनाए।

सरकार द्वारा प्रस्ताव पर विचार करने का आश्वासन मिलने पर गोखले ने उसे वापस ले लिया। सरकार ने 1910 में केन्द्र के अधीन एक शिक्षा विभाग स्थापित कर दिया, मन्त्री की नियुक्ति कर दी परन्तु प्राथमिक शिक्षा को नि:शुल्क एवं अनिवार्य बनाने के लिए कुछ नहीं किया।

14.2 गोखले का विधेयक (1911-12)

प्राथमिक शिक्षा के प्रति सरकार की उदासीनता देखकर गोखले ने 16 मार्च 1911 को केन्द्रीय धारा में अपना विधेयक रखा। विधेयक रखते हुए गोखले ने कहा, "इस विधेयक का उद्देश्य देश की प्राथमिक शिक्षा प्रणाली में अनिवार्यता के सिद्धान्त को क्रमश: लागू करना है।"

विधेयक के प्रमुख तत्त्व – विधेयक के निम्न प्रमुख तथ्य थे–

1. अनिवार्य प्राथमिक शिक्षा उन्हीं स्थानों में लागू की जाए जहाँ पर एक निश्चित संख्या में बालक शिक्षा ग्रहण कर रहे हों। गवर्नर जनरल को अधिकार होगा कि वह यह प्रतिशत निश्चित करें। 2. सरकार की स्वीकृति के पश्चात् ही संस्थाएँ उक्त नियम को लागू कर सकती हैं स्वेच्छा से नहीं। 3. स्थानीय संस्थाओं को यह अधिकार होगा कि इस नियम को वह चाहे पूरे क्षेत्र में लागू करें अथवा किसी भाग में। 4. अनिवार्य प्राथमिक शिक्षा का नियम वहाँ लागू होगा जहाँ 6 से 10 वर्ष तक के बालकों के लिए प्राथमिक शिक्षा का प्रावधान हो सकता है। 5. नियम का उल्लंघन करने वाले अभिभावकों को दण्ड दिया जाएगा। 6. बालिकाओं के लिए भी धीरे-धीरे प्राथमिक शिक्षा अनिवार्य कर दी जाएगी। 7. स्थानीय संस्थाएँ यदि उचित समझें हैं तो वे शिक्षा सम्बन्धी कर भी लगा सकती हैं। 8. यदि अभिभावक की मासिक आय 100 रुपए से कम हो तो उस बालक से फीस न ली जाए। 9. व्यय के विषय में यह उल्लेख किया गया कि प्राथमिक शिक्षा का व्यय भार स्थानीय संस्थाओं और सरकार द्वारा उठाया जाए परन्तु सरकार कम से कम व्यय का 2/3 भाग वहन करें।

विधेयक को जनमत-संग्रह के लिए स्थानीय संस्थाओं, विश्वविद्यालयों एवं कुछ व्यक्तिगत संस्थाओं के पास भेजा गया। 17 मार्च 1912 को धारा सभा में विधेयक पर वाद-विवाद प्रारम्भ हुआ। दो दिन तक यह वाद-विवाद होता रहा। 19 मार्च 1912 को इसके पक्ष में 15 वोटें तथा विपक्ष में 38 वोटें मिलीं और यह बिल पास न हो सका। इस प्रकार गोखले प्राथमिक शिक्षा को अनिवार्य बनाने की चेष्टा में असफल हुए।

गोखले के विधेयक का प्रभाव – यद्यपि गोखले का विधेयक पास न हो सका परन्तु इस का प्रभाव बहुत पड़ा। गोखले के प्रयासों ने सरकार तथा जनता का ध्यान जन-शिक्षा की ओर आकर्षित किया। परिणामस्वरूप 1913 में सरकार ने अपनी शिक्षा नीति घोषित की।

गोखले के कार्य से प्रेरणा लेकर भारत के एक अन्य महान् नेता विट्ठल भाई पटेल ने बम्बई में एक विधेयक 1918 में प्रस्तुत किया जिसका उद्देश्य प्रान्त में नगरपालिका क्षेत्रों में प्राथमिक शिक्षा को अनिवार्य बनाना था। इस अधिनियम ने प्राथमिक शिक्षा के इतिहास में एक नवीन अध्याय प्रारम्भ किया।

इस उदाहरण का भारत के अन्य प्रान्तों में भी अनुकरण किया गया तथा कई स्थानों में प्राथमिक शिक्षा अनिवार्य कर दी गई।

इस संबंध में यह लिखना आवश्यक है कि केवल कानून पास करने से ही शिक्षा का प्रसार नहीं होता है उन्हें दृढ़तापूर्वक लागू किया जाना चाहिए। प्रान्त सरकारें इस दिशा में उदासीन रहीं। परिणामस्वरूप 1947 में प्रथम स्तर पर (कक्षा 1 से 8 तक) नामांकन 30 प्रतिशत से भी कम था।

15

सरकारी शिक्षा नीति प्रस्ताव 1913 तथा सैडलर आयोग 1917

(Government Resolution 1913 and Sadler Commission 1917)

15.1 भूमिका (Introduction)

यद्यपि गोखले द्वारा प्रस्तावित विधेयक पास न हो पाया, परन्तु इसने देश के वातावरण को शिक्षा के क्षेत्र को क्रान्तिमय बना दिया। 6 जनवरी, 1912 को इंग्लैण्ड के सम्राट जॉर्ज पंचम् भ्रमणार्थ आए हुए थे। उन्होंने कलकत्ता विश्वविद्यालय में जनता को अपना सन्देश देते हुए कहा–"मेरी यह इच्छा है कि सम्पूर्ण देश में स्कूलों और कॉलेजों का ताना-बाना फैल जाए, जहाँ से उद्योगों तथा कृषि और जीवन के समस्त व्यवसायों में कुछ कर दिखाने वाले, स्वामीभक्त, उपयोगी, विश्वसनीय एवं साहसी नागरिक शिक्षा प्राप्त करके निकलें।" फलतः सरकार ने अपनी नयी शिक्षा नीति की घोषणा 21 फरवरी 1913 को सरकार ने शिक्षा नीति प्रस्ताव पारित किया।

प्रस्ताव में यह मान लिया गया कि देश में निरक्षरता दूर करने में प्राथमिक शिक्षा का प्रसार आवश्यक है परन्तु सरकार के पास इतना धन तथा साधन नहीं हैं जिनसे प्राथमिक स्तर पर शिक्षा को अनिवार्य बना दिया जाए। सरकार ने घोषणा की कि शिक्षा को व्यावहारिक तथा अधिक उपयोगी बनाने के लिए प्रयास करेगी।

15.2 सरकारी शिक्षा नीति प्रस्ताव की मुख्य बातें (Main Points of Government Resolution on Education)

I. शिक्षा संबंधी आधारभूत सिद्धान्त – 1. शिक्षा-संस्थाओं को बढ़ाने की अपेक्षा उनके शिक्षण-स्तर को ऊँचा उठाया जाए। 2. प्राथमिक एवं माध्यमिक शिक्षा के पाठ्यक्रमों को जीवनोपयोगी तथा व्यावहारिक रूप प्रदान किया जाए। 3. भारत में उच्च शिक्षा तथा अनुसंधान की व्यवस्था की जाए, जिससे छात्रों को विदेश जाए बिना यही पर्याप्त सुविधाएँ उपलब्ध हो जाएँ।

II. प्राथमिक शिक्षा संबंधी नीति – 1. लोअर-प्राथमिक (Lower Primary) स्कूलों की संख्या बढ़ायी जाए। 2. लिखने-पढ़ने और गणित के अतिरिक्त ड्राइंग, प्रकृति-निरीक्षण एवं शारीरिक व्यायाम की शिक्षा दी जाए। 3. उपयुक्त स्थानों पर अपर-प्राथमिक (Upper Primary) स्कूलों की स्थापना की जाए और आवश्यकतानुसार लोअर-प्राइमरी स्कूलों को अपर-प्राइमरी स्कूलों में परिवर्तित कर दिया जाए। 4. जिला-परिषदों एवं स्थानीय संस्थाओं द्वारा अधिक स्कूल खोले जाएँ। 5. सम्भव हो सके तो वहाँ व्यक्तिगत स्कूलों की स्थापना को प्रोत्साहित किया जाए। 6. मकतबों तथा पाठशालाओं को उदारतापूर्वक सहायता-अनुदान दिया जाए। 7. व्यक्तिगत-स्कूलों के उत्तम प्रबन्ध तथा नियमित निरीक्षण की व्यवस्था की जाए। 8. भारत के अधिकांश भागों में ग्रामों एवं नगरों के स्कूलों के लिए विभिन्न पाठ्यक्रम निश्चित करना सम्भव नहीं था। फिर भी नगर-स्कूलों में भूगोल और पर्यटन आदि विषयों को बढ़ाया जा सकता है।

III. प्राथमिक स्कूलों के शिक्षकों संबंधी नीति – 1. जिस वर्ग के छात्र हों, उसी वर्ग के शिक्षक नियुक्त किए जाएँ। 2. शिक्षक मिडिल पास और एक वर्ष प्रशिक्षण प्राप्त कर चुके हों। 3. शिक्षकों को ग्रीष्मावकाश में अपने ज्ञान को नवीन करने के लिए अल्पकालीन सेवारत शिक्षा की सुविधा दी जाए। 4. प्रशिक्षित शिक्षकों का वेतन 12 रुपये मासिक से कम न हो। 5. शिक्षकों को पदोन्नति, पैंशन अथवा प्रॉविडेण्ट फण्ड की व्यवस्था की जाए। 6. किसी भी कक्षा में अध्यापक के पास 50 से अधिक छात्र नहीं होने चाहिए।

IV. माध्यमिक शिक्षा संबंधी नीति – 1. सरकार माध्यमिक शिक्षा प्रसार का भी कुछ दायित्व सँभाले। 2. राजकीय स्कूलों में सुधार करके उनको आदर्श बनाने का प्रयास किया जाए। 3. राजकीय स्कूलों की संख्या में वृद्धि न की जाए। 4. गैर-सरकारी स्कूलों को उदारतापूर्वक सहायता-अनुदान देकर प्रोत्साहित किया जाए। 5. हाई स्कूल के पाठ्यक्रम में इस प्रकार सुधार किया जाए कि वह स्वतः एक पूर्ण इकाई हो जाए। 6. पाठ्यक्रम में शारीरिक प्रशिक्षण एवं विज्ञान ऐसे आधुनिकतम विषयों को सम्मिलित किया जाए। 7. छात्रों को स्वास्थ्य-विज्ञान की शिक्षा दी जाए और उनके 'स्वास्थ्य-निरीक्षण' (Medical Examination) की व्यवस्था की जाए। 8. माध्यमिक विद्यालयों के छात्रों के लिए 'स्कूल फाइनल' परीक्षा की व्यवस्था की जाए और इसका प्रबन्ध विश्वविद्यालय द्वारा न किया जाकर, किसी अन्य संस्था द्वारा किया जाए। 9. इन विद्यालयों पर कड़ा नियन्त्रण रखा जाए, जिससे वे अपने कार्य-क्षमता में वृद्धि करें। 10. राजकीय स्कूलों के छात्रों के लिए छात्रावासों की उचित व्यवस्था की जाए। 11. राजकीय स्कूलों में केवल प्रशिक्षित स्नातक अध्यापक नियुक्त किए जाएँ। 12. शिक्षकों का निश्चित ग्रेड एवं वेतन हों। न्यूनतम वेतन 40 रुपया मासिक एवं उच्चतम 400 रुपया मासिक हो। 13. माध्यमिक विद्यालयों के शिक्षण-स्तर को ऊँचा उठाने के लिए प्रशिक्षण- महाविद्यालय स्थापित किए जाएँ।

V. विश्वविद्यालय एवं उच्च शिक्षा – 1. विश्वविद्यालयों की दशा अच्छी नहीं है। अतः उनमें बहुत सुधार की आवश्यकता है। 2. भारत में अभी बहुत समय तक परीक्षा लेने वाले विश्वविद्यालयों की आवश्यकता रहेगी तथा उनकी प्रादेशिक सीमाओं को निश्चित कर देना आवश्यक है। 3. इस समय देश में 5 विश्वविद्यालय और 185 कॉलेज हैं। ये देश की आवश्यकताओं को पूर्ण करने में असमर्थ हैं। अतः विश्वविद्यालयों की संख्या

में वृद्धि की जाए और प्रत्येक प्रान्त में एक विश्वविद्यालय स्थापित किया जाए। 4. विश्वविद्यालयों का कार्य बहुत बढ़ गया है। अत: उन्हें हाई स्कूलों को मान्यता प्रदान करने के कार्य से मुक्त कर दिया जाए। यह कार्य प्रान्तीय सरकारी और देशी राज्यों को सौंप दिया जाए। 5. विश्वविद्यालयों में औद्योगिक विषयों की शिक्षा और अनुसंधान कार्य की व्यवस्था की जाए। 6. ऐसे विश्वविद्यालयों की स्थापना पर जोर दिया जाए, जो शिक्षण-कार्य करना चाहते हों। 7. विश्वविद्यालयों में पुस्तकालयों, छात्रावासों और प्रयोगशालाओं की व्यवस्था की ओर विशेष ध्यान दिया जाए। 8. विश्वविद्यालयों में विद्यार्थियों के चरित्र-निर्माण और सामाजिक, नैतिक एवं बौद्धिक शक्तियों के विकास का वातावरण उपस्थित किया जाए।

15.3 1913 शिक्षा नीति प्रस्ताव का मूल्यांकन (Evaluation of 1913 Resolution)

1913 शिक्षा नीति प्रस्ताव में शिक्षा के सभी स्तरों पर सुधार पर बल दिया गया तथा उचित कार्यान्वयन पर बल दिया गया। परन्तु 1914 में प्रथम महायुद्ध के आरम्भ होने से सिफारिशों तथा दिशा निर्देशों पर कोई कार्यवाही न की जा सकी।

15.4 सैडलर आयोग 1917 अथवा कलकत्ता विश्वविद्यालय आयोग (Sadlar Commission 1917 or Calcutta University Commission)

कलकत्ता विश्वविद्यालय आयोग 1917 की नियुक्ति तथा जाँच का क्षेत्र (Appointment of Calcutta University Commission and Its Terms of Reference)

सन् 1917 में कलकत्ता विश्वविद्यालय से सम्बन्धित समस्याओं की जाँच करने तथा उनका समाधान करने के लिए कलकत्ता विश्वविद्यालय आयोग की नियुक्ति की गई। इस आयोग के अध्यक्ष लीड्स विश्वविद्यालय के उपकुलपति डॉ. माइकल सैडलर थे। इसलिए इसे सैडलर आयोग भी कहा जाता है।

आयोग का कार्य मुख्यत: कलकत्ता विश्वविद्यालय की स्थिति की जाँच करना था। किन्तु इसने अन्य विश्वविद्यालयों की स्थिति की भी जाँच की। उच्च शिक्षा के अतिरिक्त आयोग ने माध्यमिक शिक्षा के सुधार के लिए भी सुझाव दिए।

15.5 सैडलर आयोग की मुख्य संतुतियाँ (Main Recommendations of the Sadler Commission)

I. कलकत्ता विश्वविद्यालय सम्बन्धी सुझाव – कलकत्ता विश्वविद्यालय से सम्बन्धित आयोग ने निम्न संस्तुतियाँ दीं–

1. कलकत्ता नगर के सभी कॉलेजों का संगठन इस प्रकार से किया जाए कि वे एक शिक्षण विश्वविद्यालय का रूप धारण कर लें। 2. शीघ्र से शीघ्र ढाका में एक सावास-शिक्षण विश्वविद्यालय की स्थापना की जाए। 3. कलकत्ता नगर के आसपास के कॉलेजों को इस प्रकार संगठित किया जाए कि एक शिक्षण विद्यालय का निर्माण हो सके।

II. कलकत्ता विश्वविद्यालय के अतिरिक्त अन्य विश्वविद्यालयों संबंधी सुझाव – 1. सरकारी नियंत्रण की कठोरता ने विश्वविद्यालयों की स्वतन्त्रता को पूर्णत: समाप्त कर दिया है, अत: सरकार को अपना नियन्त्रण ढीला कर देना चाहिए। 2. 'सीनेट' के स्थान 'प्रतिनिधि अदालत' तथा 'सिंडिकेट' के स्थान पर 'कार्यकारिणी समिति' का प्रत्येक विश्वविद्यालय में गठन किया जाए। इनमें अध्यापकों को भी प्रतिनिधित्व दिया जाए। 3. उप-कुलपति का पद वैतनिक कर दिया जाए। 4. प्रत्येक विश्वविद्यालय में 'एकेडेमिक कौन्सिल' का गठन किया जाए जो परीक्षा, पाठ्यक्रम, अनुसंधान आदि की देख-रेख करे। 5. मुसलमानों को उच्च शिक्षा प्राप्त करने के लिए विशेष रूप से प्रोत्साहित किया जाए। 6. प्रत्येक विश्वविद्यालय में वैज्ञानिक विषयों का प्रयोगात्मक रूप से शिक्षण किया जाए। 7. औद्योगिक तथा व्यावसायिक शिक्षा पर पर्याप्त ध्यान दिया जाये। 8. विश्वविद्यालयों में "पास कोर्स" के अलावा "ऑनर्स कोर्स" भी शुरू कर दिया जाना चाहिए। 9. स्नातकों का पाठ्यक्रम 3 वर्ष का कर दिया जाना चाहिए। 10. विश्वविद्यालयों में कृषि, कानून, डॉक्टरी, अध्यापन, इंजीनियरिंग आदि की शिक्षा की उचित व्यवस्था की जानी चाहिए। 11. विश्वविद्यालयों में अरबी, फारसी और संस्कृत के अध्ययन की सुविधा प्रदान की जानी चाहिए। 12. छात्रों के स्वास्थ्य की देखभाल करने के लिए प्रत्येक विश्वविद्यालय में "शारीरिक प्रशिक्षण" की नियुक्ति की जानी चाहिए।

III. माध्यमिक शिक्षा संबंधी आयोग के विचार – माध्यमिक शिक्षा में दोष–

1. माध्यमिक शिक्षा में अपेक्षाकृत गुणात्मक विकास पर्याप्त मात्रा में नहीं हुआ है। 2. माध्यमिक शिक्षा के क्षेत्र में सुयोग्य तथा प्रशिक्षित शिक्षकों का अभाव है। 3. अधिकांश माध्यमिक विद्यालयों में शिक्षण साधनों की कमी है। 4. माध्यमिक शिक्षा पर परीक्षाओं का बोझ है। 5. माध्यमिक शिक्षा दोहरे शासन में पिस रहा है। इस पर विश्वविद्यालय तथा शिक्षा विभाग दोनों का शासन रहता है। 6. माध्यमिक शिक्षा का स्तर गिर रहा है।

माध्यमिक शिक्षा के दोषों को दूर करने के लिए आयोग के सुझाव – 1. विश्वविद्यालयों से इण्टरमीडिएट कक्षाएँ पृथक् कर दी जायें और इण्टरमीडिएट कक्षाओं के लिए पृथक् से इण्टरमीडिएट कॉलेज स्थापित किए जाएँ। 2. इण्टरमीडिएट कॉलेजों में कला, विज्ञान, इंजीनियरिंग आदि जीवनोपयोगी विषयों की शिक्षा दी जाए। 3. प्रत्येक प्रान्त में हाईस्कूल तथा इण्टरमीडिएट शिक्षा परिषद् का गठन किया जाए। यह परिषद् ही हाईस्कूल तथा इण्टरमीडिएट कॉलेजों का नियन्त्रण तथा संचालन करे। ये परिषदें शिक्षा विभाग के नियन्त्रण से मुक्त रहेंगी। 4. शिक्षण का माध्यम भारतीय भाषाएँ हों।

IV. स्त्री शिक्षा संबंधी सुझाव – स्त्री शिक्षा को प्रोत्साहन प्रदान करने हेतु आयोग ने निम्नलिखित सुझाव प्रस्तुत किए–

1. किशोर बालिकाओं के लिए पर्दा विद्यालयों की स्थापना की जाए। 2. अध्यापिकाओं को प्रशिक्षण हेतु प्रोत्साहित किया जाए। 3. स्त्री शिक्षा की देख-रेख के लिए कोलकत्ता विश्वविद्यालय में एक 'स्पेशल बोर्ड ऑफ वीमेन्स एजूकेशन' का गठन किया जाए।

V. शिक्षक प्रशिक्षण संबंधी सुझाव – प्रशिक्षित अध्यापकों के अभाव को दूर करने की दृष्टि से आयोग ने निम्नांकित सुझाव दिए–

1. इण्टरमीडिएट तथा बी.ए. कक्षाओं में 'शिक्षा' विषय पढ़ाया जाए। 2. ढाका तथा

कलकत्ता में शिक्षा विभाग खोल दिया जाए। 3. अध्यापकों को प्रशिक्षण प्राप्त करने हेतु प्रोत्साहित किया जाए।

VI. औद्योगिक एवं व्यावसायिक शिक्षा – आयोग ने देश में औद्योगिक तथा व्यावसायिक शिक्षा की प्रगति के लिए निम्नलिखित सुझाव दिए–

1. प्रत्येक विश्वविद्यालय में वैज्ञानिक विषयों का प्रयोगात्मक रूप से शिक्षण किया जाए। 2. इण्टरमीडिएट कक्षाओं से ही व्यावसायिक शिक्षा प्रारम्भ कर देनी चाहिए।

आयोग की संस्तुतियों की समीक्षा (Review of Recommendations of the Commission) – भारत सरकार ने आयोग की लगभग सभी संस्तुतियाँ स्वीकार कीं। इस दिशा में अनेक रचनात्मक कदम उठाए गए । भारतीय विश्वविद्यालय अब केवल परीक्षा संस्थाएँ न रहकर शिक्षण तथा अनुसंधान के भी केन्द्र बन गए। आयोग के इस सुझाव की आलोचना की गई जिसके अनुसार कलकत्ता विश्वविद्यालय का संगठन इंग्लैण्ड के ऑक्स्फोर्ड तथा कैम्ब्रिज विश्वविद्यालयों जैसा बनाना था। भारतीय परिस्थितियों की इस दिशा में अवहेलना की गई। व्यावसायिक शिक्षा में भी उचित प्रगति न हो पाई।

आयोग की संस्तुतियों के प्रभाव से कई विश्वविद्यालयों की स्थापना हुई। शिक्षा का स्तर बढ़ा। माध्यमिक शिक्षा में भी तेजी से प्रगति आई। आयोग की संस्तुतियों के अनुसार स्त्री शिक्षा के क्षेत्र में सबसे अधिक प्रगति हुई।

अनेक स्थानों पर प्राथमिक शिक्षा को अनिवार्य कर दिया गया। पिछड़े वर्गों तथा क्षेत्रों जैसे हरिजनों, आदिवासी तथा पहाड़ी क्षेत्रों में शिक्षा की व्यवस्था की गई। आगामी तीस वर्षों तक इस आयोग की संस्तुतियों के अनुसार कार्य किया।

उपसंहार – आयोग की संस्तुतियों के महत्त्व पर प्रकाश डालते हुए, अरथर मेह्यू ने लिखा है–"कलकत्ता विश्वविद्यालय आयोग का प्रतिवेदन–सुझाव और सूचना का अनन्त स्रोत रहा है। भारतीय शिक्षा के इतिहास में इसका असीम महत्त्व है।"

16

हर्टाग कमेटी (1928)

(Hartog Committee 1928)

16.1 हर्टाग कमेटी की नियुक्ति
(Appointment of the Hartog Committee)

ब्रिटिश शासन के विरूद्ध भारतवासी आन्दोलन कर रहे थे। इस असंतोष को देखकर ब्रिटिश संसद ने 1927 में एक आयोग की नियुक्ति की जिसके अध्यक्ष जे.ए. साइमन थे। आयोग का कार्य भारत में प्रशासनिक सुधारों की जाँच करना था। आयोग के सातों सदस्य अंग्रेज थे। इस कारण इस आयोग के प्रति अत्यन्त रोष की लहर फैल गई। इस आयोग का स्थान-स्थान पर काले झण्डों से बहिष्कार किया गया। आयोग ने शिक्षा की समीक्षा करने के लिए एक कमेटी का गठन किया। कमेटी के अध्यक्ष सर फिलिप्स हर्टाग थे। यही कमेटी भारतीय शिक्षा के इतिहास में हर्टाग समिति के नाम से प्रसिद्ध है। इस कमेटी को सहायक कमेटी (Auxiliary Committe) भी कहा जाता है।

16.2 हर्टाग कमेटी के शब्दों में तत्कालीन शिक्षा की स्थिति
(Status of the Prevalent System of Education according to Hartog Committee)

"प्रारम्भिक शिक्षा में, जिसका उद्देश्य हमारे मत में साक्षरता और मताधिकार का समुचित प्रयोग सिखाना है, बहुत ज्यादा अपव्यय हो रहा है। जहाँ तक हमें मालूम हुआ है प्रारम्भिक विद्यार्थियों की संख्या में जितनी वृद्धि हुई है, साक्षरता उसी अनुपात में नहीं बढ़ी है क्योंकि प्रारम्भिक स्कूलों के बहुत ही थोड़े छात्र कक्षा चार तक पहुँचते हैं, जिसमें पहुँचने पर ही साक्षरता प्राप्त होने की आशा की जा सकती है। एक तो आधुनिक ग्रामीण वातावरण और फिर देशी भाषाओं में उपयुक्त साहित्य के अभाव के कारण स्कूलों को छोड़ने के बाद छात्रों को साक्षर बनाये रखने की बहुत कम सुविधा रहती है। यथार्थ में साक्षरों के भी निरक्षर हो जाने की ही अधिक सम्भावना है।"

"लड़कियों की प्रारम्भिक शिक्षा में अपव्यय और भी अधिक है। स्त्रियाँ और पुरुषों में साक्षरता तथा शिक्षा की असमानता घटने के स्थान पर बढ़ रही है। धनियों तथा निर्धनों में शिक्षितों के अनुपात की असमानता में भी वृद्धि हो रही है।"

"माध्यमिक शिक्षा में कुछ मामलों में प्रगति हुई है, जैसे अध्यापकों की योग्यता, उनकी दीक्षा और नौकरी की परिस्थितियों में सुधार और माध्यमिक स्कूलों के कार्य-क्षेत्र में अभिवृद्धि। परन्तु इसके संगठन में बड़े दोष हैं। माध्यमिक शिक्षा का उद्देश्य अब भी विश्वविद्यालयों में प्रवेश पाना ही है। प्रवेशिका तथा विश्वविद्यालयों की परीक्षा में बहुत-से असफल विद्यार्थियों को देखकर इस क्षेत्र के अपव्यय का अनुमान होता है। जो थोड़ा-बहुत व्यावसायिक ज्ञानार्जन का प्रबन्ध है, उसका शिक्षा-संगठन से सीधा सम्बन्ध नहीं है, अत: वह भी अधिकतर असफल है।"

"अनेक विश्वविद्यालयों तथा कॉलेजों की शिक्षण-विधियों और अनुसंधान में उन्नति हुई। उनमें अब पहले से कहीं अधिक सामाजिक जीवन का प्रबन्ध भी है। किन्तु भारतवर्ष में यह विश्वास अब भी प्रचलित है कि विश्वविद्यालयों का मुख्य उद्देश्य परीक्षाएँ पास कराना है। हमारी इच्छा है कि विश्वविद्यालय सहिष्णु, आत्मविश्वासी तथा उदार नागरिकों के निर्माण को अपना मुख्य कार्य मानें। जो विश्वविद्यालयों की शिक्षा से समुचित लाभ उठाने में अयोग्य हैं उन छात्रों की भरमार से विश्वविद्यालयों के काम में बहुत अड़चन पड़ती है, अत: छात्रों को छाँटकर भर्ती करना चाहिए।"

तालिका : छात्रों की शैक्षिक संस्थाओं में संख्या (1917-1927)

शिक्षा संस्था/कक्षाएँ	*छात्र संख्या*		*विकास %*
	1917	*1927*	
1. कॉलेजों तथा विश्वविद्यालय	57972	83890	45
2. हाई स्कूल कक्षाएँ	216160	236781	10
3. मिडिल स्कूल कक्षाएँ	3853200	631490	64
4. प्रारम्भिक स्कूल कक्षाएँ	6404201	9247657	44.4

16.3 हर्टाग कमेटी की संस्तुतियाँ
(Recommendations of Hartog Committee)

कमेटी के अपने शब्दों में, "हमें शिक्षा के संगठन के विषय में रिपोर्ट देने के लिए कहा गया था। इस संगठन के प्रत्येक पक्ष पर पुनर्विचार करने एवं उसको शक्तिशाली बनाने की आवश्यकता है। शिक्षा के संगठन के लिए जो संस्थाएँ उत्तरदायी हैं, उनके सम्बन्धों को पुन: निर्धारित करना अनिवार्य है।"

कमेटी ने शिक्षा व्यवस्था के तीनों स्तरों अर्थात् प्राथमिक, माध्यमिक तथा विश्वविद्यालय पर अपने सुझाव दिए।

प्राथमिक शिक्षा पर कमेटी के सुझाव – कमेटी ने यह स्वीकार किया कि यद्यपि प्राथमिक स्तर पर शिक्षा का विस्तार हुआ है तथापि सन्तोषप्रद नहीं है। कमेटी ने इसके दो मुख्य कारण बताए–

1. अपव्यय (Wastage)। 2. अवरोधन (Stagnation)।

अवरोधन तथा अपव्यय – *अपव्यय का अर्थ (Meaning of Wastage)* – "अपव्यय से हमारा अभिप्राय है–प्राथमिक शिक्षा पूर्ण होने से पहले बालकों को स्कूल की किसी भी कक्षा से हटा लेना।"

अवरोधन का अर्थ (Meaning of Stagnation) – "अवरोधन" से हमारा अभिप्राय है–किसी बालक को किसी निम्न कक्षा में एक वर्ष से अधिक अवधि के लिए रोका जाना।"

"अपव्यय" व "अवरोधन" के कारण (Causes of Wastage and Stagnation) – कमेटी के विचार में अपव्यय और अवरोधन के मुख्य कारण अधोलिखित थे–

1. अभिभावकों की निर्धनता के कारण बच्चों का अपनी शिक्षा बीच में छोड़ देना।
2. स्कूल छोड़ने के बाद भी बच्चों को अपने ज्ञान को बनाये रखने के लिए उचित वातावरण उपलब्ध नहीं होता। फलतः उन्होंने जो कुछ भी सीखा होता था उसे वे भूल जाते हैं।
3. ग्रामीण क्षेत्रों में प्रौढ़ शिक्षा की व्यवस्था का अभाव।
4. स्कूलों का अनाकर्षक वातावरण होता है।
5. नीरस शिक्षण विद्याओं का होना।
6. अधिकांश स्कूलों में अध्यापकों का अभाव होने से स्कूलों में शिक्षकों की अपर्याप्त संख्या होने से छात्रों की आवश्यक देखभाल करने में असमर्थ होना।
7. प्राथमिक विद्यालयों के भवन दोषयुक्त होना। उनमें पर्याप्त स्थान का अभाव।
8. धार्मिक तथा जातीय भेदभाव के कारण बच्चों का दूसरे धर्म अथवा जाति द्वारा संचालित स्कूलों में न जाना।
9. स्कूलों का वितरण वैज्ञानिक न होना। कहीं-कहीं पर बहुत दूर-दूर स्कूल तो कहीं-कहीं एक छोटे से क्षेत्र में अनेक स्कूल।
10. कहीं-कहीं भाषा की समस्या का होना।
11. रुढ़िवादी अभिभावकों का या तो बालिकाओं की शिक्षा के प्रति उदासीन रहना है या उन्हें बालकों के साथ पढ़ाने में हिचकिचाना। उनका पृथक् विद्यालयों के समर्थक होना। बालकों का अपने माता-पिता को कार्य में सहायता देना। अतः उन्हें स्कूल जाने से बहुधा रोका जाना।
12. प्रत्येक ग्राम में प्राथमिक विद्यालय का न होना। बालकों को एक ग्राम से दूसरे ग्राम में स्थित विद्यालय को जाने में असुविधा और कठिनाई का होना।
13. प्राथमिक विद्यालयों में जो शिक्षक कार्य कर रहे हैं, उनमें प्रशिक्षण और आवश्यक योग्यता का अभाव होना।
14. प्राथमिक विद्यालयों में उपयुक्त शिक्षण-सामग्री और पर्याप्त स्थान के अभाव का होना।
15. प्राथमिक विद्यालयों का पाठ्यक्रम दोषपूर्ण होना।
16. ग्राम-विद्यालयों के लिए अध्यापकों का कठिनता से उपलब्ध होना। जहाँ तक अध्यापिकाओं का प्रश्न है, उनकी उपलब्धि और भी कठिन।
17. अध्यापकों के अभाव के कारण कुछ विद्यालयों का नियमित रूप से न चलना।
18. अधिकांश प्राथमिक स्कूलों में एक ही अध्यापक का होना जिसे सब विषयों को पढ़ाना।

19. ग्रामीण जनता का अशिक्षित होने के कारण शिक्षा के महत्त्व को न समझना। अत: बालकों को विद्यालय भेजना व्यर्थ समझना।

16.4 अपव्यय तथा अवरोधन को रोकने के सुझाव तथा सिफारिशें (Suggestions and Recommendations in Preventing Wastage and Stragnation)

अपव्यय और अवरोधन के कारणों को दूर करने और प्राथमिक शिक्षा की उन्नति करने के लिए निम्नलिखित विचार व्यक्त किए–

1. प्राथमिक स्कूलों की संख्यात्मक वृद्धि की अपेक्षा गुणात्मक उन्नति पर बल दिया जाना चाहिए।
2. प्राथमिक शिक्षा को सुदृढ़ बनाने की नीति का अनुसरण किया जाए।
3. उन विद्यालयों को जो छोटे हैं, जिनमें छात्रों की संख्या कम है और जिनमें शिक्षण की उचित व्यवस्था नहीं है, उनको समाप्त कर दिया जाए।
4. प्राथमिक स्कूलों में शिक्षा की अवधि कम-से-कम 4 वर्ष की जाए और उनके शिक्षण-स्तर का उन्नयन किया जाए।
5. प्राथमिक स्कूलों के पाठ्यक्रम को उदार एवं व्यावहारिक और वातावरण एवं परिस्थिति के अनुकूल बनाया जाए।
6. प्राथमिक स्कूलों के शिक्षण का समय, छुट्टियों और अन्य कार्यक्रमों को स्थानीय ऋतुओं और आवश्यकताओं के अनुसार निश्चित किया जाए।
7. प्राथमिक स्कूलों की निम्नतम कक्षा के प्रति विशेष ध्यान दिया जाना चाहिए और उसमें होने वाले "अपव्यय" एवं "अवरोधन" का निराकरण करने के लिए पूर्ण प्रयास किया जाए।
8. प्राथमिक स्कूलों में अध्ययन करने वाले छात्रों में स्वच्छता, स्वास्थ्य, सहकारिता, आत्म-विश्वास आदि गुणों का विकास किया जाए।
9. प्राथमिक स्कूलों को मनोरंजन, ग्राम-सुधार, वयस्क-शिक्षा और साधारण चिकित्सा के केन्द्र बनाया जाए।
10. शिक्षकों के शिक्षण-स्तर का उन्नयन करने के लिए, उनके प्रशिक्षण-काल में वृद्धि की जाए।
11. शिक्षकों के वेतन में वृद्धि और उनकी कार्य करने की दशाओं में सुधार करके, योग्य व्यक्तियों को शिक्षण-कार्य के प्रति आकृष्ट किया जाए।
12. प्रशिक्षण-विद्यालयों में सुधार किया जाना चाहिए और उनमें "अभिभावकों-पाठ्यक्रमों" की योजना आरम्भ की जाए।
13. स्कूलों की निरीक्षण प्रणाली को वैज्ञानिक रूप प्रदान किया जाए।
14. स्कूल भवन तथा शिक्षण विधियों को आकर्षक तथा सरस बनाया जाए।
15. प्राथमिक शिक्षा को पूर्णतया स्थानीय संस्थाओं पर न छोड़ा जाए।

माध्यमिक शिक्षा संबंधी हर्टाग कमेटी की संस्तुतियाँ – हर्टाग कमेटी ने माध्यमिक शिक्षा के दो प्रमुख दोष बताए–(1) मेट्रीकुलेशन परीक्षा की प्रधानता, (2) अनुत्तीर्ण होने वाले छात्रों की विशाल संख्या।

माध्यमिक शिक्षा को इन दोषों से मुक्त करने के लिए निम्नांकित सुझाव दिए–

1. मिडिल स्कूलों का पाठ्यक्रम इतना संकीर्ण है कि उसका अध्ययन करने के पश्चात् छात्र किसी भी जीवनोपयोगी कार्य को नहीं कर सकते। अतः पाठ्यक्रम का विस्तार किया जाए। उनमें इस प्रकार के विषयों को स्थान दिया जाए, जो छात्रों को धन का उपार्जन करने में सहायता दे।

2. मिडिल स्कूल का पाठ्यक्रम समाप्त करने के पश्चात् छात्रों की परीक्षा ली जाए और उसमें उत्तीर्ण होने वाले छात्रों को उन उद्योगों एवं व्यवसायों की शिक्षा दी जाए, जिनके लिए उनको उपयुक्त समझा जाए।

3. हाईस्कूल के पाठ्यक्रम में औद्योगिक एवं व्यावसायिक विषयों का समावेश किया जाए और छात्रों को उनका अध्ययन करने के लिए प्रेरित किया जाए।

4. हाईस्कूल के पाठ्यक्रम में इस प्रकार के वैकल्पिक विषयों का समावेश किया जाए, जिनसे छात्रों को लाभ हो और जिनका चयन वे अपनी व्यक्तिगत रुचियों के अनुसार कर सकें।

5. शिक्षा के स्तर का उन्नयन करने के लिए अध्यापकों के प्रशिक्षण की उपयुक्त व्यवस्था की जाए।

6. प्रशिक्षण-विद्यालयों की वर्तमान स्थिति में सुधार करने, उनमें शिक्षण की नवीनतम विधियों का प्रयोग किया जाए।

7. प्रशिक्षण-विद्यालयों में स्कूलों के अध्यापकों के लिए "अभिनवन-पाठ्यक्रम" (Refresher Courses) की योजना आरम्भ की जाए।

8. शिक्षकों के वेतन और सेवा की शर्तों में सुधार करके, शिक्षा की गुणात्मक उन्नति के कार्य को सफल बनाया जाए।

9. इस समय गैर-सरकारी स्कूलों में शिक्षकों की नियुक्ति 9 माह के लिए की जाती है, ताकि स्कूलों के प्रबन्धक ग्रीष्मावकाश का वेतन बचा लें। इसके अलावा शिक्षक और प्रबन्धक के मध्य किसी प्रकार का लिखित संविदा (Agreement) नहीं होता है। अतः शिक्षक को अल्प समय का नोटिक देकर अपने पद से हटा दिया जाता है। इन सब दोषों को दूर करके शिक्षक के पद को सुरक्षित बनाया जाए।

विश्वविद्यालय शिक्षा संबंधी हर्टाग कमेटी की सिफारिशें – ***विश्वविद्यालयों में दोष*** – हर्टाग कमेटी ने विश्वविद्यालय शिक्षा में निम्न दोष बताए–

1. ऑनर्स पाठ्यक्रम की अनुपयुक्त व्यवस्था। 2. फेल होने वाले छात्रों की संख्या में वृद्धि। 3. स्नातकों में बढ़ती हुई बेरोजगारी। 4. उपयुक्त पुस्तकालयों का अभाव। 5. प्रयोगशालाओं में उपकरणों आदि की कमी।

विश्वविद्यालयों में सुधार के उपाय – हर्टाग कमेटी ने विश्वविद्यालय शिक्षा को उक्त दोषों से रहित करने के विचार से निम्नलिखित सुझाव दिए–

1. विश्वविद्यालयों के शिक्षा-स्तर का उन्नयन किया जाए।

2. उच्च शिक्षा प्रदान करने के लिए शिक्षण एवं एकात्मक (Teaching & Unitary) विश्वविद्यालय सर्वोत्तम होते हैं। परन्तु, भारत की परिस्थितियों को देखते हुए, अभी सम्बद्धक (Affiliating) विश्वविद्यालयों की पर्याप्त समय तक आवश्यकता रहेगी। अत: देश में दोनों प्रकार के विश्वविद्यालयों को प्रोत्साहन दिया जाए।

3. विश्वविद्यालयों में प्रवेश करने के नियमों को कड़ा बनाया जाए और उनमें केवल उन्हीं छात्रों को प्रवेश दिया जाए जो उच्च शिक्षा ग्रहण करने की योग्यता रखते हों।

4. विश्वविद्यालयों में सुसज्जित प्रयोगशालाओं, उत्तम पुस्तकालयों और उच्च कोटि के अनुसंधान-कार्यों की अनिवार्य रूप से उचित व्यवस्था की जाए।

5. विश्वविद्यालयों में "ऑनर्स कोर्सों" के शिक्षण का उपयुक्त प्रबंध किया जाए "पास कोर्स" से पृथक् रखा जाए। "ऑनर्स कोर्स" की सफलता के लिए विश्वविद्यालय और उससे सम्बद्ध कॉलेजों के शिक्षकों पर सम्मिलित उत्तरदायित्व डाला जाए।

6. स्नातकों की बढ़ती हुई बेरोजगारी की समस्या का हल करने के लिए, विश्वविद्यालयों में औद्योगिक शिक्षा के पाठ्यक्रम का प्रचलन किया जाए। इस शिक्षा को प्राप्त करने वाले विद्यार्थियों को सरकार द्वारा नौकरियाँ दी जाएँ।

7. स्नातकों को अपनी योग्यता के अनुकूल नौकरियाँ प्राप्त करने में सहायता देने के लिए, विश्वविद्यालयों में रोजगार के कार्यालयों (म्उचसवलउमदज ठनतमंने) की स्थापना की जाए।

8. विश्वविद्यालयों का एक महत्त्वपूर्ण उद्देश्य जनसाधारण में ज्ञान का विस्तार करना है। इस उद्देश्य की प्राप्ति के लिए विश्वविद्यालयों में व्याख्यानमालाओं की नियोजित रूप से योजना आरम्भ की जाए।

16.5 हर्टाग कमेटी का मूल्यांकन
(Evaluation of Hartog Committee's Recommendations)

हर्टाग कमेटी ने प्राथमिक स्तर पर दो दोषों, अर्थात् अपव्यय तथा अवरोधन, पर विस्तारपूर्वक प्रकाश डाला तथा सरकार और शिक्षा से संबंधित वर्गों का ध्यान इस ओर आकृष्ट किया। आज के सन्दर्भ में भी इन दोषों की चर्चा में हर्टाग कमेटी का स्मरण होता है। यह अत्यन्त खेद का विषय है कि हर्टाग कमेटी के सुझावों पर पर्याप्त बल नहीं दिया गया। स्थिति आज भी उतनी ही गम्भीर है, जितनी उस समय थी।

आमतौर पर हर्टाग कमेटी के शिक्षा के गुणात्मक सुझाव की भारतीयों ने निन्दा की क्योंकि वह संख्यात्मक विकास चाहते थे। वे देश में साक्षरता की बढ़ोतरी चाहते थे।

दूसरी ओर कुछ शिक्षाविदों का कहना है कि शिक्षा में गुणात्मक संबंधी सुझाव भारत के हित में थे।

1930-31 में विश्वभर में आर्थिक संकट आया तथा परिणामस्वरूप भारत भी आर्थिक संकट से गुजरा। शिक्षा पर उचित मात्रा में व्यय नहीं किया जा सका।

चूंकि साइमन कमीशन का भारतीयों ने बहिष्कार किया था इस कारण इस कमेटी की सिफारिशों को भी उसी दृष्टिकोणों से लिया गया।

17

वर्धा शिक्षा योजना/बेसिक शिक्षा/बुनियादी शिक्षा/नई तालीम (1937)

(Wardha Scheme of Education/Basic Education/ Buniyadi Shiksha/Nai Talim, 1937)

17.1 वर्धा शिक्षा योजना का अर्थ (Meaning of Wardha Scheme of Education)

वर्धा शिक्षा योजना वह शिक्षा योजना है जिसका सूत्रपात महाराष्ट्र के वर्धा नगर में महात्मा गाँधी द्वारा बुलाए गए राष्ट्रीय कार्यकर्त्ताओं के शिक्षा संबंधित सम्मेलन में हुआ तथा जिसकी विस्तृत रूपरेखा जाकिर हुसैन कमेटी द्वारा बनाई गई। यह सम्मेलन अक्तूबर 1937 में सम्पन्न हुआ था तथा कमेटी की रिपोर्ट मार्च 1938 में प्रकाशित हुई। इस रिपोर्ट को भारतीय राष्ट्रीय कांग्रेस के हरिपुरा सम्मेलन द्वारा, जो उसी मास में हुआ, स्वीकृति मिली।

वर्धा शिक्षा योजना का आधार शिक्षा को राष्ट्रीय जीवन से जोड़ना था तथा इसे स्वावलम्बी बनाना था। शिक्षा द्वारा गाँधी जी देश में अहिंसात्मक क्रान्ति लाना चाहते थे। वे एक महान् राजनायिक, स्वतन्त्रता सेनानी, समाजसेवक, चिन्तक एवं उच्च कोटि के शिक्षाशास्त्री थे। उनका दृढ़ विश्वास था कि शिक्षा ही एक ऐसा माध्यम है जिससे भारतीय समाज के सभी वर्ग उन्नति कर सकते हैं। शिक्षा के विभिन्न पक्षों पर गहन चिन्तन किया। शिक्षा पर अनेक लेख लिखे तथा पुस्तकें भी लिखीं। देश के प्रमुख शिक्षाविदों से विचार-विमर्श किया। अन्त में शिक्षा पद्धति को एक नई दिशा देने के प्रयास किए।

17.2 मैकॉले द्वारा प्रतिपादित अंग्रेजी शिक्षा प्रणाली के दोष तथा वर्धा शिक्षा योजना का प्रतिपादन (Defects of Macaulay's British System of Education and Formulation of Wardha Education System)

गाँधी जी का विश्वास था कि अंग्रेजों द्वारा प्रचलित की गई शिक्षा प्रणाली देश के अनुकूल नहीं थी। उन्होंने लिखा-"मुझे इस बात का निश्चय हो चुका है कि शिक्षा की वर्तमान प्रणाली केवल व्यर्थ ही नहीं, बल्कि निश्चित रूप से हानिकारक है। बहुत से लड़के अपने माता-पिता तथा व्यवसाय को त्याग देते हैं, जहाँ वे उत्पन्न हुए थे। वे बुरी आदतें ग्रहण

करते हैं, शहरी रंग-ढंग से प्रभावित होते हैं और किसी वस्तु का थोड़ा सा ज्ञान प्राप्त करते हैं, जो शिक्षा के अतिरिक्त कुछ भी हो सकता है।" गाँधी जी ने जोर देकर कहा–'शिक्षा का वर्तमान ढाँचा किसी भी रूप में देश की आवश्यकताओं को पूरा नहीं करता। उच्च शिक्षा के सभी क्षेत्रों में अंग्रेजी को माध्यम बना दिया गया है, जिससे थोड़े से अधिक शिक्षित व अनेक अशिक्षित लोगों के बीच स्थायी अंतर आ गया है। व्यावसायिक प्रशिक्षण न होने से शिक्षित वर्ग किसी उत्पादक कार्य के अयोग्य हो गया है। इससे उन्हें शारीरिक रूप से भी नुकसान पहुँचा है। प्राथमिक शिक्षा पर व्यय किया गया धन सर्व व्यर्थ है; क्योंकि जो कुछ थोड़ा पढ़ाया जाता है, वह शीघ्र भुला दिया जाता है और ग्रामों तथा शहरों के लिए थोड़ा या बिल्कुल ही कोई मूल्य नहीं रहता अर्थात् इसका कोई महत्त्व नहीं होता।

गाँधी जी फिर लिखते हैं–"अब तक हम केवल बालकों के मस्तिष्कों में प्रत्येक प्रकार का ज्ञान भरने के लिए ही ध्यान देते रहे हैं और अब हमें यह बंद कर देना उचित होगा, तथा उन के समुचित विकास के लिए उचित शिक्षा की व्यवस्था करनी चाहिए।"

17.3 गाँधीजी के विचार में शिक्षा का अर्थ (Views of Gandhi ji on Education)

"शिक्षा से मेरा अभिप्राय है, बालक और मनुष्य के शरीर, मस्तिष्क और आत्मा में पाए जाने वाले सर्वोत्तम गुणों का चतुर्मुखी विकास......साक्षरता ही अपने आप में शिक्षा नहीं है। अत: मैं बालक की शिक्षा का आरंभ उसे कोई उपयोगी उद्योग सिखाने के साथ करूँगा, ताकि वह अपने प्रशिक्षण के आरंभ करने से ही कुछ उत्पादन कर सके। इस प्रकार प्रत्येक पाठशाला को आत्मनिर्भर बनाया जा सकता है। शर्त केवल यह है कि सरकार इन पाठशालाओं को स्थापित करने का भार अपने ऊपर ले।" गाँधी जी ने शिक्षा द्वारा भारत में आर्थिक्र एवं सामाजिक परिवर्तन लाने पर बल दिया।

गाँधीजी का विश्वास था कि इस प्रकार की शिक्षा प्रणाली द्वारा ही बालक के मस्तिष्क और आत्मा का विकास संभव है। प्रत्येक उद्योग की शिक्षा देनी है। यह मशीन भाँति नहीं जैसा कि आजकल होता है, बल्कि वैज्ञानिक ढंग से वह शिक्षा दी जानी चाहिए। बालक को प्रत्येक क्रिया के 'क्यों और किसलिए' आदि का ज्ञान होना चाहिए। मानसिक प्रेरणा का साधन शारीरिक प्रशिक्षण होना चाहिए।

17.4 तत्कालीन शिक्षा प्रणाली के प्रमुख दोष (Major Defects of the Prevailing System of Education)

वर्धा शिक्षा पद्धति के जन्म के समय जो शिक्षा पद्धति चल रही थी, उसके प्रमुख दोष निम्नलिखित थे–

1. शिक्षा जीवन से दूर थी। 2. शिक्षा का आदर्श संकुचित था। 3. शिक्षा केवल सैद्धान्तिक थी। 4. सार्वभौमिक शिक्षा का अभाव था। 5. शिक्षा में व्यापक अपव्यय तथा अवरोधन था। 6. अनिवार्य शिक्षा का अभाव था। 7. प्राथमिक शिक्षा नि:शुल्क नहीं थी। 8. छात्र पुन: निरक्षर हो जाते थे। 9. शिक्षा छात्रों के एकांगी विकास पर बल देती थी। 10. शिक्षा में स्वावलम्बन का अभाव था। 11. शिक्षा वर्ग भेद को जन्म देने वाली थी।

12. शिक्षा में सामाजिकता तथा नागरिकता का अभाव था। 13. शिक्षा व्यक्ति को अपंग बनाने वाली थी। 14. शिक्षा में श्रम की महत्ता न थी। 15. गाँवों की समस्याओं के अनुसार शिक्षा नहीं थी। 16. शिक्षा में मातृभाषा की उपेक्षा की जाती थी। 17. शिक्षा मनोवैज्ञानिक सिद्धान्तों की अवहेलना करती थी। 18. स्त्री शिक्षा की उपेक्षा की जाती थी। 19. शिक्षा भारतीय संस्कृति की अवहेलना करती थी।

17.5 वर्धा सम्मेलन में गाँधीजी के भाषण के कुछ महत्त्वपूर्ण अंश (अक्तूबर 22, 23, 1937)

(Extracts from Gandhiji's Speech at Wardha Conference)

"जो विचार में आपके सामने रखना चाहता हूँ, उनको कहने का ढंग नया है, यद्यपि उन विचारों के सम्बन्ध में मेरा अनुभव पुराना है। मेरा प्रस्ताव प्रारम्भिक तथा कॉलेज-शिक्षा दोनों के बारे में है किन्तु प्रारम्भिक शिक्षा पर हमें अधिक ध्यान देना है। माध्यमिक शिक्षा को मैंने प्रारम्भिक शिक्षा के अंतर्गत मान लिया है क्योंकि ग्रामीणों के एक अंश ही को यह शिक्षा उपलब्ध है।"

"मेरा दृढ़ विचार है कि प्रारम्भिक शिक्षा के संगठन में अपव्यय ही नहीं है, अपितु वह निश्चित ही हानिकारक है। अधिकांश लड़के अपने अभिभावकों और खानदानी उद्योगों के काम के नहीं रह जाते। वे बुरी आदतें सीख जाते हैं, शहरवालों के ढंगों की नकल करते हैं और थोड़ी सी बातें पढ़ लेते हैं। यह सब और कुछ भी हो, शिक्षा नहीं है। अब प्रश्न यह उठता है कि प्रारम्भिक शिक्षा का स्वरूप केसा हो? मेरे विचार में व्यावसायिक अथवा हस्त-कलाओं द्वारा शिक्षा देने से ही सुधार सम्भव है। मुझे टॉल्स्टॉय-फार्म में अपने पुत्रों तथा अन्य बच्चों को लकड़ी तथा चमड़े के काम द्वारा पढ़ाने का अनुभव है।"

"मेरी योजना का उद्देश्य तथा कथित उदार शिक्षा के साथ केवल कुछ हस्तकलाएँ सिखाना ही नहीं है। मैं चाहता हूँ कि सम्पूर्ण शिक्षा किसी हस्तकला अथवा उद्योग के माध्यम से दी जावे। मध्यकाल में उद्योगों की शिक्षा उन्हीं में कुशलता प्राप्त करने के लिए थी, और बुद्धि को विकसित करने का कोई प्रयास न होता था। इसी कारण उन उद्योगों का ह्रास हो गया।"

"प्रायोगिक शिक्षा द्वारा किसी उद्योग के नियमों तथा कला को सिखाने और उसी के द्वारा सम्पूर्ण शिक्षा देने से ही सुधार होगा। तकली से कताई सिखाने में कपासों की किस्में, उनके लिए उपयुक्त भारतीय प्रान्तों में भूखण्ड, इस उद्योग के ह्रास का इतिहास, गणित आदि की शिक्षा भी निहित है। मैं तकली को विशेष स्थान देता हूँ क्योंकि यह उद्यम भारतवर्ष भर में सिखाया जा सकता है।......1920 ई. की रचनात्मक खादी-योजना ही से सात प्रांतों में कांग्रेसी मंत्रिमण्डल बने हैं, और उनकी सफलता भी इसे कार्यरूप देने पर निर्भर है।"

"प्रारम्भिक शिक्षा में सफाई, हाईजीन, भोजन इत्यादि के साधारण नियमों के ज्ञान के साथ ही लड़कों को अपना काम स्वयं करने तथा माता-पिता की सहायता करने की शिक्षा देना भी आवश्यक है। वर्तमान पीढ़ी के लड़के सफाई और स्वावलम्बन से अनभिज्ञ हैं तथा उनका स्वास्थ्य दुर्बल है। अत: मैं संगीत के साथ ड्रिल द्वारा अनिवार्य शारीरिक शिक्षा का हिमायती हूँ।"

"मेरी योजना के आलोचक कहते हैं कि मैं उदार शिक्षा का विरोधी हूँ। यह विचार मुझ से बहुत दूर है। मैं तो उदार शिक्षा देने का मार्ग दिखाना चाहता हूँ। ....यह भी कहा जाता है कि हम बच्चों के श्रम से बेजा लाभ उठाना चाहते हैं और इस पद्धति में बड़ा अपव्यय होगा (अर्थात्

बहुतेरे बच्चे शिक्षा प्राप्त करने में असमर्थ रहेंगे। अनुभव इसे असत्य सिद्ध करता है। जहाँ तक बच्चों पर भार डालने अथवा उनके श्रम से बेजा लाभ उठाने का प्रश्न है, मैं पूछता हूँ कि क्या विपत्ति (बेकारी) से बचाना उन पर भार डालना है? तकली अच्छा खिलौना है, उत्पादक होने ही से क्या वह खिलौना नहीं रह जाता? बच्चे एक सीमा तक अपने माता-पिता के कारोबार में हाथ बँटाते ही हैं। अत: जब बच्चे सूत कातेंगे और कृषि-कार्यों में अपने माता-पिता की सहायता करेंगे तो उनमें यह भावना भी आ जाएगी कि वे अपने माता-पिता के ही नहीं हैं वरन् ग्राम तथा देश का भी उन पर अधिकार है और उन्हें उनका ऋण भी चुकाना चाहिए। यही एक मार्ग है। बच्चे शिक्षा-वितरण से आश्रित हो जायेंगे, किन्तु यदि वे अपने श्रम से अपनी शिक्षा का व्यय चुकावेंगे तो आत्मनिर्भर तथा साहसी होंगे। यही पद्धति हिन्दू, मुस्लिम, पारसी, ईसाई सभी के लिये होगी। लोग पूछते हैं कि मैं धार्मिक शिक्षा पर बल क्यों नहीं देता? मेरा कहना है कि मैं तो उन्हें स्वावलम्ब का व्यावहारिक धर्म सिखा रहा हूँ।"

"मेरी समझ में इस शिक्षा की कुशलता की कसौटी इसे स्वावलम्बी बनाना है। सात वर्ष के बाद बच्चों को अपनी शिक्षा पर किया गया व्यय चुका देना चाहिए और स्वयं कमाऊ बन जाना चाहिए।"

"कॉलेज-शिक्षा अधिकांशतया नगरों का प्रश्न है। मैं यह तो न कहूँगा कि प्रारम्भिक शिक्षा के समान यह भी पूर्णतया असफल सिद्ध हुई है किन्तु फिर भी फल यथेष्ट मात्रा में निराशाजनक हैं। एक भी ग्रैजुएट बेकार क्यों रहे?"

"यदि हम साम्प्रदायिक विद्वेष अन्तर्राष्ट्रीय झगड़ों को मिटाना चाहते हैं तो हमें नींव सुदृढ़ तथा शुद्ध रखनी चाहिए और उसके लिए नई पीढ़ी को मेरी योजना के अनुसार शिक्षा मिलनी चाहिए। इस योजना का आधार अहिंसा है। हमें अपने बच्चों को अपनी संस्कृति, अपनी सभ्यता और अपनी राष्ट्रीय प्रतिभा का यथार्थ प्रतिनिधि बनाना है। यह उन्हें स्वावलम्बी प्रारम्भिक शिक्षा दिये बिना असम्भव है। यूरोप का आदर्श हमारे लिये अनुपयुक्त है क्योंकि वहाँ की सभ्यता हिंसा और बेजा लाभ उठाने (Exploitation) पर निर्धारित है। हम बेजा लाभ उठाने की बात न तो सोच सकते हैं और न सोचेंगे। अत: अहिंसा पर आश्रित शिक्षा के अतिरिक्त हमारे पास कोई चारा नहीं है।"

17.6 वर्धा सम्मेलन में पारित प्रस्ताव (Resolution Passed in Wardha)

1. राष्ट्र के प्रत्येक बच्चे को 7 वर्ष तक नि:शुल्क एवं अनिवार्य शिक्षा प्रदान की जाए। 2. शिक्षा का माध्यम मातृभाषा हो। 3. इस सम्पूर्ण काल में शिक्षा किसी हस्तकला अथवा उत्पादक कार्य के माध्यम से दी जाए। अन्य विषय इस केन्द्रीय कार्य से संबंधित किए जाएँ। बच्चों की सभी योग्यताओं का विकास अथवा उनको दिया जाने वाला शिक्षण उनके पूर्ण वातावरण से संबंधित हो। 4. सम्मेलन को आशा है कि धीरे-धीरे शिक्षा की इस प्रणाली से शिक्षकों का वेतन निकलने लगेगा।

17.7 जाकिर हुसैन समिति 1937-38 की रिपोर्ट (Zakir Husain Committee Report)

जाकिर हुसैन समिति के नौ सदस्य थे। समिति ने बेसिक शिक्षा को उपयुक्त मानकर संस्तुतियाँ दीं।

जैसा कि पहले लिखा जा चुका है जाकिर हुसैन समिति के प्रतिवेदन को कांग्रेस के हरिपुरा अधिवेशन (Haripura Session) में रखा गया और उसमें स्वीकृति की मुहर लग गई। इस प्रकार देश ने इस समिति के प्रतिवेदन को स्वीकार कर लिया।

17.8 वर्धा शिक्षा योजना द्वारा स्वीकृत पाठ्यक्रम (Curriculum Adopted by Wardha Scheme of Education)

वर्धा शिक्षा योजना में नीचे लिखे पाठ्य-विषयों का समावेश किया गया है–

1. **हस्तोद्योग**–कातना, बुनना, गत्ते का काम, चमड़े का काम, काष्ठ-कर्म, फल-सब्जियाँ उगाना, खेतीबाड़ी अथवा स्थानीय भौगोलिक परिस्थितियों के अनुसार कोई भी अन्य हस्तोद्योग जिसमें शिक्षा देने की सम्भावनाएँ हों। 2. मातृभाषा। 3. सामाजिक अध्ययन (इतिहास, भूगोल तथा नागरिकशास्त्र)। 4. सामान्य विज्ञान (वनस्पति-ज्ञान, पशु-विज्ञान, शरीर-विज्ञान तथा स्वास्थ्य-विज्ञान का सम्मिलित पाठ्यक्रम)। 5. अंकगणित। 6. संगीत। 7. चित्रांकन। 8. हिन्दुस्तानी। 9. गृह-विज्ञान।

इस शिक्षा योजना के अनुसार पाँचवीं कक्षा तक सह-शिक्षा होगी। अतएव इस प्रक्रम तक बालकों और कन्याओं का पाठ्यक्रम एक-जैसा रहेगा। छठी कक्षा से पाठ्यक्रम में परिवर्तन आयेगा और कन्याओं के पाठ्यक्रम में गृह-विज्ञान को सम्मिलित कर लिया जाएगा।

समय सारणी (Time Table)

बुनियादी पाठशालाओं की दैनिक समय सारणी इस प्रकार है–

विषय	*समय*
1. हस्तोद्योग	3 घण्टे 20 मिनट
2. मातृभाषा	40 "
3. संगीत, चित्रांकन तथा अंकगणित	40 "
4. सामाजिक अध्ययन तथा सामान्य विज्ञान	30 "
5. शारीरिक शिक्षा	10 "
6. खेलकूद	10 "
	कुल समय = 5 घण्टे, 30 मिनट

17.9 वर्धा शिक्षा योजना के पाठ्यक्रम में कालान्तर में परिवर्तन (Changes in Curriculum of Wardha Education Scheme in Due Course)

समय-समय पर परिवर्तनों के पश्चात् निम्नलिखित पाठ्यक्रम अपनाया गया।

विषय	*समय*
1. शारीरिक क्रियाएँ	20 मिनट
2. मातृभाषा	40 मिनट
3. सामाजिक ज्ञान तथा सामाजिक विज्ञान	60 मिनट
4. कला	40 मिनट
5. गणित	20 मिनट
6. हस्तकला तथा उससे सम्बन्धित विषय	150 मिनट
कुल समय	330 = 5 ½ घण्टे

अन्य विवरण – (क) 8 वर्ष की अनिवार्य निःशुल्क शिक्षा–प्राथमिक स्तर 5 वर्ष और माध्यमिक स्तर 3 वर्ष का होगा। (ख) शिक्षा का माध्यम मातृभाषा होगा। (ग) हस्तकला शिक्षा का आधार होगा। हस्तकला के अतिरिक्त बालक के सामाजिक और भौतिक वातावरण का शिक्षा से सम्बन्ध स्थापित करना होगा। (घ) परीक्षा का आधार दैनिक कार्य बनाया जाए। (च) यथासम्भव पाठ्य-पुस्तकों के प्रयोग को समाप्त किया जाए। (छ) सफाई, स्वास्थ्य, नागरिकता, खेल और मनोरंजन को शिक्षा में पर्याप्त स्थान दिया जाए।

17.10 वर्धा शिक्षा योजना की समीक्षा (Evaluation of Wardha Scheme of Education)

बुनियादी तालीम के मुख्य गुण (Chief Merits of Basic Education) – 1. ***शिक्षा का आधार बालक*** – बुनियादी तालीम बालक को शिक्षा का आधार मानती है इसलिए उसकी आवश्यकता का अध्ययन करना और उसे उन्हें उपलब्ध कराना स्वीकार किया है। रूसो, पैस्टोलोजी, फ्रोबेल, हरबर्ट, ड्यूवी जैसे महान् शिक्षाशास्त्रियों ने भी शिक्षा में इस बात पर बल दिया है कि बच्चों की आवश्यकताओं और रुचियों को विशेष महत्त्व दिया जाए।

2. ***क्रिया द्वारा शिक्षा***–क्रिया द्वारा शिक्षा बुनियादी तालीम का आधार है। यह सोचना भारी भूल है कि पुस्तकों से ही शिक्षा प्राप्त होती है। ज्ञान-प्राप्ति में दूसरी प्रणालियाँ और साधन अधिक सहायक होते हैं। गांधी जी का विश्वास था कि स्कूल क्रियात्मक होना चाहिए। बुनियादी तालीम में बच्चे एक महत्त्वपूर्ण और उद्देश्यपूर्ण क्रिया के साथ औपचारिक विषयों का ज्ञान भी प्राप्त करते हैं।

3. ***बुनियादी तालीम में हस्तकला, शिक्षा का आधार***–हस्तकला बुनियादी तालीम का माध्यम है। गाँधी जी ने कहा है कि मेरा हस्तकला सिखाने का सुझाव केवल उत्पादकता बढ़ाने के लिए नहीं है वरन् इसके द्वारा बालकों की अभिरुचियों को विकसित करना है। उनके विचारानुसार समस्त शिक्षा का आधार हस्तकला अथवा उद्योग होना चाहिए।

4. ***आत्मनिर्भरता***–इस योजना का एक गुण सीखने के साथ आय प्राप्त करना भी है। भारत जैसे निर्धन देश में बुनियादी तालीम के 'आत्मनिर्भर' तत्त्व का स्कूलों में एक महत्त्व है। स्कूलों को बिना आत्मनिर्भर बनाए संविधान में प्रस्तावित अनिवार्य और निःशुल्क शिक्षा की व्यवस्था कठिन प्रतीत होती है।

5. ***सम्पूर्ण शिक्षा***–बुनियादी तालीम में शिक्षा को सम्पूर्ण ज्ञान माना गया है। समस्त शिक्षा का पाठ्यक्रम तीन पहलुओं पर आधारित है–भौतिक वातावरण, सामाजिक वातावरण और हस्तकला कार्य।

6. ***शिक्षा का जीवन से सम्बन्ध***–बुनियादी स्कूल का वातावरण सामाजिक जीवन के वातावरण से भिन्न नहीं है। शिक्षा का सम्बन्ध जीवन की आवश्यकताओं से है।

7. ***नागरिकता का प्रशिक्षण***–बुनियादी तालीम का उद्देश्य क्रियात्मक क्रियाओं द्वारा बालकों में सद्भावना, सहयोग, नागरिकता के गुण, व्यक्तिगत उत्तरदायित्व और निपुणता जैसे मूल्य उत्पन्न करना है।

8. **आठ वर्ष की अनिवार्य और निःशुल्क शिक्षा**–अनिवार्य और निःशुल्क शिक्षा का अर्थ यह है कि माता-पिता को कोई शुल्क नहीं देना होगा और वे बच्चों को स्कूल भेजेंगे।

गाँधीजी ने लिखा है कि प्राथमिक शिक्षा का समय सात वर्ष होगा और इसका स्तर अंग्रेजी को छोड़कर मैट्रिक के बराबर होगा। बाद में यह समय 8 वर्ष कर दिया गया।

9. ***मातृभाषा का महत्त्व***–गाँधीजी ने कहा था कि मातृभाषा द्वारा ही उचित शिक्षा दी जा सकती है। विदेशी भाषा के माध्यम द्वारा हम मौलिक कार्यों के अयोग्य हो जाते हैं। इससे केवल हम रटना और अंकगणित करना ही सीखते हैं। जब तक मनुष्य मातृभाषा में प्रभावपूर्ण लिखना और बोलना नहीं सीखता उसके विचारों में स्पष्टता नहीं आती। इसके द्वारा ही बालक को गौरवपूर्ण अतीत की जानकारी कराई जाती है। इस प्रकार उसे सामाजिक शिक्षा मिलती है, जिसके द्वारा नैतिक गुणों का विकास होता है। इतना ही नहीं, मातृभाषा अपने भावों को व्यक्त करने का एक अच्छा साधन है।

10. ***अध्यापक और बालक को अधिक स्वतंत्रता***–बुनियादी तालीम में अनुशासन का अर्थ भय नहीं है वरन् स्वतन्त्रता का उचित प्रयोग करना है। अध्यापक को स्वयं सोचने और प्रयोग करने के अधिक अवसर मिलते हैं और इस प्रकार वह अपने विचारों और योजनाओं को क्रियात्मक रूप दे सकता है।

11. ***बुनियादी तालीम किसी एक वर्ग के लिए नहीं है***–बुनियादी तालीम का उद्देश्य एक ऐसे समाज का निर्माण करना है जिसमें गरीब-अमीर का अन्तर नहीं होगा।

12. ***ग्रामीण और नगर क्षेत्रों में बुनियादी तालीम***–यह सोचना भूल है कि बुनियादी तालीम गाँव के लिए है। बुनियादी तालीम राष्ट्रीय शिक्षा प्रणाली है। इसके अन्तर्गत गाँव और नगर दोनों ही आते हैं। स्थानीय परिस्थितियों और आवश्यकताओं को ध्यान में रखकर हस्तकला निश्चित की जा सकती है और इसके ही कारण विभिन्न क्षेत्रों का पाठ्यक्रम भिन्न हो सकता है।

बुनियादी शब्द का महत्त्व/बुनियादी शिक्षा का नामकरण (Importance of Basic System/Its Nomenclature) – बुनियादी शब्द का आधार नींव है; जिस पर भवन अथवा सिद्धान्त अथवा प्रणाली का निर्माण किया जाता है।

यह बुनियादी है क्योंकि इसका आधार प्राचीन भारतीय सभ्यता है।

यह बुनियादी है क्योंकि यह शिक्षा का न्यूनतम स्तर निश्चित करती है जिसे प्राप्त करने का अधिकार प्रत्येक भारतीय बालक को है।

यह बुनियादी है क्योंकि इसका सम्बन्ध बालक की मूल आवश्यकताओं और अभिरुचियों से है।

यह बुनियादी है क्योंकि यह स्थानीय साधनों का प्रयोग करती है।

यह बुनियादी है क्योंकि इसका सम्बन्ध समाज के व्यवसायों से है।

यह बुनियादी है क्योंकि इसका सम्बन्ध देश के साधारण लोगों से है जो राष्ट्रीय जीवन का आधार हैं।

यह बुनियादी है क्योंकि इसका स्थान प्रथम है। इसका अर्थ प्राथमिक शिक्षा अर्थात् शिक्षा क्षेत्र का प्रथम चरण है।

बुनियादी तालीम की आलोचना (Criticism of Basic System of Education) –

1. ***दोषयुक्त मनोवैज्ञानिक सिद्धान्तों पर आधारित***–इसमें बालक के मानसिक विकास से सम्बन्धित कोमल और महत्त्वपूर्ण सिद्धान्तों की अवहेलना की गई है। बालक को एक सिपाही

अथवा सैनिक के रूप में समझा गया है। उसके महत्त्वपूर्ण व्यक्तित्त्व की अवहेलना की गई है। उसे एक उद्देश्य की पूर्ति में साधन समझा गया है। वह उद्देश्य जीविका कमाना है।

2. ***समन्वय का आधार हस्तकला एक अस्वाभाविक कार्य***–किसी भी सुदृढ़ शिक्षा प्रणाली में हस्तकला द्वारा पाठ्यक्रम के सभी विषयों का सम्बन्ध स्थापित करना एक अस्वाभाविक कार्य है। अध्यापन प्रभावपूर्ण होना चाहिए। इसलिए इसका सम्बन्ध बालक के निजी अनुभवों से होना चाहिए। अत: यह भारी भूल है कि समस्त ज्ञान का केन्द्र हस्तकला रखा जाए।

3. ***राष्ट्रीय गुणों की अवहेलना***–हमारे राष्ट्रीय आदर्शों के अनुसार शिक्षा का आधार धर्म होना चाहिए और इसे धारण करना उद्देश्य होना चाहिए। हस्तकला पर आधारित शिक्षा हमारे प्राचीन आदर्शों के विपरीत है।

4. ***औद्योगिक समय में बुनियादी तालीम की अनुउपयुक्ता***–पंचवर्षीय योजना और सरकार की समस्त नीतियाँ औद्योगीकरण की हैं। ऐसी स्थिति में बुनियादी तालीम विचारधारा के लिए प्रयत्न करना आवश्यक नहीं है। हमारी शिक्षा प्रणाली का उद्देश्य मनुष्य का सामूहिक विकास करना है। अत: ऐसे देश में जहाँ सामूहिक आर्थिक विकास करना है वहाँ हस्तकला पर जोर देना बड़ी भूल है।

5. ***हानिकारक प्रतियोगिता***–इस योजना की हानिकारक प्रतियोगिता द्वारा कुशल कलाकारों को हानि होगी।

6. ***बुनियादी स्कूलों का असफल कार्य***–यांत्रिक गणित और शब्द अभ्यास की हानि हो रही है।

7. **बालक की अवहेलना**–हस्तकला की ओर अधिक ध्यान देने के कारण बालक की अवहेलना की जाती है। बुनियादी तालीम को एक आर्थिक कार्य का माध्यम समझा जाता है।

8. ***दूषित कार्य-विवरण***–बुनियादी स्कूलों में लगभग आधा समय विषय शिक्षण में लगता है और शेष हस्तकला को दिया जाता है। अधिकतर कार्यतालिका में शिक्षण कार्य को समय हस्तकला के बाद दिया जाता है, जिसका परिणाम यह होता है कि हस्त का कार्य सीख कर छात्र थक जाते हैं और वे शिक्षण-कार्य में रुचि नहीं ले पाते हैं।

9. ***साहित्य और अन्य जानकारियों पर बहुत कम स्थान है***–साहित्य और दूसरे महत्त्वपूर्ण विषयों को दूसरा स्थान दे दिया जाता है।

10. ***किसी भी हस्तकला में निपुणता का न माना***–विद्यार्थी लगभग स्कूल कार्य का आधा समय हस्तकला सीखने में लगाते हैं, फिर भी वे किसी भी कला में निपुण नहीं होते हैं।

बुनियादी तालीम से सम्बन्धित कुछ व्यंग्यात्मक विशेषण (Sarcastic Remarks on Basic Education) – 1. बुनियादी तालीम एक भूल है। इसके कोई मनोवैज्ञानिक और अध्यापन सिद्धान्त नहीं हैं। 2. बुनियादी तालीम एक भुलावा है। इसके सिद्धान्त त्रुटिपूर्ण हैं और ठीक प्रकार से नहीं समझे गए हैं। 3. बुनियादी तालीम एक तमाशा है। योजना प्रयोगात्मक नहीं है। इसमें हस्तकला का सामान 'दिखावे' के लिए एकत्रित किया जाता है। जब अतिथि आते हैं तो सामान का प्रदर्शन किया जाता है। 4. बुनियादी तालीम एक धोखा है। इसे कुछ लोगों ने साधारण जनता पर थोपने का प्रयास किया है। 5. बुनियादी शिक्षा राजनीतिक चाल है जिसके माध्यम से राष्ट्रीय भावनाओं से खिलवाड़ किया गया है।

उपसंहार – वर्धा योजना भरसक प्रयत्न करने पर भी सफल न हो पायी। अब इसका उल्लेख केवल पुस्तकों तक ही सीमित रह गया है।

बुनियादी तालीम में निहित 'कार्य अनुभव' (Work Experience) को किसी न किसी रूप में अब शिक्षा का अभिन्न अंग मान लिया गया है। यही बुनियादी तालीम की देन है।

शिक्षा में विषयों तथा कार्यों में सह-सम्बन्ध (Correlation) पर बल देना नई तालीम की दूसरी देन है।

17.11 वर्धा शिक्षा योजना का कार्यान्वयन (Implementation of Wardha System of Education)

प्रान्तों में कांग्रेस मन्त्रिमण्डल (1937-39) तथा वर्धा शिक्षा प्रणाली – भारत सरकार अधिनियम 1935 के प्रावधानों के अन्तर्गत प्रान्तीय विधानसभाओं के 1937 में चुनाव कराए गए। चुनावों में कांग्रेस की उपलब्धि बहुत अच्छी रही। उस समय भारत 11 प्रान्तों में बँटा हुआ था। सात प्रान्तों, अर्थात् मद्रास (चैन्नई), बम्बई (मुम्बई), बिहार, उड़ीसा, मध्य प्रान्त, यू.पी. तथा पश्चिमोत्तर सीमान्त प्रान्त, में कांग्रेस मन्त्रिमण्डल बने। असम और सिंध में उसने मिले-जुले मंत्रिमण्डल बनाए। पंजाब तथा बंगाल में गैर कांग्रेसी मंत्रिमंडल बने। कांग्रेस मंत्रिमण्डलों ने लगभग 27 माह तक काम किया। वर्धा शिक्षा के क्षेत्र में उल्लेखनीय कार्य किया। 1939 में द्वितीय महायुद्ध आरम्भ हुआ। तीन सितम्बर 1939 को ब्रिटिश सरकार ने जर्मनी के विरूद्ध युद्ध की घोषणा कर दी। यह घोषणा करते समय ब्रिटिश सरकार ने कांग्रेस से विचार-विमर्श नहीं किया। अत: नवम्बर 1939 में कांग्रेस मंत्रिमण्डलों ने त्यागपत्र दे दिया।

17.12 स्वतन्त्र भारत में बेसिक शिक्षा का विकास (Progress of Basic Education in Free India)

देश की स्वतन्त्रता के पश्चात् देश में कांग्रेस सरकारों का गठन हुआ। स्वभावत: बेसिक शिक्षा को बल मिला। प्राथमिक स्तर पर बेसिक शिक्षा को राष्ट्रीय शिक्षा प्रणाली का एक अभिन्न अंग माना गया। महात्मा गाँधी द्वारा प्रतिपादित विचारधारा में कुछ परिवर्तन किये गये, विशेष रूप से शिक्षा को 'स्वावलम्बन बनाने' में। यह पद्धति लागू करने के लिए उचित तैयारी भी न की गई। बेसिक शिक्षा के नाम पर प्रचुर धनराशि कुछ क्षेत्रों में दी गई परन्तु उस का भरपूर दुरुपयोग होने लगा। "रातोंरात परम्परागत प्राथमिक स्कूलों के साइनबोर्ड बदल दिए गए तथा उन्हें बेसिक स्कूलों का नाम दिया जाने लगा।" बेसिक शिक्षा संबंधी विवादों पर विचार के लिए कई सेमिनार आयोजित किए गए। कई समितियों द्वारा समीक्षा की गई। परन्तु उचित ढंग से बेसिक शिक्षा को व्यावहारिक रूप न दिया जा सका।

पहली चार पंचवर्षीय योजनाओं में बेसिक शिक्षा में प्रगति का विवरण नीचे दिया जा रहा है।

तालिका: पंचवर्षीय योजनाओं में बेसिक शिक्षा

प्राथमिक स्तर पर स्कूल	पहली योजना	दूसरी योजना	तीसरी योजना	चौथी योजना
1. जूनियर बेसिक स्कूल	33,379	42,971	1,00,000	1,53,000
2. कुल प्राथमिक स्कूलों का प्रतिशत	15.9	15.4	29.2	30.9
3. सीनियर बेसिक स्कूल	388	4,842	11,940	16,700
4. कुल सीनियर स्कूलों का प्रतिशत	2.9	22.3	30.2	28.9

17.13 शिक्षा आयोग (1964-66) का बेसिक शिक्षा पर कुठाराघात–बेसिक शिक्षा का 'मरण पत्र' (Death Blow to Basic System of Education by the Kothari Commission 1964-66)

लड़खड़ाती बेसिक शिक्षा पद्धति का पूर्ण अन्त, शिक्षा आयोग (1964-66) ने किया। शिक्षा आयोग ने इस पद्धति को नकार दिया। आयोग ने इसके विरूद्ध अपनी संस्तुतियाँ दीं। सन् 1968, 1986 तथा 1992 की शिक्षा नीति में बेसिक शिक्षा पद्धति का जिक्र तक नहीं है। शिक्षा आयोग ने 'कार्य अनुभव' पर जोर दिया। उसके पश्चात् कार्य अनुभव का स्थान 'सामाजिक दृष्टि से लाभदायक कार्य' ने लिया। अब बेसिक शिक्षा योजना/वर्धा शिक्षा योजना 'दस्तावेजों' में बन्द हो कर रह गयी है।

18

एबट-वुड कमेटी रिपोर्ट (1937) तथा सार्जेन्ट रिपोर्ट (1944)

(Abbott-Wood Committee Report 1937 and Sargent Report 1944)

18.1 एबट-वुड कमेटी की नियुक्ति
(Appointmnt of the Abbott-Wood Committee)

केन्द्रीय शिक्षा सलाहकार बोर्ड (Central Advisory Board of Education—'CABE) के 1935 के प्रस्ताव के अनुसार भारत सरकार ने सन् 1936 में शिक्षा संबंधी सुझाव देने के लिए इंग्लैण्ड के दो प्रसिद्ध शिक्षा-विशेषज्ञों को भारत आने के लिए आमंत्रित किया। ये विशेषज्ञ थे-

1. ए. एबट, इंग्लैण्ड के शिक्षा-बोर्ड के प्रौद्योगिक स्कूलों का भूतपूर्व चीफ इंस्पैक्टर। 2. एस. एच. वुड, इंग्लैण्ड के शिक्षा-बोर्ड के डायरेक्टर ऑफ इन्टेलिजेन्स।

18.2 जाँच के विषय (Terms of Reference)

1. क्या वर्तमान औद्योगिक एवं व्यावसायिक शिक्षा-संस्थाओं में सुधार किया जाना चाहिए। 2. क्या नवीन औद्योगिक एवं व्यावसायिक शिक्षा-संस्थाओं की स्थापना की जानी चाहिए। 3. ग्राम के बालकों के लिए, किस प्रकार की शिक्षा की विशेष व्यवस्था की जानी चाहिए? 4. क्या प्राथमिक, माध्यमिक एवं उच्चतर स्कूलों में किसी प्रकार का व्यावसायिक या व्यावहारिक प्रशिक्षण दिया जाना चाहिए? यदि हाँ, तो उसका स्वरूप और विस्तार क्या होना चाहिए?

वुड-एबट रिपोर्ट के दो भाग – वुड और एबट, नवम्बर सन् 1936 से मार्च 1937 तक भारत में रहे। उनके पास समय का अभाव था। अत: उन्होंने केवल दिल्ली, पंजाब और संयुक्त प्रान्त का दौरा करके भारतीय शिक्षा का अध्ययन किया और जून सन् 1937 में अपनी रिपोर्ट को भारत सरकार के समक्ष प्रस्तुत किया। इस रिपोर्ट का शीर्षक है-"Vocational Education in India with a Section on General Education and Administration." यह रिपोर्ट-"वुड-एबट रिपोर्ट" के नाम से प्रसिद्ध है। रिपोर्ट कें दो भाग इस प्रकार हैं-

1. एबट द्वारा लिखित–"व्यावसायिक शिक्षा" (Vocational Education)। 2. वुड द्वारा लिखित–"सामान्य शिक्षा एवं प्रशासन" (General Education Administration)।

18.3 व्यावसायिक शिक्षा संबंधी संतुतियाँ (Recommendations on Vocational Education)

1. व्यावसायिक शिक्षा का विस्तार, देश के उद्योगों की आवश्यकताओं को ध्यान में रखकर किया जाए।

2. प्रत्येक प्रान्त में व्यावसायिक शिक्षा का रूप वहाँ के उद्योगों, व्यापारों तथा परिस्थितियों के अनुसार निर्धारित किया जाए।

3. व्यावसायिक शिक्षा को उच्च पद और स्तर पर रखा जाए, साहित्यिक शिक्षा का हो।

4. सामान्य एवं व्यावसायिक शिक्षाओं को एक-दूसरे से विभिन्न न समझा जाए, अपितु इन्हें एक निरन्तर होने वाली प्रक्रिया का पूर्वकालीन एवं उत्तरकालीन चरण माना जाए।

5. सामान्य एवं व्यावसायिक शिक्षाओं के साधन तथा लक्ष्य विभिन्न हैं। अत: दोनों प्रकार की शिक्षा के लिए पृथक् स्कूलों को व्यवस्था की जाए।

6. कुटीर उद्योग-धन्धों में लगे हुए व्यक्तियों को उपयुक्त व्यावसायिक एवं व्यापारिक प्रशिक्षण दिया जाए।

7. उद्योग एवं व्यापार और उद्योग एवं शिक्षा में निकट सम्पर्क स्थापित करने के लिए प्रत्येक प्रान्त में 'व्यावसायिक शिक्षा की सलाहकार समिति' का संगठन किया जाए।

8. उद्योगपति–भवन, सामग्री और धन देकर व्यावसायिक शिक्षा को प्रोत्साहन दें।

9. पूर्णकालीन व्यावसायिक स्कूलों की स्थापना की जाए। ये स्कूल दो प्रकार के होने चाहिए–(1) जूनियर वोकेशनल स्कूल और (2) सीनियर वोकेशनल स्कूल। जूनियर स्कूल में छात्र 8वीं कक्षा पास करके प्रवेश करें और उनका पाठ्यक्रम 3 वर्ष का हो। सीनियर स्कूल में 11वीं कक्षा के उपरान्त 2 वर्ष का पाठ्यक्रम हो।

10. जो व्यक्ति विभिन्न व्यवसायों में लगे हुए हैं, उनको शिक्षा देने के लिए 'अंशकालिक व्यावसायिक स्कूल' स्थापित किए जाएँ। इनमें शिक्षा प्राप्त करने वाले इच्छुक कर्मचारियों को मालिकों द्वारा एक सप्ताह में $2\frac{1}{2}$ दिन की छुट्टी दी जाए।

11. कम-से-कम 50 हजार जनसंख्या वाले औद्योगिक क्षेत्रों में जूनियर और सीनियर टेक्नीकल स्कूलों की स्थापना की जाए।

12. व्यावसायिक शिक्षा का पाठ्यक्रम समाप्त करने वाले विद्यार्थियों को प्रमाण-पत्र दिये जाएँ।

13. ग्रामीण लोगों का प्रधान व्यवसाय–कृषि है। अत: ग्रामों में स्थापित किये जाने वाले निम्न और उच्च माध्यमिक स्कूलों में कृषि की शिक्षा को अनिवार्य विषय बनाया जाए एवं इस विषय के शिक्षण का विशेष प्रबन्ध किया जाए।

14. भारत सरकार को निम्नलिखित प्रकार के पूर्णकालिक (Full time) व्यावसायिक स्कूलों का शिलान्यास करना चाहिए–

(i) प्राथमिक शिक्षा प्राप्त छात्रों के लिए "ट्रेड स्कूल" (Trade Schools), (ii) आठवीं कक्षा पास छात्रों के लिए "जूनियर वोकेशनल स्कूल" (Junior Vocational Schools), (iii) दसवीं कक्षा पास छात्रों के लिए "सीनियर वोकेशनल स्कूल" (Senior Vocational Schools), (iv) बी.एस.सी. पास छात्रों के लिए "प्रौद्योगिक संस्थाएँ" (Technological Institutes)।

18.4 सामान्य शिक्षा-सम्बन्धी सिफारिशें
(Recommendations on General Education)

1. विभिन्न स्तरों पर शिक्षा की अवधि इस प्रकार हो-(i) प्राथमिक शिक्षा-4 वर्ष (ii) निम्न माध्यमिक शिक्षा-4 वर्ष (iii) उच्च माध्यमिक शिक्षा-4 वर्ष (iv) स्नातक शिक्षा-4 वर्ष।

2. शिशु शिक्षा की उपयुक्त व्यवस्था की जाए।

3. प्राथमिक कक्षाओं में शिक्षा को पुस्तकों पर आधारित न करके बालकों की स्वाभाविक रुचियों, क्रियाओं और प्रवृत्तियों पर आधारित किया जाए।

4. निम्न माध्यमिक कक्षाओं में अंग्रेजी की शिक्षा पर बल न दिया जाए।

5. उच्च माध्यमिक कक्षाओं में अंग्रेजी की शिक्षा अनिवार्य रूप में दी जाए।

6. हाईस्कूल तक की शिक्षा-भारतीय भाषाओं के माध्यम से दी जाए।

7. अंग्रेजी की शिक्षा को साहित्यिक रूप न देकर, अधिक व्यावहारिक बनाने का प्रयत्न किया जाए।

8. रचनात्मक हस्तकार्य (Constructive Handwork) की शिक्षा के प्रति विशेष ध्यान दिया जाए और उसकी शिक्षा सभी स्कूलों में दी जाए।

9. ललित कलाओं (Fine Arts) की शिक्षा को प्रोत्साहित किया जाए और उनके शिक्षण के लिए प्रशिक्षित शिक्षकों की नियुक्ति की जाए।

10. ग्रामों के मिडिल स्कूलों के पाठ्यक्रम में वहाँ की आवश्यकताओं और परिस्थितियों के अनुसार पाठ्य-विषयों को स्थान दिया जाए।

11. स्कूलों का नियमित रूप से निरीक्षण करने के लिए स्कूल निरीक्षकों की नियुक्ति की जाए और उनको कार्य करने की स्वतन्त्रता प्रदान की जाए।

12. अध्यापकों के प्रशिक्षण की ओर विशेष ध्यान दिया जाए। प्राथमिक स्कूलों के अध्यापक कम-से-कम मिडिल पास होने चाहिए। उनके प्रशिक्षण की अवधि 3 वर्ष की होनी चाहिए और उनके लिए "अभिनवन पाठ्यक्रमों" (Refresher Courses) का आयोज़न किया जाए।

13. स्कूलों का प्रबन्ध करने वाली स्थानीय संस्थाओं पर सरकार अधिक नियन्त्रण रखे।

14. स्कूलों के नियमित निरीक्षण के लिए निरीक्षकों की नियुक्ति की जाए तथा उन्हें अधिक से अधिक स्वतन्त्रता दी जाए।

18.5 एबट-वुड रिपोर्ट का मूल्यांकन (Evaluation of Abbott-Wood Report)

समय के अभाव के कारण दोनों शिक्षाविद् केवल दिल्ली, पंजाब तथा संयुक्त प्रान्त का ही दौरा कर सके तथा उनकी परिस्थितियों के सूक्ष्म अवलोकन के आधार पर अपनी

संतुतियाँ दीं। सम्भवत: यह भारत के शिक्षा के इतिहास में पहला अवसर था कि व्यावसायिक शिक्षा के संबंध में किसी शिक्षा समिति अथवा शिक्षा आयोग ने इतने विस्तारपूर्वक संतुतियाँ दी हों। संतुतियाँ समयानुकूल तथा व्यावसायिक थीं। परन्तु इन संतुतियों पर कोई कार्यवाही न की जा सकी क्योंकि 1939 में दूसरा विश्वयुद्ध छिड़ गया।

18.6 सारजेन्ट रिपोर्ट–1944 (Sargent Report, 1944)

भूमिका – दूसरे महायुद्ध की समाप्ति के पश्चात् युद्धग्रस्त देशों ने पुनर्निमाण की योजनाएँ बनाईं। भारत में भी भारत में अनेक विकास योजनाओं की शुरूआत की। इन योजनाओं में शिक्षा योजना भी बनाई गई। भारत के गवर्नर जनरल की प्रबन्धकारिणी कौंसिल की पुनर्निमाण समिति (Reconsruction Committee of Governor General's Council) में केन्द्रीय शिक्षा सलाहकार बोर्ड को भारत में शिक्षा योजना बनाने का निर्देश दिया। यह योजना बोर्ड के अनुरोध पर तत्कालीन शिक्षा सलाहकार जान सार्जेन्ट ने तैयार की तथा 1944 में बोर्ड के समक्ष प्रस्तुत किया।

रिपोर्ट को निम्न नामों से पुकारा जाता है–

1. सार्जेन्ट रिपोर्ट (Sargent Report) 2. सार्जेन्ट योजना (Sargent Plan) 3. भारत में युद्धोत्तर शिक्षा–विकास योजना (Plan of Post-War Educational Development in India) 4. केन्द्रीय शिक्षा सलाहकार बोर्ड की रिपोर्ट (Report of the Central Advisory Board of Education)।

रिपोर्ट का उद्देश्य – योजना का उद्देश्य 313 करोड़ रुपया प्रति वर्ष खर्च करके 40 वर्ष की अवधि में भारत में शैक्षिक योजनाओं के उसी स्तर का निर्माण करना था, जिस पर इंग्लैण्ड पहुँच चुका था।

रिपोर्ट ने (White Paper on Education of England) में इस प्रकार कहे गए कथन पर बल दिया, "इस देश का भविष्य यहाँ के लोगों की शिक्षा पर निर्भर करता है।"

आयोग की सिफारिशें (Recommendations of the Report) – आयोग की सिफारिशें निम्नलिखित 12 भागों में बाँटी गई हैं–

1. पूर्व प्राथमिक शिक्षा, 2. प्राथमिक अथवा बेसिक शिक्षा, 3. हाई स्कूल अथवा माध्यमिक शिक्षा, 4. विश्वविद्यालय शिक्षा, 5. प्राविधिक, वाणिज्य एवं कला शिक्षा, 6. प्रौढ़ शिक्षा, 7. अध्यापक प्रशिक्षण, 8. छात्र–स्वास्थ्य, 9. विकलांग छात्रों की शिक्षा, 10. विनोदात्मक तथा सामाजिक क्रियाएँ, 11. भर्ती कार्यालय, 12. प्रशासन तथा प्रबंध।

पूर्व प्राथमिक शिक्षा – 1. पूर्व प्राथमिक अथवा नर्सरी शिक्षा की उचित व्यवस्था की जाए। 2. नर्सरी शिक्षा का मुख्य उद्देश्य बच्चों को सामाजिक अनुभव तथा शिष्टाचार की शिक्षा देना है न कि सामान्य शिक्षा। 3. नर्सरी शिक्षा नि:शुल्क दी जाए। 4. नर्सरी शिक्षा 3 से 6 आयु–वर्ग के बच्चों के लिए हो।

प्राथमिक शिक्षा (बेसिक शिक्षा) – 1. छ: वर्ष से चौदह वर्ष तक की अवस्था के समस्त बच्चों के लिए नि:शुल्क एवं अनिवार्य प्राथमिक या बेसिक शिक्षा की व्यवस्था की जाए। 2. अपव्यय को रोकने के लिए शिक्षा को अनिवार्य बनाना आवश्यक है। 3. रिपोर्ट में बेसिक शिक्षा के मौलिक सिद्धान्तों का समर्थन, परंतु शिक्षा को आत्मनिर्भर बनाने का विरोध

किया गया। 4. बेसिक शिक्षा को दो भागों में विभक्त किया गया–जूनियर बेसिक (6-11) और सीनियर बेसिक (11-14)। 5. शिक्षा का माध्यम बच्चों की मातृभाषा हो। 6. शिक्षा को अनिवार्य बनाने के लिए "उपस्थिति-निरीक्षक-पदाधिकारियों" (Attendance Officers) की नियुक्ति की जानी चाहिए। 7. बेसिक शिक्षा किसी आधारभूत शिल्प के माध्यम से दी जाए। 8. जूनियर बेसिक स्कूलों के पाठ्यक्रम में अंग्रेजों को स्थान न दिया जाए। 9. प्राथमिक स्कूलों में सह-शिक्षा प्रचलित की जा सकती है। 10. सीनियर बेसिक स्कूलों में अंग्रेजों की शिक्षा साधारणतया न दी जाए। किन्तु, यदि किसी प्रान्त में अंग्रेजी की माँग है, तो "प्रान्तीय शिक्षा-विभाग" उसकी पढ़ाई की अनुमति दे सकता है। 11. दोनों प्रकार के स्कूलों में बाह्य परीक्षा के बजाय आन्तरिक परीक्षा की व्यवस्था की जानी चाहिए। 12. परीक्षा में उत्तीर्ण होने वाले छात्रों को सर्टिफिकेट दिए जाने चाहिएं।

'प्राथमिक शिक्षा सबके लिए' की अवधि 1884 तक निर्धारित की गई अर्थात इस लक्ष्य की प्राप्ति का समय चालीस वर्ष रखा गया।

हाई स्कूल/माध्यमिक शिक्षा – 1. हाई स्कूल की शिक्षा 6 वर्ष की अर्थात् 11 से 17 वर्ष तक की आयु के बालकों और बालिकाओं के लिए होनी चाहिए।

2. हाई स्कूलों में केवल उन्हीं छात्रों को प्रवेश दिया जाना चाहिए, जिनकी क्षमताएँ औसत छात्रों से ऊँची हों।

3. जूनियर बेसिक स्कूलों की शिक्षा समाप्त करने वाले छात्रों में से लगभग 20 प्रतिशत को हाई स्कूलों में प्रवेश दिया जाना चाहिए।

4. हाई स्कूलों में 11 वर्ष से कम आयु के छात्रों को प्रवेश नहीं दिया जाना चाहिए।

5. हाई स्कूलों में प्रवेश लेने वाले छात्रों को 14 वर्ष की आयु की समाप्ति तक अनिवार्य रूप से शिक्षा ग्रहण करनी चाहिए।

6. हाई स्कूलों में अध्ययन करने वाले छात्रों में से केवल 50 प्रतिशत छात्रों से शुल्क लिया जाना चाहिए और 50 प्रतिशत को निःशुल्क शिक्षा दी जानी चाहिए।

7. हाई स्कूल दो प्रकार के होने चाहिए–(1) साहित्यिक हाई स्कूल, और (2) तकनीकी हाई स्कूल।

8. दोनों प्रकार के हाई स्कूलों में अग्रांकित विषयों की शिक्षा सामान्य रूप से दी जानी चाहिए–(1) मातृभाषा, (2) अंग्रेजी, (3) आधुनिक भाषाएँ, (4) भारत तथा विश्व का इतिहास, (5) भारत तथा विश्व का भूगोल, (6) गणित, (7) विज्ञान, (8) अर्थशास्त्र, (9) कृषि, (10) कला, (11) संगीत, और (12) शारीरिक शिक्षा।

9. हाई स्कूलों में शिक्षा का माध्यम–मातृभाषा होनी चाहिए।

10. अंग्रेजी की शिक्षा, द्वितीय अनिवार्य विषय के रूप में दी जानी चाहिए।

11. हाई स्कूलों का पाठ्यक्रम–विश्वविद्यालय-शिक्षा का आधार-मात्र न होकर, अपने आप में पूर्ण होना चाहिए, ताकि इस पाठ्यक्रम को पूर्ण अध्ययन करने के उपरान्त छात्रों को किसी व्यवसाय को करने की योग्यता प्राप्त हो जाए।

12. उक्त सामान्य विषयों के अतिरिक्त साहित्यिक हाई स्कूलों में प्राच्य-भाषाओं (Classical Languages) और नागरिकशास्त्र की भी शिक्षा दी जानी चाहिए। बालिकाओं

को गृह-विज्ञान की शिक्षा देने की विशेष व्यवस्था की जानी चाहिए।

13. तकनीकी हाई स्कूलों में उल्लिखित विषयों के अतिरिक्त नीचे दिए विषयों की भी शिक्षा दी जानी चाहिए–(1) काष्ठ-कला, (2) धातु-कला, (3) साधारण इंजीनियरिंग, (4) ड्राइंग, (5) वाणिज्य संबंधी विषय, (6) बुक कीपिंग, (7) शॉर्ट-हैण्ड, (8) टाइप-राइटिंग, (9) अकाउण्टेंसी, और (10) व्यापार-पद्धति।

14. हाई स्कूलों में अध्यापकों एवं छात्रों का अनुपात 1 : 20 होना चाहिए।

विश्वविद्यालय शिक्षा – 1. बी.ए., बी.एस.सी. आदि स्नातक उपाधि प्राप्त करने की न्यूनतम अवधि 3 वर्ष की होनी चाहिए।

2. इण्टरमीडिएट कक्षाओं को भंग कर दिया जाना चाहिए। उनकी 11वीं कक्षा को हाई स्कूल से और 12वीं कक्षा को विश्वविद्यालय से सम्बद्ध कर दिया जाए।

3. विश्वविद्यालयों के प्रवेश नियमों को इतना कठोर बना दिया जाना चाहिए कि माध्यमिक शिक्षा समाप्त करने वाले 15 छात्रों में से केवल 1 छात्र ही विश्वविद्यालय में प्रवेश कर सके।

4. विश्वविद्यालयों के शिक्षा स्तर का उन्नयन करने के लिए अग्रांकित 3 उपाय अपनाए जाने चाहिए–(1) योग्य शिक्षकों की नियुक्ति, (2) शिक्षकों के वेतन-क्रम में वृद्धि, और (3) शिक्षकों की सेवा-शर्तों (Conditions of Service) में सुधार।

5. भारत के सब विश्वविद्यालयों में एकरूपता स्थापित करने के लिए विश्वविद्यालय-अनुदान-आयोग (University Grants Commission) का संगठन किया जाना चाहिए।

6. विश्वविद्यालयों में छात्रों और शिक्षकों के पारस्परिक संबंधों में घनिष्ठता उत्पन्न करने के लिए "ट्यूटोरियल प्रणाली" (Tutorial System) का प्रचलन प्रारम्भ किया जाना चाहिए।

अध्यापक प्रशिक्षण – सार्जेन्ट रिपोर्ट में यह स्पष्ट किया गया कि उसके द्वारा प्रस्तावित शिक्षा योजना को सफल बनाने के लिए प्रशिक्षित अध्यापकों की विशाल संख्या की आवश्यकता है।

रिपोर्ट ने शिक्षकों की संख्या का अनुमान इस प्रकार लगाया–

1. प्रशिक्षित गैर-स्नातक	लगभग 20 लाख
2. प्रशिक्षित स्नातक	लगभग 20 लाख

इतनी विशाल संख्या में शिक्षकों को प्रशिक्षित करने के लिए रिपोर्ट ने यह सिफारिश की है कि निम्नांकित तीन प्रकार की प्रशिक्षण-संस्थाएँ समुचित संख्या में स्थापित की जानी चाहिए–

1. पूर्व-प्राथमिक स्कूलों के शिक्षकों के लिए। 2. जूनियर और सीनियर बेसिक स्कूलों के शिक्षकों के लिए। 3. हाई स्कूलों के शिक्षकों के लिए।

रिपोर्ट ने शिक्षक-प्रशिक्षण के संबंध में चार महत्त्वपूर्ण सुझाव दिए हैं–

1. प्रशिक्षण-संस्थाएँ यथासम्भव आवासीय (त्मेपकमदजपंस) होनी चाहिए। 2. प्रशिक्षण-संस्थाओं के छात्राध्यापकों से शुल्क नहीं लिया जाना चाहिए। 3. सब प्रकार के

शिक्षकों के लिए "अभिनवन पाठ्यक्रम" (Refresher Course) की व्यवस्था की जानी चाहिए। 4. योग्य व्यक्तियों को शिक्षण-व्यवसाय के प्रति आकृष्ट करने के लिए अध्यापकों के वेतन में वृद्धि की जानी चाहिए।

अन्य सिफारिशें (Other Recommendations) – "सार्जेन्ट रिपोर्ट" में उपर्युक्त के अतिरिक्त और भी सिफारिश की गई हैं। इनमें निम्नलिखित महत्त्वपूर्ण हैं–

(1) छात्रों के स्वास्थ्य की देखभाल की उचित व्यवस्था, (2) विकलांगों (Handicapped) के लिए विशिष्ट विद्यालयों का आयोजन, (3) छात्रों के लिए मनोरंजनात्मक और सामाजिक कार्यों का संयोजन, (4) छात्रों को व्यवसाय का चयन करने में परामर्श देने के लिए स्थान-स्थान पर "सेवा-योजनालयों" (Employment Bureaus) की स्थापना, (5) राष्ट्रीय शिक्षा-प्रणाली की स्थापना के लिए केन्द्रीय एवं प्रान्तीय सरकारों में निकट सहयोग, (6) पूर्णकालिक तथा अंशकालिक तकनीकी शिक्षा संस्थाओं की स्थापना, और (7) प्रजातन्त्र की सफलता के लिए वयस्कों के लिए वयस्क शिक्षा का आयोजन करना।

वित्तीय प्रावधान (Financial Provision) – रिपोर्ट की संतुतियों के क्रियान्वयन पर रु. 312.6 करोड़ खर्च करने का अनुमान लगाया गया। कुल राशि में रु. 200.0 करोड़ प्राथमिक स्तर के विकास के लिए थे।

रिपोर्ट द्वारा निर्धारण टारगेट (लक्ष्यांक) (Proposed Targets of the Report)

1.	कुल समय	40 वर्ष (1945-84)
2.	वार्षिक व्यय	312.6 करोड़
3.	अनुमानित जनसंख्या	29.0 करोड़
4.	प्रति व्यक्ति खर्च	रु 11, 1939 के मूल्यों पर।
5.	नर्सरी स्तर की शिक्षा	21 बच्चों में से एक की शिक्षा तथा देखभाल का लक्ष्य।

6. बेसिक शिक्षा प्रणाली के आधार पर सभी बच्चों के लिए निःशुल्क अनिवार्य शिक्षा।
7. 11-14 वर्ष की आयु के बच्चों की कुल संख्या के 4/5 बच्चों के लिए अनिवार्य सीनियर बेसिक शिक्षा।
8. प्राथमिक स्तर की शिक्षा प्राप्त करने वाले छात्रों में से प्रतिभा के आधार पर पाँच में से एक छात्र के लिए माध्यमिक शिक्षा की व्यवस्था करना।
9. तकनीकी शिक्षा की व्यवस्था करना।
10. प्रौढ़ अक्षरता का उन्मूलन करना।

वित्तीय विवरण (रु. मिलियन में)

क्रम.सं.	मद	अनुमानित सकल वार्षिक आय	पब्लिक निधियों के अतिरिक्त आय के अनुमानित स्रोत	पब्लिक निधियों से प्रमुख अनुमानित खर्च
1.	बेसिक शिक्षा (प्राथमिक तथा मिडिल)	2000	–	2000
2.	नर्सरी शिक्षा	32	–	32
3.	हाई स्कूल	790	290	500
4.	विश्वविद्यालय शिक्षा	96	29	67
5.	तकनीकी आदि शिक्षा	100	20	80
6.	शिक्षा वयस्क	30		30
7.	अध्यापक प्रशिक्षण	62	17	45
8.	मनोरंजनात्मक तथा समाज सेवाएँ	10	–	10
9.	रोजगार ब्यूरो	6	–	6
10.	प्रशासन	–	–	–
11.	स्कूल स्वास्थ्य शिक्षा	–	–	–
12.	विकलांगों की शिक्षा	–	–	–
	कुल	3126	356	2770

18.7 सार्जेन्ट रिपोर्ट का मूल्यांकन (Evaluation of the Sargent Report)

सार्जेन्ट रिपोर्ट का भारतीय शिक्षा के इतिहास में अपना विशेष महत्त्व तथा स्थान है। यह पहला अवसर था जबकि भारतीय शिक्षा के सभी स्तरों तथा सभी पक्षों पर व्यापक रूप से अध्ययन के पश्चात् रिपोर्ट तैयार की गई। सम्पूर्ण भारतीय शिक्षा का सर्वेक्षण किया गया। सबसे महत्त्वपूर्ण बात यह थी, कि इस रिपोर्ट की संतुतियों के कार्यान्वयन में व्यय तथा इसके स्रोतों का अनुमान भी लगाया गया। प्राथमिक शिक्षा को अनिवार्य तथा नि:शुल्क बनाने के लिए समय तथा खर्च संबंधी लक्ष्य निर्धारित किए गए। सम्भवत: शिक्षा से संबंधित ऐसा कोई भी पक्ष नहीं था जिस पर विस्तारपूर्वक चर्चा न की गई हो।

भारत के प्रसिद्ध शिक्षाविद् डॉ. के.जी. सैमदैन ने इस रिपोर्ट को अत्यन्त उपयोगी बताते हुए लिखा, "सार्जेन्ट रिपोर्ट राष्ट्रीय शिक्षा की प्रथम व्यापक योजना है। यह इस धारणा को स्वीकार नहीं करती कि शिक्षा के क्षेत्र में भारत अन्य राष्ट्रों से सदैव निम्नतर स्तर पर रहेगा। यह इस विश्वास पर आधारित है कि अन्य राष्ट्रों ने शिक्षा के क्षेत्र में जो सफलता प्राप्त की है, उसे प्राप्त करने की इस राष्ट्र में भी पर्याप्त क्षमता है।"

नरुला तथा नायक ने सार्जेन्ट रिपोर्ट में निम्न दोष पाए हैं–

1. इस रिपोर्ट ने देश के सामने लक्ष्य बहुत नीचे रखे हैं। 2. इसने वित्तीय साधनों को बहुत सावधानी से नहीं देखा है। 3. यह ब्रिटिश आदर्शों तथा व्यवस्था पर आधारित है।

यदि हम स्वतन्त्र भारत में अनिवार्य तथा नि:शुल्क प्राथमिक शिक्षा के संदर्भ में

निर्धारित लक्ष्यों को देखें तो यह कार्य 1960 सन् तक पूरा हो जाना चाहिए था परन्तु अभी तक यह सम्पन्न नहीं हो पाया है। स्पष्ट है कि उस समय इस रिपोर्ट पर भारतीयों की जो प्रतिक्रिया थी, वह अनुचित थी। केवल उच्च आदर्श तथा लक्ष्य निर्धारण करना ही पर्याप्त नहीं है। उनकी प्राप्ति के लिए अन्य पक्षों को भी ध्यान में रखा जाना आवश्यक है।

संक्षेप में सार्जेन्ट रिपोर्ट के गुण – 1. यह रिपोर्ट अर्थपूर्ण थी। 2. यह रिपोर्ट अत्यन्त व्यापक समीक्षा के पश्चात् बनाई गई थी। 3. यह रिपोर्ट अत्यन्त गहन तथा विस्तृत थी। पहली बार भारत में शिक्षा के सभी अंगों की समीक्षा की गई थी। 4. पहली बार लक्ष्य निर्धारित किए गए जिन्हें मापा जा सकता था। 5. शैक्षिक लक्ष्यों का निर्धारण वित्तीय साधनों के संदर्भ में था। 6. रिपोर्ट ने शैक्षिक क्षेत्र में सारे भारत के लिए योजना बनाने का मार्गदर्शन प्रस्तुत किया। 7. राष्ट्रीय शिक्षा प्रणाली को प्रारम्भ करने का सुझाव दिया गया। 8. यह स्वीकार किया गया कि भारत भी अन्य राष्ट्रों की भाँति शिक्षा के स्तर को ऊँचा उठा सकता है। इस प्रकार का विश्वास रिपोर्ट में स्पष्ट था। 9. पूर्व प्राथमिक शिक्षा पर भी पहली बार इतना बल दिया गया। 10. अध्यापकों के प्रशिक्षण की आवश्यकता पर जोर देते हुए एक व्यापक तथा क्रमबद्ध योजना प्रस्तुत की।

सार्जेन्ट रिपोर्ट के दोष इस प्रकार बताए गए हैं– 1. यह रिपोर्ट भारतीय आदर्शों के अनुकूल नहीं थी। 2. इस रिपोर्ट के लक्ष्य बहुत साधारण थे। 3. वित्तीय साधन 1939 सन् के मूल्यों पर आधारित थे। 4. अनिवार्य तथा नि:शुल्क प्राथमिक शिक्षा की प्राप्ति का समय 40 वर्ष रखा गया जो कि बहुत अधिक था।

रिपोर्ट के लगभग तीन वर्ष बाद भारत स्वतन्त्र हो गया। ये तीनों वर्ष भी राजनैतिक उथल-पुथल के थे। इस कारण इस रिपोर्ट पर कोई कार्यवाही न हो सकी।

इसमें कोई सन्देह नहीं है कि सार्जेन्ट रिपोर्ट में शिक्षा सुधार की एक व्यापक योजना थी तथा इसने शिक्षा में सुधारों के लिए योजना बनाने के मार्गदर्शक सूचक प्रस्तुत किए।

19

अंग्रेजी शासन काल में भारतीय शिक्षा का सिंहावलोकन

(Overview of Indian Education During the British Rule)

यहाँ पर अंग्रेजी शासनकाल में भारतीय शिक्षा का संक्षेप में विस्तार तथा गुण-दोष दिए गए हैं। इस संदर्भ में यद्यपि विद्वानों का एक मत नहीं है परन्तु मोटे तौर पर कुल मिलाकर इसे भारतीयों के हित में नहीं माना जा रहा है।

तालिका 19.1: शैक्षिक सुविधियों में विकास (1855-56 से 1946-47)
Table 19.1 Expansion of Educational Facilities (1855-56 to 1946-47)

	1855-56	*1901-02*	*1921-22*	*1946-47*
1. विश्वविद्यालय	–	5	14	17
2. सामान्य शिक्षा के कॉलेज	21	145	172	496
3. व्यावसायिक तथा अन्य कॉलेज	13	46	74	130
4. माध्यमिक स्कूल सामान्य	281	1170	1248	5297
5. माध्यमिक स्कूल व्यावसायिक तथा तकनीकी	–	94	292	665
6. स्पेशल तथा अन्य स्कूल	7	990	3729	4746
7. मिडिल स्कूल	–	4323	6739	11162
8. प्राथमिक स्कूल	50676	97854	160070	172681

तालिका 19.2: छात्रों का नामांकन (1855–56 से 1946–47)
Table 19.2: (Enrolment by Stages (1855–56 to 1946–47)

	1855-56	*1901-02*	*1921-22*	*1946-47*
1. विश्वविद्यालय				
– कुल	4355	23007	57837	237546
– लड़कियाँ	N.A.	264	1529	23207

	1855–56	1901–02	1921–22	1946–47
2. माध्यमिक स्तर				
– कुल	33801	82312	218606	370812
– लड़कियाँ	N.A.	1677	5818	83270
3. मिडिल स्तर				
– कुल	–	1080670	385372	2036109
– लड़कियाँ	–	8133	24655	281606
4. प्राथमिक स्तर				
– कुल	885624	3564122	6404200	14105418
– लड़कियाँ	–	380282	1297643	3728793

Note: Enrolment of pupils at the primary stage includes enrolement in primary departments of secondary stage.

Sources: (1) Basu, Aparna, '***Essays in the History of Indian Education***' 1981.

(2) Nurullah and Naik in '*A Students' History of Education in India*' 1949 gives the number of Universities as 19 with 241,794 students.

(3) '*The Education Commission 1964-66*' puts the number of Universities at 20.

Dr. Veena Bhalla of the Association of Indian Universities, New Delhi, gives the following figures for the year 1947 in '*University News*', 39(2), January 08, 2001.

(i) Students enrolled in General Higher Education	183238
(ii) Students enrolled in professional—Special Higher Education	45643
Total	228881

Table 19.3: Sexwise Middle and High Schools 1946-47

Type of Schools	*Number*			*Enrolment*		
	Boys	*Girls*	*Total*	*Boys*	*Girls*	*Total*
Middle English Schools	4169	620	4789	540441	85484	625925
Middle Vernacular Schools	2914	567	3481	404377	92300	496677
High Schools	3061	– 576	3637	1381038	178341	1559279
Total for 1946-47	10144	1763	11907	2325836	356125	2681981
Total for 1936-37		13036				2287872

Source: *Student History of Education in India*, Nurullah and Naik
Note: Figures are for United Punjab.

Table 19.4: Expansion of Primary Education (1881-82 to 1946-47)

Year	*No. of Primary Schools*	*No. of Pupils*
1881-82	82916	2061541
1901-02	97854	3204336
1921-22	160070	6310400
1936-37	197227	10541790
1946-47	172681	13036248

Source: '*Second Yearbook*': Elementary Education' (1964), NCERT, New Delhi.

19.1 भारत में शिक्षा की अंग्रेजी पद्धति की मुख्य त्रुटियाँ और नकारात्मक प्रभाव (Chief Demerits and Negative Impact of British System of Education)

1. वह भारत की जरूरतों से संबंधित नहीं थी। 2. यह एक ग्राम-प्रधान देश में शिक्षा की शहरी पद्धति थी। 3. पाठ्यचर्या में अंग्रेजी को अधिक महत्त्व दिया गया था। 4. शिक्षा पद्धति बहुत किताबी थी। 5. पद्धति परीक्षा-अभिमुखी थी। 6. पद्धति बहुत फिजूलखर्ची वाली थी। 7. पद्धति का उद्देश्य मुख्यत: क्लर्क पैदा करना था। 8. पद्धति एक लीक पर चलती थी। 9. पद्धति सुनियोजित नहीं थी। 10. पद्धति में व्यावसायिक, वाणिज्यिक और तकनीकी प्रशिक्षण की उपेक्षा की गई थी। 11. पद्धति बहुत महँगी थी। 12. पद्धति एक धर्मनिरपेक्ष तथा लोकतांत्रिक स्वरूप की आवश्यकताओं के अनुरूप नहीं थी। 13. पद्धति में महिला शिक्षा की उपेक्षा की गई थी। 14. पद्धति में वैज्ञानिक और तकनीकी शिक्षा पर कोई ध्यान नहीं दिया गया। 15. पद्धति भारतीय संस्कृति के संरक्षण और विकास की उपेक्षा करती थी। 16. पद्धति भारतीय भाषाओं के विकास की उपेक्षा करती थी। 17. पद्धति जन-सामान्य की शिक्षा पर बहुत कम ध्यान देती थी। 18. पद्धति पश्चिमी विचारधारा एवं संस्कृति को बढ़ावा देने पर बहुत जोर देती थी। 19. पद्धति में अंग्रेजी भाषा के महत्त्व को बढ़ा-चढ़ा कर बताया गया था। 20. पद्धति के फलस्वरूप अशिक्षित वर्ग में बेरोजगारी फैली।

19.2 शिक्षा की अंग्रेजी पद्धति के सकारात्मक प्रभाव (Positive Impact of British System of Education)

(प) आधुनिक विचारधारा का प्रसार। (ii) लोकतांत्रिक मूल्यों का प्रसार। (iii) शिक्षित भारतीयों के एक वर्ग में साम्राज्यवाद-विरोधी विचारों का पैदा होना। (iv) आर्थिक और सामाजिक समानता के विचारों का प्रवर्तन। (v) जागरूकता पैदा होना जिसके फलस्वरूप धार्मिक और सामाजिक सुधार हुए। (vi) भावनात्मक और राष्ट्रीय एकता की निष्ठा का विकास। (vii) मानसिक परिधि का विस्तार और पश्चिमी संसार के साथ संपर्क।

इकाई III/Unit III
स्वतन्त्र भारत में शिक्षा आयोग तथा नीतियां
EDUCATION COMMISSIONS AND COMMITTEES IN INDEPENDENT INDIA

20

राधाकृष्णन अथवा विश्वविद्यालय शिक्षा आयोग (1948-49)
(Radhakrishnan or University Education Commission 1948-49)

20.1 विश्वविद्यालय आयोग (1948-49) आयोग की नियुक्ति (Appointment of the University Education Commission)

देश की स्वतन्त्रता के पहले से ही भारतीय नेताओं का ध्यान शिक्षा में अमूल सुधारों की ओर गया था। यह इसी धारणा का परिणाम था कि गाँधी जी ने देश की आवश्यकताओं को ध्यान में रख कर बेसिक शिक्षा योजना का प्रतिपादन किया था। स्वतन्त्रता प्राप्त होते ही यह अनुभव किया जाने लगा कि विश्वविद्यालय शिक्षा का स्तर बहुत निम्न है। इसमें अनेक सुधारों की आवश्यकता है। इसी बात को ध्यान में रखते हुए केन्द्रीय शिक्षा सलाहकार बोर्ड ने भारत सरकार के समक्ष एक अखिल भारतीय विश्वविद्यालय शिक्षा आयोग की नियुक्ति का प्रस्ताव रखा। भारत सरकार ने इस प्रस्ताव को स्वीकार किया तथा 4 नवम्बर सन् 1948 को विश्वविद्यालय शिक्षा आयोग की नियुक्ति की। इस आयोग के अध्यक्ष प्रसिद्ध दार्शनिक तथा शिक्षाविद् डॉ. सर्वपल्ली राधाकृष्णन थे जो बाद में भारत के उपराष्ट्रपति तथा फिर राष्ट्रपति बने। डॉ. राधाकृष्णन के नाम से इस आयोग को डॉ. राधाकृष्णन आयोग भी कहा जाता है। प्रोफेसर निर्मलकुमार सिद्धान्त आयोग के सचिव थे। सदस्यों में डॉ. ताराचन्द, डॉ. जाकिर हुसैन, डॉ. लक्ष्मण स्वामी मुदालियर, डॉ. मेघनाद साहा, डॉ. कर्मनारायण बहल जैसे दिग्गज विद्वान थे। दो अमरीकी तथा एक अंग्रेज विद्वान भी इसके सदस्य थे।

आयोग की नियुक्ति के मुख्य उद्देश्य – आयोग के अपने शब्दों में, "भारतीय विश्वविद्यालय शिक्षा के विषय में रिपोर्ट देना तथा उन सुधारों एवं विस्तारों के संबंध में सुझाव प्रस्तुत करना, जो देश की वर्तमान और भावी आवश्यकताओं के लिए वांछनीय हों।"

विश्वविद्यालय शिक्षा आयोग ने जोरदार शब्दों में कहा कि केवल तकनीकी तथा व्यावसायिक उद्देश्य निर्धारित करने से हम 'राक्षसी राज्य' को जन्म देंगे।

20.2 आयोग की जाँच के विषय
(Terms of Reference of the Commission)

1. भारत में विश्वविद्यालयी शिक्षा एवं संधान के उद्देश्य एवं लक्ष्य।
2. भारत में विश्वविद्यालयों के संगठन, विधान, अधिकार एवं कार्यक्षेत्र में आवश्यक परिवर्तन तथा उनका केन्द्र एवं राज्य सरकार से सम्बन्ध।
3. शिक्षा तथा परीक्षा का उच्चतम स्तर-निर्माण।
4. विश्वविद्यालयों की अर्थव्यवस्था।
5. पाठ्यक्रम तथा विभिन्न संकायों में तालमेल।
6. विश्वविद्यालयों में प्रवेश का स्तर और भारतीय संविधान में समानता के सिद्धान्त का प्रतिपालन।
7. विश्वविद्यालयी शिक्षा की माध्यम भाषा।
8. भारतीय संस्कृति, साहित्य, इतिहास, दर्शन, ललितकला तथा भाषाओं की उच्चतर शिक्षा।
9. नये विश्वविद्यालयों की स्थापना का आधार।
10. विश्वविद्यालयों तथा उच्च शिक्षा-संस्थानों में सभी विषयों के ज्ञानार्जन तथा अनुसंधान का ऐसा प्रबन्ध कि अपव्यय न हो।
11. विश्वविद्यालयों में धार्मिक शिक्षा।
12. भारत सरकार के अधीन विश्वविद्यालयों एवं उच्च शिक्षा-संस्थानों की समस्याएँ।
13. अध्यापक-वेतन, सेवा नियम तथा उनके द्वारा अनुसंधान।
14. छात्र-अनुशासन एवं ट्यूटोरियल व्यवस्था, छात्रावास आदि।

आयोग ने अपनी रिपोर्ट 25 अगस्त, 1949 को भारत सरकार को प्रेषित की। आयोग का प्रतिवेदन 18 अध्यायों में विभक्त है तथा 747 पृष्ठों पर लिखा गया है।

20.3 आयोग की महत्त्वपूर्ण संस्तुतियाँ
(Significant Recommendations of the Commission)

I. विश्वविद्यालय शिक्षा के उद्देश्य (Objectives of University Education) – विश्वविद्यालय शिक्षा आयोग ने विश्वविद्यालय शिक्षा के उद्देश्यों पर प्रकाश डालते हुए लिखा, "हम न्याय, स्वतन्त्रता, समानता एवं बन्धुता की प्राप्ति द्वारा प्रजातन्त्र की खोज में संलग्न हैं। अत: हमारे विश्वविद्यालयों को अनिवार्यत: इन आदर्शों का प्रतीक एवं संरक्षक होना चाहिए।"

आयोग ने उच्च शिक्षा के निम्नलिखित उद्देश्य निर्धारित किए–

1. छात्रों में आध्यात्मिकता का विकास करना। 2. छात्रों को भारतीय संस्कृति का ज्ञान देना। 3. छात्रों को सुनागरिक बनाना। 4. छात्रों का शारीरिक तथा मानसिक विकास करना। 5. छात्रों में "वसुधैव कुटुम्बकम्" तथा "कृण्वन्तोविश्वमार्यम्" की भावना उत्पन्न करना।

6. छात्रों को विभिन्न क्षेत्रों में नेतृत्व के लिए तैयार करना। 7. जीवन तथा ज्ञान की विभिन्न शाखाओं में समन्वय स्थापित करना। 8. छात्रों के जन्मजात गुणों को खोज निकालना तथा प्रशिक्षण द्वारा उन गुणों को विकसित करना। 9. छात्रों का चारित्रिक इस प्रकार विकास करना जिससे वे अनुशासित जीवन व्यतीत करना सीख जाएँ। 10. छात्रों को समाज के साथ समन्वय स्थापित करने के योग्य बनाना।

II. विश्वविद्यालय शिक्षा का स्तर (Standard of University Education) – शिक्षा के स्तर को बढ़ाने के लिए आयोग ने निम्न सुझाव दिए।

1. ***छात्र संख्या*** – छात्रों की बढ़ती हुई भीड़ को रोकने के लिए, शिक्षण-विश्वविद्यालयों में 3,000 और उनसे सम्बद्ध कॉलेजों में 1,500 से अधिक छात्र नहीं होने चाहिए।

2. ***कार्य दिवस*** – कॉलेजों और विश्वविद्यालयों में परीक्षा-दिवसों को छोड़कर, एक वर्ष में कम-से-कम 180 दिन शिक्षण-कार्य करना चाहिए।

3. ***पाठ्यक्रम*** – (i) कॉलेजों और विश्वविद्यालयों में उन्हीं छात्रों को प्रवेश दिया जाना चाहिए, जो 12 वर्ष की विद्यालय-शिक्षा समाप्त कर चुके हों। (ii) स्नातक की उपाधि प्राप्त करने के लिए अध्ययन की अवधि 3 वर्ष की होनी चाहिए। (iii) स्नातकोत्तर उपाधि-स्नातक बनने के 2 वर्ष पश्चात् और "ऑनर्स कोर्स" के 1 वर्ष पश्चात् दी जानी चाहिए। (iv) विशेषीकृत शिक्षा के दोषों का निवारण करने के लिए विश्वविद्यालयों और माध्यमिक स्कूलों में "सामान्य शिक्षा के सिद्धान्त एवं प्रयोग" का शिक्षण आरम्भ किया जाना चाहिए। (v) शिक्षा के विभिन्न क्षेत्रों में सामान्य और विशेषीकृत शिक्षा में समन्वय स्थापित किया जाना चाहिए।

4. ***शोध कार्य*** – 1. विश्वविद्यालयों में शोध की सुविधाओं में वृद्धि की जाए। 2. विश्वविद्यालयों में ऐसे प्राध्यापक रखने चाहिए जो शोध करने वाले विद्यार्थियों को प्रशिक्षित कर सकें।

5. ***शिक्षा का माध्यम*** – 1. उच्च शिक्षा के माध्यम के लिए किसी प्रादेशिक भाषा का प्रयोग किया जाए। 2. प्रादेशिक भाषाओं के विकास पर पूरा-पूरा बल दिया जाए।

6. ***परीक्षाएँ*** – आयोग ने विश्वविद्यालयों की परीक्षा-प्रणाली को सबसे अधिक दोषपूर्ण पाया है। अतः "आयोग" ने यह विचार प्रकट किया है–"हमें इस बात का विश्वास है कि यदि हमें विश्वविद्यालय शिक्षा में केवल एक बात के बारे में सुझाव देने को कहा जाए, तो वह सुझाव-परीक्षाओं के सम्बन्ध में होगा।" इन परीक्षाओं को दोष-मुक्त करने के लिए, "आयोग" ने निम्नलिखित सिफारिशें कीं–

1. छात्रों की प्रगति का मूल्यांकन करने के लिए यथाशीघ्र "वस्तुनिष्ठ प्रगति-परीक्षाओं" का भण्डार तैयार किया जाना चाहिए। 2. त्रिवर्षीय डिग्री कोर्स की परीक्षा, 3 वर्ष पश्चात् लेने के स्थान पर, प्रत्येक वर्ष के अन्त में ली जानी चाहिए। यह परीक्षा–"स्वतः पूर्ण इकाईयों" में ली जानी चाहिए और छात्रों के लिए प्रत्येक इकाई अर्थात् प्रतिवर्ष की परीक्षा में उत्तीर्ण होना अनिवार्य होना चाहिए। 3. प्रत्येक विश्वविद्यालय में कम-से-कम 5 वर्ष के शिक्षण का अनुभव रखने वाले 3 सदस्यों का एक पूर्णकालीन बोर्ड संगठित किया जाए। इस बोर्ड के निम्नांकित मुख्य कार्य होने चाहिए– (i) विश्वविद्यालयों एवं उनसे सम्बद्ध

कॉलेजों के शिक्षकों को वस्तुनिष्ठ परीक्षाओं की नवीन योजनाएँ बनाने में सहायता देना। (ii) उक्त शिक्षकों को पाठ्यक्रम में संशोधन करने के लिए सामग्री की व्यवस्था करना। (iii) सम्बद्धित कॉलेजों के छात्रों की प्रगति का समय-समय पर "प्रगति-परीक्षाओं" द्वारा मूल्यांकन करना।

III. अध्यापक (Teacher)—***A. अध्यापकों में गुण:*** अध्यापकों में ये गुण होने चाहिएं–(i) छात्रों में ज्ञान के प्रति अभिरुचि जाग्रत करना। (ii) विद्यार्थियों में अपने सांस्कृतिक मूल्यों के प्रति आदर का भाव उत्पन्न करना।

B. अध्यापकों की सेवा-शर्तें : 1. विश्वविद्यालय के प्राध्यापकों के वेतनमान एवं सेवा की शर्तों में सुधार किया जाए ताकि सुयोग्य तथा चरित्रवान् व्यक्ति शिक्षक के पद पर नियुक्त हो सकें। 2. अध्यापकों का प्रॉविडेंट फण्ड की उपयुक्त सुविधा दी जाए। 3. अध्यापकों के निवास की व्यवस्था विश्वविद्यालय के समीप ही की जाए। 4. अध्यापक अपने पद पर 60 वर्ष की आयु तक रहें। यदि उनका स्वास्थ्य अच्छा है तो उन्हें 64 वर्ष की आयु तक कार्य करने दिया जाए। 5. अध्ययन के लिए अध्यापकों को एक बार में 1 वर्ष का वेतन सहित अवकाश तथा सम्पूर्ण सेवाकाल में 3 वर्ष का अवकाश दिया जाए। 6. अध्यापकों को एक सप्ताह में अधिक से अधिक 18 घण्टे (Periods) का अध्यापन कार्य दिया जाए। 7. अध्यापकों को विश्वविद्यालय में चार वर्गों में बाँटा गया तथा वेतनमान इस प्रकार दर्शाए गए।

(i)	प्रोफेसर	800	50	1250 रूपये
(ii)	रीडर	600	30	900 "
(iii)	लेक्चरर	300	25	600 "
(iv)	इंस्ट्रक्टर	250	25	500 "

V. धार्मिक शिक्षा (Religious Education) – "आयोग" ने यह मत व्यक्त किया कि यद्यपि भारत धर्म-निरपेक्ष राज्य है, तथापि इसका अभिप्राय यह नहीं है कि शिक्षा-संस्थाओं में धार्मिक शिक्षा नहीं दी जा सकती है। इसका अभिप्राय–धार्मिक कट्टरता और संकीर्णता का निषेध करना है, न कि व्यक्तिगत धार्मिक स्वतन्त्रता का। आयोग ने धार्मिक शिक्षा के विषय में अनेक व्यावहारिक सुझाव दिए–

1. सब शिक्षा-संस्थाओं को अपना दैनिक कार्य कुछ मिनट के मौन चिन्तन के पश्चात् आरम्भ करना चाहिए। 2. डिग्री कोर्स के प्रथम वर्ष में विश्व के सुप्रसिद्ध धार्मिक नेताओं की जीवनियाँ पढ़ाई जाएं यथा–बुद्ध, ईसा, गाँधी, शंकर, कबीर, नानक, माधव, सुकरात, रामानुज, मुहम्मद एवं कनफ्यूसियस। 3. डिग्री कोर्स के द्वितीय वर्ष में विश्व के प्रसिद्ध धार्मिक ग्रन्थों में से सार्वभौमिक महत्त्व के कुछ चुने हुए भाग पढ़ाए जाने चाहिए। 4. डिग्री कोर्स के तृतीय वर्ष में धर्म-दर्शन की मुख्य समस्याएँ पढ़ाई जानी चाहिए।

VI. स्त्री शिक्षा (Women Education) — स्त्री शिक्षा के महत्त्व तथा बल पर प्रकाश डालते हुए आयोग ने लिखा, "शिक्षित स्त्रियों के बिना शिक्षित राष्ट्र नहीं हो सकता। यदि सामान्य शिक्षा पुरुषों अथवा स्त्रियों तक सीमित रखी जाती है तो यह अवसर स्त्रियों

को दिया जाए, क्योंकि ऐसा करने से शिक्षा को भावी पीढ़ी को हस्तान्तरित किया जा सकेगा।" आयोग ने स्त्री शिक्षा संबंधी निम्नलिखित संस्तुतियाँ दीं–

1. स्त्रियों को शिक्षा उनकी प्रकृति तथा आवश्यकतानुसार दी जाए। 2. सह-शिक्षा कॉलेजों में स्त्रियों को वह सभी सुविधाएँ दी जाएँ जो पुरुषों को उपलब्ध हैं। 3. स्त्रियों का पाठ्यक्रम इस प्रकार का हो कि वे समाज में अपना उचित स्थान ग्रहण कर सकें। 4. समान कार्यों के अध्यापिकाओं को उतना ही वेतन तथा अन्य भत्ते मिलें जो पुरुष शिक्षकों को दिए जाते हैं।

VII. व्यावसायिक शिक्षा (Vocational Education) — आयोग ने व्यावसायिक शिक्षा को सुधारने के लिये व्यापक सिफारिशें कीं–

1. कृषि: कृषि के राष्ट्रीय महत्त्व को स्वीकार करते हुए कृषि-शिक्षा को सभी स्तरों पर बल मिलना चाहिए। कृषि-शिक्षा ग्रामीण वातावरण में दी जानी चाहिए। नये खुलने वाले कृषि-कॉलेजों को ग्रामीण विश्वविद्यालयों से सम्बन्धित कर देना चाहिए। देश में प्रायोगिक कृषि-फार्मों का एक जाल बुन देना चाहिए।

भारतीय कृषि शोध समिति (Indian Council of Agricultural Research) का मुख्य कार्य कृषि-सम्बन्धी सूचनाओं को किसानों तक पहुँचाना और किसानों की समस्याओं पर कॉलेजों तथा विश्वविद्यालयों में शोध करना होगा। विश्वविद्यालयों के कृषि-विभागों का मुख्य कार्य शोध होगा। इसके व्यय के लिए कृषिकर (Cess) तथा 'विश्वविद्यालय अनुदान आयोग' के अनुदानों से व्यवस्था होगी।

देश में कृषि नीति निर्धारण संस्थान (Institute of Agricultural Policy) स्थापित होनी चाहिए।

मत्स्य-पालन भी कृषि का अंग माना जाना चाहिए।

2. कॉमर्स: कॉमर्स की शिक्षा को अधिक उपयोगी बनाने के लिए कमीशन ने सिफारिश की कि बी.कॉम. के विद्यार्थियों को तीन-चार प्रकार की फर्मों का यथार्थ अनुभव कराया जाए ताकि वे बाद में अधिक कुशल कार्यकर्त्ता सिद्ध हों।

स्नातकोत्तर पाठ्यक्रम में एकाउटेंसी जैसी शाखाओं के विशेष अध्ययन की सुविधा होनी चाहिए। एम. कॉम. का पाठ्यक्रम थोड़े से विद्यार्थियों के लिए हो। यह किताबी कम, प्रायोगिक अधिक हो।

3. अध्यापक प्रशिक्षण: शिक्षा-सम्बन्धी पाठ्यक्रमों में छात्राध्यापकों के स्कूली पाठों को अधिक महत्त्व देना चाहिए। व्यावहारिक शिक्षा के लिए स्कूल उपयुक्त ढंग के होने चाहिए और वहाँ छात्राध्यापकों को वर्तमान शिक्षण-पद्धतियों को ही सुधारकर प्रयोग में लाना चाहिए। प्रशिक्षण-विद्यालयों के अध्यापकों को स्कूलों में पढ़ाने का अनुभव होना चाहिए।

एम. एड. करने की सुविधा स्कूलों में कुछ समय पढ़ाने के बाद ही मिलनी चाहिए।

इस क्षेत्र में शोधकार्य की योजना अखिल भारतीय स्तर पर होनी चाहिए ताकि थोड़े ही समय में अधिक ठोस कार्य किया जा सके।

VIII. शिक्षा का माध्यम – 1. उच्च शिक्षा का माध्यम-अंग्रेजी के बजाय प्रादेशिक भाषाएँ होनी चाहिएँ, पर संघीय भाषा (हिन्दी) को शिक्षा का माध्यम बनाने की स्वतन्त्रता होनी चाहिए। 2. संघीय भाषा के लिए केवल देवनागरी लिपि का प्रयोग

किया जाना चाहिए और इस लिपि के दोषों को यथाशीघ्र दूर किया जाना चाहिए। 3. उच्चतर माध्यमिक एवं विश्वविद्यालय-स्तर पर छात्रों को 3 भाषाओं की शिक्षा दी जानी चाहिए–(i) मातृभाषा अर्थात् प्रादेशिक भाषा, (ii) हिन्दी अर्थात् संघीय भाषा, और (iii) अंग्रेजी। 4. संघीय और प्रादेशिक भाषाओं का विकास करने के लिए शीघ्र ही ठोस कदम उठाए जाने चाहिए। 5. विद्यार्थियों को नवीन ज्ञान के सम्पर्क में रखने के लिए हाई स्कूलों, कॉलेजों और विश्वविद्यालयों में अंग्रेजी की शिक्षा को बनाए रखना चाहिए।

IX. छात्र-अनुशासन (Students Discipline) — आयोग ने अनुशासन के विभिन्न पक्षों का गहन अध्ययन किया। आयोग के विचारों का सार नीचे दिया जा रहा है–

1. ***अनुशासन का अर्थ***–अनुशासन का अर्थ केवल नियमों का पालन करना नहीं है, अपितु व्यवहार में उचित परिवर्तन लाना है तथा अपने उत्तरदायित्वों को अच्छी तरह समझना है।

अनुशासनहीनता के कारण–आयोग ने अनुशासनहीनता के निम्नलिखित कारणों का उल्लेख किया है–

(i) शैक्षिक संस्थाओं में सुविधाओं का अभाव। (ii) छात्रों की अधिक संख्या। (iii) अध्यापकों का छात्रों की मनोवैज्ञानिक स्थितियों को न समझना। (iv) दोषपूर्ण परीक्षाएँ तथा इनका सम्पूर्ण शिक्षा व्यवस्था पर हावी होना। (v) छात्रों की निर्धनता। (vi) अधिकारियों का मनमानी करना।

अनुशासन संबंधी सुझाव – आयोग ने इस प्रकार विचार व्यक्त किए, "नवयुवकों को उचित मार्ग पर लाने की कुंजी उन पर अनेक प्रकार के अंकुश लगाना नहीं है, अपितु उनमें सामाजिक चेतना जागृत करने की आवश्यकता है। उनके सम्पूर्ण दृष्टिकोण को समझदारी से बदलने की आवश्यकता है।" आयोग ने निर्माणात्मक अनुशासन के लिए निम्नलिखित सुझाव दिए–

1. संस्थाओं में एक-दूसरे पर विश्वास की भावना के विकास पर बल दिया जाए। 2. छात्रों के 'अहम्' अथवा 'आत्मसम्मान' की भावना पर ध्यान दिया जाए। 3. शैक्षिक संस्थाओं में छात्रों के कल्याण संबंधी व्यापक सुविधाओं का प्रावधान किया जाए। 4. विश्वविद्यालयों को राजनीति से पृथक् किया जाए। 5. अनुशासन की समस्या सभी वर्गों के सहयोग से हल की जा सकती है। इसका उत्तरदायित्व केवल अध्यापकों तथा शैक्षिक प्रशासकों पर ही नहीं है। 6. परीक्षाओं में क्रान्तिकारी सुधार किए जाएँ। 7. पाठ्यक्रमों को रोचक तथा व्यावहारिक बनाया जाए।

20.4 आयोग की सिफारिशों का मूल्यांकन
(Evaluation of Recommendations of the Commission)

विश्वविद्यालय आयोग ने सशक्त, व्यावहारिक तथा रचनात्मक सुझाव दिए। शिक्षा आयोग (1964-66) की रिपोर्ट आने तक तो विश्वविद्यालय आयोग की सिफारिशों के आधार पर उच्च शिक्षा के क्षेत्र में कार्य होता रहा। विश्वविद्यालय आयोग की सिफारिश पर विश्वविद्यालय अनुदान आयोग (University Grants Commission) नियुक्त किया गया।

तत्कालीन राष्ट्रपति डॉ. राजेन्द्र प्रसाद ने आयोग की सिफारिशों को अमूल्य बताया। उन्होंने आयोग की सिफारिशों में यह गुण भी पाया कि आयोग ने आधुनिकता के साथ-साथ अतीत की सर्वोत्तम उपलब्धि के गुणों को भी सुरक्षित रखने पर बल दिया।

आयोग ने जोर देकर कहा कि यदि हमें 'राक्षस राज्य' स्थापित नहीं करना है तो अवश्य ही हमें नैतिक मूल्यों पर बल देना होगा।

आयोग ने कॉलेजों में अनुशासन के संबंध में कहा कि हमें अधिक से अधिक छात्र-कल्याण सुविधाएँ छात्रों को प्रदान करनी चाहिए ताकि उनकी शक्ति का सदुपयोग हो सके। अनुशासन केवल कड़े नियमों पर ही आधारित नहीं रहता। विश्वविद्यालय छात्रों के लिए हैं न कि छात्र विश्वविद्यालय के लिए। अत: यह तथ्य हमें भली प्रकार से समझ लेना चाहिए।

आयोग ने ग्रामीण क्षेत्रों में उच्च शिक्षा की ओर सरकार तथा जनता का ध्यान आकर्षित किया। सरकार ने इस संस्तुति को स्वीकार करके 1954 में 'ग्रामीण उच्चतर शिक्षा समिति' (Rural Higher Education Institute Committee) का गठन किया।

तत्कालीन भारत के राष्ट्रपति डॉ. राजेन्द्र प्रसाद ने विश्वविद्यालय आयोग की संतुतियों के बारे में अपने विचार इस प्रकार प्रगट किए, "विश्वविद्यालय आयोग के प्रतिवेदन का महत्त्व अधिकांश रूप में इस बात में है कि वह इस देश की वर्तमान शिक्षा प्रणाली में आधारभूत परिवर्तन की आवश्यकता का अनुभव करता है और इस आधार पर उसकी शिक्षा संबंधी समस्याओं का विवेचन करता है। यही कारण है कि प्रतिवेदन में अनेक क्रान्तिकारी सुझाव देने पड़े हैं। साथ ही प्रतिवेदन का एक गुण यह भी है कि वह अतीत से पूर्ण संबंध-विच्छेद नहीं करता है, अपितु उसमें उपलब्ध सर्वोत्तम गुणों को सुरक्षित रखना चाहता है।"

अत्यन्त खेद का विषय है कि अन्य आयोगों तथा समितियों की भाँति इस आयोग ने भी वित्तीय साधनों की अवहेलना की। इन पर कोई ध्यान नहीं दिया गया। संस्तुतियों का क्रियान्वयन करने के लिए कितना धन चाहिए, इस का स्रोत क्या होगा–इस प्रकार की आधारभूत बातों पर कोई ध्यान नहीं दिया गया।

21

माध्यमिक शिक्षा आयोग (1952-53)
(Secondary Education Commission, 1952-53)

21.1 माध्यमिक शिक्षा आयोग की नियुक्ति की पृष्ठभूमि (Background of the Appointment of the Secondary Education Commission)

स्वतन्त्रता प्राप्ति के पश्चात् भारतीयों के हृदयों में देश की शीघ्र प्रगति के लिए असीम उत्साह था। देश के स्वतन्त्रता संग्राम के नेताओं ने देश के चहुंमुखी विकास के लिए बड़े-बड़े स्वप्न संजोए हुए थे। अब उन्हें साकार रूप में परिवर्तित करने का अवसर मिला। शिक्षा को प्रगति का एक सक्षम माध्यम माना जाता रहा है। अत: स्वाभाविक था कि इस क्षेत्र पर उचित ध्यान दिया जाए। उच्च शिक्षा के विकास के लिए विश्वविद्यालय आयोग की संस्तुतियाँ आ चुकी थीं। प्राथमिक शिक्षा के क्षेत्र पर भी पर्याप्त समीक्षा की गई थी। परन्तु माध्यमिक शिक्षा के क्षेत्र में इस प्रकार के किसी आयोग का गठन नहीं किया गया था। केन्द्रीय शिक्षा सलाहकार बोर्ड ने भारत सरकार को सुझाव दिया कि माध्यमिक शिक्षा के पुनर्गठन की आवश्यकता है। अत: एक आयोग का इस कार्य की समीक्षा के लिए गठन किया जाए, भारत सरकार ने बोर्ड के इस सुझाव को स्वीकार किया तथा 23 सितम्बर, 1952 को मद्रास विश्वविद्यालय के उपकुलपति डॉ. लक्ष्मणस्वामी मुदालियर की अध्यक्षता में माध्यमिक शिक्षा आयोग की नियुक्ति की। अध्यक्ष के नाम पर इस आयोग को मुदालियर शिक्षा आयोग (Mudialar Education Commission) भी कहा जाता है।

आयोग के सदस्य-सचिव केन्द्रीय शिक्षा संस्थान के प्रिंसिपल ए.एन. बसु थे।

21.2 आयोग की जाँच के विषय (Terms of Reference of the Commission)

आयोग की जाँच के दो मुख्य विषय थे–

1. भारत की तत्कालीन माध्यमिक शिक्षा की स्थिति की समीक्षा करना तथा उस पर प्रकाश डालना।

2. माध्यमिक शिक्षा के पुनर्गठन एवं सुधार के लिए निम्नलिखित के संबंध में सुझाव देना।

(i) माध्यमिक शिक्षा के उद्देश्य, संगठन एवं विषयवस्तु। (ii) माध्यमिक शिक्षा का प्राथमिक, बेसिक तथा उच्च शिक्षा से संबंध। (iii) विभिन्न प्रकार के माध्यमिक स्कूलों का पारस्परिक सम्बन्ध। (iv) माध्यमिक शिक्षा से सम्बन्धित अन्य समस्याएँ।

माध्यमिक शिक्षा आयोग की रिपोर्ट

माध्यमिक शिक्षा आयोग ने विभिन्न राज्यों का भ्रमण किया। शिक्षाविदों तथा शिक्षा से जुड़े वर्गों से साक्षात्कार किया। विस्तृत प्रश्नावली जारी की। आयोग को अनेक प्रतिवेदन तथा सुझाव प्राप्त हुए। तदुपरान्त 28 अगस्त 1953 को आयोग ने अपनी रिपोर्ट भारत सरकार को प्रेषित की। आयोग ने माध्यमिक शिक्षा के प्रत्येक पक्ष का अध्ययन करके उस पर अपने विचार दिए तथा संस्तुतियाँ की।

21.3 माध्यमिक शिक्षा के दोष
(Defects of the Secondary Education)

1. स्कूलों में दी जाने वाली शिक्षा का जीवन से कोई सम्बन्ध नहीं है।
2. स्कूलों से शिक्षा प्राप्त छात्र वास्तविक जीवन में अपने को असहाय समझते हैं।
3. शिक्षा बच्चे का सर्वांगीण विकास नहीं करती है।
4. माध्यमिक शिक्षा का पाठ्यक्रम जीवन की समस्याओं से कोसों दूर है।
5. माध्यमिक शिक्षा संकीर्ण है।
6. माध्यमिक शिक्षा एक पक्षीय है।
7. माध्यमिक शिक्षा का छात्रों की रुचि से कोई लेना-देना नहीं है।
8. माध्यमिंक पक्ष चरित्र निर्माण के पक्ष की ओर कोई ध्यान नहीं देती है।
9. अंग्रेजी भाषा को अनिवार्य रूप से पढ़ाया जाता है और यह शिक्षा का माध्यम भी है। अत: इस का प्रभुत्व छात्रों पर रहता है। जो छात्र इस भाषा का समुचित ज्ञान नहीं रखते, वे अन्य विषयों में भी पीछे रह जाते हैं।
10. शिक्षण विधियाँ नीरस हैं।
11. शिक्षण विधियाँ छात्रों को शिक्षण-अधिगम प्रक्रिया में भागीदार नहीं बनाती है।
12. कक्षाओं में छात्रों की अधिक संख्या होने के कारण अध्यापकों तथा छात्रों में व्यक्तिगत सम्पर्क स्थापित नहीं हो पाता है।
13. परीक्षा प्रणाली में अनेक दोष हैं।

21.4 माध्यमिक शिक्षा आयोग की प्रमुख संस्तुतियाँ
(Major Recommendations of the Secondary Education Commission)

1. माध्यमिक शिक्षा के उद्देश्य – माध्यमिक शिक्षा आयोग ने इस बात पर बल दिया कि ज्यों-ज्यों राजनीतिक, सामाजिक तथा आर्थिक परिस्थितियों में परिवर्तन होता है, उसी के अनुरूप माध्यमिक शिक्षा के उद्देश्य माध्यमिक शिक्षा के विभिन्न स्तरों पर बदलते हैं।

संविधान में निर्देशित गणतान्त्रिक आवश्यकताओं को ध्यान में रखकर माध्यमिक शिक्षा आयोग ने माध्यमिक शिक्षा के चार उद्देश्य बताए।

1. छात्रों में गणतान्त्रिक नागरिकता का विकास। 2. छात्रों में व्यावसायिक क्षमता का विकास। 3. छात्रों में व्यक्तित्व का विकास। 4. छात्रों में नेतृत्व के गुणों का विकास।

1. ***गणतान्त्रिक नागरिकता का विकास (Development of Democratic Citizenship)***–इसके अन्तर्गत इन गुणों का व्यक्ति में निर्माण करना है। (i) स्पष्ट विचार; (ii) नए विचारों को स्वीकार करने की क्षमता; (iii) लिखने तथा पढ़ने में विचारों की स्पष्टता; (iv) समाज में रहने की कला; (v) सामाजिक जागरूकता; (vi) सहनशीलता; (vii) देश प्रेम की भावना तथा; (viii) अन्तर्राष्ट्रीय भावना।

2. ***व्यावसायिक क्षमता का विकास (Developmental of Vocational Efficiency)***–शिक्षा का दूसरा उद्देश्य छात्रों में व्यावसायिक क्षमता को बढ़ाना है। इसके अन्तर्गत हैं–(क) कार्य के महत्त्व को समझने की भावना। (ख) कार्य को यथाशक्ति अच्छा तथा सुन्दर बनाना।

3. ***व्यक्तित्व का विकास (Development of Personality)***–इसके अन्तर्गत हैं–विद्यार्थियों में सृजनात्मक शक्तियों का विकास करना जिससे वे अपनी सांस्कृतिक परम्पराओं के प्रति गर्व अनुभव कर सकें। साथ ही कला-कौशल आदि विषयों में स्थान देकर उनकी सौन्दर्य शक्ति का विकास करना।

4. ***नेतृत्व के गुणों का विकास (Development of Qualities of Leadership)***–गणतन्त्र की सफलता के लिए आवश्यक है कि शिक्षा ऐसे गुणों का निर्माण करे जिससे छात्रों में नेतृत्व के गुणों का विकास हो। जहाँ एक ओर अनुयायी बनने के गुणों का होना आवश्यक है वहाँ दूसरों का आवश्यकतानुसार नेतृत्व करना जरूरी है।

2. शैक्षिक ढाँचा – इसका विवरण अलग से दिया गया है।

3. पाठ्यक्रम – पाठ्यक्रम का विभिन्नीकरण किया जाए तथा इसे सशक्त बनाया जाए। (विस्तार से विवरण आगे दिया गया है)।

4. पाठ्य पुस्तकें – पाठ्य-पुस्तकों के स्तर को ऊँचा उठाने के लिए प्रत्येक राज्य में एक "उच्चस्तरीय पाठ्य-पुस्तक समिति" का संगठन किया जाना चाहिए।

एक विषय में एक पाठ्य-पुस्तक निर्धारित करने के स्थान पर पाठ्य-पुस्तकों की पर्याप्त संख्या निश्चित की जानी चाहिए। विद्यालयों को इन पाठ्य-पुस्तकों में से किसी एक को चुनने का अधिकार प्रदान किया जाना चाहिए।

5. स्फूर्तिपूर्ण शिक्षण विधियाँ – "क्रिया विधि" एवं "योजना विधि" को महत्त्वपूर्ण स्थान दिया जाना चाहिए।

प्रभावी शिक्षण-विधियों को लोकप्रिय बनाने के लिए "प्रयोगात्मक" एवं "प्रदर्शनात्मक" विद्यालयों की विभिन्न स्थानों पर स्थापना की जानी चाहिए।

6. धार्मिक शिक्षा – "आयोग" का विचार है कि चरित्र के निर्माण में धार्मिक शिक्षा का महत्त्वपूर्ण स्थान है। अतः उसने धार्मिक शिक्षा संबंधी निम्नलिखित सुझाव दिए हैं–

(i) धार्मिक शिक्षा–विद्यालयों में दी जा सकती है। (ii) धार्मिक शिक्षा–विद्यालय के शिक्षण के समय से पहले या बाद में दी जानी चाहिए। (iii) धार्मिक शिक्षा–छात्रों के अभिभावकों की अनुमति प्राप्त करने के बाद दी जानी चाहिए।

7. चरित्र-निर्माण की शिक्षा – "आयोग" ने चरित्र-निर्माण की शिक्षा पर अत्यधिक बल दिया है और निम्नलिखित सुझाव दिए–

(i) छात्रों में उत्तम अनुशासन की भावना का विकास करने के लिए उनमें और शिक्षकों में घनिष्ठ सम्बन्ध स्थापित किए जाने चाहिए। (ii) विद्यालयों में स्वशासन-प्रणाली को महत्त्वपूर्ण स्थान दिया जाना चाहिए।

8. निर्देशन तथा परामर्श – (i) छात्रों को व्यवसायों के विषय में सूचना देने के लिए, विद्यालय में समय-समय पर "जीविकोपार्जन सम्मेलनों" का आयोजन किये जाना चाहिए। (ii) विद्यालयों में "निर्देशन-अधिकारियों" और "जीविकोपार्जन शिक्षकों" की नियुक्ति की जानी चाहिए।

9. छात्रों का शारीरिक कल्याण – (i) सब राज्यों में "स्कूल-स्वास्थ्य-सेवा" (School Medical Service) की सुसंगठित योजना क्रियान्वित की जानी चाहिए। (ii) सब विद्यालयों के सब छात्रों की एक वर्ष में कम-से-कम एक बार स्वास्थ्य परीक्षण अवश्य किया जाना चाहिए। (iii) रोगी छात्रों एवं छात्राओं का "विद्यालय-स्वास्थ्य-अधिकारी" (School Health Officer) द्वारा मुफ्त उपचार किया जाना चाहिए।

10. परीक्षा एवं मूल्यांकन – (i) बाह्य परीक्षाओं की संख्या में कमी की जानी चाहिए। (ii) माध्यमिक शिक्षा का सम्पूर्ण पाठ्यक्रम समाप्त करने के पश्चात् केवल एक "सार्वजनिक परीक्षा" होनी चाहिए। (iii) परीक्षाओं में पूछे जाने वाले प्रश्न निबन्धात्मक ढंग के न होकर वस्तुनिष्ठ प्रकार के होने चाहिएं, ताकि परीक्षाओं के "आत्मगत-तत्त्वों" का अन्त किया जा सके। (iv) छात्रों के कार्य का अन्तिम मूल्यांकन करते समय अग्रलिखित उचित महत्त्व दिया जाना चाहिए–आन्तरिक परीक्षाएँ, नियतकालिक परीक्षाएँ (Periodical Tests) एवं विद्यालय-अभिलेख (School Records)। (v) बाह्य व आन्तरिक परीक्षाओं का मूल्यांकन अंकों में न करके प्रतीकों (Symbols) में किया जाना चाहिए।

11. विभिन्न प्रकार के स्कूल – (i) बहुउद्देश्यीय स्कूलों (Multi-purpose Schools) की स्थापना की जानी चाहिए। इन स्कूलों में पाठ्यक्रम का विभिन्नीकरण (Diversification) किया जाना चाहिए, ताकि छात्र अपने विभिन्न उद्देश्यों, रुचियों और योग्तयताओं के अनुसार पाठ्यक्रम का चयन कर सकें। (ii) ग्रामीण स्कूलों में कृषि-शिक्षा की सुविधाओं में विस्तार किया जाना चाहिए। अत: इन स्कूलों में उद्यान-विज्ञान (Horticulture), पशु-पालन (Animal Husbandry) एवं कुटीर उद्योग-धन्धों की शिक्षा की व्यवस्था की जानी चाहिए। (iii) औद्योगिक क्षेत्रों में तकनीकी स्कूलों की बहुत बड़ी संख्या में स्थापना की जानी चाहिए। (iv) बड़े नगरों में प्रौद्योगिक संस्थानों (Technological Institutes) का निर्माण किया जाना चाहिए।

21.5 माध्यमिक शिक्षा आयोग की सिफारिशों की समीक्षा
(Evaluation of the Report of the Secondary Education)

माध्यमिक शिक्षा आयोग (1952-53) तथा प्राथमिक शिक्षा – इस आयोग का मुख्य कार्यक्षेत्र माध्यमिक शिक्षा था। प्राथमिक शिक्षा के बारे में इसके सुझाव इस प्रकार हैं–

1. बेसिक शिक्षा प्रणाली के सिद्धान्तों को अपनाया जाए। 2. मिडिल अथवा जूनियर माध्यमिक अथवा सीनियर बेसिक स्तर तीन वर्ष का होना चाहिए। इस स्तर पर पढ़ने वाले

बच्चों की आयु सामान्यत: 11 से 14 वर्ष होनी चाहिए। 3. कक्षा 1 से कक्षा 8 तक की शिक्षा पूरक हो। 4. शिक्षण विधियाँ क्रियाओं पर आधारित हों। 5. मिडिल स्तर की शिक्षा का उद्देश्य मुख्यत: छात्रों को मोटे तौर पर मानवीय ज्ञान तथा अभिरुचि से परिचित कराना है। 6. मिडिल स्तर की शिक्षा सामान्य शिक्षा है, किसी प्रकार का विशेषीकरण नहीं। 7. मिडिल स्तर पर ये विषय होने चाहिए–(i) भाषाएँ, (ii) सामाजिक ज्ञान, (iii) सामान्य विज्ञान, (iv) आर्ट तथा संगीत, (v) हस्तकला और (vi) शारीरिक शिक्षा।

मुदालियर शिक्षा आयोग की सिफारिशों के बारे में विभिन्न विचार हैं। सैद्धान्तिक दृष्टिकोण से इस आयोग की संस्तुतियों को 'बेजोड़' माना जा सकता है परन्तु व्यावहारिक रूप से नहीं, क्योंकि सिफारिशों के क्रियान्वयन के खर्चे के बारे में कोई भी अनुमान प्रस्तुत नहीं किए गए। कुल मिलाकर कह सकते हैं कि सिफारिशें 'कागजी कार्यवाही' बन कर रह गई।

माध्यमिक शिक्षा तथा माध्यमिक शिक्षा आयोग – 1. आयोग ने माध्यमिक शिक्षा के उद्देश्यों को निर्धारित करके बड़ा सराहनीय कार्य किया है। इस बात में कोई मतभेद नहीं है कि हमारी शिक्षा का प्रमुख उद्देश्य–लोकतान्त्रिक नागरिकता का विकास करना होना चाहिए।

2. पाठ्यक्रम की विविधता का माध्यमिक शिक्षा के क्षेत्र में एक क्रान्तिकारी सुझाव था। सभी छात्रों की अभिरुचियाँ तथा अभियोग्यताएँ समान नहीं होती हैं। अत: पाठ्यक्रम को उनकी अभिरुचियों एवं अभियोग्यताओं के अनुसार होना आवश्यक है।

3. बहु-उद्देशीय स्कूलों की स्थापना का उद्देश्य अच्छा था क्योंकि इससे छात्र अपनी व्यक्तिगत योग्यताओं के अनुसार विषयों का चयन करके अपने व्यक्तित्व का विकास कर सकते हैं।

4. भारत जैसे कृषि-प्रधान देश के ग्रामीण स्कूलों में कृषि की शिक्षा को अनिवार्य बनाये जाने का सुझाव महत्त्वपूर्ण है।

5. स्वतन्त्रता-प्राप्ति के पश्चात् देश का औद्योगीकरण तीव्र गति से किया जाना था। नए उद्योगों की आवश्यकताओं की पूर्ति करने के लिए प्राविधिक शिक्षा की व्यवस्था का सुझाव सराहनीय है।

6. आयोग की इस संस्तुति को प्राय: सभी शिक्षाविदों ने माना है। शिक्षण की विधियों में क्रिया-रीतियों को स्थान दिया जाए और पाठन-सामग्री के प्रयोग से उनको सजीव बनाया जाए।

7. माध्यमिक स्कूलों के छात्रों के चरित्र-निर्माण के सम्बन्ध में जो सुझाव दिए गए, प्रशंसनीय हैं।

8. छात्रों के मार्ग-प्रदर्शन का सुझाव अद्वितीय है। बहुधा छात्र अपनी योग्यताओं से परिचित न होने के कारण व्यवसायों तथा कार्यक्षेत्रों में प्रवेश करके असफल रहते हैं। छात्र प्रशिक्षित व्यक्तियों से मार्ग-प्रदर्शन का लाभ उठाकर अपनी शक्तियों का उचित दिशाओं में प्रयोग कर सकते हैं।

9. परीक्षा एवं शैक्षिक मूल्यांकन के विषय में आयोग के सुझाव माध्यमिक शिक्षा के क्षेत्र में अति उत्तम हैं।

10. आयोग ने शिक्षकों की सेवा-प्रतिबन्धों (Service Conditions), वेतन, प्रशिक्षण आदि के सम्बन्ध में बहुमूल्य सुझाव दिए हैं।

आयोग की सिफारिशों के दोष – 1. माध्यमिक शिक्षा के प्रशासन के सम्बन्ध में दिए गए सुझाव व्यावहारिक नहीं हैं। निजी विद्यालयों की प्रबन्धकारिणी समिति के सदस्यों की योग्यता के विषय में आयोग ने कोई संस्तुति नहीं दी।

2. आयोग ने बालिकाओं की शिक्षा के विस्तार के सम्बन्ध में कोई भी महत्त्वपूर्ण सुझाव नहीं दिया है।

3. इण्टरमीडिएट कक्षा को तोड़ने का सुझाव अनुपयुक्त प्रतीत होता है।

4. योजना के कार्यान्वित करने में एक बड़ी धनराशि की आवश्यकता होगी इस पर आयोग ने विचार नहीं किया। आयोग ने कहा कि माध्यमिक स्तर पर प्रत्येक छात्र को तीन भाषाओं का अध्ययन करना आवश्यक है–मातृभाषा अथवा क्षेत्रीय भाषा, हिन्दी और अंग्रेजी। तीन भाषाओं के अतिरिक्त विषयों का भी अध्ययन अनिवार्य 'कोर' माना गया। इस प्रकार, छात्रों के लिए पाठ्यक्रम बहुत भारी हो जाता है।

5. छात्र तथा छात्राओं के पाठ्यक्रम में भेद नहीं किया गया है।

उपसंहार – माध्यमिक शिक्षा के निर्देशन तथा परामर्श संबंधी सुझाव लाभदायक सिद्ध हुए तथा देश में इस दिशा में शैक्षिक संस्थाओं में कार्य होने लगा।

माध्यमिक शिक्षा की सिफारिशें बहुत ही महत्त्वपूर्ण थीं परन्तु उन संस्तुतियों के क्रियान्वयन के लिए धनराशि की व्यवस्था पर कोई विचार नहीं किया गया था। इस कारण रिपोर्ट का माध्यमिक शिक्षा पर कोई विशेष प्रभाव नहीं पड़ा।

21.6 माध्यमिक शिक्षा आयोग द्वारा माध्यमिक शिक्षा का प्रस्तावित ढाँचा (Proposed Structure of Secondary Education by the Secondary Education Commission)

माध्यमिक शिक्षा आयोग 1952-53 ने माध्यमिक शिक्षा का ढाँचा इस प्रकार प्रस्तावित किया–

1. विस्तृत रूपरेखा का ध्यान रखते हुए माध्यमिक शिक्षा की नवीन संरचना प्राथमिक अथवा जूनियर बेसिक विद्यालय की 4 या 5 वर्ष की शिक्षा के पश्चात् आरम्भ हो।

2. इसमें मिडिल स्कूल या जूनियर सेकेण्डरी या सीनियर बेसिक स्तर पर 3 वर्ष का पाठ्यक्रम हो।

3. हायर सेकेण्डरी स्तर पर 4 वर्ष का पाठ्यक्रम हो।

आयोग ने विद्यमान इन्टरमीडिएट को हायर सेकेन्डरी प्रणाली से बदलने की बात कही जो चार वर्ष की हो एवं इन्टरमीडिएट का एक वर्ष इसमें सम्मिलित किया जाए।

4. तीन वर्ष का पाठ्यक्रम डिग्री प्राप्त करने के लिए हो।

इस प्रकार सम्पूर्ण माध्यमिक स्तर दो भागों में विभक्त हो जाता है–

1. कक्षा 6 से 8 तक जूनियर माध्यमिक स्तर। 2. कक्षा 9 से 11 तक उच्चतर माध्यमिक स्तर।

5. आयोग ने स्पष्टतः इन्टरमीडिएट परीक्षा को दोषपूर्ण बताया। उसके अनुसार इन्टरमीडिएट परीक्षा का बड़ा दोष यह है कि यह कॉलेज की निरन्तरता को समाप्त करत है एवं डिग्री पाठ्यक्रम के नियोजन को विषम बनाती है। माध्यमिक विद्यालय स्तर पर एक वर्ष जोड़ने से

कुशलता बढ़ेगी एवं एक वर्ष डिग्री पाठ्यक्रम के साथ जोड़ने से शैक्षणिक कुशलता का निर्माण होगा। इस प्रकार तीन वर्ष के समय में अनवरत विकास होता रहता है।

जिन स्थानों पर हायर सेकेण्डरी पाठ्यक्रम न पढ़ाया जा सके तथा जिन कॉलेजों में चार वर्ष का पाठ्यक्रम अर्थात् दो वर्ष का इन्टरमीडिएट एवं दो वर्ष का डिग्री पाठ्यक्रम पढ़ाया जा रहा हो, वहाँ पर प्री-यूनिवर्सिटी का एक वर्ष का पाठ्यक्रम विश्वविद्यालय में प्रवेश से पूर्व का प्रशिक्षण प्राप्त करने के लिए हो। प्री-यूनिवर्सिटी का पाठ्यक्रम कॉलेजों में आरम्भ हो।

आयोग का विचार था कि इन्टरमीडिएट कक्षा को समाप्त करके माध्यमिक तथा उच्च शिक्षा स्तर को ऊँचा किया जा सकता है।

21.7 माध्यमिक शिक्षा आयोग की सिफारिशों का क्रियान्वयन तथा समीक्षा (Implementation of the Recommendations and Evaluation)

माध्यमिक शिक्षा आयोग की रिपोर्ट के बाद यह निर्णय लिया गया कि स्कूली कक्षाओं का एक देशव्यापी रूप हो जाए जिसकी संपूर्ण अवधि 11 वर्ष की हो–5 वर्ष अपर प्राथमिक शिक्षा के लिए, 3 वर्ष माध्यमिक शिक्षा के लिए तथा 3 वर्ष उच्चतर माध्यमिक शिक्षा के लिए। इसके अन्त में तीन वर्ष का कला तथा विज्ञान की प्रथम डिग्री का पाठ्यक्रम रखा गया। इस योजना के फलस्वरूप दो महत्त्वपूर्ण परिवर्तन लाने थे। प्रथम तो हाई स्कूलों को हायर सेकेण्डरी के ढाँचे में परिणत करना तथा द्वितीय, विश्वविद्यालयों में त्रिवर्षीय प्रथम डिग्री पाठ्यक्रम का लाना। त्रिवर्षीय प्रथम डिग्री पाठ्यक्रम तो उत्तर प्रदेश तथा बम्बई विश्वविद्यालय को छोड़कर सभी जगह चालू हो गया; परन्तु हाई स्कूलों को हायर सेकेण्डरी स्कूलों में परिणत करने में उतनी सफलता नहीं मिल सकी। केन्द्रीय सहायता देने पर भी केवल 5 राज्य उक्त प्रस्ताव को कार्यान्वित कर सके; शेष राज्यों ने या तो प्रस्ताव माने नहीं या पहले मानकर बाद में वे अपने निश्चयों से पीछे हट गए। तृतीय योजना के अंत तक केवल 25 प्रतिशत हाई स्कूल ही हायर सेकेण्डरी स्कूलों में परिणत हो सके। इनमें से अनेक परिणतियाँ केवल विचार रूप में ही हुई; अर्थात्, उनमें अध्यापकों, पुस्तकालयों तथा प्रयोगशालाओं की अपेक्षित सुविधाएँ उपलब्ध न की जा सकीं। विशेषत: यह ध्यान देने योग्य बात है कि पुनर्गठन के परिणामस्वरूप स्कूल एवं कॉलेज शिक्षा का एक समान कोई भी स्वरूप प्राप्त नहीं हो सका। आयोग ने सुझाव दिया था कि उच्चतर माध्यमिक स्कूलों को ऊपर की दो कक्षाओं को पढ़ाने वाले अध्यापकों की न्यूनतम शिक्षा एम.ए. अथवा प्रथम श्रेणी बी.ए. प्रशिक्षण डिग्री होनी चाहिए, परन्तु प्रशिक्षित पोस्ट-ग्रेजुएट अध्यापक पर्याप्त संख्या में प्राप्त नहीं हुए। उच्चतर माध्यमिक स्कूलों में क्राफ्ट तथा सामान्य विज्ञान जैसे विषय आरम्भ करने से अध्यापकों के मिलने की समस्या और भी कठिन हो गई।

माध्यमिक शिक्षा को वित्तीय सहायता देने के सम्बन्ध में आयोग का विचार था कि उससे पहले के आयोगों की सिफारिशों को वित्तीय आधार पर कार्यरूप नहीं दिया जा सका। माध्यमिक शिक्षा आयोग ने भी देश की वित्तीय अवस्था का ध्यान नहीं रखा। दुर्भाग्य की बात यह है कि इस आयोग की सिफारिशों का भी यही हाल हुआ।

इस आयोग ने अपनी सिफारिशों को कार्यरूप में परिणत करने के लिए कोई अल्प तथा दीर्घकालीन योजना प्रस्तुत नहीं की।

21.8 माध्यमिक शिक्षा का पाठ्यक्रम (Curriculum for Secondary Education)

प्रचलित पाठ्यक्रम के दोष – माध्यमिक शिक्षा आयोग ने प्रचलित पाठ्यक्रम को छात्र तथा समाज की आवश्यकतानुसार न पाया और इस प्रकार आलोचना की–

1. वर्तमान पाठ्यक्रम संकीर्ण है।
2. यह पुस्तकीय एवं सैद्धान्तिक है।
3. इसमें विषय-सूची लम्बी है एवं उपयोगी नहीं है।
4. इसमें व्यावहारिक तथा अन्य प्रकार की क्रियाओं की गुंजाइश नहीं है एवं व्यक्तित्व के सर्वांगीण विकास की सुविधाएँ भी नहीं हैं।
5. यह किशोरों की आवश्यकताओं एवं योग्यताओं का विकास नहीं करता।
6. परीक्षाओं द्वारा पाठ्यक्रम अधिकतम रूप से हावी है।
7. इसमें टेक्नीकल तथा व्यावसायिक विषयों का अभाव है जो विद्यार्थियों के लिए आवश्यक है एवं आर्थिक विकास के लिए भी।

पाठ्यक्रम का उचित स्वरूप – माध्यमिक शिक्षा आयोग ने पाठ्यक्रम का नया विचार देते हुए कहा–"पहली बात यह है कि यह स्पष्टत: समझ लेना चाहिए कि सर्वोत्तम शैक्षिक विचारों के अनुसार पाठ्यक्रम परम्परा के अनुसार विद्यालयों में पढ़ाए जाने वाले विषयों का नाम नहीं है, अपितु यह तो छात्रों द्वारा बहुमुखी क्रियाओं से प्राप्त अनुभवों का योग है जो उन्हें विद्यालय, कक्षा, पुस्तकालय, प्रयोगशाला, कार्यशाला, खेल के मैदान एवं अध्यापक तथा छात्रों के आपसी संबंधों से प्राप्त होता है, इस प्रकार विद्यालय का सम्पूर्ण जीवन पाठ्यक्रम बन जाता है जो विद्यार्थियों की सभी बिन्दुओं पर उनके व्यक्तित्व के विकास में सहायता करता है।"

आयोग के विचार में हाई स्कूल एवं हायर सेकेण्डरी स्तर पर छात्रों की मनोवृत्तियों का स्वरूप निर्धारित हो जाता है, इसलिए हाई स्कूल एवं हायर सेकेण्डरी स्कूल स्तर पर अपनी रुचियों के अनुसार पाठ्यक्रम लेने में सुविधा होनी चाहिए।

प्रस्तावित पाठ्यक्रम – आयोग ने पाठ्यक्रम को दो भागों में बाँटा–

1. कोर विषय (Core Subjects), 2. वैकल्पिक विषय (Optional Subjects)

कोर विषयों का अध्ययन सब छात्रों के लिए अनिवार्य होगा। "वैकल्पिक विषयों" के 7 समूह होंगे जिनमें से छात्रों को किसी एक समूह के विषयों का अध्ययन करना होगा। इन्हीं विषयों का पाठ्यक्रम का विभिन्नीकरण किया गया है।

"आयोग" के अनुसार, "आन्तरक" एवं "वैकल्पिक" जो सभी बालकों एवं बालिकाओं के लिए अनिवार्य हैं वे इस प्रकार हैं–

A. (i) मातृभाषा या प्रादेशिक भाषा या मातृभाषा और शास्त्रीय भाषा (Mother Tongue or Regional Language or Mother Tongue and Classical Language)।

(ii) निम्नलिखित में से चुनी जाने वाली कोई एक और भाषा–(a) हिन्दी (उन छात्रों के लिए, जिनकी मातृभाषा हिन्दी नहीं है)। (b) प्रारम्भिक अंग्रेजी (उन छात्रों के लिए, जिन्होंने जूनियर माध्यमिक स्तर पर इसका अध्ययन नहीं किया है)। (c) प्रारम्भिक अंग्रेजी (उन छात्रों के लिए, जिन्होंने जूनियर माध्यमिक स्तर पर अंग्रेजी का अध्ययन किया है)। (d) हिन्दी के अतिरिक्त एक अन्य आधुनिक भारतीय भाषा। (e) अंग्रेजी के अतिरिक्त एक अन्य आधुनिक विदेशी भाषा। (f) एक शास्त्रीय भाषा।

B. (i) **सामाजिक अध्ययन**–सामाजिक अध्ययन की शिक्षा केवल प्रथम दो वर्षों में। (ii) **गणित और सामान्य विज्ञान**–इन विषयों की शिक्षा केवल प्रथम दो वर्षों में।

C. निम्नलिखित में से चुना जाने वाला कोई एक शिल्प (Craft)– 1. कताई और बुनाई, 2. धातु का काम, 3. दर्जी का काम, 4. लकड़ी का काम, 5. मुद्रण का काम (Typography), 6. वर्कशॉप-अभ्यास (Workshop Practice), 7. मॉडल बनाना, 8. उद्यान-विज्ञान, और 9. कसीदा एवं क्रोशिया का काम।

D. निम्नलिखित में से तीन विषय – छात्रों को किसी एक समूह के 3 विषयों का अध्ययन करना होगा।

समूह 1-मानव विज्ञान (Humanities)–(1) एक शास्त्रीय भाषा या 'अ 2' में से न ली गई एक भाषा, (2) इतिहास, (3) भूगोल, (4) प्रारम्भिक अर्थशास्त्र और नागरिकशास्त्र, (5) मनोविज्ञान और अर्थशास्त्र, (6) गणित, (7) संगीत, (8) गृह-विज्ञान।

समूह 2-विज्ञान (Science)–(1) भौतिकशास्त्र, (2) रसायनशास्त्र, (3) जीवशास्त्र, (4) भूगोल, (5) गणित, (6) शरीर-विज्ञान और स्वास्थ्य-विज्ञान।

समूह 3-प्राविधिक (Technical)–(1) व्यावहारिक गणित (Applied Mathematics) और रेखिकीय ड्राइंग (Geometrical Drawing), (2) व्यावहारिक विज्ञान, (3) मैकेनिकल इंजीनियरिंग, (4) विद्युत इंजीनियरिंग।

समूह 4-वाणिज्य (Commercial)–(1) वाणिज्यिक प्रयोग (Commercial Practice), (2) बहीखाता, (3) वाणिज्य-भूगोल या अर्थशास्त्र और नागरिकशास्त्र, (4) शॉर्टहैण्ड और टाइपराइटिंग।

समूह 5-कृषि (Agriculture)–(1) सामान्य कृषि, (2) पशु-पालन, (3) औद्योगिक (Horticulture) और बागवानी, (4) कृषि-रसायन (Agriculture Chemistry) और वनस्पति-विज्ञान।

समूह 6-ललित कलाएँ (Fine Arts)–(1) कला का इतिहास, (2) ड्राइंग और डिजाइन बनाना, (3) चित्रकला, (4) मॉडल बनाना, (5) संगीत, (6) नृत्य।

समूह 7-गृह-विज्ञान (Domestic Science)–(1) गृह-अर्थशास्त्र, (2) पोषण और पाक-कला (Nutrition & Cookery), (3) मातृकला और शिशु-पालन, (4) गृह-प्रबन्ध और गृह-उपचारण (Home Nursing)।

समीक्षा – पाठ्यक्रम का सीधा संबंध शिक्षा के प्रस्तावित ढाँचे से था। चूँकि जैसा पहले लिखा जा चुका है, ढाँचे का प्रस्ताव प्रायः लोकप्रिय न हो पाया, इस कारण प्रस्तावित पाठ्यक्रम का भी क्रियान्वयन न हो सका।

21.9 बहुउद्देशीय विद्यालय (Multipurpose Schools)

बहुउद्देशीय विद्यालय का अर्थ–माध्यमिक शिक्षा आयोग 1952-53 ने बहुउद्देशीय विद्यालय की परिभाषा इस प्रकार दी है, "बहुउद्देशीय विद्यालय से तात्पर्य उस विद्यालय से है जो छात्रों की योग्यता, रुचि तथा उद्देश्य पूर्ति हेतु सभी पाठ्यक्रमों के शिक्षण की व्यवस्था करता है। यह छात्रों को उनकी रुचि के अनुसार विषय चुनने तथा अध्ययन करने की प्रेरणा देता है।"

बहुउद्देशीय विद्यालय की आवश्यकता – 1. आयोग ने पाया कि इस प्रकार के विद्यालय अमेरिका में बहुत सफल हुए हैं अतः भारत में भी ये सफल हो सकते हैं। 2. इन विद्यालयों में छात्रों को अपनी रुचि तथा योग्यता के अनुरूप विषय अध्ययन के लिए मिल जाते हैं। 3. जो विद्यार्थी किसी एक विषयों के समूह में नहीं चल पाते, उन्हें किसी विद्यालय में दूसरे समूह में स्थानान्तरित किया जा सकता है। 4. बहुउद्देशीय विद्यालयों में छात्रों के सर्वांगीण विकास पर अधिक बल दिया जा सकता है। 5. बहुउद्देशीय विद्यालय देश में व्यावसायिक तथा तकनीकी शिक्षा के अभाव की पूर्ति करते हैं।

बहुउद्देशीय विद्यालयों का भारत में न पनपना – बहुउद्देशीय विद्यालयों की स्थापना पर बहुत व्यय की आवश्यकता थी जो कि उपलब्ध न हो सका। छात्रों के विषय-चुनाव के लिए बहुत कम अवसर प्राप्त थे। उचित मात्रा में शैक्षिक परामर्श तथा मार्गदर्शन की सुविधाएँ स्कूलों में न दी जा सकीं। परम्परागत मनोवृत्ति ने भी इसके क्रियान्वयन में बाधा डाली। इन कारणों से देश में बहुउद्देशीय विद्यालय पद्धति असफल रही।

संक्षेप में बहुउद्देशीय विद्यालयों की असफलता के निम्नलिखित कारण थे–

1. हाई स्कूलों को बहुउद्देशीय स्कूलों में बदलने में अनेक कठिनाइयाँ। 2. अभिभावकों का विरोध। 3. समयविभाग चक्र बनाने में कठिनाइयाँ। 4. उचित पाठ्य-पुस्तकों का अभाव। 5. आर्थिक कठिनाइयाँ। 6. प्रशिक्षित अध्यापकों की कमी।

21.10 अध्यापकों की सामान्य स्थिति में सुधार (Improvement in General Conditions of Teachers)

अध्यापकों की स्थिति में सुधार की आवश्यकता पर बल देते हुए माध्यमिक शिक्षा आयोग ने लिखा, "हमें विश्वास हो गया है कि यदि अध्यापकों की वर्तमान मनोस्थिति तथा निराशा को दूर करना है तथा शिक्षा को राष्ट्र निर्माण का वास्तविक साधन बनाना है तो यह अत्यन्त आवश्यक है कि उनकी स्थिति तथा सेवा-शर्तों में सुधार किया जाए।" इस सन्दर्भ में आयोग ने नीचे लिखे सुझाव दिए–

1. देश के माध्यमिक स्कूलों में अध्यापकों के चुनाव एवं नियुक्ति की विधि समान बनाई जाए।

2. अध्यापकों को उचित वेतन देने के लिए विशिष्ट समितियों की नियुक्ति की जाए। जो उनके लिए उपयुक्त वेतनमान की संस्तुतियाँ दें।

3. सब अध्यापकों के लिए "त्रिमुखी लाभ-योजना" (ज्तपचसम ठमदमपिज बीमउम) आरम्भ की जानी चाहिए। इस योजना के अन्तर्गत उनको पेंशन, जीवन-बीमा एवं प्रॉविडेण्ट फण्ड की सुविधाएँ प्रदान की जाएँ।

4. अध्यापकों की विशेष कठिनाइयों का समाधान करने और उनकी शिकायतों को सुनने के लिए, "निर्णायक मण्डल" (।तइपजतंजपवद ठवंतक) की नियुक्ति की जाए।

5. अध्यापकों को ये सुविधाएँ प्रदान की जाएँ–उनके बच्चों को नि:शुल्क शिक्षा, उनको स्वास्थ्यवर्द्धक स्थानों व शिक्षा के सम्मेलनों में जाने के लिए अवकाश एवं यात्रा के किराये में कमी और चिकित्सालयों में मुफ्त चिकित्सा आदि।

21.11 अध्यापक-प्रशिक्षण (Teacher Training)

आयोग ने यह विश्वास प्रकट किया है कि माध्यमिक शिक्षा की जिस नवीन संरचना को वह भारत में देखने का अभिलाषी है, उसके लिए विशेष प्रकार का प्रशिक्षण प्राप्त अध्यापकों की आवश्यकता है। भारत की तत्कालीन प्रशिक्षण-संस्थाएँ अपने सीमित दृष्टिकोण के कारण इस प्रकार के शिक्षकों का निर्माण करने में सफल नहीं हो सकती है। अत: 'आयोग' ने अध्यापक-प्रशिक्षण के सम्बन्ध में निम्नांकित हैं–

1. एक उनके लिए जिन्होंने उच्चतर माध्यमिक परीक्षा पास की है। उनके लिए दो वर्ष का प्रशिक्षण।

2. स्नातकों के लिए एक वर्ष का प्रशिक्षण। आयोग ने इस संबंध में कहा कि दीर्घकाल कार्यक्रम में यह प्रशिक्षण दो वर्ष का हो जाना चाहिए।

3. स्नातकों की प्रशिक्षण संस्थाएँ विश्वविद्यालय के अधीन रहें तथा उन्हीं से संबंधित किया जाना चाहिए।

4. छात्र-अध्यापकों को एक अथवा एक से अधिक पाठान्तर सहगामी क्रियाओं (Co-Curricular Activities) में प्रशिक्षण दिया जाए।

5. प्रशिक्षण-संस्थाओं के छात्रों से शुल्क नहीं लिया जाना चाहिए और उनको राज्य द्वारा छात्रवृत्तियों के रूप में पर्याप्त आर्थिक सहायता दी जानी चाहिए। जो अप्रशिक्षित शिक्षक-विद्यालयों में काम कर रहे हैं, उन्हें प्रशिक्षण प्राप्त करने के लिए पूर्ण वेतन पर अवकाश दिया जाना चाहिए।

6. प्रशिक्षण-काल में छात्राध्यापकों का प्रशिक्षण-संस्थाओं से सम्बद्ध छात्रावासों में रहना अनिवार्य होना चाहिए और उनके लिए सामाजिक जीवन से सम्बन्धित क्रियाओं का आयोजन किया जाना चाहिए।

7. प्रशिक्षण कॉलेजों अर्थात् स्नातकों की प्रशिक्षण-संस्थाओं में निम्नलिखित की व्यवस्था की जानी चाहिए–"अभिनवन पाठ्यक्रम" (Refresher Courses), "अल्पकालीन-गहन-पाठ्यक्रम" (Short Intensive Courses) एवं "कार्यशाला में व्यावहारिक प्रशिक्षण" (Practical Training in Workshops)।

8. प्रशिक्षण कॉलेजों में शिक्षण-शास्त्र के महत्त्वपूर्ण अंगों के सम्बन्ध में अनुसंधान किया जाना चाहिए। इस कार्य को सुविधाजनक बनाने के लिए प्रत्येक प्रशिक्षण कॉलेजों के अधीन एक "प्रदर्शनात्मक स्कूल" (Demonstration School) होना चाहिए।

9. प्रशिक्षण कॉलेजों के अध्यापकों, माध्यमिक स्कूलों के कुछ विशेष प्रधानाध्यापकों एवं विद्यालय-निरीक्षकों का समय-समय पर प्रशिक्षण के सम्बन्ध में विचार-विनिमय होना चाहिए।

10. एम.एड. कक्षाओं में उन्हीं को प्रवेश दिया जाना चाहिए, जो प्रशिक्षित स्नातक हों और किसी विद्यालय में कम-से-कम तीन वर्ष तक शिक्षण का अनुभव रखते हों।

11. अध्यापिकाओं की कमी को दूर करने के लिए विशिष्ट अल्पकालीन प्रशिक्षण-पाठ्यक्रम (Special Part-Time Training Courses) की व्यवस्था की जानी चाहिए।

22

भारतीय शिक्षा आयोग (1964-66) अथवा कोठारी आयोग

(Indian Education Commission 1964-66 or Kothari Commission)

22.1 भारतीय शिक्षा आयोग (1964-66) की नियुक्ति की पृष्ठभूमि
(Background to the Appointment of the Education Commission)

स्वतन्त्रता प्राप्ति से ही भारत सरकार ने परिवर्तित स्थिति के अनुकूल राष्ट्रीय शिक्षा प्रणाली के विकास की ओर अपना ध्यान केन्द्रित किया था। यह भली प्रकार से अनुभव किया गया कि देश के आर्थिक विकास, प्रभावी जनतन्त्र का निर्माण तथा राष्ट्रीय एकता बनाए रखने में शिक्षा 'रीढ़ की हड्डी' की तरह कार्य करती है। शिक्षा को राष्ट्रीय सम्पन्नता तथा कल्याण की कुंजी माना गया। इसी दिशा में 1948 में विश्वविद्यालय शिक्षा की समीक्षा के लिए विश्वविद्यालय आयोग का गठन किया गया और 1952 में माध्यमिक शिक्षा आयोग का। बेसिक शिक्षा प्रणाली का अध्ययन भी राष्ट्रीय स्तर पर 1955-56 में किया गया। संस्कृत आयोग की नियुक्ति 1956 में की गई। 1957 में बेसिक कमेटी ने बेसिक शिक्षा की समीक्षा की। 1957 में ही बहुउद्देशीय स्कूलों पर विचार प्रकट किया गया। स्त्री शिक्षा के संबंध में 1957 में राष्ट्रीय कमेटी ने संस्तुतियाँ दीं। 1959 में धार्मिक तथा नैतिक शिक्षा पर कमेटी बनाई गयी। इसी वर्ष शारीरिक शिक्षा की एक कमेटी ने समीक्षा की। 1960 में छात्र-अनुशासन संबंधी विषयों पर एक समिति ने विचार किया। 1961 में भावात्मक एकता कमेटी का गठन हुआ। इसी प्रकार विभिन्न शिक्षा से संबंधित विषयों पर अन्य कई कमेटियाँ गठित की गईं। परन्तु शिक्षा के सभी पक्षों की समीक्षा करने के लिए किसी कमेटी की नियुक्ति नहीं की गई थी। ऐसा अनुभव किया गया कि सम्पूर्ण शिक्षा के सभी स्तरों तथा पक्षों की समीक्षा के बिना वांछित सुधार नहीं किए जा सकते। इसी विचार को ध्यान में रखते हुए भारत सरकार ने 14 जुलाई 1964 को पारित प्रस्ताव के अनुसार एक आयोग के गठन की घोषणा की।

22.2 आयोग की जाँच के विषय
(Terms of Reference of the Commission)

"यह आयोग सरकार को शिक्षा संबंधी नीतियों, शिक्षा के राष्ट्रीय प्रतिमान (Pattern)

एंव शिक्षा के हर क्षेत्र में विकास की सम्भावनाओं पर विचार करने एवं अपनी सलाह सरकार को देने के लिए गठित किया गया है।"

आयोग के सदस्य –17 सदस्यों का आयोग गठित किया गया। प्रो. दौलत सिंह कोठारी जो कि विश्वविद्यालय अनुदान आयोग के अध्यक्ष थे, इस आयोग के भी अध्यक्ष बनाए गए। श्री जे.पी. नायक जो कि शिक्षा नियोजन, गोखले इन्स्टीट्यूट, पूना के अध्यक्ष थे, शिक्षा आयोग के सदस्य सचिव थे। एक-एक सदस्य अमेरिका, इंग्लैण्ड, फ्रांस तथा रूस से लिया गया। भारतीय शिक्षा आयोग 1964-66 को इसके अध्यक्ष के नाम पर कोठारी आयोग भी कहा जाता है।

आयोग की रिपोर्ट – दो वर्ष के पश्चात् आयोग ने अपनी रिपोर्ट दी। आयोग की रिपोर्ट का शीर्षक है–'*Education and National Development*' (शिक्षा और राष्ट्रीय विकास)।

22.3 कोठारी शिक्षा आयोग की महत्त्वपूर्ण संस्तुतियाँ (Significant Recommendations of the Education Commission)

1. **भारत के भाग्य का निर्माण शिक्षा द्वारा**–आयोग ने राष्ट्रीय निर्माण में शिक्षा के महत्त्व पर इस प्रकार प्रकाश डाला। "इस समय भारत के भाग्य का निर्माण उसके अध्ययन-कक्षों में किया जा रहा है। विज्ञान और प्रौद्योगिकी पर आधारित आज के संसार में शिक्षा ही व्यक्तियों की सम्पन्नता, समृद्धि और सुरक्षा के स्तर को निर्धारित करती है। राष्ट्रीय पुनर्निमाण के श्रेष्ठ कार्य में हमारी सफलता–हमारे स्कूलों और कॉलेजों से निकलने वाले छात्रों के गुणों और संख्या पर निर्भर है।"

2. **शिक्षा और राष्ट्रीय विकास**–जो शिक्षा वैज्ञानिक, औद्योगिक और सांस्कृतिक पृष्ठभूमि की मान्यताओं पर आधारित होती है, वह नये आधुनिक समाज के निर्माण में विशेष सहयोगी हो सकती है, और उससे भारतीय संविधान के अनुसार प्राप्त व्यक्तिगत स्वतन्त्रता, समानता और सामाजिक न्याय की प्राप्ति हो सकती है।

3. **शिक्षा तथा राष्ट्रीय उद्देश्य**–शिक्षा में सबसे महत्त्वपूर्ण और आवश्यक सुधार यह है कि इसको सामाजिक आवश्यकताओं और आकांक्षाओं के साथ जोड़ा जाए।

4. **शिक्षा और उत्पादकता**–भारत में कृषि शिक्षा के विकास की प्रमुख आवश्यकता है और इसे राष्ट्रीय समस्या के रूप में स्वीकार किया जाना चाहिए। शिक्षा व्यवस्था में कृषि शिक्षा को महत्त्वपूर्ण स्थान दिया जाना चाहिए। कृषि पोलीटेक्निक्स और विश्वविद्यालयों की देश में आवश्यकता है तथा कृषि क्षेत्र में अनुसंधान कार्य पर भी जोर दिया जाना चाहिए।

5. **शिक्षा और उद्योग**–देश में औद्योगिक शिक्षा का प्रसार अपेक्षित है। इस क्षेत्र में उद्योगों से घनिष्ठ सम्बन्ध रखने से औद्योगिक अनुसंधान और प्राविधिकों के प्रशिक्षण में सहायता मिलेगी।

6. **वैज्ञानिक शिक्षा**–विज्ञान की शिक्षा को शिक्षा के सभी स्तरों पर प्राथमिकता दी जाएगी और उसको टेक्नोलॉजी, कृषि उत्पादन तथा उद्योगों से परस्पर सम्बन्धित रखा जाएगा।

7. **व्यावसायिक शिक्षा**–व्यावसायिक शिक्षा को माध्यमिक स्तर पर विशेषकर प्राथमिकता दी जाएगी। आगामी 20 वर्षों में ऐसी शिक्षा के छात्रों की भर्ती में बढ़ावा दिया

जाएगा। 20 प्रतिशत छात्रों को पूर्व माध्यमिक स्तर पर तथा 50 प्रतिशत छात्रों को उच्चतर माध्यमिक स्तर पर व्यावसायिक शिक्षा प्रदान की जाएगी। विश्वविद्यालय स्तर पर 30 प्रतिशत छात्रों को ही व्यावसायिक शिक्षा में प्रवेश मिलेगा।

8. **गुणात्मक शिक्षा के विकास में अध्यापकों की स्थिति तथा शिक्षण में सुधार**–गुणात्मक सुधार ही बिन्दु केन्द्र है और इस क्षेत्र में अध्यापन पेशे का सुधार लाभकारी हो सकता है ताकि इसमें कुशाग्र बुद्धि वाले स्त्री-पुरुष आकर्षित हों। इस कार्यक्रम की तथ्यपूर्ति में अध्यापकों के वेतन में सुधार उनकी उन्नति का खुला क्षेत्र, अनुकूल सेवाएँ, प्रशिक्षण सुविधाओं में बढ़ावा देना तथा सेवा काल में शैक्षिक योग्यता बढ़ाने का खुला अवसर देना है।

9. **सर्वोत्तम शिक्षा संस्थाओं की श्रृंखला (Streak of Excellence Institutions)**–इस उद्देश्य की पूर्ति के लिए दस वर्ष में दस प्रतिशत विद्यालयों को सर्वोत्तम दक्षता के स्तर पर ले जाया जाए, ताकि दक्षता में अन्य विद्यालयों के लिए पुनः आदर्श प्रस्तुत हो सकें। प्रारम्भिक विद्यालयों के 10 प्रतिशत विद्यालयों को सर्वोत्तम दक्षता का रूप दिया जाए। माध्यमिक स्तर पर एक विकास खण्ड में एक विद्यालय हो। उच्चतम शिक्षा क्षेत्र में जिले में एक आदर्श महाविद्यालय (डिग्री कॉलेज) हो और कम से कम 6 विश्वविद्यालयों को विस्तृत किया जाए। इसके अतिरिक्त प्रयोगात्मक स्कूल और स्वतन्त्र (Autonomous) कॉलेजों के खोलने की भी सुविधा रहे। जो परीक्षा की दृष्टि से किसी बाहरी संस्था के दबाव में न हों। उनमें प्रवेश योग्यता के आधार पर हो।

10. **सभी प्राप्त सुविधाओं से पूर्ण उपयोगिता**–इस क्षेत्र में विद्यालयों में पढ़ाई के दिन बढ़ाए जाएँ। दिन में कार्याविधि में वृद्धि हो। शैक्षिक कार्यक्रमों का नियोजन उन्नत किया जाए। कार्य में समर्पण तथा निरन्तर कठिन कार्य करने की क्षमता उत्पन्न की जाए। यह सभी शैक्षिक संस्थाओं में किया जाए। स्कूल पाठ्यक्रम में 1 साल की अवधि बढ़ा दी जाए। यह कार्यक्रम 10-15 साल की अवधि तक पूरा किया जाए।

11. **अध्यापकों का विकास**–यह अध्यापिकाओं के सेवाकाल में ही किया जाए। मुख्य साधन हैं–अध्यापन की सहायक सामग्री के निर्माण का विकास, निरीक्षण पद्धति में सुधार तथा अध्यापन की नई पद्धतियाँ विकसित की जाएँ।

12. **मापन के अच्छे उपाय**–मापन के प्रमुख तरीके ये हैं–आन्तरिक अंकन में सुधार तथा बाह्य परीक्षा में सुधार, माध्यमिक शिक्षा स्तर की परीक्षा कार्यक्रम में सुधार, राष्ट्रीय स्तर पर विश्वविद्यालय परीक्षा आयोग।

13. **विद्यालय संकुलन का निर्माण**–स्कूल संकुलन पद्धति का प्रयोग वहाँ होगा जहाँ एक हाई स्कूल दूसरे उच्च माध्यमिक विद्यालयों तथा निकटवर्ती प्राथमिक विद्यालयों के सहयोग से कार्य करें।

14. **स्थानीय समुदायों का विद्यालयों से सम्बन्ध**–विद्यालयों का स्थानीय समुदायों से घनिष्ठ सम्बन्ध अपेक्षित है और उसमें आवश्यक निधि की योजना हो जो विशिष्ट कार्यक्रमों में खर्च की जाए, ताकि स्थानीय परिस्थितियों के अनुसार उससे विशेष लाभ हो। अस्तः, यह व्यवस्था परमावश्यक है।

15. **मानव संसाधन का मूल्यांकन**–प्राइमरी से ऊपर की सभी शिक्षा का मानव संसाधन शक्ति के आधार पर प्रसार हो और रोजगार की सुविधा भी हो।

16. **बड़ी संस्थाओं का निर्माण**–ऐसी बड़ी संस्थाओं का निर्माण किया जाये जो आर्थिक दृष्टि से पूर्ण हों।

17. **आंशिक शिक्षा का आयोजन**–आंशिक शिक्षा एवं स्वयं शिक्षा का प्रसार सभी स्तरों पर तथा क्षेत्रों में विस्तृत किया जाए।

18. **बुद्धि की पहचान**–सभी स्तरों पर बुद्धि की पहचान एवं विकास के लिए विशेष प्रयत्न किए जाएँ विशेषकर माध्यमिक स्तर पर।

19. **चुनाव के आधार पर छात्रों के प्रवेश**–माध्यमिक तथा उच्च स्तर के छात्रों का प्रवेश विद्यालय में प्राप्त सुविधाओं के आधार पर किया जाए ताकि उनका न्यायपूर्ण स्तर कायम किया जा सके। यह सभी स्तरों पर किया जाए। सभी विद्यालय अपने लिए अच्छे छात्रों का चुनाव प्रार्थियों की सूची में से करेंगे।

21. **सामान्य स्कूल पद्धति**–सारे देश में एक समान स्कूल पद्धति हो। पब्लिक स्कूल धीरे-धीरे बन्द किए जाएँ तथा सामान्य स्कूलों का स्तर ऊँचा उठाया जाए।

22. **शैक्षिक अवसरों की शैक्षिक समानताएँ**–इस संबंध में आयोग ने शैक्षिक अवसरों की समानता के लिए निम्नलिखित सुझाव दिए:

(i) निःशुल्क शिक्षा दी जाए। (ii) छात्रवृत्तियाँ प्रदान की जाएं। (iii) स्कूलों में बुक बैंक स्थापित किए जाएँ। (iv) छात्रों के लिए स्कूल आने जाने की अधिक से अधिक सुविधाएँ दी जाएँ। (v) निर्धन छात्रों को निःशुल्क वर्दी दी जाए।

22. **दस वर्ष की सामान्य शिक्षा**–शिक्षा में विशिष्टीकरण कक्षा 11 में किया जाए, न कि कक्षा 9 में। कक्षा 10 तक सभी छात्र एक जैसे विषय पढ़ें।

23. **शिक्षा संरचना**–स्कूली शिक्षा 12 वर्ष की हो तथा विश्वविद्यालय शिक्षा तीन वर्ष की। ऐसा करने से शिक्षा का स्तर बढ़ेगा।

24. **सुविधाओं का उपयोग**–पुस्तकालयों, प्रयोगशालाओं तथा कार्यशालाओं का अधिक से अधिक उपयोग किया जाए।

25. **पढ़ाई के घण्टे**–स्कूल में परीक्षा आदि का समय निकाल कर कम से कम 1ए000 घण्टे की पढ़ाई की जाए। कमजोर छात्रों के लिए और समय दिया जाए।

26. **कार्यानुभव**–व्यावसायिकता के गुणों का विकास करने के लिए कार्यानुभव को सामान्य शिक्षा के अभिन्न तत्त्व के रूप में स्थान दिया जाए।

27. **निरक्षरता को दूर करना**–शीघ्र से शीघ्र देश में निरक्षरता को समाप्त किया जाए क्योंकि यह तत्त्व देश तथा व्यक्ति की उन्नति में बहुत बाधक हैं।

28. **शिक्षकों की गुणवत्ता को सुधारना तथा अच्छे वेतनमान**–आयोग ने इन दोनों तत्त्वों पर विशेष बल दिया।

29. **जनशक्ति नियोजन**–विभिन्न स्तरों पर शिक्षा सुविधाएँ इस प्रकार की प्रदान की जाएँ जिस प्रकार की जनशक्ति की देश के आर्थिक विकास में सहायक हो।

30. **भारतीय शिक्षा सेवा की स्थापना**–राष्ट्रीय स्तर पर शिक्षा का स्तर ऊँचा उठाने के लिए भारतीय शिक्षा सेवा (Indian Education Service) का गठन किया जाए।

31. **शिक्षा पर व्यय**–20 वर्ष की अवधि में अर्थात् 1986 तक शिक्षा पर व्यय कुल आय का 6 प्रतिशत किया जाए।

शिक्षा पुनर्गठन का आठ-सूत्री कार्यक्रम – (i) प्रारम्भिक शिक्षा क्षेत्र में चतुर्मुखी विकास करना।

(ii) सामान्य शिक्षा क्षेत्र में श्रम की महत्ता का अनुभव करना।

(iii) माध्यमिक शिक्षा को व्यावसायिक बनाना।

(iv) प्रारम्भिक विद्यालय से लेकर विश्वविद्यालय स्तर तक के अध्यापकों की योग्यता तथा सामान्य स्तर बढ़ाना।

(v) निरक्षरता को समाप्त करना।

(vi) विशिष्ट शिक्षा संस्थाओं को बढ़ावा देना तथा कतिपय विश्वविद्यालयों का स्तर विश्वव्यापी बनाना।

(vii) अध्यापन और अनुसंधान के संयोग पर विशेष ध्यान देना।

(viii) कृषि विज्ञान की शिक्षा तथा अनुसंधान पर अधिक ध्यान देना।

22.4 आयोग की सिफारिशों का सामान्य मूल्यांकन (General Evaluation of Commissions Recommendations)

आयोग की सिफारिशों के प्रशंसक – 1. "एक अद्वितीय (Unique) रिपोर्ट"–श्री एम.सी. छागला, भू.पू. केन्द्रीय शिक्षा मन्त्री। जून 3, 1966 (लगभग सभी समाचार पत्रों में प्रकाशित)।

2. "उचित तथा साहसपूर्ण"–जुलाई 1, 1966 के 'इण्डियन एक्सप्रेस' समाचार पत्र में।

3. "देश-व्यापी शिक्षा-प्रणाली का" (विस्तृत) आलोचनात्मक तथा रचनामक अवलोकन–1 जुलाई, 1966 के 'हिन्दुस्तान टाइम्स' समाचार पत्र में।

4. "एक अच्छा दस्तावेज" (Document)–14 जुलाई, 1966 के 'हिन्दुस्तान टाइम्स' में–श्री चञ्चल सरकार।

5. "साहसपूर्ण, स्पष्ट तथा वास्तविक"–12 जुलाई, 1966 को कलकत्ता से 'हिन्दुस्तान स्टैण्डर्ड सं. प. में अभिलेख।

6. "एक ऐतिहासिक दस्तावेज"–जुलाई, 1966 के मसौलीपटम से प्रकाशित मासिक पत्र 'दि एजूकेशनल इण्डिया' में।

7. "निश्चय ही एक शास्त्रीय दस्तावेज" (Classical Document)–पूना से प्रकाशित जुलाई, 1966 के 'दि प्रोग्रेस ऑफ एजूकेशन' नामक मासिक पत्र में।

8. "क्रान्तिकारी सिफारिशें"–चण्डीगढ़ से प्रकाशित जुलाई 7, 1966 की साप्ताहिक पत्रिका 'आवाजे उस्ताद' में।

9. "शिक्षा में एक क्रान्ति"–दिल्ली से प्रकाशित 7 जुलाई, 1966 की साप्ताहिक पत्रिका 'नेशनल सोलिडेरिटी' में।

10. "शिक्षा-शास्त्री तथा शिक्षक वर्ग द्वारा सिफारिशों का स्वागत है।"–1 जुलाई, के 1966 की 'हिन्दू' पत्रिका में।

11. "विज्ञान के शिक्षक द्वारा आयोग की रिपोर्ट का स्वागत है"–11 जुलाई, 1966 'इण्डियन नेशन' में।

12. "शिक्षक शिक्षायोग की रिपोर्ट का स्वागत"–13 जुलाई, 1966 के 'पेट्रिऑट' समाचारपत्र में।

13. "मौलिक तथा महत्त्वपूर्ण देन"–डॉ. डी.एस. रेड्डी के विचार, 17 जुलाई, 1966 के 'दक्खिन क्रॉनिकल' पत्रिका में।

14. "शिक्षा की रिपोर्ट का स्वागत"–2 जुलाई, 1966 के 'स्टेट्समैन' पत्र में श्री एस. एल. चोपड़ा के विचार।

15. "क्रान्तिकारी सुझाव"–'नवभारत टाइम्स' जुलाई 1, 1966।

आयोग की संस्तुतियों के आलोचक – 1. "बेसिक शिक्षा का मरण-पत्र" (Death Certificate of Basic Education)–जी.एन. आचार्य, 6 जून, 1966 के ब्लिट्ज में।

2. "अस्पष्ट सुधार"–अमृत बाजार पत्रिका, 13 जून, 1966।

3. "एक जमघट"–एम.एन. आचार्य, 6 जून, 1966।

4. "सुझावों की कार्यान्विति असम्भव"–डॉ. वी.के. राव।

5. संस्कृत की अवहेलना–प्रकाशवीर शास्त्री, 1 जुलाई, 1966 'नवभारत टाइम्स'।

शिक्षा आयोग की रिपोर्ट के मुख्य गुण – 1. स्वतन्त्र भारत में यह पहला आयोग था जिसने सम्पूर्ण शिक्षा की समीक्षा की।

2. आयोग ने राष्ट्र की समस्याओं के सन्दर्भ में शैक्षिक उद्देश्यों की व्याख्या की है।

3. आयोग ने तत्कालीन भारतीय शिक्षा प्रणाली की समीक्षा वस्तुनिष्ठ रीति से की है।

4. आयोग ने शिक्षा को जीवन से जोड़ने का प्रयास किया है।

5. शैक्षिक स्तर में सुधार के लिए आयोग ने अनेक व्यावहारिक सुधारों की संस्तुति की है।

6. अध्यापकों की दशा सुधारने के लिए वेतनमान एवं उनकी सेवा-शर्तों में सुधार की संस्तुति की है।

7. विज्ञान की शिक्षा तथा अनुसंधान पर बल दिया है।

8. तकनीकी शिक्षा एवं कृषि-शिक्षा में सुधार एवं विकास की सिफारिश की है।

9. छात्र-समस्याओं के समाधान के लिए व्यावहारिक सुझाव दिए हैं।

10. स्त्री-शिक्षा तथा विकलांगों के लिए शिक्षा एवं अन्य विशिष्ट शिक्षा की ओर ध्यान आकृष्ट किया।

11. प्रौढ़ शिक्षा के सम्बन्ध में राष्ट्रीय आवश्यकताओं के आधार पर सिफारिश की है।

12. आयोग ने राष्ट्रीय आय का 6 प्रतिशत शिक्षा पर खर्च करने की संस्तुति की।

13. आयोग ने राष्ट्रीय शिक्षा सेवा स्थापित की संस्तुति दी जो कि शिक्षा नियोजन तथा प्रशासन में बहुत महत्त्वपूर्ण स्थान रखती है।

आयोग की रिपोर्ट में कमियाँ – उपर्युक्त गुणों के अतिरिक्त दोषों को भी देखना आवश्यक है–

1. अंग्रेजी को अनिवार्य बनाने की संस्तुति करना।

2. संस्कृत एवं अन्य प्राचीन भाषाओं की एक प्रकार से अवहेलना करना।

3. उच्च शिक्षा में मुख्य विश्वविद्यालयों की स्थापना का सुझाव जो ईर्ष्या, भेदभाव एवं अस्वस्थ प्रवृत्तियों का जनक दे सकता है।

4. राज्य तथा केन्द्रीय स्तर पर अनेक प्रकार की शैक्षिक संस्थाओं की स्थापना की सिफारिश शिक्षा क्षेत्र में भ्रम उत्पन्न होने की संभावना होना।

5. विज्ञान पर अत्यधिक बल की सिफारिश करना तथा मानविकी की उपेक्षा करना।

6. संस्कृत भाषा की अवहेलना करना।

7. बेसिक शिक्षा को एक प्रकार से समाप्त करना।

उपसंहार – आमतौर पर शिक्षा आयोग 1964-66 की सिफारिशों का देश भर में स्वागत हुआ तथा इससे शिक्षा के क्षेत्र में सुधारों की भरपूर आशा बँधी।

22.5 भारतीय शिक्षा के उद्देश्य (Objectives of Indian Education)

शिक्षा आयोग के अनुसार शिक्षा में जिस सबसे महत्त्वपूर्ण और जरूरी सुधार की आवश्यकता है, वह है उसका स्वरूप बदलने की, उसे लोगों के जीवन, आवश्यकताओं तथा आकांक्षाओं से सम्बन्धित करने की और इस प्रकार उसे राष्ट्रीय लक्ष्यों की प्राप्ति के लिए आवश्यक सामाजिक, आर्थिक और सांस्कृतिक परिवर्तन का एक शक्तिशाली साधन बनाने की। इस प्रयोजन के लिए, शिक्षा का विकास इस तरह होना चाहिए कि उत्पादकता बढ़े, सामाजिक और राष्ट्रीय एकीकरण सम्भव हो सके, आधुनिकीकरण की प्रक्रिया में तेजी आए और सामाजिक, नैतिक तथा आध्यात्मिक मूल्य विकसित हो। आयोग ने भारतीय संदर्भ में शिक्षा के निम्नलिखित उद्देश्य बताए हैं।

I. शिक्षा द्वारा उत्पादिता बढ़ाना।
II. शिक्षा द्वारा सामाजिक और राष्ट्रीय एकीकरण करना।
III. शिक्षा द्वारा भारत का आधुनिकीकरण करना।
IV. शिक्षा द्वारा सामाजिक, नैतिक और आध्यात्मिक मूल्यों का विकास करना।

I. शिक्षा और उत्पादिता – शिक्षा का सम्बन्ध उत्पादिता से जोड़ने के लिए निम्नलिखित कार्यक्रम आवश्यक हैं–

1. ***विज्ञान की शिक्षा***–विज्ञान की शिक्षा स्कूली शिक्षा का एक अभिन्न अंग बन जाना चाहिए और अंत में जाकर यह विश्वविद्यालय स्तर पर सभी पाठ्यक्रमों का एक भाग बन जाए।

2. ***कार्य-अनुभव***–कार्य-अनुभव को सभी प्रकार की शिक्षा के एक अभिन्न अंग के रूप में प्रारम्भ किया जाए। कार्य-अनुभव को शिल्पविज्ञान तथा औद्योगिकरण की ओर उन्मुख करने तथा उत्पादक प्रक्रियाओं, जिनमें कृषि भी शामिल है, में विज्ञान के उपयोग के लिए हर प्रयत्न किया जाना चाहिए।

4. ***व्यवसायीकरण***–माध्यमिक शिक्षा का अधिकाधिक तथा बड़े पैमाने पर व्यवसायीकरण होना चाहिए तथा उच्चतर शिक्षा में कृषि और तकनीकी शिक्षा पर अधिक जोर दिया जाना चाहिए।

II. सामाजिक और राष्ट्रीय एकीकरण – शिक्षा प्रणाली का एक महत्त्वपूर्ण लक्ष्य सामाजिक तथा राष्ट्रीय एकीकरण है। राष्ट्रीय चेतना और एकता को मजबूत बनाने के लिए निम्नलिखित कदम उठाए जाने चाहिए–

1. ***समान स्कूल***–लोक शिक्षा प्रणाली के रूप में समान स्कूल प्रणाली को राष्ट्रीय लक्ष्य के रूप में अपनाया जाना चाहिए और उसे 20 वर्षों की अवधि में क्रमबद्ध कार्यक्रम के रूप में प्रभावपूर्ण ढंग से अमल में लाया जाना चाहिए।

2. ***सामाजिक और राष्ट्रीय सेवा***–सामाजिक और राष्ट्रीय सेवा सभी स्तरों पर सभी विद्यार्थियों के लिए अनिवार्य बना दी जानी चाहिए। स्कूलों और कॉलेजों में अध्ययन-विषयों के साथ इन कार्यक्रमों का आयोजन किया जाना चाहिए।

III. शिक्षा और आधुनिकीकरण – आयोग ने इस संबंध में इस प्रकार सुझाव दिए–1. आधुनिक समाज में, ज्ञान की वृद्धि बड़ी तेजी से होती है और सामाजिक परिवर्तन भी बहुत जल्दी होता है। इस कारण शिक्षा-प्रणाली में क्रान्तिकारी परिवर्तन की आवश्यकता पड़ती है। शिक्षा को अब केवल ज्ञान प्रदान करने या किसी तैयार वस्तु का उत्पादन करने से ही नहीं सीमित रखना चाहिए किन्तु जिज्ञासा उत्पन्न करने, उचित रुचियों, प्रवृत्तियों तथा मूल्यों के विकास तथा स्वतन्त्र अध्ययन और स्वयं विचार और निर्माण करने की क्षमता विकसित करने से मुख्यतः सम्बन्धित माना जाता है। इसके लिए अध्ययन के तरीके तथा शिक्षकों के प्रशिक्षण में भी क्रान्तिकारी परिवर्तन आवश्यक चाहिए।

2. अपने को आधुनिक बनाने के लिए, किसी भी समाज को अपने आपको शिक्षित बनाना होता है। औसत नागरिक का शैक्षिक स्तर ऊँचा उठाने के अतिरिक्त, शिक्षा को समुचित आकार और क्षमता वाला ऐसा बुद्धिजीवी वर्ग उत्पन्न करने का प्रयत्न करना चाहिए जिसकी निष्ठा तथा आकांक्षाओं की जड़ें भारतीय भूमि में हों।

IV. सामाजिक, नैतिक और आध्यात्मिक मूल्य –शिक्षा प्रणाली को मूलभूत सामाजिक, नैतिक और आध्यात्मिक मूल्यों के विकास पर जोर देना चाहिए। इस दृष्टि से–

1. केन्द्रीय तथा राज्य सरकारों को अपने (या स्थानीय प्राधिकार के) नियंत्रण की सभी शिक्षा संस्थाओं में नैतिक, सामाजिक और आध्यात्मिक मूल्यों की शिक्षा विश्वविद्यालय शिक्षा आयोग तथा धार्मिक और नैतिक शिक्षण समिति की सिफारिशों के अनुसार प्रारम्भ करना चाहिए।

2. गैर-सरकारी प्रबंध की शिक्षा संस्थाओं से भी यह आशा की जाए कि वे भी ऐसा ही करेंगी।

3. इस प्रकार के मूल्यों की शिक्षा को स्कूल कार्यक्रमों का सामान्यतः अभिन्न अंग बनाने के अतिरिक्त, इस प्रयोजन के लिए टाइम-टेबल में कुछ घण्टे अलग रखे जाने चाहिए। ये घण्टे विशेष रूप से भर्ती किए गए शिक्षकों द्वारा नहीं, अपितु इस प्रयोजन के लिए उपयुक्त समझे गए सामान्य शिक्षकों द्वारा लिए जाएं और यदि वे विभिन्न समुदायों के हों, तो अधिक अच्छा होगा। शिक्षकों के प्रशिक्षण में लक्ष्य इस प्रकार के शिक्षकों को तैयार करना भी होना चाहिए।

4. तुलनात्मक धर्मों सम्बन्धी विश्वविद्यालयों के विभागों का यह खोज करना विशेष कार्य होना चाहिए कि किन तरीकों से इन मूल्यों की शिक्षा बुद्धिमत्तापूर्वक एवं प्रभावशाली ढंग से धारण कर सकें।

समीक्षा – कोठारी आयोग ने भारत की वास्तविक स्थिति का आर्थिक, सामाजिक, जनतान्त्रिक तथा सांस्कृतिक परिवेश में अध्ययन किया तथा शिक्षा के योगदान पर उचित प्रकाश डाला। लक्ष्यों की प्राप्ति के उचित सुझाव दिए।

22.6 शिक्षा की संरचना तथा अवधि
(Structure and Duration of Education)

शिक्षा आयोग ने शिक्षा की संरचना तथा अवधि निम्न चार बातों को ध्यान में रख कर प्रस्तावित की–

1. शिक्षा प्रणाली के ढाँचे का विभिन्न स्तर में विभाजन तथा उनका पारस्परिक संबंध।
2. विभिन्न स्तरों की कुल अवधि।
3. काम करने वालों की योग्यता तथा गुण जैसे शिक्षक, पाठ्यक्रम, शिक्षण विधियाँ, मूल्यांकन, इमारतें आदि।
4. उपलब्ध सुविधाओं का उपयोग।

प्रस्तावित शैक्षिक ढाँचा – 1. 1 से 3 वर्ष की पूर्व-विद्यालय शिक्षा।

2. 4 या 5 वर्ष की निम्न प्राथमिक शिक्षा।
3. 3 या 2 वर्ष की उच्च प्राथमिक शिक्षा।
4. 3 या 2 वर्ष की निम्न माध्यमिक शिक्षा।
5. 2 वर्ष की उच्चतर माध्यमिक शिक्षा।
6. 3 वर्ष का प्रथम डिग्री कोर्स।
7. 2 या 3 वर्ष का द्वितीय डिग्री कोर्स।
8. 2 या 3 वर्ष का स्नातकोत्तर कोर्स।

प्रस्तावित तथा विद्यमान संरचना में अन्तर

प्रस्तावित रूप	तत्कालीन विद्यमान रूप
1. **पूर्व प्राथमिक**	1. पूर्व प्राथमिक, 2. पूर्व बुनियादी, 3. किंडर गार्टन, 4. मान्टेसरी आदि।
2. **प्राथमिक** (कक्षा I से VII या VIII तक) (i) निम्न प्राथमिक कक्षा I-IV या कक्षा II-V	1. प्राइमरी (कुछ राज्यों में)–पंजाब 2. लोअर प्राइमरी कुछ राज्यों में–गुजरात आदि 3. जूनियर बेसिक 4. लोअर एलीमेंट्री कुछ राज्यों में–जैसे मद्रास
(ii) उच्च प्राइमरी कक्षा V से VII या कक्षा VI से VIII	1. मिडिल (कुछ राज्यों–पंजाब आदि में) 2. जूनियर हाई स्कूल (उत्तर प्रदेश) 3. अपर प्राइमरी स्कूल (गुजरात) 4. सीनियर बेसिक स्कूल 5. हायर एलीमेंट्री स्कूल (मद्रास)
3. **सेकेण्डरी** कक्षा VIII से XII या IX से XII	1. हाई स्कूल, 2. हायर सेकेन्डरी स्कूल
(a) **निम्न माध्यमिक शिक्षा** कक्षा VIII-X या कक्षा IX-X	1. हाई स्कूल
(b) **उच्चतर माध्यमिक शिक्षा** कक्षा XI-XII	1. XI or PUC, 2. जूनियर कॉलेज (केरल), 3. इण्टरमीडिएट कॉलेज–उत्तर प्रदेश, बम्बई, 4. प्री प्रोफेशनल, प्री मैडिकल, प्री इंजीनियरिंग।

प्रस्तावित रूप	तत्कालीन विद्यमान रूप
4. उच्च शिक्षा 1. प्रोफेशनल डिग्री 2. सामान्य डिग्री 3. अन्डर ग्रेजुएट 4. पोस्ट ग्रेजुएट	एम.ए., एम.एस.सी, एम.कॉम., एम.एड., बी.ई., एम.बी.बी.एस., बी.एड., बी.टी., एल.एल.बी., बी.ए., बी.एस.सी., बी.कॉम. आदि। इनमें प्रोफेशनल डिग्री नहीं है। ये सभी पाठ्यक्रम जो पहली डिग्री दिलाते हैं। पहली डिग्री के बाद के सभी कोर्स जैसे एम.ए., एल-एल. बी., बी.एड. आदि।
5. सामानय 1. फर्स्ट लेविल एजुकेशन 2. सेकेण्ड लेविल एजुकेशन 3. थर्ड लेविल एजुकेशन	1. इसमें प्री स्कूल तथा प्री प्राइमरी स्कूल सम्मिलित है। 2. हाई स्कूल तथा हायर सेकेण्डरी स्कूल 3. अन्डर ग्रेजुएट तथा पोस्ट ग्रेजुएट

संरचना संबंधी अन्य संस्तुतियाँ – 1. कक्षा 1 में प्रवेश की आयु सामान्यत: 6 वर्ष से कम न रखी जाए।

2. प्रथम सार्वजनिक बाह्य परीक्षा 10 वर्ष की विद्यालय-शिक्षा के बाद ली जाए।

3. 9वीं कक्षा से पृथक् विद्यालयों की स्थापना करने की प्रचलित विधि को समाप्त किया जाए।

4. 10वीं कक्षा तक किसी विषय में विशिष्टीकरण की आज्ञा न दी जाए।

5. माध्यमिक स्कूल केवल दो प्रकार के रखे जाएँ–(i) हाई-स्कूल–जिनमें शिक्षा की अवधि 10 वर्ष की हो; और (ii) हायर सेकेण्डरी स्कूल–जिनमें शिक्षा की अवधि 11 या 12 वर्ष की हो।

6. प्रत्येक सेकेण्डरी स्कूल को हायर सेकेण्डरी स्कूल बनाने का प्रयास न किया जाए। केवल बड़े और अच्छे स्कूलों को ही हायर सेकेण्डरी बनाया जाए, पर इनकी संख्या ऐसे कुल स्कूलों की 1/4 से अधिक न हो।

7. जो विद्यालय हायर सेकेण्डरी कहलाने के अधिकारी नहीं हैं, उनको हाई-स्कूल बना दिया जाए।

8. कक्षा 11 से प्रारम्भ होने वाले नये हायर सेकेण्डरी स्कूलों की स्थापना की जाए। इनमें कक्षा 11 और 12 में विभिन्न विषयों की विशिष्ट शिक्षा दी जाए।

9. उच्चतर माध्यमिक शिक्षा के बाद प्रथम डिग्री कोर्स की अवधि 3 वर्ष रखी जाए।

10. द्वितीय डिग्री कोर्स की अवधि 2 या 3 वर्ष की जाए।

11. द्वितीय डिग्री कोर्स के पश्चात् 2 या 3 वर्ष का स्नातकोत्तर कोर्स।

समीक्षा – आयोग द्वारा प्रस्तावित विभिन्न स्तरों की अवधि बहुत लचीली थी। 'या' शब्द का प्रयोग संकेत देता है कि आयोग की नीति ठोस नहीं थी।

आयोग ने सामान्य शिक्षा की अवधि 10 वर्ष की रखी। जो आज भी है। इस संस्तुति के आधार पर 1975 में वर्तमान शिक्षा प्रणाली का सूत्रपात हुआ।

आयोग ने सभी राज्यों में समान शिक्षा-संरचना पर उचित बल नहीं दिया। परिणामस्वरूप भारत में अनेक वर्षों तक विभिन्न स्कूल संरचनाएँ रहीं।

22.7 स्कूली शिक्षा का पाठ्यक्रम (Curriculum of School Education)

प्रचलित कार्यक्रम में दोष – कोठारी शिक्षा आयोग ने शिक्षा को सम्पूर्ण पाठ्यक्रम का पुनः अवलोकन किया और अनुभव किया कि स्कूल पाठ्यक्रम में जड़ता आ गई जिसके निम्नलिखित कारण हैं–

1. शिक्षा एक तिहरी प्रक्रिया है जो ज्ञान देती है, योग्यता का विकास करती है और उचित रुचि, अभिवृत्ति और मूल्य संबंधी भावना जागृत करती है। अधिकतर हमारे स्कूल और कॉलेज भी इस प्रक्रिया के पहले भाग से अर्थात् ज्ञान देने से ही अपने को सम्बन्धित रखते हैं और यह कार्य भी संतोषजनक रीति से नहीं करते। पाठ्यचर्या में किताबी ज्ञान और रटने पर अधिक बल दिया जाता है।

2. कार्यकलापों तथा कार्य-अनुभवों की पर्याप्त व्यवस्था नहीं की जाती है।

3. बाह्य व आन्तरिक परीक्षाओं को महत्त्व दिया जाता है।

4. छात्रों उपयोगी कौशलों के विकास और उचित रुचियों, अभिवृत्तियों और मूल्यों की भावना जगाने पर पर्याप्त बल नहीं दिया जाता है।

5. पाठ्यचर्या ने केवल आधुनिक ज्ञान से दूर है, अपितु लोगों के जीवन से भी उसका सम्बन्ध कट गया है। इसलिए इस बात की अत्यन्त आवश्यकता है कि स्कूल पाठ्यचर्या का स्तर ऊँचा उठाया जाए और उसमें आवश्यक सुधार किया जाए।

6. पाठ्यचर्या बनाने में ध्यानपूर्वक कोई अनुसंधान नहीं किया गया है। ये विशेष अनुसंधान पर पर्याप्त रूप से आधारित नहीं हैं।

7. पाठ्यचर्या का निर्माण राज्य-स्तर पर किया जाता है और उसे राज्य के सभी स्कूलों के लिए समान रूप से निर्धारित कर दिया जाता है। इस तरीके को अपनाने से मुख्याध्यापकों और अध्यापकों की स्वतन्त्रता मारी जाती है और प्रायोगिक कार्य बिल्कुल असंभव हो जाता है।

8. पाठ्यचर्या में संशोधन करना कठिन हो जाता है और वह संशोधन भी लम्बे अर्से के बाद ही हो पाता है।

प्रस्तावित पाठ्यक्रम – आयोग ने निम्नलिखित सुझाव दिए–

1. *दस वर्षों के लिए सामान्य पाठ्यक्रम*–सामान्य तथा गैर-व्यावसायिक स्कूलों में स्कूल शिक्षा के पहले दस वर्षों के लिए सामान्य शिक्षा की समान पाठ्यचर्या की व्यवस्था करनी चाहिए, और विषयों का विविधीकरण और विशेषीकरण उच्चतर माध्यमिक अवस्था में ही शुरू करना चाहिए।

प्रत्येक उप-अवस्था पर उपलब्धि का स्तर स्पष्ट शब्दों में सूचित किया जाना चाहिए।

2. *सरल तथा गहन पाठ्यक्रम*–पाठ्यचर्या को सरल रखना चाहिए, इसके लिए अवर प्राथमिक अवस्था में नियमित विषयों का भार कम किया जाए और भाषा, प्रारम्भिक गणित और पर्यावरण विषयक अध्ययनों पर बल दिया जाए। प्रारम्भिक पठन से सम्बन्धित

समस्याओं के अध्ययन और अवर प्राथमिक अवस्था पर पठन शिक्षण को सुधारने के जोरदार कार्यक्रम पर अधिक बल दिया जाना चाहिए।

उच्चतर प्राथमिक अवस्था पर पाठ्यचर्या अधिक व्यापक और गहन हो, शिक्षण-पद्धतियाँ अधिक प्रणालीबद्ध हों और ज्ञान का स्तर अधिक निश्चित हो।

अवर माध्यमिक अवस्था में विषयों के अध्ययन में अधिक कठिनाई और गहराई आए।

3. ***उच्चतर माध्यमिक अवस्था में किन्हीं तीन विषयों पर गहरा अध्ययन***–उच्चतर माध्यमिक अवस्था में पाठ्यक्रमों में इस प्रकार की विविधता लाई जाए कि छात्र किन्हीं तीन विषयों के समूह का गहरा अध्ययन कर सके और विषयों के समूह बनाने में उसे काफी स्वतन्त्रता और ढील रहे। किशोरों के समस्त व्यक्तित्व के संतुलित विकास के लिए पाठ्यचर्या में इस अवस्था पर, आधा समय चुने जाने वाले विषयों के लिए दिया जाना चाहिए, एक-चौथाई समय भाषा के लिए और बचा हुआ एक-चौथाई शारीरिक शिक्षा, कला और हस्तकला और नैतिक तथा आध्यात्मिक शिक्षा के लिए।

4. ***प्रतिभाशाली छात्रों के लिए समृद्धि पाठ्यक्रम***–उच्चतर प्राथमिक अवस्था पर प्रतिभाशाली छात्रों के लिए समृद्धि कार्यक्रम की व्यवस्था करनी चाहिए। यह एक अतिरिक्त भाषा या एक ही विषय में अधिक गहराई के रूप में हो सकती है।

5. ***साधारण तथा उच्च पाठ्यक्रम***–जहाँ संभव हो, पाठ्यक्रम के दो स्तर हों, साधारणतया उच्च यह प्रक्रिया कक्षा नौ से प्रारम्भ की जाए।

उच्चतर माध्यमिक पाठ्यक्रम में विषय-क्षेत्र – 1. कोई सी दो भाषाएँ–इनमें कोई एक आधुनिक भारतीय भाषा, कोई सी आधुनिक विदेशी भाषा और कोई सी प्राचीन भाषा सम्मिलित होगी।

2. निम्नलिखित विषयों में से कोई तीन विषय–

(क) एक अतिरिक्त भाषा।	(ज) कला।
(ख) इतिहास।	(झ) भौतिकी।
(ग) भूगोल।	(ञ) रसायन।
(घ) अर्थशास्त्र।	(ट) गणित।
(ङ) तर्कशास्त्र।	(ठ) जीव-विज्ञान।
(च) मनोविज्ञान।	(ड) भू-विज्ञान।
(छ) समाज विज्ञान।	(ढ) गृह-विज्ञान।

3. कार्य-अनुभव और सामाजिक सेवा।
4. शारीरिक शिक्षा।
5. कला या शिल्प।
6. नैतिक या आध्यात्मिक मूल्यों की शिक्षा।

लोअर स्तर पर पाठ्यक्रम (कक्षाएँ I से IV) – 1. एक भाषा–मातृभाषा या क्षेत्रीय भाषा। 2. गणित। 3. पर्यावरण अध्ययन। 4. कक्षा तीन तथा चार में विज्ञान तथा सामाजिक ज्ञान का अध्ययन। 5. सृजनात्मक क्रियाएँ। 6. कार्य-अनुभव तथा समाज सेवा। 7. स्वास्थ्य शिक्षा।

उच्चतर प्राथमिक स्तर का पाठ्यक्रम (कक्षा 5-7) – 1. **दो *भाषाएँ***–(i) मातृभाषा या प्रादेशिक भाषा, (ii) हिन्दी या अंग्रेजी। 2. गणित। 3. विज्ञान। 4. सामाजिक अध्ययन (या इतिहास, भूगोल और नागरिक शास्त्र)। 5. कला (Art)। 6. कार्य-अनुभव और समाज-सेवा। 7. शारीरिक शिक्षा। 8. नैतिक एवं आध्यात्मिक मूल्यों की शिक्षा।

नोट–एक तीसरी भाषा (अंग्रेजी, हिन्दी या प्रादेशिक भाषा) का अध्ययन वैकल्पिक आधार पर किया जा सकता है।

निम्न माध्यमिक स्तर का पाठ्यक्रम (कक्षा 8-10) – 1. तीन भाषाएँ। 2. कोठारी आयोग ने दो प्रकार के पाठ्यक्रमों की संस्तुति की परन्तु इस पर उचित कार्यवाही नहीं की जा सकी। 3. कक्षा दस तक एक समान पाठ्यक्रम का सुझाव बहुत सराहनीय है। इस प्रकार का पाठ्यक्रम आज भी उतना ही सार्थक है। 4. शिक्षा आयोग का कार्य अनुभव का सिद्धान्त बेसिक शिक्षा के उत्पादक-श्रम की भाँति है। 5. आयोग ने गणित तथा विज्ञान पर उचित बल दिया। 6. आयोग ने विषय-चुनाव के दायरे का बहुत विस्तार किया। 7. त्रिभाषा सूत्र वाद-विवाद का विषय बन गया।

22.8 त्रि-भाषा सूत्र (Three Language Formula)

त्रि-भाषा सूत्र का अर्थ–त्रिभाषा सूत्र का अर्थ है स्कूल स्तर पर तीन भाषाओं का पढ़ना तथा किस स्तर पर किस भाषा का अध्ययन करना। स्कूल स्तर पर पढ़ायी जाने वाली ये तीन भाषाएँ इस प्रकार हैं।

1. मातृभाषा या क्षेत्रीय भाषा। 2. केन्द्र सरकार की सरकारी तथा सह-सरकारी भाषा (जब तक चले)। 3. एक आधुनिक भारतीय या यूरोपीय भाषा जो (i) तथा (ii) में न आई हो तथा जो शिक्षा के माध्यम के रूप में प्रयोग की जाती हो। 4. विभिन्न स्तरों पर भाषाएँ– (i) लोअर प्राइमरी स्तर पर सामान्य रूप से एक भाषा पढ़ाई जाये। वह मातृभाषा या क्षेत्रीय भाषा हो। (ii) हायर प्राइमरी स्तर पर दो भाषाएँ पढ़ाई जायें, मातृभाषा या क्षेत्रीय भाषा एवं सरकारी भाषा। (iii) लोअर सेकेण्डरी स्तर पर तीन भाषाएँ पढ़ाई जायें (i) मातृभाषा या क्षेत्रीय भाषा, (ii) सरकारी या सह-सरकारी भाषा, (iii) आधुनिक भारतीय भाषा। (iv) हायर सेकेण्डरी स्तर पर दो भाषाएँ अनिवार्य होंगी।

भाषा संबंधी अन्य संस्तुतियाँ – 1. आधुनिक साहित्यिक भाषाओं (अंग्रेजी को छोड़कर) का अध्ययन चुने हुए स्कूलों में कराया जाए। अहिन्दी भाषी क्षेत्रों में हिन्दी तथा अंग्रेजी शिक्षा की व्यवस्था की जाए। 2. हिन्दी या अंग्रेजी को सरकारी तथा सह-सरकारी भाषा के रूप में तीन और छः वर्ष तक पढ़ाया जाना चाहिए। 3. उच्च शिक्षा में भाषा का अध्ययन अनिवार्य न हो। 4. राष्ट्रीय स्तर पर हिन्दी के प्रसार तथा प्रचार के प्रयत्न किए जाएँ। लेकिन अनिच्छुक व्यक्तियों पर इसका अध्ययन न थोपा जाए। 5. देवनागरी तथा रोमन लिपि में अच्छा साहित्य प्रकाशित किया जाए। 6. अंग्रेजी की शिक्षा 5वीं कक्षा से पहले आरम्भ न की जाए। 7. शास्त्रीय भाषा (संस्कृत, अरबी, फारसी आदि) को 8वीं कक्षा में विकल्प भाषा के रूप में लागू किया जाए।

व्यावहारिक त्रिभाषा-सूत्र का आधार – स्कूलों के लिए व्यावहारिक त्रिभाषा-सूत्र के निर्माण में निम्नलिखित मार्गदर्शी सिद्धान्तों से सहायता मिल सकती है।

1. हिन्दी संघ की राज-भाषा है, और आशा है कालान्तर में वह देश की जन-भाषा बन जाएगी। अन्ततोगत्वा, भाषा-पाठ्यचर्या में मातृभाषा के बाद इसका ही स्थान होगा।

2. जब तक अंग्रेजी विश्वविद्यालय-स्तर पर शिक्षा का मुख्य माध्यम और केन्द्र तथा अनेक राज्यों में प्रशासन की भाषा बनी रहेगी तब तक उसको ऊँचा स्थान मिलता रहेगा। विश्वविद्यालयों में प्रान्तीय भाषाओं के उच्चतर शिक्षा का माध्यम बन जाने के बाद भी सभी छात्रों के लिए अंग्रेजी का व्यावहारिक ज्ञान बहुत ही उपयोगी होगा और विश्वविद्यालय में प्रवेश पाने वालों के लिए उसमें काफी योग्य होना आवश्यक होगा।

3. स्कूल में किसी भाषा के अध्ययन में कितनी योग्यता प्राप्त की जा सकती है यह बात केवल इस बात पर निर्भर नहीं है कि कोई भाषा कितने वर्षों तक सीखी जाती है, अपितु इस पर भी निर्भर है कि छात्र के सामने क्या अभिप्रेरण है, भाषा किस अवस्था पर सीखी जा रही है, तथा उपलब्ध शिक्षक, उपस्कर और शिक्षण-पद्धतियाँ किस प्रकार की हैं। उचित सुविधाओं के अभाव में लम्बी अवधि तक भाषा पढ़ाने से भी अच्छे परिणाम नहीं निकलते जबकि अनुकूल परिस्थितियों के होने पर कम समय में भी अच्छे परिणाम निकल सकते हैं। यद्यपि बहुत कम आयु में ही बच्चे को दूसरी भाषा सिखाने के पक्ष में तर्क दिए जा सकते हैं, लेकिन हमारे विचार से प्राथमिक स्कूलों में लाखों छात्रों को भाषा की शिक्षा देने के लिए योग्य शिक्षकों की व्यवस्था करना बहुत दुष्कर काम होगा।

4. तीन भाषाओं के अध्ययन को अनिवार्य बनाने के लिए अवर माध्यमिक अवस्था (कक्षा आठ से दस तक) सबसे उपयुक्त प्रतीत होता है, क्योंकि, उस अवस्था पर भाषा की शिक्षा पाने वाले छात्रों की संख्या कम होती है और बेहतर सुविधाओं और शिक्षकों का प्रबन्ध किया जा सकता है। दो नई भाषाओं के शुरू करने में समय का अन्तर रखना भी वांछनीय है ताकि उनमें से एक उच्चतर माध्यमिक अवस्था में शुरू की जाए और दूसरी पहली-अतिरिक्त-भाषा पर कुछ सीमा तक अधिकार पा लेने के बाद, अवर माध्यमिक अवस्था में जबकि पहली अतिरिक्त भाषा पर छात्र का कुछ अधिकार हो गया हो। एक अच्छे स्कूल में, तीसरी भाषा का व्यावहारिक ज्ञान प्राप्त करने के लिए तीन साल तक का अनिवार्य अध्ययन, शायद काफी होगा; लेकिन ऐच्छिक आधार पर अधिक समय तक भी इसके पढ़ने का प्रबन्ध होना चाहिए।

5. हिन्दी या अंग्रेजी को दूसरी भाषा के रूप में अनिवार्यत: किस अवस्था से शुरू किया जाए और वह कितनी अवधि तक सिखाई जाए, यह स्थानीय अभिप्रेरण और आवश्यकता पर निर्भर करता है, और इसे प्रत्येक राज्य के विवेक पर छोड़ देना चाहिए।

6. किसी भी अवस्था पर चार भाषाओं का अध्ययन अनिवार्य नहीं होना चाहिए, लेकिन स्वेच्छा से चार या और भी अधिक भाषाओं के अध्ययन की सुविधाएँ होनी चाहिए।

समीक्षा – राजनीतिक कारणों से त्रिभाषा सूत्र का सुझाए रूप में कार्यान्वयन न हो सका। अहिन्दी भाषा क्षेत्रों में हिन्दी पर वाद-विवाद चला तथा संस्कृत के समर्थकों ने भी इस का विरोध किया क्योंकि इसके बारे में कोई ठोस नीति नहीं बनायी गयी। हिन्दी भाषा क्षेत्रों में दक्षिण भारत की भाषाएँ सीखने में पर्याप्त रुचि न थी।

22.9 व्यावसायिक शिक्षा पर शिक्षा आयोग की संस्तुतियाँ (Recommendations of the Education Commission on Vocational Education)

व्यावसायिक शिक्षा का महत्त्व–शिक्षा आयोग ने व्यावसायिक संबंधी भारत सरकार के 1958 के प्रस्ताव से पूर्ण सहमति जताई। एक राष्ट्र की समृद्धि, औद्योगीकरण द्वारा उसके मानवीय तथा भौतिक साधनों के प्रभावशाली उपयोग पर निर्भर है। औद्योगीकरण के लिए मानवीय तत्त्वों का उपयोग शिक्षा में विज्ञान तथा प्राविधिक कुशलताओं में प्रशिक्षण की माँग कर सकता है। उद्योग द्वारा व्यक्ति की आशाओं को पूर्ण करने के लिए अधिक अवसर मिलते हैं। भारत की विशाल-शक्ति आधुनिक विश्व में केवल तभी लाभप्रद सिद्ध हो सकती है जब उसको प्रशिक्षित एवं शिक्षित बना दिया जाए। इस कारण आयोग ने व्यावसायिक, प्राविधिक और इन्जीनियरिंग शिक्षा पर बल देते हुए उनके संबंध में महत्त्वपूर्ण सुझाव दिए।

व्यावसायिक शिक्षा के लक्ष्य – 1. स्कूल स्तर पर व्यावसायिक पाठ्यक्रम लागू हो।

2. 1986 तक लोअर सेकेण्डरी स्तर पर 20%, हायर सेकेण्डरी स्तर पर 50% छात्र व्यावसायिक प्रशिक्षण प्राप्त करें।

3. कुशल तथा अर्द्धकुशल कारीगरों के प्रशिक्षण की व्यवस्था की जाए। इसके लिए निम्न प्रकार की संस्थाएँ खोली जाएँ।

(i) आई.टी.आई., (ii) जूनियर टेक्नीकल स्कूल, (iii) टेक्नीकल हाई स्कूल

4. कुशल कारीगर कोर्स में दसवीं कक्षा से नीचे के पाठ्यक्रम को पॉलीटेक्नीक में सम्मिलित किया जाए।

5. इन पाठ्यक्रमों में संकीर्णता का त्याग किया जाए।

समीक्षा – आयोग ने व्यावसायिक शिक्षा के महत्त्व को स्वीकार करके इसके विकास के लिए उपयोगी सुझाव दिए। आयोग की इस संस्तुति को कार्यान्वित करने के लिए अनेक प्रयत्न भी किए गए। परन्तु निराशा हुई है। आज भी आयोग द्वारा व्यावसायिक शिक्षा के लक्ष्य पूरे नहीं हो पाए हैं।

22.10 कोठारी शिक्षा आयोग तथा अध्यापक (Kothari Education Commission and Teachers)

अध्यापक शिक्षा के दोष – शिक्षा आयोग 1964-66 ने इस बात पर खेद प्रकट किया है कि स्वातन्त्र्योत्तर काल में अध्यापकों की वृत्तिक शिक्षा अपेक्षाकृत अपेक्षित हो रही है। यद्यपि विश्वविद्यालय आयोग (1949), माध्यमिक शिक्षा आयोग (1953) और माध्यमिक स्कूलों के अध्यापकों और पाठ्यचर्याओं से सम्बन्धित अन्तर्राष्ट्रीय कार्य दल (1954) आदि सभी ने इसके महत्त्व पर जोर दिया है। कई प्रारम्भिक और माध्यमिक विद्यालयों के शिक्षकों की शिक्षा में सुधार के विषय में अनेक सेमिनार भी हुए और अध्ययन दल भी नियुक्त हुए, पर उन सबकी सिफारिशों पर कार्यान्वयन नगण्य रूप में ही किया गया है। शिक्षा आयोग के विचार में अध्यापक शिक्षा में निम्नलिखित दोष हैं–

(i) साधारणत: प्राथमिक और माध्यमिक स्कूलों के अध्यापकों की शिक्षा संस्थाएँ विश्वविद्यालयों के शैक्षिक जीवन की धारा से अलग रही हैं।

(ii) साधारणत: प्राथमिक और माध्यमिक स्कूलों के अध्यापकों की शिक्षा संस्थाएँ स्कूलों की दैनिक समस्याओं से अलग रही हैं।

(iii) थोड़े-से अपवादों को छोड़ दिया जाए तो सामान्यत: शिक्षा संस्थाएँ मध्यम या घटिया कोटि की ही होती हैं।

(iv) योग्य अध्यापक इन संस्थाओं में आने के लिए उत्सुक नहीं होते।

(v) पाठ्यक्रम अधिकतर परम्परागत होते हैं।

(vi) कार्यक्रम अधिकतर परम्परागत हैं।

(vii) कार्यक्रमों में वास्तविकता बहुत कम है।

(viii) कार्यक्रमों में सजीवता नहीं होती है।

(ix) शिक्षण के अभ्यास के लिए नीरस तकनीकें हैं।

(x) शिक्षण के अभ्यास के लिए परम्परागत पद्धतियाँ अपनाई जाती हैं।

(xi) आज की आवश्यकताओं पर बहुत कम ध्यान रखा जाता है।

अध्यापक-प्रशिक्षण सम्बन्धी शिक्षा आयोग की सिफारिशें – इन सिफारिशों को बारह भागों में बाँटा जा सकता है–

(i) प्रशिक्षण संस्थाओं को विश्वविद्यालयों के शैक्षिक जीवन की धारा से जोड़ना।

(ii) शिक्षण संस्थाओं का स्कूलों के साथ घनिष्ठ सम्बन्ध स्थापित करना।

(iii) शिक्षण संस्थाओं का आपसी अलगाव दूर करना।

(iv) शिक्षण संस्थाओं का आपसी अलगाव दूर करना।

(v) प्रशिक्षण कार्यक्रमों और प्रशिक्षण संस्थाओं में गुणात्मक सुधार लाना।

(vi) प्रशिक्षण सुविधाओं का विस्तार करना।

(vii) अध्यापकों की शिक्षा के स्तर को बनाए रखने के लिए केन्द्र और राज्य सरकारों द्वारा उपयुक्त अभिकरणों का निर्माण करना।

(viii) सभी अध्यापकों के सतत वृत्तिक शिक्षण की समुचित व्यवस्था करना।

(ix) प्रशिक्षण केन्द्रों के मानदण्ड तथा उनमें संशोधन करना।

(x) स्वतन्त्र वातावरण की व्यवस्था करना।

(xi) शोध कार्यों की पर्याप्त व्यवस्था करना।

(xii) व्यर्थता की समस्या का उचित समाधान करना।

(xiii) प्रवेश के लिए उचित नीति का निर्माण करना।

प्रशिक्षण की अवधि (Period of Training) — आयोग के विभिन्न प्रशिक्षण-स्तरों की अवधि के विषय में अधोलिखित विचार दिए हैं–

1. प्राथमिक स्कूलों के उन अध्यापकों के लिए, जिन्होंने सेकेण्डरी स्कूल कोर्स पास किया है, प्रशिक्षण की अवधि 2 वर्ष की होनी चाहिए।

2. माध्यमिक स्कूलों के उन अध्यापकों के लिए, जो स्नातक हैं, प्रशिक्षण की अवधि अभी तो 1 वर्ष की होनी चाहिए, पर कुछ समय के पश्चात् 2 वर्ष की कर दी जानी चाहिए।

3. शिक्षा में स्नातकोत्तर (M.Ed.) पाठ्यक्रम की अवधि $1\frac{1}{2}$ वर्ष की होनी चाहिए।

प्रशिक्षण-संस्थाओं की उन्नति (Improvement in Training Institutions) —

आयोग ने प्रशिक्षण-संस्थाओं की गुणात्मक उन्नति करने के लिए निम्नांकित सिफारिशें की हैं–

1. ट्रेनिंग कॉलेजों के अध्यापकों के पास शिक्षा की उपाधि (Degree in Education) के अतिरिक्त दो स्नातकोत्तर उपाधियाँ (Post Graduate Degrees) होनी चाहिए।

2. ट्रेनिंग कॉलेजों के अध्यापकों में "डॉक्टर" (Doctorate) की उपाधियों वाले शिक्षकों की संख्या उचित अनुपात में होनी चाहिए।

3. गणित, विज्ञान, मनोविज्ञान एवं समाजशास्त्र ऐसे विषयों को शिक्षा देने के लिए विशेषज्ञों की नियुक्ति की जानी चाहिए, चाहे उन्होंने प्रशिक्षण प्राप्त न किया हो।

4. प्रत्येक प्रशिक्षण-संस्था से एक प्रयोगात्मक स्कूल संलग्न होना चाहिए।

5. प्रशिक्षण-संस्थाओं में छात्राध्यापकों से किसी प्रकार का शुल्क नहीं लिया जाना चाहिए और उनको ऋण एवं छात्रवृत्तियों के रूप में आर्थिक सहायता देने की व्यवस्था की जानी चाहिए।

6. वर्तमान प्रशिक्षण-संस्थाओं के पुस्तकालयों, प्रयोगशालाओं आदि में सुधार किया जाना चाहिए, क्योंकि उनकी दशा अत्यधिक असन्तोषजनक है।

7. विद्यालयों में कार्य करने वाले अप्रशिक्षित शिक्षकों को प्रशिक्षण देने के लिए केन्द्रीय स्थानों पर "ग्रीष्मकालीन संस्थाओं" (Summer Institutes) की योजना आरम्भ की जानी चाहिए।

8. प्राथमिक स्कूलों के शिक्षकों को प्रशिक्षण देने वाली संस्थाओं के अध्यापकों के पास या तो "शिक्षा" में एम.ए. (M.A. in Education) की उपाधि होनी चाहिए या बी.एड. (B.Ed.) की उपाधि के साथ-साथ कोई स्नातकोत्तर (M.A., M.Sc.) उपाधि होनी चाहिए।

प्रशिक्षण-सुविधाओं का विस्तार (Expansion of Training Facilities)— आयोग ने प्रशिक्षण-सुविधाओं का विस्तार करने के उद्देश्य से निम्नांकित विचार व्यक्त किए हैं–

1. प्रशिक्षण-संस्थाओं के आकार में एक निश्चित योजना के अनुसार पर्याप्त विस्तार किया जाना चाहिए।

2. पत्र-व्यवहार द्वारा शिक्षा एवं अल्पकालीन प्रशिक्षण की सुविधाओं में विस्तार किया जाना चाहिए।

3. शिक्षकों की माँग की पूर्ति करने और शिक्षण-कार्य में संलग्न अप्रशिक्षित शिक्षकों को प्रशिक्षण देने के लिए प्रत्येक राज्य को प्रशिक्षण की सुविधाओं में विस्तार करने के लिए योजना तैयार करनी चाहिए।

4. स्कूल-शिक्षकों को अध्यापन-कार्य करते हुए शिक्षा तथा प्रशिक्षण प्राप्त करने की सुविधाएँ प्रदान करने के लिए विश्वविद्यालयों तथा प्रशिक्षण-संस्थाओं को विभिन्न प्रकार के कार्यक्रमों का आयोजन करना चाहिए।

अध्यापकों का स्तर (Status of Teachers)— अध्यापकों का स्तर बढ़ाने की दिशा में कोठारी आयोग ने उनके वेतन तथा सेवा-शर्तों के सुधार की पुरजोर सिफारिश की।

कमीशन द्वारा प्रस्तावित वेतनमान

क्रमं	अध्यापक	वेतन तथा वेतनमान
1.	प्राईमरी स्कूल का अध्यापक जिसने सेकेण्डरी कोर्स के साथ दो वर्ष का प्रशिक्षण प्राप्त किया हो	रु. 150-250 अधिकतम वेतन 20 वर्ष की सेवा के पश्चात्।
2.	सेलेक्शन ग्रेड (प्राइमरी स्कूल अध्यापक)	250-300 15% अभ्यर्थियों के लिए।
	नोट–(प्राइमरी स्कूल के अप्रशिक्षित अध्यापक को 100 रुपया वेतन मिलेगा। 5 वर्ष में 125 रु. हो जायेगा। प्रशिक्षित होने पर उसके वेतनमान में परिवर्तन किया जाएगा।)	
3.	एक वर्ष का प्रशिक्षण प्राप्त ग्रेजुएट अध्यापक	220-400 (20 वर्ष की सेवा)
4.	सेलेक्शन ग्रेड 15% के लिए	400-500
5.	ग्रेजुएट के लिए न्यूनतम वेतन (प्रशिक्षण प्राप्त करने तक)	220-400
6.	सेकेण्डरी स्कूलों में पढ़ाने वाले एम.ए. उत्तीर्ण अध्यापक नोट–ट्रेन्ड होने पद एक इन्क्रीमेंट और मिलेगा।	300-600
7.	सेकेण्डरी स्कूलों के प्रधानाध्यापक	यह वेतन क्रम स्कूलों के आकार तथा स्कूल के गुण पर निर्भर करेगा। इनका वेतनमान इस प्रकार होगा– (i) 300-25-600 (ii) 400-30-640-40-800
8.	सम्बद्ध (Affiliated) कॉलेजों के अध्यापक	
	(i) जूनियर स्केल	(i) 300-25-600
	(ii) सीनियर स्केल	(ii) 400-30-640-40-800
	(iii) सीनियर लेक्चरार तथा रीडर	(iii) 700-40-1100
9.	सम्बद्ध कॉलेजों के प्रिंसिपल	
	(i) A ग्रेड	(i) 700-40-1100
	(ii) B ग्रेड	(ii) 800-50-1250
	(iii) C ग्रेड	(iii) 1000-50-1500
10.	विश्वविद्यालय के विभिन्न विभागों के	
	(i) लेक्चरार	(i) 400-40-800-50-950
	(ii) रीडर	(ii) 700-50-1250
	(iii) प्रोफेसर A ग्रेड B ग्रेड	(iii) (A) 1100-50, 1300-60, -1600 (B) 1600-1800
	(सरकार विश्वविद्यालयों में यह वेतन क्रम दे रही है)	

समीक्षा – प्राय: इन सिफारिशों की सराहना की गई। इसे अध्यापकों का महाधिकार पत्र (Magna Carta) कहा गया।

22.11 माध्यमिक शिक्षा में गुणात्मक सुधार के लिए कोठारी आयोग की संस्तुतियाँ (Recommendations of the Kothari Commission on the Qualitative Improvement of Secondary Education)

देश में सभी प्रकार की शिक्षा के सुधार के लिए तथा माध्यमिक शिक्षा में सुधार का दूसरा अवसर 1964-66 में आया जबकि शिक्षा आयोग ने देश के सम्पूर्ण ढाँचे में सुधार लाने के लिए शिक्षा के सभी पक्षों तथा स्तरों का सर्वेक्षण करके अपनी संस्तुतियाँ प्रस्तुत कीं। माध्यमिक शिक्षा में गुणात्मक सुधार लाने के लिए निम्नलिखित सुझाव दिए–

1. **दस वर्षों की सामान्य शिक्षा**–आयोग की संभवत: सबसे महत्त्वपूर्ण संस्तुति है कि विज्ञान, कार्यानुभवों, चारित्रिक एवं आध्यात्मिक मान्यताओं के क्षेत्रों तथा अन्य कुछ क्षेत्रों की नई व्यवस्था में सामान्य शिक्षा को अधिक शक्ति सम्पन्न बनाने की आवश्यकता है। किसी क्षेत्र में विशिष्टीकरण प्रारंभ करने से पूर्व सामान्य शिक्षा के लिए स्कूल में दस साल का समय होना चाहिए। सामान्य शिक्षा, व्यावसायिक शिक्षा से इतनी जल्दी पृथक् नहीं होनी चाहिए।

2. **विज्ञान की शिक्षा पर बल**–विज्ञान की शिक्षा को शिक्षा का एक अभिन्न अंग बनाया जाना चाहिए। विज्ञान के शिक्षण में भी काफी गुणात्मक सुधार किया जाना आवश्यक है।

3. **शिक्षा का व्यावसायीकरण**–शिक्षा को उत्पादिता से जोड़ने के लिए यह जरूरी है कि माध्यमिक शिक्षा को प्रबल व्यावसायिक मोड़ दिया जाए।

4. **कार्य अनुभव (Work Experience)**–शिक्षा आयोग ने सिफारिश की कि शिक्षा को जीवन और उत्पादिता से जोड़ने के लिए कार्य अनुभव को सभी प्रकार की शिक्षा के एक अभिन्न अंग के रूप में शुरू किया जाए। कार्य अनुभव की परिभाषा आयोग ने इस प्रकार की "स्कूल, घर, कारखाने, खेत, फैक्ट्री या अन्य किसी भी उत्पादक स्थिति में उत्पादक काम में भाग लेना।"

5. **पाठ्यक्रम में सुधार**–आयोग ने पाठ्यक्रम को प्रभावी बनाने के लिए अनेक सुझाव दिए जिनका विवरण अलग से दिया गया है।

प्राय: यह देखा गया है कि शिक्षा में सुधारों की चर्चा तो बहुत की जाती रही है परन्तु उनके क्रियान्वयन के समय उदासीनता आ जाती रही है। सुधारों की गति बहुत सुस्त रहती है। लगभग अगले 9 वर्षों तक माध्यमिक शिक्षा के सुधार में कोई उल्लेखनीय प्रगति न हो सकी।

22.12 सामान्य स्कूल पद्धति पर शिक्षा आयोग की संस्तुतियाँ (Recommendations of the Education Commission on Common School System)

लोक शिक्षा की समान स्कूल पद्धति का अर्थ–आयोग के अनुसार लोक शिक्षा की समान स्कूल पद्धति में सभी सरकारी स्कूल, स्थानीय स्वायत्त निकायों के सब स्कूल और सभी सहायता प्राप्त गैर-सरकारी स्कूल शामिल होंगे।

आयोग की सिफारिशें – 1. शिक्षा सम्बन्धी नीति का यह उद्देश्य होना चाहिए कि अगले बीस वर्षों की अवधि में लोक शिक्षा की समान स्कूल पद्धति का विकास किया

जाए जो देश के सभी भागों को अपनी परिधि में लेगी। सभी बालकों को प्रवेश पाने का समान अधिकार देगी और अपना स्तर ऐसा बनाकर रखेंगी कि एक आम आदमी अपने बच्चे को किसी पब्लिक स्कूल में भेजने की जरूरत महसूस नहीं करेगा।

2. लोक शिक्षा की समान स्कूल पद्धति के निर्माण के लिए निम्नलिखित उपाय आवश्यक है–

(i) विभिन्न प्रबन्धक संस्थाओं के अधीन कार्य करने वाले अध्यापकों की वेतनमान आदि के बीच इस समय जो भेद हैं उसे खत्म कर दिया जाना चाहिए। (ii) एक चरणबद्ध कार्यक्रम के अन्तर्गत प्राइवेट शिक्षा खत्म कर दी जानी चाहिए। प्राथमिक स्तर पर चौथी योजना के अन्त तक और अवर माध्यमिक स्तर पर पाँचवीं योजना के अन्त तक। (iii) विभिन्न प्रबन्धक संस्थाओं के अधीन चलने वाले स्कूलों के बीच इस समय जो भेद हैं उसे घटाकर कम-से-कम कर दिया जाए और अच्छी शिक्षा के लिए आवश्यक न्यूनतम अनिवार्य परिस्थितियाँ सभी स्कूलों में उत्पन्न की जाएं। (iv) पड़ोसी पाठशाला योजना अवर प्राथमिक अवस्था में अपनाई जाए ताकि सम्पन्न वर्गों के स्कूलों और निर्धन वर्गों के स्कूलों के बीच का अलगाव दूर किया जा सके। (v) सरकारी स्कूलों में शिक्षा के स्तर बढ़ाए जाएँ।

22.13 शिक्षा आयोग द्वारा प्रस्तावित पाठ्यक्रम तथा माध्यमिक शिक्षा आयोग द्वारा पाठ्यक्रम में अन्तर (Difference in the Curriculum as Suggested by the Education Commission 1964-66 and Secondary Education Commission 1952-53)

1. माध्यमिक शिक्षा आयोग ने छात्रों के लिए समान पाठ्यक्रम कक्षा आठ तक रहने का प्रस्ताव दिया, जबकि शिक्षा आयोग ने कक्षा 10 तक।

2. माध्यमिक शिक्षा आयोग ने विषय चुनाव के लिए कक्षा 9 की संस्तुति की जबकि शिक्षा आयोग ने कक्षा 11 की।

3. माध्यमिक शिक्षा आयोग के अनुसार विषयों के 7 समूह (जतमंडे) थे जिनमें से कुछ विषयों का चुनाव कर सकते थे परन्तु शिक्षा आयोग ने इस प्रकार के 7 समूह नहीं दिए। अब दिए गए विषयों में से किन्हीं तीन विषयों का चुनाव कर सकते थे।

उच्च शिक्षा पर आयोग की संस्तुतियाँ – 1. चुने हुए छात्रों को प्रवेश दिया जाए।

2. अंश काल शिक्षा का प्रावधान किया जाए।

3. कॉलेजों में कम से कम 500 तथा 1000 से अधिक छात्र न हों।

4. नारी शिक्षा का विस्तार किया जाए।

5. अच्छे विश्वविद्यालयों में 30 कॉलेजों से अधिक कॉलेज न सम्बद्ध किए जाएँ।

6. डिग्री कोर्स में विषयों के मेल (Combination) में लचीलापन हो।

7. नवीन विश्वविद्यालयों की स्थापना तभी की जाए जब कि इस बात का विश्वास हो जाए कि विश्वविद्यालय की स्थापना से शिक्षा का स्तर बढ़ेगा और उच्च स्तर का अनुसंधान कार्य सम्पन्न होगा।

8. सभी पाठ्यक्रमों का पुनर्गठन किया जाए।

9. शैक्षिक अनुसंधान के विकास और अनुसंधान को शिक्षा के क्षेत्र में उपयोगी बनाने हेतु आवश्यक कदम उठाए जाने चाहिए।

समीक्षा – छात्रों के प्रवेश संबंधी चुनाव का सुझाव उपयुक्त नहीं था क्योंकि उच्च शिक्षा में प्रवेश लेने की चाह स्वतन्त्रता प्राप्ति के पश्चात् बहुत बढ़ गई थी।

आयोग ने पाठ्यक्रम को लचीला बनाने का जो सुझाव दिया, वह उचित ही है।

22.14 शिक्षा आयोग की सिफारिशों का क्रियान्वयन (Implementation of the Report of the Education Commission)

1. शिक्षा आयोग की सिफारिशों को लागू करने के लिए केन्द्र तथा राज्यों में विशेष अनुभाग खोले गए।

2. शैक्षिक राज्यों में विशेष अनुभाग खोले गए।

3. छात्रवृत्तियों की संख्या में बढ़ोतरी हुई।

4. राष्ट्रीय शिक्षा नीति प्रस्ताव 1968 में पास किया जाए जिसके अनुसार शिक्षा के क्षेत्र में नए दिशा-निर्देशों के अनुसार कार्य होने लगा।

5. देश में 10+2+3 शैक्षिक ढाँचे का सूत्रपात हुआ।

6. शिक्षा के व्यावसायीकरण को बल मिला।

7. 'कार्य अनुभव' को स्कूल के पाठ्यक्रम में उचित स्थान दिया गया।

8. दो स्तर के पाठ्यक्रम कई विषयों में कई स्कूलों में आरम्भ किए गए।

9. अध्यापकों के वेतनमान तथा सेवा-शर्तों में सुधार हुआ।

10. शिक्षा में वित्तीय साधन बढ़ाने को बल मिला।

शिक्षा आयोग की संस्तुतियाँ जिन पर विशेष कार्य न हो सका

1. श्रेष्ठतम शैक्षिक संस्थापनों की श्रृंखला स्थापित करना।

2. स्कूल परिसरों की स्थापना का कार्यक्रम।

3. पड़ोसी स्कूलों की स्थापना की योजना।

4. मानव संसाधन आवश्यकताओं तथा उनको रोजगार की संभावनाओं का समन्वय स्थापित करने की संस्थाएँ।

5. सभी स्तरों पर छात्रवृत्तियों का वृहद् कार्यक्रम।

6. भारतीय शिक्षा सेवा का गठन।

7. जिला शिक्षा बोर्डों की स्थापना।

8. स्वायत्त संस्थाओं को स्कूल स्तर पर मान्यता देना।

9. उद्योग तथा शिक्षा में भागेदारी।

10. पब्लिक स्कूलों को प्रोत्साहित न करना।

11. राष्ट्रीय आय का शिक्षा पर 6 प्रतिशत खर्च करना।

12. एक जैसी स्कूल प्रणाली की स्थापना।

23

राष्ट्रीय शिक्षा नीति (1986) तथा कार्य योजना
(National Policy on Education (1986) and Programme of Action)

23.1 राष्ट्रीय शिक्षा नीति (1986) के निर्माण की भूमिका
[Formulation of The National Policy on Education (1986)]

I. 1986 से पूर्व शिक्षा विकास तथा नीति का सिंहावलोकन – 1. नई राष्ट्रीय शिक्षा नीति 1986 में बनाई गई। इसकी दो बार–1990 तथा 1992 में–समीक्षा की गई। तदुपरांत इसके कार्यान्वयन के लिए एक कार्यक्रम बनाया गया जिसके अनुसार शिक्षा में सुधार लाए जा रहे हैं।

2. भारत का संविधान जनवरी 1950 में लागू किया गया था। संविधान में देश की शिक्षा नीतियों का मोटे तौर पर उल्लेख किया गया था। इस संबंध में छूटे हुए अन्य विवरण देने भी अपेक्षित थे। केन्द्रीय शिक्षा सलाहकार बोर्ड (सैंट्रल एडवाइजरी बोर्ड ऑफ एजूकेशन) ने 1951 में हुई अपनी 18वीं बैठक में, देश में माध्यमिक शिक्षा की प्रचलित प्रणाली की जाँच और इसके पुनर्गठन और सुधार के उपाय सुझाने के लिए एक आयोग की स्थापना करने पर जोर दिया था। तदनुसार भारत सरकार ने 23 सितंबर, 1952 के एक प्रस्ताव द्वारा माध्यमिक शिक्षा आयोग की स्थापना की। इस आयोग के अध्यक्ष, मद्रास विश्वविद्यालय के उपकुलपति डॉ. ए. लक्ष्मणस्वामी मुदालियर थे। उन्होंने अपनी रिपोर्ट जून 1953 में पेश की।

3. शिक्षा आयोग की रिपोर्ट (1964-66) में बीस वर्षों के लिए शिक्षा के विकास की रूपरेखा दी गई थी और उसमें सरकार को सभी चरणों में और सभी पहलुओं में, शिक्षा के सामान्य सिद्धांतों तथा नीतियों पर सलाह दी गई थी। आयोग ने सिफारिश की थी कि भारत सरकार को शिक्षा की राष्ट्रीय नीति पर वक्तव्य जारी करना चाहिए जिसमें राज्य सरकारों और स्थानीय अधिकारियों का उनके कार्यक्षेत्र में शिक्षा नीतियों को तैय्यार व कार्यान्वित करने की दिशा में मार्गदर्शन किया जाए।

4. 1967 में, भारत सरकार ने शिक्षा पर संसद सदस्यों की एक समिति गठित की थी, जिसका काम शिक्षा संबंधी राष्ट्रीय नीति पर एक वक्तव्य का मसौदा तैयार करना था। हमारे हाल के इतिहास में यह पहला अवसर था जब समिति देश के विभिन्न राजनीतिक दलों के

सदस्यों को एक जगह लाई। वे सर्वाधिक समान उपायों पर सहमत हुई और उन्होंने शिक्षा पर एक राष्ट्रीय नीति का मसौदा तैयार किया। इस मसौदे को केन्द्रीय शिक्षा सलाहकार बोर्ड के सामने पेश किया गया, जिसकी बैठक 1967 में हुई। बैठक में राष्ट्रीय नीति तैयार करने पर विचार-विमर्श किया गया। बोर्ड के विचार-विमर्श के दौरान शिक्षा की राष्ट्रीय नीति पर आम सहमति पाई गई। विचार-विमर्श और समझौते के फलस्वरूप, भारत सरकार ने शिक्षा की राष्ट्रीय नीति पर प्रस्ताव जारी किया। अन्य बातों के अलावा इस प्रस्ताव में कहा गया था, "देश के सभी भागों में मोटे तौर पर एक जैसा शैक्षिक ढाँचा होना लाभदायक रहेगा।" अंतिम उद्देश्य 10+2+3 प्रणाली को अपनाना होना चाहिए, दो साल का उच्चतर माध्यमिक चरण जो स्थानीय परिस्थितियों के अनुसार स्कूलों, कॉलेजों या दोनों में जोड़ा जा सकता है।

5. नवम्बर 1973 में भारत सरकार के शिक्षा मंत्रालय ने 10+2+3 शिक्षा के ढाँचे पर एक राष्ट्रीय समिति की नियुक्ति की। इसका उद्देश्य देश के सभी राज्यों और संघीय क्षेत्रों के स्कूल और कॉलेजों में 10+2+3 की एक जैसी प्रणाली को अपनाया के लिए व्यावहारिक कदम सुझाना था।

6. शिक्षा के केन्द्रीय सलाहकार बोर्ड ने अपनी नवम्बर 1974 की बैठक में एक प्रस्ताव पास किया जिसमें पाँचवीं पंचवर्षीय योजना अवधि में शिक्षा की 10+2+3 प्रणाली को अपनाने की सिफारिश की गई।

7. 1974 में बच्चों के उचित विकास पर पर्याप्त ध्यान देने के लिए शिक्षा और कल्याण मंत्रालय, समाज कल्याण विभाग ने बच्चों के लिए राष्ट्रीय नीति दस्तावेज प्रकाशित किया।

1975 में राष्ट्रीय शैक्षिक अनुसंधान तथा प्रशिक्षण ने 'द करीकुलम फोर द टेन इयर स्कूल-ए फ्रेमवर्क' (दस साल की स्कूली अवधि का पाठ्यक्रम-एक ढाँचा) (*Curriculum for Ten Year School—A Framework*) का प्रकाशन किया। राष्ट्रीय शैक्षिक अनुसंधान तथा प्रशिक्षण परिषद् ने अपने निर्धारित ढाँचे के अंतर्गत, अनुभवी अध्यापकों, विषय-विशेषज्ञों तथा शिक्षा व विज्ञान शिक्षा के राज्यों, संस्थानों के प्रतिनिधियों के साथ सलाह-मशवरे के बाद पाठ्यक्रम, पाठ्यपुस्तकें तथा अन्य सामग्री तैयार की। केन्द्रीय माध्यमिक शिक्षा बोर्ड ने परिषद् द्वारा तैयार की गई कुछ पाठ्यपुस्तकें कक्षा 9 और 10 के छात्रों के लिए निर्धारित कीं, जिन्हें बोर्ड द्वारा ली जाने वाली दसवीं कक्षा के अंत में अप्रैल 1977 में माध्यमिक परीक्षा में बैठना था।

9. राष्ट्रीय शैक्षिक अनुसंधान तथा प्रशिक्षण परिषद् द्वारा तैयार किए गए पाठ्यक्रम और पुस्तकों की, जो विशेष रूप से कक्षा 9 और 10 के लिए तैयार की गई थीं, जनता, अध्यापक, अभिभावक और बच्चों द्वारा आलोचना की गई। आलोचना के प्रमुख मुद्दे थे कि परीक्षा में अध्ययन के लिए बहुत अधिक विषय रखे गए थे, पाठ्यपुस्तकें भी बहुत अधिक थीं और थीं भी बहुत मोटी, जिससे बच्चों को अपने आप अध्ययन करने और शारीरिक गतिविधियों के लिए कुछ समय नहीं बच पाता था। दूसरी मुख्य आलोचना यह थी कि नई शिक्षा प्रणाली के लागू होने के बाद अध्यापन-अध्ययन में कार्य-अनुभव (वर्क ऐक्सपीरियन्स) को कोई स्थान नहीं दिया गया था, जिसे कि सभी चरणों में पाठ्यक्रम के एक अभिन्न अंग के रूप में माना गया था।

1977-78 के अंत तक नई शिक्षा प्रणाली 19 राज्यों/केन्द्रशासित प्रदेशों में, यानि असम, आंध्र प्रदेश, गुजरात, जम्मू-कश्मीर, कर्नाटक, केरल, महाराष्ट्र, सिक्किम, तमिलनाडु,

त्रिपुरा, पश्चिम बंगाल, अण्डमान और निकोबार द्वीप समूह, अरुणाचल प्रदेश, चण्डीगढ़, दादरा और नगर हवेली, दिल्ली, दमन और दीव, लक्षद्वीप और पाण्डिचेरी में लागू की गई।

10. अब सभी राज्यों और केन्द्र शासित प्रदेशों ने 10+2+3 वाली शिक्षा प्रणाली (10+2+3 Pattern of Education) अपना ली है। हरियाणा और हिमाचल प्रदेश ने इस प्रणाली को शैक्षिक सत्र 1985-86 के दौरान अपनाया।

11. केन्द्र के तत्कालीन शिक्षा तथा समाज कल्याणमंत्री डॉ. पी.सी. चुंदर ने अनुभव किया कि पाठ्यक्रमों और पाठ्यपुस्तकों का वस्तुनिष्ठ मूल्यांकन किया जाए और इसीलिए जून 1977 में उन्होंने गुजरात विश्वविद्यालय के उपकुलपति श्री ईश्वर भाई जे. पटेल की अध्यक्षता में एक समीक्षा समिति की नियुक्ति की। इस समीक्षा समिति में 30 सदस्य थे जो निम्नलिखित का प्रतिनिधित्व करते थे–केन्द्रीय माध्यमिक शिक्षा बोर्ड, माध्यमिक शिक्षा के राज्य बोर्ड, राज्य सरकारें, अध्यापकों के संघ, अभिभावक-अध्यापक संघ, शिक्षाशास्त्री, सेवारत अध्यापक तथा राष्ट्रीय शैक्षिक अनुसंधान तथा प्रशिक्षण परिषद्। इस समिति ने अपनी सिफारिशें नवम्बर 1977 में पेश कीं। इसने 10 वर्षीय स्कूल पाठ्यक्रम पर विचार किया।

12. राष्ट्रीय शैक्षिक अनुसंधान तथा प्रशिक्षण परिषद् ने 1976 में 'हायर सेकेण्डरी एजूकेशन एण्ड वोकेशनलाइजेशन' (उच्चतर माध्यमिक शिक्षा तथा व्यावसायीकरण) नामक पुस्तक का प्रकाशन किया, जिसमें अनेक महत्त्वपूर्ण और प्रगतिशील विशेषताएँ थीं; जैसे–व्यवसाय के चयन में लचीलापन, किसी जिले या कुछ जिलों के समूह के संदर्भ में व्यवसाय का निर्णय करना, आर्थिक गतिविधियों तथा सम्भावनाओं का जिलेवार सर्वेक्षण और फलस्वरूप काम के अवसर, जिला स्तर पर सूक्ष्म योजना, जनशक्ति की आवश्यकताओं का मूल्यांकन, ग्रामीण क्षेत्रों में जीवन-स्तर को सुधारना व सुविधाएँ देना, विद्यार्थियों आदि के लिए दिशा-निर्देश की व्यवस्था और उन्हें उनके भावी पेशे और पाठ्यक्रमों के बारे में सलाह देना। जिस पर पुनर्विचार की आवश्यकता थी।

13. अक्टूबर 1977 में तत्कालीन शिक्षा मंत्री, डॉ. पी.सी. चुंदर ने राष्ट्रीय शैक्षिक अनुसंधान व प्रशिक्षण परिषद् के अध्यक्ष की हैसियत से, मद्रास विश्वविद्यालय के उपकुलपति डॉ. मैलकाम एस. आदिशेषैया की अध्यक्षता में राष्ट्रीय शिक्षा समिति की नियुक्ति की, जिसका उद्देश्य शिक्षा में व्यावसायीकरण के विशेष संदर्भ में स्कूली शिक्षा के +2 चरण के पाठ्यक्रम की समीक्षा करना था। इसके सदस्य संयोजक केन्द्रीय माध्यमिक शिक्षामंडल के अध्यक्ष डॉ. आर.पी. सिंहल थे। इसके सदस्य संयोजक केन्द्रीय माध्यमिक शिक्षामंडल के अध्यक्ष डॉ. पी.आर. सिंहल थे। समिति ने अपनी रिपोर्ट 'लर्निंग टु डू-टुवर्डस ए लर्निंग एण्ड वर्किंग सोसाइटी' प्रस्तुत की।

14. उपर्युक्त विकास के फलस्वरूप राष्ट्रीय शिक्षा नीति के मूल्यांकन की आवश्यकता अनुभव की गई। केन्द्रीय सरकार ने फरवरी 1979 में राज्यों को 'शिक्षा पर राष्ट्रीय नीति का मसौदा' भेजा, जिसका उद्देश्य अगले दशक में सर्वव्यापी साक्षरता फैलाना था तथा शिक्षा को प्रभावपूर्ण बनाना था।

15. राज्य सरकारों और केन्द्रीय मंत्रियों की टिप्पणियों को ध्यान में रखते हुए नीति के मसौदे की समीक्षा की गई और उसे 30 अप्रैल, 1979 को संसद् के सामने रखा गया। परन्तु इस पर कोई निर्णय नहीं लिया जा सका।

16. भारत सरकार ने अपने प्रस्ताव नं. फ 23-1/81-पी एन-2 ता. 16 फरवरी, 1983 के अनुसार अध्यापकों के लिए दो आयोगों की नियुक्ति की, जिनका काम अध्यापन समुदाय से संबंधित विभिन्न पहलुओं पर सलाह देना था। पहले आयोग के अध्यक्ष डॉ. डी. पी. चट्टोपाध्याय थे और इसे स्कूली चरण में अध्यापकों से संबंधित मामलों पर विचार करना था। दूसरे आयोग के अध्यक्ष विश्वविद्यालय अनुदान आयोग के उपाध्यक्ष प्रो. रईस अहमद थे तथा इसे उच्चतर शिक्षा-स्तर, जिसमें तकनीकी शिक्षा भी शामिल थी, से संबंधित पहलुओं पर विचार करना था।

17. आयोगों ने 17 जून 1984 में अपनी अंतरिम रिपोर्ट तथा फरवरी 1985 में अंतिम रिपोर्टें पेश कीं।

II. तत्कालीन प्रधानमंत्री श्री राजीव गाँधी की शिक्षा नीति बनाने की घोषणा – 18. श्री राजीव गाँधी ने प्रधानमंत्री बनते ही राष्ट्र के नाम अपने संदेश में 5 जनवरी, 1985 को एक ऐसी शिक्षा नीति का वचन दिया जो कि राष्ट्र को 21वीं सदी में प्रवेश के लिए वैज्ञानिक तथा आर्थिक दृष्टि से तैयार करे। उन्होंने कहा, "शिक्षा ऐसी हो जो राष्ट्रीय संबद्धता तथा 'कार्य-नैतिकता' को बढ़ावा दे। प्रत्येक विद्यार्थी को हमारे शानदार स्वतंत्रता संग्राम तथा राष्ट्रीय एकता में उसके महत्त्व के विषय में सम्यक् रूप से अवगत कराना चाहिए। हमारे स्कूलों और कॉलेजों को भारत की प्राचीन विरासत तथा संस्कृति के विषय में युवा पीढ़ी को जानकारी देनी चाहिए। पाठ्यक्रम और पाठ्यपुस्तकें ऐसी हों जो हमारी समन्वित संस्कृति की प्रान्तीय और साम्प्रदायिक व्याख्याओं का दमन करें।

इस क्षेत्र की कुछ नीतियों तथा कार्यक्रमों का मैंने उल्लेख किया है। मैंने नई राष्ट्रीय शिक्षा नीति का मसौदा तैयार करने के लिए कहा है।

हम अपने स्कूलों में बड़े पैमाने पर नई संचार प्रौद्योगिकी (टेक्नोलॉजी) के प्रयोग के लिए कार्यक्रम तैयार कर रहे हैं। सरकारी नौकरियों का डिग्रियों से संबंध न हो, इस बात पर भी सक्रिय रूप से विचार किया जा रहा है। आम आदमियों के लिए उच्च शिक्षा को सुलभ करने के उद्देश्य से खुले विश्वविद्यालय की स्थापना के लिए कदम उठाए जा रहे हैं। केन्द्रीय स्कूल संघटन का और भी विस्तार किया जाएगा। ये स्कूल देश के प्रत्येक जिले में उत्कृष्ट केन्द्र के रूप में काम करेंगे।

मैं समाज की उत्पादक शक्तियों के शिक्षा के साथ सुगठित संपर्क पर बहुत जोर दूँगा। हम व्यावसायिक शिक्षा को पुनर्गठित करेंगे ताकि हम इसका उद्योग, कृषि, संचार तथा अपने अर्थतंत्र के अन्य उत्पादक क्षेत्रों के साथ तालमेल बैठा सकें।"

19. तत्कालीन शिक्षा मंत्री श्री कृष्णचंद्र पंत ने प्रधानमंत्री को 20 अगस्त, 1985 को शिक्षा पर 'स्टेटस रिपोर्ट' पेश की, जिसका शीर्षक था 'शिक्षा की चुनौती-नीति संबंधी परिप्रेक्ष्य' (*Challenges of Education: A Perspective*)। इस दस्तावेज की प्रतियाँ संसद में रखी गई तथा सभी राज्य सरकारों और संघीय क्षेत्र प्रशासनों को परिचालित की गई। यह परिप्रेक्ष्य 29-30 अगस्त, 1985 का हुए राज्यों के शिक्षा मंत्रियों के सम्मेलन में विचार-विमर्श का आधार भी बना। इस दस्तावेज का अनुवाद, राज्य सरकारों द्वारा लगभग सभी प्रादेशिक भाषाओं में किया गया और इसे व्यापक रूप से परिचालित किया गया। इसके अतिरिक्त, मंत्रालय द्वारा प्राप्त अनुरोधों पर तथा विभिन्न संघटनों को भी, इस दस्तावेज की अंग्रेजी में 5,80,000, हिन्दी में 2,40,000 तथा उर्दू में 4,000 प्रतियाँ वितरित

की गई। इस दस्तावेज का उद्देश्य, शिक्षा नीति तथा विकल्पों से संबंधित विषयों पर व्यापक और गहन राष्ट्रीय परिचर्चा को प्रोत्साहित करना था। नई शिक्षा नीति पर राष्ट्रव्यापी परिचर्चा के एक भाग के रूप में, भारत सरकार तथा इसकी एजेंसियों द्वारा बारह राष्ट्रीय सेमिनार तथा सत्रह प्रायोजित सेमिनार आयोजित किए गए। नई शिक्षा नीति पर परिचर्चा के आयोजन में सभी राज्य सरकारों ने गहरी रुचि ली। राज्य स्तर के सेमिनारों के अतिरिक्त, विभिन्न शैक्षिक संस्थाओं में तथा ब्लॉक स्तर पर भी अनेक सेमिनार-विचार गोष्ठियाँ तथा परिचर्चाएँ हुईं। नई शिक्षा नीति तैयार करने पर हुई परिचर्चाओं से अखिल भारतीय स्तर के अनेक शिक्षक संगठनों तथा छात्र संगठनों के प्रतिनिधि भी संबद्ध रहे हैं।

20. नई शिक्षा नीति तैयार करने से संबंधित प्रधानमंत्री की घोषणा की प्रतिक्रियास्वरूप कई संघटनों तथा व्यक्तियों से अनेक सुझाव शिक्षा मंत्रालय में प्राप्त हुए। मंत्रालय में प्राप्त सभी पत्र-व्यवहारों को, जिनकी संख्या 6,000 से भी अधिक है और जिनमें पत्र, ज्ञापन, सेमिनारों की सिफारिशें एवं राज्य सरकारों की सिफारिशें भी शामिल हैं, ध्यानपर्वूक संक्षिप्त और वर्गीकृत किया गया। राष्ट्रीय शैक्षिक आयोजना तथा प्रशासन संस्थान द्वारा सभी सुझावों का विस्तृत विषय-विश्लेषण तैयार किया गया तथा तेरह खण्ड प्रकाशित किए गए।

राष्ट्रीय शिक्षा नीति निर्माण की अंतिम कढ़ी – 21. राज्यों के शिक्षामंत्रियों के सम्मेलन की सिफारिशों के अनुसरण में, नई शिक्षा नीति तैयार करने से संबंधित विभिन्न विषयों की गहराई से जाँच करने तथा उनके कार्यान्वयन के लिए नीतियाँ तैयार करने के लिए मानव संसाधन विकास मंत्री की अध्यक्षता में, शिक्षामंत्रियों के तीन राष्ट्रीय दल बनाए गए: (1) जन-शक्ति प्रक्षेपण और व्यावसायीकरण, (2) वित्तीय संसाधन, तथा (3) परीक्षा सुधार।

22. नई शिक्षा नीति पर परिचर्चा में सभी वर्गों के लोग शामिल हुए और बहुत से उपयोगी विचार तथा दृष्टिकोण उभरकर आए। 23-24 जनवरी, 1986 को हुए राज्यों तथा संघशासित क्षेत्रों के प्रशासनों के शिक्षा मंत्रियों के सम्मेलन के विचारार्थ, विभिन्न वर्गों से प्राप्त सुझावों पर आधारित नई शिक्षा नीति से संबंधित विषय तैयार किए गए।

23. नई शिक्षा नीति के निर्माण के लिए अप्रैल 1986 में राज्यों के शिक्षा मंत्रियों का सम्मेलन हुआ जिसमें मानव ससाधन विकास मंत्रालय, भारत सरकार (शिक्षा विभाग) द्वारा 'राष्ट्रीय शिक्षा नीति, 1986–एक प्रस्तुति' नामक दस्तावेज पर विचार-विमर्श हुआ।

नई राष्ट्रीय शिक्षा नीति प्रारूप पर राष्ट्रीय विकास परिषद् (National Development Council) तथा केन्द्रीय सलाहकार बोर्ड (Central Advisory Board of Education) द्वारा विचार किया गया।

24. लोकसभा ने शिक्षा नीति के प्रारूप को तीन दिन की बहस के बाद 8 मई 1986 को स्वीकृति दी। तत्पश्चात् दो दिन की बहस के उपरान्त राज्यसभा ने 13 मई 1986 को शिक्षा नीति के प्रारूप को मंजूरी दी। इस प्रकार नई शिक्षा नीति 1986 का निर्माण हुआ।

23.2 राष्ट्रीय शिक्षा नीति 1986 की प्रमुख विशेषताएँ (Salient Features of The National Policy on Education—NPE 1986)

1. **शिक्षा का सार और उसकी भूमिका**–हमारे राष्ट्रीय परिप्रेक्ष्य में "सबके लिए शिक्षा" हमारे भौतिक और आध्यात्मिक विकास की बुनियादी आवश्यकता है।

शिक्षा सुसंस्कृत बनाने का माध्यम है। यह हमारी संवेदनशीलता और दृष्टि को प्रखर करती

है, जिससे राष्ट्रीय एकता पनपती है, वैज्ञानिक तरीके से अमल की सम्भावना बढ़ती है और समझ और चिंतन में स्वतंत्रता आती है। साथ ही शिक्षा हमारे संविधन में प्रतिष्ठित समाजवाद, धर्मनिरपेक्षता और लोकतंत्र के लक्ष्यों की प्राप्ति में अग्रसर होने में हमारी सहायता करती है।

शिक्षा के द्वारा ही आर्थिक व्यवस्था के विभिन्न स्तरों के लिए जरूरत के अनुसार जनशक्ति का विकास होता है। शिक्षा के आधार पर ही अनुसन्धान और विकास को सम्बल मिलता है जो राष्ट्रीय आत्मनिर्भरता की आधारशिला है।

कुल मिलाकर, यह कहना सही होगा कि शिक्षा वर्तमान तथा भविष्य के निर्माण का अनुपम साधन है। इसी सिद्धान्त को राष्ट्रीय शिक्षा नीति के निर्माण की धुरी माना गया है।

2. **शिक्षा में समानता**–बिना किसी जाति, धर्म, वर्ग अथवा लिंग के भेदभाव के शिक्षा सुलभ होनी चाहिए। महिलाओं, अनुसूचित जाति, अनुसूचित जनजाति, पिछड़े वर्ग, अल्पसंख्यकों एवं विकलांगों की विशेष शिक्षा की इस नीति में व्यवस्था है। पाठ्यक्रम तथा पुस्तकों में लिंग-भेद को समाप्त करके महिला-शिक्षा को विशेष प्रोत्साहन दिया जाएगा। 15-35 वर्ष के आयुवर्ग के प्रौढ़ों के लिए साक्षरता-कार्यक्रम और सतत शिक्षा की व्यवस्था के अन्तर्गत वाचनालयों का विस्तार, रेडियो, दूरदर्शन, फिल्म, दूर-शिक्षा आदि सम्मिलित हैं।

3. **कमजोर वर्गों के लिए शिक्षा व्यवस्था**–समाज के कमजोर वर्गों में महिलाएँ, अनुसूचित जाति, अनुसूचित जनजाति, विकलांग आदि सदस्य आते हैं। इस शिक्षा नीति में इनके लिए विकास हेतु विशेष व्यवस्थाएँ की गई हैं। शिक्षा संस्थानों में स्थान आरक्षित किए गए हैं, नये खुलने वाले नवोदय विद्यालयों में भी इस बात का ध्यान रखा गया है।

4. **देश के सभी राज्यों के लिए एक समान शैक्षिक संरचना**–10+2+3 की व्यवस्था का प्रयास किया जाएगा।

5. **राष्ट्रीय कोर पाठ्यक्रम**–राष्ट्रीय पाठ्यक्रम की ओर ध्यान दिया गया है। सम्पूर्ण देश के लिए 'कोर पाठ्यक्रम' की कल्पना की गई है जिसमें आवशकतानुसार स्थानीय माँगों के आधार पर छोटे-मोटे परिवर्तन किए जा सकते हैं। कोर पाठ्यक्रम के अन्तर्गत भारतीय स्वातन्त्र्य संघर्ष का इतिहास, राष्ट्रीय पहचान के तत्त्व, यथा–लोकतन्त्र, धर्मनिरपेक्षता, समाजवाद, पर्यावरण, राष्ट्रीय एकता आदि का समावेश होगा।

6. **दिवा देखभाल केन्द्रों की स्थापना**–प्राथमिक शिक्षा को जन-जन तक पहुँचाने के लिए सहायता सेवा के रूप में शिशुओं की देखभाल के लिए 'दिवा देखभाल केन्द्र' खोले जायेंगे जिससे छोटे भाई-बहनों की देखभाल करने वाली लड़कियों को स्कूल जाने की सुविधा मिल सके। साथ ही निर्धन तबके की कामकाजी महिलाओं को भी इन केन्द्रों से सहायता मिल सकेगी। इस कार्यक्रम में स्थानीय समुदाय का पूरा सहयोग लिया जाएगा।

7. **शिक्षा का सार्वभौमीकरण**–संविधान में लिए गए निर्णय के बावजूद चार दशक बीत जाने के बाद भी हम देश में शिक्षा का लोकव्यापीकरण नहीं कर पाए हैं। नई राष्ट्रीय शिक्षा नीति में इसे गम्भीरता से लिया गया है तथा इस बात का संकल्प लिया गया है कि सन् 1990 तक 6 से 11 वर्ष तथा 1995 तक 11 से 14 वर्ष तक की आयुवर्ग के सभी बच्चों के लिए निःशुल्क अनिवार्य शिक्षा की व्यवस्था कर दी जाएगी। यही नहीं, नई शिक्षा नीति उन बच्चों के लिए, जो बीच में ही पढ़ाई छोड़कर शाला से चले जाते हैं, शाला में ठहराव को प्राथमिकता देती है तथा 14 वर्ष तक की शिक्षा को सफलतापूर्वक पूर्ण कराने के प्रयास करती है।

8. **औपचारिकेतर शिक्षा**–9 से 14 वर्ष के ऐसे बच्चे, जिन्होंने बीच में शाला छोड़ दी या जो कामकाम में लग जाने के कारण शाला में नहीं जा पाए अथवा जो इसलिए शाला नहीं गए कि जहाँ वे रहते थे, वहाँ स्कूल ही नहीं थे, नई शिक्षा नीति में औपचारिकेतर शिक्षा-केन्द्रों के माध्यम से शिक्षित किए जाएँगे। इन्हें आधुनिक तकनीकी सामग्री की सहायता से स्थानीय योग्यता एवं निष्ठावान युवा पुरुष अथवा महिलाओं के द्वारा शिक्षा दी जाएगी। नई राष्ट्रीय शिक्षा-व्यवस्था में उदारतापूर्वक अनुदान देकर इन केन्द्रों को विकसित करने की योजना है।

9. **'ऑपरेशन ब्लैक बोर्ड'**–नई राष्ट्रीय शिक्षा नीति में प्राथमिक विद्यालयों को दी जाने वाली सुविधाओं के अन्तर्गत "ऑपरेशन ब्लैक बोर्ड" शब्द का प्रयोग किया गया है। सीधे-सादे अर्थ में इससे तात्पर्य है–"न्यूनतम शैक्षिक साधनों एवं उपकरणों का प्रावधान"। इसके अन्तर्गत प्राथमिक शालाओं में कम से कम दो सामान्यतः बड़े आकार के कमरे, टाटपट्टी, नक्शे, चार्ट, श्यामपट्ट तथा अन्य शैक्षिक सामग्री की व्यवस्था आवश्यक होगी।

10. **महिला शिक्षा**–नई राष्ट्रीय शिक्षा नीति में महिला शिक्षा को बहुत प्रोत्साहन दिया गया है। विभिन्न स्तरों पर तकनीकी और व्यावसायिक शिक्षा में भी महिलाओं की भागीदारी पर जोर दिया जाएगा ताकि पुरुषों और महिलाओं के बीच किसी प्रकार के भेदभाव की स्थिति न रह जाए। पाठ्यक्रम तथा पुस्तकों में भी जो लिंग-भेद दिखाई देता है, नई शिक्षा नीति में उसे समाप्त किया जाएगा।

11. **प्रौढ़ शिक्षा**–15 से 35 वर्ष के आयु-वर्ग के प्रौढ़ों के लिए साक्षरता-कार्यक्रम के साथ-साथ सतत शिक्षा का एक व्यापक कार्यक्रम नई राष्ट्रीय शिक्षा नीति के अन्तर्गत निर्धारित किया गया है। इसके अन्तर्गत ग्रामीण क्षेत्रों में सतत शिक्षा-केन्द्रों की स्थापना, नियोक्ताओं द्वारा श्रमिकों की शिक्षा, पुस्तकों तथा वाचनालयों का विस्तार, रेडियो, दूरदर्शन तथा फिल्मों के माध्यम से शिक्षा, दूर-शिक्षण कार्यक्रम तथा आवश्यकता और रुचि पर आधारित व्यावसायिक प्रशिक्षण कार्यक्रमों का आयोजन किया जाएगा।

12. **व्यावसायिक शिक्षा**–राष्ट्रीय शिक्षा नीति में स्पष्ट रूप से प्रस्तावित किया गया है कि 10+2 में प्रवेश लेने वाले कुछ छात्रों में से 10% व्यावसायिक शिक्षा की ओर मोड़ दिए जाएंगे। सातवीं योजना के अन्त तक औसतन प्रत्येक जिले में 10 अतिरिक्त विद्यालय खोले जाएंगे जो +2 स्तर पर व्यावसायिक शिक्षा प्रदान करेंगे। प्रत्येक विद्यालय में ऐसे छात्रों की प्रवेश क्षमता 40 होगी। राज्य के व्यावसायिक विभागों की सहायतार्थ पाठ्यक्रम-आधारित उपयुक्त मॉडल एन. सी. ई. आर. टी. द्वारा उपलब्ध कराए जाएँगे तथा 100 अतिरिक्त औद्योगिक प्रशिक्षण केन्द्र स्थापित किए जाएंगे।

13. **नवोदय विद्यालयों की स्थापना**–राष्ट्रीय शिक्षा नीति के दस्तावेज में कहा गया है कि जिन बालक-बालिकाओं में विशेष प्रतिभा या अभिरुचि हो, उन्हें अच्छी शिक्षा उपलब्ध कराकर द्रुत गति से आगे बढ़ने के अवसर दिए जाने चाहिए। कहीं ऐसा न हो कि आर्थिक स्थिति के कारण प्रतिभावान छात्र अच्छी शिक्षा से वंचित रह जाएँ। इन उद्देश्यों की पूर्ति के लिए देश के विभिन्न भागों में गति-निर्धारक (पेस सेटिंग) विद्यालयों की स्थापना की जाएगी, जो नवोदय विद्यालय कहलाएँगे। इन विद्यालयों में नवाचार की छूट रहेगी। अनुसूचति जातियों तथा अनुसूचित उपलब्ध जनजातियों के लिए इनमें आरक्षण रहेगा। देश के विभिन्न भागों में

मुख्यत: ग्रामीण क्षेत्रों में रहने वाले प्रतिभाशाली बालक-बालिकाएँ एक साथ रहकर पढ़ेंगे जिससे उनमें राष्ट्रीय एकता की भावना का संचार होगा।

14. **परीक्षा प्रणाली में सुधार**–सम्पूर्ण शिक्षा में परीक्षा प्रणाली में सुधार महत्त्वपूर्ण स्थान रखता है। नई शिक्षा नीति में अंकों के स्थान पर ग्रेड दिया जाएगा। एक वार्षिक परीक्षा पर ही परीक्षाफल निर्भर नहीं करेगा–कई सामयिक परीक्षाएँ ली जाती रहेंगी–इससे विद्यार्थी में नियमित रूप से पढ़ने की आदत का विकास होगा। बाह्य परीक्षाओं के महत्त्व को कम करने पर भी आग्रह है।

15. **शिक्षण-प्रशिक्षण**–शिक्षकों में विश्वास किया गया है। यह कहा गया है कि शिक्षकों की चुनाव-विधि में सुधार करना है, उनके कार्य करने एवं सेवा-शर्तों में सुधार करना है, शिक्षक-प्रशिक्षण संबंधी प्रभावी मशीनरी का विकास करना है, शिक्षा-नियोजन में शिक्षकों को भागीदार बनाना है, शिक्षक-संघों को व्यावसायिक दुराचरण पर रोक लगाने एवं व्यावसायिक गरिमा में वृद्धि करने के लिए प्रोत्साहित करना है, शिक्षकों की एक आचार-संहिता का विकास करना है तथा शिक्षकों में नवाचार की स्थितियों का विकास करना है। क्रियात्मक शोध तथा प्रयोग की व्यवस्था तथा जिला शिक्षा एवं प्रशिक्षण संस्थान (डी. आई. ई. टी.) के संगठन पर नई शिक्षा में बल दिया गया है।

16. **तकनीकी एवं प्रबन्ध शिक्षा**–अखिल भारतीय तकनीकी शिक्षा परिषद् द्वारा गठित बोर्ड ऑफ स्टडीज को इतना सशक्त बनाया जाएगा कि हमारी अर्थव्यवस्था, उद्योग व्यवस्था तथा सामाजिक पर्यावरण में आने वाले समस्त परिवर्तनों और उत्पन्न नवीन आवश्यकताओं को हमारी तकनीकी शिक्षा आत्मसात् कर सके।

17. **प्रतिभावान छात्रों के लिए अवसर**–उच्च शिक्षा, विशेषकर, तकनीकी शिक्षा के संदर्भ में हर प्रतिभावान छात्र को बराबरी का अवसर दिए जाने की व्यवस्था की जाएगी और एक क्षेत्र से दूसरे क्षेत्र में अध्ययन करने की सुविधा दी जाएगी। इस बात पर विशेष ध्यान दिया जाएगा कि विश्वविद्यालयों और उच्च शिक्षा संस्थाओं का सारभौमिक रूप बरकरार रहे।

18. **शोधकार्य**–शोध व विकास तथा विज्ञान व तकनीकी शिक्षा के विषयों में देश की विभिन्न संस्थाओं के बीच व्यापक तानाबाना स्थापित करने के लिए विशेष उपाय किए जाएँगे ताकि ये राष्ट्रीय महत्त्व की परियोजनाओं में अपने-अपने संसाधन जुटाकर भाग ले सकें।

19. **जीवनपर्यन्त शिक्षा**–जीवनपर्यन्त शिक्षा, शैक्षिक-प्रक्रिया का मूलभूत लक्ष्य है। इस दृष्टि से सार्वजनिक साक्षरता–युवा-वर्ग, गृहणियों, किसानों, मजदूरों, व्यवसायियों आदि को अपनी पसन्द व सुविधा के अनुसार शिक्षा प्राप्त करने के लिए अवसर प्रदान करवाए जाएँगे। भविष्य में खुली शिक्षा एवं दूर-शिक्षण की दिशा में अधिक ध्यान दिया जाएगा।

20. **राष्ट्रीय संस्थाओं को मजबूत बनाना**–विश्वविद्यालय अनुदान आयोग, अखिल भारतीय तकनीकी शिक्षा परिषद्, भारतीय कृषि अनुदान परिषद् और भारतीय चिकित्सा परिषद् जैसी संस्थाओं को और अधिक मजबूत बनाया जाएगा ताकि वे नई राष्ट्रीय शिक्षा व्यवस्था को सँवारने में महत्त्वपूर्ण भूमिका अदा कर सकें। इन सभी संस्थाओं को एक समेकित योजना द्वारा जोड़ा जाएगा ताकि इनमें आपस में कार्यात्मक सहयोग स्थापित हो और अनुसंधान और स्नातकोत्तर शिक्षा के कार्यक्रम मजबूत बन सकें। इन संगठनों तथा राष्ट्रीय शिक्षा शोध एवं प्रशिक्षण परिषद् और शैक्षणिक योजना एवं प्रशासन संस्थान को शिक्षा नीति के कार्यान्वयन में सहभागी बनाया जाएगा।

21. **सार्थक सहभागिता**–वर्ष 1976 में संवैधानिक संशोधन के द्वारा शिक्षा को समवर्ती सूची में शामिल किया गया। इसमें यह निहित है कि शैक्षिक, वित्तीय तथा प्रशासनिक दृष्टि से राष्ट्रीय जीवन के इस महत्त्वपूर्ण पहलू के सम्बन्ध में केन्द्र और राज्यों के बीच एक नए प्रकार की सहभागिता स्थापित हो। शिक्षा के क्षेत्र में राज्यों की भूमिका और उत्तरदायित्व में मूलत: कोई परिवर्तन नहीं होगा, परन्तु शिक्षा के राष्ट्रीय तथा समाकलनात्मक (Integrative) रूप को बल देने, गुणवत्ता एवं स्तर बनाए रखने जिसमें सभी स्तरों पर शिक्षकों के शिक्षण प्रशिक्षण की व्यवस्थाएँ शामिल हैं। विकास के निमित्त जनशक्ति की आवश्यकताओं के लिए शैक्षिक व्यवस्थाओं के अध्ययन और उसकी देख-रेख रखने, शोध एवं उच्च अध्ययनों की जरूरतों को पूरा करने, शिक्षा, संस्कृति और मानव संसाधन विकास के अन्तर्राष्ट्रीय पहलुओं की देखभाल करने और सामान्य तौर पर शिक्षा में प्रत्येक स्तर पर उत्कृष्टता लाने के लिए केन्द्रीय सरकार अधिकांश दायित्व स्वीकार करेगी। समवर्तता एक ऐसी सहभागेदारी है जो स्वयं में सार्थक व चुनौतीपूर्ण है और राष्ट्रीय शिक्षा नीति इसे हर मामले में पूरा करने की ओर उन्मुख रहेगी।

22. **राष्ट्रीय परीक्षण सेवा (National Testing Service)**–नई शिक्षा नीति में यह परिकल्पना की गई है कि उम्मीदवारों की उपयुक्तता निर्धारित करने के लिए और पूरे देश में तुलनीय सक्षमता के प्रतिमान तैयार करने के लिए स्वैच्छिक आधार पर परीक्षा लेने के उद्देश्य से एक राष्ट्रीय प्रशिक्षण सेवा की स्थापना की जाए। इस प्रकार की परीक्षा का मुख्य लाभ यह होगा कि भले ही लोगों के पास औपचारिक डिग्रियाँ हों या न हों, वे दिखा सकेंगे कि वे बहुत-सी अनेक नौकरियाँ, जो परम्परागत तौर पर स्नातकों तक सीमित रही हैं, उनको प्राप्त करने के लिए उनमें दक्षता है। ऐसे परीक्षा सेवारत कर्मचारियों को भी पदोन्नति प्राप्त करने के लिए अर्हता प्राप्त करने में सहायक होगी।

विशेष तौर पर इस प्रकार तैयार की हुई परीक्षा विभिन्न स्तरों पर शिक्षा संस्थाओं में प्रवेश के प्रयोजन के लिए भी राष्ट्रीय स्तर पर लागू की जा सकती है।

23. **स्थानीय समुदाय का योगदान (People's Involvement in Education)**–शिक्षा के प्रसार और विशेषकर अनिवार्य प्राथमिक शिक्षा (Universalisation of Elementary Education) के सभी पक्षों में समुदाय सक्रिय योगदान दे। सभी व्यावहारिक उद्देश्यों के लिए, प्राथमिक स्कूल तथा गैर-औपचारिक केन्द्र इसके प्रति उत्तरदायी हों। यह भी सुनिश्चित करने के लिए अपेक्षित ध्यान दिया जाए कि महिलाएँ, युवक तथा समाज के ऐसे वर्ग जो शैक्षिक लाभों से वंचित रहे हैं उनकी आवाज प्रतिभाशाली हो। ऐसी सभी एजेंसियाँ तथा व्यक्ति जिन्हें समाज का विश्वास प्राप्त है और जो यू. ई. ई. के लिए एक सक्रिय सहयोग दे सकते हैं, शामिल किए जाएँ। इनमें युवा क्लब, महिला मण्डल, स्वैच्छिक एजेन्सियाँ और सामाजिक कार्यकर्त्ता दल तथा स्थानीय, विकास कार्यकर्त्ता, सेवानिवृत्त शिक्षक, भूतपूर्व कर्मचारी आदि शामिल हों। वे सब कदम से कदम मिलाकर चलें।

24. **दक्षता एवं प्रभावकारिता को प्रोत्साहन (Promotion of Efficiency and Effectiveness)**–शिक्षा से सभी स्तरों पर दक्षता लाने और प्रभावकारिता को प्रोत्साहन देने के लिए शिक्षा नीति में मानदण्डों का निर्धारण किया गया है। संस्थाओं और व्यक्तियों के उत्कृष्ट कार्य को मान्यता दी जाएगी और पुरस्कृत किया जाएगा, वहीं घटिया स्तर की

संस्थाओं का उभरना रोका जाएगा। नई शिक्षा नीति में शैक्षिक स्तरोन्नयन को क्रियान्वित करने पर विशेष बल दिया गया है।

25. **डिग्री को नौकरी से अलग करना (Delinking Degrees from Jobs)**–कुछ चुने हुए क्षेत्रों में डिग्री को नौकरी से अलग करने के लिए कदम उठाए जाएँगे।

विशिष्ट व्यावसायिक क्षेत्रों, जैसे इंजीनियरी, चिकित्सा, कानून, शिक्षण आदि में इस प्रस्ताव को लागू नहीं किया जा सकता। इसी प्रकार मानविकी, सामाजिक विज्ञान और विज्ञान आदि में, जहाँ विशेषज्ञों की सेवाओं की आवश्यकता होती है, अकादमिक अर्हताओं की आवश्यकता बनी रहेगी।

डिग्री को नौकरी से अलग करने की योजना उन सेवाओं में शुरू की जाएगी जिनमें विश्वविद्यालय की डिग्री आवश्यक नहीं होनी चाहिए। इस योजना को लागू करने से विशेष कार्यों को अपेक्षित कुशलताओं पर आधारित नये पाठ्यक्रम बनने लगेंगे और इससे उन प्रत्याशियों के साथ अधिक न्याय हो सकेगा जिनके पास किसी विशेष काम को करने की क्षमता तो है लेकिन उन्हें वह काम इसलिए नहीं मिल सकता क्योंकि उसके लिए स्नातक प्रत्याशियों को अनावश्यक रूप से तरजीह दी जाती है।

नौकरियों को डिग्री से अलग करने के साथ-साथ क्रमिक रूप में एक राष्ट्रीय परीक्षण सेवा प्रारम्भ की जाएगी। इसके द्वारा स्वैच्छिक रूप से विशिष्ट कामों के लिए प्रत्याशियों की उपयुक्तता की जाँच की जाएगी। और इससे देश-भर में समतुल्य योग्यताओं के मानक स्थापित हो सकेंगे।

26. **भारतीय शिक्षा सेवा (Indian Education Service)**–भारतीय शिक्षा सेवा का गठन किया जाए जो कि शिक्षा को प्रभावशाली बनाने में महत्त्वपूर्ण भूमिका निभाएगी। भारतीय शिक्षा सेवा लगभग उसी प्रकार की होगी जैसी कि भारतीय प्रशासनिक सेवा (Indian Administrative Service)।

27. **स्वैच्छिक एजेन्सियाँ तथा सहायता प्राप्त संस्थाएँ (Voluntary and Aided Institutions)**–गैर-सरकारी तथा स्वैच्छिक प्रयासों को, जिनमें समाजसेवी सक्रिय समुदाय भी शामिल हैं, प्रोत्साहन दिया जाएगा और वित्तीय सहायता भी मुहैया करवाई जाएगी बशर्ते कि उनकी प्रबन्ध व्यवस्था ठीक हो। इसके साथ ही ऐसी संस्थाओं को रोका जाएगा जो शिक्षा को व्यापारिक रूप दे रही हैं।

28. **संसाधन**–आठवीं पंचवर्षीय योजना के शुरू में राष्ट्रीय आय का 6 प्रतिशत से अधिक शिक्षा पर खर्च किया जाए।

29. **समीक्षा**–नई शिक्षा नीति के विभिन्न पहलुओं के कार्यान्वयन की समीक्षा प्रत्येक पाँच वर्षों में अवश्य की जाएगी। कार्यान्वयन की प्रगति और समय-समय पर उभरती हुई प्रवृत्तियों की जाँच करने के लिए मध्यावधि मूल्यांकन भी होंगे।

23.3 नई शिक्षा नीति के संदर्भ में कुछ विद्वानों के विचार (Views of Some Scholars on NPE)

1. **धन संबंधी सुझाव** – (i) कृषि आय पर कर, जिसका उपयोग केवल शिक्षा के लिए ही हो।

(ii) धनी ग्रामीणों को प्रत्येक जिले में कम से कम पाँच हाई स्कूल दान करने के लिए प्रेरित किया जाए। **–रघुनंद ठुकराल**

(iii) कम फीस रखना बहुत ही बड़ी गलती है। हमें सामान्य फीस लेनी चाहिए।

(iv) हमें शिक्षा के लिए और अधिक गैर-सरकारी सहायता को प्रोत्साहन देना चाहिए।**–डॉ. एल.के. झा**

(v) प्रत्येक राज्य में शिक्षा आयोग स्थापित किया जाना चाहिए जो धन के गलत इस्तेमाल और बरबादी का पता लगाए और किफायत से धन खर्च करने की योजना बनाए।

–डॉ. मैलकम एस. आदिशेषैया

(vi) बहुत कम फीस होने के कारण ऐसी शिक्षा (तकनीकी तथा डॉक्टरी) से लाभान्वित होने वाले कॉलेज और विश्वविद्यालय को 'विश्रामगृह' समझने लगते हैं.....पूरे खर्च के बराबर फीस देते समय उन्हें सोचना पड़ेगा कि आगे पढ़ना ठीक है या नहीं।

–डॉ. डी.एम. नंजुंदप्पा

2. मॉडल स्कूल (नवोदय स्कूल) – ***पक्ष में***–जिलों में अच्छे स्कूलों की व्यवस्था करने से वास्तव में विषमताएँ कम होंगी।**–डॉ. एल.के. झा**

विपक्ष में – (i) क्यों न अपनी हर जिले में मॉडल स्कूल परियोजना से 'मॉडल' का दुमछल्ला हटा दें क्योंकि यह कुछ भ्रामक-सा लगता है। **–प्रधान संपादक, 'योजना'**

(ii) जिले में एक मॉडल स्कूल बनाने की योजना से शोषण ही बढ़ेगा, राष्ट्रीय विकास नहीं। ये स्कूल सुविधाभोगी वर्ग के हाथ में शोषण करने का हक और हथियार साबित होंगे। **–डॉ. पी.एम. भार्गव**

(iii) स्पष्ट है कि शिक्षा का पूरा केन्द्रीय बजट ये स्कूल ही निगल जाएँगे।

–डॉ. आर.के. पोद्दार

(iv) मॉडल स्कूल खोलना केंद्रीकरण को बढ़ावा देना है। **–डॉ. आदिशेषैया**

3. राष्ट्रीय मूल पाठ्यक्रम – (i) राष्ट्रीय मूल पाठ्यक्रम तय करने का विचार काफी अच्छा है। **–डॉ. पी.एम. भार्गव**

(ii) राष्ट्रीय कोर पाठ्यक्रम विकसित करना केन्द्रीयकरण को बढ़ावा देना है।

–डॉ. आदिशेषैया

(iii) एक समय ढाँचे के भीतर सबके लिए समान एक मुख्य पाठ्यक्रम अपनाया जाना चाहिए।**–प्रो. एस.एन. मेहरोत्रा**

4. डिग्री और रोजगार – (i) रोजगार से डिग्री का रिश्ता समाप्त करना होगा।

–डॉ. भार्गव

(ii) मैं तो नौकरी को डिग्री से अलग की बात काफी समय से कहता आ रहा हूँ।

–डॉ. झा

(iii) शिक्षा को नौकरी से अलग करने का सुझाव उन लोगों को पसंद आएगा जो संभ्रांत वर्गीय ढंग से समस्या सुलझाना चाहते हैं। विश्वविद्यालय में शिक्षा का अच्छा स्तर और अनुशासन बनाए रखने में विफलता के बाद अब हताशा में यह छोटा रास्ता सुझाया गया है।**–डॉ. डी.एम. नंजुंदप्पा**

5. उच्च शिक्षा – (i) उच्च शिक्षा पर किए जा रहे अत्यधिक खर्च को कम किया जाए।–**प्रेम कृपाल**

(ii) विश्वविद्यालय की प्रतिष्ठा पुनः स्थापित करने का एक अप्रिय परंतु अपरिहार्य उपाय यह हो सकता है कि छात्रों के प्रवेश पर पाबंदियाँ लगाई जाएँ।

(iii) विभिन्न स्तरों पर अखिल भारतीय परीक्षाएँ आयोजित की जाएँ जिनमें विभिन्न विश्वविद्यालयों के छात्र अपनी इच्छा से बैठ सकें। –**डॉ. श्रीमती माधुरी आर. शाह**

(iv) स्नातकोत्तर शिक्षा केवल विश्वविद्यालयों द्वारा ही दी जानी चाहिए।

–प्रो. रामलाल पारिख

6. शिक्षा किस सूची में – (i) मैं इस बात से सहमत हूँ कि शिक्षा को संविधान की केन्द्रीय सूची में लाया जाए।–**डॉ. भार्गव**

(ii) शिक्षा में विशेषकर उच्च शिक्षा में केन्द्र महत्त्वपूर्ण भूमिका निभा सकता है।

–डॉ. झा

(iii) शिक्षा राज्य-सूची में शामिल हो। **–डॉ. पोद्दार**

(iv) शिक्षा को केन्द्रीय सूची में शामिल करना केवल केन्द्रीकरण को बढ़ावा देना होगा। –**डॉ. आदिशेषैया**

(v) शिक्षा को केन्द्रीय विषयों की सूची में रखा जाए। –**प्रो. एस.एन. मेहरोत्रा**

7. भारतीय शिक्षा-सेवा – भारतीय शिक्षा-सेवा स्थापित करना केन्द्रीकरण को बढ़ावा देना है।–**डॉ. आदिशेषैया**

8. इच्छा-शक्ति – (i) शिक्षा सुधार के लिए राजनीतिक इच्छा-शक्ति की कमी सबसे बड़ा बंधन रहा है।–**प्रेम कृपाल**

(ii) जरूरत है इच्छा-शक्ति की।–**प्रो. रईस अहमद**

लेखक परिचय – 1. **रघुनंद ठुकराल**–प्रधान संपादक 'योजना'।

2. *डॉ. एल.के. झा*–प्रशासनिक सुधार संबंधों पर प्रधानमंत्री का परामर्शदाता।

3. *डॉ. मैलकम एस. आदिशेषैया*–मद्रास विश्वविद्यालय के भूतपूर्व उपकुलपति।

4. *डॉ. डी.एम. नंजुंदप्पा*–योजना सचिव, कर्नाटक।

5. *डॉ. पी.एम. भार्गव*–निदेशक-कोशिकीय एवं आणविक जीव विज्ञान केन्द्र, हैदराबाद।

6. *प्रो. एस.एन. मेहरोत्रा*–उपकुलपति, जोधपुर (विश्वविद्यालय)।

7. *डॉ. प्रेम कृपाल*–भूतपूर्व सचिव, शिक्षा मंत्रालय, नई दिल्ली।

8. *न्यायमूर्ति पी.एन. सिंघल*–सर्वोच्च न्यायालय के भूतपूर्व न्यायाधीश।

9. *डॉ. श्रीमती माधुरी शाह*–भूतपूर्व अध्यक्ष, विश्वविद्यालय अनुदान आयोग।

10. *डॉ. रामलाल पारिख*–उपकुलपति, गुजरात विद्यापीठ।

11. *प्रो. रईस अहमद*–भूतपूर्व, अध्यक्ष, विश्वविद्यालय अनुदान आयोग। ('योजना'–26 जनवरी, 1986, विशेषांक शिक्षा)।

23.4 राष्ट्रीय शिक्षा नीति की विवेचना
(Critical Review of National Policy on Education)

राष्ट्रीय शिक्षा नीति की महत्त्वपूर्ण सिफारिशें तथा गुण – 1. ***शिक्षा का***

कार्य – मानव संसाधन विकास के राष्ट्रीय प्रयास में शिक्षा की महत्त्वपूर्ण भूमिका को स्वीकार किया गया है।

2. ***राष्ट्रीय शिक्षा प्रणाली***–नई शिक्षा नीति में देश की अखण्डता और एकता के लिए राष्ट्रीय शिक्षा प्रणाली के विकास पर पर्याप्त बल दिया है और इसके मुख्य तत्त्वों पर विस्तृत प्रकाश डाला गया है।

3. ***समान शिक्षा संरचना***–सारे देश में शिक्षा प्रणाली एवं संरचना एक ही प्रकार की होगी।

4. ***राष्ट्रीय मूल पाठ्यक्रम***–रार्ष्ट्रीय मूल पाठ्यक्रम तय करने का विचार काफी अच्छा है।

5. ***डिग्री एवं रोजगार का रिश्ता समाप्त***–डिग्री और रोजगार का रिश्ता समाप्त करने का प्रस्ताव सराहनीय है।

6. ***नवोदय विद्यालयों की स्थापना***–नवोदय विद्यालयों का प्रस्ताव समयानुकूल है। इससे अमीर-गरीब की विषमता होगी, गाँवों के प्रतिभाशाली छात्रों को नि:शुल्क तथा बढ़िया शिक्षा प्राप्त हो सकेगी।

7. ***केन्द्रीय सरकार की अधिक भूमिका***–नई शिक्षा नीति में केन्द्रीय सरकार की महत्त्वपूर्ण भूमिका पर उचित बल दिया गया है।

8. ***वित्तीय सुझाव***–नई नीति में अन्य बातों के अलावा फीस बढ़ाकर और उच्च शिक्षा द्वारा तैयार की गई जनशक्ति का उपयोग करने वाले विभागों से अंशदान लेकर धन जुटाने को जो सुझाव दिए गए हैं, वे उचित ही प्रतीत होते हैं।

9. ***शिक्षा समानताएँ***–नई नीति के अनुसार उन वर्गों एवं व्यक्तियों की विशेष शैक्षिक आवश्यकताओं पर ध्यान दिया जाएगा जो अब तक समानता के अवसर से वंचित रहे हैं।

10. ***दक्षता तथा प्रभावशीलता को प्रोत्साहित करना***–अच्छे कार्य सम्पादन के लिए प्रेरणा देने के लिए उपयुक्त मानदण्ड निर्धारित किए जाएँगे और साथ ही कार्य-निष्पादन न करने के लिए भी।

11. ***भारतीय शिक्षा सेवा***–भारतीय शिक्षा सेवा का गठन किया जाएगा जो कि शिक्षा को प्रभावशाली बनाने में महत्त्वपूर्ण भूमिका निभाएगी।

12. ***व्यावसायीकरण***–व्यावसायीकरण पर उचित बल दिया गया है तथा इसके लक्ष्य निर्धारित किए गए।

नई शिक्षा नीति की सीमाएँ एवं कमियाँ – 1. ***नवोदय स्कूलों की आलोचना***–जहाँ एक ओर नवोदय स्कूलों के प्रस्ताव की सराहना की गई है वहाँ दूसरी ओर उनकी भरपूर आलोचनाएँ भी की जा रही हैं; जो निम्न प्रकार हैं–

(i) क्यों न अपने हर जिले में मॉडल स्कूल (नवोदय स्कूल) परियोजना से 'मॉडल' का दुमछल्ला हटा दें, क्योंकि यह कुछ भ्रामक-सा लगता है।

प्रधान सम्पादक 'योजना', 26 जनवरी, 1986 विशेषांक।

(ii) जिले में एक मॉडल स्कूल बनाने की योजना से शोषण ही बढ़ेगा, राष्ट्रीय विकास नहीं। **–डॉ. पी.एम. भार्गव**

(iii) स्पष्ट है कि शिक्षा का पूरा केन्द्रीय बजट ही (ये विद्यालय) निगल जाएँगे और 99 फीसदी सामान्य छात्रों के स्कूल आज से भी बुरी स्थिति में पहुँच जाएँगे।

–डॉ. आर.के. पोद्दार

2. ***आश्वासन का अभाव***–नई शिक्षा नीति में इस बात का बहुत ही कम संकेत मिलता है कि 21वीं शताब्दी में हमारे प्रत्येक स्कूल के पास ब्लैक बोर्ड और सही सलामत छत होगी।

3. ***उच्च शिक्षा पर खर्च***–नई शिक्षा नीति में उच्च शिक्षा पर किये जा रहे अत्यधिक खर्च को कम करने की कोई बात नहीं कही गई है।

4. ***पड़ोसी विद्यालय (Neighbourhood School) विचारधारा की अवहेलना***–कोठारी शिक्षा आयोग ने शिक्षा में समानता तथा स्तर सुधारने के लिए पड़ोसी विद्यालय व्यवस्था पर बल दिया था, परन्तु नई शिक्षा नीति में इस पर उचित विचार नहीं किया गया है।

5. ***पब्लिक स्कूलों के बारे में चुप्पी***–बड़ी हैरानी की बात है कि इस महत्त्वपूर्ण प्रकरण का शिक्षा नीति में कोई उल्लेख नहीं है।

6. ***गैर-सरकारी वित्तीय साधन***–नई शिक्षा नीति में धन जुटाने के लिए गैर-सरकारी साधनों की बात की गई है। इसमें कोई सन्देह नहीं कि स्वाधीनता से पहले गैर-सरकारी संस्थाएँ शिक्षा के क्षेत्र में महत्त्वपूर्ण योगदान किया करती थीं। परन्तु धीरे-धीरे उनका योगदान कम होता गया। स्थिति बिल्कुल स्पष्ट है। आज का दानी वर्ग राजनीतिक कार्य के लिए दान देने के लिए तो अग्रसर है, परन्तु शिक्षा के लिए उदासीन है क्योंकि राजनीतिक दान से दानी वर्ग की भौतिक सिद्धि होती है अतः शिक्षा में खर्च करने का साधन मुख्यतः केन्द्रीय तथा राज्य सरकारें ही होंगी।

23.5 नई शिक्षा नीति 1986 में शिक्षा पर वित्तीय संसाधनों संबंधी संस्तुतियाँ (Recommendations of NPE on Financial Resources for Education)

नई शिक्षा नीति में वित्तीय व्यवस्था – नई शिक्षा नीति में शिक्षा के विकास के लिए धन संबंधी विषय पर गहन विचार किया गया। जिस हद तक सम्भव होगा, इन विभिन्न तरीकों से साधन जुटाए जाएँगे–चंदा इकट्ठा करना, इमारतों का रख-रखाव तथा रोजमर्रा काम में आने वाली वस्तुओं की पूर्ति में स्थानीय लोगों की मदद लेना, उच्च शिक्षा स्तर पर फीस बढ़ाना तथा उपलब्ध साधनों का बेहतर उपयोग करना। वे संस्थाएँ जो अनुसंधान में या वैज्ञानिक जनशक्ति के विकास के क्षेत्र में काम कर रही हैं, अपने काम का उपयोग करने वाली एजेंसियों पर उपकार या प्रभार लगा कर कुछ साधन जुटा सकती हैं। इन एजेंसियों में सरकार और उद्योगों को शामिल किया जा सकता है। ये सभी उपाय न केवल राज्य संसाधनों पर बोझ को कम करने के लिए किए जाएँगे, अपितु शैक्षिक प्रणाली में जनता के प्रति जवाबदेही की व्यापक भावना को पैदा करने के लिए भी कारगर होंगे। तथापि, साधनों की समूची वित्तीय आवश्यकता के मुकाबले में इन उपायों से थोड़े ही अंश में योगदान हो पाएगा। वास्तव में सरकार तथा देशवासियों को ही मिलकर इस प्रकार के कार्यक्रमों के लिए वित्तीय साधन जुटाने होंगे, यथा प्रारम्भिक शिक्षा का सार्वजनीकरण, निरक्षरता-निवारण, देश-भर में सभी वर्गों के लिए समान शैक्षिक अवसर प्रदान करना, शिक्षा की सामाजिक दृष्टि से प्रासंगिकता बढ़ाना, शैक्षिक कार्यक्रमों की

गुणवत्ता और कार्यात्मकता में वृद्धि करना, ज्ञान तथा वैज्ञानिक क्षेत्रों में स्वयं-स्फूर्त, आर्थिक विकास के लिए प्रौद्योगिकी का विकास, राष्ट्रीय अस्मिता बनाए रखने के लिए अनिवार्य माने गए मूल्यों के प्रति जागरूकता पैदा करना।

शिक्षा में आवश्यक पूँजी न लगाने या अपर्याप्त मात्रा में लगाने के हानिकारक परिणाम वास्तव में बहुत गम्भीर हैं। इसी तरह, व्यावसायिक तथा तकनीकी शिक्षा और अनुसंधान की उपेक्षा से होने वाली हानि अस्वीकार्य होगी। इन क्षेत्रों में पूरी तरह संतोषप्रद स्तर के कार्य का निष्पादन न होने से हमारे देश की अर्थव्यवस्था को अपरिहार्य क्षति होगी। विज्ञान और प्रौद्योगिकी के प्रयोग को सुचारू बनाने के लिए स्वतन्त्रता से अब तक समय-समय पर गठित संस्थाओं के नेटवर्क को पर्याप्त मात्रा में और तत्परता से आधुनिक बनाने की जरूरत होगी क्योंकि ये संस्थाएँ बड़ी तेजी से पुरानी पड़ती जा रही हैं।

इन अनिवार्यताओं को ध्यान में रखते हुए शिक्षा को राष्ट्रीय विकास और पुनरुत्थान के लिए पूँजी लगाने का एक अत्यंत आवश्यक क्षेत्र माना जाएगा। राष्ट्रीय शिक्षा नीति 1968 में यह निर्धारित किया गया था कि शिक्षा पर होने वाले निवेश को धीरे-धीरे बढ़ाया जाए ताकि वह यथाशीघ्र राष्ट्रीय आय के 6 प्रतिशत तक पहुँच सके। चूँकि तब से अब तक शिक्षा पर लगी पूँजी का स्तर उस लक्ष्य से काफी कम रहा है, अतः यह अत्यन्त महत्त्वपूर्ण है कि अब इस नीति में निर्धारित कार्यक्रमों की वित्तीय आवश्यकताओं को पूरा करने के लिए दृढ़ संकल्प दर्शाया जाए। यद्यपि समय-समय पर विभिन्न कार्यक्रमों की प्रगति के जायजे के आधार पर वास्तविक आवश्यकताओं का अनुमान लगाया जाएगा, पर इस नीति के कार्यान्वयन में पूँजी निवेश जिस हद तक जरूरी होगा, उस हद तक सातवीं पंचवर्षीय योजना में ही बढ़ाया जाएगा। यह सुनिश्चित किया जाएगा कि आठवीं पंचवर्षीय योजना में शुरू करके वह राष्ट्रीय आय के 6 प्रतिशत से सर्वदा अधिक हो।

23.6 नई शिक्षा नीति के प्रभावी क्रियान्वयन के लिए सुझाव (Suggestions for the Effective Implementation of NPE)

प्रचलित शिक्षा-पद्धति में हम ऐसी तस्वीर देखते हैं जो असमानताओं से भरी हुई है और बहुधा इसके रंगों में परस्पर द्वन्द्व भी है। एक तरफ बहुत बड़ी-बड़ी संस्थाएँ हैं, जहाँ शैक्षिक आचरण के सभी मानदण्ड धराशायी हो रहे हैं। दूसरी ओर सैकड़ों ऐसे स्कूल हैं जहाँ शिक्षक और छात्र न केवल अपनी प्रत्याशित भूमिका निभा रहे हैं, परन्तु जहाँ से उत्कृष्टता भी फैल रही है। इसके विपरीत ऐसे स्कूल भी हैं जो समय पर खुलते नहीं, साफ नहीं और जहाँ अध्ययन-अध्यापन की प्रक्रियाओं को पुष्पित तथा पल्लवित होने के बहुत ही कम अवसर मिल पाते हैं। असंख्य ऐसे शिक्षक हैं जो अपने छात्रों को प्रेरणा देते हैं और अपनी विद्वता के लिए प्रसिद्ध हैं। इसके साथ-साथ ऐसे शिक्षक भी हैं जो बिना विचारे अपने दायित्वों की अवहेलना करते हैं और कभी-कभी संस्थाओं से भी गैर-हाजिर रहते हैं, एक ओर छात्रों के मूल्यांकन की बहुत परिष्कृत पद्धतियाँ हमारे पास हैं, तो दूसरी ओर हमारी परीक्षा पद्धतियाँ ऐसी हैं जिनकी विश्वसनीयता दिन-ब-दिन गिरती जा रही है। एक ओर प्रौढ़ शिक्षा और गैर-औपचारिक शिक्षा के श्रमसाध्य काम

में लगे असंख्य लोगों द्वारा किए गए उत्कृष्ट कार्य के उदाहरण हैं तो दूसरी ओर ऐसी भी परियोजनाएँ हैं जो चल ही नहीं सकीं, और कभी-कभी कागजी कार्यवाही बन कर रह जाती हैं।

अत: स्पष्ट है कि इस दुरंगी स्थिति में महिलाएँ, शहरों में रहने वाले गरीब लोग और ग्रामीण समुदाय ही नुकसान में रहता है। शिक्षा-पद्धति में व्यवस्था और अनुशासन के अभाव में इस पर किए गए भारी निवेश के संतोषजनक परिणाम नहीं मिल पाते।

जब तक शिक्षा-पद्धति ठीक ढंग से काम नहीं करती और इसका कार्यकरण शिक्षा के सभी स्तरों पर और देश के सभी भागों में कारगर ढंग से नहीं चलता तो राष्ट्रीय शिक्षा नीति में परिकल्पित शैक्षिक सुधार का महान कार्यक्रम निरर्थक हो जाएगा।

नई शिक्षा को कारगर बनाने के सुझाव – नई शिक्षा नीति को कारगर बनाने के लिए महत्त्वपूर्ण सुझावों की नीचे चर्चा की गई है। हो सकता है कि सम्बन्धित संस्थाएँ इसे कोरी आलोचना ही समझें। परन्तु व्यापक राष्ट्रीय हितों को ध्यान में रखते हुए सुझावों पर प्रकाश डालना न्यायसंगत होगा।

1. ***शैक्षिक प्रशासन तथा आयोजन में शिक्षाविद्***–प्राय: केन्द्रीय तथा राज्यकीय स्तरों पर शैक्षिक प्रशासन तथा आयोजन के सबसे ऊँचे पद उन आई. ए. एस. अधिकारियों को दिए जाते हैं जिनकी बदली थोड़े समय के पश्चात् ही हो जाती है। उन्हें विभाग से परिचित होने का पर्याप्त अवसर भी नहीं मिल पाता। अनिश्चितता-सी बनी रहती है। 'अपनत्व' तथा 'स्थायित्व' के अभाव के कारण शिक्षा को सही दिशा नहीं मिल पाती। स्वतन्त्रता-प्राप्ति के पश्चात् शिक्षा के क्षेत्र में सुधार लाने के लिए कई दिशाओं में प्रयोग तो किए गए हैं परन्तु इस दिशा में कोई ठोस कदम नहीं उठाया गया है। अब समय आ गया है कि स्थिति का पुनरावलोकन किया जाए। शिक्षा को सार्थक, सुसंगत तथा प्रभावशाली बनाने के लिए यह जरूरी हो गया है कि शिक्षा विभाग में शिक्षा सचिव तथा शिक्षा निदेशक आदि पद शिक्षाविदों को दिए जाएँ। ऐसा करने से शिक्षा क्षेत्र में कार्य करने वालों का मनोबल भी बढ़ेगा तथा शिक्षा में 'अपनत्व' व 'स्थायित्व' को बल मिलेगा। सफलता सुनिश्चित करने के लिए आवश्यक है कि शिक्षा कार्यक्रमों का निर्धारण एवं कार्यान्वयन केवल निष्ठावान शिक्षाविदों के ही हाथों में हो।

2. ***शैक्षिक प्रशासन तथा निरीक्षण***–माध्यमिक शिक्षा आयोग (1952-53) तथा कोठारी शिक्षा आयोग ने प्रचलित शैक्षिक प्रशासन तथा निरीक्षण पद्धति की कड़ी आलोचना की है और इसे निरर्थक कहा है। परन्तु फिर भी हम इस पर बहुत व्यय कर रहे हैं। उचित होगा यदि इस खर्च को कम कर दिया जाए। शैक्षिक प्रशासन तथा निरीक्षण में सेवारत कर्मचारियों की सेवाएँ अन्य क्षेत्रों में प्रयोग में ली जाएँ जहाँ कमी हो। आवश्यकतानुसार थोड़ा-सा स्टाफ इस कार्य के लिए रख लिया जाए।

3. ***राष्ट्रीय स्तर की संस्थाओं का पुनरावलोकन***–'शिक्षा की चुनौती–नीति सम्बन्धी परिप्रेक्ष्य' 1985 में इस प्रकार कहा गया है: "जो तीन प्रमुख विशेषज्ञ राष्ट्रीय संस्थाएं स्तर पर शैक्षिक योजना में कुछ भूमिका निभा सकती हैं वे हैं–राष्ट्रीय शैक्षिक अनुसंधान और प्रशिक्षण परिषद् (एन. सी. ई. आर. टी.), राष्ट्रीय शैक्षिक योजना और प्रशासन संस्थान (एल. ई. पी. ट.) और विश्वविद्यालय अनुदान आयोग (यू. जी. सी.)। अगर

इस अध्याय के पहले पैराग्राफों से कोई तार्किक संगति है तो हम इस निष्कर्ष पर पहुँचते हैं कि इन संस्थाओं ने आशा के अनुरूप काम नहीं किया है। शिक्षा की गुणवत्ता और विषयवस्तु में सुधार करने, प्राथमिकताओं और उद्देश्यों को नया रूप देने और शिक्षित जनशक्ति के मात्रात्मक और गुणात्मक सृजन को परस्पर सम्बन्धित करने के प्रयासों को यदि सफलता नहीं मिली है तो उनका मुख्य कारण यह है कि योजना तैयार करने की कुंजी पूरी तरह से राज्य सरकारों के हाथों में है" (3.64)। यह विश्लेषण वास्तविकता से दूर प्रतीत होता है। इस सम्बन्ध में प्रश्न उठता है, यदि इन राष्ट्रीय संस्थाओं को सफलता नहीं मिली है तो इनके रखने से क्या लाभ? हम इन्हें प्रभावशाली बनाएँ ताकि ये संस्थाएँ एक अहम् भूमिका निभा सकें।

इसी प्रकार जवाहरलाल नेहरू विश्वविद्यालय जैसी संस्थाओं का मूल्यांकन करना अत्यन्त आवश्यक है।

4. ***प्रौढ़ शिक्षा का मूल्यांकन***–'शिक्षा की चुनौती–नीति सम्बन्धी परिप्रेक्ष्य' (1985) में प्रौढ़ शिक्षा सम्बन्धी समीक्षा इस प्रकार की गई है: "दुर्भाग्य से प्रौढ़ शिक्षा कार्यक्रम अधिक प्रभावशाली नहीं रहे हैं। वह इसलिए भी हुआ है कि वे कार्यक्रम साक्षरता के एक सीमित लक्ष्य को लेकर चले और वे लक्ष्य जनता को उनका जीवन–स्तर तथा आर्थिक दशा सुधारने के लिए उपयोगी ज्ञान नाम मात्र ही दे पाए।" वास्तविकता यह है कि प्रौढ़ शिक्षा की सारी वर्तमान योजना बेकार प्रतीत होती है। इस योजना के लिए निर्धारित धन यदि प्राथमिक शिक्षा पर खर्च किया जाए तो सम्भवत: अधिक फलदायक होगा।

5. ***ठोस कार्यों पर बल दिया जाए न कि गोष्ठियों आदि पर***–शिक्षा के क्षेत्र में एक भ्रान्तिपूर्ण धारणा बन गई है कि गोष्ठियों, अभिनवन पाठ्यचर्याओं तथा कार्यशालाओं द्वारा ही शैक्षिक सुधार लाए जा सकते हैं। हाल ही में नई शिक्षा नीति के प्रचार के लिए देश में लगभग पाँच लाख शिक्षकों को प्रशिक्षण देने की योजना बनाई गई और लाखों रुपये खर्च किए गए। अच्छा होगा यदि धन स्कूलों को सामग्री प्रदान करने के लिए जुटाया जाए।

बार–बार हम आर्थिक परेशानियों की बात करते हैं जबकि विवेकपूर्ण ढंग से अपनी प्राथमिकताएँ तय करने और उसी के अनुसार धनराशि जुटाना हमारे अपने हाथों में है।

6. ***उच्च शिक्षा पर खर्च***–उच्च शिक्षा पर किए जा रहे अत्यधिक खर्च को कम किया जाए और सामान्य शिक्षा में सुधार लाया जाए।

7. ***वित्तीय साधन***–नई शिक्षा नीति के संदर्भ में वित्तीय बाधाओं का जिक्र करना आवश्यक है। समता, गुणवत्ता अथवा विविधीकरण के प्रश्न की ओर ध्यान देने पर यह अनिवार्य जान पड़ता है कि इन सबके लिए वित्तीय साधनों की व्यवस्था की जाए। हमने शिक्षा नीति तो बना ली परन्तु इसका कार्यान्वयन करने के लिए कितना खर्च होगा और वह कहाँ से आएगा, इस पर सोच–विचार नहीं किया गया।

वास्तव में पहले हमें अपने वित्तीय साधनों को देखना चाहिए और उन्हीं के अनुसार अपनी प्राथमिकताएँ निर्धारण करके शिक्षा नीति बनानी चाहिए।

23.7 राष्ट्रीय शिक्षा नीति 1986 का कार्यान्वयन : कार्य योजना 1986 (Implementation of NPE 1986 and The Programme of Action)

राष्ट्रीय शिक्षा नीति के क्रियान्वयन के लिए भारत सरकार, मानव संसाधन मंत्रालय (Govt. of India, Ministry of Human Resource Development) ने 23 कार्यदल गठित किए। इन कार्यदलों में प्रसिद्ध शिक्षाशास्त्री, विशेषज्ञ तथा वरिष्ठ सरकारी अधिकारियों को शामिल किया गया। इन कार्यदलों ने अपने-अपने क्षेत्र में स्थिति की समीक्षा की तथा जुलाई 1986 में अपनी सिफारिशें प्रस्तुत कीं। इन सिफारिशों पर 21 जुलाई, 1986 को राज्यों एवं केन्द्रशासित क्षेत्रों के शिक्षा-सचिवों तथा प्रशासकों की बैठक में विचार-विमर्श हुआ। इसके पश्चात् इन सुझावों को ध्यान में रखते हुए संसाधन विकास मंत्रालय ने 'प्रोग्राम ऑफ एक्शन' तैयार किया। 2 अगस्त, 1986 को इस प्रोग्राम पर केन्द्रीय शिक्षा सलाहकार बोर्ड ने विचार-विमर्श किया। केन्द्रीय शिक्षा सलाहकार बोर्ड (Central Advisory Board of Education) की सहमति के पश्चात् प्रोग्राम को संसद् में प्रस्तुत किया गया। संसद ने अगस्त के तीसरे सप्ताह में इसे स्वीकृति प्रदान कर दी।

विभिन्न विषयों पर कार्यदल (Task Force on Different Subjects) – 1. शिक्षा प्रणाली को लागू करना।

2. स्कूल शिक्षा की विषय-वस्तु और प्रक्रिया।
3. महिलाओं की समानता के लिए शिक्षा।
4. अनुसूचित जातियों, अनुसूचित जनजातियों और अन्य पिछड़े वर्गों की शिक्षा।
5. अल्पसंख्यकों की शिक्षा।
6. विकलांगों की शिक्षा।
7. प्रौढ़ तथा सतत् शिक्षा।
8. शिशु देखभाल और शिक्षा।
9. प्रारम्भिक शिक्षा (औपचारिक शिक्षा तथा ऑपरेशन ब्लैक बोर्ड सहित)।
10. माध्यमिक शिक्षा तथा नवोदय विद्यालय।
11. व्यावसायीकरण।
12. उच्च शिक्षा।
13. खुला विश्वविद्यालय तथा दूरस्थ शिक्षा।
14. तकनीकी तथा प्रबन्ध शिक्षा।
15. अनुसंधान तथा विकास।
16. संचार माध्यम तथा शैक्षिक प्रौद्योगिकी।
17. डिग्रियों को नौकरियों से अलग करना और जन-शक्ति आयोजन।
18. सांस्कृतिक परिप्रेक्ष्य तथा भाषा नीति का कार्यान्वयन।
19. खेल, शारीरिक शिक्षा तथा युवा।
20. मूल्यांकन प्रणाली तथा परीक्षा सुधार।
21. शिक्षा और उनका प्रशिक्षण।
22. शिक्षा का प्रबन्ध।
23. ग्रामीण विश्वविद्यालय संस्थाएँ।

कार्ययोजन के परिणामस्वरूप नयी योजनाएँ जो आरम्भ की गई – 1. राष्ट्रीय शिक्षा व्यवस्था की संरचना।

2. पाठ्यक्रम का निर्माण।
3. ऑपरेशन ब्लैक बोर्ड योजना।
4. नवोदय प्रणाली की स्थापना।
5. शिक्षा का व्यावसायीयकरण।
6. शिक्षकों के लिए नवाचार कार्यक्रम।
7. नयी शैक्षिक संस्थाओं की स्थापना।

इन सब विषयों पर अलग से चर्चा की गई है।

उपसंहार – 1986 की शिक्षा नीति आजादी के बाद शिक्षा के इतिहास में एक अहम् कदम था। इसका उद्देश्य राष्ट्र की प्रगति को बढ़ाना तथा सामान्य नागरिकता व संस्कृति और राष्ट्रीय एकता की भावना को सुदृढ़ करना था। इसमें शिक्षा प्रणाली के सर्वांगीण पुनर्निमाण तथा हर स्तर पर शिक्षा की गुणवत्ता को ऊँचा उठाने पर जोर दिया गया है। साथ ही इस शिक्षा नीति में विज्ञान और प्रौद्योगिकी पर, नैतिक मूल्यों को विकसित करने पर तथा शिक्षा और जीवन में गहरा रिशता कायम करने पर भी ध्यान दिया गया है। शिक्षा को वर्तमान तथा भविष्य के निर्माण का अनुपम साधन माना है। इसी सिद्धान्त को राष्ट्रीय शिक्षा नीति के निर्माण की धुरी माना गया है। 'सबके लिए शिक्षा' हमारे भौतिक और आध्यात्मिक विकास की बुनियादी आवश्यकता स्वीकार की गई है।

24

संशोधित राष्ट्रीय शिक्षा नीति 1992 तथा कार्य-योजना

(Modified National Policy on Education, 1992 and The Programme of Action)

24.1 नई शिक्षा नीति, 1986 में संशोधन की आवश्यकता (Need for Modification in NPE)

नई शिक्षा नीति (1986) में कहा गया था कि प्रत्येक पाँच वर्ष के पश्चात् नीति के संदर्भ में किए जा रहे कार्यों की समीक्षा की जाएगी तथा उसमें उचित परिवर्तन किए जाएँगे।

राष्ट्रीय शिक्षा नीति (1986) की समीक्षा 1990-92 के दौरान की गई। इस समीक्षा में राममूर्ति शिक्षा समीक्षा समिति, 1990 तथा जनार्दन शिक्षा समीक्षा समिति (1992) ने अपनी संस्तुतियाँ दीं।

राष्ट्रीय शिक्षा नीति (1986) में जो प्रमुख संशोधन किए गए हैं, उनका उल्लेख नीचे किया जा रहा है।

शिक्षा नीति के कुल भागों की संख्या 12 है। भाग 1, 2, 7, 9 तथा 12 में कोई परिवर्तन नहीं। भाग 4 तथा 5 में दो पैरे जोड़े गए हैं।

राष्ट्रीय शिक्षा नीति (1986): पैरा 3.3: शिक्षा ढाँचा – राष्ट्रीय शिक्षा व्यवस्था के अंतर्गत यह जरूरी है कि सारे देश में एक ही प्रकार की शैक्षिक संरचना हो। 10+2+3 के ढाँचे को पूरे देश में स्वीकार कर लिया गया है। इस ढाँचे के पहले दस वर्षों के संबंध में यह प्रयत्न किया जाएगा कि उसका विभाजन इस प्रकार हो–प्रारंभिक शिक्षा में 5 वर्ष का प्राथमिक स्तर और 3 वर्ष का उच्च प्राथमिक स्तर तथा उसके बाद 2 वर्ष का हाईस्कूल।

संशोधित (1992): पैरा 3.3 – राष्ट्रीय शिक्षा व्यवस्था के अंतर्गत यह जरूरी है कि सारे देश में एक ही प्रकार की शैक्षिक संरचना हो। 10+2+3 के ढाँचे को पूरे देश में स्वीकार कर लिया गया है। इस ढाँचे के पहले दस वर्षों के संबंध में यह प्रयत्न किया जाएगा कि उसका विभाजन इस प्रकार हो–प्रारंभिक शिक्षा में 5 वर्ष का प्राथमिक स्तर और

3 वर्ष का उच्च प्राथमिक स्तर तथा उसके बाद 2 वर्ष का हाईस्कूल। इस बात के भी प्रयास किए जाएँगे कि +2 स्तर देश-भर में स्कूल शिक्षा प्रणाली का एक अंश स्वीकार कर लिया जाए।

राष्ट्रीय शिक्षा नीति (1986): पैरा 3.12 – विश्वविद्यालय अनुदान आयोग, अखिल भारतीय तकनीकी शिक्षा परिषद्, भारतीय कृषि अनुसंधान परिषद् और भारतीय चिकित्सा परिषद् जैसी संस्थाओं को और अधिक मजबूत बनाया जाएगा ताकि वे राष्ट्रीय शिक्षा व्यवस्था को सँवारने में अपनी भूमिका अदा कर सकें। इन सभी संस्थाओं को एक समेकित योजना के द्वारा जोड़ा जाएगा ताकि इनमें आपस में कार्यात्मक संबंध स्थापित हों तथा अनुसंधान और स्नातकोत्तर शिक्षा के कार्यक्रम मजबूत बन सकें। इन संघटनों को तथा राष्ट्रीय शैक्षिक अनुसंधान और प्रशिक्षण परिषद्, राष्ट्रीय शैक्षिक योजना और प्रशासन संस्थान तथा अंतर्राष्ट्रीय विज्ञान एवं प्रौद्योगिकी संस्थान को शिक्षा नीति के कार्यान्वयन में सहभागी बनाया जाएगा।

संशोधित (1992): पैरा 3.12 – राष्ट्रीय शिक्षा व्यवस्था को कार्यरूप देने में महत्त्वपूर्ण भूमिका अदा करने के लिए जिन संस्थाओं को सुदृढ़ बनाया जाएगा, वे हैं–विश्वविद्यालय अनुदान आयोग, अखिल भारतीय तकनीकी शिक्षा परिषद्, भारतीय कृषि अनुसंधान परिषद् और भारतीय चिकित्सा परिषद्। इन सभी निकायों में एकीकृत योजना शुरू करनी होगी ताकि इनमें आपस में कार्यात्मक संबंध स्थापित हो तथा अनुसंधान और स्नातकोत्तर शिक्षा के कार्यक्रम मजबूत बन सकें। राष्ट्रीय शैक्षिक अनुसंधान और प्रशिक्षण परिषद्, राष्ट्रीय शैक्षिक योजना और प्रशासन संस्थान, राष्ट्रीय शिक्षक शिक्षा परिषद् और राष्ट्रीय प्रौढ़ शिक्षा संस्थान सहित इन संस्थाओं को शिक्षा नीति के कार्यान्वयन में सहभागी बनाया जाएगा।

अनुसूचित जातियों की शिक्षा

राष्ट्रीय शिक्षा नीति (1986): पैरा 4.5 — अनुसूचित जातियों के लिए शैक्षिक सुविधाओं का विस्तार करने के लिए राष्ट्रीय ग्रामीण रोजगार कार्यक्रम तथा ग्रामीण भूमिहीन रोजगार गारण्टी कार्यक्रम के साधनों का उपयोग करना।

संशोधित (1992): पैरा 4.5 — अनुसूचित जातियों के लिए शैक्षिक सुविधाओं का विस्तार करने के लिए जवाहर रोजगार योजना के साधनों का उपयोग करना।

अनुसूचित जनजातियों की शिक्षा

राष्ट्रीय शिक्षा नीति (1986): पैरा 4.6(i) — आदिवासी इलाकों में प्राथमिक शालाएँ खोलने के काम को प्राथमिकता दी जाएगी। इन क्षेत्रों में स्कूल भवनों के निर्माण का कार्य शिक्षा के बजट, राष्ट्रीय ग्रामीण रोजगार कार्यक्रम, ग्रामीण रोजगार गारण्टी कार्यक्रम, जनजातीय कल्याण योजनाओं आदि के अंतर्गत प्राथमिकता के आधार पर हाथ में लिया जाएगा।

संशोधित (1992): पैरा 4.6(i) – आदिवासी इलाकों में प्राथमिक शालाएँ खोलने के काम को प्राथमिकता दी जाएगी। इन क्षेत्रों में स्कूल भवनों के निर्माण का कार्य शिक्षा के लिए आबंटित सामान्य निधियों के अधीन और साथ ही जवाहर रोजगार योजना और जनजातीय कल्याण योजनाओं आदि के अंतर्गत प्राथमिकता के आधार पर किया जाएगा।

प्रौढ़ शिक्षा

राष्ट्रीय शिक्षा नीति (1986): पैरा 4.11 — आज विकास का अहम मुद्दा यह है कि किस तरह कुशलताओं को निरंतर बढ़ाया जाए और समाज को जिस तरह की और जिस मात्रा में जनशक्ति की जरूरत हो, उसे तैयार किया जाए। विकास के कार्यक्रमों में उन लोगों की भागीदारी बहुत जरूरी है जिनको उनका लाभ मिलना है। प्रौढ़ शिक्षा को राष्ट्रीय लक्ष्यों से जोड़ा जाएगा। इन राष्ट्रीय लक्ष्यों में ये सब शामिल हैं–निर्धनता को दूर करना, राष्ट्रीय एकता, पर्यावरण संरक्षण, लोगों की सांस्कृतिक सृजनशीलता का संवर्धन, छोटे परिवार के आदर्श का पालन, महिलाओं की समानता इत्यादि। प्रौढ़ शिक्षा के वर्तमान कार्यक्रमों का पुनरावलोकन करके उन्हें मजबूत बनाया जाएगा।

संशोधित (1992): पैरा 4.11 — सम्पूर्ण राष्ट्र साक्षरता मिशन के माध्यम से निरक्षरता उन्मूलन विशेष रूप से सम्पूर्ण साक्षरता अभियानों पर विशेष बल देते हुए विभिन्न उपायों द्वारा 15-35 आयु वर्ग में निरक्षरता उन्मूलन के लिए वचनबद्ध है। केन्द्र और राज्य सरकारों, राजनीतिक दलों और जन संघटनों, जनसंचार माध्यमों और शिक्षा संस्थाओं, शिक्षकों, छात्रों, युवाओं, स्वैच्छिक एजेंसियों, सामाजिक कार्यकर्ता समूहों और नियोक्ताओं को जन शिक्षा अभियानों के प्रति अपनी प्रतिबद्धता दोहरानी चाहिए जिसमें साक्षरता, कार्यसाधक ज्ञान और कौशल और सामाजिक-आर्थिक वास्तविकता के प्रति शिक्षार्थियों की जागरूकता और इसमें परिवर्तन कर सकने की संभावना शामिल है।

राष्ट्रीय शिक्षा नीति (1986): पैरा 4.12 — समूचे देश को निरक्षरता उन्मूलन के लिए निष्ठापूर्वक कटिबद्ध होना है, खासकर 15-35 आयु वर्ग के निरक्षर लोगों को। केन्द्रीय सरकार और राज्य सरकारों, राजनीतिक दलों तथा उनके जन-संघटनों, जनसंचार के माध्यमों और शिक्षा संस्थाओं को विविध प्रकार के जन-साक्षरता कार्यक्रमों को सफल बनाने के लिए प्रतिबद्ध होना होगा। इस कार्य में शिक्षकों, युवा-वर्ग, छात्र-छात्राओं, स्वैच्छिक संस्थाओं और नियोजकों आदि को बड़े पैमाने पर शामिल करना होगा। शोध संस्थानों की सहायता से शैक्षिक पहलुओं में सुधार लाने के ठोस प्रयास किए जाएँगे। साक्षरता के अलावा, कार्यात्मक ज्ञान और कुशलताओं का विकास, तथा शिक्षार्थियों में सामाजिक-आर्थिक वास्तविकता की समझ पैदा करना और इस स्थिति को बदल सकने की संभावना के प्रति उन्हें सचेत बनाना प्रौढ़ शिक्षा का अंग होगा।

संशोधित (1992): पैरा 4.12 — चूँकि विकास कार्यक्रमों में साक्षरता अभियानों के सहभागियों का शामिल करना अत्यधिक महत्त्वपूर्ण है, राष्ट्रीय साक्षरता मिशन को निर्धनता उन्मूलन, राष्ट्रीय एकता, पर्यावरण संरक्षण, छोटे परिवार के आदर्श, महिला समानता को बढ़ावा, प्राथमिक शिक्षा का सर्वसुलभीकरण, प्राथमिक स्वास्थ्य देखभाल आदि जैसे राष्ट्रीय लक्ष्यों के अनुरूप ढालना होगा। यह लोगों की सांस्कृतिक सृजनात्मकता में गतिशीलता लाने और विकास प्रक्रिया में उनकी भागीदारी को सुकर भी बनाएगा।

राष्ट्रीय शिक्षा नीति (1986): पैरा 4.13 — विभिन्न पद्धतियों और माध्यमों का उपयोग करते हुए प्रौढ़ शिक्षा तथा सतत शिक्षा का एक व्यापक कार्यक्रम कार्यान्वित किया जाएगा। इसके अंतर्गत निम्न प्रकार के कार्यक्रम आएँगे–

(क) ग्रामीण क्षेत्रों में सतत शिक्षा केन्द्रों की स्थापना,

(ख) नियोजकों, मजदूर संघटन और संबंधित सरकारी एजेंसियों के द्वारा श्रमिकों की शिक्षा,

(ग) उच्च शिक्षा की संस्थाओं द्वारा सतत शिक्षा,

(घ) पुस्तकों के लेखन व प्रकाशन को तथा पुस्तकालयों और वाचनालयों को बड़े पैमाने पर प्रोत्साहन,

(ङ) जन-शिक्षण और समूह शिक्षण के साधन के रूप में रेडियो, दूरदर्शन और फिल्मों का उपयोग,

(च) शिक्षार्थियों के समूहों और संघटनों का सृजन,

(छ) दूर-शिक्षण के कार्यक्रम,

(ज) स्वाध्याय और स्वयं-शिक्षण में सहायता की व्यवस्था, और

(झ) आवश्यकता और रुचि पर आधारित व्यावसायिक प्रशिक्षणक कार्यक्रम।

संशोधित पैरा (1992): 4.13 — प्राथमिक शिक्षा प्राप्त कर चुके नवसाक्षरों और युवाओं को उत्तर साक्षरता और सतत शिक्षा के व्यापक कार्यक्रम सुलभ कराए जाएँगे ताकि वे अपनी शिक्षा साक्षरता कौशल को बनाए रख सकें और उसमें सुधार ला सकें तथा अपने जीवन और कार्यदशा में सुधार के लिए इसका उपयोग कर सकें। इनमें निम्नलिखित कार्यक्रम शामिल होंगे–

(क) विविध प्रकार के सतत शिक्षा केन्द्रों की स्थापना ताकि प्रौढ़ अपनी रुचि की शिक्षा जारी रख सकें,

(ख) नियोजकों, मजदूर संघों और सरकार के माध्यम से श्रमिकों की शिक्षा,

(ग) पुस्तकों, पुस्तकालयों और वाचनालयों को व्यापक प्रोत्साहन,

(घ) जन-शिक्षण और समूह शिक्षण के साधन के रूप में रेडियो, दूरदर्शन और फिल्मों का उपयोग,

(च) शिक्षार्थियों के समूहों और संघटनों का सृजन, और

(छ) दूरस्थ शिक्षा के कार्यक्रम।

नया पैरा (1992) 4.14 — आज का एक महत्त्वपूर्ण विकास-मुद्दा कौशलों के सतत स्तरोन्नयन से संबंधित है ताकि समाज की आवश्यकता के अनुकूल अपेक्षित जनशक्ति संसाधनों का सृजन किया जा सके। इसलिए रोजगार/स्वरोजगारोन्मुख तथा आवश्यकता और रुचि पर आधारित व्यावसायिक और कौशल कार्यक्रमों के आयोजन पर विशेष बल दिया जाएगा।

प्रारंभिक अथवा प्रारंभिक शिक्षा

राष्ट्रीय शिक्षा नीति (1986): पैरा 5.5 — प्रारंभिक शिक्षा की नई दिशा में दो बातों पर विशेष बल दिया जाएगा; (क) 14 वर्ष की अवस्था तक के सब बच्चों को विद्यालयों में भरती और उनका विद्यालय में टिके रहना, और (ख) शिक्षा की गुणवत्ता में सुधार।

संशोधित (1992): पैरा 5.5 — प्रारंभिक शिक्षा की नई दिशा में इन तीन पहलुओं पर बल दिया जाएगा: (i) सार्वजनिक पहुँच और नामांकन, (ii)14 वर्ष के बच्चों को शिक्षा क्षेत्र में बनाए रखना, और (iii) शिक्षा की गुणवत्ता में पर्याप्त सुधार ताकि सभी बच्चे आवश्यक स्तर तक शिक्षा प्राप्त कर सकें।

विद्यालयों में सुविधाएँ

राष्ट्रीय शिक्षा नीति (1986): पैरा 5.7 — प्राथमिक विद्यालयों में आवश्यक सुविधाओं की व्यवस्था की जाएगी। इनमें किसी भी मौसम में काम देने लायक कम से कम दो बड़े कमरे, आवश्यक खिलौने, ब्लैक बोर्ड, नक्शे, चार्ट और अन्य शिक्षण सामग्री शामिल हैं। हर स्कूल में कम से कम दो शिक्षक होंगे, इनमें एक महिला होगी। यथासंभव जल्दी ही प्रत्येक कक्षा के लिए एक-एक शिक्षक की व्यवस्था की जाएगी। पूरे देश में प्राथमिक विद्यालयों की दशा को सुधारने के लिए एक क्रमिक अभियान शुरू किया जाएगा जिसका सांकेतिक नाम 'ऑपरेशन ब्लैक बोर्ड' होगा। इस कार्य में शासन, स्थानीय निकाय, स्वयंसेवी संस्थाओं और व्यक्तियों की पूरी भागीदारी होगी। राष्ट्रीय ग्रामीण रोजगार कार्यक्रम और ग्रामीण भूमिहीन रोजगार गारंटी कार्यक्रम की निधियों का पहला उपयोग स्कूल की इमारतों के बनाने में होगा।

संशोधित (1992): पैरा 5.7 — प्राथमिक विद्यालयों में अनिवार्य सुविधाओं की व्यवस्था की जाएगी। सभी मौसमों में उपयोग योग्य पर्याप्त रूप से तीन बड़े कमरों तथा ब्लैक बोर्डों, नक्शों, चार्टों, खिलौनों, अन्य आवश्यक अध्ययन सहायक सामग्री और स्कूल पुस्तकालय की व्यवस्था करने के लिए ऑपरेशन ब्लैक बोर्ड के क्षेत्र को बढ़ाया जाएगा। कम से कम तीन शिक्षकों को प्रत्येक स्कूल में कार्य करना चाहिए, और यह संख्या यथाशीघ्र एक कक्षा के लिए एक शिक्षक तक बढ़ा दी जाए। भविष्य में भर्ती किए जाने वाले शिक्षकों में कम से कम 50% महिलाएँ होंगी। ऑपरेशन ब्लैक बोर्ड का विस्तार कर उसे उच्च प्राथमिक स्तर पर भी लागू किया जाएगा। स्कूल भवनों के निर्माण को जवाहर रोजगार योजना निधियों में प्राथमिकता दी जाएगी।

अनौपचारिक शिक्षा

राष्ट्रीय शिक्षा नीति (1986): पैरा 5.8 — ऐसे बच्चे जो बीच में स्कूल छोड़ गए हैं, या जो ऐसे स्थानों पर रहते हैं जहाँ स्कूल नहीं है या जो काम में लगे हैं, और वे लड़कियाँ जो दिन के स्कूल में पूरे समय नहीं जा सकतीं, इन सबके लिए एक विशाल और व्यवस्थित अनौपचारिक शिक्षा का कार्यक्रम चलाया जाएगा।

संशोधित (1992): पैरा 5.8 — स्कूल छोड़ने वालों, बिना स्कूलोंवाली बस्तियों के बच्चों, कामकाजी बच्चों और पूरे दिन स्कूल में न रह सकने वाली बालिकाओं के लिए तैयार किए गए अनौपचारिक शिक्षा कार्यक्रम को सुदृढ़ बनाया जाएगा तथा उसका विस्तार किया जाएगा।

राष्ट्रीय शिक्षा नीति (1986): पैरा 5.9 — अनौपचारिक शिक्षा केन्द्रों में सीखने की प्रक्रिया को सुधारने के लिए आधुनिक टेक्नॉलोजी के उपकरणों की सहायता ली जाएगी। इन केन्द्रों में अनुदेशक के तौर पर काम करने के लिए स्थानीय समुदाय के प्रतिभावान और निष्ठावान युवकों और युवतियों को चुना जाएगा और उनके प्रशिक्षण की विशेष व्यवस्था की जाएगी। अनौपचारिक धारा में शिक्षा प्राप्त करने वाले बच्चे योग्यतानुसार अनौपचारिक धारा के विद्यालयों में प्रवेश पा सकेंगे। इस बात पर पूरा ध्यान दिया जाएगा कि अनौपचारिक शिक्षा का स्तर औपचारिक शिक्षा के समतुल्य हो।

संशोधित (1992): पैरा 5.9 — अनौपचारिक शिक्षा केन्द्रों के अधिगम वातावरण को सुधारने के लिए आधुनिक प्रौद्योगिकीय साधनों का प्रयोग किया जाएगा। स्थानीय समाज से प्रतिभावान और समर्पित युवकों और युवतियों को अनुदेशकों के रूप में कार्य करने के लिए चुना जाएगा और उनके प्रशिक्षण की ओर विशेष ध्यान दिया जाएगा। यह सुनिश्चित करने के सभी आवश्यक उपाय किए जाएँगे कि अनौपचारिक शिक्षा का स्तर अनौपचारिक शिक्षा के तुलनीय हो। अनौपचारिक शिक्षा पद्धति से पास होकर आने वाले बच्चों के औपचारिक पद्धति में पार्श्वीय प्रवेश को सुकर बनाने के लिए कदम उठाए जाएँगे।

राष्ट्रीय शिक्षा नीति (1986): पैरा 5.11 — अनौपचारिक शिक्षा केन्द्रों को चलाने का अधिकतर कार्य स्वंयसेवी संस्थाएँ और पंचायती राज की संस्थाएँ करेंगी। इस कार्य के लिए इन संस्थाओं को पर्याप्त धन समय पर दिया जाएगा। इस महत्त्वपूर्ण क्षेत्र की कुल जिम्मेवारी सरकार पर होगी।

संशोधित (1992): पैरा 5.11 — इस महत्त्वपूर्ण क्षेत्र की संपूर्ण जिम्मेवारी सरकार अपने ऊपर ले लेगी। गैर औपचारिक शिक्षा कार्यक्रमों को चलाने का अधिकार दायित्व स्वयंसेवी एजेंसियों और पंचायती राज की संस्थाएँ ले लेंगी। इन एजेंसियों को समय पर पर्याप्त धन दिया जाएगा।

24.2 प्राथमिक शिक्षा संबंधी एक संकल्प (Resolve on Elementary Education)

राष्ट्रीय शिक्षा नीति (1986): पैरा 5.12 — नई शिक्षा नीति में स्कूल छोड़ जाने वाले बच्चों की समस्या के सुलझाने को उच्च प्राथमिकता दी जाएगी। बच्चों को बीच में स्कूल छोड़ने से रोकने के लिए स्थानीय परिस्थितियों के परिप्रेक्ष्य में इस समस्या का बारीकी से अध्ययन किया जाएगा और तद्नुसार प्रभावशाली उपाय खोजकर दृढ़ता के साथ उनका प्रयोग करने हेतु देशव्यापी योजना बनाई जाएगी। इस प्रयत्न का अनौपचारिक शिक्षा की व्यवस्था के साथ पूरा तालमेल होगा। यह सुनिश्चित किया जाएगा कि 1990 तक जो बच्चे 11 वर्ष के हो जाएँगे उन्हें विद्यालय में 5 वर्ष की शिक्षा या अनौपचारिक धारा में इसकी समतुल्य शिक्षा अवश्य मिल जाए। इसी प्रकार 1995 तक 14 वर्ष की अवस्था वाले सभी बच्चों को निःशुल्क और अनिवार्य शिक्षा अवश्य दी जाएगी।

संशोधित (1992): पैरा 5.12 — नई शिक्षा नीति में स्कूल छोड़ जाने वाले बच्चों की समस्या को सर्वोच्च प्राथमिकता दी जाएगी तथा बच्चों को स्कूल में बनाए रखने को सुनिश्चित करने के उद्देश्य से सूक्ष्म आयोजना पर आधारित बारीकी से तैयार की गई कार्यनीतियों की श्रृंखला अपनाई जाएगी जिसे देशभर में निम्न स्तरों पर लागू किया जाएगा। इस प्रयत्न का गैर-औपचारिक शिक्षा के साथ पूरा तालमेल होगा। यह सुनिश्चित किया जाएगा कि इक्कीसवीं सदी में प्रवेश करने से पूर्व 14 वर्ष की अवस्था वाले सभी बच्चों को संतोषप्रद गुणवत्ता वाली निःशुल्क और अनिवार्य शिक्षा प्रदान की जाए। इस उद्देश्य की पूर्ति के लिए एक राष्ट्रीय मिशन शुरू किया जाएगा।

माध्यमिक शिक्षा

राष्ट्रीय शिक्षा नीति, (1986): पैरा 5.13 — माध्यमिक शिक्षा के स्तर पर विद्यार्थियों को विज्ञान, मानविकी और सामाजिक विज्ञानों की विशिष्ट भूमिकाओं का ज्ञान होने लगता है। इसी अवस्था पर बच्चों को इतिहासबोध और राष्ट्रीय परिप्रेक्ष्य सही ढंग से दिया जा सकता है। साथ ही इस अवस्था पर अपने संवैधानिक दायित्व और नागरिकों के अधिकारों से भी उन्हें परिचित हो जाना चाहिए। अच्छे शिक्षाक्रम द्वारा उनमें चेतन रूप से कर्मशीलता के और करुणाशील सामाजिक संस्कृति के संस्कार डाले जाएँगे। इस स्तर पर विशेष संस्थाओं में व्यवसायों को शिक्षा के द्वारा और माध्यमिक शिक्षा की पुर्नरचना के द्वारा देश के आर्थिक विकास के लिए मूल्यवान जनशक्ति जुटाई जा सकती है। जिन क्षेत्रों में अभी सैकेंडरी शिक्षा नहीं पहुँची है वहाँ तक इसे पहुँचाकर अधिक सुलभ बनाया जाएगा।

संशोधित (1992): पैरा 5.13 — माध्यमिक शिक्षा के स्तर पर विद्यार्थियों को विज्ञान, मानविकी और सामाजिक विज्ञानों की विशिष्ट भूमिकाओं का ज्ञान होने लगता है। इस स्तर पर बच्चों को इतिहासबोध और राष्ट्रीय दृष्टिकोण सही ढंग से प्रदान किया जा सकता है। साथ ही इस स्तर पर उन्हें अपने संवैधानिक दायित्वों और नागरिकों के अधिकारों से परिचित कराया जाना चाहिए। माध्यमिक शिक्षा तक पहुँच का विस्तार किया जाएगा। साथ ही इसमें विशेषकर विज्ञान, वाणिज्य और व्यावसायिक विषयों में लड़कियों, अनुसूचित जाति और जनजाति के बच्चों के नामांकन पर बल होगा। माध्यमिक शिक्षा बोर्डों को पुनर्गठित किया जाएगा और उन्हें स्वायत्तता प्रदान की जाएगी ताकि माध्यमिक शिक्षा की गुणवत्ता में सुधार लाने की उनकी क्षमता में वृद्धि हो सके। माध्यमिक स्तर की यथासंभव अधिक से अधिक संस्थाओं में कंप्यूटर साक्षरता प्रदान करने के लिए प्रयास किए जाएँगे ताकि बच्चों को कंप्यूटर संबंधी आवश्यक कौशल से सुसज्जित किया जा सके जिसका प्राविधिकी वाले उभरते हुए जगत् में उपयोग किया जा सके। समुचित पाठ्यचर्या के माध्यम से कर्मशीलता की और मानवीय तथा मिश्रित संस्कृति के मूल्यों की सही समझ पैदा की जा सकती है। इस स्तर पर विशिष्ट संस्थाओं के माध्यम से अथवा माध्यमिक शिक्षा की पुनर्रचना के माध्यम से व्यवसायीकरण लागू करके आर्थिक विकास के लिए मूल्यवान जनशक्ति जुटाई जा सकती है।

गति निर्धारक स्कूल

राष्ट्रीय शिक्षा नीति (1986): पैरा 5.15 — इस उद्देश्य की पूर्ति के लिए देश के विभिन्न भागों में एक निर्धारित ढाँचे पर गति निर्धारक विद्यालयों की स्थापना की जाएगी। इनमें नई-नई पद्धतियों को अपनाने तथा प्रयोग करने की छूट रहेगी। मोटे तौर पर इन विद्यालयों का उद्देश्य होगा कि वे समता और सामाजिक न्याय के साथ शिक्षा में उत्कृष्टता लाएँ। अनुसूचित जातियों में देश के विभिन्न भागों के मुख्यतया ग्रामीण क्षेत्रों के प्रतिभाशाली बच्चे एक साथ रहकर पढ़ेंगे जिससे उनमें राष्ट्रीय एकता की भावना का विकास होगा। इन विद्यालयों में बच्चों को अपनी पूरी क्षमताओं का विकास करने का अवसर मिलेगा। सबसे बड़ी बात यह है कि ये विद्यालय समूचे देश में विद्यालय सुधार के कार्यक्रम में उठोरक का काम करेंगे। ये विद्यालय आवासीय और नि:शुल्क होंगे।

संशोधित (1992): पैरा 5.15 — इस उद्देश्य की पूर्ति के लिए देश के अधिकांश भागों में एक निर्धारित नमूने पर किंतु नवाचार और प्रयोग के लिए पूरी छूट के साथ गतिनिर्धारक आवासीय विद्यालय अर्थात् नवोदय विद्यालय स्थापित किए गए हैं।

इन स्कूलों के व्यापक उद्देश्य, जो निम्नलिखित हैं, बने रहेंगे–समता और सामाजिक न्याय के साथ (ग्रामीण क्षेत्रों, अनुसूचित जातियों तथा अनुसूचित जनजातियों के लिए आरक्षण सहित) शिक्षा में उत्कृष्टता लाना, देश के विभिन्न भागों के प्रतिभाशाली बच्चों को एक साथ रखकर और शिक्षा प्रदान करके राष्ट्रीय एकता की भावना को विकसित करना, इकट्ठे रहना और सीखना, उनकी पूरी क्षमता को विकसित करना और इनमें से सबसे महत्त्वपूर्ण यह है कि देशव्यापी विद्यालय सुधार के कार्यक्रम में इनका उठोरक बनना।

व्यवसायीकरण

राष्ट्रीय शिक्षा नीति, (1986): पैरा 5.16 — शिक्षा के प्रस्तावित पुनर्गठन में व्यवस्थित और सुनियोजित व्यावसायिक शिक्षा के कार्यक्रम को दृढ़ता से क्रियान्वित करना बहुत ही जरूरी है। इससे व्यक्तियों के रोजगार पाने की क्षमता बढ़ेगी, आजकल कुशल कर्मचारियों की माँग और आपूर्ति में जो असंतुलन है, वह समाप्त होगा और ऐसे विद्यार्थियों को एक वैकल्पिक मार्ग मिल सकेगा जो इस समय बिना किसी विशेष रुचि या उद्देश्य के उच्च शिक्षा की पढ़ाई किए जाते हैं।

संशोधित (1992): पैरा 5.16 — प्रस्तावित शैक्षिक पुनर्गठन में व्यावसायिक शिक्षा के सुव्यवस्थित, सुनियोजित और कड़ाई से कार्यान्वित किए जानेवाले कार्यक्रमों का लागू किया जाना अत्यधिक महत्त्वपूर्ण है। इन तत्त्वों से छात्रों में कार्य और जीवन के प्रति एक स्वस्थ दृष्टिकोण विकसित होगा, प्रत्येक छात्र के रोजगार पाने की क्षमता बढ़ेगी, कुशल जनशक्ति की माँग और आपूर्ति के बीच असंतुलन कम होगा और बिना विशेष रुचि अथवा प्रयोजन के उच्चतर अध्ययन जारी रखनेवाले छात्रों के लिए एक विकल्प उपलब्ध हो जाएगा। उच्च माध्यमिक स्तर पर बच्चों को ऐसे व्यापक व्यावसायिक पाठ्यक्रम प्रदान करने का प्रयास किया जाएगा जो कि व्यवसाय-विशेष की श्रेणी में न आकर बहुविध व्यावसायिक क्षेत्रों से जुड़े हुए हों।

राष्ट्रीय शिक्षा नीति, (1986): पैरा 5.17 — व्यावसायिक शिक्षा अपने में शिक्षा की एक विशिष्ट धारा होगी जिसका उद्देश्य कई क्षेत्रों के चुने गए काम-धंधों के लिए विद्यार्थियों को तैयार करना होगा। ये कोर्स आमतौर पर सेकेंडरी शिक्षा के बाद दिए जाएँगे लेकिन इस योजना को लचीला रख जाएगा ताकि आठवीं कक्षा के बाद भी विद्यार्थी ऐसे कोर्स ले सकें। औद्योगिक प्रशिक्षण संस्थान भी बड़ी व्यावसायिक शिक्षा के ढाँचे के अनुसार चलेंगे ताकि इनमें प्राप्त सुविधाओं का पूरा लाभ उठाया जा सके।

संशोधित (1992): पैरा 5.17 — व्यावसायिक शिक्षा एक भिन्न धारा भी होगी जिसका उद्देश्य छात्रों को विभिन्न प्रकार के क्रियाकलापों से जुड़े हुए निर्धारित व्यवसायों के लिए तैयार करना है। ये पाठ्यक्रम साधारणतया माध्यमिक स्तर के बाद प्रदान किए जाएँगे, किन्तु, इस योजना को लचीली रखते हुए वे कक्षा VIII के बाद भी उपलब्ध कराए जा सकते हैं।

राष्ट्रीय शिक्षा नीति, (1986): पैरा 5.23 — यह प्रस्ताव है कि उच्चतर माध्यमिक स्तर के विद्यार्थियों का दस प्रतिशत 1990 तक और 25 प्रतिशत 1995 तक व्यावसायिक पाठ्यचर्या में आ जाए। इस बात के लिए कदम उठाए जाएँगे कि व्यावसायिक शिक्षा पाकर निकले हुए विद्यार्थियों में से अधिकतर को या तो नौकरी मिले या वे अपना रोजगार स्वयं कर सकें। व्यावसायिक पाठ्यक्रमों का पुनरीक्षण नियमित रूप से किया जाएगा। माध्यमिक स्तर पर पाठ्यक्रमों के विविधीकरण को बढ़ावा देने के लिए सरकार अपने अधीन की जानेवाली भर्ती की नीति पर भी पुन: विचार करेगी।

संशोधित (1992): पैरा 5.23 — यह प्रस्ताव किया जाता है कि व्यावसायिक पाठ्यक्रमों में 1995 तक उच्चतर माध्यमिक स्तर के छात्रों को 10 प्रतिशत और 2000 तक 25 प्रतिशत छात्रों को सम्मिलित किया जाए। यह सुनिश्चित करने के लिए कदम उठाए जाएँगे कि व्यावसायिक पाठ्यक्रमों में सफलता पानेवाले छात्रों का काफी बड़ा प्रतिशत रोजगार पर अथवा स्वरोजगार पर लग जाता है। लागू किए गए पाठ्यक्रमों की नियमित रूप से समीक्षा की ज़ाएगी। माध्यमिक स्तर पर विविधता को बढ़ावा देने के लिए सरकार अपनी भरती-नीति की भी समीक्षा करेगी।

राष्ट्रीय शिक्षा नीति (1986): पैरा 5.33 — भारत विद्या, मानविकी और सामाजिक विज्ञानों में अनुसंधान के लिए पर्याप्त सहायता दी जाएगी। ज्ञान के विभिन्न क्षेत्रों में संश्लेषण लाने की दृष्टि से अंतरविषयी अनुसंधान को प्रोत्साहन दिया जाएगा। इस बात का भी प्रयत्न होगा कि भारत के प्राचीन ज्ञान के आधार में पैठा जाए और उसे समकालीन वस्तुस्थिति से जोड़ा जाए। इसके लिए संस्कृत और अन्य श्रेष्ठ भाषाओं के गहन अध्ययन का विकास करना जरूरी होगा।

संशोधित (1992): पैरा 5.33 — भारत विद्या, मानविकी और सामाजिक विज्ञानों में अनुसंधान को पर्याप्त सहायता दी जाएगी। ज्ञान के संश्लेषण की आवश्यकता को पूरा करने के लिए अंतर विषयक अनुसंधान को प्रोत्साहित किया जाएगा। भारत के प्राचीन ज्ञान के भण्डार की खोज करने और इसे समकालीन वस्तुस्थिति से जोड़ने के प्रयास किए जाएँगे। इस प्रयास का अभिप्राय संस्कृत और अन्य प्राचीन भाषाओं के गहन अध्ययन के लिए सुविधाओं का विकास करना होगा। संस्कृत तथा अन्य प्राचीन भाषाओं में शिक्षण, अध्ययन तथा अनुसंधान को सुविधाएँ प्रदान करने और उनमें सुधार लाने के लिए एक स्वायत्त आयोग का गठन किया जाएगा।

खुला विश्वविद्यालय तथा सुदूर अध्ययन

राष्ट्रीय शिक्षा नीति (1986): पैरा 5.35 — उच्च शिक्षा के लिए अधिक अवसर देने और शिक्षा को जनतांत्रिक बनाने की दृष्टि से खुले विश्वविद्यालय की प्रणाली शुरू की गई है।

संशोधित (1992): पैरा 5.35 — शिक्षा को जन-जन का बनाने और इसे एक आजीवन प्रक्रिया बनाने के एक साधन के रूप में, उच्च शिक्षा के अवसर बढ़ाने के उद्देश्य से मुक्त अध्ययन पद्धति शुरू की गई है। मुक्त अध्ययन पद्धति का लचीलापन और

नवचारिता विशेष रूप से हमारे देश के नागरिकों, जिनमें वे भी शामिल हैं जो व्यावसायिक धारा में सम्मिलित हुए थे, की विविध आवश्यकताओं के अनुकूल है।

राष्ट्रीय शिक्षा नीति (1986): पैरा 5.36 — इन उद्देश्यों के लिए 1985 में स्थापित 'इंदिरा गाँधी राष्ट्रीय खुला विश्वविद्यालय' को सुदृढ़ किया जाएगा।

संशोधित (1992): पैरा 5.36 — इन उद्देश्यों को पूरा करने के लिए 1985 में स्थापित 'इंदिरा गाँधी राष्ट्रीय खुला विश्वविद्यालय' को सुदृढ़ किया जाएगा। यह राज्यों में 'खुले' विश्वविद्यालय स्थापित करने में मदद भी करेगा।

राष्ट्रीय शिक्षा नीति (1986): पैरा 5.37 — इस प्रबल साधन का विकास एवं विस्तार सावधनी से और सोच-समझकर करना होगा।

संशोधित (1992): पैरा 5.37 — राष्ट्रीय खुला विश्वविद्यालय को सुदृढ़ किया जाएगा और देश के सभी भागों में माध्यमिक स्तर पर मुक्त अध्ययन सुविधाओं में चरणबद्ध रूप से विस्तार किया जाएगा।

डिग्री को नौकरी से अलग करना

राष्ट्रीय शिक्षा नीति (1986): पैरा 5.41 — नौकरियों को डिग्री से अलग करने के साथ-साथ क्रमिक रूप में एक राष्ट्रीय परीक्षण सेवा प्रारंभ की जाएगी। इसके द्वारा स्वैच्छिक रूप से विशिष्ट कार्यों के लिए प्रत्याशियों की उपयुक्तता की जाँच की जाएगी और इससे देश-भर में समतुल्य योग्यताओं के मानक स्थापित हो सकेंगे।

संशोधित (1992): पैरा 5.41 — नौकरियों को डिग्री से अलग करने के साथ-साथ राष्ट्रीय मूल्यांकन संघटन जैसा एक उपयुक्त तंत्र स्थापित किया जाएगा। इसका कार्य स्वैच्छिक रूप से विशिष्ट कार्यों के लिए प्रत्याशियों की उपयुक्तता की जाँच करना, देश-भर में समतुल्य योग्यताओं के मानक स्थापित करना तथा जाँच और मूल्यांकन की प्रक्रिया में संपूर्ण सुधार लाना होगा।

तकनीकी एवं प्रबंध शिक्षा

राष्ट्रीय शिक्षा नीति (1986): पैरा 6.12 — ग्रामीण क्षेत्रों में कुछ पॉलिटेकनिकों ने सामुदायिक पॉलिटेकनिकों की प्रणाली के माध्यम से कमजोर वर्गों को उत्पादक व्यवसायों में प्रशिक्षण देना शुरू किया है। सामुदायिक पॉलिटेनिक प्रणाली का मूल्यांकन किया जाएगा और समुचित रूप से इसके और समावेश को मजबूत बनाया जाएगा।

संशोधित (1992): पैरा 6.12 — ग्रामीण क्षेत्रों में कुछ पॉलिटेकनिकों ने सामुदायिक पॉलिटेकनिकों की प्रणाली के माध्यम से कमजोर वर्गों को उत्पादक व्यवसायों में प्रशिक्षण देना शुरू किया है। सामुदायिक पॉलिटेकनिक प्रणाली का मूल्यांकन किया जाएगा और उसे समुचित रूप से मजबूत बनाया जाएगा ताकि इसकी गुणवत्ता और प्रसार को बढ़ाया जा सके।

प्रबंध कार्यकलाप और परिवर्तन

राष्ट्रीय शिक्षा नीति (1986): पैरा 6.19 — अखिल भारत तकनीकी शिक्षा परिषद् को विधिक प्राधिकार प्रदान किया जाएगा। परिषद् इस प्राधिकार के द्वारा तकनीकी शिक्षा का नियोजन करेगी, स्तरों और मानदण्डों का निर्धारण और अनुरक्षण, प्रत्यापन, प्राथमिकता प्राप्त

क्षेत्रों के लिए वित्तीय व्यवस्था, अनुश्रवण और मूल्यांकन, प्रमाणन एवं पुरस्कारों की समकक्षता का निर्वहन, तकनीकी एवं प्रबंध शिक्षा के बीच समन्वय–ये सब कार्य संपन्न करेगी। समुचित रूप से गठित एक मान्यताप्राप्त बोर्ड निश्चित अवधियों पर अनिवार्य रूप से तकनीकी शिक्षा की प्रक्रिया का मूल्यांकन करेगा।

संशोधित (1992): पैरा 6.19 — अखिल भारत तकनीकी शिक्षा परिषद्, जिसे विधिक प्राधिकार प्रदान किया गया है, आयोजना, मानदण्डों और स्तरों के निर्धारण और अनुरक्षण, प्रत्यापन, प्राथमिकता प्राप्त क्षेत्रों के लिए वित्तीय व्यवस्था, अनुश्रवण और मूल्यांकन, प्रमाणन एवं पुरस्कारों की समकक्षता का निर्वहन, तथा तकनीकी और प्रबंध शिक्षा के समन्वित एवं एकीकृत विकास को सुनिश्चित करने के लिए उसको जवाबदेही होगी। समुचित रूप से गठित एक मान्यताप्राप्त बोर्ड नियतकालिक आधार पर अनिवार्य रूप से मूल्यांकन करेगा। परिषद् को सुदृढ़ बनाया जाएगा और परिषद् राज्य सरकारों तथा अच्छे तकनीकी संस्थानों की सहभागिता से विकेंद्रीकृत रूप में कार्य करेगी।

शिक्षा की विषय-वस्तु और प्रक्रिया को एक नया मोड़ देना

राष्ट्रीय शिक्षा नीति (1986): पैरा 8.16 और 8.17 — ***गणित शिक्षण:*** 8.16 गणित को एक ऐसा साधन माना जाना चाहिए जो बच्चों को सोचने, तर्क करने, विश्लेषण करने और अपनी बात को तर्कसंगत ढंग से प्रकट करने में समर्थ बना सकता है। एक विशिष्ट विषय होने के अतिरिक्त गणित को ऐसे किसी भी विषय का सहवर्ती माना जाना चाहिए जिसमें विश्लेषण और तर्कशक्ति की जरूरत होती है।

8.17 अब विद्यालयों में भी कंप्यूटरों का प्रवेश होने लगा है। इससे शैक्षिक कंप्यूटरी का मौका मिलेगा। कार्य-कारण संबंध को और चरों की पारस्परिक क्रिया को समझने और सीखने की प्रक्रिया को नई दिशा मिलेगी। गणित शिक्षण को इस प्रकार से पुनर्गठित किया जाएगा कि यह आधुनिक टेक्नोलॉजी के उपकरणों के साथ जुड़ सके।

संशोधित (1992): पैरा 8.16 और 8.17 — ***जनसंख्या शिक्षा:*** 8.16 जनसंख्या शिक्षा को निश्चय ही बढ़ती जनसंख्या को नियंत्रित करने की राष्ट्रीय नीति के एक महत्त्वपूर्ण अंग के रूप में समझा जाना चाहिए। प्राथमिक और माध्यमिक स्तरों से शुरू करते हुए जनसंख्या की वृद्धि के कारण मँडराते हुए संकट के प्रति जागरूकता की भावना पैदा करने के साथ-साथ शैक्षिक कार्यक्रमों को युवाओं और प्रौढ़ों को परिवार नियोजन और जिम्मेदार माता-पिता की भूमिका से अवगत कराना चाहिए और इस दिशा में सक्रिय रूप से प्रेरित करना चाहिए।

खेल तथा शारीरिक शिक्षा

राष्ट्रीय शिक्षा नीति (1986): पैरा 8.20 और 8.21 — 8.20 खेल और शारीरिक शिक्षा सीखने की प्रक्रिया के अभिन्न अंग हैं और इन्हें विद्यार्थियों की कार्यसिद्धि के मूल्यांकन में शामिल किया जाएगा। शारीरिक शिक्षा और खेलकूद की राष्ट्रव्यापी अधोरचना (इंफ्रास्ट्रक्चर) को शिक्षा व्यवस्था का अंग बनाया जाएगा।

8.21 इस अधोरचना के तहत खेल के मैदानों और उपकरणों की व्यवस्था की जाएगी। शारीरिक शिक्षा के अध्यापकों की नियुक्ति होगी। शहरों में उपलब्ध खुले क्षेत्र

खेलों के मैदान के लिए आरक्षित किए जाएँगे और यदि आवश्यक हुआ तो इसके लिए वैधानिक कार्रवाई की जाएगी। ऐसी खेल संस्थाएँ और छात्रावास स्थापित किए जाएँगे जहाँ आम शिक्षा के साथ-साथ खेलों की गतिविधियों और उनसे संबंद्ध अध्ययन पर विशेष ध्यान दिया जाएगा। खेलकूद में प्रतिभाशाली खिलाड़ियों को उपयुक्त प्रोत्साहन दिया जाएगा। भारत के पारंपरिक खेलों पर उचित बल दिया जाएगा। शरीर और मन के समेकित विकास के साधन के रूप में योग शिक्षा पर विशेष बल दिया जाएगा। सभी विद्यालयों में योग की शिक्षा की व्यवस्था के लिए प्रयास किए जाएँगे और इस दृष्टि से शिक्षक पाठ्यक्रमों में योग की शिक्षा भी सम्मिलित की जाएगी।

संशोधित (1992): पैरा 8.20 और 8.21 — 8.20 खेल तथा शारीरिक शिक्षा अध्ययन प्रक्रिया के अभिन्न भाग हैं और इसे निष्पादन के मूल्यांकन में शामिल किया जाएगा। समस्त राष्ट्र की शिक्षा संस्थाओं में शारीरिक शिक्षा, खेलकूद के लिए बुनियादी सुविधाओं का निर्माण किया जाएगा। इन बुनियादी सुविधाओं में स्कूल सुधार कार्यक्रम के भाग क रूप में खेल के मैदान, उपस्कर, प्रशिक्षक और शारीरिक शिक्षा के अध्यापक शामिल किए जाएँगे। शहरों में उपलब्ध खुले क्षेत्र खेलों के मैदानों के लिए आरक्षित किए जाएँगे और यदि आवश्यक हुआ तो इसके लिए विधिक कार्रवाई का आश्रय लिया जाएगा। ऐसी खेल संस्थाएँ और छात्रावास स्थापित क़िए जाएँगे जहाँ आम शिक्षा के साथ खेलों की गतिविधियों और उनसे संबद्ध अध्ययन की ओर विशेष ध्यान दिया जाएगा। खेलकूद में प्रतिभाशाली खिलाड़ियों को उपयुक्त प्रोत्साहन दिया जाएगा। स्वदेशी परंपरागत खेलों पर समुचित बल दिया जाएगा।

योग — 8.21 शरीर और मन के एकीकृत विकास के साधन के रूप में योग शिक्षा पर विशेष बल दिया जाएगा। सभी विद्यालयों में योग शिक्षा को प्रारंभ करने के प्रयास किए जाएँगे। इस उद्देश्य से इसे शिक्षक प्रशिक्षण पाठ्यक्रमों में लागू किया जाएगा।

मूल्यांकन प्रक्रिया और परीक्षा में सुधार

राष्ट्रीय शिक्षा नीति (1986): पैरा 8.25 — ये उद्देश्य बाह्य परीक्षाओं और शिक्षा-संस्थाओं के अंदर के मूल्यांकन दोनों के लिए प्रासंगिक हैं। संस्थागत मूल्यांकन की प्रणाली को सरल बनाया जाएगा और बाहरी परीक्षाओं की प्रचुरता को कम किया जाएगा।

संशोधित (1992): पैरा 8.25 — ये उद्देश्य शैक्षिक संस्थाओं के भीतर-बाह्य परीक्षाओं और मूल्यांकन दोनों के लिए प्रासंगिक हैं। संस्थागत स्तर पर मूल्यांकन की प्रणाली को सुचारू बनाया जाएगा और बाहरी परीक्षाओं की प्रचुरता को कम किया जाएगा। एक राष्ट्रीय परीक्षा में सुधार कार्य-ढाँचा तैयार किया जाएगा जो उन परीक्षा निकायों को दिशा-निर्देश प्रदान करेगा जिन्हें यह स्वतंत्रता होगी कि विशिष्ट परिस्थितियों के अनुकूल वे इसमें नवीनता ला सकते हैं और इसे अपना सकते हैं।

शिक्षा का प्रबंध

नया पैरा (1992) — ***शिकायतों का निराकरण:*** 10.10 प्रशासनिक न्यायधिकरणों के अनुरूप ही राष्ट्रीय तथा राज्य स्तरों पर शैक्षिक न्यायाधिकरणों की स्थापना की जाएगी।

संसाधन तथा समीक्षा

राष्ट्रीय शिक्षा नीति (1986): पैरा 11.4 — इन अनिवार्यताओं को ध्यान में रखते हुए शिक्षा को राष्ट्रीय विकास और पुनरुत्थान के लिए पूँजी लगाने का एक अत्यंत आवश्यक क्षेत्र माना जाएगा। राष्ट्रीय शिक्षा नीति, 1968 में यह निर्धारित किया गया था कि शिक्षा पर होने वाले निवेश को धीरे-धीरे बढ़ाया जाए ताकि वह यथाशीघ्र राष्ट्रीय आय के 6 प्रतिशत तक पहुँच सके। चूँकि तब से अब तक शिक्षा पर लगी पूँजी का स्तर उस लक्ष्य से काफी कम रहा है, अतः यह अत्यंत महत्त्वपूर्ण है कि अब इस नीति में निर्धारित कार्यक्रमों की वित्तीय आवश्यकताओं को पूरा करने के लिए अधिक दृढ़ संकल्प दर्शाया जाए। यद्यपि, समय-समय पर विभिन्न कार्यक्रमों की प्रगति के जायजे के आधार पर वास्तविक आवश्यकताओं का अनुमान लगाया जाएगा, पर इस नीति के कार्यान्वयन में पूँजी निवेश जिस हद तक जरूरी होगा, उस हद तक सातवीं पंचवर्षीय योजना में बढ़ाया ही जाएगा। यह सुनिश्चित किया जाएगा कि आठवीं पंचवर्षीय योजना से शुरू करके वह राष्ट्रीय आय के 6 प्रतिशत से सर्वदा अधिक हो।

संशोधित (1992): पैरा 11.4 — इन अनिवार्यताओं को ध्यान में रखते हुए शिक्षा को राष्ट्रीय विकास और पुनरुत्थान के लिए पूँजी लगाने का एक अत्यंत आवश्यक क्षेत्र माना जाएगा। राष्ट्रीय शिक्षा नीति 1968 में यह निर्धारित किया गया था कि शिक्षा पर होने वाले निवेश को धीरे-धीरे बढ़ाया जाए ताकि वह यथाशीघ्र राष्ट्रीय आय के 6 प्रतिशत तक पहुँच सके। चूँकि तब से अब तक शिक्षा पर लगी पूँजी का स्तर उस लक्ष्य से काफी कम रहा है, अतः यह महत्त्वपूर्ण है कि अब इस नीति में निर्धारित कार्यक्रमों की वित्तीय आवश्यकताओं को पूरा करने के लिए अधिक दृढ़ संकल्प दर्शाया जाए। यद्यपि मानीटरिंग और समीक्षा के आधार पर वास्तविक आवश्यकताओं का आकलन समय-समय पर किया जाएगा तथापि शिक्षा पर परिव्यय को यह सुनिश्चित किए जाने के वास्ते बढ़ाया जाएगा कि आठवीं पंचवर्षीय योजना के दौरान तथा इसके बाद भी, यह सर्वदा राष्ट्रीय आय के 6 प्रतिशत से अधिक होगा।

24.3 संशोधित राष्ट्रीय शिक्षा नीति 1992 संबंधी कार्य-योजना (Programme of Action on Modified National Policy on Education 1992)

नीति के संशोधन के परिणामस्वरूप, सरकार ने 1992 में एक संशोधित कार्यवाही योजना (का. योजना) भी तैयार की। कार्यवाही योजना, 1992 में इस बात पर बल दिया गया है कि प्रथम तथा प्रमुख कार्य शिक्षा के प्रबंध में सुधार करना है और शैक्षिक आयोजना तथा प्रशासन के सभी स्तरों पर लागत प्रभावित और जवाबदेही की एक विशिष्ट प्रकृति विकसित की जानी आवश्यक है। दक्षता का मापदण्ड बजट खर्च करने और नई माँग प्रस्तुत करने की क्षमता ही नहीं बल्कि निष्पादन-कार्य की पूर्ति होनी चाहिए। कार्यवाही योजना, 1992 में घटिया संस्थाओं की अनियोजित वृद्धि रोकने के लिए कहा गया है। कार्यक्रम में यह परिकल्पना की गई है कि राज्यों द्वारा अपनी-अपनी कार्यवाही योजनाएँ राष्ट्रीय नीति तथा स्थितिगत आवश्यकताओं को ध्यान में रखते हुए तैयार की जाएँगी। राज्य कार्यवाही योजनाओं को शीघ्र क्रियान्वित किए जाने के उद्देश्य से चार क्षेत्रीय

कार्यशालाएँ आयोजित की गई थीं। आशा है कि राज्य कार्यवाही योजनाएँ शीघ्र ही तैयार हो जाएँगी।

अन्य बातों के साथ-साथ, कार्यवाही योजना प्रारंभिक शिक्षा जन-जन तक पहुँचाए जाने की रणनीति पर बल देती है जिसमें अलग-अलग लक्ष्य निर्धारण और आठवीं योजना में विकेन्द्रीकृत आयोजना को अपनाए जाने की परिकल्पना की गई है। शैक्षिक रूप से पिछड़े हुए जिलों और उन जिलों में जहाँ कि साक्षरता अभियान सफल रहे हैं, जिनके फलस्वरूप प्राथमिक शिक्षा की माँग बढ़ गई है, प्राथमिक शिक्षा के सुधार के लिए एक नई योजना शुरू की जा रही है। इन जिलों में, प्रारंभिक शिक्षा को जन-जन तक पहुँचाए जाने के लक्ष्यों की पूर्ति के लिए जिला विशेष और जनसंख्या विशेष योजनाएँ तैयार की जा रही हैं। शैक्षिक रूप से पिछड़े हुए लगभग 200 जिलों, जहाँ महिला-साक्षरता राष्ट्रीय औसत से कम है, में से 20 से 25 जिलों को 1993-94 में जिला योजनाएँ तैयार करने के लिए लिया जाएगा। इसने पुनःसंरचित ऑपरेशन-ब्लैक बोर्ड के जरिए स्कूली-सुविधाओं में सुधार का भी सुझाव दिया है जिसका विस्तार अपर प्राथमिक स्तर तक कर दिया जाएगा। कार्यक्रम में इस बात का ध्यान रखा गया है कि पूर्ण साक्षरता अभियान व्यवहार्य मॉडल के रूप में उभरकर आया। इसने सार्वजनिक प्रौढ़ साक्षरता की अवधारणा को एक निराशाजनक स्वप्न से एक निष्पाध संभावना में बदल दिया है। ये अभियान क्षेत्र विशिष्ट, समयबद्ध, स्वयंसेवी आधारित, लागत प्रभावी और परिमाणोन्मुखी हैं। 8 राज्यों में हुए 30 जिलों में पूर्ण साक्षरता अभियान पहले ही सफलतापूर्वक पूरे कर लिये गये हैं और 4 करोड़ से अधिक लोगों को शामिल करते हुए 182 जिलों में ये अभियान या तो आंशिक रूप से अथवा पूर्ण रूप से चल रहे हैं।

कार्यवाही योजना में प्रारंभिक शिक्षा के सर्वसुलभीकरण की समस्या को मूलतः लड़कियों की समस्या के रूप में परिकल्पना की गई है तथा शिक्षा के सभी स्तरों, विशेषकर विज्ञान, व्यावसायिक, तकनीकी और वाणिज्य शिक्षा की धाराओं में लड़कियों का नामांकन बहुत ही कम है। कार्यवाही योजना ने महिला समानता और शिक्षा को प्रोन्नत करने के लिए शिक्षा पद्धति को नया रूप देने की आवश्यकता पर बल दिया। इस बात को सुनिश्चित करने के लिए कि महिला पुरुष के प्रति संवेदनशीलता में सभी राष्ट्रीय कार्यक्रमों के क्रियान्वयन को प्रतिबंधित करती है, यह संस्थागत तंत्र की आवश्यकता की वकालत करती है।

संशोधित राष्ट्रीय शिक्षा नीति एवं कार्यवाही योजना में नीति में जिन बिंदुओं पर बल दिया गया है, और जिन कार्यनीतियों की परिकल्पना की गई है उनके लिए आठवीं पंचवर्षीय योजना में प्रावधन किया गया है। संपूर्ण साक्षरता प्राप्त करने के लिए, प्राथमिक शिक्षा, गैर-औपचारिक शिक्षा एवं प्रौढ़ साक्षरता की त्रिमार्गी कार्यनीति अपनाई गई है। इस उद्देश्य की पूर्ति के लिए अपनाए गए उपायों में ये शामिल हैं–कक्षा में छात्रों के बनाए रखने और उनकी उपलब्धि के स्तरों को उतना ही महत्त्व देना जितना कि उनके नामांकन को, पहुँच के अपेक्षतया अधिक कठिन पहलुओं पर ध्यान केंद्रित करना, ये पहलू इस प्रकार हैं–लड़कियों तथा सुविधाविहीन वर्गों तक शिक्षा पहुँचाना, शिक्षकों का सेवापूर्व तथा सेवाकालीन प्रशिक्षण, स्कूल की प्रभावोत्पादकता में सुधार, गैर-औपचारिक तथा दूरस्थ शिक्षा पद्धतियों के माध्यम से शिक्षा के वैकल्पिक माध्यमों का प्रावधान, शिक्षा की घटी हुई माँग को उत्प्रेरित करना और शिक्षा की आयोजना और उसके प्रबंध में स्थानीय समुदायों

को सहयोजित करना, तथा यह सुनिश्चित करना कि सामाजिक क्षेत्रों में विभिन्न सेवाओं, विशेष रूप से शिशु देखभाल, पोषण, प्रारंभिक शिशु शिक्षा, प्राथमिक शिक्षा तथा स्वास्थ्य को शामिल कर लिया जाता है। चालू योजनाओं की उनके कार्यान्वयन से प्राप्त अनुभव और राष्ट्रीय शिक्षा नीति तथा कार्यवाही योजना में संशोधन के परिप्रेक्ष्य में समीक्षा की गई है। जहाँ भी आवश्यक हुआ है, नई योजनाएँ तैयार की गई हैं।

राष्ट्रीय शिक्षा नीति और कार्यवाही योजना में मूल्य शिक्षा तथा देश की सांस्कृतिक परम्पराओं के बारे में उपयुक्त परिप्रेक्ष्य को जेहन में बैठाने पर पर्याप्त बल दिया है। स्कूल छात्रों में राष्ट्रीय, धर्मनिरपेक्ष और मानवीय दृष्टिकोण विकसित करने के लिए, अपेक्षित रवैये और मूल्यों को उनके जेहन में बिठाने की दृष्टि से स्कूली पाठ्यपुस्तकें अत्यधिक प्रभावशाली साधन हैं। मंत्रालय ने जून 1991 में राष्ट्रीय एकता के दृष्टिकोण से स्कूली पाठ्यपुस्तकों की समीक्षा करने के लिए एक राष्ट्रीय संचालन समिति का गठन किया ताकि यह सुनिश्चित किया जा सके कि पाठ्यपुस्तकें सांप्रदायिक और राष्ट्रविरोधी प्रभावों से मुक्त रहें। राष्ट्रीय एता के दृष्टिकोण से स्कूली पाठ्यपुस्तकों की समीक्षा के प्रश्न पर विचार करने के लिए 1 फरवरी, 1993 को राज्य शिक्षामंत्रियों और शिक्षाविदों का एक सम्मेलन आयोजित किया गया।

अन्य बातों के साथ-साथ, कार्यवाही योजना प्रारंभिक शिक्षा जन-जन तक पहुँचाए जाने की रणनीति पर बल देती है जिसमें अलग-अलग लक्ष्य निर्धारण और आठवीं योजना में विकेन्द्रीकृत आयोजना को अपनाए जाने की परिकल्पना की गई है। विभिन्न योजनाओं का विवरण अलग से दिया गया है।

24.4 विभिन्न विषयों पर कार्यदल (Task Forces on Different Subjects)

1. महिलाओं की समानता के लिए शिक्षा।
2. अनुसूचित जातियों, अनुसूचित जनजातियों तथा अन्य पिछड़े वर्गों की शिक्षा।
3. अल्पसंख्यकों की शिक्षा।
4. विकलांगों की शिक्षा।
5. शिशु देखभाल और शिक्षा।
6. प्रौढ़ तथा सतत शिक्षा।
7. प्रारम्भिक शिक्षा।
8. माध्यमिक शिक्षा।
9. नवोदय विद्यालय।
10. व्यावसायिक शिक्षा।
11. उच्च शिक्षा।
12. मुक्त शिक्षा।
13. डिग्रियों को नौकरी से अलग करना।
14. ग्रामीण विश्वविद्यालय तथा संस्थान।
15. तकनीकी तथा प्रबंध शिक्षा।
16. खोज तथा विकास।
17. सांस्कृतिक परिप्रेक्ष्य।

18. भाषाओं का विकास।
19. संचार माध्यम तथा शैक्षिक तकनीकी।
20. खेल, शारीरिक शिक्षा तथा युवा।
21. मूल्यांकन प्रणाली तथा परीक्षा सुधार।
22. अध्यापक तथा उनका प्रशिक्षण।
23. शिक्षा का प्रबन्ध।

24.5 कार्ययोजना की प्रमुख विशेषताएँ (Chief Features of Programme of Action)

जैसा कि ऊपर दर्शाया गया है, शिक्षा नीति 1992 के कार्यान्वयन के लिए क्रमबद्ध कार्ययोजना निर्मित की। इसकी मुख्य विशेषताएँ निम्नलिखित हैं–

1. **सार्थक तथा प्रभावी भागेदारी**–शिक्षा में कार्यरत तथा संबंधित पक्षों के तालमेल पर जोर दिया गया है–केन्द्रीय सरकार, राज्य सरकारों, शैक्षिक समुदाय तथा सम्पूर्ण समुदाय के सहयोग पर बल दिया गया तथा मोटे तौर पर कार्यक्षेत्र निश्चित किया गया।

2. **लोचक दृष्टिकोण**–यद्यपि वित्तीय साधन विभिन्न मदों पर निर्धारित किए गए परन्तु फिर भी आवश्यकता के अनुसार उनमें फेरबदल संबंधी छूट का प्रावधन किया गया।

3. **प्रबंध में जवाबदेही (Accountability)**–हम सब के कुछ उत्तरदायित्व हैं। उत्तरदायित्व निभाने के लिए हमें किसी न किसी रूप में कुछ पारिश्रमिक मिलता है, जिसके बदले में हमारे कुछ दायित्व हैं। इन दायित्वों को निभाना हमारा कर्त्तव्य बन जाता है। शिक्षा के क्षेत्र में विभिन्न क्षेत्रों तथा सत्रों पर जवाबदेही पर बल दिया गया। वृत्तिक प्रतिमान स्थापित करने तथा उनके आधार पर जवाबदेही मापन की आवश्यकता पर जोर दिया गया।

4. **समुदाय की भागेदारी**–प्रौढ़ शिक्षा तथा प्राथमिक शिक्षा में विशेषकर जनता की भागीदारी की महत्ता को स्वीकार किया गया।

5. **शिक्षा तथा अन्य सेवाओं में तालमेल (Linkage)**–यह अनुभव किया गया कि शिक्षा तथा अन्य सेवाएँ जैसे बच्चों की देखभाल, भोजन तथा स्वास्थ्य आदि में तालमेल की अत्यन्त आवश्यकता है।

6. **शिक्षा द्वारा नारी को सशक्त करना**–स्त्रियों की समानता के लिए शिक्षा को सशक्त साधन माना गया तथा इस दिशा में अनेक कार्यक्रमों की रूपरेखा बनाई गई।

7. **वंचित वर्गों की शिक्षा**–वंचित वर्गों की शिक्षा पर विशेष ध्यान दिया गया तथा योजनाएँ बनाई गई।

24.6 शिक्षा नीति 1992 कार्यान्वयन के सन्दर्भ में विशेष कार्यक्रम (Special Schemes for the Implementation of 1992 NPE)

1. शिक्षक समाख्या योजना। (Teacher Empowerment)।
2. जिला प्राथमिक शिक्षा कार्यक्रम (District Primary Education Programme DPEP)
3. मध्याह्न भोजन योजना (Mid-Day Meals School)

4. सर्वशिक्षा अभियान (Sarva Shiksha Abhiyan—Education for All)
5. शिक्षा गारण्टी योजना और वैकल्पिक शिक्षा (Education Guarantee Scheme and Alternative Education)
6. कस्तूरबा गाँधी बालिका विद्यालय (Kasturba Gandhi Balika Vidyalaya)
7. शिक्षा का अधिकार (Right to Education)
8. लोक जुम्बश (Lok Jumbish)।

(सभी योजनाओं का विवरण अलग से दिया गया है)।

24.7 राष्ट्रीय शिक्षा नीति 1986 तथा 1992 द्वारा परिकल्पित राष्ट्रीय शिक्षा प्रणाली (National System of Education as Envisaged in the NPE 1986 and 1992)

राष्ट्रीय शिक्षा नीति द्वारा परिकल्पित राष्ट्रीय शिक्षा प्रणाली के मुख्य तत्त्व नीचे दिए जा रहे हैं। तीन-चार राज्यों को छोड़ कर सारे भारत में इस प्रकार से ही राष्ट्रीय शिक्षा प्रणाली को लागू करने के प्रयास किए गए हैं।

1. एक निश्चित स्तर तक प्रत्येक छात्र को बिना किसी जाति-पाति, धर्म, स्थान या लिंगभेद के लगभग एक जैसी अच्छी शिक्षा उपलब्ध कराना।
2. 10+2+3 की शिक्षा संरचना करना (चित्र में ढाँचा दर्शाया गया है)।
3. प्रथम स्कूली दस वर्ष अर्थात् 1 से कक्षा 10 तक सामान्य शिक्षा की व्यवस्था करना।
4. विषयों का चुनाव कक्षा 11 से करना।
5. सामान्य केन्द्रिक अथवा कोर पाठ्यक्रम को अपनाना।
6. सभी को समान अवसर प्रदान कराना।
7. प्रत्येक स्तर पर न्यूनतम शैक्षिक स्तर निर्धारित करना।
8. देश में सम्पर्क भाषा को बढ़ावा देने के प्रयास करना।
9. व्यावसायिक शिक्षा पर स्कूल स्तर पर विशेष बल देना।
10. मूल्यांकन प्रक्रिया में सुधार लाना।
11. पिछड़े वर्गों तथा क्षेत्रों की ओर विशेष ध्यान देना।
12. स्त्री शिक्षा पर बल देना।
13. शिक्षा में असमानताएँ कम करना।
14. प्रौद्योगिकी का शिक्षा में अधिक से अधिक उपयोग करना।
15. दूरस्थ शिक्षा का विकास करना।

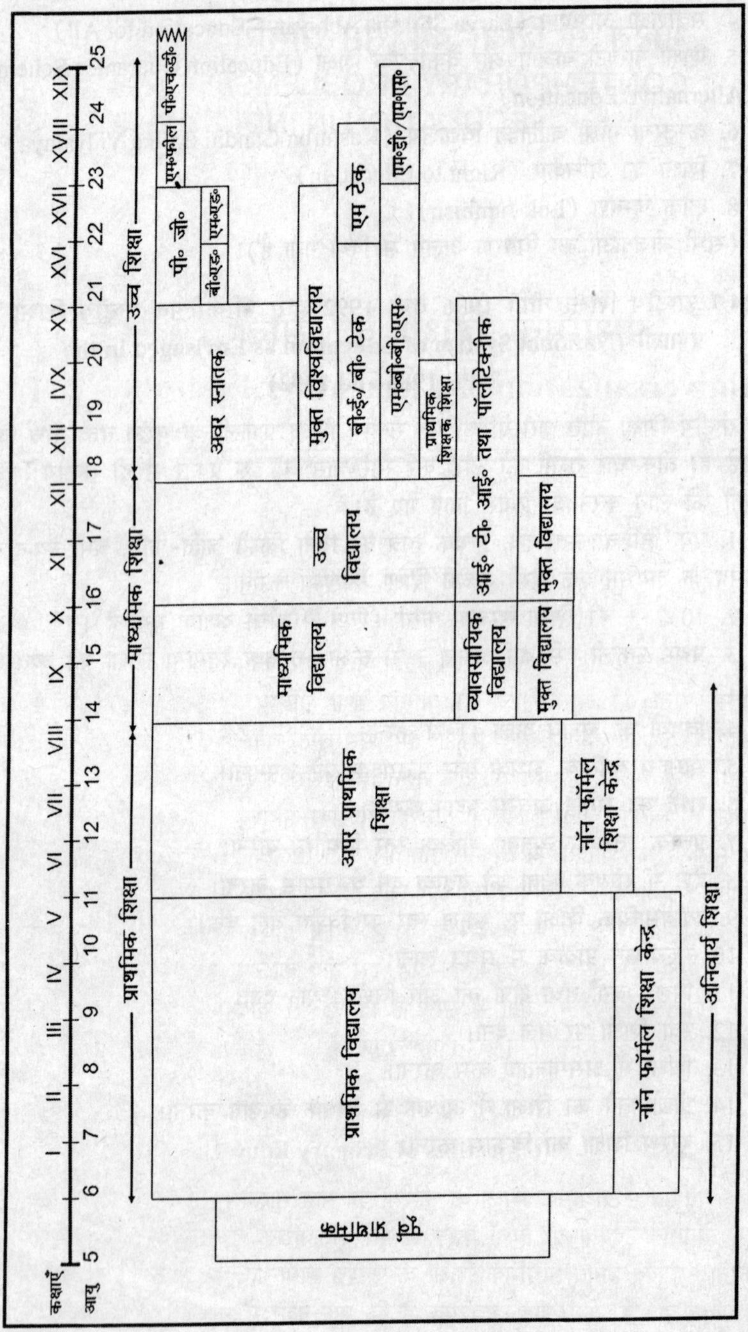

चित्र: भारत में शैक्षिक ढाँचा

इकाई IV/Unit IV

भारत में शिक्षा की सम-सामयिक समस्याएँ
CONTEMPORARY PROBLEMS/ISSUES OF EDUCATION IN INDIA

24

प्राथमिक शिक्षा का सार्वभूमिकरण
[Universalization of Elementary Education (UEE)]

24.1 प्राथमिक शिक्षा का महत्त्व
(Significance of Elementary Education)

उन्नति की दौड़ में तथा आज के राष्ट्रीय परिप्रेक्ष्य में प्राथमिक शिक्षा ही राष्ट्रीय आत्मनिर्भरता की आधारशिला है। वर्तमान तथा भविष्य के निर्माण का अनुपम साधन प्राथमिक शिक्षा ही है। यह शिक्षा हमें सुसंस्कृत बनाने का माध्यम है। यह हमारी संवेदनशीलता और अनुभव को तेज करती है। इससे राष्ट्रीय एकता पनपती है, वैज्ञानिक समझ का विकास होता है। इसके द्वारा ही आर्थिक आवश्यकताओं को पूरा करने के लिए हर स्तर पर जन शक्ति का विकास होता है। कुल मिलाकर यह शिक्षा हमारे संविधान द्वारा प्रतिष्ठित समाजवाद, धर्मनिरपेक्षता और लोकतंत्र के लक्ष्यों की प्राप्ति में सहायक होती है।

प्राथमिक शिक्षा का महत्त्व इस बात से भी है कि अधिकतर नागरिकों के लिए संपूर्ण शिक्षा इसी स्तर पर ही समाप्त हो जाती है। अत: इस नींव को सशक्त बनाना बहुत आवश्यक है।

मनोवैज्ञानिक अनुसंधानों से स्पष्ट है कि छ: से चौदह वर्ष के बीच दी जाने वाली शिक्षा व्यक्ति के विकास में बहुत महत्त्वपूर्ण है।

24.2 प्राथमिक शिक्षा के उद्देश्य
(Objectives of Primary Education)

वर्तमान में प्राथमिक शिक्षा के उद्देश्यों का स्रोत भारतीय संविधान द्वारा दर्शाया गया है।

वर्तमान उद्देश्यों पर चर्चा करने से पूर्व ऐतिहासिक पृष्ठभूमि पर भी संक्षेप में चर्चा करना उपयुक्त होगा। प्राथमिक शिक्षा के उद्देश्य सामान्यत: संपूर्ण शिक्षा के उद्देश्यों से ही प्रभावित होते हैं। अत: यह आवश्यक है कि एक नजर में उन उद्देश्यों की चर्चा की जाए।

वैदिक काल में शिक्षा का मुख्य लक्ष्य व्यक्ति का निर्माण इस प्रकार करना था, जिससे वह 'मोक्ष' की प्राप्ति कर सके। इसी भावना से प्रेरित होकर प्राचीन भारतीय ऋषियों ने शिक्षा

को धार्मिक क्रियाओं से ओत-प्रोत किया, ताकि मानव का सर्वांगीण विकास हो सके। अतः ऐसा भी कहा जा सकता है कि ईश्वर भक्ति, धार्मिकता की भावना, चरित्र निर्माण, व्यक्तित्व का विकास, नागरिक तथा सामाजिक कर्त्तव्यों का पालन, सामाजिक कुशलता का विकास तथा संस्कृति का संरक्षण एवं प्रचार भारतीय शिक्षा के मुख्य उद्देश्य थे।

बौद्धकाल में शिक्षा का उद्देश्य वर्तमान जीवन में ही निर्वाण प्राप्त करना था। आचरण में नैतिकता लाना तथा मस्तिष्क को स्थिरता और शांति देना था।

मुस्लिम काल में भी शिक्षा का उद्देश्य धार्मिक था।

अंग्रेजी काल में शिक्षा का उद्देश्य ऐसे वर्ग का निर्माण करना था, जो जनता तथा सरकार के बीच अंग्रेजी भाषा द्वारा संपर्क स्थापित कर सके और रंग में भारतीय होते हुए भी रुचि, मति, नीति और बुद्धि में अंग्रेज हो।

भारतीय शिक्षा आयोग 1964-66 द्वारा गठित दल के अनुसार प्राथमिक शिक्षा के उद्देश्य

(क) जूनियर कक्षाओं (1 से 5) के लिए शिक्षा के उद्देश्य–

1. पढ़ने, लिखने तथा गणित का आरंभिक ज्ञान और कौशल प्राप्त करना। 2. स्वास्थ्यवर्द्धक जीवन के आधारभूत नियमों की जानकारी प्राप्त करना तथा उन पर आचरण करना। 3. अपने सामाजिक, भौतिक तथा सांस्कृतिक पर्यावरण के बारे में सामान्य जानकारी प्राप्त करना और उसके प्रति संवेदनशील होना। 4. दैनिक जीवन में विज्ञान की देन को समझना। 5. मौखिक तथा गैर मौखिक रीति से अपने आपको सरल और सृजनात्मक ढंग से व्यक्त करना। 6. राष्ट्रीय चिह्नों तथा राष्ट्रीय उत्सवों द्वारा छात्रों में राष्ट्रीयता की नींव डालना। 7. छात्रों में श्रम की भावना का निर्माण करना। 8. सामान्य लक्ष्य की प्राप्ति के लिए छात्रों का सामाजिक विकास इस प्रकार करना कि उनमें इस प्रकार के गुणों का निर्माण हो; जैसे–नम्रता, सहयोग तथा मेल-जोल आदि। 9. सभी धर्मस्थलों के प्रति आदर की भावना का निर्माण करना। 10. ध्यानपूर्वक सुनने, अवलोकन करने तथा चिंतन आदि कौशलों का विकास करना। 11. अपने निकटतम पर्यावरण को जानने की भावना का निर्माण करना। 12. देश के सांस्कृतिक मूल्यों के बारे में कुछ जानकारी देना। 13. देश तथा विदेश में रहने वाले व्यक्तियों की परस्पर निर्भरता के बारे में कुछ ज्ञान देना।

(ख) सीनियर कक्षाओं (6 से 8) के लिए शिक्षा के उद्देश्य–

1. विभिन्न विषयों के आधारभूत तथ्यों, सिद्धांतों तथा कौशलों का ज्ञान प्राप्त करना और उनको उचित अवस्थाओं में प्रयोग में लाना। 2. दैनिक जीवन की आवश्यकताओं की पूर्ति के लिए मौखिक तथा लिखित भाषा में व्यक्त करने की क्षमता का निर्माण करना। 3. गणित में विभिन्न संबंधों को समझने की क्षमता का विकास करना। 4. व्यक्ति तथा सामाजिक स्वास्थ्य के आधारभूत सिद्धांतों को समझने और उन पर आचरण करने की क्षमता का निर्माण करना। 5. देश के भूतकाल, वर्तमान तथा भविष्य

के प्रति उचित भावना का विकास करना। 6. देश की विभिन्नता में एकता के तत्वों को समझना। 7. विज्ञान की दैनिक जीवन में देन को समझना। 8. आदर तथा स्नेह जाग्रत करना। 9. बालकों में कर्त्तव्यनिष्ठा के भावों का विकास करना। 10. बालकों में वैज्ञानिक दृष्टिकोण का विकास करना। 11. बालकों में श्रम के प्रति आदर भाव उत्पन्न करना। 12. बालकों को पर्यावरण संबंधी जानकारी प्रदान करना। 13. बालकों का जनसंख्या संबंधी ज्ञान बढ़ाना। 14. बालकों में भाईचारे की भावना का विकास करना। 15. बालकों में अंतर्राष्ट्रीय भावों का विकास करना। 16. बालकों में सभी धर्मों के प्रति समभाव का विकास करना। 17. उपयुक्त क्रियाओं तथा अनुभवों के प्रावधानों द्वारा बच्चों को उच्च जीवन के लिए तैयार करना।

24.3 प्राथमिक शिक्षा का ढाँचा (Nomenclature of Elementary Education)

प्राथमिक शिक्षा, प्रारंभिक शिक्षा, बेसिक शिक्षा, बेसिक तालीम, नई तालीम, बुनियादी शिक्षा, आधारभूत शिक्षा–ये सभी पर्यायवाची शब्द हैं। इन सभी का मुख्यत: एक ही अर्थ है; यद्यपि लेखकों, समितियों एवं आयोगों ने विभिन्न शब्दावलीयों का प्रयोग किया है।

मोटे तौर पर यह शिक्षा स्तर सविधिक अथवा नियमित शिक्षा का प्रथम सोपान है, जिसमें बच्चों के लिए आवश्यक ज्ञान, कौशलों तथा अभिवृत्तियों का विकास किया जाता है। मनोवैज्ञानिक अनुसंधानों से पता चलता है कि पाँच वर्ष पूरे करने पर बच्चे की वाक्शक्ति, स्नायविक विकास, ध्यान केंद्रित करने तथा स्कूल संबंधों को समझने की क्षमता का विकास हो जाता है। अतएव यह शिक्षा पाँच वर्ष की आयु पूरी करने के बाद ही आरंभ होती है और आठ वर्षों तक अर्थात् चौदह साल की आयु तक दी जाती है। भारत के कुछ राज्यों में प्राथमिक शिक्षा का कार्यकाल सात वर्ष भी है। यह चरण शिशु शिक्षा और उच्च माध्यमिक कक्षाओं के बीच का कार्यक्रम है।

प्राथमिक शिक्षा के ढाँचे के बारे में कुछ मत – बुनियादी शिक्षा में, जिसका सूत्रपात गांधी जी ने 1937 में किया, इस स्तर के सात वर्ष अर्थात् सात वर्ष से चौदह वर्ष निर्धारित किए।

1944 में प्रस्तुत की गई सार्जेन्ट रिपोर्ट में प्राथमिक शिक्षा दो स्तरों में विभाजित की गई। एक जूनियर बेसिक कक्षा 1 से 5 (6 से 11 वर्ष) तक तथा दूसरी सीनियर बेसिक कक्षा 6 से 8 (वर्ष 11 से 14) तक।

1950 में बने भारत के संविधान में प्रारंभिक अथवा प्राथमिक शिक्षा आदि शब्दावली का प्रयोग नहीं किया गया। इसके अनुसार, 'सभी बालकों के लिए चौदह वर्ष की आयु पूरी' करने तक नि:शुल्क और अनिवार्य शिक्षा देने की बात कही गई है।

1952-53 के माध्यमिक शिक्षा आयोग ने प्राइमरी अथवा जूनियर शिक्षा का समय चार अथवा पाँच वर्ष बताया तथा माध्यमिक अथवा सीनियर बेसिक का तीन वर्ष।

शिक्षा आयोग (1964-66) ने प्राथमिक स्तर की शिक्षा के ढाँचे की इस प्रकार संस्तुति की–(क) चार या पाँच वर्ष का निम्न प्राथमिक स्तर, (ख) तीन या दो वर्ष का उच्च प्राथमिक स्तर। प्राथमिक अवस्था सात से आठ वर्ष तक की हो सकने की मान्यता दी।

1968 की राष्ट्रीय शिक्षा नीति में चौदह वर्ष तक की आयु के सभी बच्चों के लिए नि:शुल्क और अनिवार्य शिक्षा की व्यवस्था की चर्चा की गई है। इसमें प्राथमिक शिक्षा आदि किसी शब्द का प्रयोग नहीं किया गया है।

1977 में गठित पुनरीक्षण समिति ने प्राथमिक शिक्षा का कार्यकाल एक से कक्षा 7 अथवा कक्षा 8 तक बताया।

1986 की राष्ट्रीय शिक्षा नीति ने 'प्रारंभिक' शब्द का प्रयोग करते हुए कहा कि पढ़ाई के लिए हर बच्चे का नामांकन होना चाहिए और चौदह साल की आयु तक उसे हर हालत में शिक्षा मिलनी चाहिए।

राममूर्ति समीक्षा समिति (1990) के अनुसार, प्राथमिक शिक्षा दो भागों में बाँटी जा सकती है–(क) प्राथमिक स्तर–कक्षा 1 से 5, तक (ख) उच्च प्राथमिक–कक्षा 6 से 8 तक।

भारत सरकार के लगभग सभी आँकड़े कक्षा 1 से कक्षा 8 तक दो भागों में दिए जा रहे हैं। कक्षा 1 से 5 (आयु 6 से 11), जिसे प्राथमिक अथवा जूनियर बेसिक कहते हैं तथा मिडिल अथवा सीनियर बेसिक, जिसमें कक्षाएँ 6 से 8 सम्मिलित हैं।

24.4 भारतीय संविधान में प्राथमिक शिक्षा

भारतीय संविधान के मूल अनुच्छेद 45 में नि:शुल्क और अनिवार्य शिक्षा संबंधी लक्ष्य इस प्रकार दर्शाया गया है–'राज्य चौदह वर्ष की आयु तक सभी बच्चों के लिए नि:शुल्क तथा अनिवार्य शिक्षा का प्रावधान संविधान लागू होने पर दस वर्ष के भीतर करेंगे।'

इसमें तीन बातें ध्यान देने योग्य बातें–

1. राज्य का अर्थ केन्द्रीय तथा राज्य सरकारों दोनों से है।
2. इसमें 'प्राथमिक शिक्षा' शब्द का प्रयोग नहीं किया गया।
3. इसमें शिक्षा के वर्षों की अवधि का भी उल्लेख नहीं है।

संविधान के इस लक्ष्य की प्राप्ति के लिए भारत सरकार तथा सभी राज्यों ने भरसक प्रयास किए है; परंतु बच्चों की बड़ी संख्या अभी भी प्राथमिक शिक्षा से वंचित रही है या पूरा लाभ उठा नहीं पाई।

संविधान में संशोधन (2002) – सन् 2002 में संविधान में संशोधन करके शिक्षा को मौलिक अधिकार के रूप में 21A धारा में लिया गया है।

प्राथमिक शिक्षा का सर्वीकरण/सर्वसुलभीकरण/सार्वभौमीकरण का अर्थ – विस्तृत रूप से प्राथमिक शिक्षा के सर्वीकरण में निम्नलिखित तत्त्वों का समावेश है–

1. सभी बच्चों के लिए कक्षा 1 से 8 तक नि:शुल्क और अनिवार्य शिक्षा का प्रावधान करना। 2. सभी बच्चों के लिए इस प्रकार की शिक्षा के लिए उनके घर के समीप स्कूल में प्रवेश की व्यवस्था करना। 3. चौदह वर्ष की आयु तक बच्चों का स्कूल में टिके रहना और बच्चों का बीच में स्कूल न छोड़ना। 4. प्राथमिक शिक्षा के वर्गीकरण करने के लिए संवैधानिक अनुच्छेद 45 का पालन करना। अब अनुच्छेद 45 में संशोधन कर दिया गया है।

सन् 2002 में संशोधन के अनुसार अनुच्छेद 21A के अन्तर्गत प्राथमिक शिक्षा को मौलिक आधार में शामिल कर लिया गया है।

24.5 प्राथमिक स्तर पर शैक्षिक विस्तार
(Expansion of Education at the Elementary Stage)

तालिका 24.1: प्राथमिक स्कूलों में नामांकन
(Enrolment at the Elementary Stage)

(मिलियन में)

वर्ष	उच्च प्राथमिक स्तर					
	प्राथमिक स्तर (कक्षा I से V)			कक्षा (VI से VIII)		
	लड़के	लड़कियाँ	कुल	लड़के	लड़कियाँ	कुल
1950-51	13.8	5.4	19.2	2.6	0.5	3.1
1970-71	35.7	21.3	57.0	9.4	3.9	13.3
1990-91	57.4	40.4	97.4	21.5	12.5	34.0
2000-2001	64.4	49.8	113.8	25.3	17.5	42.8
2002-2003	64.9	57.2	122.1	26.3	20.6	46.0
2003-2004	68.3	59.0	128.3	27.3	21.4	48.7

तालिका 24.2: सकल नामांकन दर (Gross Enrolment Ratio)

वर्ष	प्राथमिक स्कूल			उच्च प्राथमिक स्कूल		
	लड़के	लड़कियाँ	कुल	लड़के	लड़कियाँ	कुल
1950-51	60.6	24.8	42.6	20.6	4.6	12.7
1970-71	95.5	60.5	78.6	46.5	20.8	33.4
1990-91	114.0	85.5	100.1	76.6	47.0	62.1
2000-2001	104.9	85.9	95.7	66.7	49.9	58.0
2002-2003	97.5	93.1	95.4	65.3	56.2	61.0
2003-2004	100.7	95.7	98.3	66.8	57.6	62.4

तालिका 24.3: सकल नामांकन कक्षा I से VIII

(प्रतिशत)

वर्ष	लड़के	लड़कियाँ	कुल
1950-51	46.4	17.7	32.1
2002-2003	85.4	79.3	82.5
2003-2004	88.0	81.5	84.9

वर्ष 2002-2003 में 20 करोड़ बच्चों में जो कि आयुवर्ग 6-14 वर्ष के थे, उनमें से लगभग 3 करोड़ स्कूल में नहीं थे।

2005 में 95 लाख बच्चे स्कूल से बाहर थे। 2001 में इनकी संख्या 321 लाख थी। जो कार्य वर्ष 1960 तक पूरा किया जाना था, वह 2006 तक भी पूरा न हो पाया।

तालिका 24.4: स्कूल से बाहर रहे अधिसंख्य बच्चों वाले राज्य

राज्य/संघ	*स्कूल से बाहर बच्चों की संख्या*	*स्कूल से बाहर बच्चों का प्रतिशत*
बिहार	3176624	17.00
उत्तर प्रदेश	2995208	8.15
पश्चिम बंगाल	1213205	8.67
मध्य प्रदेश	1085096	8.63
राजस्थान	795089	8.67
झारखण्ड	620945	10.88
आन्ध्र प्रदेश	542665	4.29
असम	536220	8.91
महाराष्ट्र	529295	3.17
गुजरात	380444	3.96

संवैधानिक निर्देशों अथवा शिक्षा के सार्वभौमीकरण की पूर्ति में समस्याएँ (Problems of The Universalisation of Education) – 1. प्राथमिक स्तर पर अपव्यय तथा अवरोध। 2. विभिन्न राज्यों, वर्गों तथा लिंगों की शिक्षा के विकास में बहु अंतर। 3. नामांकन कार्य में कमियाँ। 4. सुविधाओं का अभाव। 5. अरुचिकर पाठ्यक्रम। 6. नीरस शिक्षण विधियाँ। 7. माता-पिता द्वारा उपेक्षा। 8. समुदाय की उदासीनता। 9. एक अध्यापक वाले स्कूलों की कमियाँ। 10. व्यवस्था संबंधी समस्याएँ। 11. लड़कियों का शिक्षा के प्रति कम उत्साह। 12. द्विपारी पद्धति के दोष। 13. निरंतर कक्षाओं का अभाव। 14. स्कूलों के अनुपयुक्त भवन। 15. अध्यापकों का प्रशिक्षण आवश्यकतानुसार न होना। 16. अध्यापकों का कम वेतनमान तथा कम सुविधाएँ, विशेषकर ग्रामीण क्षेत्रों में। 17. पंचायती राज का ढीलापन। 18. अनिवार्य शिक्षा कानून लागू करने के ढंग। 19. राज्य सरकारों तथा स्थानीय संस्थाओं के अधिकारों का त्रुटिपूर्ण वितरण। 20. अर्थ की कमी। 21. भौगोलिक बाधाएँ–दूर-दराज, पहाड़ी क्षेत्र आदि। 22. समुदाय की उदासीनता। 23. राजनीतिक दलों का शिक्षा में अवांछनीय हस्तक्षेप। 24. उचित तथा प्रभावी राजनीतिक इच्छाशक्ति का अभाव।

24.6 सार्वभौमीकरण की पूर्ति के लिए सुझाव (Suggestions for Achieving Universalisation)

1. **उचित मॉनीटरिंग**–प्रारंभिक शिक्षा के सर्वीकरण की दिशा में होने वाली प्रगति का मॉनीटरिंग इसकी योजना प्रक्रिया का ही एक अभिन्न अंग हो और यह निम्नलिखित तीन स्वतंत्र, किन्तु समन्वित स्तरों पर किया जाए–

(क) अलग-अलग विद्यालयों का उनके शैक्षिक संकुल के भीतर, (ख) अलग-अलग शैक्षिक संकुलों का, उनके जिले के भीतर, और (ग) अलग-अलग जिला शिक्षा मंडलों का, उनके राज्यों के भीतर।

मॉनीटरिंग की रिपोर्ट सार्वजनिक रूप से उपलब्ध हो और उन पर विशेष रूप से गठित मंचों द्वारा चर्चा की जाए, जिससे प्रारंभिक शिक्षा के सर्वीकरण का लक्ष्य पूरा करने के लिए जनता का अभीष्ट दबाव पड़ सके।

2. **सामुदायिक समारोह**–विद्यालयों और अन्य शैक्षिक कार्यक्रमों से जिन अधिगम परिणामों की अपेक्षा की जाती है, उन्हें सुस्पष्ट और सहज संप्रेषणीय ढंग से व्यक्त किया जाए और शिक्षा प्रणाली के तहत मॉनीटरिंग, प्रश्न उठाने और हस्तक्षेप करने की सुविधा हो। इसका एक तरीका यह भी हो सकता है कि मासिक तथा वार्षिक आधार पर सामुदायिक समारोह किए जाएँ।

3. **स्कूलों की जबावदेही**–अपने-अपने क्षेत्र के गाँवों, बस्तियों, मौहल्लों में प्रारंभिक शिक्षा के सर्वीकरण के लिए कार्यनीतियाँ बनाने और उन पर अमल करने के मामले में प्रत्येक विद्यालय को, चाहे वह प्रारंभिक हो अथवा मिडिल, पूरी तरह जवाबदेह बना दिया जाए।

4. **शैक्षिक संकुलन की स्थापना**–प्रत्येक विद्यालय को शिक्षा सर्वीकरण के अपने कार्यक्रम पर अमल करने के लिए शिक्षा संकुल के माध्यम से पर्याप्त धनराशि और बौद्धिक संसाधन उपलब्ध कराए जाएँ।

5. **मुख्याध्यापकों को अधिकार देना**–विद्यालय के मुख्य अध्यापक/मुख्य अध्यापिका को यह प्राधिकार दिया जाए कि वह असेवित बस्तियों (Unserved places) में और उन बच्चों तक पहुँचने के लिए, जो दिन के समय विद्यालय नहीं आ सकते, शिक्षाकर्मी भर्ती कर सके।

6. **बाल-केन्द्रित उपागम**–शिक्षा के प्रति बाल केन्द्रित उपागम के भिन्न-भिन्न मॉडल तैयार करने में शिक्षकों को नवाचार के लिए प्रोत्साहित किया जाए। शैक्षिक संकुल के बीच शिक्षक समुदाय के बढ़ते अनुभव के परिपालन, समन्वयन और प्रसार के लिए उपयुक्त तंत्र की स्थापना की जाए।

7. **व्यवसायीकरण शिक्षा**–कामकाजी बच्चों, विशेषकर लड़कियों, की दृष्टि से शिक्षा की प्रासंगिकता में वृद्धि करने के लिए यह आवश्यक हो कि कक्षा आठ के स्तर तक समूची शैक्षिक प्रक्रिया का व्यवसायीकरण कर दिया जाए।

8. **दो चरण**–शिक्षा के सर्वीकरण के दो चरण माने जाने चाहिए। पहला चरण प्राथमिक शिक्षा (कक्षा 1 से 5) के सर्वीकरण का और दूसरा चरण प्रारंभिक शिक्षा के सर्वीकरण का। यहाँ विद्यालयों से आशा की जाएगी कि वह पहले ही चरण में शैक्षिक संकुल के साथ मिलकर प्राथमिक शिक्षा के सर्वीकरण के लिए व्यष्टि आयोजना हाथ में लें, वहाँ प्रारंभिक शिक्षा के सर्वीकरण को प्राथमिक शिक्षा के विकास में से सहज रूप से उभरकर आने देना चाहिए। प्राथमिक शिक्षा के सर्वीकरण का लक्ष्य पूरा हो जाने के बाद, दूसरे चरण में प्रारंभिक शिक्षा के सर्वीकरण के लिए भी आयोजना पर काम शुरू करना आवश्यक और व्यवहार्य हो जाए।

9. **विभिन्न समूहों के लिए शिक्षा**–प्रारंभिक शिक्षा के सर्वीकरण ध्येय को प्राप्त करने के लिए विभेदित अथवा विसमूहित लक्ष्यों और बहुल शैक्षिक कार्यनीतियों के सिद्धांत को अपनाया जाए।

10. **सर्वशिक्षा अभियान को प्रभावी बनाना**–सर्वशिक्षा अभियान एक 'दिखावा' ही न बन जाए, यह सुनिश्चित किया जाए।

11. **पंचायती राज की संस्थाओं की जिम्मेवारी**–इस बात पर बल दिया जाए कि प्रत्येक पंचायत सर्वशिक्षा अभियान में पूर्ण रुचि ले रही है।

12. **अनिवार्य शिक्षा कानून**–शीघ्र से शीघ्र प्राथमिक शिक्षा संबंधी अनिवार्य कानून लागू किया जाए।

24.7 राष्ट्रीय शिक्षा नीति में प्राथमिक शिक्षा संबंधी निर्देश (NPE Directions on Elementary Education)

प्रारंभिक शिक्षा की नई दिशा में दो बातों पर विशेष बल दिया जाए–(क) चौदह वर्ष की अवस्था तक के सब बच्चों को विद्यालयों में भर्ती और उनका विद्यालय में टिके रहना, (ख) शिक्षा की गुणवत्ता में काफी सुधार।

बाल-केंद्रित दृष्टिकोण–बच्चों को विद्यालय जाने में सबसे अधिक सहायता तब मिलती है जब वहाँ का वातावरण प्यार, अपनत्व और प्रोत्साहन से भरा हो और विद्यालय के सब लोग बच्चों की आवश्यकताओं पर ध्यान दे रहे हों। प्राथमिक स्तर पर शिक्षा की पद्धति बाल-केंद्रित और गतिविधि पर आधारित होनी चाहिए। पहली पीढ़ी के सीखने वाले बच्चों को अपनी गति से आगे बढ़ने देना चाहिए और उनके लिए पूरक और उपचारात्मक शिक्षा की भी व्यवस्था होनी चाहिए। ज्यों-ज्यों बच्चे बड़े होंगे उनके सीखने में ज्ञानात्मक तत्व बढ़ते जाएँगे और अभ्यास के द्वारा वे कुछ कुशलताएँ भी ग्रहण करते चलेंगे। प्राथमिक स्तर पर बच्चों को किसी भी कक्षा में फेल न करने की प्रथा जारी रखी जाएगी। बच्चों का मूल्यांकन वर्ष भर में फैला दिया जाएगा और विद्यालय के समय तथा छुट्टियों का निर्णय भी बच्चों की सुविधा को देखते हुए किया जाएगा।

विद्यालय में सुविधाएँ–प्राथमिक विद्यालयों में आवश्यक सुविधाओं की व्यवस्था की जाएगी। इनमें किसी भी मौसम में काम देने लायक कम-से-कम दो बड़े कमरे, आवश्यक खिलौने, ब्लैकबोर्ड, नक्शे, चार्ट और अन्य शिक्षण सामग्री शामिल हैं। हर स्कूल में कम-से-कम दो शिक्षक होंगे, जिनमें एक महिला होगी। यथासंभव जल्दी ही प्रत्येक कक्षा के लिए एक-एक शिक्षक की व्यवस्था की जाएगी। पूरे देश में प्राथमिक विद्यालयों की दशा को सुधारने के लिए एक क्रमिक अभियान शुरू किया जाएगा, जिसका सांकेतिक नाम 'ऑपरेशन ब्लैकबोर्ड' होगा। इस कार्य में शासन, स्थानीय निकाय, स्वयंसेवी संस्थाओं और व्यक्तियों की पूरी भागीदारी होगी। राष्ट्रीय ग्रामीण रोजगार कार्यक्रम और ग्रामीण भूमिहीन रोजगार गारंटी कार्यक्रम की निधियों का पहला उपयोग स्कूल की इमारतों के बनाने में होगा।

अनौपचारिक शिक्षा–ऐसे बच्चे, जो बीच में स्कूल छोड़ गए हैं या जो ऐसे स्थान पर रहते हैं जहाँ स्कूल नहीं हैं या जो काम में लगे हैं, और वे लड़कियाँ, जो दिन के स्कूल में पूरे समय नहीं जा सकतीं, इन सबके लिए एक विशाल और व्यवस्थित अनौपचारिक शिक्षा का कार्यक्रम चलाया जाएगा।

अनौपचारिक शिक्षा केन्द्रों में सीखने की प्रक्रिया को सुधारने के लिए आधुनिक टेक्नोलॉजी के उपकरणों की सहायता ली जाएगी। इन केन्द्रों में अनुदेशक के तौर पर काम करने के लिए स्थानीय समुदाय के प्रतिभावान और निष्ठावान युवकों और युवतियों

को चुना जाएगा और उनके प्रशिक्षण की विशेष व्यवस्था की जाएगी। अनौपचारिक धारा में शिक्षा प्राप्त करने वाले बच्चे योग्यतानुसार औपचारिक धारा के विद्यालयों में प्रवेश पा सकेंगे। इस बात पर पूरा ध्यान दिया जाएगा कि अनौपचारिक शिक्षा का स्तर औपचारिक शिक्षा के समतुल्य हो।

राष्ट्रीय केंद्रिक शिक्षाक्रम की तरह का एक शिक्षाक्रम अनौपचारिक शिक्षा पद्धति के लिए भी तैयार किया जाएगा, लेकिन यह शिक्षाक्रम विद्यार्थियों की जरूरतों पर आधारित होगा और इसका संबंध स्थानीय पर्यावरण से रहेगा। उच्च कोटि की शिक्षण सामग्री बनाई जाएगी और वह सभी विद्यार्थियों को मुफ्त दी जाएगी। अनौपचारिक शिक्षा के कार्यक्रम में सहभागी होते हुए शिक्षा प्राप्त करने का वातावरण उपलब्ध किया जाएगा और इसमें खेल-कूद, सांस्कृतिक कार्यक्रम, भ्रमण आदि की व्यवस्था की जाएगी।

अनौपचारिक शिक्षा केन्द्रों को चलाने का अधिकतर कार्य स्वयंसेवी संस्थाएँ और पंचायती राज की संस्थाएँ करेंगी। इस कार्य के लिए इन संस्थाओं को पर्याप्त धन समय पर दिया जाएगा। इस महत्त्वपूर्ण क्षेत्र की कुल जिम्मेदारी सरकार पर रहेगी।

एक संकल्प–नई शिक्षा नीति में स्कूल छोड़ जाने वाले बच्चों की समस्या को सुलझाने को उच्च प्राथमिकता दी जाएगी। बच्चों को बीच में स्कूल छोड़ने से रोकने के लिए स्थानीय परिस्थितियों के परिप्रेक्ष्य में इस समस्या का बारीकी से अध्ययन किया जाएगा और तद्नुसार प्रभावशाली उपाय खोजकर दृढ़ता के साथ उनका प्रयोग करने हेतु देशव्यापी योजना बनाई जाएगी। इस प्रयत्न का अनौपचारिक शिक्षा की व्यवस्था के साथ पूरा तालमेल होगा। यह सुनिश्चित किया जाएगा कि 1990 तक जो बच्चे ग्यारह वर्ष के हो जाएँगे, उन्हें विद्यालय में पाँच वर्ष की शिक्षा या अनौपचारिक धारा में इसकी समतुल्य शिक्षा अवश्य मिल जाए। इसी प्रकार 1995 तक चौदह वर्ष की अवस्था वाले सभी बच्चों को नि:शुल्क और अनिवार्य शिक्षा अवश्य दी जाएगी।

संकल्प में संशोधन – (अध्याय 23 में देखिए)

24.8 प्राथमिक स्तर पर व्यर्थता तथा अगति
(Wastage and Stagnation at the Elementary Stage)

किसी भी शैक्षिक व्यवस्था की यह विशेषता होनी चाहिए कि जो बच्चा प्राथमिक स्कूल में भर्ती हुआ है वह अपनी प्राथमिक शिक्षा–अर्थात् कक्षा 1 से 8 तक शिक्षा–अवश्य पूरी करे। परन्तु हमारी शिक्षा प्रणाली में सबसे बड़ा दोष है कि दाखिल हुए बच्चों की एक बड़ी संख्या कक्षा 8 से पहले ही स्कूल छोड़ जाती है। भारत में यह स्थिति बहुत ही भयानक रूप धारण कर चुकी है। इसी संदर्भ में सबसे बड़ी समस्याएँ हैं अपव्यय और अवरोधन।

अपव्यय का अर्थ–बच्चों का प्राथमिक शिक्षा पूरी करने से पहले किसी स्तर पर अथवा कक्षा में स्कूल छोड़ना अपव्यय है।

अवरोधन का अर्थ–किसी भी बच्चे को एक ही कक्षा में एक से अधिक वर्ष रोकना अवरोधन है। दूसरे शब्दों में, फेल होकर छात्र का उसी कक्षा में एक से अधिक वर्ष रहना।

तालिका 24.5: प्राथमिक स्तर पर बीच ही में स्कूल छोड़ने वाले छात्रों की दर (Drop-out Rates at the Elementary Stage)

वर्ष	कक्षा 1 से 5			कक्षा 1 से 8		
	लड़के	लड़कियाँ	कुल	लड़के	लड़कियाँ	कुल
1960-61	61.7	70.7	64.9	75.0	85.0	78.3
1980-81	51.1	57.3	53.5	68.5	77.7	72.1
1990-91	42.0	47.6	44.3	60.6	67.6	63.4
2002-2003	36.0	33.9	35.0	52.3	53.5	52.8
2003-2004	33.7	28.9	31.5	51.8	52.9	52.3

ऊपर दी गई तालिका से स्पष्ट है कि बच्चों के नामांकन का अधिकांश प्रतिशत प्राथमिक स्तरों पर ही स्कूल छोड़ जाता है। लगभग 47 प्रतिशत बच्चे कक्षा 8 से पूर्व स्कूल छोड़ जाते हैं। दूसरे शब्दों में, केवल 53 प्रतिशत कक्षा 8 तक अपनी शिक्षा पूरी कर पाते हैं। कक्षा 1 से कक्षा 10 तक छोड़ने वाले छात्रों की दर लगभग 63 प्रतिशत है। अर्थात् केवल 37 प्रतिशत छात्र कक्षा 10 तक अपनी शिक्षा पूरी कर पाते हैं।

लड़कियों के बारे में स्थिति बहुत ही चिंताजनक है। इसी प्रकार अनुसूचित जाति/अनुसूचित जनजाति समुदायों की स्थिति भयानक है।

परिणामस्वरूप शक्ति, धन तथा मानव संसाधनों को क्षति पहुँचती है।

व्यर्थता तथा अगति के कारण – व्यर्थता तथा अगति के कारणों को मुख्यत: चार भागों में बाँटा जा सकता है–

1. ***आर्थिक कारण***–इनके अंतर्गत हैं: (i) अभिभावकों की निर्धनता। (ii) बच्चों का उत्पादन तथा रोजगार संबंधी कार्यों में माता-पिता की सहायता करना।

2. ***सामाजिक कारण***–(i) बाल-विवाह तथा बच्चों का स्कूल जल्दी छोड़ जाना तथा शिक्षा में अरुचि, (ii) ग्रामीण तथा पिछड़े क्षेत्रों में लड़कियों को सहशिक्षा संस्थाओं में भेजने में उदासीनता का दृष्टिकोण, (iii) आदिवासियों का अस्थिर सामाजिक ढाँचा, (iv) लड़कियों का घर के घरेलू काम-काज में सहायता प्रदान करना, (v) वर्ण व्यवस्था की सीमाएँ।

3. ***शैक्षिक कारण***–इनमें मुख्य इस प्रकार हैं–(i) स्कूल पाठ्यक्रम का समुदाय जीवन से पृथक् होना, (ii) स्कूल में रुचिकर वातावरण का अभाव, (iii) दोषपूर्ण शिक्षण विधियाँ, (iv) अध्यापकों की अपने कार्य में उदासीनता, (v) दोषपूर्ण परीक्षा प्रणाली, (vi) प्रवेश के निश्चित नियमों का न होना एवं वर्ष भर प्रवेश का जारी रहना, (vii) असंतुलित आयुवर्ग की कक्षाएँ, (viii) कक्षाओं में अधिक भीड़ का होना, (ix) एक अध्यापक वाले स्कूल, (x) उचित शैक्षिक मार्गदर्शन का अभाव।

4. ***विविधा कारण***–(i) बच्चों का प्राय: अस्वस्थ रहना, (ii) बच्चों की उपस्थिति में अनियमितता, (iii) प्राथमिक शिक्षा के प्रसार के लिए धन का अभाव, (iv) पौष्टिक आहार की कमी तथा बच्चों का कमजोर होना।

सुधार संबंधी मुख्य सुझाव – 1. प्राथमिक स्कूल में भरती से पूर्व के वर्षों में बच्चों को पूर्व प्राथमिक स्कूलों में प्रवेश के लिए सुविधाएँ प्रदान की जानी चाहिएं। 2. छात्रों को

पोषक भोजन देने के लिए दोपहर के भोजन की व्यवस्था की जाए। 3. स्कूल वर्ष के आरंभ में प्रथम दो मास के भीतर ही प्रवेश दिया जाए। 4. 'सभी पास' पद्धति को अपनाया जाए। 5. आकर्षक स्कूल भवन बनाए जाएँ तथा स्कूलों में छात्रों के बैठने की समुचित व्यवस्था हो। 6. पाठ्यक्रम लचीला हो। 7. पाठ्य-पुस्तकों का बोझ सामान्य हो। 8. विद्यालयों में शिक्षण के लिए सहायक उपकरण तथा साधन उपलब्ध कराए जाएँ। 9. प्रत्येक स्कूल में जितनी कक्षाएँ हों, उतने ब्लैकबोर्ड अवश्य होने चाहिए। 10. अध्यापक-छात्र अनुपात ऐसा रखा जाए कि अध्यापक छात्रों पर व्यक्तिगत ध्यान दे सकें। 11. जहाँ तक संभव हो, प्रशिक्षित अध्यापक ही प्राथमिक स्कूलों में नियुक्त किए जाएँ। 12. छात्रों के स्वास्थ्य की नियमित जाँच की व्यवस्था हो। 13. निर्धन छात्रों को निःशुल्क पुस्तकें, कापियाँ तथा स्कूली वेशभूषा दी जाएँ। 14. निरीक्षण प्रभावपूर्ण हो। 15. अभिभावकों से स्कूल का उचित संबंध हो। 16. समय-समय पर छात्रों की प्रगति का मूल्यांकन करके उचित कदम उठाए जाएँ, जिससे छात्रों की कमियाँ दूर हो सकें।

समय की माँग – अध्ययनों से स्पष्ट है कि हम प्राथमिक शिक्षा के क्षेत्र में विकासशील देशों की तुलना में बहुत पीछे हैं। हमें शीघ्र-से-शीघ्र छात्रों के स्कूल में टिके रहने के लिए सतत प्रयास करने होंगे।

24.9 प्राथमिक शिक्षा के सार्वभौमिकरण संबंधी प्रमुख कार्यक्रम (Significant Programmes for UEE)

1. ऑपरेशन ब्लैकबोर्ड (Operation Blackboard) 2. न्यूनतम शिक्षा स्तर (Minimum Levels of Learning) 3. मध्याह्न योजना स्कीम/प्राथमिक शिक्षा के लिए पोषाहार सहायता कार्यक्रम (Mid-Day Meals or Programme of Nutritional Support to Primary Education) 4. जिला प्राथमिक शिक्षा कार्यक्रम (District Primary Education Programme) 5. संविधान की धारा 45 में संशोधन (Amendment of Article 45 of the Constitution) 6. शिक्षा आश्वासन शिक्षा गारण्टी योजना और वैकल्पिक तथा नवाचार शिक्षा (Education Guarantee Scheme and Alternative and Innovative Education) 7. सर्वशिक्षा अभियान (Sarva Shiksha Abhiyan—Education for All) 8. कस्तुरबा गांधी बालिका विद्यालय (Kasturba Gandhi Balika Vidyalaya) 9. प्राथमिक शिक्षा कोष (Elementary Education Fund)

1. ऑपरेशन ब्लैक बोर्ड (Operation Black Board) – ***राष्ट्रीय शिक्षा नीति***–1986 के सन्दर्भ में यह पाया गया कि अनाकर्षक स्कूली वातावरण, स्कूल भवनों की असंतोषजनक स्थिति या प्राथमिक स्कूलों में अपर्याप्त शिक्षण सामग्री आदि बातें बच्चों के नामांकन तथा उन्हें स्कूलों में निरंतर रूप से बनाए रखने में बाधक बनती हैं। इन बातों को ध्यान में रखते हुए प्राथमिक स्कूलों के स्तर में उल्लेखनीय सुधार करने के लिए प्रतीक रूप से कहे जाने वाले 'ऑपरेशन ब्लैकबोर्ड' नामक अभियान शुरू करने की बात कही गई। यह योजना देश के सभी मौजूदा प्राथमिक स्कूलों में निम्नलिखित मूलभूत भौतिक सुविधाएँ प्रदान करने के लिए वर्ष 1987-88 में आरंभ की गई थी–

(i) कम-से-कम दो बड़े कमरे, जो सभी मौसमों के अनुकूल हों और उनमें लड़के तथा लड़कियों के लिए अलग-अलग शौचालय संबंधी सुविधाएँ उपलब्ध हों।

(ii) कम-से-कम दो शिक्षक, उनमें यथासंभव एक महिला शिक्षक हो। (iii) कार्यानुभव के लिए ब्लैकबोर्ड, नक्शे, चार्ट, छोटा-सा पुस्तकालय, खिलौने तथा खेल-कूद के कुछ सामान सहित आवश्यक पठन-पाठन सामग्री हो। मद संख्या (ii) तथा (iii) के लिए केन्द्रीय सहायता प्रदान की जाती है।

विस्तारित ऑपरेशन ब्लैकबोर्ड – इस योजना का क्षेत्र सौ से अधिक नामांकन वाले प्राथमिक स्कूलों में तीन कक्षा-कक्ष तथा तीन शिक्षक उपलब्ध कराने के लिए बढ़ा दिया गया है। इस योजना के अंतर्गत उच्च प्राथमिक स्कूलों को भी सम्मिलित करने की अनुमति प्रदान कर दी गई है।

उच्च प्राथमिक स्कूलों की उपयोजना के जो घटक हैं, उनमें प्रत्येक उच्च प्राथमिक स्कूलों को शामिल किया जाता है। इनके लिए निम्नलिखित प्रावधान किए गए हैं– (i) प्रत्येक कक्षा के लिए कम-से-कम एक कमरा, (ii) एक प्रधानाध्यापक तथा कार्यालय कक्ष, (iii) शौचालय की आवश्यक सुविधाएँ, (iv) प्रतिवर्ष एक हजार रुपए का आकस्मिक अनुदान, (v) पुस्तकालय की सुविधाएँ, (vi) आवश्यक सामग्री, (vii) प्राथमिक स्कूलों की प्रत्येक कक्षा के लिए कम-से-कम एक शिक्षक। सौ से अधिक नामांकन तथा दो शिक्षक वाले प्राथमिक स्कूलों को अब तृतीय शिक्षक उपलब्ध कराए जा रहे हैं।

ऑपरेशन ब्लैकबोर्ड योजना के अधीन उपलब्धियाँ – ऑपरेशन ब्लैकबोर्ड योजना के अधीन, अध्यापन-अधिगम उपस्कर की प्राप्ति के लिए अभी तक 5.23 लाख प्राथमिक स्कूलों को और 1.38 लाख उच्च प्राथमिक स्कूलों को आर्थिक सहायता प्रदान की गई है। एकल अध्यापक प्राथमिक स्कूलों के लिए अतिरिक्त अध्यापकों के लगभग 1.49 लाख पद, जिन प्राथमिक स्कूलों में नामांकन 100 से अधिक हो गया था, वहाँ तीसरे अध्यापक के 0.83 लाख पद तथा उच्च प्राथमिक स्कूलों के लिए अतिरिक्त अध्यापकों के 0.77 लाख पद मंजूर किए गए। राज्यों/संघ राज्य क्षेत्रों द्वारा योजना के अधीन 1.85 लाख क्लासरूमों का निर्माण किया गया है।

1 अप्रैल 2002 से इस योजना को सर्वशिक्षा अभियान में मिला दिया गया।

2. न्यूनतम शिक्षा स्तर (Minimum Levels of Learning) – भारत एक विकासशील देश है। इसने प्राथमिक स्तर पर प्राप्त किए जाने वाले न्यूनतम शिक्षण स्तरों को निर्धारित करने के लिए वर्ष 1991 में पहल की थी। यह नवीन दृष्टिकोण पाठ्यक्रम के विभिन्न घटकों, कक्षा-कक्ष कार्य, मूल्यांकन तथा शिक्षक प्रशिक्षण को समेकित करता है। इस कार्यक्रम का पहला चरण अठारह स्वैच्छिक एजेंसियों, अनुसंधान संस्थाओं, राज्य शैक्षिक अनुसंधान तथा प्रशिक्षण परिषदों आदि के माध्यम से कार्यान्वित किया गया था। इन परियोजनाओं को कार्यान्वित किए जाने के फलस्वरूप स्कूली बच्चों की शिक्षण उपलब्धियों में उल्लेखनीय सुधार हुआ।

3. मध्याह्न भोजन स्कीम – *प्राथमिक शिक्षा के लिए पोषाहार सहायता राष्ट्रीय कार्यक्रम (Programme of Nutritional Support to Primary Education)* – प्राथमिक शिक्षा के लिए पोषाहार समर्थन का राष्ट्रीय कार्यक्रम, जिसे मध्याह्न भोजन स्कीम के नाम से जाना जाता है, लगभग 12 करोड़ बच्चों को कवर करता है। यह विश्व के एक सबसे बड़े स्कूल खाद्य कार्यक्रम के रूप में उभरा है। अगस्त 1995 में शुरू की गई इस स्कीम को सितम्बर 2004 में संशोधित किया गया था, जिसके मुख्य उद्देश्य निम्नलिखित हैं–

(i) विशेष रूप से सुविधाविहीन वर्गों से संबंधित बच्चों के दाखिले, उपस्थिति, प्रतिधारण और अध्ययन स्तरों में सुधार करके प्राथमिक शिक्षा (कक्षा I-V) के व्यापीकरण को बढ़ावा देना; (ii) प्राथमिक स्तर के छात्रों की पोषाहार स्थिति को सुधारना; (iii) सूखा प्रभावित क्षेत्रों में, ग्रीष्मावकाश के दौरान भी प्राथमिक स्तर के छात्रों को पोषाहार प्रदान करना।

कार्यक्रम हस्तक्षेप और कवरेज – स्कीम के अन्तर्गत, निम्नलिखितों में कक्षा I-V में अध्ययन करने वाले सभी बच्चों को कम-से-कम 300 कैलोरी और 8-12 ग्राम प्रोटीन के साथ पके हुए मध्याह्न भोजन की व्यवस्था करने की परिकल्पना की गई है।

(i) राजकीय, स्थानीय निकाय और सरकार से सहायताप्राप्त स्कूल, और (ii) शिक्षा गारंटी स्कीम तथा वैकल्पिक और नूतन शिक्षा केन्द्र।

केन्द्रीय सहायता के संघटक और मापदण्ड – राज्य सरकारों/संघ राज्य क्षेत्र प्रशासनों को केन्द्रीय सहायता निम्नलिखित संघटकों के लिए प्रदान की जाती है–

- खाद्यान्नों (गेहूं/चावल) की मुफ्त आपूर्ति-निकटवर्ती एफसीआई गोदाम से प्रति बच्चा प्रति स्कूल दिन 100 ग्राम के हिसाब से।
- निकटवर्ती एफसीआई गोदाम से प्राथमिक स्कूल तक खाद्यान्न की ढुलाई पर आई वास्तविक लागत जिसकी अधिकतम सीमा निम्न प्रकार है (1-10-2004 से लागू)–
  - 11 विशेष श्रेणी राज्यों (अर्थात् अरुणाचल प्रदेश, असम, मेघालय, मिजोरम, मणिपुर, नागालैंड, त्रिपुरा, सिक्किम, जम्मू और कश्मीर, हिमाचल प्रदेश और उत्तरांचल) के लिए 100 रुपए प्रति क्विंटल; और
  - अन्य राज्यों और संघ राज्य क्षेत्रों के लिए 75 रुपए प्रति क्विंटल।

इस कार्यक्रम के अन्तर्गत पका-पकाया पौष्टिक भोजन उपलब्ध कराया जाता है। यह कार्यक्रम देश के सारे राज्यों तथ संघशासित क्षेत्रों में चलाया जा रहा है।

इस योजना के अन्तर्गत वर्ष 1995-96 में 3.34 करोड़ बच्चों को भोजन दिया गया। वर्ष 2004-2005 में यह संख्या बढ़कर 12 करोड़ हो गई। इस योजना पर 2004-2005 में कुल खर्च लगभग रु. 3,000 करोड़ हुआ।

इस कार्यक्रम से स्कूलों में विशेषकर लड़कियों नामांकन का बढ़ा है।

4. जिला प्राथमिक शिक्षा कार्यक्रम (District Primary Education Programme) – यह कार्यक्रम 1994 में 7 राज्यों के 42 जिलों में प्रारम्भ किया गया तथा धीरे-धीरे 27 राज्यों के लगभग सभी जिलों में आरम्भ किया गया। यह कार्यक्रम प्राथमिक शिक्षा के सार्वभौमीकरण के लक्ष्य की पूर्ति पर बल देने वाली एक केन्द्र-प्रायोजित योजना है। इस कार्यक्रम के घटक इस प्रकार हैं–

(i) शिक्षण कक्षाओं तथा स्कूल का निर्माण। (ii) अनौपचारिक/वैकल्पिक स्कूली केन्द्रों की स्थापना करना। (iii) अध्यापन-अधिगम सामग्री का निर्माण। (iv) अनुसंधान आधारित उपाय। (v) लड़कियों, अनुसूचित जातियों/जनजातियों के बच्चों की शिक्षा पर विशेष ध्यान।

कार्यक्रम की रूपरेखा – यह कार्यक्रम इस ढंग से तैयार किया गया है कि प्रारम्भिक शिक्षा के लिए राज्य सरकारों द्वारा किए गए प्रावधनों के अलावा अतिरिक्त निवेश प्रदान किए जाएँ। यह कार्यक्रम प्राथमिक शिक्षा की उन्नति में मौजूदा प्रणाली में नए प्राण फूँकने

का भी प्रयास करता है। डी.पी.ई.पी. एक परिस्थिति विशिष्ट कार्यक्रम है तथा इसमें लड़कियों पर स्पष्ट रूप से ध्यान दिया जाता है। कार्यक्रम के घटक इस प्रकार हैं–शिक्षण कक्षों और नए स्कूलों का निर्माण, अनौपचारिक/वैकल्पिक स्कूली शिक्षा केन्द्रों की स्थापना, नए शिक्षकों की नियुक्ति, ब्लॉक संसाधन केन्द्रों/संकुल संसाधन केन्द्रों की स्थापना, शिक्षक प्रशिक्षण, अध्यापन-अधिगम सामग्री का निर्माण, अनुसंधान आधारित उपाय, लड़कियों, अनुसूचित जातियों/जनजातियों आदि के बच्चों की शिक्षा के निमित विशेष उपाय। विकलांग बच्चों की समाकलित शिक्षा और शिक्षक प्रशिक्षण में सुधार के लिए दूरस्थ शिक्षा घटकों को भी इस कार्यक्रम में शामिल किया गया है।

लक्ष्य – कार्यक्रम का लक्ष्य मुख्यत: यह है कि सभी बच्चों को प्राथमिक शिक्षा की सुविधाएँ सुलभ कराई जाएँ, प्राथमिक शिक्षा बीच में छोड़ने वाले बच्चों के अनुपात को घटा कर 10 प्रतिशत से कम पर लाया जाए, प्राथमिक स्कूलों के छात्रों की अधिगम उपलब्धि में कम से कम 25 प्रतिशत का संवर्धन किया जाए तथा लड़के-लड़कियों एवं सामाजिक वर्गों के अंतर को घटाकर 5 प्रतिशत से भी कम पर लाया जाए।

जिला चयन मापदण्ड – कार्यक्रम कार्यान्वयन की इकाई के रूप में जिले का चयन निम्न आधार पर किया जाता है–(1) शैक्षिक दृष्टि से पिछड़े ऐसे जिले जिनमें साक्षरता राष्ट्रीय औसत से कम है, और (2) ऐसे जिले जिनमें समग्र साक्षरता अभियान (टी.एल. सी.) सफल रहे हैं और जिनके फलस्वरूप प्रारम्भिक शिक्षा की माँग बढ़ी है।

वित्तपोषण – एक केन्द्रीय प्रायोजित योजना के रूप में डी.पी.ई.पी. परियोजना की लागत का 85 प्रतिशत भारत सरकार द्वारा तथा 15 प्रतिशत सम्बन्धित परियोजना राज्य द्वारा वहन किया जाता है। भारत सरकार के हिस्से का वित्तपोषण बाह्य एजेंसी द्वारा किया जाता है। आज की स्थिति में डी.पी.ई.पी. को लगभग 6938 करोड़ रुपये की विदेशी सहायता प्राप्त है जिसमें से 5137 करोड़ रुपये अन्तर्राष्ट्रीय विकास संघ से ऋण के रूप में हैं और 1801 करोड़ रुपये यूरोपीय आयोग (ई.सी.), अन्तर्राष्ट्रीय विकास विभाग, यूके (डी.एम.आई. ई.) यूनीसेफ तथा नीदरलैण्ड सरकार के अनुदान के रूप में हैं।

कवरेज (विस्तार) – यह कार्यक्रम, 1994 में 7 राज्यों के 42 जिलों में प्रारम्भ कर दिया गया था, अब उसका विस्तार 18 राज्यों के 271 जिलों तक कर दिया गया है। ये 18 राज्य इस प्रकार हैं–असम, हरियाणा, कर्नाटक, केरल, महाराष्ट्र, तमिलनाडु, मध्य प्रदेश, छत्तीसगढ़, गुजरात, हिमाचल प्रदेश, उड़ीसा, आन्ध्र प्रदेश, पशिचम बंगाल, उत्तर प्रदेश, उत्तरांचल, बिहार, झारखण्ड तथा राजस्थान। मध्य प्रदेश और छत्तीसगढ़ के 26 जिलों में यह परियोजना 31 दिसम्बर 2002 को पूरी हो गई जबकि डी.पी.ई.पी. चरण-I और II के 178 जिलों में परियोजना 30 जून 2003 को समाप्त हुई। इसके बाद यह परियोजना 9 राज्यों, अर्थात् आन्ध्र प्रदेश, बिहार, गुजरात, उड़ीसा, उत्तर प्रदेश, पश्चिम बंगाल, राजस्थान, झारखण्ड तथा उत्तरांचल के 129 जिलों में जारी रहेगी।

अब यह योजना सभी राज्यों के सभी जिलों में चालू है।

डी.पी.ई.पी. के तहत प्रमुख उपलब्धियाँ – 1. डी.पी.ई.पी. के तहत अभी तक 1,60,000 से अधिक नए स्कूल खोले गए हैं, जिनमें लगभग 84,000 वैकल्पिक स्कूल केन्द्र शामिल हैं। एसएस केन्द्रों के अन्तर्गत लगभग 3.5 मिलियन बच्चे कवर हैं, तथा 2 मिलियन और बच्चे विभिन्न प्रकार के संक्षिप्त पाठ्यक्रमों द्वारा कवर हैं।

2. डी.पी.ई.पी. चरण-I जिलों में दाखिला, जो 1997-98 में 79.33 लाख था, 2001-2002 में बढ़कर 90.26 लाख हो गया। बाद वाले चरणों में डी.पी.ई.पी. के तहत कवर जिलों में समग्र दाखिला, जो 1997-1998 में 185.31 लाख था, बढ़कर 2002-2003 में 600.00 लाख हो गया।

3. डी.पी.ई.पी. के अंतर्गत काफी स्कूली अवस्थापना का सृजन हुआ है। पूरे हो गए कार्यों में 52758 स्कूली इमारतें, 58604 अतिरिक्त कक्षा कमरे, 16619 संसाधन केन्द्र, 29307 मरम्मत कार्य, 64592 शौचालय और 24909 पेय जल सुविधाएँ सम्मिलित हैं। 3285 और स्कूली इमारतें, 5348 अतिरिक्त कक्षा कमरों, 1027 संसाधन केन्द्रों, 2599 शौचालयों, 2119 पेय जल सुविधाओं का निर्माण कार्य व 766 मरम्मत कार्य 9 राज्यों के 129 जिलों में प्रगति पर है, जहाँ कि परियोजना अभी भी चल रही है।

4. पिछले वर्षों के दौरान दाखिले में वृद्धि के बावजूद, डी.पी.ई.पी. के अंतर्गत कवर स्कूलों के संबंध में औसत छात्र-कक्षा अनुपात (एससीआर) 2002-03 में 42 था जबकि 1996-97 में यह लगभग 50 था।

5. पुनर्गठित तालमेलपूर्ण पद्धति का इस्तेमाल करते हुए दाखिले और दोहराने वालों के संबंध में 2000-01 और 2001-02 ईएमआईएस डाटा से बीच में पढ़ाई छोड़ देने वालों की दर का अनुमान लगाने के लिए एक अध्ययन आयोजित किया गया। ग्रेड-I और प्राथमिक स्कूल के अंतिम ग्रेड के बीच पढ़ाई छोड़ देने वाले बच्चों का प्रतिशत 102 जिलों में से 20 जिलों में 10 प्रतिशत से कम पाया गया तथा एक-तिहाई जिलों में 20 प्रतिशत से कम पाया गया। 62 प्रतिशत जिलों में लिंग अंतर 5 प्रतिशत से कम था किन्तु बड़ी संख्या में जिलों के बीच में पढ़ाई छोड़ देने वालों की ऊँची दर अभी भी एक चिन्ता का विषय है।

6. लड़कियों के दाखिले में पर्याप्त सुधार हुआ है। डी.पी.ई.पी.-I जिलों में, कुल दाखिले की दृष्टि से लड़कियों के दाखिले का हिस्सा 48 प्रतिशत से बढ़कर 49 प्रतिशत हो गया जबकि डी.पी.ई.पी. जिलों के बाद वाले चरण में यह वृद्धि 46 प्रतिशत से 47 प्रतिशत थी।

7. लगभग सभी परियोजना ग्राम/बस्तियों/स्कूलों में ग्राम शिक्षा समितियाँ/स्कूल प्रबंधन समितियाँ स्थापित की गई हैं।

8. लगभग 1,77,000 नए अध्यापक नियुक्त किए गए हैं जिनमें परा-अध्यापक/शिक्षाकर्मी सम्मिलित हैं।

9. ब्लॉक स्तर पर लगभग 3380 संसाधन केन्द्र और संकुल स्तर पर 29725 केन्द्र शैक्षिक सहायता और शिक्षक प्रशिक्षण सुविधाएँ प्रदान करने के लिए, स्थापित किए गए हैं।

10. 2001 में 49 चरण-I जिलों में और 2003 में 83 चरण-II जिलों में किए गए टर्मिनल मूल्यांकन सर्वेक्षण के अनुसार, 95 प्रतिशत से अधिक जिलों में भाषा और गणित दोनों में कक्षा-III/IV परीक्षाओं में औसत अंक 60 प्रतिशत से अधिक थे, जबकि कक्षा में उन जिलों में प्रतिशत जहाँ औसत अंक 100 में से 60 प्रतिशत से अधिक थे, उनके अंक भाषा में 43.2 प्रतिशत और गणित परीक्षाओं में 28.8 प्रतिशत थे।

5. संविधान की धारा 45 में संशोधन (Amendment of Article 45 of the Constitution) – संविधान की मूल धारा 45 के अनुसार प्राथमिक शिक्षा का सार्वभौमीकरण 1960 तक हो जाना चाहिए था परन्तु यह लक्ष्य 2000 तक भी पूरा न हो सका। ऐसा अनुभव किया गया कि इस लक्ष्य की पूर्ति के लिए प्राथमिक शिक्षा को

'मौलिक अधिकार' (Fundamental Right) बना दिया जाये। तद्नुसार 2002 में संविधान की धारा 45 में संशोधन किया गया तथा धारा 21A और 51A (k) को जोड़ा गया।

मूल धारा 45–बालकों के लिए नि:शुल्क और अनिवार्य शिक्षा का प्रबन्ध–"राज्य इस संविधान के आरम्भ से दस वर्ष की अवधि के भीतर सभी बालकों को चौदह वर्ष की आयु पूरा करने तक नि:शुल्क और अनिवार्य शिक्षा देने के लिए उपबंध (Provision) करने का प्रयास करेगी।"

2002 में संविधान में निम्न संशोधन किए गए–

1. **धारा 21A**–धारा 21A को मूल अधिकारों से संबंधित भाग III में जोड़ा गया। धारा 21A इस प्रकार है, "राज्य 6-14 वर्ष की आयु के सभी बच्चों को राज्य द्वारा निर्मित विधि के अनुसार नि:शुल्क और अनिवार्य शिक्षा प्रदान करेगी।"

2. **धारा 45**–संशोधित धारा इस प्रकार है–"राज्य सभी बच्चों को जब तक वे 6 वर्ष की आयु के नहीं हो जाते, प्रारम्भिक शिशु देखभाल और शिक्षा प्रदान करने के अवसर सुलभ कराएगा।"

3. **51A(k)**–भाग IV के मूल कर्त्तव्य में "माता-पिता अथवा अभिभावक, स्थिति अनुसार 6-14 वर्ष की आयु के बीच के अपने बच्चे तथा वार्ड के लिए शिक्षा के अवसर सुलभ कराएगा।"

6. शिक्षा गारंटी आश्वासन योजना और वैकल्पिक तथा नवाचारी शिक्षा (Education Guarantee Scheme and Alternative and Innovative Education) – 6-14 आयु वर्ग के बच्चों के लिए आश्वासन योजना और वैकल्पिक तथा नवाचारी शिक्षा (ई.जी.एस. तथा ए.आई.ई.) कार्यक्रम 1 अप्रैल, 2001 में शुरू की गई। इसकी मुख्य विशेषताएँ निम्नलिखित हैं–

1. स्कूलविहीन बस्तियों में स्कूल खोलना (ई.जी.एस.)।
2. 'स्कूल-बाह्य' बच्चों को मुख्य धारा का अंग बनाने के लिए हस्तेक्षपणीय उपाय, जैसे कि सेतु पाठ्यक्रम, 'वापस स्कूल चलो' शिविर आदि।

ई.जी.एस. तथा ए.आई.ई. कार्यक्रम में नमनशील कार्यनीतियों की परिकल्पना की गयी है, जिनमें ये शामिल हैं–प्रवासी बच्चों के लिए स्कूलविहीन बस्तियों में स्कूल अथवा संक्षिप्त पाठ्यक्रम, सेतु पाठ्यक्रम, आवासी शिविर, आवारा तथा मलिन बस्तियों के बच्चों के लिए अल्पकालीन केन्द्र, औपचारिक स्कूलों में दाखिल बच्चों के लिए उपचारात्मक शिक्षण, अल्पकालीन ग्रीष्मकालीन शिविर आदि।

दसवीं योजना के बाद से यह योजना यू.ई.ई. के लिए समग्र कार्यक्रम अर्थात् एस.एस.ए. का एक अंग बन गयी है। इस स्कीम का कार्यान्वयन और अनुश्रवण राज्य/संघ शासित क्षेत्र की सरकारों द्वारा स्थापित/अभिज्ञात राज्य स्तरीय सोसायटियों द्वारा किया जाता है, जिनको राज्य और समाजार्थिक क्षेत्रों के अधीन इन प्रस्तावों का मूल्यांकन और अनुमोदन करने के अधिकार प्राप्त हैं। केन्द्र और राज्यों के बीच खर्च का अनुपात क्रमश: 75 : 25 है। तथापि, स्वैच्छिक एजेन्सियाँ 100 प्रतिशत सहायता (समग्र लागत सीमाओं के भीतर) की पात्र हैं।

क्योंकि ई.जी.एस. तथा ए.आई.ई., एस.एस.ए. का एक अंग है, इसलिए इस सम्बन्ध में कोई अलग बजट का प्रावधन नहीं किया गया है लेकिन इस योजना से सम्बन्धित खर्च एस.एस.ए. के समग्र बजट प्रावधन में से किया जाता है।

वर्ष 2005-2006 के दौरान (दिसम्बर 2005 तक), इस घटक से 62.26 लाख बच्चों को प्रारम्भिक शिक्षा प्रदान करने में मदद मिली, अर्थात् भूमिहीन बस्तियों मे रह रहे 54 लाख बच्चों को 1.29 लाख ईजीएस केन्द्रों के माध्यम से प्रारम्भिक शिक्षा प्रदान की गई तथा 8.29 लाख स्कूल न जाने वाले बच्चों को संक्षिप्त पाठ्यक्रमों/स्कूल शिविरों के अन्तर्गत लाया गया।

7. सर्वशिक्षा अभियान (Sarva Shiksha Abhiyan) – ***सर्वशिक्षा अभियान का अर्थ***–जैसा कि इस अभियान का नाम है, यह अभियान प्राथमिक स्तर पर 'सभी को शिक्षा' देने के लिए चलाया गया है। इस अभियान का आरम्भ 2001 में किया गया।

अभियान को चलाने के कारण–संविधान की धारा 45 के अनुसार देश में नि:शुल्क प्राथमिक शिक्षा का प्रबन्ध 6-14 वर्ष के बीच सभी बच्चों के लिए किया जाना था, परन्तु इसमें प्रगति ढीली थी। इस लक्ष्य की प्राप्ति के लिए यह अभियान चलाया गया।

प्राथमिक शिक्षा के क्षेत्र में उल्लेखनीय प्रगति के बावजूद वर्ष 2000 में लगभग 2.4 करोड़ बच्चे स्कूल नहीं जाते थे।

लगभग 50 प्रतिशत बच्चे आठवीं कक्षा आते-आते तक स्कूल छोड़ जाते थे।

सर्वशिक्षा अभियान के लक्ष्य – (i) 2003 तक 6-14 वर्ष के सभी बच्चे स्कूल में हों। (ii) 6-14 वर्ष के आयु के सभी बच्चे 2007 तक पाँच वर्षों की प्रारम्भिक शिक्षा पूरी कर लें। (iii) 6-14 वर्ष आयु के बच्चों के 2010 तक आठ वर्षों की प्रारम्भिक शिक्षा की ओर ध्यान केन्द्रित करना। (iv) जीवन के लिए शिक्षा पर बल देते हुए संतोषजनक स्तर की प्रारम्भिक शिक्षा की ओर ध्यान केन्द्रित करना। (v) प्राथमिक स्तर पर 2007 तक तथा प्रारम्भिक स्तर पर 2010 तक लड़के और लड़कियों के बीच अंतराल और सामाजिक वर्ग विशेषताएँ समाप्त करना। (vi) 2010 तक यह सुनिश्चित करना कि सभी बच्चे शिक्षा जारी रखें।

सर्वशिक्षा अभियान के मुख्य कार्यक्रम – 1. ऐसी बस्तियों में स्कूल स्थापित करना जहाँ कोई स्कूली सुविधाएँ नहीं हैं। 2. अतिरिक्त कक्षाएँ खोलना। 3. शौचालय बनाना। 4. पेयजल की व्यवस्था करना। 5. अनुरक्षण अनुदान देना। 6. स्कूलों के बुनियादी ढाँचे को दृढ़ करना। 7. शिक्षकों की कमी को दूर करना। 8. अध्यापन-अधिगम सामग्री जुटाना। 9. कमजोर वर्गों की लड़कियों पर विशेष ध्यान देना। 10. नि:शुल्क शिक्षा सहित अनेक प्रोत्साहन योजनाएँ चलाना।

विभिन्न राज्यों तथा निकायों की भागेदारी – सर्वशिक्षा अभियान कार्यक्रम के अंतर्गत सहायता नौवीं योजना के दौरान केन्द्र और राज्य सरकार के बीच 85 : 15 की भागीदारी के आधार पर थी, दसवीं योजना के दौरान यह 75 : 25 के आधार पर है और इसके बाद 50 : 50 के आधार पर होगी।

तालिका 24.6: 2005-2006 के दौरान एसएसए के अन्तर्गत जारी निधियाँ (करोड़ रुपए में)

वर्ष	*केन्द्रीय सरकार द्वारा जारी निधियाँ*	*राज्य सरकार द्वारा जारी निधियाँ*	*उपलब्ध कुल निधियाँ*	*व्यय*
2004-2005	5139.75	1747.51	7732.08	6598.39
2005-2006 (सितम्बर 2005 तक)	4181.55	1025.81	6165.55	3361.33

तालिका 24.7: सर्वशिक्षा अभियान के तहत प्रगति

मद	मंजूर भौतिक लक्ष्य	प्रगति	(सितम्बर 2005) प्रतिशत
1. नए स्कूल खोलना	157967	129893	82
2. स्कूल भवनों का निर्माण	120629	58181 (पूर्ण) 34516 (निर्माणाधीन)	77
3. अतिरिक्त कक्षाकमरों का निर्माण	329690	113871 (पूर्ण) 110872 (निर्माणाधीन)	68
4. ईजीएस/एआईए केन्द्रों में बच्चों का दाखिला	5200000	54,00000	136
5. नए अध्यापकों की नियुक्ति	772345	492261	64
6. मुफ्त पाठ्यपुस्तकें	61450085	50220434	82
7. ब्लॉक संसाधन केन्द्रों की स्थापना	7422	7201	97
8. क्लस्टर संसाधन केन्द्रों की स्थापना	70735	66140	93.5

सर्वशिक्षा अभियान की समीक्षा – शिक्षा के सार्वभौमीकरण के सन्दर्भ में सर्वशिक्षा अभियान का विशेष महत्त्व है। इस अभियान की सफलता के लिए एक विशेष संगठनात्मक ढाँचे की स्थापना की गई है। लक्ष्यों की पूर्ति के लिए तथा राज्य और अभिभावकों की जवाबदेही बढ़ाने के लिए संसद ने 2002 में प्राथमिक शिक्षा संबंधी संशोधन भी संविधान में किया। पिछड़े वर्गों के बच्चों, तथा दूरस्थ क्षेत्रों के बच्चे तथा लड़कियों की शिक्षा पर विशेष बल दिया गया है। लक्ष्यों की मॉनीटरिंग के लिए विशेष सैल स्थापित किए गए हैं। 2004 में सर्वशिक्षा अभियान के लिए राष्ट्रीय मिशन की स्थापना की।

नियमित स्कूल के बुनियादी ढाँचे को दृढ़ बनाने के प्रयास किए जा रहे हैं। सुविधाओं का विस्तार किया है।

उपलब्धियाँ

1. **अनुपात**–स्कूल दाखिला अनुपात (जीईआर) जो 1950-51 में 31.1 था, 2003-2004 में बढ़कर 85 प्रतिशत हो गया।

2. **लिंग असमानता**–प्रारम्भिक स्तर पर जीईआर में लिंग असमानता जो 2001-2002 में 17.1 प्रतिशत थी, कम होकर 2003-2004 में 6.5 प्रतिशतांक हो गई।

3. **स्कूल न जा सकने वाले बच्चे**–2001 में 3.2 करोड़ से घटकर अक्टूबर 2005 में 95 लाख हो गए।

4. **प्राथमिक स्तर पर बीच में पढ़ाई छोड़ने वालों की दर**–7.7 प्रतिशत तक कम हो गई, 2001-2002 में 39.03 प्रतिशत से 2003-2004 में 31.36 प्रतिशत हो गई। लड़कियों के मामले में बीच में पढ़ाई छोड़ने की दर इसी अवधि के दौरान 11 प्रतिशतांक तक कम हो गई।

5. **स्कूलों की संख्या**–2001 के बाद से 1,77,677 नए स्कूल खोले गए। 94 प्रतिशत ग्रामीण आबादी के पास एक किलोमीटर की दूरी के अन्दर एक स्कूल है।

6. **स्कूली इमारतें**–92,697 स्कूली इमारतें पूरी की गईं।

7. **अतिरिक्त अध्यापक**–4.92 लाख अतिरिक्त अध्यापक नियुक्त किए गए।

8. **नि:शुल्क पाठ्यपुस्तकें**–कक्षा I से VIII तक पढ़ने वाली सभी लड़कियों और अनुसूचित जाति/अनुसूचित जनजाति के लगभग 6 करोड़ बच्चों को नि:शुल्क पाठ्यपुस्तकें वितरित की जाती हैं।

सर्वशिक्षा अभियान को सशक्त तथा प्रभावी बनाने के सुझाव

1. आँकड़ों का उचित संग्रह, आँकड़ा विश्लेषण और आँकड़ों का प्रयोग प्रगति को मापने के लिए महत्त्वपूर्ण है, अत: इस प्रणाली को मजबूत किया जाए।

2. सभी क्रियाकलापों को मिशन के लक्ष्यों के साथ जोड़ना कार्यान्वयन प्रक्रिया की गति और प्रभाविता में तेजी लाने के लिए महत्त्वपूर्ण है। उस बल दिया जाए।

3. सकल नामांकन अनुपात 100 प्रतिशत के स्तर पर पहुँचाने के बाद ध्यान उपस्थित और शिक्षा बीच में छोड़ने वालों पर रोक लगाने की तरफ लगाया जाना चाहिए।

4. बच्चों की शिक्षा में रुचि बनाए रखने के लिए क्लासरूम प्रक्रियाएँ सबसे अधिक महत्त्वपूर्ण हैं अत: इसलिए उन्हें और अधिक गहराई से समझे जाने तथा गुणवत्तात्मक दृष्टि से बेहतर बनाए जाने की दिशा में प्रयास किए जाने की आवश्यकता है।

5. प्रणाली के सभी महत्त्वपूर्ण क्षेत्रों में क्षमता निर्माण की दशा में बहुत कुछ किया जाना बाकी है ताकि सभी की अधिगम उपलब्धियों में सुधार लाया जा सके।

6. प्रशासनिक क्रियाविधियों की समीक्षा आवश्यक है ताकि विभिन्न बाधाओं और क्रियाविधियों का उन्मूलन करके स्कूल में बच्चों का प्रवेश और उन्हें शिक्षा में बनाए रखने का काम सुगम बन सके।

7. सिविल कार्य, जिस पर एसएसए निधियों का लगभग एक तिहाई व्यय किया जाता है, को अध्ययन परिवेश के अभिन्न अंग के रूप में लिया जाना चाहिए। इस प्रकार संदर्भ विशिष्ट स्कूल भवन डिजाइन पर ध्यान देना काफी महत्त्वपूर्ण है।

8. अभियान में लगे हुए गैर सरकारी संगठनों की सतत् समीक्षा की जाए और यह आश्वस्त किया जाए कि दिया गया अनुदान ठीक प्रकार से खर्च किया जा रहा है।

9. समुदाय की भागेदारी बढ़ाई जाए।

('योजना' अंक 49, सितम्बर 2005 के आधार पर)

8. **कस्तूरबा गांधी बालिका विद्यालय (Kasturba Gandhi Balika Vidyalaya)** – केजीबावी स्कीम, शैक्षिक रूप से पिछड़े ब्लॉकों में (इबीबी), जहाँ महिला साक्षरता राष्ट्रीय औसत से कम है और साक्षरता में लैंगिक अंतर राष्टौय औसत से अधिक है, प्रमुख रूप से अनुसूचित जाति, अनुसूचति जनजाति और अल्पसंख्यकों के लिए प्रारम्भिक स्तर पर 750 रिहायशी स्कूल स्थापित करने के लिए, अगस्त 2004 में शुरू की गई थी।

9. **प्रारम्भिक शिक्षा कोष (Elementary Education Fund)** – प्रारम्भिक शिक्षा के लिए संसाधनों में वृद्धि करने के लिए 2004 में प्रमुख केन्द्रीय करों पर 2 प्रतिशत की दर से एक शिक्षा उपकर आरोपित किया गया। शिक्षा उपकर की प्राप्तियाँ प्राप्त करने के लिए 'प्रारम्भिक शिक्षा कोष' नामक एक अव्यपगतनीय पृथक्, समर्पित कोष सृजित किया गया है।

24.10 प्राथमिक शिक्षा की गुणवत्ता में सुधार के लिए सुझाव (Suggestions for Qualitative Improvement of Elementary Education)

समय-समय पर चिंता प्रकट की गई है कि हमारी शिक्षा का स्तर उत्तरोत्तर नीचे गिर रहा है। इस संदर्भ में विशेषकर प्राथमिक स्कूलों को दोषी ठहराया जाता है और कहा जाता है कि इस स्तर पर बच्चों की सर्वांगीण उन्नति के लिए पर्याप्त प्रयास नहीं किए जा रहे हैं। इसमें कोई संदेह नहीं कि जब तक नींव दृढ़ नहीं होगी, भवन भी अस्थिर ही रहेगा। इसलिए शिक्षा स्तर की नींव, जिसका आधार प्राथमिक स्तर पर ही निर्भर होता है, को सुदृढ़ बनाए बिना शिक्षा के अन्य स्तरों में सुधार लाना बहुत ही कठिन कार्य होगा।

समय-समय पर शैक्षिक समितियों के सुझावों का विवरण पहले ही दिया गया है। यद्यपि प्राथमिक शिक्षा में सुधार हेतु अनेक पग उठाए गए हैं, फिर भी बहुत कुछ करना बाकी है। हमें सदा यह स्मरण रखना होगा कि इस गतिशील संसार में ज्ञान का विस्फोट बहुत शीघ्रता से हो रहा है और इन चुनौतियों का सामना करने के लिए प्राथमिक शिक्षा के पाठ्यक्रम, अध्यापन विधियाँ आदि में सतत् समयानुसार परिवर्तन लाना होगा।

प्राथमिक शिक्षा के विभिन्न घटकों, जिन पर इसका स्तर निर्भर है, के बारे में विस्तारपूर्वक चर्चा करना तो यहाँ संभव नहीं, फिर भी कुछ विशेष घटकों पर प्रकाश डालने का प्रयास किया गया है।

1. प्रभावी पाठ्यक्रम। 2. गतिशील शिक्षण विधियाँ। 3. विद्यालयों में पर्याप्त भौतिक तथा अन्य सुविधाएँ। 4. उपयुक्त, आकर्षक पाठ्य पुस्तकें। 5. उत्साही तथा संतुष्ट अध्यापक वर्ग। 6. लचीली तथा वस्तुनिष्ठ परीक्षा पद्धति। 7. एक अध्यापकवाले स्कूलों को सशक्त बनाना। 8. अध्यापक प्रशिक्षण में सुधार। 9. प्राथमिक स्तर पर अधिक व्यय करना। 10. छात्रों का बोझ कम करना। 11. मीडिया का प्रयोग।

1. **प्रभावी पाठ्यक्रम**–राष्ट्रीय शैक्षिक अनुसंधान एवं प्रशिक्षण परिषद् ने पाठ्यक्रम संबंधी निम्नलिखित सुझाव दिए हैं–

(i) अधिगम (सीखने) के न्यूनतम स्तर निर्धारित करना।

(ii) निर्धारित अधिगमों की प्राप्ति को सरल बनाने वाले अधिगम अनुभव और विषय-वस्तु की उचित व्यवस्था करना।

(iii) पाठ्यक्रम के कार्य निष्पादन के दौरान शिक्षक केन्द्रित दृष्टिकोण के स्थान पर छात्र केन्द्रित दृष्टिकोण पर बल देना।

(iv) समस्त शैक्षिक अवधि में शिक्षा के शैक्षणिक और गैर शैक्षणिक दोनों पहलुओं को समाविष्ट करने वाले सतत् और व्याख्यापरक मूल्यांकन को शुरू करके परीक्षा प्रणाली को नया रूप देना।

(v) देश भर में तुलनात्मक क्षमता (Comparable competency) के मानदण्डों के विकास और चयन के लिए राष्ट्रीय परीक्षण सेवा जैसी उपयुक्त कार्यप्रणाली की स्थापना करना।

(vi) सभी स्कूलों तथा अनौपचारिक शिक्षा केन्द्रों में पाठ्यक्रम को प्रभावी बनाने के लिए पर्याप्त मात्रा में सुविधाओं का प्रावधन करना।

2. **गतिशील शिक्षण विधियाँ**–पाठ्यक्रम को ठीक ढंग से कार्यान्वित करने के लिए आवश्यक है कि शिक्षण विधियाँ गतिशील और छात्र केन्द्रित हों। शिक्षण विधियों में छात्र

के 'सीखने' न कि 'सिखाने' पर बल दिया जाए। राष्ट्रीय शिक्षा नीति की समीक्षा समिति ने छात्र केन्द्रित शिक्षा को निम्न प्रकार से दर्शाया है–

(i) बाल केन्द्रित कक्षा में ध्यान अध्यापक पर नहीं, बच्चे पर केन्द्रित होता है। इसलिए अध्यापक के लिए जरूरी है कि वह बच्चों की प्रकृति, समस्याओं और अभिवृत्तियों को पहचानने और उनके अनुसार ही उन्हें प्रेरित करने, पढ़ाने तथा अलग-अलग मूल्यांकन की अपनी प्रक्रिया विकसित करे और उनके अवांछनीय समझे जाने वाले व्यवहार के प्रति अपनी प्रतिक्रिया व्यक्त करे।

(ii) बच्चों की तरह अध्यापक भी निरंतर सीखता रहता है और नए-नए अनुभव प्राप्त करता रहता है।

(iii) सीखने की प्रक्रिया के नियम कड़े या स्थिर नहीं होते। कक्षा में पैदा होने वाली स्थितियों और चुनौतियों के अनुसार ही अध्यापक और बच्चे लगातार खोज, अन्वेषण, अनुकूलन और नए-नए नियम बनाते रहते हैं। साथ ही इस बात से भी इन्कार नहीं किया जा सकता कि इस प्रक्रिया में अध्यापक का मार्गदर्शन स्थूल सैद्धान्तिक संरचना ही करती है।

(iv) ज्ञान के साथ-साथ ज्ञान प्राप्ति की पद्धति भी समान रूप से महत्त्वपूर्ण होती है। बच्चों के दैनिक अनुभवों से ही ज्ञान प्राप्ति की पद्धति का निर्माण किया जाता है, जो फिर उन्हीं में समाहित हो जाती है।

3. **विद्यालयों में पर्याप्त भौतिक तथा अन्य सुविधाएँ**–समय-समय पर किए गए सर्वेक्षणों से पता चलता है कि प्राथमिक स्कूलों में बेसिक सुविधाओं का बहुत अभाव है। जहाँ कुछ सुविधाएँ उपलब्ध हैं, उनका पूरा-पूरा लाभ नहीं उठाया जाता है। कुछ वर्ष पूर्व किए गए सर्वेक्षण से निम्नलिखित तथ्य सामने आए–

अखिल भारतीय स्तर पर केवल 58 प्रतिशत स्कूलों में ब्लैकबोर्ड थे। केवल 28 प्रतिशत स्कूलों में किसी न किसी प्रकार की पुस्तकालय सुविधाएँ थीं और लगभग 46. 6 प्रतिशत स्कूलों में खेल के मैदान थे। विभिन्न राज्यों में तो इस प्रकार की सुविधाएँ अलग-अलग थीं; उदाहरणार्थ, असम में 19.9 प्रतिशत प्राथमिक स्कूलों में ब्लैकबोर्ड थे, पश्चिम बंगाल में केवल 4 प्रतिशत प्राथमिक स्कूलों में पुस्तकालय सुविधाएँ थीं और बिहार के 15 प्रतिशत प्राथमिक स्कूलों में खेल के मैदान थे। कुछेक राज्यों में पीने के पानी जैसी मूल सुविधाएँ भी देना बाकी था। उदाहरण के लिए, मध्य प्रदेश में 21 प्रतिशत ग्रामीण प्राथमिक स्कूलों में पीने के पानी की सुविधाएँ उपलब्ध थीं। इस प्रकार की कमियाँ उच्चतर माध्यमिक स्कूलों में भी विद्यमान थीं। उदाहरणार्थ, पश्चिम बंगाल के 76 प्रतिशत उच्चतर माध्यमिक स्कूलों में पीने के पानी की सुविधाएँ उपलब्ध थीं। सामान्यत: इस प्रकार की कमियाँ ग्रामीण स्कूलों में अधिक पाई गई हैं; ग्रामीण क्षेत्रों में 79 प्रतिशत प्राथमिक स्कूलों, 70 प्रतिशत मीडिल स्कूल, 27 प्रतिशत माध्यमिक और 10 प्रतिशत उच्चतर माध्यमिक स्कूलों में पेशाबघर/शौचघर जैसी सार्वजनिक सुविधाओं का अभाव था।

4. **उपयुक्त एवं आकर्षक पाठ्यपुस्तकें**–राष्ट्रीयकृत पुस्तकें सस्ती अवश्य हैं, परंतु इनमें चित्र आदि की कमी रहती है। छपाई भी कभी-कभी सुंदर नहीं होती है, इसलिए इनमें सुधार लाना अति आवश्यक है।

पाठ्य पुस्तकों में दी गई सामग्री का भी जीवन से इतना संबंध नहीं होता, जितना कि होना चाहिए।

5. **उत्साही तथा संतुष्ट अध्यापक वर्ग**—प्राय: यह देखा गया है कि अध्यापकों में उचित मात्रा में उत्साह नहीं होता है। इसके कारणों में जाना तो इस स्थान पर उपयुक्त नहीं होगा, परंतु इतना कहना आवश्यक है कि अधिकारी वर्ग प्राथमिक स्कूलों के अध्यापकों की काफी अवहेलना करते हैं।

6. **लचीली तथा वस्तुनिष्ठ परीक्षा पद्धति**—जब हम सार्वजनिक शिक्षा पर इतना बल देते हैं तो हमें छात्रों को प्राथमिक स्तर पर नीची कक्षा से अगली कक्षा में स्वत: जाने का प्रावधान करना चाहिए। मूल्यांकन में छात्रों का केवल उनकी क्षमताओं के बारे में विवरण हो, ताकि वे तथा उनके अभिभावक त्रुटियों को जानकर उनके सुधार के लिए प्रयत्न करें।

7. **एक अध्यापक वाले स्कूलों को सशक्त बनाना**—भारत में एक-तिहाई से भी ज्यादा ऐसे स्कूल हैं, जिनमें केवल एक ही अध्यापक होता है। उसके अवकाश पर जाने से स्कूल प्राय: बन्द हो जाता है, परंतु अब इस दिशा में ऑपरेशन ब्लैकबोर्ड के अंतर्गत दो अध्यापकों की नियुक्ति का प्रावधन किया गया है।

8. **अध्यापक प्रशिक्षण में सुधार**—इसमें कोई संदेह नहीं कि प्राथमिक स्तर पर अध्यापक प्रशिक्षण अभी भी परम्परागत ढंग से किया जा रहा है। इसमें अमूल परिवर्तन की आवश्यकता है।

9. **प्राथमिक स्तर पर अधिक व्यय करना**—पहली पंचवर्षीय योजना में प्राथमिक शिक्षा पर कुल व्यय का 56 प्रतिशत खर्च था। तीसरी योजना के पश्चात् घटकर यह केवल 24 प्रतिशत रह गया। तालिका से स्पष्ट है कि प्राथमिक स्तर पर खर्च में बहुत कमी आई है। अत: खर्च बढ़ाए बिना स्थिति संतोषजनक नहीं हो सकती। गुणवत्ता सुधार के कार्यक्रमों में भी खर्चे में अधिक प्रावधान की आवश्यकता है।

तालिका 24.8: प्राथमिक शिक्षा पर खर्च

योजना	*संपूर्ण शिक्षा-व्यय (रु. करोड़ में)*	*प्राथमिक शिक्षा पर व्यय (रु. करोड़ में)*	*प्राथमिक शिक्षा पर प्रतिशत खर्च*
पहली योजना (1951-56)	153	85	56%
दूसरी योजना (1956-61)	273	95	35%
तीसरी योजना (1961-66)	589	201	34%
वार्षिक (1966-69)	323	75	24%
चौथी योजना (1969-74)	786	239	30%
पाँचवीं योजना (1974-79)	912	317	35%
छठवीं योजना (1980-85)	2530	836	33%
सातवीं योजना (1985-90)	7633	2849	37%
1990-92	4727	1729	37%
आठवीं योजना (1992-97)	19600	9201	47%

10. **छात्रों पर बोझ कम करना**—इतना कुछ पढ़ाया जाता है, लेकिन फिर भी छात्र इतना कम क्यों सीख-समझ पाते हैं? इस प्रश्न पर 1993 में मानव संसाधन विकास

मंत्रालय द्वारा प्रो. यशपाल की अध्यक्षता में नियुक्त की गई राष्ट्रीय सलाहकार समिति ने विचार किया। शारीरिक बोझ के अलावा–जो स्कूल के बस्तों के बोझ के रूप में प्रकट होता है, जो अधिकांश शहरी पब्लिक स्कूलों में औसतन चार किलो वजनवाले होते हैं–समिति ने नीरस पढ़ाई को एक प्रमुख समस्या माना था।

11. **मीडिया का प्रयोग**–प्राथमिक स्कूल में मीडिया का अधिक से अधिक प्रयोग करके शैक्षिक स्तर को बढ़ाया जाए।

तालिका 24.9: दसवीं योजना (2002-2007) में प्राथमिक शिक्षा के नामांकन लक्ष्य (Targets for Enrolment at the Elementary Stage of Education)

(10 लाख में)

वर्ष	अनुमानित योजना नामांकन बढ़ोतरी (Estimated Additional Enrolment)					
	प्राथमिक स्तर (I-V)			अपर प्राथमिक (VI-VII)		
	लड़के	लड़कियाँ	योग	लड़के	लड़कियाँ	योग
2002-03	0.67	2.01	2.68	1.14	1.44	2.58
2003-04	0.67	2.10	2.77	1.19	1.54	2.73
2004-05	0.67	2.18	2.85	1.25	1.67	2.92
2005-06	0.69	2.27	2.96	1.31	1.81	3.12
2006-07	0.69	2.37	3.06	1.37	1.35	3.32
योग	**3.39**	**10.93**	**14.32**	**6.26**	**8.41**	**14.67**

25

माध्यमिक शिक्षा तथा इसकी समस्याएँ: विस्तार तथा व्यावसायीकरण

(Secondary Education and Its Problems: Expansion and Vocationalisation)

25.1 माध्यमिक शिक्षा का अर्थ
(Meaning of Secondary Education)

माध्यमिक शिक्षा का शाब्दिक अर्थ है, "मध्य की शिक्षा"। यदि प्राथमिक शिक्षा को शिक्षा का प्रथम सोपान माना जाए और विश्वविद्यालय शिक्षा को शिक्षा का तीसरा अथवा अन्तिम सोपान माना जाए तो माध्यमिक शिक्षा को दूसरा सोपान अथवा इन दोनों के बीच की कड़ी कहा जा सकता है।

माध्यमिक शिक्षा की परिभाषा एक विवादपूर्ण विषय है। अभी इसकी परिभाषा निश्चित नहीं की जा सकती कि यह कहाँ से आरम्भ होती है तथा कहाँ तक चलती है। वैसे प्राय: माध्यमिक शिक्षा का तात्पर्य उस शिक्षा से है जो प्राथमिक शिक्षा पूरी करने के बाद विद्यार्थियों की आवश्यकताओं को पूरा करती है। यह शिक्षा विश्वविद्यालय शिक्षा से पहले की शिक्षा है और प्राथिमक शिक्षा के बाद की। प्राय: माध्यमिक शिक्षा के चार रूप भारत में देखने को मिलते हैं–(1) कक्षा 8 से कक्षा 10, जिसे हाई स्कूल भी कहा जाता है। (2) सेकेण्डरी शिक्षा, 9 से 11। (3) सीनियर सेकेण्डरी शिक्षा, कक्षा 11 तथा 12। (4) कक्षा 9 से 12।

यह शिक्षा किशोरों की शिक्षा भी कही जाती है। इसमें उनकी विभिन्न आवश्यकताओं पर ध्यान दिया जाता है। इस शिक्षा में प्राथमिक स्तर पर प्राप्त शैक्षिक उपलब्धियों को परिपक्वता दी जाती है। ज्ञान तथा कौशलों को विस्तृत एवं जीवनोपयोगी बनाने और मूल्यों और आदतों का निर्माण करने पर बल दिया जाता है। यह शिक्षा एक पूर्ण इकाई भी हो सकती है अर्थात् इसके पश्चात् सभी छात्रों को विश्वविद्यालय शिक्षा की आवश्यकता नहीं रहती। इस शिक्षा द्वारा छात्र स्वावलम्बी (Self-sufficient) भी हो सकते हैं। यह शिक्षा सामान्य (General) अथवा विशिष्ट (Specialised) भी हो सकती है।

25.2 माध्यमिक शिक्षा की समीक्षा तथा समस्याएँ (Review of Secondary Education and Its Problems)

बहुत ही खेद का विषय है कि स्वतन्त्रता के कई दशकों के बाद भी माध्यमिक शिक्षा का लगभग वही असन्तोषजनक स्थिति है जो अंग्रेजी शासनकाल में थी। यद्यपि स्वतन्त्रता के तुरन्त पश्चात् माध्यमिक शिक्षा की समीक्षा के लिए तथा इसे देशवासियों की आकांक्षाओं के अनुरूप बनाने के सुझावों के लिए माध्यमिक शिक्षा आयोग, 1952-53 (Secondary Education Commission) का गठन किया गया। आयोग ने सुधार संबंधी बहुत सुझाव दिए। उसके पश्चात् 1964-66 के शिक्षा आयोग ने भी सुधार के कई उपाय बताए। 1968 में शिक्षा नीति बनी और इसके अनुसार 10+2 शिक्षा पद्धति 1975 में आरम्भ हुई। 1986 में पुन: शिक्षा के सभी अंगों तथा स्तरों की समीक्षा के पश्चात् नयी राष्ट्रीय शिक्षा नीति 1986 बनी जिसके अनुसार सम्पूर्ण शिक्षा तथा माध्यमिक शिक्षा में कार्य किया जाना है।

समय-समय पर समीक्षा – स्वतन्त्रता के पश्चात् कुछ सुधार अवश्य हुए हैं परन्तु कुल मिलाकर स्थिति संतोषजनक नहीं है। माध्यमिक शिक्षा की मुख्य सीमाओं तथा दोषों को निम्नलिखित भागों में बाँटा जा सकता है।

1. अवधि एवं ढाँचे सम्बन्ध समस्याएँ। 2. पाठ्यक्रम सम्बन्धी समस्याएँ। 3. व्यावसायीकरण की समस्याएँ। 4. शिक्षण विधियों की समस्याएँ। 5. मूल्यांकन की समस्याएँ। 6. समानता की समस्याएँ। 7. पर्यवेक्षण एवं निरीक्षण समस्याएँ। 8. गुणात्मक अध्यापक प्रशिक्षण की समस्याएँ। 9. सामुदायिक सामंजस्य की समस्याएँ। 10. पाठ्य-पुस्तकों की समस्याएँ। 11. विस्तार की समस्याएँ। 12. प्रबन्ध तथा नियोजन की समस्याएँ। 13. वित्तीय समस्याएँ।

1. ***अवधि एवं ढाँचे की समस्याएँ***–इसके अन्तर्गत हैं (i) एक रूप संगठन का न होना, (ii) निश्चित अवधि का न होना। 1975 में 10+2+3 शिक्षा पद्धति लागू की गई। (इस पर विस्तृत प्रकाश अलग से किया गया है)।

2. ***पाठ्यक्रम सम्बन्धी समस्याएँ***–इसके दोष इस प्रकार हैं–(i) कृषि शिक्षा पर अपर्याप्त बल, (ii) पुस्तकीय ज्ञान पर बल, (iii) बहु-उद्देश्य पाठ्यक्रम का अभाव, (iv) संकीर्ण एवं अव्यावहारिक पाठ्यक्रम, (v) सामाजिक तथा नैतिक व आध्यात्मिक मूल्यों का अभाव, (vi) व्यावसायिक शिक्षा का अभाव, (vii) उत्पादक क्रियाओं की कमी, (viii) राष्ट्रीय चेतना एवं आधुनिकीकरण की प्रक्रिया की कमी।

3. ***माध्यमिक शिक्षा के व्यावसायीकरण की समस्याएँ***–अलग से चर्चा की गई है।

4. ***शिक्षण विधियों की समस्याएँ***–ये इस प्रकार हैं–(i) उपयुक्त उपकरणों की कमी, (ii) प्रयोगशालाओं का अभाव, (iii) वैज्ञानिक शिक्षण विधियों का न होना, (iv) शिक्षण विधियों में मनोवैज्ञानिक एवं व्यावहारिक आधार न होना, (v) निर्जीवता का बोलबाला।

5. ***मूल्यांकन में दोष***–(i) लिखित परीक्षाओं की प्रधानता, (ii) परीक्षाओं का विश्वसनीय न होना, (iii) मनोवैज्ञानिक परीक्षाओं का न होना, (iv) नकल को बढ़ावा देना।

6. ***समानता की समस्याएँ***–(i) पिछड़े वर्गों की शिक्षा के लिए कम सुविधाएँ, (ii) शिक्षा में असमानता, (iii) शिक्षा का माध्यम।

7. ***पर्यवेक्षण एवं निरीक्षण में दोष***–(i) पर्यवेक्षण के अपर्याप्त यन्त्र, (ii) प्रेरणादायक निरीक्षण की कमी, (iii) निरीक्षकों की कम संख्या।

8. ***गुणात्मक अध्यापक शिक्षा अथवा प्रशिक्षण की समस्याएँ***–(i) प्रवेश के समय अध्यापन मनोवृत्ति की जाँच का न होना, (ii) अव्यावहारिक एवं अमनोवैज्ञानिक अध्यापक शिक्षण, (iii) सेवा कालीन अध्यापक शिक्षा का अपर्याप्त संगठन। (अलग से विस्तारपूर्वक चर्चा की गई है)।

9. ***सामुदायिक सामंजस्य की समस्या***–(i) माध्यमिक शिक्षा का समुदाय की आवश्यकता के अनुसार न होना, (ii) स्कूल तथा समुदाय में आपस की दूरी।

10. ***पाठ्य-पुस्तकों की समस्या***–(i) पुस्तकों का दोषपूर्ण स्तर, (ii) पुस्तकों में रुढ़िवादी तथ्यों का होना, (iii) पुस्तकों में वैज्ञानिक दृष्टिकोण का अभाव, (iv) पुस्तकों में साम्प्रदायिक तत्वों का होना, (v) छपाई में गलतियाँ, (vi) पुस्तकों का समय पर न मिलना।

11. ***विस्तार की समस्याएँ***–(अलग से चर्चा की गई है)।

12. ***प्रबन्ध तथा नियोजन की समस्याएँ***–(i) संस्थागत योजना का न होना, (ii) प्रबन्ध में तानाशाही, (iii) प्रबन्ध में विभिन्न पक्षों की भागेदारी का न होना।

13. ***वित्तीय समस्याएँ***–(i) वित्त की कमी, (ii) वित्त का दक्षतापूर्वक उपयोग न होना।

25.3 माध्यमिक स्कूलों में सुधार के लिए कार्यक्रम
(Programme for the Improvement of Secondary Education)

1. स्कूलों को सुधारने के लिये, एक दीर्घ-कालिक राष्ट्रव्यापी कार्यक्रम जिसे प्रगति-मूलक स्कूलों की स्थापना से बल एवं प्रोत्साहन मिलेगा, की व्यवस्था की जाए। ये स्कूल, शिक्षा के गुणात्मक सुधार के कार्यक्रम के लिए उत्प्रेरक की भूमिका निभाने की चेष्टा करें।

2. व्यक्तिगत रोजगार-क्षमता को बढ़ाने, कुशल मानव-शक्ति की माँग तथा उपलब्धि में असन्तुलन को कम करने, तथा बिना विशेष रुचि अथवा प्रयोजन के उच्च-शिक्षा प्राप्त करने में संलग्न युवकों के लिए एक विकल्प जुटाने के लिए, शिक्षा का व्यवसायीकरण किया जाए।

3. जन संचार के माध्यमों के प्रयोग द्वारा सर्व-साधारण के लिए शिक्षा का अधिक सुलभीकरण तथा खुली एवं सतत् शिक्षा पद्धति के लिए संस्थाओं की स्थापना की जाए।

4. शिक्षक शिक्षा को स्कूल पाठ्यक्रम की बदलती माँगों के अनुकूल बनाने के लिए, उसके पुन: कल्पन (ओवरहाल) के साथ-साथ ऐसी परिस्थितियों को पैदा करना जो अध्यापकों को रचनात्मक तथा सृजनात्मक दृष्टिकोण अपनाने के लिए प्रेरित एवं अनुप्राणित करें।

5. सर्वशिक्षा अभियान की तर्ज पर माध्यमिक शिक्षा के लिए भी एक नया मिशन शुरू किए जाने पर विचार होना चाहिए।

6. माध्यमिक शिक्षा के क्षेत्र में निजी क्षेत्र की हिस्सेदारी को देखते हुए माध्यमिक शिक्षा के विस्तार में निजी क्षेत्र की भागीदारी को बढ़ावा देने की संभावना को मान्यता देनी चाहिए।

7. सार्वजनिक क्षेत्र को असेवित और दुर्गम क्षेत्रों में नये माध्यमिक विद्यालय खोलने पर ध्यान देना चाहिए और सघन आबादी वाले क्षेत्रों के विद्यालयों में दूसरी पारी शुरू करनी चाहिए।

8. पाठ्यक्रमों में सुधार और परीक्षा प्रणाली की समीक्षा के लिए तत्परतापूर्वक कदम उठाए जाने चाहिए।

9. शिक्षक-शिक्षा, सेवापूर्व और सेवा के दौरान प्रशिक्षण, प्रयोगशालाओं की स्थापना, पुस्तकालय और सूचना तथा संचार प्रौद्योगिकी का बेहतर उपयोग बढ़ाने के लिए निवेश पर मुख्य रूप से जोर दिया जाना चाहिए।

10. माध्यमिक विद्यालयों को व्यावसायिक शिक्षा के पुनर्विन्यास और गैरइंजीनियरी तथा विद्यालयोतर गतिविधियों में व्यावसायिक प्रशिक्षण पर ध्यान केन्द्रित करना चाहिए।

11. व्यावसायिक शिक्षा को ऐसा रूप दिया जाना चाहिए जिससे कि वह स्थानीय माँग को पूरा कर सके; स्थानीय उद्योग, व्यापार और व्यवसाय के साथ सम्पर्क स्थापित किया जाना चाहिए।

12. पिछड़े वर्गों अर्थात् अनुसूचति जातियों, जनजातियों, शैक्षिक दृष्टि से पिछड़े हुए, अल्पसंख्यकों तथा शारीरिक एवं मानसिक रूप से अक्षम व्यक्तियों की विशिष्ट आवश्यकताओं की पूर्ति द्वारा विषमताओं का निराकरण तथा शैक्षिक स्तरों का समीकरण किया जाए।

13. शिक्षा को सामाजिक रूपान्तरण एवं राष्ट्रीय विकास के लिए प्रमुख माध्यम तथा सामाजिक, सांस्कृतिक, नैतिक मूल्यों और भारतीय संविधान में प्रतिष्ठापित मूल्यों के पोषण के लिए शक्तिशाली साधन बनाने के लिए, उसकी विषय-वस्तु तथा प्रक्रिया का अनुस्थापन किया जाए।

14. शिक्षा के आयोजन तथा प्रबन्ध की पद्धति का पुनः कल्पन, जिसके लिए शिक्षा का दीर्घकालीन आयोजन तथा प्रबन्ध के परिप्रेक्ष्य को विकसित करना और देश के विकास तथा जन-संसाधनों की आवश्यकताओं के साथ उसका समाकलन करना आवश्यक होगा; शैक्षिक संस्थाओं का विकेन्द्रीकरण तथा उनमें स्वायत्तता की भावना का उत्पादन; तथा शैक्षिक कार्यों के आयोजन एवं क्रियान्वयन में गैर-सरकारी एजेंसियों और स्वैच्छिक संगठनों सहित लोगों के सक्रिय योगदान की व्यवस्था।

15. माध्यमिक तथा उच्चतर माध्यमिक स्तर पर नॉन फॉर्मल एजूकेशन का लचीला प्रबन्ध किया जाए—विशेषकर कामकाजी किशोर-किशोरियों के लिए।

16. आवश्यकतानुसार खुले अथवा मुक्त विद्यालय खोले जाएँ।

17. जिला स्तर पर एक संसाधन अथवा संदर्भ केन्द्र खोला जाए। संसाधन केन्द्र चुने हुए माध्यमिक शिक्षण संस्थाओं अथवा जिला शिक्षा संस्थाओं में स्थापित किए जाएँ अथवा उनसे सम्बद्ध हों।

18. माध्यमिक तथा उच्च माध्यमिक विद्यालयों विशेषतः ग्रामीण क्षेत्रों में भवनों, शिक्षकों तथा अन्य स्कूल सुविधाओं की कमी को पूरा किया जाए।

19. खेलों के लिए सुविधाएँ देने के लिए स्कूल के निकट खाली भूमि उपलब्ध कराकर तथा अन्य स्थानों पर ऐसी सुविधाओं वाले निकटवर्ती स्कूल के साथ साझेदारी की व्यवस्था करके सुविधाएँ प्रदान की जाएँ।

20. उच्चतर माध्यमिक स्कूलों में विषयों के चुनाव में लचीलापन किया जाए।

21. उच्चतर माध्यमिक स्कूलों में निर्देशन तथा मार्गदर्शन की सुविधाओं में विस्तार किया जाए तथा उन्हें प्रभावी बनाया जाए।

22. प्रतिभाशाली छात्रों की पहचान की जाए तथा उनके लिए विशेष कार्यक्रमों का आयोजन किया जाए।

23. कोर पाठ्यक्रम द्वारा माध्यमिक शिक्षा को मजबूत बनाया जाए।

24. सरकारी स्कूलों के शैक्षिक स्तर ऊँचा उठाने के लिए छात्रों की आवश्यकतानुसार ठोस कदम उठाए जाएँ।

25.4 10+2+3 नयी शिक्षा प्रणाली (10+2+3 New System of Education)

कोठारी शिक्षा आयोग द्वारा प्रस्तावित शिक्षा की संरचना को सैद्धान्तिक रूप से तो माना और 1968 की शिक्षा नीति में इसे ही आधारभूत माना गया परन्तु अगले सात वर्षों तक इस दिशा में कोई ठोस कार्य न हो सका। 1975 में 10+2 शिक्षा नीति को केन्द्रीय माध्यमिक शिक्षा बोर्ड (Central Board of Secondary Education) दिल्ली ने अपने अधीन कुछ चुने हुए स्कूलों में लागू किया। 1986 शिक्षा नीति में इसे सारे देश में लागू करने पर बल दिया। अब यह प्रणाली केवल चार राज्यों को छोड़ कर सभी स्कूलों में चल रही है।

शिक्षा में क्रान्ति – शिक्षा की नई प्रणाली (10+2+3) को शिक्षा के क्षेत्र में एक क्रान्तिकारी तथा व्यावहारिक कदम बताया गया। शिक्षा के क्षेत्र मे अब तक उठाए गए कदमों में इसे बेजोड़ कहा गया। शिक्षा जगत् में एक बड़ी हलचल पैदा करने वाली यह योजना अनेक विशेषताओं, आशाओं और सम्भावनाओं से भरपूर थी। शिक्षा की यह नई पद्धति बहुत मजबूत बुनियाद पर खड़ी बताई गई। नई पद्धति में सबसे जोरदार बात यह कही गई कि इसके द्वारा न केवल शिक्षा के स्तर को ऊँचा उठाने अपितु उसे सामाजिक जीवन और उसकी गतिविधियों के नजदीक लाने का ईमानदारी से प्रयत्न किया जाएगा। इस प्रकार यह एक दोहरा वरदान सिद्ध होगी। यह शिक्षा को एक नया अर्थ, एक नया उद्देश्य देगी और इसके साथ ही काम-धन्धों के प्रति रुचि और कुशलता पैदा करके, समाज के लिए उपयोगी नागरिक तैयार करने में सफल होगी। नई पद्धति हमारे दो आधारभूत लक्ष्यों के भी सर्वथा अनुरूप मानी गई और ये लक्ष्य हैं–राष्ट्रीय एकता और सामाजिक उपादेयता।

नई शिक्षा पद्धति की प्रमुख विशेषताएँ – 1. सभी छात्रों के लिए 10 वर्ष की सामान्य शिक्षा जिसमें सभी छात्रों के लिए एक ही प्रकार के विषय पढ़ने का प्रावधान होना। 2. इसमें 11 वर्ष की विद्यालय की शिक्षा के स्थान पर 12 वर्ष की विद्यालय शिक्षा का होना। 3. स्कूल स्तर पर कक्षा 9 तथा 10 में कई विषयों में 2 प्रकार के पाठ्यक्रम होना जो कि छात्रों की क्षमता के अनुसार हों, साधारण तथा समद्ध। 4. इस आधुनिक शिक्षा प्रणाली में विषयों का विशेषीकरण (स्पेशलाईजेशन) 10 वर्ष की विद्यालय की शिक्षा के पश्चात् न कि 8 वर्ष की शिक्षा के पश्चात् जैसा कि इस समय हो रहा था किया जाना। 5. विश्वविद्यालय की पहली डिग्री 3 वर्ष की कॉलेज की शिक्षा के पश्चात्। 6. इस प्रकार पहली डिग्री प्राप्त करने के लिए 14 वर्ष के स्थान पर 15 वर्ष लगना।

नई शिक्षा पद्धति का पाठ्यक्रम – इस शिक्षा प्रणाली का महत्त्वपूर्ण तत्व पाठ्यक्रम है। संसार के सभी विकासशील देशों में वर्तमान आवश्यकताओं के अनुसार हो रहे शैक्षिक परिवर्तनों को ध्यान में रखते हुए देश के कई राज्यों में एक नया पाठ्यक्रम चालू किया गया। इस पाठ्यक्रम में इस बात का ध्यान रखा गया कि ज्ञान की अपूर्व वृद्धि, भौतिक तथा सामाजिक विकास के मूलभूत सिद्धान्तों को नये रूप से सामने रखा जाए, ताकि शिक्षा का जीवन से तालमेल हो।

तत्कालीन प्रचलित माध्यमिक शिक्षा प्रणाली में एक वर्ष अधिक क्यों–कई बार यह पूछा जाता रहा कि 11 वर्ष विद्यालय की शिक्षा के स्थान पर 12 वर्ष विद्यालय शिक्षा क्यों? इस सम्बन्ध में यह जानना आवश्यक है कि संसार के लगभग सभी विकासशील देशों में, जैसे यू.एस.ए., कनाडा, यू.के., बैल्जियम, जर्मनी, जापान, स्वीडन, नार्वे आदि के विद्यालयों में, 12 वर्ष की विद्यालय शिक्षा दी जा रही है और पहली डिग्री 15 या 16 वर्ष की पढ़ाई के बाद प्राप्त की जाती है। अपने देश में अधिकांश राज्यों में पहली डिग्री 14 वर्ष की पढ़ाई करके मिल सकती थी जिसमें 10–11 वर्ष विद्यालयों में पढ़ाई के होते हैं। हमारे छात्र विद्यालय छोड़ने के पश्चात् आत्मनिर्भर नहीं हो पाते। उनका उचित मात्रा में विकास नहीं होता, उनकी बुद्धि परिपक्व नहीं हो पाती। अतः संसार के सभी विकासशील देशों की शिक्षा प्रणाली को देखते हुए ऐसा अनुभव किया गया कि अपने देश में भी विद्यालय की शिक्षा का पाठ्यक्रम 12 वर्ष से कम नहीं होना चाहिए, दस वर्ष की सामान्य शिक्षा तथा दो वर्ष की सामान्य तथा व्यावसायिक शिक्षा (कक्षा 11 तथा 12 में)।

नई शिक्षा पद्धति से लाभ – 1. हमारे देश में विस्तृत रूप से एक जैसी पद्धति द्वारा राष्ट्रीय एकता को सुदृढ़ करना। 2. स्कूली शिक्षा को सुदृढ़ और युक्ति-संगत बनाना। शिक्षा को इस प्रकार सुदृढ़ करने की सिफारिश वस्तुतः सभी समितियों, आयोगों और देश के अन्य संगठनों द्वारा की गई थी। 3. इससे विश्वविद्यालयों में अधिक जानकार और परिपक्व छात्रों का पहुँचना। 4. इससे विश्वविद्यालयों और उच्च शिक्षा के अन्य केन्द्रों पर दाखिले का दबाव कम होना। 5. उच्चतर माध्यमिक स्तर पर समुचित व्यावसायीकरण करने का अवसर प्रदान करना। 6. इससे स्कूल पाठ्यक्रम का आधुनिकीकरण करने, उसे अधिक वैज्ञानिक आधार पर पुनर्गठित करने का सुयोग और साधन प्राप्त होना, साथ-ही-साथ किशोरों की सामाजिक और आर्थिक आवश्यकताओं को भी अधिक अच्छी तरह पूरा किया जाना।

माध्यमिक शिक्षा की 10+2 प्रणाली की समीक्षा – ऐसा अनुभव किया जा रहा है कि 10+2 स्कूल प्रणाली से जो लाभ अपेक्षित थे, वे नहीं मिल सके। माध्यमिक शिक्षा में व्यावसायीकरण की गति बहुत धीमी रही है। विद्यालयों में नई शिक्षा प्रणाली को लागू करने के लिए समुचित साधनों की व्यवस्था न की जा सकी। कक्षाओं में छात्रों की संख्या बढ़ती गई जिसके परिणामस्वरूप छात्रों पर व्यक्तिगत ध्यान के अवसर कम होते गए। कुल मिला कर कहा जा सकता है कि स्कूली शिक्षा में एक वर्ष बढ़ाने से माध्यमिक शिक्षा तथा उच्च शिक्षा का विकास सही दिशा में नहीं हो सकता। इसका यह भी अर्थ नहीं है कि यह प्रणाली असफल रही है। इस में सतत् सुधार की आवश्यकता है। गिनी-चुनी उत्कृष्ठ स्तर की शिक्षा संस्थाओं से शिक्षा के स्तर का मूल्यांकन नहीं किया जा सकता।

25.5 राष्ट्रीय शिक्षा नीति में पाठ्यक्रम की संकल्पना (Curriculum Envisaged in NPE)

पाठ्यक्रम का अर्थ – नई शिक्षा नीति में दर्शाए गए दर्शन तथा उद्देश्यों की प्राप्ति का सबसे मुख्य साधन पाठ्यक्रम है। पाठ्यक्रम ही छात्रों के संतुलित व्यक्तित्त्व के विकास में प्रत्येक दिशा में सहायता करता है। वर्तमान पाठ्यक्रम का अर्थ स्कूल की सारी गतिविधियों से लिया जाता है। वास्तव में स्कूल का सारा जीवन ही पाठ्यक्रम है। पाठ्यक्रम

से तात्पर्य स्कूल सम्बन्धी केवल उन विषयों से नहीं है जो स्कूलों में परम्परागत रूप से पढ़ाए जा रहे हैं अपितु उन सारे अनुभवों के समूह रूप से हैं जो छात्र कक्षा, पुस्तकालय, प्रयोगशाला, क्रीड़ास्थल, वर्कशाप आदि स्थानों में होने वाले विविध कार्यक्रमों द्वारा तथा पारस्परिक सम्बन्धों से प्राप्त करना है।

पाठ्यक्रम सम्बन्धी एक और बात ध्यान देने योग्य है कि यह गतिशील होता है। इस में समयानुकूल परिवर्तन करना अत्यन्त आवश्यक है। पिछले कुछ वर्षों में ज्ञान के क्षेत्र में अपूर्व वृद्धि हुई है और भौतिकी, जीव-विज्ञान और सामाजिक विज्ञान की मूलभूत संकल्पनाओं का नया रूप हमारे सामने आया है। इसके अतिरिक्त अपने देश में कई नए लक्ष्य भी सामने आए हैं–उदाहरणतः राष्ट्रीय भावात्मक एकता, अखण्डता, देश की प्राचीन विरासत के बारे में चेतना, देश में व्यावसायीकरण, शैक्षिक प्रौद्योगिकी।

एक प्रभावी पाठ्यक्रम जहाँ एक ओर छात्र-केन्द्रित होता है, वहाँ दूसरी ओर वह राष्ट्रीय आदर्शों तथा आवश्यकताओं के अनुरूप भी।

पाठ्यक्रम संबंधी दिशा निर्देश – 21वीं शताब्दी की आवश्यकताओं को ध्यान में रखते हुए राष्ट्रीय शिक्षा नीति के अन्तर्गत पाठ्यक्रम का पुनर्गठन निम्नलिखित बिन्दुओं पर आधारित होगा–

1. जाति, रंग, लिंग, आर्थिक स्थिति का भेद किए बिना सभी के लिए तुलनीय गुणवत्ता के शैक्षिक कार्यक्रम उपलब्ध कराना।
2. देश की विविधतापूर्ण सांस्कृतिक परम्पराओं तथा आधुनिक टेक्नॉलोजी के बीच विद्यमान खाई को पाटने के लिए शिक्षा की विषय-वस्तु और प्रक्रिया को एक नया मोड़ देना।
3. शिक्षा के पाठ्यक्रम अथवा पाठ्यचर्या को विविध प्रकार से सांस्कृतिक विषय-वस्तु के जरिए समृद्ध बनाए रखना।
4. पाठ्यक्रम में उन गतिविधियों को लाना जिनसे सारभूत मूल्यों के गिरते हुए स्तर को बचाया जा सके तथा शिक्षा को सामाजिक, नीतिपरक और नैतिक मूल्य पैदा करने के लिए एक सशक्त साधन बनाया जा सके।
5. पाठ्यक्रम में इस प्रकार की गतिविधियों को लाना जिनसे देश में एकीकरण की भावना को बढ़ावा मिले।
6. पाठ्यक्रम को इस प्रकार का रूप देना जिससे रूढ़िवाद, धार्मिक कट्टरता, हिंसा, अन्धविश्वास और भाग्यवाद को समाप्त किया जा सके।
7. पाठ्यक्रम में कोर पाठ्यक्रम का प्रावधान करना जिससे राष्ट्रीय एकता को बल मिले।
8. विभिन्न स्तरों पर अधिगम (सीखने) के न्यूनतम स्तरों के प्रतिमान स्थापित करना।
9. आवश्यक न्यूनतम भौतिक सुविधाओं का प्रावधान करना जिससे धीमी गति के छात्रों के लिए भी अधिगम प्रभावी तथा मनोरंजक बन सके।
10. प्रतिभाशाली छात्रों के लिए उनकी प्रतिभा विकसित करने हेतु उन्हें उचित सुविधाएँ देना।
11. कार्य-अनुभव को पाठ्यक्रम का अभिन्न अंग बनाना।
12. पाठ्यक्रम में उन विषयों तथा गतिविधियों को लाना जिससे शिक्षा का उचित मात्रा में व्यवसायीकरण हो सके।

13. परीक्षा तथा मूल्यांकन को शिक्षण तथा अधिगम सुधार के लिए एक निरन्तर प्रक्रिया बनाना।

14. जनजातियों तथा शैक्षिक रूप से पिछड़े अल्पसंख्यक वर्गों के लिए उनकी सांस्कृतिक विशिष्टता को दृष्टिगोचर रखते हुए विशेष पाठ्यक्रमों तथा शिक्षण सामग्री की व्यवस्था करना।

15. शैक्षिक प्रौद्योगिकी और विशेषकर कम्प्यूटर कार्यक्रमों का प्रावधान करना।

16. पर्यावरण सम्बन्धी जागरूकता लाने के लिए पर्यावरण अध्ययन गतिविधियों का प्रावधान करना।

17. खेल और शारीरिक शिक्षा को शिक्षा का एक अभिन्न अंग बनाना तथा इसे मूल्यांकन में शामिल करना।

कोर पाठ्यक्रम – राष्ट्रीय तथा भावात्मक एकता को बढ़ावा देने के लिए शिक्षा नीति में निम्न दिए गए कोर पाठ्यक्रम पर बल दिया गया है। यह पाठ्यक्रम माध्यमिक स्तर पर सभी छात्रों के लिए अनिवार्य होगा–

1. भारतीय स्वतन्त्रता आन्दोलन का इतिहास (History of India's Freedom Movement)।
2. संवैधानिक दायित्व (Constitutional Obligations)।
3. राष्ट्रीय मान्यता के विकास के लिए अनिवार्य विषय-वस्तु (Content Essential to Nurture National Identity)।
4. भारत की समान सांस्कृतिक विरासत (India's Common Cultural Heritage)।
5. समतावाद, लोकतन्त्र तथा धर्मनिरपेक्षतावाद (Egalitarianism, Democracy and Secularism)।
6. लैंगिक समता (Equality of Sexes)।
7. पर्यावरण शिक्षा (Protection of Environment)।
8. सामाजिक बाधाओं एवं अवरोधकों का उन्मूलन (Removal of Social Barriers)।
9. छोटे परिवार के मानदण्डों का अनुपालन (Observance of Small Family Norms)।
10. वैज्ञानिक स्वभाव का विकास (Inculcation of Scientific Temper)।

पाठ्यक्रम का निर्माण – समय-समय पर एन.सी.ई.आर.टी तथा शिक्षा बोर्ड इन दिशा-निर्देशों को ध्यान में रख कर तथा बदलती हुई परिस्थितियों की चुनौतियों का प्रभावी ढंग से सामना करने के लिए पाठ्यक्रम में परिवर्तन करते रहते हैं।

25.6 नवोदय विद्यालयों अथवा गति निर्धारक विद्यालयों (Pace Setting Schools) की स्थापना

नवोदय स्कूलों की स्थापना–शिक्षा नीति, 1986 के सन्दर्भ में नवोदय विद्यालयों की स्थापना भारत सरकार की एक महत्त्वपूर्ण योजना है। यह योजना छात्रों को विशेषकर ग्रामीण छात्रों को उत्तम गुणवत्ता की शिक्षा प्रदान करने के लिए बनायी गईं।

योजना के मुख्य उद्देश्य – 1. प्रतिभाशाली अथवा विशिष्ट योग्यता वाले बालकों को अधिक से अधिक अच्छी शिक्षा प्रदान करना। 2. समानता तथा सामाजिक न्याय के

साथ-साथ श्रेष्ठता (Excellence) के लक्ष्य को प्राप्त करना। 3. ग्रामीण क्षेत्रों के बालकों को साथ-साथ रहने व पढ़ने के अवसर प्रदान करना। 4. विद्यालय उन्नयन के राष्ट्रव्यापी कार्यक्रम में उत्प्रेरक का कार्य करना।

नवोदय विद्यालयों की विशेषताएँ – इन विद्यालयों की विशेषताएँ इस प्रकार हैं–

1. नवोदय विद्यालय आवासीय हैं।
2. नवोदय विद्यालयों में शिक्षा पूर्णत: नि:शुल्क है।
3. प्रत्येक नवोदय विद्यालय में 75 प्रतिशत स्थान ग्रामीण छात्रों के लिए आरक्षित हैं।
4. अनुसूचित जाति एवं अनुसूचित जनजाति के छात्रों के लिए सम्बन्धित जिले में उनकी जनसंख्या के अनुपात के आधार पर स्थान आरक्षित होते हैं किन्तु कम-से-कम 15 प्रतिशत स्थान अनुसूचित जाति के लिए तथा 7½ प्रतिशत अनुसूचित जनजाति के लिए।
5. एक तिहाई स्थान बालिकाओं के लिए रखने का प्रावधान किया गया है।
6. नवोदय विद्यालय में कक्षा 6 से 12 तक की पढ़ाई की व्यवस्था है।
7. नवोदय विद्यालय, केन्द्रीय तथा माध्यमिक शिक्षा बोर्ड, दिल्ली से सम्बन्धित हैं।
8. सेकेन्डरी कक्षाओं में विज्ञान व गणित की शिक्षा का माध्यम अंग्रेजी तथा सामाजिक विषय की शिक्षा का माध्यम हिन्दी है।
9. नवोदय विद्यालय में सह-शिक्षा है।
10. नवोदय विद्यालय में कक्षा 6 में प्रवेश राष्ट्रीय शैक्षिक अनुसंधान एवं प्रशिक्षण परिषद् (NCERT) द्वारा आयोजित परीक्षा के आधार पर होता है। छात्रों के चयन के लिए प्रवेश परीक्षा में तीन वस्तुनिष्ठ परीक्षण हैं–बौद्धिक योग्यता परीक्षण, भाषा परीक्षण तथा गणित परीक्षण।
11. नवोदय विद्यालयों में यथासम्भव आधुनिक तकनीकी अध्ययन तथा शिक्षण साधन उपलब्ध कराए जा रहे हैं।
12. नवोदय विद्यालय में मानव विज्ञान, विज्ञान, वाणिज्य, व्यावसायिक और शारीरिक शिक्षा के साथ-साथ खेलकूद, योग, सांस्कृतिक गतिविधियों, ललित कलाओं, परियोजना कार्य, शैक्षिक भ्रमण आदि को प्रोत्साहित किया जा रहा है।
13. श्रम की महत्ता स्थापित करने और पर्यावरण के प्रति चेतना बनाने के लिए विशेष कार्यक्रम आयोजित किए जाते हैं।

योजना का विस्तार – योजना शिक्षा नीति के संदर्भ में 1986 में आरम्भ की गई। 2005 सन् इस योजना के अन्तर्गत लगभग 513 विद्यालय थे, जिनमें लगभग 1.68 लाख छात्र शिक्षा प्राप्त कर रहे थे। लगभग सभी राज्यों में ऐसे विद्यालयों की स्थापना की गई है।

25.7 माध्यमिक शिक्षा में विस्तार (Expansion in Secondary Education)

स्वतन्त्रता प्राप्ति के पश्चात् प्राथमिक शिक्षा की भाँति माध्यमिक शिक्षा के विस्तार में महत्त्वपूर्ण प्रगति हुई है।

माध्यमिक शिक्षा में प्रभावी विस्तार के कई कारण थे। सरकार ने, ग्राम्य क्षेत्रों में प्राथमिक शिक्षा की सुविधाओं को बढ़ाने के लिए कारगर कार्रवाई की थी। आम लोग, जीवन की गुणात्मकता को सुधारने के लिए शिक्षा की महत्त्वपूर्ण भूमिका समझने लगे थे, तथा कन्याओं और आर्थिक एवं सामाजिक दृष्टि से पिछड़ी जातियों से सम्बद्ध छात्रों के लिए उदार रियायतों

की व्यवस्था की गई थी। कई राज्यों ने माध्यमिक शिक्षा को नि:शुल्क बना दिया था और कुछ राज्यों में तो महिलाओं के लिए उच्च माध्यमिक शिक्षा भी नि:शुल्क बना दी गई थी।

तालिका 25.1: माध्यमिक शिक्षा का विस्तार 1950-51 से 2003-04

वर्ष	*उच्चतर माध्यमिक, डिग्री-पूर्व जूनियर कॉलेज*	*छात्रों की संख्या (लाखों में)*
1950-51	7416	15.0
1960-61	17,257	28.9
1968-69	33,487	61.5
1978-79	46,874	84.1
1988-89	72,635	185.2
1990-91	79,796	249.0
1998-99	1,12,438	277.6
1999-2000	1,16,820	282.1
2001-2002	1,33,000	305.0
2002-2003	1,37,207	332.0
2003-2004	1,45,899	350.0

तालिका 25.2: माध्यमिक शिक्षा पर प्रमुख आँकड़े 2003-2004

संकेतक	*डिग्री-पूर्व जूनियर कॉलेज/उच्चतर माध्यमिक स्कूल*	*हाईस्कूल*
1. संस्थानों की संख्या	46,796	99,103
2. अध्यापकों की संख्या	9,54,494	10,81,288
3. छात्र-अध्यापक अनुपात	35	31
4. प्रशिक्षित अध्यापकों का प्रतिशत	90	89

तालिका 25.3: कक्षा IX-XII में दाखिल और बीच ही में पढ़ाई छोड़ देने वालों की स्थिति (30-9-2003)

संकेतक	*लड़के*	*लड़कियाँ*	*जोड़*
1. दाखिला (कक्षा IX-XII)	2.06 करोड़	1.43 करोड़	3.50 करोड़
2. कुल दाखिला अनुपात (कक्षा IX-XII)	42.94	34.25	38.88
3. बीच में पढ़ाई छोड़ देने वालों की दर (कक्षा I-X)	60.97	64.92	62.68

स्थिति गम्भीर है, 100 में से कक्षा I में दाखिल, लगभग 63 छात्र बीच में ही पढ़ाई छोड़ जाते हैं।

25.8 निजी क्षेत्र की माध्यमिक शिक्षा में भागेदारी (Participation of Private Enterprise in Secondary Education)

निम्नलिखित आँकड़ों से स्पष्ट हो जाता है कि धीरे-धीरे, निजी शिक्षा संस्थाओं का जो सरकारी अनुदान लेती हैं, प्रतिशत कम होता जा रहा है। उसकी तुलना में उन निजी संस्थाओं का प्रतिशत बढ़ता जा रहा है जो सरकार से अनुदान नहीं लेते हैं। इस प्रकार के स्कूलों को

पब्लिक स्कूल कहते हैं। प्रायः यह माना जाता है कि ये संस्थाएँ छात्रों से बहुत फीसें तथा अन्य चन्दे लेती हैं। इनमें कई संस्थाओं का शिक्षा स्तर उत्कृष्ट भी होता है तथा उनमें अपने बच्चों के प्रवेश के लिए कभी-कभी इच्छुक अभिभावक लाखों रुपये देने के लिए भी तैयार रहते हैं। अनेक छात्रों का तथा अभिभावकों का आर्थिक शोषण भी करते हैं।

तालिका 25.4: विभिन्न नियन्त्रणों में माध्यमिक स्कूल

वर्ष	*सरकारी*	*स्थानीय*	*सरकारी+स.स.*	*निजी सहायता प्राप्त*	*निजी बिना सहायता के*
1973-74	26.54	10.85	37.39	57.02	5.59
1978-79	30.44	8.71	39.15	57.30	3.55
1986-87	37.49	7.73	45.22	44.79	9.99
1993-94	37.76	9.29	47.05	37.78	15.17
1996-97	38.96	6.74	45.70	36.20	18.10
2001-02*	36.16	6.29	42.45	33.99	23.56

*Provisional

25.10 2002-2003 में स्कूलों की संख्या [Number of Schools (2002-2003)]

1.	स्कूलों की संख्या	
	(i) ग्रामीण	853457
	(ii) शहरी	177910
	(iii) जोड़	1031367
2.	प्राथमिक स्कूल	
	(i) ग्रामीण	573091
	(ii) शहरी	78291
	(iii) जोड़	651382
3.	अपर प्राईमरी स्कूल	
	(i) ग्रामीण	193865
	(ii) शहरी	51409
	(iii) जोड़	245274
4.	माध्यमिक स्कूल	
	(i) ग्रामीण	63633
	(ii) शहरी	27128
	(iii) जोड़	90761
5.	उच्चतर माध्यमिक स्कूल	
	(i) ग्रामीण	22868
	(ii) शहरी	21083
	(iii) जोड़	43951

6. डिग्री कॉलेज जिनमें कक्षा XI तथा XII है

(i)	ग्रामीण	1010
(ii)	शहरी	1489
(iii)	जोड़	2499

25.11 माध्यमिक शिक्षा के प्रसार की नीति
(Expansion Policy Relating to The Secondary Education)

माध्यमिक शिक्षा के प्रसार संबंधी निम्नलिखित सुझाव प्रस्तुत किए गए हैं–

1. माध्यमिक शिक्षा को व्यावसायिक बनाया जाए। जिससे निम्न माध्यमिक स्तर पर 30 प्रतिशत और उच्चतर-माध्यमिक स्तर पर 50 प्रतिशत छात्र व्यावसायिक शिक्षा प्राप्त कर सकें।
2. माध्यमिक शिक्षा में अवसरों की समानता पर बल दिया जाए। इसके लिये इस स्तर पर अधिकाधिक छात्रवृत्तियाँ प्रदान करने की व्यवस्था की जाए।
3. लड़कियों, अनुसूचित जातियों एवं जनजातियों में माध्यमिक शिक्षा के विस्तार के लिए विशेष कार्यक्रमों का आयोजन किया जाए।
4. 'प्रतिभा' (Talent) के विकास के लिए वास्तविक रूप से प्रयास किया जाए।
5. अगले 20 वर्षों में माध्यमिक शिक्षा की संख्या को नियमित किया जाए। इसके लिए माध्यमिक विद्यालयों की स्थापना के लिए उपयुक्त योजनाएँ बनाने, माध्यमिक शिक्षा के शिक्षण-स्तरों को ऊँचा उठाने तथा उपयुक्त एवं योग्य छात्रों के चुनाव पर बल दिया जाए।
6. प्रत्येक जिले में माध्यमिक शिक्षा के विस्तार के लिए योजनाएँ बनायी जाएँ और उन्हें 10 वर्ष की अवधि में पूर्ण रूप से कार्यान्वित किया जाए।
7. समस्त नए विद्यालयों द्वारा आवश्यक शिक्षा-स्तरों को पूर्ण किया जाए और प्रचलित विद्यालयों के स्तर को उच्च बनाया जाए।
8. माध्यमिक विद्यालयों के लिए योग्य छात्रों को चुना जाए।
9. निम्न तथा उच्चतर माध्यमिक स्तरों पर पूर्णकालीन तथा अंशकालीन व्यावसायिक शिक्षा के लिए सुविधाएँ प्रदान की जाएँ।
10. केन्द्रीय सरकार द्वारा माध्यमिक विद्यालयों को व्यावसायिक बनाने के लिए राज्य सरकारों को विशेष अनुदान दिया जाए।
11. बालिकाओं की शिक्षा के विस्तार के लिए अगले 20 वर्षों में महत्त्वपूर्ण कदम उठाए जाएँ।
12. बालिकाओं के लिए जहाँ पर माँग हो, पृथक् विद्यालयों की स्थापना पर बल दिया जाए और उनको आवास की सुविधाएँ भी दी जाएँ।
13. स्कूलों में विज्ञान शिक्षा को सुदृढ़ किया जाए।

25.12 माध्यमिक शिक्षा का व्यवसायीकरण
(Vocationalisation of Secondary Education)

माध्यमिक शिक्षा के व्यावसायीकरण का अर्थ (Meaning of Vocationalisation of The Secondary Education) – माध्यमिक शिक्षा के व्यवसायीकरण का अर्थ है, इस

स्तर पर ऐसे व्यावसायिक विषयों के अध्ययन की व्यवस्था करना जिनका अध्ययन करके तथा संबंधित प्रशिक्षण प्राप्त करके छात्र किसी रोजगार के योग्य बन सकें। व्यावसायिक शिक्षा के अन्तर्गत व्यापार औद्योगिकी, कृषि आदि से संबंधित विषय तथा कार्यक्रम आते हैं। व्यावसायीकरण एक विस्तृत प्रत्यय है इसमें अनेक छोटे-बड़े व्यवसाय आ जाते हैं।

शिक्षा आयोग 1964-66 ने व्यावसायिक शिक्षा का अर्थ इस प्रकार बताया, "हमारी यह कल्पना है कि भविष्य में स्कूली शिक्षा की प्रवृत्ति सामान्य एवं व्यावसायिक शिक्षा के लाभदायक मिश्रण की ओर होगी। सामान्य शिक्षा में पूर्व-व्यावसायिक एवं तकनीकी शिक्षा के कुछ तत्त्व सम्मिलित होंगे और इसी प्रकार व्यावसायिक शिक्षा में सामान्य शिक्षा के कुछ तत्त्व सम्मिलित होंगे।"

व्यावसायिक क्षमता का अर्थ–व्यावसायिक क्षमता का अर्थ है (क) कार्य के प्रति नई भावना को जन्म देना जिससे विद्यार्थी कार्य के महत्त्व को समझ सकें, (ख) विद्यार्थियों को अनुभव कराना कि देश की समृद्धि इस बात पर निर्भर है कि हम जिस कार्य को भी आरम्भ करें उसे यथाशक्ति सफल और सुन्दर बनाएँ, (ग) सभी अध्यापक इस बात का प्रयत्न करें कि यह बात पाठशाला में विद्यार्थियों के व्यवहार में स्पष्ट रूप से दिखाई दे, और (घ) शिक्षा के सभी स्तरों पर व्यावसायिक क्षमता का विकास हो जिससे औद्योगिक और तकनीकी क्षेत्र में कुशल व अनुभवी व्यक्ति मिल सकें।

माध्यमिक शिक्षा के व्यवसायीकरण की आवश्यकता (Need for Vocationalization of Secondary Education) – आधुनिक औद्योगिक समाज की आवश्यकताओं एवं आकांक्षाओं की पूर्ति के लिए तथा भावी नागरिकों को तद्नुरूप उत्पादकतामूलक शिक्षा प्रदान करने के लिए शिक्षा का व्यवसायीकरण न केवल आवश्यक है अपितु अनिवार्य हो गया है। छात्रों को रोजगार प्राप्त करने, उन्हें स्वरोजगार के कार्य स्थापित करने तथा उचित कौशल निर्माण करने के लिए व्यावसायिक शिक्षा का विशेष योगदान है। देश में बढ़ते हुए पढ़े-लिखे बेरोजगारों की संख्या घटाने का, उनकी क्षमताओं एवं योग्यताओं का उचित उपयोग करने का केवल एक ही मार्ग है और वह है शिक्षा का व्यवसायीकरण।

शिक्षा का व्यवसायीकरण निम्न कारणों से महत्त्वपूर्ण है:

1. ***विद्यार्थियों की विभिन्न योग्यताओं एवं अभिरुचियों का विकास***–स्वतन्त्रता प्राप्ति के पश्चात् शिक्षा में बहुत विस्तार हुआ। विभिन्न योग्यताओं तथा अभिरुचियों वाले विद्यार्थी शिक्षा प्राप्त करने के लिए स्कूल में प्रवेश पाने लगे। सभी विद्यार्थियों को एक ही प्रकार की शिक्षा प्रदान करना उनके प्रति अन्याय है। आवश्यकता इस बात की है कि विभिन्न कोर्सों की व्यवस्था करके उनकी योग्यताओं तथा रुचियों को उचित दिशा में विकसित होने के लिए पर्याप्त अवसर प्रदान किए जाएँ। शिक्षा का व्यवसायीकरण ऐसे अवसर प्रदान करने की ओर एक महत्त्वपूर्ण कदम है।

2. ***बेरोजगारी की समस्या का समाधान***–आज देश को शिक्षितों को बेरोजगारी की समस्या का सामना है। शिक्षा के विकास के साथ-साथ बेरोजगारों की संख्या में भी वृद्धि हो रही है। इसका एक कारण है कि शिक्षा विद्यार्थियों को रोजगार के लिए तैयार नहीं करती है। आज तक जो स्कूली शिक्षा चली आ रही है वह केवल क्लर्क ही तैयार करती है। शिक्षित उम्मीदवारों की संख्या तो बढ़ती जा रही है परन्तु क्लर्कों के पद उस मात्रा में

उपलब्ध नहीं हैं। अतः यह आवश्यक है कि शिक्षा का व्यवसायीकरण किया जाए कि वे अपने पाँव पर खड़े हो सकें।

3. ***देश की उत्पादकता बढ़ाना***–कोठारी आयोग ने उत्पादेयता के विकास को शिक्षा का महत्त्वपूर्ण अंग माना है। यह एक सर्वमान्य सत्य है कि किसी भी देश की प्रगति उसकी उत्पादन क्षमता पर निर्भर होती है। लोग जितना ज्यादा उत्पादक कार्यों में लगेंगे, देश उतना ज्यादा समृद्ध होगा। शिक्षा का व्यवसायीकरण विद्यार्थियों को उत्पादकता की ओर अग्रसर करने में महत्त्वपूर्ण भूमिका निभा सकता है। शिक्षा के व्यवसायीकरण के महत्त्व को दर्शाते हुए कोठारी आयोग ने कहा है, "देश में उत्पादेयता बढ़ाने के लिए माध्यमिक शिक्षा को प्रबल व्यवसायीकरण रूप देना अत्यन्त आवश्यक है।"

4. ***देश का तेज गति से आर्थिक विकास***–देश में आर्थिक विकास निहित प्राकृतिक साधनों की कमी नहीं, परन्तु उनका उचित प्रयोग न होने के कारण वे व्यर्थ जा रहे हैं, या फिर विदेशी लाभ उठा रहे हैं। इसी कारण हमारी आर्थिक स्थिति कमजोर है। हमारा देश औद्योगिकरण की ओर अग्रसर है, परन्तु कुशल कारीगरों तथा उचित प्रकार से प्रशिक्षित व्यक्तियों के अभाव में उतनी तेजी से प्रगति नहीं कर पा रहा है। इसका मुख्य कारण हमारी शिक्षा पद्धति है जो प्रायः पुस्तकीय ज्ञान पर आधारित है। साथ ही अव्यावहारिक तथा अव्यावसायिक भी है। देश की तीव्र आर्थिक गति तभी हो सकती है जब विभिन्न क्षेत्रों के लिए उचित ढंग से प्रशिक्षित कर्मचारी मिल सकें।

5. ***नैतिक मूल्यों का विकास***–प्रायः यह देखा गया है कि बेरोजगारी अपराध वृत्ति को बढ़ावा देती है "खाली मन शैतान का होता है।" अतः व्यक्ति को इस प्रकार का प्रशिक्षण मिलना चाहिए जिससे वह सम्मानपूर्वक जीवन व्यतीत कर सके। व्यावसायिक शिक्षा व्यक्ति को जीवन निर्वाह के लिए सक्षम बनाकर उसका नैतिक विकास भी कर सकती है।

6. ***शिक्षा प्रक्रिया को उद्देश्यपूर्ण बनाना***–रटने-रटाने की शिक्षा का कोई उद्देश्य नहीं होता। व्यक्ति किसी व्यवसाय के योग्य न होने के कारण पढ़ाई करता चला जाता है और ऐसी शिक्षा प्राप्त करता है जिसका वास्तविक जीवन में कोई अर्थ नहीं होता। अतः शिक्षा को उद्देश्यपूर्ण बनाने के लिए उसे व्यावसायिक मोड़ देना आवश्यक है।

7. ***आनन्द की प्राप्ति***–मनुष्य को सच्चा आनन्द उस समय प्राप्त होता है जब इसे अपनी रुचि का व्यवसाय मिल जाता है। शिक्षा के व्यवसायीकरण करने से व्यक्तियों को उनकी विशिष्ट योग्यताओं के विकास के अवसर प्रदान किए जा सकते हैं। वैसे आनन्द की प्राप्ति कई कारकों पर निर्भर है।

8. ***उचित व्यक्तियों के लिए उचित स्थान***–शिक्षा का व्यवसायीकरण उचित व्यक्तियों को उचित स्थान तथा कार्य प्राप्त करने में सहायता देता है तथा मानवीय प्रतिभा और साधनों के अपव्यय को रोकता है।

व्यावसायिक शिक्षा का भारत में सिंहावलोकन (Overview of Vocational Education in India) – माध्यमिक स्कूलों के छात्रों के लिए व्यावसायिक शिक्षा को आरम्भ करने की सिफारिश सबसे पहले 1882 में हण्टर कमीशन अथवा शिक्षा आयोग 1882 ने की। उसके पश्चात् शिक्षा के व्यावसायीकरण करने के पक्ष में अनेक कमेटियों तथा आयोगों ने सुझाव दिए। इनमें कुछ इस प्रकार हैं–कलकत्ता विश्वविद्यालय कमीशन

1917, हरटॉग कमेटी 1929, सप्रू आयोग 1934, बेसिक शिक्षा समिति 1937, वुडऐबट रिपोर्ट 1936-37, माध्यमिक शिक्षा आयोग 1936-37, शिक्षा आयोग 1964-66, 10+2 कमेटी रिपोर्ट 1973 (10+2), आदिसेशैया राष्ट्रीय शिक्षा समिति 1987, राष्ट्रीय शिक्षा नीति 1986 ने देश में शिक्षा के व्यवसायीकरण की एक विस्तृत योजना बनाई है।

व्यावसायिक शिक्षा की निहितार्थाएँ (Implications of Vocationalisation of Education) – व्यावसायिक शिक्षा के प्रभावी विकास के लिए निम्न बातों पर ध्यान देना आवश्यक है–

1. उचित व्यावसायिक पाठ्यक्रमों का प्रावधान। 2. उचित सामग्री का प्रावधान। 3. उचित निर्देशन तथा परामर्श का प्रावधान। 4. आर्थिक विकास के संदर्भ में मानव संसाधनों की पूर्ति।

25.13 विभिन्न आयोगों की व्यावसायीकरण पर संतुतियाँ (Recommendations of Various Commissions on Vocationalisation of Education)

I. माध्यमिक शिक्षा आयोग 1952-53 तथा शिक्षा का व्यवसायीकरण – माध्यमिक शिक्षा आयोग ने अनुभव किया कि शीघ्र परिवर्तित होते देश के सामाजिक, राजनीतिक तथा आर्थिक ढाँचे में मैकॉले की चलाई हुई शिक्षा-पद्धति बेकार-सी हो गई है और आज की परिस्थिति में यह मेल नहीं खाती है। स्वतन्त्र भारत में जन-कल्याण का लक्ष्य सामने रखा गया है, अत: इसकी प्राप्ति के लिए शिक्षा का नवीन ढाँचा ही सहायक सिद्ध हो सकता है।

यह सर्वविदित है कि टैक्निकल क्षेत्र में कार्य करने वालों की अत्यन्त कमी है। हमारे बहुत-से ऐसे उद्योग-धन्धे हैं जिनके चलाने के लिए निपुण कारीगर नहीं मिलते तथा उनके अभाव से हमारे उद्योग-धन्धे उन्नति नहीं कर सकते। दूसरी ओर पुस्तकीय विषय पढ़कर महाविद्यालयों से निकलने वाले छात्रों की कोई कमी नहीं, बल्कि वे बिना काम के हजारों की संख्या में आवारा घूमते दिखाई देते हैं तथा समाज के लिए एक प्रकार के 'अभिशाप' बन गए हैं। आज इस बात की अत्यन्त आवश्यकता है कि भिन्न-भिन्न क्षेत्रों में कार्य करने वाले युवक तैयार किए जाएँ।

आयोग ने कहा है–"छात्रों में श्रमनिष्ठा की मनोवृत्ति के निर्माण के साथ-साथ शिक्षा के सभी स्तरों पर प्राविधिक कौशल एवं योग्यता को विकसित किया जाना चाहिए जिससे देश में औद्योगिक विकास हो सके।" आयोग ने प्रस्ताव किया है–"हस्तकला एवं उत्पादन कार्य पर सभी विद्यालयों में पर्याप्त बल दिया जाना चाहिए। साथ ही माध्यमिक स्तर पर विभिन्न पाठ्यक्रम आरम्भ किए जाएँ जैसे कृषि, प्राविधिक, व्यापारिक एवं अन्य व्यावहारिक पाठ्यक्रम।"

माध्यमिक शिक्षा आयोग की व्यावसायिक शिक्षा सम्बन्धी सिफारिशें निम्नलिखित हैं:

बहुउद्देश्यीय विद्यालयों की स्थापना – आयोग ने संस्तुति की कि एक ही स्कूल में कई प्रकार के पाठ्यक्रमों की व्यवस्था की जाए। व्यावसायिक पाठ्यक्रमों को चलाने के लिए उद्योग-धन्धों से तालमेल स्थापित किया जाए। छात्रों के मार्गदर्शन के लिए शैक्षिक एवं व्यावसायिक मार्गदर्शन सेवाएँ उपलब्ध कराई जाएँ।

जिन विद्यार्थियों ने इस प्रकार के पाठ्यक्रम सफलतापूर्वक पूर्ण कर लिए हों, उन्हें

पौलीटेक्निक अथवा टैकनोलॉजिकल कॉलेजों में उच्च विशेष पाठ्यक्रम लेने का अवसर दिया जाए।

कृषि शिक्षा–सभी राज्य देहाती स्कूलों में खेतीबाड़ी की शिक्षा की विशेष सुविधा का प्रबन्ध करें तथा इस प्रकार के पाठ्यक्रमों में हॉर्टीकल्चर की शिक्षा सम्मिलित हो।

(क) पोलीटैक्नीकों में पूर्णकालिक अध्ययन की सुविधाओं के विस्तार के अलावा इस स्तर पर सैंडविच या पत्राचार के पाठ्यक्रम द्वारा व्यवस्थित किए गए अंशकालिक व्यावसायिक पाठ्यक्रमों का विकास किया जाए।

(ख) कृषि और इंजीनियरी पोलीटैक्नीकों को जो रोजगार में लग गए हैं, उन लोगों की प्रवीणता को उन्नत करने के लिए या जो पहले से ही योग्यता प्राप्त कर चुके हैं, उनकी योग्यता बनाए रखने या उनको पुनः शिक्षित करने के लिए छोटे-छोटे संक्षिप्त रूप में बनाए गए स्तर पाठ्यक्रम चलाने चाहिएँ।

(ग) औद्योगिक प्रशिक्षण संस्थानों में पढ़ाए जाने वाले बहुत-से पाठ्यक्रमों में प्रवेश के लिए कक्षा 10 पूरा करने की योग्यता की अपेक्षा की जाती है। इन सुविधाओं का तेजी से विस्तार किया जाए।

(घ) स्वास्थ्य, वाणिज्य, प्रशासन, छोटे पैमाने के उद्योगों और सभी सेवाओं में तरह-तरह के दूसरे पाठ्यक्रम विकसित किए जाने चाहिएँ, जिनकी अवधि प्रमाण-पत्र या डिप्लोमा की योग्यता के लिए छः महीने से तीन साल तक की हो सकती है। ये पहले से ही रोजगार में लगे लोगों को अंशकालिक या पत्राचार के आधार पर भी पढ़ाए जा सकते हैं।

"कार्यक्रम के महत्त्व और भारी पैमाने पर उसके चलाए जाने की दृष्टि में यह अत्यावश्यक है कि राज्य शिक्षा विभागों में शिक्षा अनुभाग खोले जाएँ और उनको इस तरह के पूर्णकालिक या अंशकालिक पाठ्यक्रमों को आयोजित करने पर पूरा-पूरा प्रभार सौंपा जाए। ऐसे कार्यक्रम आयोजित करने से अनुभागों को जनशक्ति की जरूरतों को ध्यान में रखना चाहिए और व्यावसायिक मार्गदर्शन के तंत्र और सामान्यतः उद्योगों और मालिकों के साथ निकट का सहयोग रखते हुए काम करना चाहिए।"

स्कूल स्तर पर व्यावसायिक शिक्षा के विकास के लिए केन्द्रीय अनुदान – केन्द्र सरकार राज्य सरकारों को केन्द्र आयोजित क्षेत्र में विशेष अनुदान देने की व्यवस्था करे। माध्यमिक स्कूलों में व्यवसायीकरण के लिए दिए गए अनुदानों ने ही संयुक्त राज्य अमेरिका में माध्यमिक शिक्षा के व्यवसायीकरण को प्रेरणा दी थी और यह अनुभव भारत के लिए महत्त्वपूर्ण पाठ देने वाला है।

1. अंशकालिक व्यावसायिक शिक्षा–आयोग ने विभिन्न स्तरों पर अंशकालिक व्यावसायिक शिक्षा पर भी बल दिया।

2. लड़कियों के लिए विशेष पाठ्यक्रम–जो लड़कियाँ 14 वर्ष की आयु के आसपास स्कूल छोड़ देती हैं, उनके लिए गृह विज्ञान या सिलाई, कला और शिल्प, मुर्गी-पालन, दुग्धशाला, आदि जैसे घरेलू उद्योगों में पूर्णकालिक या अंशकालिक पाठ्यक्रमों की व्यवस्था की जाए। ये पाठ्यक्रम अल्पकालीन, पूरे समय के लिए या अंशकालिक और लम्बे अरसे तक चलने वाले हो सकते हैं।

3. तकनीकी शिक्षा–मल्टीपरपज स्कूल के पास एक भाग के रूप में अथवा अलग से तकनीकी स्कूल पर्याप्त संख्या में स्थापित किए जाएँ।

बड़े-बड़े शहरों में केन्द्रीय तकनीकी संस्थाएँ खोली जाएँ जो कि कई स्थानीय स्कूलों की आवश्यकताओं को पूरा करें।

जहाँ तक संभव हो तकनीकी स्कूल संबंधित उद्योग के निकट स्थित हों तथा संबंधित उद्योग के सहयोग से कार्य करें।

'औद्योगिक शिक्षा कर' के नाम से उद्योगों पर कुछ कर लगाया जाना चाहिए तथा इस प्रकार प्राप्त आय को तकनीकी शिक्षा के विकास में लगाना चाहिए।

II. कोठारी शिक्षा आयोग तथा माध्यमिक स्तर पर व्यावसायिक शिक्षा (Kothari Commission on Vocationalisation at the Secondary Stage) – कोठारी शिक्षा आयोग ने देश में उत्पादन बढ़ाने के लिए माध्यमिक शिक्षा को प्रबल व्यावसायिक मोड़ देना आवश्यक समझा। साथ ही विश्वविद्यालय स्तर पर कृषि और शिल्प शिक्षा पर अधिक जोर देने की संस्तुति की। आयोग का विचार था कि वर्तमान भारतीय परिस्थिति में शिक्षा के व्यवसायीकरण का विशेष महत्त्व है क्योंकि प्रचलित शिक्षा प्रणाली युवकों को सरकारी नौकरियों तथा बाबूगीरी पेशे के लिए तैयार करती है।

व्यावसायिक शिक्षा का आयोजन (Organisation of Vocational Education)

1. अवर माध्यमिक स्तर (Lower Secondary Stage)

(i) औद्योगिक प्रशिक्षण संस्थानों में ऐसे पाठ्यक्रम हैं, जिनमें प्राथमिक स्कूल को पूरा कर लेने वाले छात्र जा सकते हैं। यदि इन पाठ्यक्रमों में प्रवेश की आयु बढ़ाकर 14 कर दी जाए, तो जो छात्र प्राथमिक स्कूलों को पूरा कर चुके हैं, उनमें से बहुत-से औद्योगिक प्रशिक्षण के इन पाठ्यक्रमों में प्रवेश ले सकेंगे।

(ii) उद्योगों में नौकरी के लिए छात्रों को तैयार करने वाले तकनीकी स्कूलों में कार्यक्रमों की जो व्यवस्था है, वे इस स्तर पर व्यावसायिक पाठ्यक्रमों की दूसरी श्रेणी बन जाते हैं।

(iii) कक्षा 7 या कक्षा 8 के बाद जो बहुत-से छात्र स्कूल छोड़ देते हैं, वे घर के कारोबार में लग जाएँ और कुछ छोटे पैमाने पर अपना ही उद्योग या व्यापार शुरू करने के विचार से स्कूल छोड़ देंगे। उनको योग्यता प्राप्त करने या अपनी प्रवीणता बढ़ाने के अंशकालिक आधार पर बहुत सारे पाठ्यक्रम उपलब्ध होने चाहिएं।

(iv) देहाती लड़कों का बहुत बड़ा अनुपात परिवार के खेत में काम करने चला जाएगा। उनके लिए आगे शिक्षा की व्यवस्था करनी होगी, जो उनको अपने पेशे की अपनी कार्यकुशलता और सामान्य शिक्षा में समर्थ बनाएगी।

(v) लड़कियों का बहुत बड़ा अनुपात तो तुरन्त ही या कुछ समय के बाद स्कूल छोड़ देगा और शादी कर लेगा। उनको गृह-विज्ञान और सामान्य शिक्षा में आगे शिक्षा दी जानी चाहिए।

2. उच्चतर माध्यमिक स्तर (Higher Secondary Stage)–इस स्तर पर तरह-तरह के व्यावसायिक पाठ्यक्रम उपलब्ध रहेंगे।

व्यावसायिक शिक्षा के निर्धारित लक्ष्य – आयोग ने 1966 में सुझाव दिया कि 1986 तक निम्न माध्यमिक स्तर पर पढ़ने वाले 20 प्रतिशत छात्र और कक्षा 11 और 12 में पढ़ने वाले 50 प्रतिशत छात्र अवश्य ही व्यावसायिक पाठ्यक्रम को अपनाएँ।

III. आदिसेशैया राष्ट्रीय समीक्षा समिति, 1978 (Adiseshiah Report) – **राष्ट्रीय समीक्षा समिति का गठन**–शिक्षा मन्त्रालय, भारत सरकार ने अक्टूबर 1977 में श्री एस. आदिसेशैया, उपकुलपति, मद्रास विश्वविद्यालय की अध्यक्षता में इस समिति का गठन किया। इस राष्ट्रीय शिक्षा समिति ने अपनी रिपोर्ट "सीखना–करने को–सीखते हुए तथा कार्यरत समाज के लिए" (Learning to Do—Towards a Learning Society) शीर्षक से मार्च 1978 में भारत सरकार को प्रस्तुत की।

इस समिति का कार्यक्षेत्र 10+2 पाठ्यक्रम के सुधार हेतु विशेषकर उच्चतर माध्यमिक शिक्षा के व्यवसायीकरण हेतु समस्याओं का अध्ययन करके सुझाव देना था।

+2 समीक्षा समिति की महत्त्वपूर्ण सिफारिशें

उच्चतर माध्यमिक शिक्षा का महत्त्व–इस स्तर की शिक्षा का विशेष महत्त्व है क्योंकि छात्रों की लगभग आधी संख्या के लिए औपचारिक शिक्षा का यह अन्तिम बिन्दु है। इस स्तर पर सीखने के अनुभव विद्यार्थियों की जीविका के लिए और उनके जीवन के ध्येय निर्माण में विशेष भहत्त्व रखते हैं। यह स्तर छात्रों के व्यक्तित्व के निर्माण हेतु स्कूली शिक्षा एवं महाविद्यालय के बीच सेतु का काम देता है। यह किशोर अवस्था, बाल्यकाल तथा प्रौढ़काल के बीच का समय है। सम्भवत: यही ऐसी अवस्था है जिसमें अनेक प्रकार के क्षेत्रों–आध्यात्मिक एवं बौद्धिक विकास के मार्ग खुलते हैं। व्यक्तित्व की विशेष रुचियों, क्षमताओं आदि का सृजन एवं दमन होता है।

उच्चतर माध्यमिक शिक्षा के लक्ष्य–राष्ट्रीय विकास में योगदान के लिए इस स्तर के निम्नलिखित उद्देश्य हैं–बेरोजगारी को रोकने में सहायता देना। निराश्रितता को रोकने में सहायता देना। ग्रामीण विकास में सहायता देना। प्रौढ़-साक्षरता में सहायता देना।

उच्चतर माध्यमिक शिक्षा के दो प्रकार के पाठ्यक्रम–(i) सामान्य शिक्षा पाठ्यक्रम; (ii) व्यावहारिक पाठ्यक्रम।

सामान्य शिक्षा पाठ्यक्रम–इसमें निम्नलिखित विषय होंगे–

विषय	*समय*
(क) भाषाएँ	15%
(ख) सामाजिक दृष्टि से लाभदायक उत्पादन कार्य	15%
(ग) वैकल्पिक विषय (तीन)	70%

सामाजिक दृष्टि से लाभदायक उत्पादन कार्य–+2 समिति ने इस पर बहुत बल दिया क्योंकि यह क्रियात्मक है। इसे स्थानीय आवश्यकतानुसार अपनाने की संस्तुति की है। यह भी कहा है कि इसे पाठ्यक्रमों के विषयों से जोड़ा जाए और यह कार्य उचित निर्देशन में योजनानुसार किया जाए।

व्यावसायिक पाठ्यक्रम–समय विभाजन इस प्रकार होगा–

पाठ्य-विवरण	*समय*
(i) सामान्य आधार पाठ्य-विवरण	15%
(ii) भाषा (भाषाएँ)	15%
(iii) वैकल्पिक विषय (व्यावसायिक)	70%

सामान्य आधार पाठ्य-विवरण–इन पाठ्य-विवरणों के निम्नलिखित लक्ष्य हैं–

(i) छात्रों को ग्राम विकास तथा स्वयं रोजगार की आवश्यकता का अनुभव कराना।

(ii) छात्रों को राष्ट्रीय अर्थव्यवस्था में कृषि के महत्त्व की जानकारी देना।

(iii) छात्रों में लघु तथा कुटीर उद्योगों के चलाने की कुशलताओं एवं प्रबन्धकीय योग्यताओं का विकास करना।

(iv) बेरोजगार, क्षमता से निम्न रोजगार, अविकसित तथा पिछड़ी आर्थिक अवस्था में छात्रों की अन्तर्दृष्टि बढ़ाने हेतु योग्य बनाना।

व्यवसायिक वैकल्पिक विषय–निम्नलिखित विशेष बातों पर बल देने के लिए कहा गया है–

(i) प्रयोगात्मक कार्य पर लगभग आधा समय लगाया जाए।

(ii) स्वयं रोजगार तत्त्व पर विशेष ध्यान दिया जाए।

(iii) कृषि तथा इससे सम्बन्धित व्यवसायों के पाठ्यक्रम बनाए जाएँ।

(iv) व्यावसायिक पाठ्यक्रमों का समय साधारणत: दो वर्ष होना चाहिए।

शिक्षा के व्यवसायीकरण करने की प्रक्रिया को प्रबल बनाने के लिए सुझाव – 1. व्यावसायिक सर्वेक्षण करना। 2. ग्रामीण क्षेत्रों में व्यावसायिक स्कूलों की स्थापना करना। 3. वर्तमान व्यावसायिक पाठ्यक्रमों तथा संस्थाओं से पूरा लाभ उठाना। 4. शैक्षिक तथा व्यावसायिक निर्देशन एवं परामर्श की उचित व्यवस्था करना। 5. अध्यापकों को उचित प्रशिक्षण का प्रबंध करना। 6. उचित पाठ्य-पुस्तकों का निर्माण। 7. राष्ट्रीय व्यावसायिक शिक्षा परिषद् का गठन करना। 8. अप्रेन्टिस शिक्षण की उचित व्यवस्था करना।

25.14 व्यावसायिक शिक्षा संबंधी राष्ट्रीय शिक्षा नीति 1986 तथा 1992 में निर्देश (Directions of NPE 1986 and 1992 on Vocational Education)

राष्ट्रीय शिक्षा नीति, (1986) – ***पैरा 5.16***–शिक्षा के प्रस्तावित पुनर्गठन में व्यवस्थित और सुनियोजित व्यावसायिक शिक्षा के कार्यक्रम को दृढ़ता से क्रियान्वित करना बहुत ही जरूरी है। इससे व्यक्तियों के रोजगार पाने की क्षमता बढ़ेगी, आजकल कुशल कर्मचारियों की माँग और आपूर्ति में जो असंतुलन है, वह समाप्त होगा और ऐसे विद्यार्थियों को एक वैकल्पिक मार्ग मिल सकेगा जो इस समय बिना किसी विशेष रुचि या उद्देश्य के उच्च शिक्षा की पढ़ाई किए जाते हैं।

संशोधित (1992) – ***पैरा 5-16***–प्रस्तावित शैक्षिक पुनर्गठन में व्यावसायिक शिक्षा के सुव्यवस्थित, सुनियोजित और कड़ाई से कार्यान्वित किए जाने वाले कार्यक्रमों का लागू किया जाना अत्यधिक महत्त्वपूर्ण है। इन तत्त्वों से छात्रों में कार्य और जीवन के प्रति एक स्वस्थ दृष्टिकोण विकसित होगा, प्रत्येक छात्र के रोजगार पाने की क्षमता बढ़ेगी, कुशल जनशक्ति की माँग और आपूर्ति के बीच असंतुलन कम होगा और बिना विशेष रुचि अथवा प्रयोजन के उच्चतर अध्ययन जारी रखने वाले छात्रों के लिए एक विकल्प उपलब्ध हो जाएगा। उच्च माध्यमिक स्तर पर बच्चों को ऐसे व्यापक व्यावसायिक पाठ्यक्रम प्रदान करने का प्रयास किया जाएगा जो कि व्यवसाय-विशेष की श्रेणी में न आकर बहुविध व्यावसायिक क्षेत्रों से जुड़े हुए हों।

राष्ट्रीय शिक्षा नीति, (1986) – *पैरा 5-17*–व्यावसायिक शिक्षा अपने में शिक्षा की एक विशिष्ट धारा होगी जिसका उद्देश्य कई क्षेत्रों के चुने गए काम-धंधों के लिए विद्यार्थियों को तैयार करना होगा। ये कोर्स आमतौर पर सेकेंडरी शिक्षा के बाद दिए जाएँगे लेकिन इस योजना को लचीला रखा जाएगा ताकि आठवीं कक्षा के बाद भी विद्यार्थी ऐसे कोर्स ले सकें। औद्योगिक प्रशिक्षण संस्थान भी बड़ी व्यावसायिक शिक्षा के ढाँचे के अनुसार चलेंगे ताकि इनमें प्राप्त सुविधाओं का पूरा लाभ उठाया जा सके।

संशोधित (1992) – *पैरा 5-17*–व्यावसायिक शिक्षा एक भिन्न धारा भी होगी जिसका उद्देश्य छात्रों को विभिन्न प्रकार के क्रियाकलापों से जुड़े हुए निर्धारित व्यवसायों के लिए तैयार करना है। ये पाठ्यक्रम साधारणत: माध्यमिक स्तर के बाद प्रदान किए जाएँगे, किन्तु, इस योजना को लचीला रखते हुए वे कक्षा VIII के बाद भी उपलब्ध कराए जा सकते हैं।

पैरा 5-18–स्वास्थ्य आयोजना और स्वास्थ्य सेवा प्रबंध को स्वास्थ्य से संबंधित व्यावसायिक पाठ्यक्रमों के माध्यम से स्वास्थ्य जनशक्ति की उपयुक्त श्रेणियों की शिक्षा और प्रशिक्षण के साथ स्पष्ट रूप से जोड़ा जाना चाहिए। प्राथमिक और माध्यमिक स्तरों पर स्वास्थ्य शिक्षा व्यक्ति के परिवार और सामुदायिक स्वास्थ्य के प्रति वचनबद्धता को सुनिश्चित करेगी और उच्चतर माध्यमिक शिक्षा के +2 स्तर पर स्वास्थ्य से संबंधित व्यावसायिक पाठ्यक्रमों की ओर अग्रसर होगा। कृषि, विपणन और सामाजिक सेवाओं आदि पर आधारित ऐसे ही व्यावसायिक पाठ्यक्रम तैयार करने के प्रयास किए जाएँगे। व्यावसायिक शिक्षा में स्वरोजगार, उद्यमियों के लिए दक्षता और ज्ञान तथा रुझान के विकास पर भी जोर दिया जाएगा।

पैरा 5-19–व्यावसायिक पाठ्यक्रमों या संस्थाओं की स्थापना सरकार तथा सार्वजनिक तथा निजी क्षेत्रों के कर्मचारियों की होगी तथापि सरकार महिलाओं, ग्रामीण तथा जनजाति के क्षेत्रों और समाज के वंचित वर्गों की आवश्यकताएँ पूरी करने के लिए विशेष कदम उठाएगी। विकलांगों के लिए भी समुचित कार्यक्रम शुरू किए जाएँगे।

पैरा 5-20–व्यावसायिक पाठ्यक्रमों के स्नातकों को पूर्वनिर्धारित शर्तों के अंतर्गत व्यावसायिक विकास, वृत्ति का सुधार, और बाद में समुचित सेतु पाठ्यक्रमों के माध्यम से सामान्य, तकनीकी और व्यावसायिक शिक्षा के पाठ्यक्रमों में दाखिला दिया जाएगा।

पैरा 5-21–अनौपचारिक, लचीले और आवश्यकता पर आधारित व्यावसायिक कार्यक्रम भी नवसिखुओं, युवकों जिन्होंने प्राथमिक शिक्षा पूरी की है, स्कूल छोड़ गए हैं, और किसी कार्य में लगे हुए हैं और बेरोजगार हैं या वे व्यक्ति जो आंशिक रूप में रोजगारयुक्त हैं, के लिए उपलब्ध किए जाएँगे। इस संबंध में महिलाओं की ओर विशेष ध्यान दिया जाएगा।

पैरा 5-22–जो छात्र शिक्षा के उच्च माध्यमिक पाठ्यक्रमों से स्नातक बनते हैं और उन्हें व्यावसायिक पाठ्यक्रमों की भी जरूरत हो सकती है, उनके लिए शिक्षा के तृतीय स्तर के पाठ्यक्रम आयोजित किए जाएँगे।

पैरा 5-23–यह प्रस्ताव है कि उच्चतर माध्यमिक स्तर के विद्यार्थियों का दस प्रतिशत 1990 तक और 25 प्रतिशत 1995 तक व्यावसायिक पाठ्यचर्या में आ जाए। इस बात के लिए कदम उठाए जाएँगे कि व्यावसायिक शिक्षा पाकर निकले हुए विद्यार्थियों में से अधिकतर को या तो नौकरी मिले या वे अपना रोजगार स्वयं कर सकें। व्यावसायिक पाठ्यक्रमों का पुनरीक्षण नियमित रूप से किया जाएगा। माध्यमिक स्तर पर पाठ्यक्रमों के

विविधीकरण को बढ़ावा देने के लिए सरकार अपने अधीन की जाने वाली भर्ती की नीति पर भी पुनः विचार करेगी।

संशोधित (1992): *पैरा 5-23*—यह प्रस्ताव किया जाता है कि व्यावसायिक पाठ्यक्रमों में 1995 तक उच्चतर माध्यमिक स्तर के छात्रों को 10 प्रतिशत और 2000 तक 25 प्रतिशत छात्रों को सम्मिलित किया जाए। यह सुनिश्चित करने के लिए कदम उठाए जाएँगे कि व्यावसायिक पाठ्यक्रमों में सफलता पाने वाले छात्रों का काफी बड़ा प्रतिशत रोजगार पर अथवा स्वरोजगार पर लग जाता है। लागू किए गए पाठ्यक्रमों की नियमित रूप से समीक्षा की जाएगी। माध्यमिक स्तर पर विविधता को बढ़ावा देने के लिए सरकार अपनी भर्ती-नीति की भी समीक्षा करेगी।

25.15 व्यवसायीकरण की धीमी गति तथा इसे प्रभावी बनाने के उपाय (Slow Progress of Vocational Education and Measures forIts Speedy Development)

माध्यमिक शिक्षा की विविधता, इसके व्यावसायीकरण की आवश्यकता तथा महत्त्व को जानते हुए, मानव संसाधन विकास मंत्रालय, भारत सरकार तथा रा. शै. अनु. प्रशि. परिषद् ने बहुत-सी गतिविधियाँ आरम्भ की हैं। परन्तु इन सब प्रयत्नों के बावजूद, शिक्षा-व्यवसायीकरण की योजना ने अभी पर्याप्त गति नहीं पकड़ी है।

तालिका 25.5: व्यावसायिक शिक्षा का भारत में प्रसार 1985&86

क्रम सं.	*राज्य/केन्द्र प्रशासित प्रदेश*	*संस्थाओं की संख्या जिनमें व्यावसायिक शिक्षा की सुविधा है*	*छात्रों की संख्या*		*कोर्सों की संख्या*
			कक्षा 11	*कक्षा 12*	
1.	आन्ध्र प्रदेश	148	2800	1600	21
2.	असम	02	40	38	06
3.	हरियाणा	41	1625	2149	20
4.	कर्नाटक	165	7014	3971	37
5.	केरल	73	3625	2840	27
6.	तमिलनाडु	1251	37050	30715	70
7.	पाण्डिचेरी	07	359	246	13
8.	गुजरात	46	1616	1446	–
9.	गोवा	05	275	254	03
10.	महाराष्ट्र	403	22650	18525	24
11.	उत्तर प्रदेश	249	6200 (लगभग)	700 (लगभग)	02
12.	सिक्किम	01	–	–	01
13.	दिल्ली	40	1000	1000	10

टिप्पणी—केवल दो राज्यों, अर्थात् तमिलनाडु तथा महाराष्ट्र, में आधे से ज्यादा छात्र हैं। अन्य राज्यों में स्थिति दयनीय है।

केवल ढाई प्रतिशत छात्र व्यासायिक धारा में हैं।

1985-86 में, कक्षा 9 से 12 तक छात्रों की कुल संख्या लगभग 162 लाख थी और केवल 1½ लाख छात्र व्यावसायिक शिक्षा पर रहे थे। यदि कक्षा 9 तथा 10 के छात्रों की संख्या निकाल दी जाए तो कक्षा 11 तथा 12 में लगभग 60 लाख में केवल 1½ लाख छात्र हो व्यावसायिक धारा में थे। व्यावसायिक शिक्षा पद्धति को सुदृढ़ बनाने के लिए तत्काल कार्यवाही करना अति आवश्यक है।

तालिका 25.6: माध्यमिक शिक्षा में व्यावसायिक योजना के अन्तर्गत स्कूलों की संख्या, अनुभाग तथा नामांकन क्षमता (2001-2002)

क्र. सं.	*राज्य/केन्द्र शासित*	*स्कूलों की संख्या*	*विभागों की संख्या*	*अनुभाग क्षमता*
(1)	(2)	(3)	(4)	(5)
1.	आन्ध्र प्रदेश	668	1880	94000
2.	अरुणाचल प्रदेश	4	4	200
3.	असम	225	510	25500
4.	बिहार	251	752	37600
5.	छत्तीसगढ़	–	–	–
6.	दिल्ली	38	93	4650
7.	गोवा	43	106	5300
8.	गुजरात	364	1032	51600
9.	हरियाणा	170	876	43350
10.	हिमाचल प्रदेश	40	82	4100
11.	जम्मू और कश्मीर	38	38	1900
12.	झारखण्ड	–	–	–
13.	कर्नाटक	564	1427	71350
14.	केरल	363	1008	50400
15.	मध्य प्रदेश	465	1307	65350
16.	महाराष्ट्र	1141	3480	17400
17.	मणिपुर	19	57	2850
18.	मेघालय	10	20	1000
19.	मिजोरम	17	51	2550
20.	नागालैण्ड	8	16	800
21.	उड़ीसा	231	924	46200
22.	पंजाब	282	846	42300
23.	राजस्थान	155	465	23250
24.	सिक्किम	7	9	450
25.	तमिलनाडु	700	2140	107000
26.	त्रिपुरा	12	12	600
27.	उत्तर प्रदेश	910	2350	117500
28.	उत्तरांचल	–	–	–
29.	पश्चिम बंगाल	39	39	1950

(क्रमशः)

(क्रमशः)

(1)	(2)	(3)	(4)	(5)
30.	अण्डमान और निकोबार	3	3	150
31.	चण्डीगढ़	17	58	2900
32.	दादर तथा नागर हवेली	2	2	100
33.	दमन तथा दीव	2	5	250
34.	लक्षद्वीप	–	–	–
35.	पाण्डिचेरी	12	16	800
	योग	**6800**	**19599**	**979950**

माध्यमिक शिक्षा की व्यवसायीकरण योजना के अन्तर्गत स्थिति (2001-2002)

1. विद्यालयों की संख्या जिनमें व्यावसायिक पाठ्यक्रम हैं = 6800
2. व्यावसायिक भागों की संख्या = 19599
3. छात्रों के नामांकन का प्रावधान = 979950

दैनिक 'Hindustan Times' (26.11.2005) में दिल्ली के स्कूलों में माध्यमिक स्तर पर व्यवसायीकरण के संबंध में जो आँकड़े छपे थे उससे स्पष्ट है कि स्थिति संतोषजनक नहीं है। 25 प्रतिशत के लक्ष्य के स्थान पर केवल 7-8 प्रतिशत छात्र ही व्यावसायिक पाठ्यक्रमों में थे। लगभग 1,000 अध्यापकों में जो व्यावसायिक पाठ्यक्रमों से जुड़े हुए थे, उनमें केवल 63 स्थायी थे तथा अन्य अंशकालिक।

व्यवसायीकरण की धीमी गति के कारण (Causes for the Slow pace of Vocationalisation) – 1. उपयुक्त सम्बन्धित प्रबंध समिति का अभाव। 2. व्यवसायिक शिक्षा प्राप्त छात्रों के लिए रोजगार की समस्याएँ। 3. व्यावसायिक क्षेत्रों में रोजगार माँग तथा पूर्ति में सामंजस्य का न होना। 4. समाज द्वारा व्यावसायिकता की अवधारणा के प्रति उदासीनता। 5. व्यावसायिक क्षेत्रों में व्यावसायिक वृद्धि के उचित अवसरों तथा उन्नति की कमी। 6. व्यावसायिक संबंधी उचित संगठन का अभाव। 7. व्यावसायिक संबंधी उपाधियों को उचित स्थान ने देना। 8. परम्परागत धारणा के अनुसार व्यावसायिक शिक्षा को घटिया शिक्षा मानना।

25.16 व्यावसायिक शिक्षा के विकास के लिए चार सूत्री कार्यक्रम (Four Fold Programme for The Development of Vocational Education)

नई शिक्षा नीति में व्यवसायीकरण के महत्त्व को देखते हुए चार सूत्री कार्यक्रम प्रस्तावित किया गया–

I. प्रणाली का विकास (Development of the System)

II. व्यावसायिक शिक्षा कार्यक्रम (Vocational Education Programme)

III. विशेष वर्गों तथा स्कूलों से बाहर समुदाय के लिए कार्यक्रम (Vocational Programme for The Special Groups)

IV. लक्ष्य तथा विकास के लिए तैयारी (Targets and Preparation for The Development)

I. प्रणाली का विकास (Development of the System)

1. मानव संसाधन विकास मंत्रालय द्वारा व्यावसायिक शिक्षा की संयुक्त परिषद् (Joint Council for Vocational Education—JCVE) तथा व्यावसायिक शिक्षा ब्यूरो (Bureau of Vocational Education—BVE) का गठन किया।

2. अनुसंधान विकास, मॉनीटरिंग तथा मूल्यांकन कार्य करने के लिए रा. शै. अनु. परि. के अन्तर्गत एक केन्द्रीय व्यावसायिक शिक्षा संस्थान (CIVE) का गठन किया।

3. आवश्यकतानुसार राज्य सरकारों द्वारा राज्य व्यावसायिक शिक्षा परिषद् (State Council of Vocational Education—SCVE), राज्य व्यावसायिक शिक्षा संस्थान (State Institute of Vocational Education—SIVE), व्यावसायिक शिक्षा विभाग (Department of Vocational Education—DVE), जिला स्तरीय समन्वय समिति (District Level Coordination Committee—DCC) आदि का गठन किया जाए।

4. व्यावसायिक शिक्षा के विकास के लिए NCERT, CIVE, RIE (Regional Institutes of Education), SCERT (State Council of Educational and Training Research), SIVE (State Institute of Vocational Education), TTTI (Technical Teacher Training Institute) आदि की क्षमता में वृद्धि की जाए।

5. SCVE द्वारा व्यावसायिक सर्वेक्षण द्वारा जिलेवार व्यावसायिक मानव शक्ति की आवश्यकताओं का अध्ययन किया जाए।

6. SIVE's तथा SCERT's में पाठ्यक्रम सेल स्थापित किए जाएँ।

7. NCERT द्वारा मॉडल पाठ्यक्रम तथा मार्गदर्शक रेखाएँ (Guidelines) तैयार किए जाएँ।

8. NCERT/CIVE अथवा SIVES/NCERT के सहयोग से व्यावसायिक शिक्षा सूचना प्रणाली (Vocational Monitoring System) विकसित किया जाए।

9. NCERT द्वारा विभिन्न व्यावसायिक संगठनों के कार्यक्षेत्र का निर्धारण किया जाए।

10. मानव संसाधन विकास मंत्रालय द्वारा विभिन्न संस्थाओं के बीच तालमेल सम्बन्धी निर्देश दिए जाएँ।

11. व्यावसायिक शिक्षा संगठनों, नियुक्तिकर्त्ताओं व स्वंयसेवी संगठनों के बीच तालमेल हेतु निर्देश दिए जाएँ।

II. व्यावसायिक शिक्षा कार्यक्रम (Vocational Education Programme)

इसके अन्तर्गत निम्नलिखित कार्यक्रम प्रस्तावित हैं–

1. 8+ छात्रों के लिए विभिन्न राज्यों के व्यावसायिक शिक्षा विभागों द्वारा सीमित स्तर पर प्रयोगात्मक आधार पर व्यावसायिक पाठ्यक्रम शुरू किया जाए।

2. SCERT's तथा SIVE's द्वारा 10+स्तर पर पाठ्यक्रम का उपलब्ध साधनों के संदर्भ में निर्धारण किया जाए।

3. इंजीनियरिंग तथा टेक्नोलॉजी में 10+व्यावसायिक पाठ्यक्रम के छात्रों के लिए और अवसर प्रदान करने के लिए नए व्यावसायिक संस्थान स्थापित किए जाएँ।

4. JCVE द्वारा व्यावसायिक धारा+2 के 70% छात्रों के लिए एप्रेण्टिस ट्रेनिंग के लिए छात्रवृत्ति (स्टाइपेण्ड) की व्यवस्था की जाए।

5. व्यावसायिक शिक्षा द्वारा छात्रों में स्वयं रोजगार दक्षताओं का विकास किया जाए।
6. जिला-स्तर पर जीविका कार्य दर्शन सेल गठित किया जाए।
7. विभिन्न व्यावसायिक संस्थाओं द्वारा सेतु-पाठ्यक्रमों का निर्माण किया जाए।

III. विशेष वर्गों तथा स्कूलों से बाहर समुदाय के लिए व्यावसायिक शिक्षा कार्यक्रम (Vocational Programme for The Special Groups)

1. जे. सी. वी. ई. द्वारा उपयुक्त प्रोत्साहनों, पुरस्कारों के माध्यम से व्यावसायिक शिक्षा में सार्वजनिक निजी क्षेत्रों के उद्योगों को शामिल करने के लिए योजनाएँ तैयार की जाएँ।

2. महिलाओं, जनजातीय, अपंग तथा विकलांग आदि जैसे विशेष वर्गों की व्यावसायिक शिक्षा में कार्यरत स्वैच्छिक संगठनों की पहचान करके सहायता प्रदान की जाए।

3. सभी पोलिटेकनिक संस्थाएँ, औद्योगिक प्रशिक्षण संस्थान, अन्य व्यावसायिक तथा तकनीकी प्रशिक्षण संस्थान, चुने हुए उच्चतर माध्यमिक स्कूल, कॉलेज तथा विशेष संस्थानों, ग्रामीण तथा गैर-व्यवस्थित क्षेत्रों में चरणबद्ध तरीके से गैर-औपचारिक कार्यक्रमों के माध्यम से व्यावसायिक शिक्षा प्रदान करने का कार्य किया जाए।

4. चुनिन्दा इंजीनियरी कॉलेज, पोलिटेकनिक, औद्योगिक प्रशिक्षण संस्थान तथा अन्य व्यावसायिक तथा तकनीकी प्रशिक्षण स्कूल/संस्थान विशेष वर्गों तथा पहले से ही रोजगार प्राप्त लोगों के लाभ के लिए अंशकालिक व्यावसायिक पाठ्यक्रमों को आयोजित किया जाए।

5. महिलाओं, जनजातीय तथा समाज के अन्य कमाजोर वर्गों की आवश्यकताओं को पूरा करने के लिए राज्य व्यावसायिक शिक्षा विभागों द्वारा विशेष व्यावसायिक प्रशिक्षण संस्थान स्थापित किए जाएँ।

IV. लक्ष्य तथा विकास के लिए तैयारी (Targets and Preparation for The Development) – साधनों की उपलब्धता का अनुमान लगा कर उसके अनुसार लक्ष्य निर्धारित किए जाएँ। प्राय: यह देखा गया है कि लक्ष्य बहुत ऊँचे निर्धारित किए जाते हैं परन्तु उनकी पूर्ति नहीं हो पाती है। उपयुक्त साधन उसी मात्रा में नहीं मिल पाते। परिणामस्वरूप निराशा होती है और व्यावसायीकरण की योजना को भी धक्का लगता है। अत: बहुत ही सावधानी से प्रोग्राम बनाए जाने चाहिए।

सक्षेप में शिक्षा के व्यावसायीकरण की प्रक्रिया को दृढ़ करने हेतु सुझाव

1. व्यावसायिक शिक्षा को शिक्षा का अभिन्न अंग माना जाए।
2. अनौपचारिक व्यावसायिक शिक्षा की उचित व्यवस्था की जाए।
3. व्यावसायिक शिक्षा को घटिया शिक्षा न माना जाए।
4. व्यावसायिक शिक्षा के लिए न्यूनतम व्यय का अनुमान तथा उसकी उपलब्धि आवश्यक है।
5. व्यावसायिक मानव शक्ति की माँग आर्थिक क्षेत्र में उत्पन्न की जाए।
6. स्कूलों में व्यावसायिक शिक्षा प्राप्त छात्रों के लिए उच्च व्यावसायिक शिक्षा का प्रबन्ध किया जाए।
7. स्कूलों में इस प्रकार की व्यावसायिक शिक्षा पर बल देना जिससे छात्र स्वयं व्यवसाय चला सकें।

8. व्यावसायिक शिक्षा प्राप्त छात्रों के लिए सतत शिक्षा के प्रशिक्षण की सुविधा प्रदान की जाए।

9. विभिन्न अभिकरणों की सुनिश्चित भूमिका व स्कूल में भिन्न कार्यक्षेत्रों पर जोर दिया जाए।

10. 10+2 स्तर के 70% छात्रों के लिए एपरेन्टिस ट्रेनिंग के लिए छात्रवृत्ति (स्टाइपेण्ड) की व्यवस्था की जाए।

विशेष वर्गों तथा स्कूल से बाहर समुदाय के लिए व्यावसायिक शिक्षा कार्यक्रम

1. जे.सी.वी.आई. द्वारा उपयुक्त प्रोत्साहनों, पुरस्कारों के माध्यम से व्यावसायिक शिक्षा में सार्वजनिक निजी क्षेत्रों के उद्योगों को शामिल करने के लिए योजनाएँ तैयार की जाएँ।

2. महिलाओं, जनजातीय, अपंग तथा विकलांग आदि जैसे विशेष वर्गों की व्यावसायिक शिक्षा में कार्यरत स्वैच्छिक संगठनों की पहचान करके सहायता प्रदान की जाए।

3. सभी पोलिटेकनिक संस्थाएँ, औद्योगिक प्रशिक्षण संस्थान, अन्य व्यावसायिक तथा तकनीकी प्रशिक्षण संस्थान, चुने हुए उच्चतर माध्यमिक स्कूल, कॉलेज तथा विशेष संस्थानों, ग्रामीण तथा गैर-व्यवस्थित क्षेत्रों में चरणबद्ध तरीके से गैर-औपचारिक कार्यक्रमों के माध्यम से व्यावसायिक शिक्षा प्रदान करने का कार्य किया जाए।

4. चुनिन्दा इंजीनियरी कॉलेज, पोलिटेकनिक, औद्योगिक प्रशिक्षण संस्थान तथा अन्य व्यावसायिक तथा तकनीकी प्रशिक्षण स्कूल/संस्थान विशेष वर्गों तथा पहले से ही रोजगार प्राप्त लोगों के लाभ के लिए अंशकालिक व्यावसायिक पाठ्यक्रमों को आयोजित किया जाए।

5. महिलाओं, जनजातीय तथा समाज के अन्य कमजोर वर्गों की आवश्यकताओं को पूरा करने के लिए राज्य व्यावसायिक शिक्षा विभागों द्वारा विशेष व्यावसायिक प्रशिक्षण संस्थान स्थापित किए जाएँ।

26

उच्च शिक्षाः प्रसार, गुणवत्ता नियन्त्रण, स्वायत्तता तथा निजीकरण
(Higher Education: Expansion, Quality Control, Autonomy and Privatization)

26.1 उच्च शिक्षा का प्रसार (Expansion of Higher Education)

भारत की उच्च शिक्षा पद्धति में आजादी के समय की संख्या की तुलना में विश्वविद्यालयों की संख्या में सत्रह गुणा और कॉलेजों की संख्या में 35 गुणा वृद्धि हुई है। इस समय, देश में कुल मिलाकर 335 विश्वविद्यालय हैं जिनमें से 215 राज्य विश्वविद्यालय हैं, 20 केन्द्रीय विश्वविद्यालय हैं, जो राज्य विधान अधिनियमों के अन्तर्गत स्थापित पाँच संस्थानों और केन्द्रीय विधान द्वारा स्थापित राष्ट्रीय महत्त्व के 13 संस्थानों और 1849 महिला कॉलेजों सहित लगभग 17,625 कॉलेजों के अलावा हैं। शैक्षिक वर्ष 2005-06 के प्रारंभ में, विश्वविद्यालयों और कॉलेजों में औपचारिक शिक्षा पद्धति में दाखिल छात्रों की कुल संख्या 104.81 लाख थी जिनमें से 13.88 लाख (13.25 प्रतिशत) विश्वविद्यालय विभागों में और 90.93 लाख (86.75 प्रतिशत) सम्बद्ध कॉलेजों में थे।

शैक्षिक वर्ष 2005-06 के प्रारम्भ में महिला छात्रों की संख्या 42.34 लाख थी, जो कुल छात्रों का 40.40 प्रतिशत है। कुल दाखिल महिलाओं में से केवल 12.40 प्रतिशत महिलाएँ व्यावसायिक पाठ्यक्रमों में दाखिल थीं। कुल दाखिले में प्रतिशत दाखिले की दृष्टि से महिला छात्रों की सबसे अधिक संख्या (60.85 प्रतिशत) केरल में और सबसे कम बिहार में (24.46 प्रतिशत) थी। निरपेक्ष महिला छात्रों की निरपेक्ष संख्या की दृष्टि से महाराष्ट्र शीर्ष पर और उसके बाद उत्तर प्रदेश है।

विभिन्न विश्वविद्यालयों द्वारा प्रदत्त डाक्ट्रेट डिग्रियों की संख्या (1.1.2004 की स्थिति) 16,602 थी। कला (6,774) और विज्ञान (5,408) दोनों संकायों का हिस्सा प्रदत्त डाक्ट्रेट की कुल संख्या में 73 प्रतिशत था।

विश्वविद्यालयों और कॉलेजों में नियमित संकाय संख्या क्रमशः 0.77 लाख (16.39 प्रतिशत) और 3.95 लाख (83.61 प्रतिशत) है, जो कुल मिलाकर वर्ष के प्रारम्भ में 4.77 लाख थी।

तालिका 26.1: भारत में उच्च शिक्षा में नामांकन 1950 से

वर्ष	*छात्रों की संख्या (लाखों में)*	*कुल आयुवर्ग 17-23 का प्रतिशत*
1950-51	3.6	0.8
1960-61	8.9	1.8
1970-71	17.2	3.4
1980-81	26.5	4.2
1990-91	49.2	7.0
2000-01	84.0	4.3
2001-2002	89.6	6.7
2002-2003	95.2	6.2
2003-2004 (अनुमानित)	99.5	4.6

तालिका 26.2: कॉलेजों तथा विश्वविद्यालयों की संख्या 1950-51 से

वर्ष	*कॉलेजों की संख्या*	*विश्वविद्यालयों तथा समकक्ष संस्थाओं की संख्या*
1950-51	578	27
1960-61	1,819	45
1970-71	3,277	95
1980-81	4,557	123
1990-91	8,350	190
2000-2001	12,806	245
2003-2004	16,885	320

स्रोत–1. केन्द्रीय माध्यमिक शिक्षा सलाहकार बोर्ड की समिति की रिपोर्ट, 2004

2. यू.जी.सी. वार्षिक रिपोर्ट 2003, 2004।

तालिका 26.3: उच्च शिक्षा में नामांकन प्रतिशत: विश्व के कुछ देशों का तुलनात्मक अध्ययन

क्रम सं.	देश	*नामांकन प्रतिशत (अनुमानित)*
1.	कनाडा	95 प्रतिशत
2.	अमरीका	80 प्रतिशत
3.	जापान	65 प्रतिशत
4.	फ्रांस	50 प्रतिशत
5.	अर्जेन्टीना	40 प्रतिशत
6.	इंग्लैण्ड	35 प्रतिशत

(*क्रमशः*)

क्रम सं.	देश	नामांकन प्रतिशत (अनुमानित)
8.	चीन	30 प्रतिशत
9.	जर्मनी	30 प्रतिशत
10.	पनामा	28 प्रतिशत
11.	वेनेजुएला	27 प्रतिशत
12.	रूस	21 प्रतिशत
13.	मिस्र	20 प्रतिशत
14.	थाईलैण्ड	19 प्रतिशत
15.	मैक्सिको	14 प्रतिशत
16.	ब्राजील	12 प्रतिशत
17.	इन्डोनेशिया	10 प्रतिशत
18.	तुर्की	10 प्रतिशत
19.	भारत	6 प्रतिशत

भारत में वस्तुस्थिति में बहुत विरोधाभास है। एक ओर तो उच्च शिक्षा में केरल लगभग 6% नामांकन है, दूसरी ओर पढ़े-लिखों की बेरोजगारी। यही नहीं, भारत में कई उच्च शैक्षिक संस्थानों में शिक्षा प्राप्त भारतीयों को विदेश में बहुत अच्छा वेतनमान तथा सेवा-शर्तें मिल जाती हैं तथा प्रतिभा का निर्गमन होता है। ऐसी स्थिति में नामांकन की नीति निर्धारण करना बहुत कठिन कार्य हो जाता है।

नामांकन नीति सम्बन्धी सुझाव

1. शिक्षा की सुविधाओं का विस्तार जनशक्ति या रोजगार प्राप्त करने के अवसरों को ध्यान में रखकर किया जाए।

2. पहली तीन योजनाओं में माध्यमिक और उच्च शिक्षा की माँग में बहुत वृद्धि हुई है और भविष्य में भी होगी। इस बढ़ती हुई माँग को पूरा करने के लिए अध्यापकों, धन और शिक्षण-सामग्री को जुटाना कठिन होगा। अत: कॉलेजों और विश्वविद्यालयों में चुने हुए छात्रों को प्रवेश दिया जाए।

3. छात्र-संख्या-सम्बन्धी राष्ट्रीय नीति का यह लक्ष्य निर्धारण किया जाए–योग्य छात्रों में जो सबसे अधिक प्रतिभाशाली हों, उनको माध्यमिक शिक्षा समाप्त करने के बाद उच्च शिक्षा प्राप्त करने का अवसर दिया जाए और उनको उदारतापूर्वक छात्रवृत्तियाँ दी जाएँ, जिससे उनकी आर्थिक कठिनाईयों का समाधान हो जाए।

4. पिछले समय में उच्च शिक्षा का विस्तार करने के लिए योग्य शिक्षकों, साज-सज्जा आदि के प्रति ध्यान नहीं दिया गया। फलस्वरूप शिक्षा का स्तर गिर गया। इसलिए भविष्य में इस नीति को न अपनाया जाए।

5. शैक्षिक अवसरों में समानता स्थापित करने के लिए प्रयास करना।

6. उपरोक्त शिक्षा को प्राप्त करने के लिए निर्धन छात्रों को अधिक आर्थिक सहायता देना।

7. व्यावसायिक, प्राविधिक और रोजगार-सम्बन्धी शिक्षा (Professional, Technical & Vocational Education) के विकास पर बल दिय जाए।

8. कृषि और उद्योगों के लिए व्यक्तियों को तैयार करना। प्रतिभाशाली छात्रों की क्षमताओं का पूर्ण विकास करना।

26.2 उच्च शिक्षा में गुणवत्ता नियन्त्रण (Quality Control in Education)

शिक्षा की गुणवत्ता की परिभाषा, अर्थ तथा समस्याएँ (Definition, Meaning and Problems of Quality in Higher Education) – उच्च शिक्षा की गुणवत्ता के बारे में चर्चा करते समय निम्नलिखित बातों पर ध्यान देना आवश्यक है–

1. शिक्षा में गुणवत्ता का क्या अर्थ है?
2. शिक्षा में गुणवत्ता का उद्देश्य क्या है?
3. शिक्षा में गुणवत्ता के कौन-कौन से मानदंड हैं?
4. क्या शिक्षा में गुणवत्ता का सम्बन्ध उसके उद्देश्य से है?
5. क्या कुछ संस्थाओं की गुणवत्ता से सम्पूर्ण शैक्षिक गुणवत्ता का अर्थ निकाला जा सकता है?
6. क्या शिक्षा में गुणवत्ता का अर्थ छात्रों की विशेष उपलब्धियों से माना जा सकता है?
7. क्या गुणवत्ता शिक्षा का अर्थ परीक्षाफल से है?
8. क्या गुणवत्ता का अर्थ कुछ छात्रों का विदेश जाकर विभिन्न क्षेत्रों में ऊँचे पद प्राप्त करना है?
9. क्या गुणवत्ता का अर्थ शिक्षण विधियों से है?
10. क्या शैक्षिक संस्था या संस्थान में अनुशासन से है?
11. क्या गुणवत्ता का अर्थ छात्रों की विभिन्न क्षेत्रों में उपलब्धियों से है?
12. क्या गुणवत्ता का अर्थ संस्था में पाठान्तर क्रियाओं की व्यवस्था से है?

शैक्षिक साहित्य का अध्ययन करने पर ज्ञात होता है कि किसी भी शिक्षा आयोग अथवा शिक्षा समिति ने शिक्षा में गुणवत्ता की व्याख्या नहीं की है। विश्वविद्यालय शिक्षा आयोग 1948-49, माध्यमिक शिक्षा आयोग 1952-53 तथा शिक्षा आयोग 1964-66 ने प्राय: 'शिक्षा-स्तर' पर जोर दिया है।

राष्ट्रीय शिक्षा नीति के संदर्भ में उच्च शिक्षा में गुणवत्ता (Quality Education in Higher Education and NPE) – राष्ट्रीय शिक्षा नीति (1986 तथा 1992) में गुणवत्ता शब्द का प्रयोग केवल शोध के प्रकरण में प्रयोग किया गया है।

शिक्षा नीति में कहा गया है कि उच्च शिक्षा लोगों को आलोचनात्मक, सामाजिक, आर्थिक, सांस्कृतिक, नैतिक और आध्यात्मिक समस्याओं 'जिनका सामना मानव जाति को करना पड़ता है' का चिंतन करने का अवसर प्रदान करती है। इससे विशिष्ट ज्ञान और दक्षताओं के प्रसार के माध्यम से राष्ट्रीय विकास के क्षेत्र में योगदान होता है। अत: यह जीवित रहने के लिए एक निर्णायक तत्व होगा। शैक्षणिक सूची स्तंभ का शिरोबिंदु होने के नाते इसकी शिक्षा प्रणाली के लिए अध्यापक तैयार करने में एक प्रमुख भूमिका है।

ज्ञान के अद्वितीय खोज के संदर्भ में उच्च शिक्षा लगातार अज्ञात क्षेत्र में प्रवेश कर रही है। उच्च शिक्षा को इतना सक्रिय बनाना है जितनी सक्रिय पहले कभी नहीं हुई थी।

राष्ट्रीय शिक्षा नीति में दिए गए ऊपर लिखित विचारों के संदर्भ में उच्च शिक्षा में गुणवत्ता को देखें तो व्यावहारिक रूप में गुणवत्ता के मानदण्ड निर्धारित करना तथा उनका मूल्यांकन करना अति कठिन कार्य है क्योंकि मूल्यांकन में वस्तुनिष्ठ तत्व का अभाव रहेगा।

राष्ट्रीय शिक्षा नीति में उच्च शिक्षा के स्तरों के लिए निम्नलिखित निर्देश दिए हैं–

1. काफी बड़ी संख्या में स्वायत्त कॉलेजों को विकसित करने में सहायता दी जाए।

2. कॉलेजों की सम्बन्धता नीति (Affialiating Policy) को स्वतन्त्र बनाया जाए।

3. कॉलेजों की सम्बन्धता नीति को रचनात्मक ढंग से बदला जाए।

4. विशिष्टीकरण की माँगों को बेहतर ढंग से पूरा करने के लिए पाठ्यक्रमों और कार्यक्रमों को फिर से तैयार किया जाए।

5. भाषायी क्षमता पर विशेष बल दिया जाए।

6. उच्च शिक्षा परिषदों (Councils of Higher Education) के माध्यम से उच्च शिक्षा का राज्यस्तरीय आयोजन और समन्वय किया जाए।

7. न्यूनतम सुविधाओं के लिए व्यवस्था दी जाए।

8. प्रवेश क्षमता के अनुसार दिया जाए।

9. श्रव्य-दृश्य सामग्री तथा इलैक्ट्रॉनिक उपकरण तथा विज्ञान और प्रौद्योगिकी का प्रयोग पाठ्यचर्या और सामग्री अनुसंधान और शिक्षक उच्च प्रशिक्षण के विकास को कारगर बनाने के लिए शुरू किया जाए।

10. शिक्षक के निष्पादन का मूल्यांकन सुव्यवस्थित ढंग से किया जाए।

11. सभी पद पूर्ण रूप से योग्यता के आधार पर भरे जाएँ।

12. विश्वविद्यालयों को अनुसंधान के लिए अधिक सहायता प्रदान की जाए। उच्च कोटि की दक्षता (High Quality) को सुनिश्चित करने के सम्बन्ध में कदम उठाए जाएँ।

13. विश्वविद्यालयों में विशेष रूप में अन्य एजेंसियों द्वारा किए गए अनुसंधान के साथ-साथ विज्ञान और प्रौद्योगिकी के प्रबल क्षेत्रों में अनुसंधान को समन्वित करने के लिए विश्वविद्यालय अनुदान आयोग (UGC) द्वारा उपयुक्त व्यवस्था की जाए।

14. विश्वविद्यालय प्रणाली के अन्तर्गत राष्ट्रीय अनुसंधान सुविधाओं की स्थापना को प्रोत्साहित करने के प्रयास करें।

15. ज्ञान के संश्लेष (Synthesis of Knowledge) की आवश्यकता की पूर्ति के लिए अन्तर्विषयक अनुसंधान (Interdisciplinary) को प्रोत्साहित किया जाए।

16. नीति को और समन्वय और सामंजस्य, सुविधाओं की भागेदारी और अंतर्विषयक अनुसंधान के विकास के हित में सामान्य रूप से सामान्य उच्चतर शिक्षा, कृषि शिक्षा, तकनीकी, विधिक और अन्य व्यावसायिक क्षेत्रों को शामिल करते हुए एक राष्ट्रीय निकाय स्थापित किया जाए।

17. उच्च शिक्षा में 'जवाबदेही' (Accountability) के मानदण्ड बनाए जाए।

26.3 उच्च शिक्षा में गुणवत्ता नियंत्रण को प्रभावित करने वाले मुख्य कारण (Main Factors Exercising Quality Control in Higher Education)

उच्च शिक्षा में गुणवत्ता नियंत्रण को प्रभावित करने वाले मुख्य कारण नीचे दिए जा रहे हैं–

1. स्टाफ की गुणवत्ता। 2. पाठ्यक्रम की गुणवत्ता। 3. छात्रों की गुणवत्ता। 4. उपलब्ध उपकरणों की गुणवत्ता। 5. शिक्षण की गुणवत्ता। 6. मूल्यांकन पद्धति की गुणवत्ता। 7. अनुशासन की गुणवत्ता। 8. अनुसंधान की गुणवत्ता। 9. अन्तर्राष्ट्रीय योगदान की गुणवत्ता। 10. संस्थाओं की प्रवेश नीति की गुणवत्ता। 11. निष्पादन लेख (Performance Audit) तथा इसकी गुणवत्ता।

स्टाफ की गुणवत्ता – स्टाफ की गुणवत्ता का अर्थ है–

(i) अध्यापकों की सामाजिक तथा आर्थिक स्थिति का वांछनीय स्तर का होना। (ii) अध्यापकों के निष्पादन के आधार पर उनका मूल्यांकन करना। (iii) अध्यापकों के सेवारत्त प्रशिक्षण के उपयुक्त कार्यक्रमों की व्यवस्था करना। (iv) अध्यापकों के लिए उत्प्रेरकों की व्यवस्था करना।

पाठ्यक्रम की गुणवत्ता – (i) समाज की आवश्यकताओं के अनुसार पाठ्यक्रम का होना। (ii) अन्तर्राष्ट्रीय परिप्रेक्ष्य की आवश्यकताओं को ध्यान में रखना।

छात्रों की गुणवत्ता – (i) छात्रों की समस्याओं पर विशेष ध्यान देना। (ii) पिछड़े हुए छात्रों के विकास के लिए उपयुक्त नीति का निर्धारण करना। (iii) छात्रों के प्रवेश की वैज्ञानिक नीति अपनाना।

अवसंरचना (Infrastructure) की गुणवत्ता – (i) उपयुक्त प्रकार से पुस्तकालयों तथा वाचनालयों की व्यवस्था करना। (ii) सूचना प्रौद्योगिकी का पर्याप्त उपयोग करना। (iii) पाठान्तर क्रियाओं का उचित प्रावधान करना। (iv) प्रयोगशालाओं में उचित प्रकार की सामग्री का प्रावधान करना।

प्रभावी शिक्षण विधियों की गुणवत्ता – (i) लेक्चरों को सावधानी से तैयार करना तथा कक्षा में प्रभावी ढंग से प्रस्तुत करना। (ii) कक्षा में छात्रों की उपस्थिति को अनिवार्य बनाना। (iii) ट्यूटोरियल अनुदेशन की व्यवस्था करना।

मूल्यांकन की गुणवत्ता – (i) आन्तरिक मूल्यांकन को वस्तुनिष्ठ बनाना। (ii) बाह्य मूल्यांकन में सुधार लाना तथा वस्तुनिष्ठ बनाना।

प्रवेश प्रणाली की गुणवत्ता – (i) सम्बन्धित कॉलेज में लगभग 1500 छात्रों की संख्या रखना। (ii) छात्रों के प्रवेश की प्रक्रिया को सुगम एंव पारदर्शी बनाना।

उच्चकोटि अथवा गुणवत्ता संस्था के मानक अथवा संकेतक (Indicators or Parameters of Quality Institutions) – विश्वविद्यालय अनुदान आयोग (University Grants Commission) ने उच्च शिक्षा स्तर पर संस्थाओं की गुणवत्ता की कसौटी का मूल्यांकन करने के लिए एक राष्ट्रीय प्रत्यायन निर्धारण परिषद् (National Assessment and Accredition Council—NAAC) की स्थापना की है। इस संस्था द्वारा विश्वविद्यालयों तथा कॉलेजों की रेटिंग (Rating) से सम्बन्धित मानक तैयार किए गए हैं। अत: उनके आधार पर उच्च संस्थाओं की गुणवत्ता परखी जा सकती है। संस्थाओं को इन

मानकों के आधार पर सौ वर्गों में बाँटा जा सकता है। अर्थात् उनकी ग्रेडिंग (Grading) वर्गों में की जाती है।

गुणवत्ता मापन में निम्न प्रकार के तथ्य देखे जाते हैं तथा अंक दिए जाते हैं।

1. पाठ्यक्रम कार्यक्रम (Curriculum Aspects)] 10 अंक 2. शिक्षण अधिगम तथा मूल्यांकन (Teaching Learning) 25 अंक, 3. अवसंरचना तथा अधिगम संसाधन (Infrastructure and Learning Resources) 15 अंक, 4. अन्वेषण, परामर्श (मंत्रणा) तथा विस्तार (Research, Consultancy and Resources) 15 अंक, 5. छात्र सेवाएँ तथा परगमन (Student Support and Progression) 10 अंक, 6. संगठन तथा प्रबंध (Organisation and Management) 10 अंक, 7. स्वस्थ प्रक्रिया (Health Practices) 10 अंक।

26.4 उच्च शिक्षा में स्तरों का अनुरक्षण तथा समन्वय (Maintenance and Coordination of Standards Higher Education)

उच्च शिक्षा में स्तरों का अनुरक्षण तथा समन्वय के संदर्भ में विश्वविद्यालय अनुदान आयोग (UGC) ने निम्न पग उठाए हैं–

1. **अकादिमक स्टाफ कॉलेजों की स्थापना (Establishment of Academic Staff Colleges)**–यह योजना 1986-87 में लागू की गई। इस समय इनकी संख्या 51 है। इनका मुख्य कार्य कॉलेजों में नव-आयुक्त लेक्चरारों के लिए अभिविन्यास तथा पुर्नपाठ्यी पाठ्यक्रम चलाना है।

2. **शिक्षा का व्यावसायिक अभिविन्यास (Career Orientation to Education)**– पूर्व स्नातक स्तर पर यह कार्य 1994-95 से चलाया जा रहा है। इस कार्यक्रम में इस प्रकार के पाठ्यक्रमों को चलाया जा रहा है जिन्हें पूरा करने के पश्चात् स्नातकों के पास सामान्यत: वेतन क्षेत्र (Gainful Employment) से लाभ उठाकर रोजगार के लिए विशेषत: स्व-रोजगार के लिए ज्ञान, कौशल और अभिवृत्ति हो। इस योजना के अन्तर्गत 47 व्यावसायिक विषय लिए गए हैं।

3. **विशेष सहायता कार्यक्रम (Special Assistance Programme)**–यह योजना 1963-64 में आरम्भ की गई। इसके अन्तर्गत विश्वविद्यालय अनुदान आयोग ने विश्वविद्यालयों के कुछ विभागों को उनके कार्य के आधार पर उच्च अध्ययन (Centre of Advanced Studies) केन्द्र के रूप में मान्यता देना शुरू किया। कार्यक्रम का मुख्य उद्देश्य 'उत्कृष्टता को बढ़ाना' (Pursuit of Excellence) देना था। इन विभागों को विशेष अनुदान दिया जाता है। इनकी संख्या इस समय लगभग 400 है।

4. **विज्ञान तथा प्रौद्योगिकी की आधार-संरचना को सुदृढ़ करने के लिए सहायता (Assistance for Strengthening of Infrastructure for Science and Technology)**–सहायता का मुख्य उद्देश्य उन विश्वविद्यालयों में चुनिंदा विज्ञान तथा प्रौद्योगिकी विभागों की सहायता करना है जिन्होंने पहले ही उच्च गुणवत्ता युक्त निष्पादन (High Quality Performance) प्राप्त एवं प्रदर्शित किया है ताकि वे ऐसे मूल्यवान प्रमुख उपस्कर प्राप्त कर सकें जो उन्हें इस क्षेत्र में प्राप्त नहीं किए हैं।

5. **उत्कृष्टता की संभाव्यता वाले विश्वविद्यालय (Universities with Potential for Excellence)**–इस योजना के अधीन 17 विश्वविद्यालयों को विशेष अनुदान का प्रावधान किया गया है।

6. **कॉलेजों को स्वायत्तता (Autonomy to Colleges)** (अलग से चर्चा की गई है)।

26.5 उच्च क्षेत्र में स्वायत्तता (Autonomy in Higher Education)

विश्वविद्यालयों की स्वायत्तता तथा स्वतन्त्रता में भेद (Difference between University Autonomy and Freedom) – विश्वविद्यालयों की स्वायत्तता पर विचार करने से पूर्व हमें स्वायत्तता तथा स्वतन्त्रता में भेद समझ लेना चाहिए। इस संदर्भ में कोठारी शिक्षा आयोग 1964-66 ने इस प्रकार लिखा है–

स्वाधीनता का अर्थ यह है कि किसी अध्यापक से न तो यह अपेक्षा की जा सकती है और न उसे यह आदेश दिया जा सकता है कि वह छात्रों को ऐसी कोई बात पढ़ाए जो उसकी आत्मा के प्रतिकूल हो अथवा जो सत्य की उसकी अपनी धारणा से मेल न खाती हो। इस संदर्भ में हम इस बात पर जोर देना चाहते हैं कि अध्यापक स्वाधीतापूर्वक अपने विचारों पर दृढ़ बने रह सकते हैं–वे विचार कितने भी क्रांतिकारी क्यों न हों–और वे कक्षा के भीतर (तथा बाहर) उन्हें व्यक्त भी कर सकते हैं, बशर्ते कि वे शिक्षण को अपने विशिष्ट विचारों के पक्षपोषण तथा प्रचार का साधन बनाए बिना किसी समस्या के विभिन्न पहलुओं पर प्रकाश डाल दें। अध्यापक को अपने अध्ययन-अनुसंधान जारी रखने तथा उनका प्रकाशन करने और महत्त्वपूर्ण राष्ट्रीय एवं अन्तर्राष्ट्रीय प्रसंगों पर भाषण देने, लेख लिखने तथा तत्सम्बन्धी वाद-विवादों में भाग लेने की पूरी छूट होनी चाहिए। अपने कार्य, शिक्षण और अनुसंधान के सम्बन्ध में उसे सभी तरह की सुविधाएँ तथा प्रोत्साहन दिया जाना चाहिए, भले ही उसके विचार और दृष्टिकोण उसके वरिष्ठ सहकर्मियों और विभाग अथवा संकाय अध्यक्ष के विचारों के प्रतिकूल ही क्यों न हों।

सिद्धान्त रूप में शैक्षिक स्वाधीनता पर न कोई विशेष प्रतिबंध है, न उसे कम करना अभीष्ट है। पर हम यह चाहते हैं कि हमारे अध्यापक इस स्वाधीनता का व्यवहार रूप में अधिक तथा उत्साहपूर्वक प्रयोग करें। वस्तुत: शैक्षिक समुदाय का यह तो एक अनिवार्य दायित्व है कि वह उस पूरे के पूरे परिवेश की संकल्पनाओं तथा नीतियों के सूक्ष्म परिक्षण, मूल्यांकन और विकास में सक्रिय तथा निश्चयात्मक योगदान करें, जिसके साथ समाज का सम्बन्ध और लगाव है। देश में एक ऐसे बौद्धिक वातावरण के संवर्धन और विकास की दिशा में विश्वविद्यालयों को प्रधान दायित्व का निर्वाह करना है जो विद्वत्ता तथा उत्कृष्टता की प्राप्ति के लिए अनुकूल हो और जो ऐसी आलोचना को बढ़ावा दे जो निमर्म-निर्दय होकर भी अनौपचारिक और रचनात्मक हो। इन सब कामों के लिए यह आवश्यक है कि अध्यापक अपनी शैक्षिक स्वाधीनता का प्रयोग प्रचुर मात्रा में उत्साह तथा बुद्धिमत्तापूर्वक करें।

विश्वविद्यालय स्वायत्तता के प्रमुख तत्व – 1. विद्यार्थियों का चयन; 2. अध्यापकों की नियुक्ति और पदोन्नति; और अध्ययन पाठ्यक्रमों तथा शिक्षण विधियों का निर्धारण और अनुसंधान के क्षेत्रों तथा समस्याओं का चयन।

इस स्वायत्तता का उपयोग करते समय विश्वविद्यालयों को केवल एक सर्वाधिक महत्त्वपूर्ण बात, सभी कार्यक्षेत्रों में सत्य के प्रति विश्वविद्यालयों की वचनबद्धता, से ही अनुशासित-नियंत्रित होनी चाहिए। सत्य की पिपासा किसी न किसी मात्रा में विश्वविद्यालय के सभी सदस्यों में पैदा की जानी चाहिए और कुछ लोग तो ऐसे होने चाहिए जिन्होंने अपने को पूर्णतः सत्य के प्रति समर्पित कर दिया हो और सत्य ही जिनकी जीवन-साधना का चरम लक्ष्य बन गया हो। उसी स्थिति में यह संभव है कि विश्वविद्यालय क्रमशः केवल स्वाभिमान ही प्राप्त न कर लें अपितु मूल रूप में ही कायम रखें जाता है। नियमों की ऐसी अनम्यता प्रगति और विकास में तरह बाधक होती है। अतः यह आवश्यक है कि एक अग्रदर्शी तथा सक्रिय शैक्षिक संगठन के लिए अपेक्षित निर्णायक तंत्र की स्थापना और नीतियों, तकनीकों तथा परिपाटियों के निर्धारण के लिए संकल्पपूर्ण प्रयास किया जाए। विश्वविद्यालय की वास्तविक लक्ष्य-सिद्धि में बाधक होने वाले नियम, विनियमों तथा तकनीकों में संशोधन किया जाना चाहिए या उन्हें समाप्त कर देना चाहिए। उन्हें ऐसे कठोर शिकंजे का रूप नहीं दिया जाना चाहिए जिसमें विश्वविद्यालय के सभी क्रियाकलापों को बैठा देना अनिवार्य हो। यदि चुने हुए कुछ विश्वविद्यालयों में इस विषय की जानकारी तथा रुचि रखने वाले शैक्षिक तथा प्रशासनिक, दोनों ही प्रकार के व्यक्तियों के दल मिल कर शैक्षिक शासन-प्रशासन की समस्याओं का गम्भीर अध्ययन करके वर्तमान अराजकता की-सी स्थिति में आमूल परिवर्तन करने के तरीके और उपाय सुझा सकें तो इससे वास्तव में बहुत लाभ हो सकता है। हमारी सिफारिश है कि विश्वविद्यालय अनुदान आयोग को ऐसे दलों के संगठन को बढ़ावा देना चाहिए। यदि चुने हुए कुछ विश्वविद्यालयों में संबद्ध विभाग विशेष–उदाहरणार्थ, शिक्षा, विज्ञान, लोकप्रशासन और विधि विभाग शैक्षिक प्रशासन और विश्वविद्यालय प्रबन्ध-व्यवस्था की समस्याओं का मिलकर अध्ययन कर सकें तो यह बहुत उपयोगी होगा।

विश्वविद्यालय स्वायत्तता (University Autonomy) – ***विश्वविद्यालय स्वायत्तता की अवधारणा***–यहाँ आरम्भ से ही विश्वविद्यालय की स्वायत्तता और विश्वविद्यालय तथा कॉलेज के अध्यापकों की शैक्षिक समाज और सरकार का भी आदरभाव अर्जित कर लें और राष्ट्रीय जीवन में समुचित योगदान दे सकें।

यहाँ यह समझ लेना अत्यावश्यक है कि विश्वविद्यालय स्वायत्तता की अवधारणा इसी आधारभूत विचार पर टिकी है कि इसके बिना विश्वविद्यालय शिक्षण अनुसंधान और समाज-सेवा अपने प्रधान कार्यों का निर्वाह नहीं कर सकते और यह कि विचारों के एकमार्गीकरण और दल तथा शक्तिशाली वर्गगत दबाव से मुक्त रह सकने वाली स्वायत्तशासी संस्था ही निर्भीकतरपूर्वक सत्य का संधन कर सकती है और अपने अध्यापकों तथा छात्रों में स्वतंत्र चिंतन तथा जिज्ञासा की ऐसी भावना पैदा कर सकती है जो निकटस्थ तात्कालिक हितसाधनजन्य सीमाओं और पूर्वग्रहों से ऐसी मुक्ति पा सके जो एक स्वतंत्र समाज के विकास के लिये नितान्त आवश्यक है। जैसा कि बर्ट्रन्ड रसेल ने कहा है, "जहाँ स्वतन्त्र चिंतन का अंत हो जाता है–इसका कारण चाहे साहस की कमी हो अथवा अनुशासन का अभाव–वहीं अनुचित प्रचार और सत्तावाद के पापांकुर मुक्त भाव से पनपने लगते हैं। अतः आलोचना का अवरोध उससे कहीं अधिक गम्भीर बात है जितना बहुत से लोग समझते हैं। समाज में उद्देश्य की सक्रिय एकता पैदा करने

के बदले वह तो पूरे समाज पर एक प्रकार की नीरस, भंगुर एकरूपता थोप देती है। खेद की बात है कि सत्ता तथा जिम्मेदारी के पदों पर आसीन व्यक्ति भी प्राय: इस सत्य का अनुभव नहीं कर पाते।"

विश्वविद्यालय स्वायत्तता के स्तर (Levels of University Autonomy) – विश्वविद्यालय स्वायत्तता के प्रश्न पर विचार करते समय हमारे सामने ऐसे तीन आंशिक रूप से परस्पर व्यापी (Overlapping) स्तर आते हैं जिन पर यह कार्यशील रहती है–

1. विश्वविद्यालय की आंतरिक स्वायत्तता, अर्थात्, समग्र रूप से विश्वविद्यालय के संदर्भ में विभागों, कॉलेजों, अध्यापकों और छात्रों की स्वायत्तता;

2. समग्रत: विश्वविद्यालय-तंत्र के संदर्भ में विश्वविद्यालय विशेष की स्वायत्तता, अर्थात्, किसी अन्य विश्वविद्यालय, विश्वविद्यालय अनुदान आयोग और अंतर्विश्वविद्यालय बोर्ड के संदर्भ में विश्वविद्यालय विशेष की स्वायत्तता; और

3. विश्वविद्यालय तंत्र से बाहर की एजेंसियों और प्रभावों–जिनमें सर्वाधिक महत्त्वपूर्ण केन्द्रीय तथा राज्य सरकारें–के संदर्भ में समग्रत: विश्वविद्यालय तंत्र (जिसमें विश्वविद्यालय अनुदान आयोग और अंतर्विश्वविद्यालय बोर्ड भी शामिल है) की स्वायत्तता।

विश्वविद्यालय की स्वायत्तता के बारे में कोठारी कमीशन की मुख्य सिफारिशें (Main Recommendations of the Kothari Commission on University Autonomy) – आयोग ने विश्वविद्यालयों की स्वाधीनता के सम्बन्ध में नीचे लिखे सुझाव दिए–

1. विश्वविद्यालय के 'निकायों' (Bodies) में नॉन अकादिमक (Non-Academic) तत्वों का प्रतिनिधित्व समाज के व्यापक हितों को व्यक्त करने के लिए आवश्यक है, परन्तु यह उन पर थोपा न जाए।

2. विश्वविद्यालयों द्वारा अपने विभागों को पर्याप्त स्वायत्तता प्रदान की जाए।

3. विश्वविद्यालय के प्रशासन में इस सिद्धान्त को ध्यान में रखा जाए कि उत्तम विचारों का जन्म प्राय: निम्न स्तरों पर होता है।

4. प्रत्येक विभाग के अध्यक्ष के अधीन एक प्रबन्ध-समिति को व्यापक आर्थिक और प्रशासकीय शक्तियाँ प्रदान की जाएँ।

5. कॉलेजों की स्वायत्तता एवं स्वतन्त्रता का आदर उसी रूप में किया जाए, जिस रूप में विश्वविद्यालय अपनी स्वायत्तता का करता है।

6. प्रत्येक कॉलेज के प्रत्येक विभाग में शिक्षकों एवं छात्रों की संयुक्त-समितियाँ (Joint Committees) बनाई जाएँ। इनके अतिरिक्त, एक केन्द्रीय समिति प्रिंसिपल की अध्यक्षता में नियुक्त की जाए, जो सभी समान समस्याओं एवं कठिनाइयों का अध्ययन करे।

7. विश्वविद्यालय की अकादिमक परिषदों (Academic Councils) तथा सभाओं (Courts) में छात्रों के प्रतिनिधियों को स्थान दिया जाए।

8. 'विश्वविद्यालय-अनुदान-आयोग', 'अन्तर-विश्वविद्यालय परिषद्' (Inter-University Board), सरकार और विश्वविद्यालयों के बीच समय-समय पर विचार-विमर्श करने, शिक्षित किए जाने वाले छात्रों की संख्या को निश्चित करने, पाठ्य-विषय एवं प्रयोगात्मक अनुसंधान की समस्याओं का समाधान करने के लिए एक उपयुक्त ढंग या मार्ग की खोज की जाए।

9. 'विश्वविद्यालय-अनुदान-आयोग', 'अन्तर-विश्वविद्यालय परिषद्' तथा शिक्षित व्यक्ति–विश्वविद्यालयों की स्वाधीनता के सम्बन्ध में जनमत का निर्माण करें।

10. विश्वविद्यालयों को अपनी स्वायत्तता को कायम रखने के लिए प्रयत्न करते रहना चाहिए। इस सम्बन्ध में उनका सबसे महत्त्वपूर्ण दायित्व यह है कि वे अपने बौद्धिक तथा सार्वजनिक कार्यों को पूरी लगन से करें।

स्वायत्तता की सफलता के आधारभूत सिद्धान्त (Fundamental Principles for the Success of Autonomy) – शिक्षा आयोग ने निम्नलिखित सिद्धान्तों का उल्लेख किया है–

1. स्वतन्त्रता की भाँति स्वायत्तता भी ऐसी वस्तु है जिसका मूल्य सभी सम्बन्धित पक्षों को शाश्वत चौकसी के रूप में चुकाना होता है। विश्वविद्यालयों की स्थापना कानून के मातहत की जाती है और उन्हें उतनी ही स्वायत्तता दी जा सकती है जितनी विधिसम्मत हो। इसलिए, विश्वविद्यालय स्वायत्तता का वास्तविक संरक्षक अंतत: वह लोकमत होता है जो इस विश्वास को अपना आधार बनाता है कि अपने निर्भयतापूर्ण सत्य-संधान में बौद्धिक सत्यनिष्ठा बनाए रखने वाले स्वायत्त विश्वविद्यालय लोकतंत्र और स्वाधीनता के अडिग शक्ति-स्तंभ हैं। इस सम्बन्ध में सशक्त लोकमत जगाने में विश्वविद्यालय अनुदान आयोग, अंतर्विद्यालय बोर्ड और बौद्धिक वर्ग के लोगों का–जिनमें से अधिकतर विश्वविद्यालयों के ही पूर्वछात्र हैं–महत्त्वपूर्ण योग देना है।

2. दूसरी ओर, विश्वविद्यालयों को भी समझ लेना चाहिए कि प्रभावी स्वायत्तता 'वरदान' स्वरूप प्राप्त हो जाने की आशा विवेकसम्मत नहीं है, उन्हें तो इसे बराबर अर्जित करते रहना और अपने को उसके योग्य बनाए रखना होगा। विश्वविद्यालयों को स्वायत्तता का अधिकार सत्य के संधान और उसी की सेवा-साधना के फलस्वरूप प्राप्त होता है। इसीलिए, अपनी स्वायत्तता के प्रति किए जाने वाले विधिविरूद्ध दावों का प्रतिरोध करने की उनकी शक्तिक्षमता उतनी ही अधिक होगी जितने अधिक प्रभावशाली ढंग से वे अपने इस कर्त्तव्य का निर्वाह करेंगे और शिक्षोतर प्राधिकरणों द्वारा उनसे की जाने वाली वैध अपेक्षाओं को शिरोधार्य करेंगे। इसके अतिरिक्त, जैसे-जैसे वे अपने बौद्धिक तथा सार्वजनिक दायित्वों का प्रभावपूर्ण रीति से तथा सत्यनिष्ठा पूर्व निर्वाह करेंगे और देश की आर्थिक तथा सामाजिक प्रगति में योग देंगे वैसे ही वैसे वे समाज और सरकार का आदर भाव अर्जित करते जाएंगे और उन पर बाहर से पड़ने वाले विधिविरूद्ध दबावों तथा अनुचित अपेक्षाओं की संभावनाएँ भी कम होती जाएंगी। यह कोई सरल नहीं है जो शीघ्र तथा सुगमता से किया जा सकता हो। इसमें बहुत समझ, धैर्य तथा पारदर्शिता की आवश्यकता है।

26.6 विश्वविद्यालय अनुदान आयोग तथा संस्थाओं की स्वायत्तता (University Grants Commission and Autonomy)

स्वायत्त कॉलेजों की स्थापना तथा उद्देश्य (Autonomous Colleges and their Objectives) – शिक्षा आयोग 1964-66 की संतुतियों के अनुसार विश्वविद्यालय अनुदान आयोग ने चौथी पंचवर्षीय योजना (1969-73) में स्वायत्त कॉलेजों की योजना तैयार की। इस योजना के मुख्य उद्देश्य लिखित हैं–

1. अपने अध्ययन पाठ्यक्रम और पाठ्य विवरण निर्धारित करना, चालू करना, पुनर्गठन करना तथा उनका पुन: डिजाइन करना।

2. राज्य सरकार की आरक्षण नीति के अनुरूप प्रवेश के लिए नियम बनाना।

3. छात्रों के कार्यों के मूल्यांकन की विधियाँ तैयार करना तथा परीक्षा प्रणाली की अधिसूचना जारी करना।

4. उच्च स्तर तथा अधिक सर्जकता प्राप्त करने के लिए शिक्षा-प्रौद्योगिकी के आधुनिक साधनों का प्रयोग करना।

5. उपयोगी व्यवहारों, समाज-सेवा विस्तार, गतिविधि, सम्पूर्ण समाज के लाभ के लिए परियोजनाओं, पड़ोसी कार्यक्रमों आदि को बढ़ावा देना।

विश्वविद्यालय अनुदान आयोग द्वारा सहायता – इन कॉलेजों को विश्वविद्यालय अनुदान आयोग वित्तीय सहायता प्रदान करता है। इस योजना के अधीन कॉलेज पाठ्यक्रमों को बनाते हैं, शिक्षकों के लिए अभिविन्यास आदि कार्यक्रमों का आयोजन करते हैं। शिक्षण अधिगम सामग्री बनाते हैं तथा कार्यशालाएँ और गोष्ठियों आदि का आयोजन करते हैं।

स्वायत्त कॉलेजों की संख्या – इस समय 8 राज्यों के 29 विश्वविद्यालयों में 132 स्वायत्त कॉलेज हैं।

26.7 उच्च शिक्षा में स्वायत्तता पर राष्ट्रीय शिक्षा नीति 1986 तथा 1992 (NPE 1986, 1992 on Autonomy)

राष्ट्रीय कॉलेजों को विकसित करने में सहायता दी जाए। चयनात्मक आधार पर विश्वविद्यालयों में स्वायत्त विभागों के सृजन को प्रोत्साहित किया जाए। स्वायत्तता और स्वतन्त्रता को उत्तरदायित्व के साथ जोड़ा जाए।

स्वायत्त कॉलेजों की प्रणाली का मूल्यांकन – राष्ट्रीय शिक्षा नीति 1992 की कार्ययोजना बनाते समय यह अनुभव किया गया कि विश्वविद्यालयों में विभागों को स्वायत्त दर्जा प्रदान करने की विश्वविद्यालय अनुदान आयोग की योजना में पर्याप्त प्रगति नहीं हुई है। कुछ विश्वविद्यालयों के विभागों के कार्य का, जिन्हें स्वायत्तता प्रदान की गई है, सुव्यवस्थित विश्लेषण नहीं किया गया है। इनका विश्लेषण किया जाए।

स्वायत्त कॉलेजों की वैज्ञानिक ढंग से समीक्षा की आवश्यकता है।

इंजीनियरी, प्रौद्योगिकी, संगणक प्रबन्ध, विधि आदि व्यावसायिक तथा तकनीकी पाठ्यक्रम और अन्य अद्भुत पाठ्यक्रम चलाने वाले विभागों को स्वायत्तता प्रदान करने पर विचार किया जाए।

कुल मिलाकर यह कहा जा सकता है कि आशा के अनुसार स्वायत्तता प्रदान करने की योजना में सफलता नहीं मिल पायी है। मुख्य कारण यह है कि प्राय: सभी सम्बन्धित वर्ग अपना प्रभुत्व बनाए रखना चाहते हैं। स्वायत्तता तथा स्वतन्त्रता के बीच कोई रेखा खींचना नहीं चाहते। अधिकारों तथा उत्तरदायित्वों का समन्वय ठीक प्रकार से नहीं किए बिना स्वायत्तता पद्धति का विकास होना अत्यन्त कठिन कार्य प्रतीत होता है।

केन्द्रीय शिक्षा सलाहकार बोर्ड द्वारा घटित 'उच्च शिक्षा में स्वायत्तता' कमेटी (2004-2005) की प्रमुख संतुतियाँ (Main Recommendations of CABE Committee on Autonomy of Higher Education 2004-2005)

1. पाठ्यक्रम के निर्माण के लिए उच्च शिक्षा संस्थाओं को स्वायत्तता देने की बहुत आवश्यकता है। 2. विश्वविद्यालय इस कार्य के लिए फ्रेमवर्क प्रदान करे। 3. दो-तीन वर्षों के अन्तराल में पाठ्यक्रम की समीक्षा की जाए तथा नए पाठ्यक्रम शुद्ध किए जाएँ। 4. अनुसंधान के लिए प्रत्येक संस्था को अनुसंधान फैलो को चुनने का अधिकार दिया जाए। 5. धन के अभाव में कोई भी निकाय अनुसंधान करने से वंचित न रहे। 6. सभी विश्वविद्यालयों तथा कॉलेजों को स्वायत्तता दी जाए जिसके अन्तर्गत वे स्ववित्त पोषित पाठ्यक्रम शुरू कर सकें। 7. उच्च शिक्षा संस्थाओं को सतत् तथा व्यापक मूल्यांकन में स्वतन्त्रता दी जाए।

26.8 शिक्षा का निजीकरण (Privatization of Education)

राष्ट्रीय शिक्षा नीति तथा शिक्षा का निजीकरण – राष्ट्रीय शिक्षा नीति (1986 तथा संशोधित नीति 1992) के 'भाग दस' 'शिक्षा का प्रबन्ध' 10सी में कहा गया है, "जनता की भागीदारी गैर सरकारी एजेंसियों और स्वयंसेवी अथवा स्वैच्छिक प्रयास सहित लोगों को शामिल करने के लिए प्राथमिकता प्रदान करना।".

10.9 'स्वैच्छिक एजेंसियों तथा सहायता प्राप्त संस्थाएँ' से कहा गया है, "सही प्रबंध की शर्त पर सामाजिक रूप से सक्रिय समूहों सहित गैर-सरकारी और स्वैच्छिक प्रयास को प्रोत्साहित किया जाएगा और इसके लिए वित्तीय सहायता प्रदान की जाएगी। इसके साथ ही शिक्षा को एक धंधा (Commercialization) बनाने के लिए गठित संस्थाओं की स्थापना से बचने के लिए उपाय किए जाएंगे।"

इससे स्पष्ट होता है कि शिक्षा में निजीकरण का अपना महत्त्व है।

भूमण्डलीकरण तथा उदारीकरण प्रक्रिया में शिक्षा – आर्थिक क्षेत्र के साथ-साथ शैक्षिक क्षेत्र में भी निजीकरण को प्रोत्साहन करने पर बल दिया गया है परन्तु यह भी माना गया है कि शिक्षा में निजीकरण की प्रक्रिया पर कुछ अंकुश भी लगाने की आवश्यकता है ताकि छात्रों और अभिभावकों का शोषण न हो।

शिक्षा आयोग 1964-66 और उच्च शिक्षा में निजीकरण का स्थान – इस पर अलग से विस्तृत चर्चा की गई है।

उच्च शिक्षा का निजीकरण तथा उच्च शिक्षा में निजीकरण (Privatization of Higher Education and Privatization in Higher Education) – ***उच्च शिक्षा का निजीकरण***–इसका अर्थ है कि उच्च शिक्षा पर केवल स्वयंसेवी संस्थाओं तथा निजी तौर पर लोगों का नियन्त्रण तथा प्रबन्धन होगा। वे शैक्षिक संस्थाएँ उन्हीं के द्वारा ही चलाई जाएंगी। सरकार का कार्य केवल नीतियाँ निर्धारण करना होगा।

उच्च शिक्षा में निजीकरण–इसका अर्थ है कि शिक्षा के क्षेत्र में सरकार तथा गैर सरकारी प्रयास होंगे। अर्थात् दोनों की इस क्षेत्र में भागेदारी होगी।

राष्ट्रीय शिक्षा नीति में उच्च शिक्षा में निजीकरण को महत्त्वपूर्ण स्थान दिया गया है न कि उच्च शिक्षा के निजीकरण को।

भारत में शिक्षा के निजीकरण का इतिहास – भारत में शिक्षा में निजीकरण की व्यवस्था प्राचीन काल से चली रही है। शिक्षा पर किसी भी प्रकार का सरकारी नियन्त्रण नहीं था। बल्कि यह कहना भी ठीक होगा कि उच्च शिक्षा में पूर्ण स्वायत्तता तथा स्वतन्त्रता भी थी। शिक्षा देना 'धर्म का अंग' माना गया था। भारत में अनेक ऐसे विश्वविद्यालय थे जिनकी विश्व भर में ख्याति थी। विदेशी विद्वान तथा छात्र अपने आप को गौरवशाली मानते थे जब वे भारत के प्रसिद्ध विश्वविद्यालयों में जिन्हें उच्च शिक्षा के केन्द्र भी कहा जाता था, शिक्षा प्राप्त करते थे।

सरकार बिना किसी नियन्त्रण तथा शर्त के इन शिक्षा संस्थाओं तथा केन्द्रों की भरपूर सहायता करती थी। अनेक इनसे जोड़ दिए जाते थे तथा उनसे सारी आय इनके नाम कर दी जाती थी।

मध्यकालीन भारत में भी शिक्षा में सरकार हस्तक्षेप नहीं करती थी। एक प्रकार से शिक्षा का निजीकरण ही था।

उच्च शिक्षा में निजी तथा स्वयंसेवी संस्थाओं के योगदान की आवश्यकता – 1. भारत 1947 में स्वतन्त्र हुआ। 1950 में इस का संविधान बना। संविधान में कहा गया कि 1960 तक नि:शुल्क प्राथमिक शिक्षा सभी 6 से 14 आयु वर्ग के बच्चों को मिलेगी। परन्तु आज तक भी यह कार्य पूरा नहीं हो पाया। दूसरे शब्दों में सरकार के पास पर्याप्त धनराशि नहीं है। उच्च शिक्षा के खर्च को वहन करना तो और भी दुष्कर है।

2. अनेक विकसित देशों तथा विकासशील देशों में उच्च शिक्षा में 18–24 आयु वर्ग का प्रवेश 50 प्रतिशत से भी ऊपर है परन्तु भारत में यह लगभग 6–7 प्रतिशत ही है।

3. जापान, दक्षिण कोरिया, ताइवान आदि एशियन देशों में लगभग 80 प्रतिशत बच्चे निजी संस्थाओं में उच्च शिक्षा पा रहे हैं। इन देशों में उच्च शिक्षा में सरकारी हस्तक्षेप बहुत ही कम है।

4. अमेरिका में लगभग 50 प्रतिशत छात्र निजी उच्च शैक्षिक संस्थाओं में शिक्षा पाते हैं।

5. पश्चिमी यूरोप में लगभग 90 प्रतिशत छात्र निजी संस्थाओं में प्रवेश लेते हैं।

6. लैटिन अमरीका के अनेक देशों, जैसे मैक्सिको, चिली तथा ब्राजील में उच्च शिक्षा में निजी भागीदारी प्रचुर मात्रा में है।

7. भारत में प्राचीन काल से ही शिक्षा में निजी भागीदारी की परम्परा रही है। परन्तु अब कुछ वर्षों से धनी व्यक्ति तथा दानी शिक्षा पर खर्च न करके राजनैतिक दलों को धन देने में रुचि रखते हैं।

8. भारतीय संविधान में निजी योग्यता का प्रावधान हर क्षेत्र में माना गया है, शिक्षा में भी।

9. फीसों से आय बहुत कम होती है।

10. उच्च शिक्षा की माँग दिनबदिन बढ़ रही है। इसे पूरा करना आवश्यक है।

उच्च शिक्षा में निजी प्रयास को प्रोत्साहन देना – इसमें तो कोई सन्देह नहीं है कि उच्च शिक्षा में निजी प्रयास की आवश्यकता है। 1950–51 में निजी प्रयास उच्च शिक्षा के क्षेत्र में लगभग 12 प्रतिशत था परन्तु अब यह घट कर लगभग 3 प्रतिशत रह गया है।

पहले उच्च शिक्षा में निजी प्रयास से संस्थाएँ चलाई जाती थी तथा उनको चलाने के लिए सरकार से अनुदान मिलता था परन्तु अब यह प्रणाली लुप्त होती जा रही है। इसका स्थान स्ववित पोषित कॉलेजों तथा विश्वविद्यालयों ने ले लिया है।

केन्द्रीय शिक्षा सलाहकार बोर्ड की वित्त संबंधी उच्च शिक्षा तक तथा तकनीकी शिक्षा समिति (CABE Committee on Financing Higher and Technical Education) 2004-2005 ने अपनी रिपोर्ट में लिखा था कि वर्ष 2000-2001 में लगभग 85 प्रतिशत इन्जीनियरिंग कॉलेज स्ववित पोषित कॉलेज थे। आन्ध्र प्रदेश में इस प्रकार के 95 कॉलेज थे। इसी प्रकार भारत के मैडिकल कॉलेजों की संख्या इस क्षेत्र में 303 थी। सरकारी कॉलेज केवल 25 थे। शिक्षक शिक्षा/प्रशिक्षण कॉलेजों की भी संख्या इस क्षेत्र में बहुत बढ़ी। यह भी पाया गया कि कुछ विश्वविद्यालय तथा कॉलेज केवल किराए के छोटे से मकानों में चलाए जा रहे थे। 2005 में भारत के उच्चतम न्यायालय (Supreme Court) ने अनेक स्ववित्त पोषित संस्थाओं की उपयुक्त साधनों के न होने के कारण मान्यता रद्द की।

स्थिति का दूसरा पहलू यह है कि उच्च शिक्षा में बढ़ती हुई माँग को पूरा करने के लिए पर्याप्त साधन नहीं है। अत: निजी क्षेत्र का योगदान अनिवार्य है। अभिभावकों तथा छात्रों का स्ववित्त पोषित संस्थाओं के चलाने वाले शोषण न कर सकें, इस दिशा में भी व्यावहारिक कदम उठाने होंगे। सरकारी नियन्त्रण इतना कठोर भी नहीं होना चाहिए कि स्वतन्त्र प्रयास उपलब्ध ही न हों। इस संदर्भ में एक वैज्ञानिक तथा पारदर्शी नीति अपनाने की आवश्यकता है।

केन्द्रीय शिक्षा सलाहकार बोर्ड की इस संदर्भ में बनाई गई समिति (2004-2005) ने उच्च शिक्षा के क्षेत्र में निजी प्रयास की भूमिका तथा योगदान को स्वीकार करते हुए इस पर उपयुक्त नियन्त्रण की आवश्यकता पर भी बल दिया है।

शिक्षा आयोग (1964-66) तथा गैर सरकारी कॉलेज – जिस काल में शिक्षा आयोग की रिपोर्ट प्रकाशित हुई तब तक स्ववित पोषित शैक्षिक संस्थाओं की प्रणाली भारत में आरम्भ नहीं हुई थी। उस समय लगभग सभी निजी उच्च शिक्षा संस्थाओं को अनुदान दिया जाता था। अत: आयोग की संतुतियाँ इसी संदर्भ में अपना महत्त्व रखती हैं। शिक्षा आयोग ने दो महत्त्वपूर्ण सुझाव दिए–

1. गैर सरकारी कॉलेजों के लिए ऐसी नीति अपनाई जानी चाहिए जिसके अनुसार वास्तव में गैर सरकारी संस्थाओं को अपेक्षाकृत अधिक स्वाधीनता और सहायता दी जा सके।

2. सहायक अनुदानों के परिकलन और उनकी अदायगी की क्रियान्वित विधि को सरल बना दिया जाए।

आयोग के यह सुझाव आज भी उतने ही मान्य हैं जितने कि पहले।

26.9 भाषा नीति
(Language Policy)

(शिक्षा आयोग 1964-66 तथा राष्ट्रीय शिक्षा नीति के अध्यायों को देखें)।

27

नारी शिक्षा
(Women's Education)

27.1 वेदों में नारी का गौरवपूर्ण स्थान (Position of Women in the Vedas)

वेदों में नारी की शिक्षा, शील, गुण, कर्त्तव्य और अधिकारों का विशद वर्णन है। इस प्रकार का वर्णन संभवत: संसार के किसी भी धर्मग्रंथ में नहीं है। चारों वेदों में सैकड़ों नारी विषयक मंत्र दिए गए हैं, जिनसे स्पष्ट होता है कि वैदिक काल में नारी का समाज में विशेष स्थान था तथा पुरुषों की भाँति उन्हें जीवन के हर क्षेत्र में बराबर का स्थान प्राप्त था। वैदिक साहित्य के अध्ययन से ज्ञात होता है कि भारतवर्ष के समाज में नारियों को बहुत गौरवपूर्ण स्थान प्राप्त था। स्त्रियों की शिक्षा-दीक्षा की उत्तम व्यवस्था थी। स्त्रियाँ राजनीतिक, सामाजिक तथा प्रशासनात्मक कार्यों में महत्त्वपूर्ण भूमिका निभाती थीं।

ऋग्वेद में 24 और अथर्ववेद में 5 वैदिक विदुषियों का उल्लेख है। ऋग्वेद में इनके 422 मंत्र हैं। इनके नाम इस प्रकार हैं–सूर्यासावित्री (47 मंत्र), घोषाकाक्षीवती (28 मंत्र), सिकता निवावरी (20 मंत्र), इंद्राणी (17 मंत्र), यमी वैवस्वती (11 मंत्र), दक्षिणा प्रजापात्या (11 मंत्र), अदिति (10 मंत्र), वाक आम्मृणी (8 मंत्र), अपाला आत्रेयी (7 मंत्र), जुहू ब्रह्मजायो (7 मंत्र), अगस्त्यस्वसा (6 मंत्र), विश्ववारा आत्रेयी (6 मंत्र), उवर्वी (6 मंत्र), सरमा देवशुनी (6 मंत्र), देवजामय: इंद्रमातर: (5 मंत्र), श्रद्धा कामायनी (5 मंत्र), नदी (4 मंत्र), सर्पराज्ञी (3 मंत्र), गोधा (22 मंत्र), शश्वती आंगिरसी (23 मंत्र), वसुक्रपत्नी (24 मंत्र), रोमशा ब्रह्मवादिनी (5 मंत्र)।

अथर्ववेद में इनके नाम इस प्रकार हैं–सूर्यासावित्री (139 मंत्र), मातृनामा (40 मंत्र), इंद्राणी (11 मंत्र), देवजामय: (5 मंत्र) तथा सर्पराज्ञी (3 मंत्र)।

वेदों में नारी के गौरव का अनेक वर्णन है। नारी को ज्ञान-विज्ञान में निपुण होने के कारण ब्रह्मा बताया गया है। वेदों में कहा गया है–

गृहिणी ही गृह है। (ऋग्वेद, 3-53-46)
सुशील पत्नी गृहलक्ष्मी है। (ऋग्वेद, 10-3-5)
नारी कुलपालक है। (अथर्ववेद, 1-14-3)

नारी कुटुंब की पालक है। (यजुर्वेद, 14-2)
नारी परिवार की स्वामिनी है। (ऋग्वेद, 10-85-46; अथर्ववेद, 14-1-44)
नारी समाज में अग्रणी है। (ऋग्वेद, 10-159-2)
स्त्री अबला नहीं, सबला है। (अथर्ववेद, 20-16-9)
नारी सरस्वती के तुल्य प्रतिष्ठित हो। (अथर्ववेद, 14-2-15)
नारी शील, राष्ट्रीय रक्षा तथा कर्त्तव्य की खान है। (अथर्ववेद, 5-17-3)

ब्राह्मण ग्रंथों में नारी का गौरव – नारी को ब्राह्मण ग्रंथों में सावित्री कहा गया है। (जैमिनीय उप. ब्राह्मण, 27-10-17)

पत्नी के बिना जीवन अधूरा है। (शतपथब्राह्मण, 5-2-1-11)
स्त्रियों का अपमान निदंनीय है। (शतपथब्राह्मण, 11-4-3-2)
पत्नी गृहलक्ष्मी है, साक्षात् श्री है। (तैत्तिरीयब्राह्मण, 3-9-4-7)

यत्र नार्यस्तु पूजयन्ते रमन्ते तत्र देवताः।
यत्रैतास्तु न पूज्यन्ते सर्वास्तजाफलाः क्रियाः।।

"जहाँ नारियों की पूजा होती है, वहाँ देवताओं का निवास होता है। जहाँ इनका आदर नहीं होता या इनका अपमान होता है, वहाँ सारे धर्म-कर्म निष्फल हो जाते हैं।" (मनुस्मृति, 3-56)

जो अपने परिवार का कल्याण चाहते हैं, वे स्त्रियों का सदा सम्मान करें। (मनुस्मृति, 3-59)

यजुर्वेद (36-2) में कहा गया है कि स्त्रियों को वेद पढ़ने का पूरा अधिकार है। अथर्ववेद (11-16-3-18) में उल्लेख है कि लड़कियाँ लड़कों के समान ब्रह्मचर्य को धारण करके शिक्षा ग्रहण करें।

ऋग्वेद (2-19-17) में वर्णित है कि स्त्रियों पर ही जीवन आधारित है और वे शिक्षा प्रदान करती हैं।

बौद्ध धर्म तथा जैन धर्म ने भी स्त्री शिक्षा का समर्थन किया है।

प्राचीन काल नारी शिक्षा की दृष्टि से समृद्ध युग था।

27.2 स्त्री शिक्षा का महत्त्व (Importance of Women Education)

स्वामी दयानन्दजी ने जोरदार शब्दों में कहा था कि राष्ट्र, समाज, प्रशासन तथा परिवार के क्रिया-कलाप तब तक उचित ढंग से नहीं किए जा सकते, जब तक स्त्रियों को शिक्षा न मिले।

स्वामी विवेकानन्द का कहना था कि वही देश उन्नति कर सकते हैं, जहाँ स्त्रियों को उचित स्थान दिया जाता है तथा उनकी शिक्षा का भी उचित प्रबंध किया जाता है।

गांधीजी ने स्पष्ट शब्दों में कहा कि स्त्रियों को वही शैक्षिक सुविधाएँ दी जाएँ जो पुरुषों के लिए हों। यदि हो सके तो उन्हें विशेष सुविधाएँ मिलनी चहिए।

पंडित जवाहरलाल नेहरू ने ठीक ही कहा था कि लड़के की शिक्षा केवल एक व्यक्ति की शिक्षा है। किंतु एक लड़की की शिक्षा सारे परिवार की शिक्षा है।

विश्वविद्यालय आयोग (1948-49) ने स्त्री शिक्षा का महत्त्व इस प्रकार बताया है–'स्त्री शिक्षा के बिना लोग शिक्षित नहीं हो सकते। यदि शिक्षा को पुरुषों अथवा स्त्रियों के लिए सीमित करने का प्रश्न हो तो यह अवसर स्त्रियों को दिया जाए; क्योंकि उनके द्वारा ही भावी संतान को शिक्षा दी जा सकती है।'

श्रीमती हंसा मेहता समिति (1962) का कथन है कि यदि नए समाज का निर्माण ठोस आधार पर करना है तो स्त्रियों को वास्तविक और प्रभावपूर्ण ढंग से पुरुषों के समान अवसर देने होंगे।

शिक्षा आयोग (1964-66) ने लिखा है–'स्त्रियों की शिक्षा पुरुषों की शिक्षा से भी ज्यादा महत्त्वपूर्ण है। लड़कियों की शिक्षा पर जितना भी जोर दिया जाए, उतना थोड़ा है।'

इस शिक्षा आयोग ने स्त्रियों की शिक्षा पर निम्नलिखित कारणों से बल दिया है–

1. स्त्री शिक्षा का हमारे मानवीय संसाधनों के पूर्ण विकास में एक महत्त्वपूर्ण स्थान है।
2. स्त्री शिक्षा से घरों का सुधार होता है।
3. स्त्रियों की शिक्षा का शैशव के सर्वाधिक संस्कारमय वर्षों में चरित्र के निर्माण में अपना विशेष स्थान है।
4. स्त्रियों की शिक्षा प्रसवन-दर को घटाने में काफी सहायता कर सकती है।
5. घर की चारदीवारी के बाहर स्त्रियों का कार्य आज देश के सामाजिक और आर्थिक जीवन का एक महत्त्वपूर्ण अंग बन गया है और आगामी वर्षों में वह और भी बड़ा आकार ग्रहण कर लेगा, जिसका प्रभाव अधिकतर स्त्रियों पर पड़ने लगेगा।

1986 की राष्ट्रीय शिक्षा नीति में इस बात पर विशेष बल दिया गया है कि महिलाओं को शैक्षिक तथा सामाजिक दृष्टि से समान स्तर पर लाने के लिए विशेष कार्य-कलापों की आवश्यकता है। राष्ट्र निर्माण के कार्य में सुशिक्षित महिलाएँ महत्त्वपूर्ण भूमिका निभा सकती हैं। लड़कियों तथा महिलाओं की शिक्षा योजना विशेष रूप से तैयार करने की आवश्यकता है और इस कार्य के लिए वित्तीय साधनों की व्यवस्था करनी होगी।

16 दिसम्बर, 1993 को नौ देशों के 'सभी के लिए शिक्षा' सम्मेलन के अवसर पर राष्ट्रपति डॉ. शंकर दयाल शर्मा ने महिलाओं तथा लड़कियों की शिक्षा तथा उन्हें अधिकार दिए जाने की ओर विशेष ध्यान देने पर बल दिया।

सम्मेलन में विद्वानों ने बताया कि अशिक्षित स्त्री की प्रसवन-दर 5.1 है, आठवीं तक पास की प्रसवन-दर 4.0, दसवीं पास तक की 3.1 तथा स्नातक पास की प्रसवन-दर 2.1 है। इसी प्रकार की दर से उत्पादन में शिक्षित तथा अशिक्षित स्त्रियों का योगदान है।

स्त्रियों का कार्यक्षेत्र एवं उनकी शिक्षा – संसार प्रगतिशील है, अत: स्त्रियों के कार्यक्षेत्र में भी प्रगतिशीलता है। अब वह समय नहीं रहा, जबकि स्त्रियों को घर की चारदीवारी में बंद रख जाए। इस संबंध में विश्वविद्यालय शिक्षा आयोग (1948-49) ने अपने विचार इस प्रकार व्यक्त किए हैं–

'घर की देखभाल करना स्त्रियों का मुख्य कार्य है और आगे भी रहेगा। फिर भी उनका संबंध सीमित नहीं रहना चाहिए। विभिन्न परिस्थितियों के कारण उन्हें जीवन के विभिन्न क्षेत्रों

में कार्य करने की आवश्यकता हो सकती है। स्त्रियों को भी समान अवसर मिलने चाहिए। स्त्री को सामाजिक बंधनों से मुक्त होकर अपने उद्देश्यों को प्राप्त करने के लिए स्वयं निश्चय करने का अवसर मिलना चाहिए। कभी-कभी विवाह से पूर्व स्त्रियाँ अध्यापन और नर्सिंग का अच्छा कार्य कर सकती हैं। कभी-कभी उन्हें पति की मृत्यु हो जाने की दशा में भी परिवार-पालन के लिए कार्य करना होता है। जब बच्चे बड़े हो जाते हैं तो उन्हें दस से पच्चीस वर्ष तक व्यस्त जीवन व्यतीत करना होता है। उस समय भी वह अच्छा कार्य कर सकती हैं। कभी-कभी पति-पत्नी दोनों ही एक समान पेशे में कार्य करते हैं। कभी-कभी पुरुषों की भाँति स्त्रियों को भी घर और परिवार से बाहर रुचिपूर्ण कार्य करने का समय मिल जाता है। इन सब कारणों से उन्हें शिक्षा की सुविधाएँ उपलब्ध होनी चाहिए।'

भारतीय जीवन को विकसित बनाने के लिए स्त्री-पुरुष दोनों को ही विभिन्न प्रकार के कार्यों हेतु शिक्षा की आवश्यकता है। यदि थोड़े से कार्यों को मान्यता दी जाए तो प्रतियोगिता बढ़ जाएगी और विभिन्न प्रकार की योग्यताओं को प्रकट करने का अवसर नहीं मिलेगा और इस प्रकार विभिन्न आवश्यकताएँ पूर्ण नहीं होंगी। एक प्रभावी समाज में विभिन्न प्रकार के पेशे उपलब्ध होंगे। शिक्षा प्रणाली का मुख्य उद्देश्य स्त्री-पुरुष की विभिन्न आवश्यकताओं को पूर्ण करना है।

27.3 नारी शिक्षा पर प्रमुख दस्तावेज (Main Documents on Women Education)

स्वतंत्रता प्राप्ति के पश्चात् देश में शिक्षा और विशेषकर नारी शिक्षा पर विशेष बल दिया जा रहा है। इस विषय पर गहन विचार के लिए अनेक समितियों तथा आयोगों की नियुक्ति की गई। शिक्षाशास्त्रियों ने इनकी सिफारिशों को कार्यरूप देने के लिए महत्त्वपूर्ण योजनाएँ बनाई। स्त्री शिक्षा के विभिन्न पक्षों पर विचार करते हुए प्रमुख सिफारिशों का विवरण उपयुक्त स्थान पर दिया गया है। इस अध्याय में उन समितियों तथा आयोगों के केवल नाम दिए जा रहे हैं–

1. विश्वविद्यालय शिक्षा आयोग (1948-49)।
2. माध्यमिक शिक्षा आयोग (1952-53)।
3. श्रीमती दुर्गाबाई देशमुख समिति (1958-59)।
4. लड़के-लड़कियों का पाठ्यक्रम: श्रीमती हंसा मेहता समिति (1962)।
5. भक्तवत्सलम् समिति (1963) की ग्रामीण क्षेत्रों की लड़कियों की शिक्षा संबंधी सिफारिशें।
6. स्त्री शिक्षा तथा शिक्षा आयोग (1964-66)।
7. निजी कामकाज कर रहीं महिलाओं के राष्ट्रीय आयोग (1987-88) के स्त्री शिक्षा संबंधी सुझाव।
8. 1988 से 2000 तक स्त्री शिक्षा की राष्ट्रीय योजना (1988)।
9. राष्ट्रीय शिक्षा नीति (1986) तथा संशोधित नीति (1992) में महिला शिक्षा।
10. स्त्री शिक्षा तथा राष्ट्रीय शिक्षा नीति की समीक्षा समिति (1990)।
11. स्त्री शिक्षा तथा जनार्दन समिति (1992)।

संसार में स्त्री शिक्षा के तुलनात्मक अध्ययन के लिए यूनिसेफ द्वारा प्रकाशित पुस्तक 'संसार के बच्चों की स्थिति-1998' में से नवीनतम आँकड़े लिये गए हैं।

27.4 नारी शिक्षा एवं माध्यमिक शिक्षा आयोग (1952-53)

नारी शिक्षा के बारे में आयोग की संस्तुतियाँ –माध्यमिक शिक्षा आयोग के विचार में शिक्षा के माध्यमिक स्तर पर स्त्रियों की शिक्षा के बारे में अलग से विचार करने का कोई विशेष औचितत्य नहीं है। पुरुषों के लिए जिस प्रकार की शिक्षा की आवश्यकता है, उसी प्रकार की शिक्षा महिलाओं के लिए भी होनी चाहिये। आयोग ने इस बात पर संतोष व्यक्त किया कि स्त्रियाँ प्रत्येक संकाय में शिक्षा पा रही हैं। स्त्रियों की शिक्षा में गृहविज्ञान के विशेष महत्त्व पर बल दिया गया। यह अनुभव किया गया कि बदलती हुई परिस्थितियों में भी घर तथा परिवार की आंतरिक देखभाल का दायित्व प्राय: स्त्रियों पर ही रहेगा। इसके लिए भी आवश्यक है कि स्त्री की शिक्षा पर विशेष बल दिया जाए।

सहशिक्षा के बारे में आयोग का मत था कि जहाँ तक संभव हो, लड़कियों के लिए स्कूल पृथक् रूप से खोले जाएँ; क्योंकि ऐसी परिस्थिति में लड़कियों के लिए अधिक-से-अधिक सुविधाएँ जुटाना संभव है। सभी राज्यों में लड़कियों के स्कूल खोलने पर बल दिया जाए। परंतु जहाँ अभिभावकों को कोई आपत्ति न हो, सहशिक्षावाले स्कूल खोले जाएँ।

आयोग ने अनुभव किया कि राज्य सरकारें प्राय: लड़कों के स्कूल खोलने में तत्परता दिखाती हैं। इस संदर्भ में आयोग का दृढ़ मत था कि नए समाज की स्थापना के लिए इस मनोवृत्ति को छोड़ना होगा। दोनों लिंगों के प्रति समान दृष्टिकोण अपनाना चाहिए। जनतांत्रिक समाज व्यवस्था में नागरिक एवं सामाजिक उत्तरदायित्व निभाने के लिए दोनों लिंगों को समान समझना उचित होगा।

आयोग ने इस बात पर भी चिंता व्यक्त की कि सहशिक्षा संस्थाओं में प्राय: लड़कियों की विशेष आवश्यकताओं पर ध्यान नहीं दिया जाता है। ऐसी संस्थाओं में स्टाफ दोनों वर्गों के हों। गृहविज्ञान, संगीत, चित्रकारी आदि की शिक्षा का प्रबंध किया जाए। लड़कियों के लिए शौचालयों आदि की व्यवस्था की जाए। उन स्कूलों में भी जहाँ लड़कियों की संख्या बहुत कम हो, एक अध्यापिका अवश्य नियुक्त की जाए। इसी प्रकार अध्यापिकाओं के लिए अलग से स्टाफरूम हो।

लड़कियों के लिए पाठांतर क्रियाओं की व्यवस्था की जाए।

सहशिक्षा संस्थाओं की प्रबंध समितियों में महिला सदस्य भी होनी चाहिए।

27.5 कोठारी शिक्षा आयोग (1964-66) की नारी शिक्षा पर विशेष संस्तुतियाँ

लड़कियों की शिक्षा पर महत्त्व – लड़कियों की शिक्षा का कितना महत्त्व है, इसपर जितना जोर दिया जाए, उतना ही थोड़ा है। हमारे मानवीय संसाधनों के पूर्ण विकास, घरों के सुधार और शैशव के सर्वाधिक संस्कारग्राही वर्षों में बच्चों के चरित्र निर्माण के लिए स्त्रियों की शिक्षा पुरूषों की शिक्षा से भी ज्यादा महत्त्वपूर्ण है। स्त्रियों की शिक्षा प्रसवनदर घटाने में काफी सहायता कर सकती है। आधुनिक संसार में स्त्रियों का कार्यक्षेत्र और संतान

पालन से भी कहीं दूर तक जाता है। वे अब अपने निज के पेशे अपना रही हैं और समान विकास के सभी पहलुओं के उत्तरदायित्व में पुरूषों के साथ हिस्सा बंटा रही हैं। यही दिशा है, जिसकी ओर हमें बढ़ना पड़ेगा। स्वतंत्रता संघर्ष में भारतीय नारियाँ भी पुरूषों के साथ-साथ लड़ी थीं। भूख, गरीबी, अज्ञानता और बीमारियों के विरूद्ध लड़ाई में भी यह समान साझेदारी जारी रखनी होगी।

घर की चारदीवारी के बाहर स्त्रियों का कार्य आज देश के सामाजिक और आर्थिक जीवन का एक महत्त्वपूर्ण अंग बन गया है और आगामी वर्षों में वह और बड़ा आकार धारण कर लेगा, जिसका प्रभाव अधिकतर स्त्रियों पर पड़ने लगेगा। इसलिए यह आवश्यक होगा कि स्त्रियों को प्रशिक्षण और रोजगार देने की समस्याओं की ओर पर्याप्त ध्यान दिया जाए।

अनुसूचित तथा आदिम जातियों की शिक्षा की समस्या का रूप–यह आवश्यक है कि पिछड़े वर्गों के, जिनमें अनुसूचित जातियाँ, अनुसूचित आदिम जातियाँ और अनुसूचित जनजातियाँ और कुछ खानाबदोश एवं अर्द्ध-खानाबदोश समूह शामिल हैं, बच्चों की शिक्षा की ओर विशेष ध्यान दिया जाए।

महिलाओं की आवश्यकताओं की पूर्ति की विशिष्ट दृष्टि से उच्चतर शिक्षा के पाठ्यक्रम–लड़कों की ही भाँति महिला विद्यार्थियों को कला, मानविकी, विज्ञान और शिल्पविज्ञान के पाठ्यक्रमों में मुक्त भाव से प्रवेश मिलना चाहिए। उनके विषय-चुनाव को संकीर्ण बनाना अथवा उन्हें विशिष्ट पाठ्यक्रमों को लेने के लिए विवश करना गलत होगा। कॉलेज अथवा विश्वविद्यालय के स्तर पर अनुसंधान या अध्यापनचर्या का या शिल्पविज्ञान जैसी वृत्तियों का अनुशीलन करने की महत्त्वाकांक्षा रखने वाली अधिक विद्याव्यासनी कन्याओं को ऐसा करने के लिए हर प्रकार का प्रोत्साहन और प्रेरणा मिलनी चाहिए।

महिला विद्यार्थियों की विशाल संख्या के लिए यह आवश्यक है कि उच्चतर शिक्षा को ऐसी आजीविकाओं के विशिष्ट भागों से जोड़ दिया जाए, जहाँ प्रशिक्षित और शिक्षित महिलाओं की तत्काल जरूरत है। ऐसे पाठ्यक्रमों में तकनीकी और व्यावसायिक तत्व पर बल देना जरूरी है। जिन वृत्तिक क्षेत्रों में महिलाओं की सेवा की माँग है और जिनमें फिलहाल महिलाओं की कमी है, उनमें से कुछ ये हैं–शिक्षा (अध्यापन), समाज कल्याण, परिचर्या, व्यावसायिक क्षेत्रों की श्रृंखला जैसे–पौष्टिक आहारिकी, संस्थागत प्रबंध आदि-आदि।

शिक्षा आयोग (1964-66) की स्त्रियों संबंधी प्रमुख सिफारिशें – 1. स्त्रियों की शिक्षा को अगले कुछ वर्षों के लिए शिक्षा का एक बड़ा कार्यक्रम माना जाना चाहिए और उसमें आने वाली कठिनाइयों का सामना करने एवं पुरुषों और स्त्रियों की शिक्षा के मौजूदा अंतर को यथाशीघ्र कम करने के लिए साहसपूर्ण प्रयत्न किये जाने चाहिए।

2. इस प्रयोजन के लिए विशेष योजनाएँ बनाई जानी चाहिए और उनके लिए आवश्यक धन प्राथमिकता के आधार पर जुटाया जाना चाहिए।

3. केन्द्र और राज्यों, दोनों जगह में, स्त्रियों की शिक्षा पर नजर रखने के लिए एक विशेष तंत्र होना चाहिए। इस तंत्र को चाहिए कि वह स्त्रियों की शिक्षा के कार्यक्रमों के आयोजन और क्रियान्वयन में सरकारी और गैर-सरकारी व्यक्तियों को एक जगह लाए।

4. इसके अलावा सभी स्तरों पर और सभी क्षेत्रों में लड़कियों की शिक्षा की ओर पर्याप्त ध्यान देना भी जरूरी है।

5. घरों की चारदीवारों से बाहर स्त्रियों का कार्य देश के सामाजिक और आर्थिक जीवन का एक महत्त्वपूर्ण अंग बन गया है और आने वाले वर्षों में वह और भी महत्त्वपूर्ण बन जाएगा। इस दृष्टिकोण से स्त्रियों के प्रशिक्षण और रोजगार की समस्याओं पर अधिक ध्यान देना पड़ेगा।

6. अंशकालिक रोजगार के अवसर, जिनसे स्त्रियाँ अपने घरों की देखभाल भी कर सकें और बाहर जीवन के लिए कोई पेशा भी अपना सकें, बड़े पैमाने पर बढ़ाने होंगे।

7. इस समय उच्चतर शिक्षा में महिला विद्यार्थियों का पुरुष विद्यार्थियों से अनुपात 1 : 4 है। विविध क्षेत्रों में शिक्षित महिलाओं की आवश्यकताओं को पूरा करने के लिए इस अनुपात को बढ़ाकर लगभग 1 : 3 कर देना चाहिए। इस उद्देश्य से छात्रवृत्तियों की व्यवस्था तथा किफायती छात्रावास स्थान का एक कार्यक्रम विकसित करना चाहिए।

8. पूर्व-स्नातक स्तर पर, यदि स्थानीय माँग हो तो महिलाओं के लिए पृथक् कॉलेज स्थापित किए जा सकते हैं। बहरहाल, स्नातकोत्तर स्तर पर पृथक् संस्थाओं की कोई संगति नहीं है।

9. कला, मानविकी, विज्ञान और शिल्पविज्ञान के पाठ्यक्रमों में महिला विद्यार्थियों का मुक्त प्रवेश होना चाहिए। गृहविज्ञान, परिचर्या, शिक्षा और सामाजिक कार्य के पाठ्यक्रमों को विकसित करना जरूरी है; क्योंकि ये कन्याओं में से अधिकांश को आकर्षित करते हैं। व्यापार, प्रशासन और प्रबंध कार्य के उच्चतर प्रशिक्षण की सुविधाओं की भी व्यवस्था होनी चाहिए।

10. विशेष रूप से महिलाओं की शिक्षा पर काम करने के लिए एक या दो विश्वविद्यालयों में अनुसंधान एकक स्थापित किए जाने चाहिए।

शिक्षा आयोग की अध्यापिकाओं से संबंधित सिफारिशें – 1. शिक्षा के सभी स्तरों और सभी क्षेत्रों में अध्यापिकाओं की नियुक्ति को प्रोत्साहन दिया जाए।

2. काफी बड़ी संख्या में अध्यापिकाओं की अंशकालिक नियुक्ति करने की व्यवस्था की जाए, ताकि विवाहित महिलाएँ अध्यापन कार्य के साथ-साथ अपने घर-बार की भी देख-रेख कर सकें।

3. अध्यापिकाओं के लिए, विशेषकर देहाती क्षेत्रों में, आवास के प्रबंध को उच्च प्राथमिकता देनी चाहिए।

4. देहाती क्षेत्रों में अध्यापिकाओं की कमी को दूर करने के उद्देश्य से प्रौढ़ महिलाओं के लिए संक्षिप्त पाठ्यक्रम को, जिसे आजकल केन्द्रीय समाज कल्याण बोर्ड चला रहा है, बढ़ावा दिया जाए। देहाती क्षेत्रों की होनहार लड़कियों को शिक्षित होने तथा प्रशिक्षण प्राप्त करने के लिए छात्रवृत्ति दी जाए, ताकि वे अध्यापिकाएँ बन सकें।

सामाजिक वातावरण में महिलाएँ अपने को अकेली और अयोग्य पाती हैं, जिसमें उनकी अपनी बेटियाँ और पोतियाँ पूर्णरूप से खप जाती हैं। परंतु उनके असंतोष का कारण यह भी है कि वे अपने को पुरुषों के समान बनाने और उनकी रुचियों के अनुरूप बनने का प्रयत्न करती हैं।

आयोग का विचार था कि इन समस्याओं को हल करने का उत्तरदायित्व उन लोगों पर है जो स्त्री शिक्षा के जिम्मेदार हैं और उनका ही उत्तरदायित्व है कि स्त्रियों के लिए शिक्षा

की ऐसी रूपरेखा बनाएँ जो उनका जीवन सफल बनाने में सहायक हो। एक शिक्षक ने लिखा कि स्त्री शिक्षा तो एक घटना मात्र थी। इसके लिए किसी ने योजना नहीं बनाई थी।

सिफारिशें – 1. कॉलेज में जीवन की जो सुविधाएँ प्रारंभ में लड़कों को दी गई थीं, वे लड़कियों को भी उपलब्ध कराई जाएँ, भले ही वे कॉलेज पहले लड़कों के लिए खोले गए हों।

2. स्त्री शिक्षा में कमी न की जाए, बल्कि इसे बढ़ावा दिया जाए।

3. स्त्रियों को उनकी शिक्षा की वास्तविक अभिरुचियों से अवगत कराने के लिए उचित शिक्षा निर्देशन का कार्य योग्य व्यक्ति करें, जिससे वे पुरुषों का अनुकरण न करें; बल्कि पुरुषों की भाँति अच्छी शिक्षा प्राप्त करें और अपना ध्येय बनाएँ। स्त्रियों और पुरुषों में कुछ समानता होनी चाहिए, परंतु वह एक-सी न हो, जैसी कि आज है।

4. छात्राओं की इस प्रकार साधारणतया सहायता करनी चाहिए कि वे सामान्य समाज में अपना स्थान सभ्य नागरिक के रूप में पहचान लें और अपने को इसके अनुरूप बना सकें। कॉलेज की शिक्षा इस प्रकार की हो कि यह लक्ष्य प्राप्त हो सके।

5. शिक्षा निर्देशन कार्य इस प्रकार किया जाए कि लड़कियाँ गृहविज्ञान के अध्ययन के प्रति उदासीन न रहें।

6. सहशिक्षा वाले कॉलेजों में पुरुषों पर इस बात का दबाव डाला जाए कि वे शालीनता रखें और सामाजिक जिम्मेदारी का अनुभव करें।

7. जहाँ लड़के-लड़कियों के लिए नए कॉलेज बनाए जाएँ। वहाँ इस बात का ध्यान रहे कि वे वास्तव में सहशिक्षा संस्थाएँ हों। इनमें स्त्री और पुरुषों की आवश्यकताओं का पूरा ध्यान रखा जाए।

8. समान कार्य के लिए स्त्री और पुरुष अध्यापकों को समान वेतन दिए जाएँ।

तेरह से अठारह वर्ष की आयु तक के लड़के-लड़कियों के लिए अलग-अलग स्कूल–विश्वविद्यालय शिक्षा आयोग का विचार था कि लोगों की राय ऐसी मालमू होती है कि तेरह या चौदह वर्ष की आयु से लगभग अठारह वर्ष की आयु तक लड़के-लड़कियों के विद्यालय अलग-अलग हों। आयोग ने अनुभव किया कि यह स्पष्ट नहीं होता कि इस विचारधारा का आधार रीति-रिवाज हैं अथवा अनुभव।

कॉलेज में सहशिक्षा–आयोग की सिफारिशों के अनुसार कॉलेज में प्रवेश की आयु लगभग अठारह वर्ष होगी। अत: कॉलेज में सहशिक्षा हो सकती है, जैसा कि आज तक मैडिकल कॉलेजों में हैं। इस स्तर पर अलग-अलग कॉलेजों के बनाने में आवश्यक रूप से व्यय की वृद्धि होगी। लड़के-लड़कियों के लिए अलग-अलग कॉलेज बनाने से दोहरे उपकरणों की आवश्यकता होगी, जो अभी पर्याप्त नहीं हैं और साथ इनका भार हमारे सीमित साधनों पर पड़ेगा। लड़कियों के अलग कॉलेजों में साधारणतया हीन उपकरण, अपेक्षाकृत कम योग्यतावाले अध्यापक और अनुपयुक्त विद्यालय भवन होते हैं। यथासंभव कॉलेज स्तर पर सहशिक्षा को प्रोत्साहन दिया जाए।

27.6 राष्ट्रीय शिक्षा नीति (1986) तथा संशोधित शिक्षा नीति (1992) में नारी शिक्षा (Women Education in 1986 and Modified NPE, 1992)

राष्ट्रीय शिक्षा नीति (1986) के भाग चार में नारी शिक्षा के बारे में निम्नलिखित बातों का उल्लेख है–

महिलाओं की समानता हेतु शिक्षा – 4.2 शिक्षा को महिलाओं के स्तर में बुनियादी परिवर्तन लाने के लिए एक साधन के रूप में इस्तेमाल किया जाएगा। अतीत से चली आ रही विकृतियों और विषमताओं को खत्म करने के लिए महिलाओं को सुविचारित समर्थन दिया जाएगा। महिलाओं को शक्तिसंपन्न बनाने के लिए शिक्षा पद्धति द्वारा एक ठोस भूमिका निभाई जाएगी और यह हस्तक्षेप के रूप में होगी। नए पाठ्यक्रम, पाठ्य पुस्तकों तथा शिक्षकों, निर्णयकर्त्ताओं और प्रशासकों के प्रशिक्षण और अनुस्थापन एवं शिक्षा संस्थाओं के सक्रिय सहयोग द्वारा नए मूल्यों के विकास को बढ़ावा दिया जाएगा। यह काम विश्वास और सामाजिक निर्माण के माध्यम से संभव हो सकेगा। महिलाओं से संबंधित अध्ययनों को विभिन्न पाठ्यक्रमों के अंतर्गत प्रोत्साहन दिया जाएगा और शिक्षा संस्थाओं को महिला विकास से संबंधित कार्यक्रम शुरू करने के लिए प्रेरित किया जाएगा।

4.3 महिला निरक्षरता को दूर करने के काम को सर्वोच्च प्राथमिकता दी जाएगी। इसी प्रकार उन रुकावटों को दूर करने की हर संभव कोशिश की जाएगी, जिनके कारण महिलाएँ प्रारंभिक शिक्षा भी पूरी नहीं कर पातीं। इस काम के लिए विशेष सहायक सेवाओं की व्यवस्था की जाएगी, लक्ष्य निर्धारित किए जाएँगे और निरीक्षण को कारगर बनाया जाएगा। विभिन्न स्तरों पर जीविका संबंधी तकनीकी और व्यावसायिक शिक्षा में महिलाओं की भागीदारी पर प्रमुख जोर दिया जाएगा। भेदभाव न बरतने की नीति पर जोरदार तरीकों से अमल किया जाएगा, ताकि जीविका संबंधी तथा व्यावसायिक पाठ्यक्रमों में लिंग के आधार पर भेदभाग को खत्म किया जा सके तथा गैर-परंपरागत काम-धंधों में महिलाओं की हिस्सेदारी को बढ़ाया जा सके। इसी प्रकार पहले से मौजूद और नई टेक्नोलॉजी में भी महिलाओं की हिस्सेदारी बढ़ाई जाएगी।

प्रौढ़ शिक्षा – 4.11 आज कुशलताओं को सतत रूप से बढ़ाना विकास का महत्त्वपूर्ण मुद्दा है, ताकि समाज के लिए अपेक्षित जनशक्ति के संसाधन उचित किस्म और मात्रा में तैयार किए जा सकें। विकास संबंधी कार्यक्रमों, जैसे–निर्धनता हटाने, राष्ट्रीय एकता, पर्यावरण संरक्षण, लोगों की सांस्कृतिक क्रियाशीलता को बल प्रदान करने, छोटे परिवार के आदर्श का पालन करने, महिलाओं को बराबरी देने आदि में लाभ उठाने वाले लोगों का सहयोग बहुत महत्त्वपूर्ण है, इसलिए प्रौढ़ शिक्षा के ऐसे और भी कार्यक्रम आयोजित किए जाएंगे और वर्तमान कार्यक्रमों की समीक्षा करके उन्हें मजबूत बनाया जाएगा।

4.12 समूचे राष्ट्र को विशेष रूप से 15-35 आयु वर्ग में निरक्षरता के उन्मूलन के लिए निष्ठापूर्वक कटिबद्ध होना होगा। केन्द्रीय और राज्य सरकारों, राजनीतिक दलों तथा उनके जन संगठनों, जन संचार माध्यमों और शिक्षा संस्थाओं को विविध प्रकार के जन साक्षरता कार्यक्रमों के प्रति स्वयं वचनबद्धता निभानी होगी। इस कार्य में शिक्षकों, छात्रों, युवकों, स्वैच्छिक संस्थाओं, नियोजकों आदि को बड़े पैमाने पर शामिल करना होगा। विभिन्न शोध संस्थानों को कार्य में लगाने के ठोस प्रयास किए जाएंगे, ताकि प्रौढ़ साक्षरता के शैक्षिक पहलुओं में सुधार लाया जा सके। जन साक्षरता कार्यक्रम में साक्षरता के अलावा, कार्यात्मक ज्ञान और कुशलताओं तथा सामाजिक एवं आर्थिक वास्तविकता एवं इसको बदलने और इसमें सुधार करने की संभावना के संबंध में शिक्षार्थियों में जागरूकता पैदा करनी होगी।

सन् 1992 की संशोधित शिक्षा नीति – 4.12 चूँकि विकास कार्यक्रमों में साक्षरता अभियानों के सहभागियों को शामिल करना अत्यंत महत्त्वपूर्ण है, इसलिए राष्ट्रीय साक्षरता मिशन को निर्धनता उन्मूलन, राष्ट्रीय एकता, पर्यावरण संरक्षण, छोटे परिवार के आदर्श, महिला समानता को बढ़ावा, प्राथमिक शिक्षा का सर्वसुलभीकरण, प्राथमिक स्वास्थ्य की देखभाल आदि जैसे राष्ट्रीय लक्ष्यों के अनुरूप ढालना होगा। यह लोगों की सांस्कृतिक सृजनात्मकता में गतिशीलता लाने और विकास प्रक्रिया में उनकी भागेदारी को सुकर भी बनाएगा।

विद्यालयों में सुविधाएँ (राष्ट्रीय शिक्षा नीति–1986) – 5.7 प्राथमिक विद्यालयों में कम-से-कम दो उचित आकार के कमरे जो हर मौसम में काम आ सकें, खिलौने, नक्शे, चार्ट तथा ब्लैकबोर्ड और अन्य जरूरी सामान भी मुहय्या कराए जाएँगे। शुरू में हर प्राथमिक शाला में दो शिक्षकों की व्यवस्था की जाएगी–एक महिला होगी और दूसरा पुरुष। बाद में हर कक्षा के लिए एक-एक शिक्षक का इंतजाम किया जाएगा। इसके लिए बड़ी संख्या में शिक्षकों की भर्ती की जाएगी और उनको प्रशिक्षण दिया जाएगा। उसके बाद प्राथमिक स्कूलों की हालत सुधारने के लिए 'ऑपरेशन ब्लैकबोर्ड' नाम की मुहिम शुरू की जाएगी। इसमें सरकार, स्थानीय निकायों, स्वयंसेवी एजेंसियों और व्यक्तियों को शामिल किया जाएगा।

प्राथमिक स्कूलों में अनिवार्य सुविधाओं की व्यवस्था की जाएगी। सभी मौसमों में उपयोग में आने योग्य पर्याप्त रूप से तीन बड़े कमरों तथा ब्लैकबोर्डों, नक्शों, चार्टों, खिलौनों, अन्य आवश्यक अध्ययन सामग्री और स्कूल पुस्तकालय की व्यवस्था करने के लिए 'ऑपरेशन ब्लैकबोर्ड' के क्षेत्र को बढ़ावा दिया जाएगा। कम-से-कम तीन शिक्षकों को प्रत्येक स्कूल में कार्य के लिए नियुक्त किया जाएगा। यह संख्या यथाशीघ्र एक कक्षा के लिए एक शिक्षक के आधार पर बढ़ा दी जाए। भविष्य में भर्ती किए जाने वाले शिक्षकों में कम-से-कम पचास प्रतिशत महिलाएँ होंगी। 'ऑपरेशन ब्लैकबोर्ड' का विस्तार कर उसे उच्च प्राथमिक स्तर पर भी लागू किया जाएगा। स्कूल भवनों के निर्माण को 'जवाहर रोजगार योजना निधियों' में प्राथमिकता दी जाएगी।

अनौपचारिक शिक्षा (राष्ट्रीय शिक्षा नीति–1986) – 5.8 स्कूल की शिक्षा बीच में छोड़ने वालों, बिना स्कूल की बस्तियों के बच्चों, उन कामकाज़ी बच्चों तथा लड़कियों के लिए, जो पूरा दिन स्कूल नहीं जा सकतीं, अनौपचारिक शिक्षा का एक विशाल तथा व्यवस्थित कार्यक्रम शुरू किया जाएगा।

5.8 स्कूल छोड़नेवालों, बिना स्कूलोंवाली बस्तियों के बच्चों, कामकाजी बच्चों और पूरे दिन स्कूल में न रह सकने वाली बालिकाओं के लिए तैयार किए गए अनौपचारिक शिक्षा कार्यक्रम को सुदृढ़ बनाया जाएगा तथा उसका विस्तार किया जाएगा।

27.7 नारी शिक्षा में विकास
(Progress of Women's Education)

निम्न तालिका में स्वतन्त्रता पूर्व भारत में नारी शिक्षा की स्थिति दर्शायी गई है। नारी शिक्षा का नामांकन 1946-47 में केवल 6 प्रतिशत था।

तालिका 27.1: स्वतंत्रता पूर्व भारत में नारी शिक्षा: नामांकन

वर्ष	नारी शिक्षा का प्रतिशत	प्राथमिक स्कूल नामांकन	उच्च प्राथमिक स्कूल नामांकन	माध्यमिक विद्यालय नामांकन	यूनिवर्सिटी एवं कॉलेज नामांकन	अन्य संस्थाएं नामांकन	योग
1881–82	0.2	124481	–	2054	6	515	127066
1901–02	0.7	345397	34386	10309	264	2812	393168
1921–22	1.8	1198550	92466	36698	1529	11599	1340842
1946–47	6.0	3475165	321508	280772	23207	56090	4156742

तालिका 27.2: नारी साक्षरता दरों में विकास (1951 से 2001)

जनगणना वर्ष	कुल दर	पुरुष	महिला	पुरुष-नारी दर में अन्तर
1951	18.33	27.16	8.86	18.30
1961	28.30	40.40	15.75	25.05
1971	34.45	45.96	21.98	23.98
1981	43.37	56.38	29.76	26.62
1991	52.21	64.13	39.29	24.84
2001	65.38	75.85	54.16	21.69

टिप्पणी: साक्षरता बढ़ने के बावजूद लगभग 19 करोड़ महिलाएँ निरक्षर थीं। (सात वर्ष तथा इसके ऊपर)।

तालिका 27.3: सात वर्ष तथा उससे ऊपर साक्षर तथा निरक्षरों की संख्या (1991 तथा 2001)

साक्षर/निरक्षर	कुल संख्या	पुरुष	महिला
साक्षर			
1991	358,402,626	228,983,134	129,419,492
2001	562,010,745	336,969,695	225,041,048
1991 में 2001 से बढ़ोत्तरी	203,608,117	107,986,561	95,621,556
निरक्षर			
1991	328,167,288	128,099,211	200,068,077
2001	296,208,952	106,654,066	189,554,886
कमी	31,958,336	21,445,145	10,513,191

तालिका 27.4: लड़कियों का कुल नामांकन में प्रतिशत: स्तर अनुसार 1950-51 से

वर्ष	प्राथमिक (*I-V*)	मिडिल (*VI-VIII*)	माध्यमिक, उच्च माध्यमिक 10+2/इण्टर	उच्च शिक्षा स्नातक तथा अपर
1950–51	28.1	16.1	13.3	10.0
1960–61	32.6	23.9	20.5	16.0
1970–71	37.4	29.3	25.0	20.0
1980–81	38.6	32.9	29.6	26.7
1990–91	41.5	36.7	32.9	
2000–2001	44.0	40.5	39.0	38.6

तालिका 27.5: प्राथमिक स्तर पर लड़कियों के सकल नामांकन दर (1950-51 से)

वर्ष	कक्षा (I-V) लड़कियाँ	कुल	कक्षा (VI-VIII) लड़कियाँ	कुल
1950-51	24.8	42.6	4.6	12.7
1960-61	41.4	62.4	11.3	22.5
1970-71	60.5	78.6	20.8	33.4
1980-81	64.1	80.5	28.6	41.9
1990-91	85.5	100.1	47.0	62.1
2000-2001	85.9	95.7	49.07	58.6
2003-2004	95.6	98.2	57.6	62.0

तालिका 27.6: लिंग वार तथा स्तर वार 1951 से नामांकन (मिलियन में)

वर्ष	प्राथमिक			माध्यमिक/उच्च प्राथमिक			उच्च/उच्च माध्यमिक		
	लड़के	लड़कियाँ	योग	लड़के	लड़कियाँ	योग	लड़के	लड़कियाँ	योग
1950-51	13.8	5.4	19.2	2.6	0.5	3.1	1.3	0.2	1.5
1960-61	23.6	11.4	35.0	5.1	1.6	6.7	2.7	0.7	3.4
1970-71	35.7	21.3	57.0	9.4	3.9	13.3	5.7	1.9	7.6
1980-81	45.3	28.5	73.8	13.9	6.8	20.9	7.6	3.4	11.0
1990-91	57.0	40.4	97.4	21.5	12.5	34.0	12.8	6.3	19.12
2000-2001	64.0	49.8	113.8	25.3	17.5	42.8	16.9	10.7	27.6
2003-2004	68.4	59.9	128.3	27.3	21.4	48.7	20.6	14.3	34.9

टिप्पणियाँ–

1. प्राथमिक स्तर पर लड़कियों के नामांकन में लगभग 12 गुणा वृद्धि हुई, जबकि लड़कों की 5 गुणा।
2. मिडिल स्तर पर लड़कियों का नामांकन 34 गुणा। हाई तथा उच्च सेकेण्डरी स्तर पर लड़कियों के नामांकन में 18 गुणा से ऊपर तथा लड़कों के नामांकन में 13 गुणा।

तालिका 27.7: लिंगवार बीच में ही स्कूल छोड़ने वालों की दरें (1960-61 से 2003-2004)

	1960-61	1970-71	!980-81	1990-91	1992-93	1997-98	2003-2004
कक्षा I-V							
लड़के	61.7	64.5	56.2	40.1	43.83	38.23	33.7
लड़कियाँ	70.9	70.9	62.5	46.0	46.67	41.34	28.6
योग	64.9	67.0	58.7	42.6	45.01	39.58	31.5
कक्षा I-VIII							
लड़के	75.0	74.6	68.0	59.1	58.23	50.72	51.8
लड़कियाँ	83.4	79.4	65.1	65.21	58.61	60.09	53.9
योग	78.3	77.9	72.7	60.9	61.10	54.14	52.3

तालिका 27.8: कक्षा I से X के बीच लिंगवार बीच में स्कूल छोड़ने वालों की लिंगवार दरें (2003-2004)

बालक	बालिका	कुल
60.9	64.9	62.7

तालिका 27.9: स्कूल-स्तर लिंग-अनुसार अध्यापकों के स्तरवार संख्या (2003-2004)

	पुरुष	*महिला*	*कुल*
प्राथमिक स्तर	1259892	836966	2096858
माध्यमिक स्तर	943786	648501	1592287
माध्यमिक/उच्च माध्यमिक स्तर	1250029	774449	2024478

उच्च शिक्षा में महिलाओं के नामांकन में वृद्धि (Increase in Women Enrolment at The Higher Education Stage) – स्वतंत्रता प्राप्ति के बाद उच्च शिक्षा में नामांकित महिला छात्रों की संख्या में उल्लेखनीय वृद्धि हुई है। स्वतंत्रता प्राप्ति के समय महिला नामांकन 10 प्रतिशत से कम था। वर्ष 2002-2003 के दौरान महिला नामांकन बढ़कर 40.05 प्रतिशत हो गया।

विशेषत: गत दो दशकों के दौरान महिला नामांकन समिति की गति तेज हो रही है। सारणी में दिए गए आँकड़ों से यह पता चलता है कि वर्ष 1950-51 से 2002-2003 के दौरान पंजीकृत प्रति सौ पुरुष महिलाओं के नामांकन में लगभग पाँच गुना वृद्धि हुई है।

व्यावसायिक पाठ्यक्रम–2003-2004 में कुल दाखिल महिलाओं में से केवल 120.40 प्रतिशत महिलाएँ थीं।

तालिका 27.10: प्रति सौ पुरुष छात्र महिला नामांकन

वर्ष	*कुल महिला नामांकन*	*प्रति सौ पुरुष महिला नामांकन*
1950-51	40,000	14
2003-2004	40,003	67

राज्य के अनुसार महिला नामांकन का वितरण (Distribution of Women Enrolment State-wise)

महिला नामांकन का राज्यवार वितरण – वर्ष 2002-2003 के दौरान सभी राज्यों में कुल नामांकन की तुलना में महिलाओं के नामांकन में प्रतिशत वृद्धि स्थिर रही। वर्ष 2002-2003 के दौरान कुल नामांकन के प्रतिशत के रूप में महिला नामांकन की दृष्टि से केरल का स्थान, 60 प्रतिशत, सबसे ऊपर रहा। उसके बाद गोआ (58.5 प्रतिशत), पंजाब (52.7 प्रतिशत) आदि का स्थान रहा। ऐसे 17 राज्य थे जिनमें 39.84 की प्रतिशतता की तुलना में महिलाओं का नामांकन अधिक था। शेष राज्यों में नामांकित महिलाओं की

प्रतिशतता राष्ट्रीय स्तर से कम थी। बिहार में सबसे कम; केवल 23.8 प्रतिशत महिला नामांकन थीं।

***महिला नामांकन का स्तरवार वितरण* (*Stage-wise Distribution of Women Enrolment*)**: वर्ष 2002-2003 के दौरान उच्च शिक्षा अर्थात् स्नातक, स्नातकोत्तर, अनुसंधान तथा डिप्लोमा/प्रमाण पत्र के सभी स्तरों पर कुल नामांकन की प्रतिशतता के रूप में महिलाओं के नामांकन में लगातार वृद्धि होती रही है।

महिलाओं के नामांकन के संबंध में उल्लेखनीय बात यह है कि वह अन्य सभी स्तरों की तुलना में स्नातकोत्तर स्तर पर सबसे अधिक रहा।

तालिका 27.11: उच्च शिक्षा में महिला नामांकन का स्तरवार वितरण

स्तर	*कुल नामांकन*	*महिला नामांकन*	*महिलाओं की प्रतिशतता*
(क) स्नातक	82,27,417	32,85,544	39.93
(ख) स्नातकोत्तर	8,46,556	3,55,893	42.04
(ग) अनुसंधान	62,213	23,609	37.95
(घ) डिप्लोमा/प्रमाणपत्र	91,647	30,918	33.74
कुल	**92,27,833**	**36,95,964**	**40.05**

तालिका 27.12: महिला कॉलेजों की संख्या (1986-87 से 2003-2004)

वर्ष	*महिला कॉलेजों की संख्या*
1986-87	780
1996-97	1195
1998-99	1359
1999-2000	1503
2000-2001	1578
2001-2002	1625
2002-2003	1650
2003-2004 (अन्तिम) (Provisional)	1798

27.8 नारी शिक्षा की वांछित प्रगति न होने के कारण तथा समस्याएँ (Reasons for not having Desirable Progress of Women Education and Problems)

1. पुरुष प्रधान समाज, 2. सामान्यत: नारी शिक्षा में रुचि की कमी, 3. समाज में अज्ञानता, 4. बाल विवाह, 5. गरीबी, 6. दोषयुक्त पाठ्यक्रम, 7. सहशिक्षा का विरोध, 8. सुविधाओं का अभाव, 9. अपव्यय, 10. सरकार की नारी शिक्षा के प्रति उदासीन नीति, 11. परदा प्रथा, 12. कई क्षेत्रों में अध्यापिकाओं की कमी। 13. अप्रभावी पाठ्यक्रम।

नारी शिक्षा की अवहेलना के कुछ उदाहरण: राष्ट्रीय शिक्षा नियोजन एवं प्रशासन संस्थान के एक अध्ययन के अनुसार, 2003-2004 में अधिकांश शालाओं में लड़कियों के लिए शौचालय तक नहीं थे। बिहार और छत्तीसगढ़ में कुल तीन से पाँच प्रतिशत शालाओं में

ही यह सुविधा थी। मध्य प्रदेश, महाराष्ट्र, आन्ध्र प्रदेश, गुजरात, राजस्थान और हिमाचल प्रदेश की 12 से 16 प्रतिशत प्राथमिक शालाओं में लड़कियों के लिए शौचालय की व्यवस्था थी। पेयजल, ब्लैकबोर्ड, कक्षाओं संबंधी आँकड़े आशा नहीं जगाते।

27.9 शिक्षा नीति 1986 तथा संशोधित शिक्षा नीति 1992 के संदर्भ में नारी शिक्षा के विकास के उपाय (Measures for the Promotion of Women Education in the Context of NPE 1986 and Modified NPE 1992)

1. राष्ट्रीय शिक्षा नीति में इस बात की परिकल्पना की गई है कि शिक्षा को महिलाओं के स्तर में मौलिक परिवर्तन के लिए एक अभिकर्त्ता के रूप में प्रयोग किया जाए।

2. महिलाओं को अधिकार दिलाने में शिक्षा सही मध्यस्थतावाली भूमिका निभाये।

3. पाठ्य पुस्तकों, पाठ्यचर्या, शिक्षकों, निर्णयकर्त्ताओं तथा प्रशासकों के प्रशिक्षण एवं अभिनवन तथा शिक्षा संस्थाओं के सक्रिय सहयोग से नए मूल्यों के विकास को बढ़ावा दिया जाए।

4. महिलाओं के अध्ययनों को विभिन्न पाठ्यक्रम के रूप में प्रोन्नत किया जाए।

5. महिलाओं को अधिकार दिलाने में सही भूमिका निभाने के लिए शिक्षा प्रणाली को अनुकूल बनाया जाए।

6. महिलाओं के विकास के लिए सक्रिय कार्यक्रम चलाने के लिए शैक्षिक संस्थानों को प्रोत्साहन दिया जाए।

7. औद्योगिक, तकनीकी तथा व्यावसायिक शिक्षा के कार्यक्रमों में महिलाओं की शिक्षा को व्यापक बनाया जाए।

8. पाठ्य पुस्तकों से लिंग पक्षपात और महिलाओं के प्रति दुराग्रहवाले अंशों को हटाया जाए।

9. महिलाओं से संबंधित विषयों को हाथ में लेने के लिए अध्यापकों और अनुसंधानकर्त्ताओं का अनुस्थापन और सामान्य विषयों में महिलाओं के आयामों को शामिल किया जाए।

10. पाठ्यचर्या की पुन:संरचना करने के लिए कार्यशालाओं का आयोजन किया जाए।

11. शैक्षिक संस्थाओं को उन कार्यक्रमों को आरंभ करने के लिए प्रोत्साहित किया जाए, जो समुदाय को प्रत्यक्ष लाभ पहुँचाए और महिलाओं में सामर्थ्य उत्पन्न करें।

12. प्रत्येक शिक्षा संस्थान द्वारा 1995 तक महिलाओं की स्थिति का अध्ययन करने, जागृति पैदा करने और महिलाओं में संप्रेषण तथा संगठन की प्रोन्नति के लिए तथा उनके विकास के लिए सक्रिय कार्यक्रम शुरू किए जाएँ।

13. सभी शिक्षकों तथा गैर-औपचारिक शिक्षा/प्रौढ़ शिक्षा अनुदेशकों को महिलाओं को अधिकार दिलाने वाले एक एजेंट के रूप में प्रशिक्षित किया जाए। शिक्षकों तथा प्रौढ़ शिक्षा/गैर-औपचारिक शिक्षा के शिक्षकों के सभी प्रशिक्षण कार्यक्रमों को शामिल करने के लिए रा. शै. अ. प्र. प. प्रौ. शि. नि. आदि द्वारा विशेष प्रशिक्षण कार्यक्रम विकसित किए जाएँ, जो उन्हें महिलाओं को अधिकार दिलाने के लिए प्रेरित करें।

14. महिलाओं के विकास के लिए स्वैच्छिक एजेंसियों तथा क्रियात्मक वर्गों को प्रशिक्षण कार्यक्रमों में शामिल किया जाए।

15. प्रौढ़/गैर-औपचारिक शिक्षा कार्यक्रमों में महिला शिक्षकों तथा महिला अनुदेशकों को विशेष प्रशिक्षण दिया जाए, ताकि वे महिलाओं की समानता के लिए सक्रिय भूमिका अदा कर सकें।

16. अनुसंधान संस्थानों, स्वैच्छिक संस्थाओं और कलाकारों द्वारा महिलाओं में चेतना उत्पन्न करने और अपने व्यक्तित्व को उन्नत करने के लिए विशेष कार्यक्रम तैयार किए जाएँ।

17. प्रचार माध्यम (रेडियो और दूरदर्शन) को योजना की स्पष्ट मार्गदर्शी रूपरेखाएँ तैयार करनी चाहिए।

18. स्कूल स्तर के अध्यापकों की भर्ती के लिए महिलाओं को वरीयता दी जानी चाहिए। इससे ग्रामीण क्षेत्रों में अधिक विश्वास की भावना उत्पन्न होगी और अभिभावक लड़कियों को स्कूल भेजने के लिए प्रेरित होंगे।

19. सामान्य कोर पाठ्यचर्या महिलाओं की नई स्थिति के अनुरूप मूल्यों के संस्थापन के लिए तथा उनकी शक्ति बढ़ाने के लिए एक शक्तिशाली साधन है। रा.शै.अ.प्र.प. की महिला सेल को फिर चालू किया जाए और उसे महिलाओं की समानता से संबंधित पाठ्यक्रम को तैयार करने की जिम्मेदारी दी जाए। इस सेल को स्कूली पाठ्यक्रमों से लिंग पक्षपात को दूर करने के लिए तेजी से कार्य करना चाहिए।

20. रा.शै.अ.प्र.प. और राज्य स्तर की एजेंसियों द्वारा आरंभिक प्रशिक्षण, सेवाकालीन प्रशिक्षण और पुनश्चर्या पाठ्यक्रमों के जरिए अध्यापकों, प्रशिक्षकों, आयोजकों और प्रशासकों को महिलाओं के मामलों में संवेदनशील बनाया जाए।

21. एक बड़ी संख्या में शैक्षिक कार्मिकों को शामिल करने हेतु एक देशव्यापी लिंग संवेदनशीलता का कार्यक्रम आरंभ किया जाए; ताकि शैक्षिक प्रशासकों, शिक्षकों और शिक्षक-प्रशिक्षकों को शामिल किया जा सके। इस रणनीति का अनुपूरक, संचार अभियान और बालिका शिक्षा हेतु सकारात्मक वातावरण तैयार करने के लिए अभिभावक जागरूकता कार्यक्रम होगा। महिलाओं को अधिकार देने और बालिका शिक्षा के बुनियादी मुद्दों पर महिला दलों की गतिशीलता को तीव्र किया जाए।

22. सभी शिक्षकों और प्रशिक्षकों को महिलाओं को अधिकार दिलवाने वाले एजेंटों के रूप में प्रशिक्षित किया जाए। प्रशिक्षण कार्यक्रम रा.शै.अ.प्र.प., परमाणु ऊर्जा विभाग, राज्य स्रोत केन्द्रों, जिला शैक्षिक प्रौद्योगिकी संस्थानों, राज्य शै.अ.प्र. परिषदों और विश्वविद्यालय प्रणाली द्वारा विकसित किए जाएँ। नवाचार प्रशिक्षण कार्यक्रम संबंधित संगठनों और महिला दलों की सहायता तैयार किए जाएँ।

23. रा.शै.अ.प्र.प. ग्रामीण क्षेत्रों में महिला शिक्षकों की भर्ती और तैनाती की समस्याओं का अध्ययन करे, ताकि अड़चनों और व्यवहार्य समाधानों का पता लगाया जा सके।

24. लिंग रूढ़िबद्धता को तोड़ते हुए सभी स्तरों पर बालिकाओं को अधिकाधिक व्यावसायिक तकनीकी और पेशेवार शिक्षा सुलभ कराने के लिए उपाय किए जाएँ।

25. ऐसी सहायक सेवाओं का सृजन करने के लिए, जिससे बालिकाएँ शिक्षा प्राप्त कर सकें, विभिन्न विभागों के कार्यक्रमों और योजनाओं को अभिमुख करने पर बल दिया जाए। महिला एवं बाल विकास विभाग और राज्य सरकारों का सक्रिय सहयोग प्राप्त किया जाए।

26. महिला और बाल विकास विभाग द्वारा विकसित कानूनी साक्षरता सामग्रियों का दूर-दूर तक प्रचार किया जाए, ताकि वे स्कूली पाठ्यचर्या, साक्षरता अभियानों और महिलाओं की गतिशीलता का अंग बन सकें। विशेषकर, सूचना और प्रसारण मंत्रालय की मीडिया (संचार) सहायता माँगी जाए।

27. बालिकाओं की मीडिल और माध्यमिक शिक्षा तक पहुँच को बढ़ाने के लिए दूरस्थ शिक्षा का विस्तार किया जाए। राष्ट्रीय मुक्त स्कूल बालिकाओं को दूरस्थ शिक्षा में लाने में सफल रहे हैं तथा और अधिक मीडिल स्कूल की बालिकाओं को शिक्षा देने में सहायता देने हेतु इस संयोजन को बढ़ाया जाए।

28. महिला शिक्षा के नवाचारी कार्यक्रमों को बढ़ावा देने और उनके प्रलेखन पर बल दिया जाए।

यद्यपि इनमें से कई क्षेत्रों में कार्यवाही की गई है परन्तु गति धीमी है। गति को तेज करने की आवश्यकता है।

27.10 नारी समानता हेतु विशेष शैक्षिक प्रावधान/योजनाएँ (Special Educational Provisions/Schemes for Women's Equality)

1. **ऑपरेशन ब्लैकबोर्ड: महिला शिक्षा की विशेष योजनाएँ**–विभाग की विद्यमान योजनाओं के अधीन महिलाओं के लिए विशेष प्रावधान किए गए हैं। ऑपरेशन ब्लैकबोर्ड योजना के अधीन संशोधित नीति निर्धारण में एक शर्त यह है कि भविष्य में नियुक्त किए जाने वाले शिक्षकों में 50 प्रतिशत महिलाएँ होनी चाहिए।

2. **छात्रावास योजना**–छात्रावासों के निर्माण की योजना का संचालन इस उद्देश्य से किया जा रहा है कि अधिक-से-अधिक बालिकाएँ माध्यमिक शिक्षा से लाभ उठा सकें।

3. **अनौपचारिक बालिका शिक्षा केन्द्र**–मानव संसाधन विकास मंत्रालय की अनौपचारिक शिक्षा योजना के अधीन ऐसे अनौपचारिक शिक्षा केन्द्रों को, जो केवल बालिकाओं के लिए हैं, 90 प्रतिशत सहायता दी जाती है। बालिकाओं के अनौपचारिक शिक्षा केन्द्रों का संचित योग 1.18 लाख है। केन्द्रों की कुल संख्या 2.41 लाख है।

4. **नवोदय विद्यालयों की लड़कियाँ**–सचेतन कार्यवाई से नवोदय विद्यालयों में बालिकाओं का दाखिला लगभग 31 प्रतिशत तक सुनिश्चित हो गया है।

5. **महिला साक्षरता अभियान**–पूर्ण साक्षरता अभियानों में महिलाओं को पूर्ण अधिकार देने के उद्देश्य पर विशेष ध्यान दिया गया है। चूँकि देश में महिला साक्षरता दर पुरुषों से काफी कम है, अत: ऐसा प्रतीत होता है कि पूर्ण साक्षरता अभियानों के अंतर्गत महिला अध्येता पुरुष अध्येताओं को पीछे छोड़ जाएंगी। अब तक वंचित वर्गों को अधिकार देने के संबंध में सामाजिक जागरूकता महत्त्वपूर्ण है, जैसा कि कुल जिलों में निर्माण संबंधी कार्य करने वालों को उचित वेतन के सीधे भुगतान, शराब की दुकानें बंद करने, सभी अभियान-जिलों में नामांकन की माँग में वृद्धि आदि जैसे कुछ आन्दोलनों/गतिविधियों में पाया गया है। यह मुख्यत: महिलाओं की शिक्षा की वजह से हुआ है। प्रौढ़ शिक्षा और उत्तर साक्षरता शिक्षा केन्द्रों में महिलाओं के नामांकन पर विशेष ध्यान दिया जा रहा है।

6. **महिला उच्च शिक्षा**–उच्च शिक्षा के क्षेत्र में, सामान्य और तकनीकी दोनों दृष्टियों

से महिलाओं के लिए शैक्षिक अवसरों में असाधारण/अद्भूत विस्तार हुआ है। विश्वविद्यालय और कॉलेज स्तरों पर महिला शिक्षा में विविधता आई है और समाज, उद्योग और व्यापार की बदलती आवश्यकताओं के अनुसार उसका प्रबोधन किया गया है।

7. **महिला अध्ययन**–विश्वविद्यालय अनुदान आयोग विश्वविद्यालयों को महिला अध्ययन में अनुसंधान की सु-परिभाषित परियोजनाएँ आरंभ करने और अवर स्नातक और स्नातकोत्तर स्तरों पर पाठ्यचर्या के विकास तथा संबंद्ध विस्तार क्रिया-कलापों के लिए भी वित्तीय सहायता प्रदान कर रहा है। आयोग ने सामाजिक विज्ञान तथा इंजीनियरी एवं प्रौद्योगिकी सहित विज्ञान और मानविकी में महिला उम्मीदवारों के लिए अंशकालिक रिसर्च एसोशिएटशिप के चालीस पदों का भी सृजन किया है। सितम्बर 1996 तक महिला अध्ययनों के उद्देश्य से संबंद्ध तैंतीस अनुसंधान परियोजनाएँ अनुमोदित की गईं। विभिन्न प्रस्तावों की जाँच करने के बाद महिला अध्ययन स्थायी समिति ने भी क्रमशः महिला अध्ययन केन्द्रों और कक्षों की स्थापना हेतु इक्कीस विश्वविद्यालयों और ग्यारह कॉलेजों/विश्वविद्यालयों विभागों को सहायता देने की सिफारिश की।

8. **यूनिसेफ महिला श्रमिक विद्यापीठ**–वर्ष 1992 के दौरान श्रमिक विद्यापीठ के बहुसंयोजनक प्रौढ़ शिक्षा कार्यक्रम के अधीन यूनिसेफ ने दक्षता आधारित साक्षरता कार्यक्रम आयोजित करने हेतु दस चुनिंदा श्रमिक विद्यापीठों को विशेष सहायता प्रदान की। प्रत्येक श्रमिक विद्यापीठ द्वारा एक हजार महिलाओं/बालिकाओं को साक्षर बनाया जाएगा।

9. **महिला समाख्या**–महिला शिक्षा और उन्हें अधिकार देने के लिए शिक्षा विभाग, भारत सरकार द्वारा बहुत से विशेष कार्यक्रम आरंभ किए गए। महिला समाख्या (महिला समानता के लिए शिक्षा) कार्यक्रम डच सहायता से अप्रैल 1989 में आरंभ किया गया। यह परियोजना राष्ट्रीय शिक्षा नीति (1986) के अनुसरण पर तैयार की गई। वे कठिनाइयाँ, जिनसे महिलाओं और बालिकाओं को शैक्षिक निवेश की सुलभता में बाधा आई है, इस परियोजना में मुख्य केन्द्र बिंदु है। यह परियोजना महिलाओं की आत्मछवि और आत्मविश्वास और उनके बारे में समाज के बोध के मुद्दों को संबोधित करते हुए आरंभ की गई है। महिला समाख्या परियोजना में इस बात की पूर्वकल्पना की गई है कि शिक्षा महिला समानता में एक निर्णायक हस्तक्षेप कर सकती है। इस परियोजना का कुल समग्र उद्देश्य ऐसी परिस्थितियाँ पैदा करना है, जिनमें महिलाएँ अपनी दशा को बेहतर ढंग से समझ सकें, अधिकार न देने की दयनीय स्थिति से ऐसी स्थिति में जा सकें, जिसमें वे अपने-अपने जीवन को नियत कर सकें और अपने-अपने वातावरण को प्रभावित कर सकें तथा साथ-साथ अपने और अपने परिवार के लिए एक शैक्षिक अवसर भी पैदा कर सकें, जिससे कि विकास की प्रक्रिया को मदद मिल सके। उत्तर प्रदेश की बुनियादी शिक्षा परियोजना और बिहार की शिक्षा परियोजना में महिला समाख्या घटक को महिला शिक्षा की रणनीति का अंश बनाया जा रहा है।

इस कार्यक्रम में उत्तर प्रदेश के दस जिले, कर्नाटक और गुजरात शामिल हैं। आठवीं योजना अवधि के दौरान इस कार्यक्रम का विस्तार दस अन्य जिलों और आन्ध्र प्रदेश के तीन जिलों में किया जा रहा है। महिला समाख्या रणनीति की सफलता से प्रोत्साहित होकर इस कार्यक्रम को देश की अनेक अन्य बुनियादी शिक्षा परियोजनाओं के साथ जोड़ा जा रहा है।

10. **महिला निरीक्षिका**–कार्रवाई योजना (1992) में विभाग में शिक्षा के कार्यक्रमों के निरीक्षण के लिए महिला कक्ष की स्थापना करने की व्यवस्था हैं। इस उद्देश्य के लिए शिक्षा विभाग, भारत सरकार के आयोजना ब्यूरो में एक कक्ष पहले ही स्थापित किया जा चुका है।

11. **योजना तंत्र**–कार्रवाई योजना 1992 के कार्यान्वयन की पुनरीक्षा करने, बालिकाओं की शिक्षा से संबंद्ध नीतियों और कार्यक्रमों पर सरकार को सलाह देने और अनिवार्य सहायक सेवा के प्रावधान, जिससे शिक्षा में बालिकाओं और महिलाओं की सहभागिता बढ़ेगी, को सुनिश्चित करने के लिए और आयोजना तंत्र को गति देने के लिए मानव संसाधन विकास मंत्रालय के शिक्षा विभाग ने महिला शिक्षा के वास्ते एक उच्चस्तरीय अंतर मंत्रालय समिति की भी व्यवस्था की है। ऐसी समिति को विधिवत् गठित किया गया है और राज्यों से भी इसी तरह की समितियाँ गठित करने का अनुरोध किया गया है। लगभग सभी राज्यों में यह समितियाँ गठित की गई हैं।

12. **नारी शिक्षा एवं राष्ट्रीय शैक्षिक अनुसंधान और प्रशिक्षण परिषद्**–रा.शै.अ.प्र.प. ने महिला शिक्षा पर विशेष कार्यक्रम आयोजित किए हैं।

1. परिषद् ने प्रारंभिक स्कूल प्रणाली में बालिकाओं द्वारा शिक्षा जारी रखने और न रखने के कारणों पर एक अध्ययन पूरा किया।
2. परिषद् ने हरियाणा में एक मुख्य समेकित बहुस्तरीय अनुसंधान एवं प्रशिक्षण परियोजना आरंभ की है, जहाँ तीन सौ शैक्षिक कार्मिकों को ग्रामीण और दूरस्थ क्षेत्रों की बालिकाओं और प्रतिकूल वर्गों के बीच प्राथमिक शिक्षा को सर्वसुलभ बनाने हेतु प्रशिक्षित किया जा रहा है।
3. पाठ्य पुस्तकों में से लिंग भेदभाव को हटाने के लिए दिशा-निर्देश, लिंगों के बीच समानता को बढ़ावा देने हेतु शिक्षकों के लिए पुस्तिका और महिला शिक्षा प्रशिक्षण नियमावली विकसित की जा रही है।
4. परिषद् ने हावड़ा शिक्षक मंच के सहयोग से एक कार्यक्रम का भी आयोजन किया, ताकि ग्रामीण बालिकाओं को प्राथमिक शिक्षा सर्वसुलभ कराने हेतु दिशा-निर्देशों का एक सेट तैयार किया जा सके।
5. शिक्षक-प्रशिक्षकों और शैक्षिक प्रशासकों के लिए लिंग संवेदनशीलता पर तीन कार्यशालाएँ–दो दिल्ली में और एक पश्चिम बंगाल में आयोजित की गई।

28

दूरस्थ शिक्षा: मुक्त विश्वविद्यालय, पत्राचार पाठ्यक्रम
(Distance Education: Open University, Correspondence Courses)

28.1 दूरस्थ शिक्षा का अर्थ
(Meaning of Distance Education)

मोटे तौर पर दूरस्थ शिक्षा वह शिक्षा है जो उन व्यक्तियों के द्वार पर पहुँचती है जो किसी कारणों से औपचारिक शिक्षा का लाभ उठाने से वंचित रह जाते हैं। इसका अर्थ तथा कार्यक्षेत्र स्पष्ट करने के लिए कुछ विचारकों के विचार नीचे दिए गए हैं–

1. जैक फॉक्स (Jack Focks) के शब्दों में, "दूरस्थ शिक्षा अधिगम विधि वह अधिगम विधि है, जिसमें कुछ ऐसी विशेषताएँ हैं जो परिसर में स्थित शिक्षा संस्थाओं की विधियों से भिन्न हैं।"

2. बोर्ज होम्बर्ग (Bo Holmberg) के विचार में "दूरस्थ अध्ययन या दूरस्थ अध्ययन कोर्स एक कृत्रिम संवाद अवसर है जिसमें सीखने वाले तथा सिखलाने वाले के बीच भौगोलिक तथा संगठनात्मक दूरी को एक कृत्रिम निर्देशन द्वारा दूर किया जाता है।"

3. पीटर्स (Peters) ने दूरस्थ शिक्षा को इस प्रकार परिभाषित किया है, "दूरस्थ शिक्षा अप्रत्यक्ष अनुदेशन की विधि है जिसमें शिक्षक तथा छात्र में भौगोलिक एवं भावात्मक पृथक्ता रहती है, जबकि शिक्षा की मुख्यधारा में शिक्षक एवं छात्र का कक्षा में संबंध सामाजिक नियमों पर आधारित रहता है। दूरस्थ शिक्षा में यह संबंध प्रौद्योगिक नियमों पर आधारित रहता है।"

4. एफ. रीव एडम्स (F. Reev Adams) के अनुसार, "दूरस्थ शिक्षण पद्धति ऐसी शिक्षण पद्धति है जिसमें शिक्षक ऐसे छात्रों को ज्ञान तथा कौशल प्रदान करने का दायित्व सँभालता है जो आमने-सामने रूप में शिक्षा प्राप्त नहीं कर सकते परन्तु ऐसे समय तथा स्थान पर शिक्षा प्राप्त करना चाहते हैं जो उनकी व्यक्तिगत परिस्थितियों के अनुरूप हो।"

28.2 दूर शिक्षा अथवा दूरस्थ शिक्षा का नामकरण
(Nomenclature of Distance Education)

दूर शिक्षा (Distance Education), पत्राचार शिक्षा (Correspondence Education), पत्राचार स्कूल (Correspondence School), पत्राचार अधिगम (Correspondence

Learning), पत्राचार शिक्षण (Correspondence Teaching), दूर-अधिगम (Distance Learning), दूर-शिक्षण (Distance Teaching), बाह्य डिग्री प्रोग्राम (External Degree Programme), बाह्य अध्ययन (External Studies)] बाह्य पद्धति (External System), घर-अध्ययन (Home Study), स्वतन्त्र अधिगम (Independent Learning), जीवन पर्यन्त शिक्षा (Life Long Education), अनौपचारिक शिक्षा (Non-Formal Education), मुक्त शिक्षा (Open Education), खुली शिक्षा (Open Education), खुला विश्वविद्यालय (Open University), मुक्त विश्वविद्यालय (Open University), स्कूल से बाहर की शिक्षा (Out of School Education), पोस्टल पाठ्यक्रम (Postal Education), स्वयं पढ़ाओ प्रोग्राम (Teach Yourself Programme), टेली विश्वविद्यालय (Tele University), एयर विश्वविद्यालय (University in the Air), चारदीवारी के बिना विश्वविद्यालय (University without Walls) आदि शब्दों का लगभग एक जैसा ही अर्थ है। विभिन्न देश अपनी-अपनी परिस्थितियों के अनुसार इस प्रकार की शिक्षा का नाम अपने ढंग से दिए हुए हैं। दूरी शिक्षा मुख्यत: वह शिक्षा है जो उच्च शिक्षा के प्रवेश द्वार को उन सबके लिए खोलती है जो किसी-न-किसी कारणवश पूर्णकालीन विद्यार्थी नहीं बन सकते परन्तु अंशकालीन आधार पर अध्ययन करना चाहते हैं। दूरी शिक्षा अब स्कूल स्तर पर भी दी जाने लगी है–

1. दूरस्थ शिक्षा का मुख्य उद्देश्य उच्चतर शिक्षा के व्यापक अवसरों को मार्ग प्रस्तुत करना।
2. उन सीखने वालों को सीखने के व्यापक तथा सुगम अवसर प्रदान करना जो किसी कारणवश–कम आय, अधिक आयु तथा दूरी के कारण पूर्णकालिक शिक्षा प्राप्त करने में सक्षम रहे हैं।
3. शिक्षित व्यक्तियों को जो अपने कैरियर का सुधार चाहते हैं। उन के लिए उचित तथा प्रभावी शिक्षा के अवसर प्रदान करना।
4. उन सीखने वालों को अपनी रुचि के विषयों को अपनी गति से तथा सुविधनुसार सीखने के योग्य बनाना जो इसको औपचारिक शिक्षा के कठोर नियमों के कारण नहीं सीख सके।
5. आर्थिक तथा सामाजिक रूप से पिछड़े वर्गों को उचित शिक्षा के अवसर प्रदान करके समाज के उपयोगी नागरिक बनने में सहायता देना।
6. रोजगार में लगे व्यक्तियों को उनके कार्य में बाधा उत्पन्न किए बिना विकास तथा उन्नति के अवसर प्रदान करना।
7. सीखने वालों को उनकी रुचियों से सम्बन्धित विभिन्न क्षेत्रों में हो रही प्रगति तथा सुधारों से अवगत कराना।
8. कुशल परन्तु कम-खर्ची शिक्षा प्रक्रिया प्रदान करना।
9. वे व्यक्ति जो प्रेरणा के अभाव के कारण अपनी शिक्षा पूरी नहीं कर सके परन्तु अब अपनी शिक्षा पूरी करने के लिए प्रेरित हैं।
10. व्यक्तियों को आधुनिकतम ज्ञान-विज्ञान से परिचित कराना।
11. विकलांग व्यक्तियों को शिक्षा के अवसर प्रदान करना।
12. सेवा-युक्त या जो व्यक्ति शौक में अथवा अपने आप को व्यस्त रखना चाहते हैं। उन्हें इस शिक्षा में अवसर प्रदान करना।

दूरस्थ शिक्षा की विशेषताएँ (Characteristics of Distance Education)

1. अध्यापक-छात्र आमने-सामने नहीं होते। दोनों में दूरी होती है।
2. अध्ययन सामग्री डाक द्वारा भेजी जाती है। इसके साथ-साथ दूरदर्शन तथा आकाशवाणी आदि का भी प्रयोग किया जाता है। कुछ देशों में दूरी-शिक्षा का माध्यम दूरभाष भी है।
3. दूरी-शिक्षा में छात्रों का आपस में बहुत कम मेल-मिलाप होता है।
4. छात्र अपनी गति से पाठ्यक्रम पूरा कर सकते हैं। इसमें समय का कोई बन्धन नहीं होता है।
5. अध्ययन प्रक्रिया की अवधि में अध्यापक-छात्र का सम्बन्ध बहुत कम होता है।
6. शिक्षा में समान शिक्षा अवसरों को प्रदान करने की क्षमता है। समाज के गरीब लोगों तथा जो सुदूर और अत्यन्त निर्जन प्रदेशों में रहते हैं उनके दरवाजे तक शिक्षा पहुँचाने की शक्ति इसमें है।
7. यह शिक्षा प्रौढ़ों, औपचारिक शिक्षा से वंचित और काम करने वालों के लिए अनुकूल है।
8. यह शिक्षा प्रणाली सभी स्तर के और विविध प्रकार के लोगों को शिक्षा दे सकती है।
9. यह प्रणाली सीखने वालों को अपने विषय/विषयों के चुनाव तथा उसे पूर्ण करने के समय आदि के बारे में बहुत स्वतन्त्रता देती है।
10. दूरस्थ शिक्षा जन-शक्ति की प्रणाली है।
11. दूरस्थ शिक्षा प्रवेश की दृष्टि से बहुत लचीली है।
12. दूरस्थ शिक्षा संस्थागत नहीं होती है।

दूरस्थ शिक्षा की आवश्यकता – औपचारिक और पारम्परिक शिक्षा प्रणाली उस समय विकसित हुई जब शिक्षा सिर्फ कुछ ही लोगों के लिए सीमित थी और जब मौखिक शब्दों के सिवाय अन्य शैक्षिक तकनीकें उपलब्ध नहीं थी। आज स्थिति ऐसी नहीं है। शैक्षिक प्रौद्योगिकी के क्षेत्र में क्रान्तिकारी प्रगति हो रही है जिससे देश के कोने-कोने में रहने वालों की शिक्षा का प्रबन्ध आसान हो गया है।

दूरी-शिक्षा के विकास का दूसरा कारण है 'सबके लिए शिक्षा।' भारत के लिए तो यह पद्धति और भी महत्त्वपूर्ण है, क्योंकि शिक्षा के क्षेत्र में संविधान द्वारा निदेशित लक्ष्यों की प्राप्ति से हम अभी भी बहुत दूर हैं। साक्षरता भी केवल लगभग 65 प्रतिशत है। उच्च शिक्षा में प्रवेश भी केवल 7% है।

दूर-शिक्षा के विकास का तीसरा कारण है 'ज्ञान का विस्फोट'। औपचारिक शिक्षा द्वारा नये परिवर्तनों को अपने में समाना बहुत कठिन है।

चौथा कारण है, औद्योगिक समाजों का उभरना।

पाँचवां कारण है, औपचारिक शिक्षा की सीमाएँ–(i) अध्ययन की लम्बी अवधि तथा समय, (ii) प्रवेश के लिए कम स्थान, (iii) परीक्षा सम्बन्धी निर्धारित योग्यताएँ, (iv) पाठ्यक्रमों का वास्तविक परिस्थितियों के अनुकूल न होना, (अ) प्रति व्यक्ति अधिक खर्च।

छठी आवश्यकता है, सुदूर ग्रामीण क्षेत्रों, पहाड़ी क्षेत्रों आदि में रहने वाले व्यक्तियों की शिक्षा सम्बन्धी आवश्यकता को पूरा करना।

सातवीं आवश्यकता है, नौकरी अथवा निजी रोजगार में लगे लोगों को शिक्षित करना।

आठवीं आवश्यकता है, व्यवसाय अथवा समृद्ध जीवन सम्बन्धी कौशल बढ़ाने के लिए शिक्षा के अवसर प्रदान करना।

28.3 दूरस्थ शिक्षा तथा परम्परागत शिक्षा
(Difference Between Distance Education and Formal Education)

दूरस्थ शिक्षा	*परम्परागत शिक्षा*
1. दूर-शिक्षा में अध्यापक छात्र से दूर होता है।	1. परम्परागत शिक्षा में विद्यार्थी तथा अध्यापक पास-पास होते हैं।
2. दूरी-शिक्षा विद्यार्थी की आवश्यकता पर ध्यान देती है।	2. अध्यापक केन्द्रित है।
3. लचीली है, कोर्स कई वर्षों में पूरा किया जा सकता है।	3. कोर्स को निश्चित समय पर पूरा करना होता है।
4. रेडियो, दूरदर्शन तथा अन्य कई प्रकार के माध्यमों को प्रयोग में लाया जाता है।	4. इसमें मौखिक शब्द की प्रधानता है।
5. यह अंशकालिक है।	5. यह पूर्णकालिक है।
6. प्रवेश के बहुत कम बन्धन हैं।	6. प्रवेश के लिए अनेक बन्धन हैं।
7. एक छात्र दूसरे छात्रों से प्राय: अलग रहता है।	7. छात्रों का निकटतम सम्पर्क होता है।
8. यह डिग्री तथा प्रमाण-पत्र के लिए होती भी है और नहीं भी।	8. डिग्री तथा प्रमाण-पत्र उत्तीर्ण होने पर अवश्य दिए जाते हैं।
9. अध्यापक को छात्रों की कठिनाइयों का तुरन्त पता नहीं चलता।	9. छात्रों की कठिनाइयों का तुरन्त पता चल जाता है; प्रतिपुष्टि (Feed Back) उसी समय मिल जाता है।
10. यह जन शिक्षा (Mass Education) पद्धति है।	10. यह कक्षा पद्धति है।
11. यह उन स्थानों पर भी उपलब्ध है जहाँ कोई स्कूल अथवा कॉलेज नहीं होते।	11. केवल शैक्षिक संस्थाओं में ही उपलब्ध है।
12. यह उनको भी उपलब्ध है जो बीमारी या अन्य कारण से शैक्षिक संस्थाओं में नहीं जा सकते हैं।	12. यह केवल उन्हीं को उपलब्ध है जो शैक्षिक संस्था में जा सकते हैं।

दूरस्थ शिक्षा प्रदान करने के माध्यम (Media of Imparting Distance Education) – 1. अध्ययन सामग्री (Study Material)। 2. दत्तकार्य के लिए उत्तर-पुस्तिकाएँ (Response Sheets)। 3. व्यक्तिक सम्पर्क कार्यक्रम (Personal Contact Programme)। 4. दूरदर्शी। 5. उपग्रह शिक्षण-दर्शन का प्रयोग (Satellite Instructional Television Experiment)। 6. भारत का राष्ट्रीय उपग्रह (इन्सेट I-B) (Indian National Satellite—INSET I-B)।

28.4 दूरस्थ शिक्षा की विवेचना
(Evaluation of Distance Education)

दूरस्थ शिक्षा के गुण अथवा लाभ – 1. व्यक्तिगत अध्ययन पर बल दिया जाता है।

2. समान शिक्षा अवसरों को प्रदान कराने की क्षमता दूरी-शिक्षा में है। समाज के गरीब और सुदूर तथा निर्जन प्रदेशों में रहने वाले लोगों के दरवाजे तक शिक्षा पहुँच जाती है।

3. यह शिक्षा उन लोगों के अनुकूल है जो स्वयं काम करते हैं या नौकरी में हैं और जो औपचारिक शिक्षा से वंचित रह गए हों।

4. इस शिक्षा में समृद्धि शिक्षा (Enrichment Education) का प्रबन्ध सुगमता से हो जाता है।

5. छात्र अपनी गति से पाठ्यक्रम पूरा कर सकते हैं, क्योंकि इसमें अवधि का कोई बन्धन नहीं होता है।

6. यह छात्र-केन्द्रित शिक्षा है; इसलिए इसमें सीखने वाले पर अधिक जिम्मेदारी है।

7. यह प्रणाली सीखने वाले को अपने विषय के चुनाव, उसे पूरा करने का समय आदि के बारे में पूर्ण स्वतन्त्रता देती है।

8. इस शिक्षा प्रणाली में सभी स्तरों और विविध प्रकार के लोगों को शिक्षित करने की क्षमता है।

9. यह प्रणाली परम्परागत विश्वविद्यालयों व महाविद्यालयों के सीमित प्रवेश के दबाव को कम करती है।

दूर-शिक्षा की सीमाएँ – 1. समय गुजरने पर दूर-शिक्षा के कोर्स दृढ़ (Stereo typed) हो जाते हैं। उनमें लचक नही रहती।

2. प्रयोगात्मक कार्य के लिए बहुत कम गुंजाइश है।

3. अध्ययन केन्द्रों पर पाठ्य सामग्री की बहुत कमी रहती है।

4. पढ़ाने वालों के पास इस प्रकार के साधन नहीं होता जिससे वे जान सकें कि छात्रों को उचित प्रकार की सामग्री दी जा रही है या नहीं।

5. छात्रों के उत्तरों से उनके विकास के स्तर का पूरा पता नहीं चलता।

6. पाठ्य सामग्री की उपादेयता के बारे में प्राय: छात्रों की राय नहीं ली जाती।

7. पाठ्यक्रम सामग्री कई बार समय पर नहीं भेजी जाती।

8. सम्पर्क प्रोग्रामों में छात्रों की समस्याओं का दूर करने के बहुत कम प्रयास किए जाते हैं।

9. दूर-शिक्षा प्राय: पत्राचार शिक्षा ही रह गई है। नवीन साधनों का बहुत कम उपयोग किया जाता है।

28.5 दूरस्थ शिक्षा का इतिहास
(History of Distance Education)

भारत में दूर शिक्षा का इतिहास बहुत पुराना है। महाभारत युद्ध में कुरुक्षेत्र में हो रहे युद्ध की जानकारी दूर बैठे हस्तिनापुर में महाराज धृतराष्ट्र को संजय द्वारा दी गई।

पं. नेहरू द्वारा लिखे गए 'पत्र पिता के, पुत्री के नाम' भी दूर शिक्षा का उदाहरण है।

विदेश में प्लेटो द्वारा लिखे गए पत्र भी दूर शिक्षा के अन्तर्गत आ जाते हैं।

पत्राचार शिक्षा की आधुनिक प्रणाली का विकास 1856 में जर्मनी में हुआ जबकि भाषा सिखाने के लिए बर्लिन में पत्राचार माध्यम अपनाया गया। इंग्लैंड में 1894 में, अमरीका में 1891 में यह पद्धति चालू हुई। धीरे-धीरे इस पद्धति का विकास होता गया।

मुक्त विद्यालय का इतिहास – विश्व में सबसे पहला खुला विश्वविद्यालय ब्रिटेन में (1971) में स्थापित हुआ, उसके पश्चात् स्पेन (1973), पश्चिमी जर्मनी (1975),

पाकिस्तान (1975), कनाडा (1975), वेनेजुएला (Venezuela) 1977, कोस्टा रिका (1978), ईरान (1978), थाईलैण्ड (1980), भारत (1982) आदि देशों में खुले विश्वविद्यालय शिक्षा के क्षेत्र में बहुत तेजी से प्रसार कार्य कर रहे हैं। इस समय संसार में ऐसे विश्वविद्यालयों की संख्या 40 है।

मुक्त विश्वविद्यालय तथा पत्राचार शिक्षा में अन्तर – मुक्त विश्वविद्यालय 'पत्राचार विश्वविद्यालय' से कई प्रकार से भिन्न है। यह भिन्नता प्रधानत: इनकी शिक्षण-विधियों के कारण है। जिस प्रकार तथा मात्रा में श्रव्य-दृश्य सहायक सामग्री, श्रव्य उपकरण रेडियो, टेपरिकॉर्डर तथा टेलीविजन का प्रयोग मुक्त विश्वविद्यालय में किया जाता है। उतना पत्राचार विश्वविद्यालय में नहीं होता। फिर भी यह तो मानना होगा कि 'पत्राचार विश्वविद्यालय' तथा 'मुक्त विश्वविद्यालय' में काफी समानता है।

मुक्त अथवा खुले विश्वविद्यालय की विशेषताएँ – 1. आयु की कोई सीमा नहीं है। 2. देश के किसी भी क्षेत्र का निवासी प्रवेश ले सकता है। 3. कोर्स पूरा करने में लचीलापन है। समय की बाध्यता नहीं है। 4. कोई विश्वविद्यालय परिसर (Complex) नहीं है। 5. औपचारिक शिक्षा की किसी भी डिग्री के बिना प्रवेश मिल सकता है। 6. घर पर शिक्षा प्राप्त की जा सकती है। 7. आधुनिक संचार साधनों का प्रयोग किया जाता है। 8. देश के अनेक भागों में अध्ययन केन्द्र खोले गए हैं। 9. समुदाय के लिए अनेक नवाचार तथा सतत अथवा अनुवर्ती कोर्स खोलने का प्रावधान है।

खुले विश्वविद्यालय की आवश्यकता के बारे में नई शिक्षा नीति 1986 में इस प्रकार कहा गया है: "खुला विश्वविद्यालय पद्धति उच्च शिक्षा के लिए अवसरों में वृद्धि प्रदान करती है, उच्च शिक्षा में पहुँच सुनिश्चित करती है। लागत को कम करने वाली है तथा एक नमनीय एवं अभिनव प्रणाली की शिक्षा पद्धति को प्रोत्साहित करती है। संचार माध्यमों से इस प्रणाली की गुणात्मकता बढ़ेगी।"

भारत में दूरस्थ शिक्षा की आवश्यकता – सामाजिक विकास एवं परिवर्तन के लिए शिक्षा एक शक्तिशाली संयंत्र है। परम्परागत शिक्षण व्यवस्था का विश्लेषण करने पर ज्ञात होता है कि वह व्यवस्था आधुनिक विकास में पर्याप्त प्रभावी नहीं रही है। वैज्ञानिक उपलब्धियों ने सामाजिक क्रान्ति उत्पन्न करके अनेक जटिलताओं को उत्पन्न किया है। शिक्षा की औपचारिक तथा सीमित व्यवस्था, बढ़ती जनसंख्या, विस्तृत क्षेत्र तथा अप्राप्य सुविधाओं के कारण स्वतन्त्रता के कई दशकों के पश्चात् भी भारत निर्धारित लक्ष्यों को प्राप्त करने में असमर्थ रहा है। केवल 65 प्रतिशत लोग ही साक्षर हो पाए हैं।

हमारे देश में दूर-शिक्षा की आवश्यकता अधिक है, क्योंकि विकासशील देश होने के कारण इच्छा व रुचि रखने वाले सभी विद्यार्थियों को नियमित शिक्षण संस्थाओं में शिक्षा प्राप्त करना सम्भव नहीं हो पा रहा है। अनेक युवक-युवतियाँ पारिवारिक, आर्थिक और अधिक दूरी आदि की मजबूरी के कारण पूर्णकालिक शिक्षा प्राप्त करने में सक्षम नहीं हैं।

संक्षेप में भारत में दूर-शिक्षा की निम्न कारणों से आवश्यकता है–

1. बढ़ती हुई जनसंख्या को शिक्षित करने हेतु।
2. सुदूर ग्रामीण तथा पहाड़ी क्षेत्रों में रहने वाले व्यक्तियों के लिए।

3. नौकरी या व्यवसाय में लगे लोगों की शिक्षा हेतु।
4. शैक्षिक रूप से असमान वर्गों की शिक्षा हेतु।
5. 'सबके लिए शिक्षा' जनतन्त्र की इस माँग को पूरा करने हेतु।
6. औपचारिक शिक्षा की सीमित क्षमताओं को देखते हुए पूरक शिक्षा प्रणाली के रूप में।

भारत में दूर-शिक्षा का इतिहास तथा प्रसार – भारत में सब से पहले दिल्ली विश्वविद्यालय ने बी.ए. (आर्टस) में पत्राचार प्रणाली 1962 में आरम्भ की। इसके पश्चात् पंजाबी विश्वविद्यालय (1968), मेरठ (1969), तथा अन्य विश्वविद्यालयों में अनेक विषयों तथा डिग्रियों के लिए पत्राचार कोर्स आरम्भ किए गए। पहला खुला विद्यालय 1982 में आन्ध्र प्रदेश में खोला गया और दूसरा 1987 में नई दिल्ली में (इन्दिरा गाँधी राष्ट्रीय खुला विश्वविद्यालय (Indira Gandhi National Open University—IGNOU)) इस समय लगभग 13 लाख छात्र दूरस्थ शिक्षा के माध्यम से उच्च शिक्षा प्राप्त कर रहे हैं।

मुक्त स्कूली शिक्षा का राष्ट्रीय संस्थान (National Institute of Open Schooling) – 1989 में राष्ट्रीय मुक्त विद्यालय (National Open School) खोला गया। यह केन्द्रीय सरकार (शिक्षा विभाग, मानव संसाधन विकास मंत्रालय) की स्वायत्त शैक्षिक संस्था है। इसका मुख्य उद्देश्य शिक्षा के माध्यम से समाज के वंचित वर्गों को शिक्षा के अवसर प्रदान करना है। मुक्त विद्यालय द्वारा दिये गये प्रमाण-पत्रों को उच्च शिक्षा में प्रवेश करने के लिए मान्यता मिली हुई है। इस विद्यालय में अध्ययन तथा परीक्षा का ढंग लचीला है। इसने अनेक अध्ययन केन्द्र खोले हुए हैं जो छात्रों को सहायता सेवा उपलब्ध कराते हैं। इस मुक्त विद्यालय में प्रतिवर्ष दो लाख नामांकन होते हैं। देश और विदेश में 10 क्षेत्रीय केन्द्र तथा लगभग 1,700 अध्ययन केन्द्र हैं। आदिवासी भारतीय तथा विदेशी छात्रों के लिए शिक्षा को सहज बनाने के लिए राष्ट्रीय मुक्त विद्यालय के मान्यता केन्द्र प्राप्त दुबई, आबूधावी, कुवैत, नेपाल तथा कनाडा में हैं। अब मुक्त विद्यालय का नाम बदलकर 'National Institute of Open Schooling' कर दिया गया है।

इन्दिरा गाँधी राष्ट्रीय खुला विश्वविद्यालय: मुक्त शिक्षा के प्रसार के लिए सितम्बर 1985 (इन्दिरा गाँधी खुला विश्वविद्यालय दिल्ली) में स्थापित किया गया। इस विश्वविद्यालय को देश में दूरस्थ शिक्षा के समन्वय तथा इसके स्तर निर्माण का उत्तरदायित्व सौंपा गया है। इस विश्वविद्यालय के निम्नलिखित कार्य हैं:

1. देश की जनसंख्या के एक बड़े भाग को, विशेषकर सुविधाहीन वर्ग, को उच्च शिक्षा के अवसर सुलभ कराना।
2. विशिष्ट वर्गों जैसे महिलाओं, पिछड़े क्षेत्रों जैसे पर्वतीय क्षेत्रों आदि में रहने वाले लोगों के लिए उच्च शिक्षा के विशेष कार्यक्रम आरम्भ करना।
3. जानकारी तथा कुशलता बढ़ाने के लिए सतत् शिक्षा के कार्यक्रम आयोजित करना।

इन्दिरा गाँधी मुक्त महाविद्यालय ने 1987 में कार्य आरम्भ किया। आज तक इसने 82 कार्यक्रम चलाए हैं जिनके अन्तर्गत 800 कोर्स हैं। पी.एच.डी. कोर्स का भी प्रावधान है। लगभग 1,120 अध्ययन केन्द्र हैं जिनमें स्त्रियों, अनुसूचित जातियों तथा जनजातियों के लिए हैं।

इस समय देश में 11 मुक्त विश्वविद्यालय हैं।

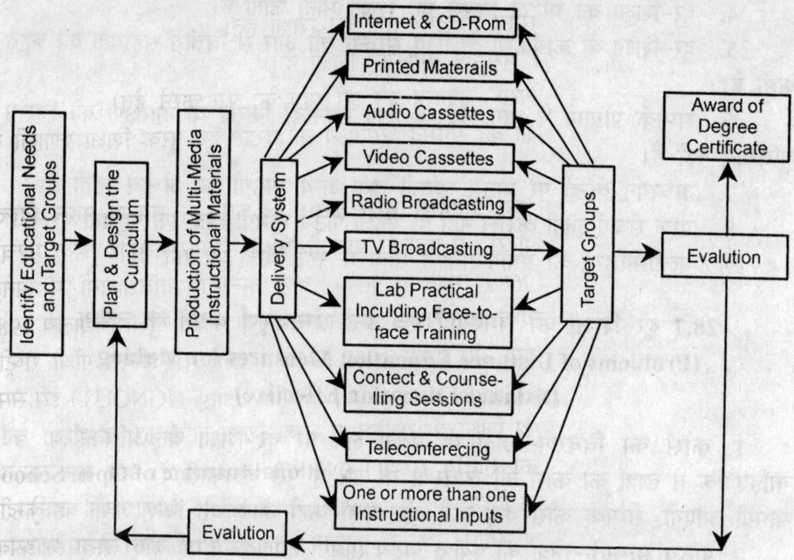

The degree and diplomas of this University are recognised and have the same status as those of any other Central or State University in the Country

(IGNOU, Public Information Unit)

दूरस्थ शिक्षा परिषद (Distance Shiksha Parishad) – 1992 में गठित दूरस्थ शिक्षा परिषद के निम्नलिखित कार्य हैं:

1. राज्य मुक्त विश्वविद्यालयों के लिए मार्ग निर्देश तैय्यार करना।
2. सेवारत व्यक्तियों की सतत शिक्षा की पूर्ति हेतु कार्यक्रम तैय्यार करना।
3. स्वरोजगार से सम्बन्धित क्षेत्रों में शिक्षण के कार्यक्रमों की व्यवस्था करना।
4. राज्य मुक्त विश्वविद्यालयों तथा दूरस्थ शिक्षा संस्थाओं का एक ऐसा नेटवर्क तैय्यार करना जिससे इस क्षेत्र में कार्यरत संस्थाएँ एक दूसरे के साथ संबंध स्थापित करके लाभान्वित हो सकें।

दूरस्थ शिक्षा परिषद् के लाभ – दूरस्थ शिक्षा परिषद् में निम्न प्रकार से प्रतिनिधित्व है–

1. इन्दिरा गाँधी राष्ट्रीय मुक्त विद्यालय–इग्नू (प्लछव्न्) के प्रतिनिधि। 2. भारत सरकार के शिक्षा विभाग के प्रतिनिधि। 3. विश्वविद्यालय अनुदान आयोग के प्रतिनिधि। 4. राज्य मुक्त विश्वविद्यालयों के प्रतिनिधि। 5. परम्परागत विश्वविद्यालयों में पत्राचार संस्थाओं के प्रतिनिधि। 6. प्रख्यात शिक्षाविद्।

28.6 भारत में दूर–शिक्षा की सीमाएँ तथा समस्याएँ (Problems of Distance Education)

1. भारत में संचार के साधन सुगम नहीं हैं।
2. दूरदर्शन द्वारा बहुत ही कम समय शैक्षिक कार्यों के लिए दिया जाता है।
3. दूरदर्शन की शैक्षिक सेवाओं का निर्धन पूरा लाभ नहीं उठा पाते।

4. दूर-शिक्षा को घटिया किस्म की शिक्षा माना जाता है।

5. दूर-शिक्षा के कार्यक्रमों के लिए सरकार की ओर से वित्तीय सहायता की बहुत कमी है।

6. सम्पर्क प्रोग्रामों में भाग लेने के लिए रेलगाड़ी किराए या आरक्षण की विशेष सुविधाएँ नहीं हैं।

7. अध्ययन केन्द्रों पर पाठ्य सामग्री तथा अन्य सामग्री का अभाव रहता है।

8. डाक सेवाएँ इतनी कुशल नहीं हैं। बहुधा पाठ्य सामग्री छात्र तक पहुँचती ही नहीं।

9. मल्टीमीडिया का प्रयोग पर्याप्त मात्रा में नहीं किया जा रहा है।

28.7 दूर-शिक्षा की समस्याएँ एवं इन्हें प्रभावपूर्ण बनाने के उपाय (Problems of Distance Education Measures for Making Distance Education Effective)

1. **कोर्स का विवरण**—छात्रों के प्रवेश लेने पर दूर-शिक्षा के अधिकारियों को चाहिए कि वे छात्रों को कोर्स की व्यवस्था के बारे में पूरी जानकारी दें। कब-कब पाठ्य सामग्री आएगी, सम्पर्क कोर्स कब-कब और कहाँ-कहाँ आयोजित किए जाएँगे आदि।

2. **पाठ्य सामग्री**—छात्रों को पर्याप्त पाठ्य सामग्री उपलब्ध कराई जाए। पाठ्य सामग्री के साथ-साथ सुगमतापूर्वक उपलब्ध होने वाली संदर्भ पुस्तकों आदि की सूची भी भेजी जाए। जहाँ तक सम्भव हो पत्राचार पाठ स्वयं में पूर्ण हों ताकि दूर-शिक्षा पाने वाले छात्रों को इधर-उधर न भटकना पड़े।

3. **पत्रचार पाठ आदि की छपाई**—छपाई स्पष्ट हो। छपाई के अक्षर इस प्रकार के हों कि उन्हें पढ़ने से आँखों पर कोई विशेष प्रभाव न पड़े। छपाई में गलतियाँ न हों।

4. **लेखकों का चयन**—पत्राचार पाठ तथा पूरक सामग्री लिखने से पूर्व लेखकों की बैठकें अथवा सेमिनार बुलाए जाएँ तथा लेखकों को पाठ्य सामग्री लेखन सम्बन्धी स्पष्ट निर्देश दिए जाएँ और बताया जाए कि पाठ्य पुस्तकों की सामग्री दूर-शिक्षा की सामग्री में अन्तर है।

5. **अध्ययन केन्द्र**—अध्ययन केन्द्रों का चुनाव सावधानीपूर्वक किया जाए। अध्ययन केन्द्र तक रेल तथा मोटर से आसानी से पहुँचा जा सके। कोर्स के निदेशक जहाँ तक सम्भव हो, कॉलेज के प्रिंसिपल अथवा वरिष्ठ अध्यापक हों। अध्ययन केन्द्र में बहु-माध्यम (Multi-media) के प्रयोग की व्यवस्था हो। छात्रों के ठहरने के प्रबन्ध की आवश्यकता को ध्यान में रखा जाए।

6. **सम्पर्क कार्यक्रम**—इस कार्य का नियोजन इस ढंग से किया जाए ताकि छात्रों को अपनी कठिनाइयों के हल ढूँढने में सुविधा हो। उन्हें एक-दूसरे से मिलने को पर्याप्त अवसर दिए जाएँ।

7. **मार्गदर्शन तथा परामर्श**—इन सम्पर्क कार्यक्रमों में छात्रों के उचित मार्गदर्शन तथा परामर्श के लिए विशिष्ट अनुभव प्राप्त व्यक्तियों को आमंत्रित किया जाए।

8. **उत्तर पुस्तिकाओं की जाँच**—उत्तर पुस्तकों पर ट्यूटर द्वारा टिप्पणियाँ इस प्रकार दी जाएँ जिससे छात्रों को वास्तविक लाभ हो। इस प्रकार की टिप्पणियाँ हों; तर्क ठीक है,

उत्तर देते समय उक्त बातों की चर्चा, आदि। टिप्पणियाँ ऐसी नहीं होनी चाहिए; इधर-उधर की बातें कही गई हैं, कुछ समझ में नहीं आता, प्रश्न को बिल्कुल नहीं समझा, आदि। उत्तर पुस्तिकाएँ शीघ्र लौटा देनी चाहिएँ।

9. **पाठ्य सामग्री भेजने की व्यवस्था**–डाक अथवा रेल अधिकारियों से उचित सम्पर्क स्थापित किए जाएँ ताकि छात्रों को समय पर पाठ्य सामग्री मिल सके।

10. **शैक्षिक तकनीकी का उपयोग**–इस बात पर ध्यान दिया जाए कि दूर-शिक्षा केवल पत्राचार शिक्षा प्रणाली ही न बन जाए। यथासम्भव दृश्य-श्रव्य साधनों का पूरा-पूरा इस्तेमाल किया जाए।

11. **परीक्षा परिणाम**–प्राय: यह देखा गया है कि परीक्षा परिणाम समय-समय पर नहीं घोषित किए जाते और छात्रों को घोषित परिणाम जानने के लिए बहुत कठिनाइयाँ आती हैं। उन्हें प्रमाण-पत्र भी देर से मिलते हैं। इन सभी बातों के उचित समाधन निकाले जानें चाहियें।

29

अध्यापक शिक्षा

(Teacher Education)

29.1 अध्यापक शिक्षा का अर्थ (Meaning of Teacher Education)

मुनरो शिक्षा शब्दकोष (Munro's Encyclopaedia of Education) के अनुसार, "अध्यापक शिक्षा में वे सभी शिक्षात्मक अनुभव सम्मिलित हैं जो किसी भी व्यक्ति को स्कूल में शिक्षण के लिए तैयार कराते हैं। परन्तु आमतौर पर इसका अर्थ उन कोर्सों तथा अनुभवों से लिया जाता है जिनका एक शिक्षा संस्था द्वारा इच्छुक व्यक्तियों को शिक्षण व्यवसाय में तैयार करने के लिए प्रावधान किया जाता है। ये कोर्स उनकी शिक्षण योग्यता को समृद्ध करते हैं। इस प्रकार की अध्यापक शिक्षा की व्यवस्था अध्यापक कॉलेजों, नॉर्मल स्कूलों तथा विश्वविद्यालयों में की जाती है।"

गुड के शिक्षा शब्दकोष (Good's Dictionary of Education) के अनुसार "अध्यापक शिक्षा में वे सभी औपचारिक क्रियाएँ तथा अनुभव सम्मिलित हैं जो किसी भी व्यक्ति को शिक्षण-व्यवसाय के सदस्य का दायित्व सँभालने की योग्यता प्रदान करते हैं।"

ऊपर लिखित विचारों से स्पष्ट होता है कि:

1. अध्यापक शिक्षा किसी शैक्षिक संस्था में दी जाती है।
2. अध्यापक शिक्षा में अनौपचारिक एवं अनौपचारिक अनुभव तथा क्रियाएँ सम्मिलित हैं।
3. अध्यापक शिक्षा व्यक्ति को शिक्षण व्यवसाय के सदस्य का दायित्व सँभालने की योग्यता प्रदान करती है।
4. कई वर्षों से अध्यापक शिक्षा न कि अध्यापक प्रशिक्षण शब्दों का प्रयोग किया जाता है। इसी कारण अध्यापक ट्रेनिंग कॉलेज न कह कर अध्यापक शिक्षा कॉलेज कहा जाता है।
5. अध्यापक शिक्षा का क्षेत्र व्यापक है। इसमें दोनों प्रकार की शिक्षा अर्थात् पूर्व सेवाकालीन तथा सेवाकालीन आ जाती हैं।

राष्ट्रीय शिक्षा नीति 1986 ने अध्यापक शिक्षा के बारे में इस प्रकार लिखा, "शिक्षक की शिक्षा एक सतत प्रक्रिया है और इसके सेवापूर्व और सेवाकालीन अंशों को अलग नहीं किया जा सकता।"

अध्यापक शिक्षा का महत्त्व तथा उद्देश्य (Significance and Aims of Teacher Education) – शिक्षा का स्तर अध्यापकों के गुणों पर निर्भर करता है और अध्यापकों के गुण उनके प्रशिक्षण अथवा उनकी शिक्षा पर निर्भर करते हैं। इसमें कोई सन्देह नहीं कि प्रशिक्षित अध्यापक शिक्षा स्तर को बढ़ाने में महत्त्वपूर्ण योगदान देते हैं। शिक्षा आयोग 1964-66 ने अध्यापक शिक्षा (प्रशिक्षण) का महत्त्व इस प्रकार बताया, "शिक्षा के गुणात्मक सुधार के लिए यह अनिवार्य है कि अध्यापकों के लिए वृत्तिक (व्यावसायिक) शिक्षा का एक समुचित कार्यक्रम हो। अध्यापकों के प्रशिक्षण पर किए गए व्यय का प्रतिफल सचमुच काफी मूल्यवान होगा क्योंकि उसके परिणामस्वरूप लाखों छात्रों की शिक्षा में जितना सुधार होगा, उसकी तुलना में आर्थिक व्यय की मात्रा बहुत कम होगी।"

अच्छे अध्यापक पैदा कम होते हैं, अधिकतर बनाये जाते हैं। अध्यापक को प्रशिक्षित करना उतना ही आवश्यक है जितना कि किसी को डॉक्टर आदि बनाने का प्रशिक्षण देना।

अध्यापक शिक्षा के महत्त्व पर प्रकाश डालते हुए राष्ट्रीय शिक्षक आयोग (स्कूल अध्यापक, 1983-85) ने लिखा, "किसी भी प्रशिक्षण कार्यक्रम की मूलभूत आवश्यकता यह है कि वह प्रशिक्षणार्थी के मूलभूत कौशलों को सीखने और अच्छे शिक्षक की योग्यता प्राप्त करने में सहायक हो, जैसे विभिन्न योग्यता वाले छात्रों की कक्षा को सँभालने, विचारों को स्पष्ट और तर्कसंगत ढंग से प्रस्तुत करने, शिक्षण को प्रभावी बनाने के लिए उपलब्ध टेक्नालॉजी का प्रयोग करने, शिक्षाप्रद अनुभव को कक्षा से बाहर आयोजित करने, समुदाय के साथ मिलकर काम करने और छात्रों को भी ऐसा करने में सहायता देने की क्षमताएँ।"

किसी भी शिक्षा प्रणाली में अध्यापक का महत्त्वपूर्ण स्थान है। अध्यापकों के उचित प्रशिक्षण तथा शिक्षा के बिना वे बच्चे के उचित निर्माता नहीं बन सकते और न ही वे अपने शिक्षण व्यवसाय में पर्याप्त सफलता प्राप्त कर सकते हैं। इसमें कोई सन्देह नहीं कि स्कूल भवन, शिक्षण सामग्री, पाठ्यपुस्तकें, शिक्षण विधियाँ आदि शिक्षा की प्रगति के लिए आवश्यक हैं, परन्तु अच्छे प्रशिक्षित अध्यापकों के बिना ये सब निरर्थक एवं निर्जीव हैं।

अध्यापक शिक्षा के निम्नलिखित उद्देश्य हैं–

1. **आत्मविश्वास निर्माण के लिए**–प्रशिक्षण से अध्यापकों में आत्मविश्वास पैदा होता है। इससे अध्यापक अपने अध्यापन के आरम्भिक काल में उत्पन्न चिन्ताओं से मुक्त होने की क्षमता का निर्माण करते हैं।

2. **अध्यापन विधियों की जानकारी**–प्रभावी तथा सृजनात्मक विद्या प्राप्त करके अध्यापक अपने अध्यापक को रोचक तथा प्रभावी बना सकते हैं।

3. **बच्चों को भली प्रकार समझाना**–शिक्षा मनोविज्ञान का ज्ञान अध्यापकों को इस योग्य बना देता है कि वे बच्चों की रुचियों तथा स्वभावों को भली प्रकार जानकर उनका ठीक प्रकार मार्गदर्शन कर सकें।

4. **विषय को रोचक तथा सरल बनाना**–अध्यापक अपने शिक्षण से विषय को रोचक तथा सरल बनाकर छात्रों का ध्यान विषय की ओर आकर्षित कर सकते हैं। वह छात्रों की शंकाओं का उन्मूलन करने में सहायक होते हैं।

5. **शिक्षा क्षेत्र की नवीन पद्धतियों से जानकारी**–विज्ञान तथा शैक्षिक मनोविज्ञान ने बहुत प्रगति की है जिसके परिणामस्वरूप बदलती हुई परिस्थिति से अध्यापन को प्रभावपूर्ण बनाने के लिए उनसे परिचित होना बहुत आवश्यक है।

6. **शिक्षा का स्तर**–इसमें कोई सन्देह नहीं कि प्रशिक्षित अध्यापक शिक्षा स्तर को बढ़ाने में योगदान देते हैं।

7. **शिक्षा के क्षेत्र में नई चुनौतियों का मुकाबला करना**–राष्ट्रीय शिक्षक आयोग 1983–85 ने इसे इस प्रकार स्पष्ट किया है, "आने वाले शिक्षकों को इन सामान्य अपेक्षाओं के अलावा नए शिक्षक की जो तस्वीर हमारे मन में है उसके अनुसार उसको पहले राष्ट्रीय लक्ष्यों को शैक्षिक कार्यकलापों में ढालना होगा। उसे अपने छात्रों को राष्ट्रीय अखण्डता और एकता की भावना और उसका महत्त्व, वैज्ञानिक दृष्टिकोण की आवश्यकता, कार्य और व्यवहार के स्तर में उत्कृष्टता के प्रति निष्ठा और समाज में दिलचस्पी लेना सिखाना होगा। वह तब तक ऐसा नहीं कर सकता जब तक वह स्वयं इन मूल्यों के प्रति प्रतिबद्ध न हो। विश्व स्तर पर उसे मानव दुविधा, जनसंख्या विस्फोट, पर्यावरण प्रदूषण, न्यूक्लियर विध्वंस के खतरे और विश्वशान्ति की समझ होनी चाहिए। अध्यापक प्रशिक्षण में सबसे अधिक महत्त्वपूर्ण यह है कि अध्यापक प्रशिक्षण से सम्बन्धित कौशलों में निपुणता प्राप्त करने के अतिरिक्त वे सही अभिवृत्तियों और मूल्यों को ग्रहण करे।"

अध्यापक शिक्षा अथवा प्रशिक्षण संस्थाओं के प्रकार (Types of Teacher Education)

1. **पूर्व प्राथमिक प्रशिक्षण संस्थाएँ तथा केन्द्र**–इन प्रशिक्षण संस्थाओं तथा केन्द्रों में माण्टेसरी, नर्सरी, किण्डरगार्डन, प्री-बेसिक, शिशु मन्दिर, बाल विहार आदि स्कूलों में पढ़ाने वाले शिक्षकों का प्रशिक्षण किया जाता है। प्राय: यह देखा गया है कि इनमें प्रशिक्षण पाने वाली अधिकांश महिलाएँ ही होती हैं। इन संस्थाओं में विभिन्न प्रकार के प्रशिक्षण पाठ्यक्रम चलाए जा रहे हैं। इनमें प्रवेश के न्यूनतम शिक्षा स्तर अलग-अलग हैं। इस क्षेत्र में राज्यों द्वारा मान्यता प्राप्त संस्थाओं की संख्या लगभग नहीं के बराबर है। इनकी मान्यता प्राय: राज्य शिक्षा संस्थान द्वारा दी जाती है। इनमें सरकारी तथा गैर–सरकारी सहायता प्राप्त संस्थाएँ हैं। हाल ही में निजी प्रयासों द्वारा अनेक मान्यता प्राप्त संस्थाएँ स्थापित की गई हैं जिनका मुख्य लक्ष्य केवल धन कमाना ही है।

2. **प्राथमिक अथवा प्रारम्भिक कक्षाओं के लिए अध्यापकों के लिए प्रशिक्षण**–प्राय: इस प्रशिक्षण में हाई अथवा हायर सेकेण्डरी पास दो–वर्षीय पाठ्यक्रम के लिए छात्र प्रविष्ट किए जाते हैं। पास होने के पश्चात् अध्यापकों को दिए जाने वाले प्रमाण–पत्र इन नामों से पुकारे जाते हैं–जूनियर बेसिक ट्रेनिंग सर्टीफिकेट, डिप्लोमा इन टीचिंग, जे.टी. आदि। यह प्रशिक्षण दो प्रकार का है–बुनियादी तथा गैर–बुनियादी।

3. **माध्यमिक प्रशिक्षण विद्यालय**–इन प्रशिक्षण विद्यालयों में केवल वे ही व्यक्ति प्रवेश पा सकते हैं जो हाई स्कूल या इण्टरमीडिएट पास हों। किसी राज्य में इस प्रशिक्षण की अवधि 1 वर्ष है और किसी में 2 वर्ष। प्रशिक्षण के पश्चात् सी.टी. (C.T.) आदि डिप्लोमा दिया जाता है। डिप्लोमा प्राप्त अध्यापकों को लोअर सेकेण्डरी स्कूलों में नियुक्त किया जाता है। धीरे–धीरे इस प्रकार की संस्थाओं की संख्या कम हो रही है।

4. **स्नातकों के लिए सेकेण्डरी प्रशिक्षण कॉलेज**–इनका प्रशिक्षण कॉलेजों में एक वर्ष का पाठ्यक्रम होता है। प्रवेश के लिए न्यूनतम शैक्षिक योग्यता स्नातक है।

अध्यापक शिक्षा अथवा प्रशिक्षण संस्थाओं के प्रकार
(Types of Teacher Education)

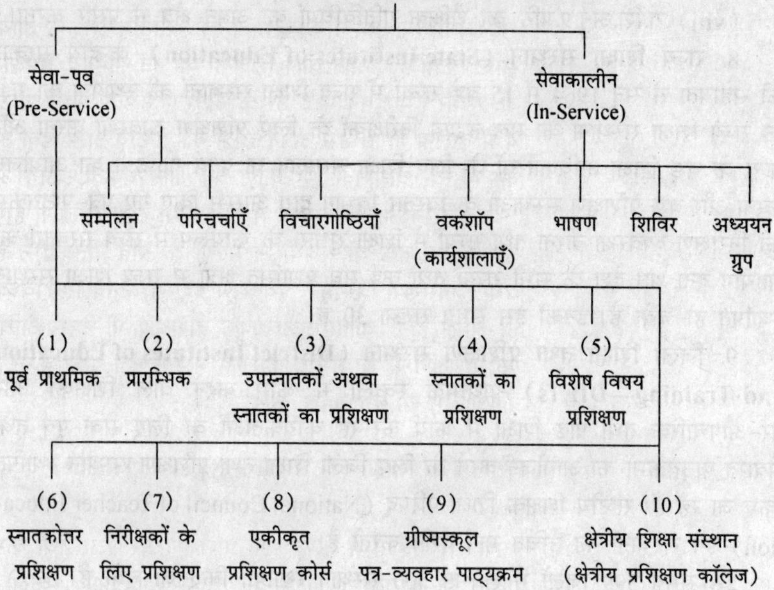

उत्तीर्ण होने वालों को विश्वविद्यालय द्वारा बी.एड. (B.Ed.) की डिग्री दी जाती है। विभिन्न राज्यों में पाठ्यक्रम एक जैसे नहीं हैं। अधिकतर प्रशिक्षण संस्थाओं में सुविधाओं का अभाव है। पहले एल.टी. (L.T.) तथा बी.टी. (B.T.) उपाधियाँ दी जाती हैं।

5. **विशेष विषय प्रशिक्षण संस्थाएँ**–हिन्दी, संस्कृत, अंग्रेजी, कला, संगीत, शारीरिक शिक्षा अध्यापकों के प्रशिक्षण के लिए विशेष संस्थाएँ खोली गई हैं।

6. **स्नातकोत्तर अध्यापकों के लिए अध्यापक शिक्षा तथा अनुसंधान संस्थाएँ**–लगभग सभी विश्वविद्यालयों में स्नातकोत्तर शिक्षा एवं अनुसंधान कार्य के लिए सुविधाएँ प्राप्त हैं।

7. **क्षेत्रीय शिक्षा संस्थान** (Regional Institutes of Education)–पहले इन्हें क्षेत्रीय प्रशिक्षण कॉलेज कहा जाता था। 1963 में एन.सी.ई.आर.टी. ने तीन कॉलेज स्थापित किए। अब ये पाँच कॉलेज हैं–भुवनेश्वर, अजमेर, मैसूर, भोपाल तथा शिलाँग। ये संस्थान परम्परागत पद्धति से हट कर अध्यापक शिक्षा के कोर्स चलाते हैं। इन संस्थाओं के निम्नलिखित कार्य हैं–

(i) अपने-अपने क्षेत्र में शिक्षा-स्तर में सुधार लाने के प्रयास करना।

(ii) माध्यमिक स्कूलों के सेवारत अध्यापकों के लिए अध्यापक शिक्षा की व्यवस्था करना।

(iii) तकनीकी विषय जैसे शिल्प, विज्ञान, गृह विज्ञान, वाणिज्य आदि के लिए अध्यापकों का प्रशिक्षण।

(iv) नए-नए प्रयोगों द्वारा उपयोगी शिक्षण सामग्री का निर्माण करना।

(v) अपने क्षेत्र में शिक्षा विभागों से सम्पर्क स्थापित करना और उनके अधिकारियों तथा शिक्षकों को नई विधियाँ और शिक्षण सामग्री के बारे में जानकारी प्रदान करना।

(vi) अनुसंधानों द्वारा नवीन शिक्षण विधियों की खोज करना।

(vii) विशेषज्ञों के लिए स्नातकोत्तर कोर्सों की व्यवस्था करना।

(viii) रा.शि.अनु.प्र.परि. की शैक्षिक गतिविधियों का अपने क्षेत्र में प्रसार करना।

8. **राज्य शिक्षा संस्थान (State Institutes of Education)**–केन्द्रीय सरकार की सहायता से सन् 1964 में 15 बड़े राज्यों में राज्य शिक्षा संस्थानों की स्थापना की गई। इन राज्य शिक्षा संस्थानों का मूल उद्देश्य निरीक्षकों के लिए प्रशिक्षण व्यवस्था करना और राज्य के बड़े शिक्षा अधिकारियों के लिए शिक्षा सम्मेलन या कार्य गोष्ठियों का आयोजन करना और बड़े प्रशिक्षण संस्थाओं के विस्तार विभाग द्वारा आरम्भ किए गए पत्र-पाठ्यक्रम की निरीक्षण व्यवस्था करना तथा राज्यों में शिक्षा सुधारों के कार्यरूप में राज्य सरकारों को सहयोग देना था। देश के सभी राज्यों तथा कई संघ प्रशासित क्षेत्रों में राज्य शिक्षा संस्थान स्थापित हो चुके हैं। इनकी इस समय संख्या 30 है।

9. **जिला शिक्षा तथा प्रशिक्षण संस्थान (District Institutes of Education and Training—DIETs)**–प्राथमिक स्कूलों में काम करने वाले शिक्षकों और गैर-औपचारिक तथा प्रौढ़ शिक्षा में कार्य कर रहे कार्यकर्ताओं के लिए सेवा-पूर्व तथा सेवारत पाठ्यक्रमों का आयोजन करने के लिए जिला शिक्षा तथा प्रशिक्षण संस्थान स्थापित किए जा रहे हैं। राष्ट्रीय शिक्षक शिक्षा परिषद् (National Council of Teacher Education) इन संस्थानों का उचित मार्ग दर्शन करती है।

इस समय 599 जिलों में लगभग 500 संस्थान स्थापित किए जा चुके हैं।

10. **अध्यापक शिक्षा का पत्राचार कोर्स संस्थान (Institutes for Teacher Education—Correspondence Courses)**–अप्रशिक्षित अध्यापकों को प्रशिक्षण देने के लिए पत्राचार पाठ्यक्रम बहुत उपयुक्त है। इस योजना के अधीन अध्यापकों को अधिक समय के लिए स्कूल से बाहर नहीं रहना पड़ता।

11. **राष्ट्रीय शैक्षिक अनुसंधान और प्रशिक्षण परिषद (रा. शै. अनु. प्र. परि.)**– रा. शै. अनु. प्र. परिषद् का शिक्षक विभाग अध्यापक शिक्षा के क्षेत्र में अनुसंधान शिक्षण सामग्री तैयार करने तथा प्रशिक्षण विस्तार सेवाओं के कार्य करता है।

29.2 जिला शिक्षा एवं प्रशिक्षण संस्थान (District Institutes of Education and Training)

भूमिका–जिला शिक्षा प्रशिक्षण संस्थान–जि.शि.प्र.सं. की अवधारणा शिक्षा नीति 1986 की उपज है। शिक्षा नीति में प्राथमिक स्तर पर अध्याप शिक्षा को सुदृढ़ करने के लिए इस अभिकरण की संस्तुति की गयी। इस संदर्भ में क्रियान्वयन कार्यक्रम (Programme of Activity) में कहा गया कि प्रत्येक जिले में एक DIET की स्थापना की जाएगी।

वर्ष 2004 तक 599 जिलों में से 498 जिलों में ये संस्थान स्थापित किये गये थे।

जिला शिक्षा एवं प्रशिक्षण संस्थान के मुख्य कार्य (Main Functions of DIETs) – प्राथमिक स्तर पर सेवाकालीन तथा सेवापूर्व अध्यापक शिक्षा कार्यक्रमों को व्यवस्थित करना।

राज्यवार डाइटों की संख्या (Statewise Number of DIETs)

क्र. सं.	*राज्य*	*संख्या*	*क्र. सं.*	*राज्य*	*संख्या*
1.	आन्ध्र प्रदेश	23	19.	नागालैण्ड	06
2.	अरुणाचल प्रदेश	11	20.	उड़ीसा	17
3.	असम	19	21.	पंजाब	17
4.	बिहार	24	22.	राजस्थान	30
5.	छत्तीसगढ़	07	23.	सिक्किम	03
6.	गोवा	01	24.	तमिलनाडु	29
7.	गुजरात	07	25.	त्रिपुरा	04
8.	हरियाणा	17	26.	उत्तर प्रदेश	70
9.	हिमाचल प्रदेश	12	27.	उत्तरांचल	10
10.	जम्मू तथा कश्मीर	04	28.	पश्चिम बंगाल	16
11.	झारखण्ड	10	29.	अण्डमान व निकोबार	01
12.	कर्नाटक	20	30.	चण्डीगढ़	–
13.	केरल	14	31.	दादरा और नागर हवेली	–
14.	मध्य प्रदेश	38	32.	दमन और दीव	–
15.	महाराष्ट्र	30	33.	दिल्ली	07
16.	मणिपुर	08	34.	लक्षद्वीप	01
17.	मेघालय	07	35.	पाण्डिचेरी	1
18.	मिजोरम	08		कुल	**498**

29.3 राष्ट्रीय शिक्षक शिक्षा परिषद्
(National Council for Teacher Education—NCTE)

राष्ट्रीय शिक्षक शिक्षा परिषद् की स्थापना (Establishment of NCTE) – कोठारी शिक्षा आयोग की संस्तुतियों के पश्चात् 1973 में केन्द्रीय और राज्य सरकारों को अध्यापक शिक्षा के क्षेत्र में व्याप्त समस्याओं एवं विभिन्न कठिनाइयों के निराकरण हेतु आवश्यक सुझाव देने के लिए ही मूलत: इस परिषद् का गठन किया गया। सन् 1993 में 'National Council for Teacher Education Act' बनाया गया तथा इसका मुख्यालय दिल्ली में स्थापित किया गया। 1995 में इस परिषद् को वैधानिक दर्जा दिया गया और एन. सी.ई.आर.टी. के समान ही स्वायत्तशासी होने का अधिकार भी मिल गया। नई दिल्ली में आज इस परिषद् का अपना पृथक् कार्यालय है।

1993 से पूर्व राष्ट्रीय अध्यापक परिषद् के मुख्य कार्य (Main Functions of NCTE before 1993) – 1. अध्यापक शिक्षा से सम्बन्धित समस्त विषयों में भारत सरकार को सुझाव एवं परामर्श प्रदान करना और सेवापूर्व तथा सेवाकालीन अध्यापक शिक्षा पाठ्यक्रम का मूल्यांकन करना और सुधार हेतु योजना निर्माण करना।

2. राज्य सरकारों को भी आवश्यकतानुसार अध्यापक शिक्षा के क्षेत्र में किसी योजना के गठन में सहायता एवं सुझाव प्रदान करना।

3. पंचवर्षीय योजनाओं में जिन योजनाओं को अध्यापक शिक्षा के परिप्रेक्ष्य में तैयार किया गया हो, उनकी निरन्तर प्रगति की समीक्षा करना।

4. सरकार को इस बारे में निर्णय ग्रहण में सहयोग करना कि देश में अध्यापक शिक्षा के स्तर को किस प्रकार से अपेक्षित एवं अभीष्ट वर्गीय बनाया जाए।

5. परिषद् से किसी सम्बन्धित आयाम के सन्दर्भ में यदि सरकार के द्वारा राय माँगी जाती है तो उपयुक्त सुझाव एवं अभिमत प्रस्तुत करना।

1995 के अधिनियम के अनुसार कार्य – 1995 के एन.सी.टी.ई. अधिनियम के तहत इस परिषद् के कार्यक्षेत्र में विस्तारण हो पाया जिन्हें अग्रानुसार प्रस्तुत किया जा सकता है–

1. **मान्यता प्रदान करना**–अध्यापक शिक्षा के विभिन्न स्तरीय पाठ्यक्रमों के संचालन के लिए विश्वविद्यालय, महाविद्यालय या संस्थानों के शिक्षा विभागों को परिषद् द्वारा मान्यता प्राप्त करना आवश्यक माना गया और संसाधन एवं सुविधाओं की उचित जाँच करने के बाद जो कि सम्बन्धित विभाग में उपलब्ध हो, परिषद् का कार्य उन्हें मान्यता प्रदान करना है।

2. **प्रमाणीकरण करना**–अध्यापक शिक्षा हेतु निर्धारित मानकों को ध्यान में रखते हुए परिषद् का कार्य अध्यापक शिक्षा संस्थानों की निरीक्षण समितियों के माध्यम से जाँच करने के बाद उनका प्रमाणीकरण करना भी है। मान्यता में जहाँ उपाधि को वैध करार दिया जाता है वहीं पर प्रमाणीकरण में संस्थान को अध्यापक शिक्षा के किसी भी स्तरीय पाठ्यक्रम को संचालित करने के लिए योग्य माना जाता है जो कि शिक्षण-प्रशिक्षण सम्बन्धी आवश्यक साधन एवं सुविधाओं की पर्याप्तता पर निर्भर करता है।

3. **अधिकार-पत्र प्रदान करना**–इसके तहत परिषद् को उपयुक्त उपाधिधारी किसी व्यक्ति को शिक्षण कार्य को करने के लिए अधिकार-पत्र प्रदान करना आता है। पहले इसे दो वर्ष तक के लिए और पुनः बाद में 5 या 10 वर्ष की अवधि हेतु और अन्ततः आजीवन वैध अधिकार प्रदान किये जाने का प्रावधान किया गया है।

4. **अन्य कार्य**–इन प्रमुख कार्यों के अतिरिक्त जिन अन्य कार्यों को परिषद् के लिए निर्दिष्ट किया गया है उनमें से अध्यापक शिक्षा के क्षेत्र में विभिन्न वैषयिक सर्वेक्षण को कराना और प्राप्त परिणामों का प्रकाशन करना, अध्यापक शिक्षा कार्यक्रमों के लिए समन्वयन और नियमन (कोऑर्डीनेटिंग मॉनीटरिंग) करना, अध्यापक-शिक्षकों के लिए न्यूनतम योग्यता सम्बन्धी दिशा-निर्देश तैयार करना, किसी स्तर पर अध्यापक शिक्षा पाठ्यक्रम में सम्मिलित होने के लिए मानक (न्यूनतम शैक्षिक योग्यता, कुशलता, दक्षता आदि) को निर्धारित करना, अध्यापक शिक्षा में नवीन पाठ्यक्रम एवं कार्यक्रमों के प्रारम्भीकरण के लिए उपयुक्त दिशा-निर्देश और विशिष्ट आवश्यकताओं की सूची तैयार करना जिनमें सामान्य तथा विशिष्ट दोनों ही स्तरीय अध्यापक शिक्षा शामिल हों (वर्तमान में विशिष्ट अध्यापक शिक्षा के क्षेत्र में भारतीय पुनर्वास परिषद् के द्वारा सम्बन्धित दिशा-निर्देशन तथा अपेक्षा सूची तैयार की गई)। नियमित रूप से नवचारिक और शोध सम्बन्धी गतिविधियों को अध्यापक शिक्षा के क्षेत्र में संचालित करना, समस्त अध्यापक शिक्षा कार्यक्रमों का निरीक्षण एवं अनुदान हेतु प्रबन्ध करना, अध्यापक शिक्षा के क्षेत्र में अन्तर्राष्ट्रीय सम्बन्धों को विकसित करना, सेवाकालीन अध्यापक शिक्षा योजना निर्माण और उनका क्रियान्वयन करना ताकि सेवारत अध्यापक अध्यापिकाओं को नवीनतम अनुसंधान और सूचनाओं के बारे में अभिज्ञता प्राप्त हो सके, अन्य संगठनों की सहभागिता को अध्यापक शिक्षा के क्षेत्र में सुनिश्चित करना

ताकि व्यवस्था का विकेन्द्रीकरण हो सके, अध्यापक शिक्षा के क्षेत्र में वाणिज्यीकरण को रोकते हुए गुणवत्ता स्तर के उन्नयन एवं नियन्त्रण को सुनिश्चित करना, अध्यापक शिक्षा कार्यक्रमों को उत्तम अध्यापक/अध्यापिकाओं की तैय्यारी के लिए दायित्वशील बनाना आदि प्रमुख हैं।

अध्यापक परिषद् के क्षेत्रीय कार्यालय – अध्यापक परिषद् ने चार क्षेत्रीय कार्यालय स्थापित किए हैं।

अध्यापक परिषद् के कार्य का मूल्यांकन – आशा की गई थी कि देश में अध्यापक परिषद् की स्थापना के पश्चात् अध्यापक प्रशिक्षण में पर्याप्त सुधार हो सकेगा। परन्तु परिणाम उत्साहजनक नहीं निकले। अध्यापक शिक्षा में वाणिज्यीकरण का बोलबाला है। ठोस कदम उठाए बिना शिक्षक शिक्षा में सुधार होना सम्भव नहीं है।

29.4 अध्यापक शिक्षा में दोष (Shortcomings in Teacher Education)

समय-समय पर आयोगों, समितियों तथा गोष्ठियों में अध्यापक शिक्षा के दोषों पर प्रकाश डाला गया है तथा उनको दूर करने के उपाय बताए गए हैं। जहाँ पर केवल दो आयोगों के विचारों का विवरण दिया जा रहा है।

1. शिक्षा आयोग 1964-66
2. राष्ट्रीय शिक्षक आयोग I स्कूल शिक्षक आयोग 1983-85 (National Teacher Commission I for School Teachers)

शिक्षा आयोग 1964 तथा अध्यापक शिक्षा के दोष – 1. साधारणत: प्राथमिक और माध्यमिक स्कूलों के अध्यापकों की शिक्षा संस्थाएँ विश्वविद्यालयों के शैक्षिक जीवन की धारा से अलग रही हैं। 2. साधारणत: प्राथमिक और माध्यमिक स्कूलों के अध्यापकों की शिक्षा संस्थाएँ स्कूलों की दैनिक समस्याओं से अलग रही हैं। 3. थोड़े-से अपवादों को छोड़ दिया जाए तो सामान्यत: शिक्षा संस्थाएँ मध्यम या घटिया कोटि की ही होती हैं। 4. पाठ्यक्रम अधिकतर परम्परागत होते हैं। 5. कार्यक्रम अधिकतर परम्परागत हैं। 6. कार्यक्रमों में वास्तविकता बहुत कम है। 7. कार्यक्रमों में सजीवता नहीं होती है। 8. शिक्षण के अभ्यास के लिए नीरस तकनीकें हैं। 9. शिक्षण के अभ्यास के लिए परम्परागत पद्धतियाँ अपनाई जाती हैं। 10. आज की आवश्यकताओं पर बहुत कम ध्यान रखा जाता है।

शिक्षक सुधार हेतु आयोग द्वारा दिए गए सुझाव – 1. शिक्षक-शिक्षा की पृथकता का अन्त करना। 2. अध्यापकों की वृत्तिक शिक्षा में सुधार। 3. प्रशिक्षण-काल। 4. प्रशिक्षण-संस्थाओं में सुधार। 5. प्रशिक्षण-सुविधाओं में विस्तार। 6. उच्च शिक्षा के शिक्षकों की व्यावसायिक तैयारी। 7. अध्यापक-शिक्षा के स्तर।

शिक्षक-शिक्षा का पृथकता दूर करना – 1. 'शिक्षा' विषय को विश्वविद्यालयों के प्रथम और द्वितीय डिग्री कोर्सों (अर्थात् बी.ए. और एम.ए.) के पाठ्यक्रमों में स्थान दिया जाए।

2. चुने हुए विश्वविद्यालयों में अध्यापक-शिक्षा के कार्यक्रमों के विकास, अध्ययन और अनुसंधान के लिये 'शिक्षा-विभागों' (Schools of Education) की स्थापना की जाए।

3. प्रत्येक प्रशिक्षण-संस्था में 'प्रसार-सेवा-विभाग' (Extension Service Department) की स्थापना की जाए।

4. प्रशिक्षण-संस्थाओं में 'पुरातन छात्र-संघों' (Old Boys' Associations) की स्थापना की जाए। ये छात्र शिक्षकों के साथ शिक्षा के विभिन्न विषयों, समस्याओं और पाठ्यक्रमों पर विचार-विमर्श करें।

5. प्रशिक्षण-काल में छात्राध्यापकों से मान्यता-प्राप्त स्कूलों में ही शिक्षण का अभ्यास कराया जाए।

6. सरकार द्वारा इन स्कूलों को उपयुक्त शिक्षण-सामग्री और साज-सज्जा के लिये विशेष अनुदान दिया जाए।

7. प्रशिक्षण-विद्यालयों और उनके सम्बद्ध अध्यापन-अभ्यास (Teaching-Practice) के स्कूलों के शिक्षकों में समय-समय पर विनिमय (Exchange) किया जाए।

8. विभिन्न प्रकार की शिक्षण-संस्थाओं की पृथकता को दूर करने के लिए सब को 'ट्रेनिंग कॉलेजों' की संज्ञा दी जाए, और उनको विश्वविद्यालयों से सम्बद्ध किया जाए।

9. प्रत्येक राज्य में 'कॉम्प्रीहेन्सिव कॉलेजों' (Comprehensive Colleges) का निर्माण किया जाए, जिनमें शिक्षा के विभिन्न स्तरों के लिए अध्यापकों को प्रशिक्षण दिया जाए।

10. प्रत्येक राज्य में 'अध्यापक-शिक्षा की राज्य परिषद् (State Board of Teacher-Education) स्थापित किया जाए। यह बोर्ड सब स्तरों और सब क्षेत्रों में अध्यापक-शिक्षा के लिए उत्तरदायी बनाया जाए; यथा–

(अ) प्रशिक्षण-संस्थाओं के लिए स्तरों का निर्धारण;

(ब) शिक्षक-शिक्षा के पाठ्यक्रमों, कार्यक्रमों, परीक्षाओं, पाठ्य-पुस्तकों, तथा शिक्षण-सामग्री में सुधार;

(स) प्रशिक्षण-संस्थाओं की मान्यता के लिए प्रतिबन्धों का निर्धारण;

(द) इन संस्थाओं के निरीक्षण की व्यवस्थता;

(य) प्रशिक्षण-शिक्षा के विकास के लिए तात्कालिक तथा दीर्घकालीन योजनाओं का निर्माण।

वृत्तिक व्यावसायिक शिक्षा में सुधार (Improvement in Professional Education) – 1. प्रशिक्षण-विद्यालयों के पाठ्यक्रमों की दशा और विषय-सामग्री को इस प्रकार परिवर्तित किया जाए कि छात्राध्यापकों को स्कूलों में पढ़ाए जाने वाले विषयों की जटिलताओं, धारणाओं और उद्देश्यों का पूर्ण ज्ञान हो जाए।

2. विश्वविद्यालयों में सामान्य और वृत्तिक व्यावसायिक शिक्षा के एकीकृत (Integrated) पाठ्यक्रम प्रारम्भ किए जाएँ।

3. वृत्तिक व्यावसायिक अध्ययन को सजीव बनाया जाए और शिक्षा में अनुसंधान का विकास करके इसको भारतीय स्थितियों पर आधारित किया जाए।

4. शिक्षण और मूल्यांकन की प्रगतिशील विधियों का प्रयोग किया जाए।

5. अध्यापन के अभ्यास में गुणात्मक सुधार किया जाए।

6. विशिष्ट पाठ्यक्रमों और कार्यक्रमों का निर्माण किया जाए।

7. अध्यापक-शिक्षा के सब स्तरों पर पाठ्यक्रमों और कार्यक्रमों को दोहराया जाए। ऐसा करते समय उन आधारभूत उद्देश्यों को ध्यान में रखा जाए, जिनको प्राप्त करने के लिए शिक्षकों को तैयार किया जा रहा है।

प्रशिक्षण काल (Training Period) – 1. प्राइमरी स्कूलों के उन शिक्षकों के लिए जो सेकेण्डरी कोर्स पास हैं, प्रशिक्षण की अवधि 2 वर्ष की रखी जाए।

2. माध्यमिक स्कूलों के उन शिक्षकों के लिए, जो स्नातक हैं; प्रशिक्षण की अवधि कुछ समय तक 1 वर्ष की रखी जाए, पर इस अवधि को बढ़ा कर 2 वर्ष कर दी जाए।

3. यदि माध्यमिक विद्यालयों के शिक्षकों के प्रशिक्षण-काल को 2 वर्ष का करना सुगम न हो, तो उनको एक वर्ष में 230 दिन प्रशिक्षण दिया जाए।

4. शिक्षा में स्नातकोत्तर पाठ्यक्रम की अवधि को बढ़ाकर 4 सत्र (Terms) अथवा 1½ वर्ष का कर दिया जाए।

प्रशिक्षण संस्थाओं में सुधार (Improvement in Training Institutes) – 1. प्रशिक्षण कॉलेजों में अध्यापकों के पास दो स्नातकोत्तर उपाधियाँ (Master's Degrees) होनी चाहिए। इन उपाधियों के साथ-साथ उनके पास शिक्षा की उपाधि (Degree in Education) भी होनी चाहिए।

2. प्रशिक्षण कॉलेजों के अध्यापकों में से कुछ के पास 'डॉक्टर' (Ph.D.) की उपाधि होनी चाहिए।

3. विज्ञान, समाजशास्त्र, विज्ञान या गणित ऐसे विषयों को पढ़ाने के लिए योग्य विशेषज्ञों को नियुक्त किया जाना चाहिए, भले ही वे अप्रशिक्षित (Untrained) हों।

4. स्कूलों में कार्य करने वाले अप्रशिक्षित अध्यापकों को प्रशिक्षण देने के लिए 'ग्रीष्मकालीन संस्थाओं' (Summer Institutes) का आयोजन किया जाए।

5. उसी छात्र को किसी विषय के शिक्षण में विशेष योग्यता प्राप्त करने की अनुमति दी जाए, जिसने उस विषय में प्रथम उपाधि (B.A. etc.) या उसके समकक्ष परीक्षा पास की हो।

6. राज्यों तथा संघीय क्षेत्रों को यह नियम बनाना चाहिए कि माध्यमिक-स्कूलों में शिक्षक उन्हीं विषयों को पढ़ा सकते हैं, जिनका उन्होंने विश्वविद्यालय-उपाधि के लिए अध्ययन किया हो। यदि वे किसी अन्य विषय को पढ़ाएँ तो उन्हें उस विषय में पत्र-व्यवहार द्वारा या समर-इन्स्टीट्यूट में विशेष कोर्स का अध्ययन करना चाहिए।

7. प्रशिक्षण-कॉलेजों में प्रथम तथा द्वितीय श्रेणी प्राप्त छात्रों को प्रवेश देने का प्रयास किया जाए और उनको उपयुक्त छात्रवृत्तियाँ दी जाएं।

8. प्राइमरी स्कूलों के शिक्षकों को प्रशिक्षण देने वाली संस्थाओं के अध्यापक या तो शिक्षा विषय में एम.ए. (M.A. in Education) हों, या किसी अन्य विषय में स्नातकोत्तर उपाधि (M.A., M. Sc. आदि) के साथ बी.एड. (B. Ed.) की उपाधि प्राप्त कर चुके हों।

9. प्राथमिक स्कूलों में नये शिक्षकों की नियुक्ति उन व्यक्तियों में से की जाए, जो 10 वर्ष की 'सामान्य शिक्षा' (General Education) पूर्ण कर चुके हों। इस प्रतिबन्ध को जन-जातीय क्षेत्रों में तथा अध्यापिकाओं के लिए कठोरता के साथ लागू न किया जाए।

10. प्राथमिक स्कूलों में जो अप्रशिक्षित शिक्षक कार्य कर रहे हैं, उनके लिए पत्र-व्यवहार द्वारा शिक्षा की व्यवस्था की जाए और उन्हें अध्ययन करने के लिए अवकाश दिया जाए, जिससे वे अपनी योग्यता में उन्नति कर सकें।

11. प्राथमिक स्कूलों में आने वाले स्नातक शिक्षकों के लिए विशेष पाठ्यक्रमों का आयोजन किया जाए।

12. प्रशिक्षण संस्थाओं में छात्रों से शुल्क न लिया जाए और उनके लिए छात्रवृत्तियों तथा ऋण की व्यवस्था की जाए।

13. प्रत्येक प्रशिक्षण-संस्था से सम्बद्ध एक प्रयोगात्मक (Experimental) स्कूल होना चाहिए।

14. छात्राध्यापकों तथा शिक्षकों को आवास की उपयुक्त सुविधाएँ प्रदान की जाएं।

15. प्रचलित प्रशिक्षण-संस्थाओं में पुस्तकालयों, प्रयोगशालाओं, वर्कशॉपों आदि की स्थिति बहुत असन्तोषजनक है। अत: इनकी दशा में सुधार किया जाए।

राष्ट्रीय शिक्षक आयोग I स्कूल शिक्षक आयोग 1983-1985 की अध्यापक प्रशिक्षण के लिए संस्तुतियाँ (Recommendations of National Teacher Commission I—School Teacher Commission) – राष्ट्रीय शिक्षक आयोग I ने निम्न संस्तुतियाँ कीं–

1. *एकीकृत चार वर्षीय पाठ्यक्रम (**Integrated Four-Year Course**)*– माध्यमिक स्कूलों में कार्य करने वाले अध्यापकों के प्रशिक्षण हेतु उच्चतर माध्यमिक शिक्षा के बाद एक चार वर्षीय एकीकृत प्रशिक्षण पाठ्यक्रम (कोर्स) तथा यदि हो सके तो पाँच वर्ष का आरम्भ किया जाए। इस प्रकार के चार वर्षीय कोर्स के कॉलेज को अपनी भौतिक सुविधाओं को बढ़ाने व सुधारने के लिए 20 लाख रुपए की अनुदान राशि की आवश्यकता होगी। जिसे पूरा किया जाए।

एक वर्षीय बी.एड. कोर्स में कार्य के घण्टे बढ़ाकर 220 दिनों को सुनिश्चित किया जाए।

संघटित चार वर्षीय पाठ्यक्रम वाली शिक्षा की डिग्री के लिए दो घटकों को होना चाहिए, साधारण शिक्षा एवं व्यावसायिक उपक्रम।

साधारण शिक्षा में शामिल हों–

1. भाषा का अध्ययन। 2. स्कूल में पढ़ाए गए विषयों में से तीन या चार विषय। 3. सेमिनार, परियोजनाएँ तथा अध्ययन भ्रमण।

व्यावसायिक भाग में निम्नलिखित शामिल हों–

(i) शैक्षिक मनोविज्ञान, शैक्षिक समाजशास्त्र तथा शैक्षिक दर्शनशास्त्र सहित शिक्षा का अध्ययन विषय के रूप में। (ii) शिक्षण का अभ्यास तथा इसके विषय व पद्धति तंत्र; तथा (iii) अध्यापक के कार्य से सम्बन्धित विभिन्न शैक्षिक तकनीक का पठन जिसमें शैक्षिक तकनीकी विज्ञान तथा सॉफ्टवेयर की तैयारी सम्मिलित हो।

2. ***शैक्षिक तकनीकी अथवा प्रौद्योगिकी***–शैक्षिक तकनीकी में अध्यापक शिक्षकों का एक वर्ग बनाया जा सकता है। एक ऐसा प्राध्यापक शिक्षक शिक्षा के प्रत्येक कॉलेज में नियुक्त किया जा सकता है।

3. *अध्यापक शिक्षा संयुक्त जिम्मेवारी (**Teacher Education-A Cooperative Affair**)*–अध्यापक का निर्माण शिक्षक कॉलेज व अभ्यास प्रशिक्षण स्कूल की संयुक्त जिम्मेदारी जानी चाहिए।

सहपाठ्यक्रम (Co-curricular Activities) अध्यापन के तरीकों के अतिरिक्त छात्र अध्यापकों को अन्य भूमिकाओं में अनुभव प्राप्त होना चाहिए जैसे सह-पाठ्यक्रम कार्य-कलापों का संगठन तथा समुदाय के साथ कार्य करना।

4. ***नयी शब्दावली***–अध्यापन के तरीकों के अतिरिक्त छात्र अध्यापकों को अन्य भूमिकाओं में अनुभव प्राप्त होना चाहिए जैसे सह-पाठ्यक्रम कार्य-कलापों का संगठन तथा समुदाय के साथ कार्य करना।

इन्टर्नशिप (Internship) की अवधि अध्ययन काल के तीसरे वर्ष में चार सप्ताह व चौथे वर्ष में तीन सप्ताह से कम नहीं होनी चाहिए। इस अवधि में, अन्य क्रियाओं के साथ-साथ, ब्लैकबोर्ड पर लिखने, आरेखण कला, अध्ययन के लिए सहायक एवं सुधार लाने से संबंधित पुस्तक बनाने तथा तकनीकी उपकरणों का प्रयोग करने पर जोर देना चाहिए। सह-पाठ्यक्रम कार्य-कलापों में भाग लेना जैसे, खेल, क्रीड़ा, संगीत, नाच, नाटक अनिवार्य होना चाहिए।

5. ***मूल्यांकन (Assessment)***–संकाय (Faculty) को कक्षा में छात्र-अध्यापक के निष्पादन के मूल्यांकन के लिए सही उपकरण बनाने चाहिए तथा कार्य की ओर रुझान, बच्चों के लिए प्यार, वैज्ञानिक दृष्टिकोण आदि जैसे तत्त्वों पर भी ध्यान रखना चाहिए। स्वयं आकलन (Self Assessment) तथा पाठ-पूर्व एवं पाठ-पश्चात् के चर्चा को बढ़ावा देना चाहिए।

6. ***शिक्षक शिक्षा पाठ्यक्रम का पुनरीक्षण (Review of Teacher Education)***– अध्यापक शिक्षा की राष्ट्रीय परिषद् 1978 द्वारा निर्मित अध्यापक शिक्षा के पाठ्यक्रम का विभिन्न विश्वविद्यालयों के बोर्ड ऑफ स्टडीज इन एजूकेशन द्वारा पुनरीक्षण होना चाहिए और उचित तरीके से उसमें सुधार होना चाहिए।

7. ***अध्यापक शिक्षकों की योग्यताएँ (Qualifications of Teacher Educators)***– अध्यापक शिक्षक की न्यूनतम योग्यता विषय में स्नातकोत्तर डिग्री तथा बी.एड. होनी चाहिए। यदि एम.एड. डिग्री हो तो अति उत्तम।

अध्यापकों के प्रशिक्षण कॉलेजों में कुछ प्राध्यापक सौंपे गए विषयों को पढ़ाने में योग्य नहीं हैं। ऐसी मुश्किल के निवारण के लिए, यह वांछनीय होगा कि अध्यापन प्रशिक्षण कॉलेज ऐसे विषय रखें जिनके पढ़ाने के लिए उनके पास निर्धारित योग्यता वाले शिक्षक हों।

अध्यापक प्रशिक्षकों को स्वयं उन कुशलताओं के प्रयोग में दक्ष होना चाहिए जिन्हें वे अपने प्रशिक्षणार्थियों में विकसित करने की खोज में हैं। विशेष तौर पर, उन्हें शैक्षिक तकनीकी विज्ञान की सामग्री के प्रयोग एवं अनुरक्षण में दक्ष होना चाहिए तथा सम्बन्धित सामग्री के लिए प्राप्य स्रोतों की जानकारी होनी चाहिए।

8. ***शिविरों आदि का आयोजन (Organisation of Camps)***–कॉलेजों को अपने अध्यापक प्रशिक्षणार्थियों के लिए शिविर आयोजित करके सह-पाठ्यक्रम कार्यकलापों में संगठनात्मक कुशलताओं को विकसित करने चाहिए। इस कार्य के लिए बाल भवन (Bal Bhawan), नेशनल स्कूल ऑफ ड्रामा (National School of Drama) तथा नेशनल फिल्म इन्स्टीट्यूट (National Film Institute) जैसी संस्थाओं की मदद ली जा सकती है।

9. ***कुशलताओं का विकास (Promotion of Skills)***–वृत्तिक व्यावसायिक तैयारी के लिए शिक्षण कुशलताओं का विकास, जैसे कहानी सुनाना, पाठ, ब्लैकबोर्ड पर लिखना, नई तकनीक का प्रयोग आदि महत्त्वपूर्ण हैं। इसी प्रकार कला, संगीत, क्राफ्ट तथा नाच पर अधिक बल देना जरूरी है।

10. *शिक्षक प्रशिक्षकों का अलग केडर (Separate Cadre for Teacher Educators)*–आयोग ने यह नोट किया कि कभी-कभी कम प्रभावी स्कूलों के जिला इन्स्पेक्टरों का तबादला अध्यापक प्रशिक्षण संस्थाओं में कर दिया जाता है। आगे से इस प्रक्रिया को समाप्त करने की संस्तुति दी है। यदि आवश्यक हो तो अध्यापक प्रशिक्षण, सेवारत शिक्षा और अनुसंधान कार्य में लगे व्यक्तियों का एक अलग से संवर्ग बनाया जाए।

11. *पत्राचार कोर्स (Correspondence Course)*–बी.एड. प्रशिक्षण के लिए पत्राचार-व-संपर्क पाठ्यक्रमों के लिए कोई आपत्ति नहीं होनी चाहिए। यदि अभ्यास तथा निरीक्षण की संतोषजनक व्यवस्था हो उन्हें स्वीकार कर लेना चाहिए।

12. *शिक्षक कॉलेजों के लिए मापदण्ड (Norms for Colleges of Education)*– आरम्भिक तथा माध्यमिक अध्यापक प्रशिक्षण संस्थाओं के भौतिक तथा स्टॉफ स्रोतों के लिए एन.सी.टी.ई. द्वारा विकसित मानदण्ड, विशेषतया हमारी सिफारिशों के आधार पर चार वर्षीय संगठित पाठ्यक्रम तथा व्यावहारिक कुशलताओं को प्राप्त करने के और अधिक प्रयास के पक्ष में पुनरीक्षित किए जाएं।

13. *वित्तीय सहायता (Financial Grants)*–प्रत्येक कॉलेज को उसकी चलने वाले प्रशिक्षण आधारिक-संरचना को सुधारने के लिए अनावर्ती अनुदान दिया जाना चाहिए।

14. *अध्यापक प्रशिक्षण के लिए चुनाव (Selection of Candidates for Teacher Training)*–अध्यापक को प्रशिक्षण के लिए चुनते समय निम्नलिखित बातों का ध्यान रखना चाहिए–

(i) अच्छा स्वास्थ्य, (ii) भाषा योग्यता तथा सम्प्रेषण दक्षताएँ, (iii) मानसिक कुशलता, (iv) संसार की सामान्य जानकारी, (v) जीवन का निश्चित दृष्टिकोण, तथा (vi) अच्छे मानवीय संबंधों की क्षमता। शिक्षणार्थियों का चयन ऑब्जेक्टिव टैस्ट, श्रेणी के मापदण्ड, ग्रुप-विचार विनिमय तथा वैयक्तिक साक्षात्कारों के माध्यम से होना चाहिए।

15. *पहले भर्ती फिर चुनाव (First Appointment then Training)*–अप्रशिक्षित प्रथम श्रेणी के स्नातक/स्नातकोत्तर की भर्ती करने, तथा बाद में उन्हें सेवाकाल में पत्राचार या संपर्क प्रोग्राम द्वारा पूर्ण प्रशिक्षण देने का प्रयास भी किया जा सकता है।

प्राथमिक स्कूलों के अध्यापकों के लिए प्रशिक्षण (Education/Training of Teachers for Primary Schools) – राष्ट्रीय अध्यापक आयोग ने निम्नलिखित सिफारिशें की हैं–

1. प्राथमिक अध्यापकों के लिए कक्षा बारह के बाद दो साल का प्रशिक्षण कोर्स अपेक्षित है। प्राथमिक अध्यापकों के प्रशिक्षण के लिए इस पैटर्न को सामान्य पैटर्न के रूप में स्थापित करने में यथाशीघ्र कदम उठाए जा सकते हैं। कक्षा दस के बाद चार वर्षीय संघटित प्रोग्राम के विकास की संभावना के सब ऊर्ध्ववर्ती गतिशीलता की गठित व्यवस्था (In Built Provision for Upward Mobility) के बारे में खोज भी की जानी चाहिए।

2. प्राथमिक अध्यापकों के लिए प्रशिक्षण पाठ्यक्रम में सामान्य शिक्षा और व्यावसायिक तैयारी भी शामिल हो। भाषा में पाण्डित्य और संचार कुशलताओं तथा प्रशिक्षणार्थियों के मूल्य अभिविन्यास पर पर्याप्त बल देने की आवश्यकता है।

3. प्राथमिक प्रशिक्षण संस्थान के लिए अध्यापक प्रशिक्षक पहले अभ्यासरत प्राथमिक

स्कूलों के संवर्ग से लेने चाहिए। अन्य स्टाफ की कम से कम योग्यता स्नातकोत्तर डिग्री के साथ बी.एड. प्रशिक्षण होना चाहिए। उनकी सेवारत शिक्षा उतनी ही महत्त्वपूर्ण है।

29.5 राष्ट्रीय शिक्षा नीति 1986 तथा 1992 में अध्यापक प्रशिक्षण (National Policy on Education and Teacher Education)

राष्ट्रीय शिक्षा नीति के भाग 9 के अन्तर्गत शिक्षकों की भूमिका तथा प्रशिक्षण के लिए निम्न प्रकार के निर्देशनों का विवरण है–

9.1 अध्यापक का दर्जा समाज के सामाजिक-सांस्कृतिक स्वरूप को प्रदर्शित करता है; ऐसी कहावत है कि लोग अपने अध्यापकों के स्तर से ऊपर नहीं उठ सकते। सरकार और समुदाय को ऐसी परिस्थितियाँ उत्पन्न करने के लिए प्रयास करने चाहिए जो रचनात्मक और सक्रिय रूपरेखाओं पर अध्यापकों को गतिशील बनाने और उनके प्रेरणा देने में सहायक होंगी। अध्यापकों के समुदाय की आवश्यकताओं और उनसे संबंधित योग्यताओं के अनुरूप क्रियाकलापों और संचार के नए तथा उपयुक्त तौर-तरीके ईजाद करने के लिए स्वतंत्र होना चाहिए।

9.2 अध्यापकों की भर्ती प्रणालियों का पुनर्गठन किया जाएगा ताकि योग्यता तथा उद्देश्यात्मकता को सुनिश्चित किया जा सके और वे कार्यात्मक आवश्यकताओं के अनुरूप हों। अध्यापकों के वेतन और सेवा-शर्तों को उनके सामाजिक और व्यावसायिक उत्तरदायित्वों के अनुरूप बनाना होगा ताकि इस व्यवसाय के प्रति प्रतिभाशाली व्यक्तियों को आकर्षित किया जाए सके। देश-भर में अध्यापकों के लिए समान परिलब्धियों, सेवा-शर्तों तथा शिकायत निवारक तंत्र वांछनीय उद्देश्य को सुनिश्चित करने की रूपरेखाएँ तैयार की जाएंगी। अध्यापकों के लिए एक स्पष्ट मूल्यांकन सहभागिता और आँकड़ों पर आधारित एक प्रणाली का सृजन किया जाएगा जिसमें उच्च ग्रेड में पदोन्नति के लिए समुचित अवसर प्रदान किए जाएंगे। अच्छे कार्य संपादन के लिए प्रेरणा देने के लिए उपयुक्त मानदण्ड निर्धारित किए जाएंगे और कार्य-निष्पादन न करने के लिए उन्हें प्रोत्साहन नहीं दिया जाएगा। शैक्षिक कार्यक्रमों को तैयार करने और उनके कार्यान्वयन में अध्यापक निरंतर महत्त्वपूर्ण भूमिका निभाएंगे।

9.3 अध्यापक संघों को अपनी व्यावसायिक सत्यनिष्ठा को बनाए रखने और अध्यापकों की गरिमा में वृद्धि करने के लिए उत्कृष्ट भूमिका निभानी चाहिए; उन्हें व्यावसायिक अवचार को दूर करने के लिए भी सहायता करनी चाहिए। सरकार के सहयोग से अध्यापकों से राष्ट्रीय स्तर के संघों को अध्यापकों के लिए एक राष्ट्रीय व्यावसायिक नीतिपरक संहिता तैयार करनी होगी और वे देखें कि उनका सुचारू रूप से पालन हो।

शिक्षक प्रशिक्षण (शिक्षा) – 9.4 शिक्षक प्रशिक्षण भी एक सतत् प्रक्रिया है और इससे पूर्व-सेवा और सेवारत घटक अभिभाज्य है। एक पहले उपाय के रूप में शिक्षक शिक्षा प्रणाली की पूरी तरह से जाँच की जाएगी।

9.5 शिक्षक शिक्षा के नए कार्यक्रम सतत् शिक्षा और इस नीति में बताई गई महत्त्वपूर्ण बातों पर बल देंगे।

9.6 प्रारम्भिक स्कूली शिक्षकों और गैर-औपचारिक तथा प्रौढ़ शिक्षा में कार्य कर रहे कार्मिकों के लिए पूर्व-सेवा और सेवारत पाठ्यक्रमों का आयोजन करने की क्षमताओं वाले

जिला शिक्षा तथा प्रशिक्षण संस्थान स्थापित किए जाएंगे। जैसे ही जिला शिक्षा तथा प्रशिक्षण संस्थान स्थापित हो जाएंगे तो निचले स्तर की संस्थाएँ समाप्त हो जाएंगी। चुनिंदा माध्यमिक शिक्षक-प्रशिक्षण कॉलेजों को राज्य शैक्षिक अनुसंधान तथा प्रशिक्षण परिषदों के कार्य को पूरा करने के लिए उन्नत किया जाएगा। राष्ट्रीय शिक्षक शिक्षा परिषद् को शिक्षक शिक्षा की संस्थाओं को मान्यता प्रदान करने की क्षमता और अपेक्षित संसाधन उपलब्ध कराए जाएं तथा पाठ्यचर्चा और प्रविधियों से संबंधित मार्गदर्शन प्रदान किया जाएगा। शिक्षक शिक्षा संस्थाओं तथा विश्वविद्यालय शिक्षा विभागों के बीच बाना बुनने से संबंधित प्रबंधों का सृजन किया जाएगा।

29.6 अध्यापकों की सेवाकालीन शिक्षा (In Service Education of Teachers)

अध्यापकों की सेवाकालीन शिक्षा का अर्थ – इस शिक्षा का आशय अध्यापक की उस शिक्षा से है, जो वह सेवा में आने पर और प्रशिक्षण प्राप्त कर लेने के पश्चात् प्राप्त करता है। इसके अधीन वे सभी शैक्षिक, सामाजिक या दूसरे कार्यक्रम आते हैं जिनमें अध्यापक भाग लेता है। इसके अधीन अध्यापक की वह सभी शिक्षा आती है, जो वह विभिन्न संस्थान में वृत्तिक उन्नयन पाठ्यक्रम और अभिनवन करने वाले पाठ्यक्रमों तथा भ्रमण द्वारा प्राप्त करता है। इन सभी से उसके अनुभव और दृष्टिकोण का विकास होता है।

अमरीका के अध्यापक शिक्षा आयोग ने इसे इस प्रकार स्पष्ट किया है, "अध्यापकों की निरन्तर शिक्षा का अर्थ उनकी कमियों को दूर करने से अधिक है। इसका अर्थ अध्यापन योग्यता को निरन्तर बढ़ाना है। इसका अर्थ मानव-विकास और उसके जीवन की जानकारियों को विकसित करना है। अब स्कूल इतिहास में इसका अर्थ अध्यापकों के उस विकास से लिया जाता है, जिससे वह अध्यापन कार्य के लिए विभिन्न क्रियाओं का उचित प्रयोग कर सके और अभिभावकों, सामाजिक नेताओं और विभिन्न आयु के बच्चों से उचित व्यवहार कर सकें।"

अध्यापकों के लिए सेवाकालीन शिक्षा का महत्त्व तथा आवश्यकता (Significance and Need for In-Service Education of Teachers) – इंलैण्ड के विख्यात स्कूल रगबी (Rugby) के प्रसिद्ध प्राध्यापक थॉमस आरनल्ड (Thomas Arnold) ने अध्यापक सेवाकालीन शिक्षा के बारे में बहुत ही सुन्दर शब्दों में इस प्रकार लिखा, "मैं इस बात को पसन्द करता हूँ कि मेरे छात्र खड़े पानी को पीने की बजाय बहती नदी से पानी पीएँ।"

भारत के प्रसिद्ध विचारक तथा शिक्षाविद् रवीन्द्रनाथ टैगोर ने बहुत ही सारगर्भित शब्दों में सेवाकालीन शिक्षा का महत्त्व इस प्रकार बताया, "एक दीपक दूसरे दीपक को कभी भी प्रज्ज्वलित नहीं कर सकता जब तक उसकी अपनी ज्योति जलती न रहे। एक अध्यापक कभी भी वास्तविक अर्थों में नहीं पढ़ा सकता जब तक वह स्वयं न सीखता रहे।"

इसी संदर्भ में विश्वविद्यालय शिक्षा आयोग 1948-49 ने कहा, "यह एक अनोखी बात है कि हमारे स्कूल अध्यापक जो कुछ भी सीखते हैं वह 24 या 25 वर्ष की आयु तक सीखते हैं और इसके पश्चात् भावी शिक्षा को अनुभव पर छोड़ देते हैं, जिसका दूसरा नाम स्थिरता है। हमें यह समझ लेना चाहिए कि अनुभव तभी पूर्ण होता है, जब उसका प्रयोग कर लिया जाता है। इसलिए अध्यापक को सचेत रहने के लिए समय-समय पर

सीखने की क्रिया में भाग लेना चाहिए। सीखने और सिखाने की क्रिया से ही अनुभव होता है और पुरानी क्रियाओं का नई क्रियाओं द्वारा परीक्षण करना चाहिए।"

कोठारी शिक्षा आयोग 1964-66 के अनुसार, "शिक्षा के सभी क्षेत्रों में तेजी से हो रही उन्नति के कारण और अध्यापन के सिद्धान्तों और प्रयोगों में निरन्तर हो रहे विकास के कारण सेवाकालीन शिक्षा की आवश्यकता बहुत बढ़ गई है।"

राष्ट्रीय शिक्षा आयोग 1983-85 (National Commission on Teachers) ने सेवाकालीन शिक्षा के महत्त्व पर इस प्रकार प्रकाश डाला, "ज्ञान के विस्फोट हो जाने, संचार के क्षेत्र में क्रान्ति आ जाने, समसामयिक घटनाओं पर तत्काल ध्यान देने की आवश्यकता पैदा होने, मूल्यों में गिरावट आ जाने के कारण शिक्षकों को वर्तमान परिस्थितियों की पूरी जानकारी होनी चाहिए, इस बात से इन्कार नहीं किया जा सकता।"

इंग्लैण्ड के शिक्षा मंत्रालय ने इसे इस प्रकार बताया है, "अच्छा अध्यापक वह है, जो निरन्तर सीखता रहता है और बालकों के प्रति जानकारियाँ प्राप्त करने का निरन्तर प्रयास करता रहता है। संक्षेप में, आज का अध्यापक पुराने अध्यापक से अधिक शिक्षित है और वह भविष्य में भी अधिक शिक्षित होगा; क्योंकि वह ज्ञान और विचार तथा अपने साथियों और अपने जीवन के प्रति अधिक जानने के लिए जागरूक है।"

राष्ट्रीय शिक्षा नीति 1986 में कहा गया है, "अध्यापकों की शिक्षा एक सतत् प्रक्रिया है और इसके सेवापूर्व और सेवाकालीन अंशों को अलग नहीं किया जा सकता।"

सेवाकालीन शिक्षा के उद्देश्य – संक्षेप में सेवाकालीन शिक्षा का उद्देश्य इस प्रकार है–

1. स्कूलों के अध्यापकों को उनके व्यवसाय में लगातार उन्नति कराना। 2. अध्यापकों को नई खोजों से परिचित कराना। 3. अध्यापकों को व्यवसाय सम्बन्धी विचार-विमर्श के अवसर प्रदान कराना। 4. अध्यापकों को नये पाठ्यक्रम से परिचित कराना। 5. नए अध्यापक को किसी विशेष स्कूल स्थान की परिस्थितियों से परिचित कराना। 6. शिक्षा-सम्बन्धी समस्याओं का समाधान निकालना। 7. शिक्षा एक गतिशील प्रक्रिया है अतः इस गतिशील प्रक्रिया में शिक्षक को भी गतिशील बने रहना है।

सेवाकालीन अध्यापक शिक्षा की कमियाँ – राष्ट्रीय शिक्षक आयोग (1983-85) ने सेवारत अध्यापक शिक्षा के बारे में इस प्रकार टिप्पणी की, "सेवारत शिक्षा की वर्तमान सुविधाएँ प्राथमिक व माध्यमिक दोनों स्तर के अध्यापकों के लिए मात्रा की दृष्टि से दुर्भाग्यवश अपर्याप्त हैं तथा प्रासंगिक व महत्त्व की दृष्टि से बहुत खराब हैं।" अध्यापक सेवाकालीन शिक्षा के निम्नलिखित दोष हैं–

1. कार्यक्रम का ठीक प्रकार से नियोजन न करना। 2. अध्यापक की वास्तविक कठिनाइयों को न समझना। 3. विशेषज्ञों का वास्तविक स्थिति से परिचित न होना। 4. सुचारू उपकरणों तथा फर्नीचर की कमी। 5. अध्यापकों को प्रेरणा देने वाले तत्त्वों की कमी। 6. संस्थाओं के मुख्याओं का ऐसे कार्यों में रुचि न लेना। 7. अध्यापक को सेवाकालीन कार्यक्रम में भेजने के पश्चात् स्कूल में अध्यापक की कमी का अनुभव करना।

सेवाकालीन अध्यापक शिक्षा में सुधार – राष्ट्रीय शिक्षक आयोग ने इस सम्बन्ध में शिक्षक सेवाकालीन शिक्षा के लिए निम्नलिखित सुझाव दिए हैं–

1. कार्यक्षेत्र के सर्वेक्षण व अध्ययन द्वारा अध्यापकों की कक्षा तथा इससे बाहर व्यावहारिक आवश्यकताओं को पहचानना चाहिए।

2. आगामी प्रोग्रामों की काफी पहले घोषणा कर देनी चाहिए और उन्हें अधिक लोकप्रिय आवश्यकता पर आधारित व प्रभावी बनाने के लिए कार्यक्षेत्र से सुझाव आमंत्रित करने चाहिए।

3. स्रोत साधन व्यक्तियों (Resource Persons) को केवल शिक्षकों की श्रेणियों से नहीं आना चाहिए, उनको दूसरे क्षेत्रों, जैसे उद्योग तथा कृषि से तथा जिसमें विश्वविद्यालय से विशेषज्ञ एवं अभ्यासरत अध्यापक तथा सर्वेक्षण सम्मिलित हैं, लिए जा सकते हैं।

4. प्रत्येक कोर्स सामान्यत: कार्यशिविर की प्रकृति का होना चाहिए, जिसमें वास्तविक क्रियात्मक कार्य को करने का अवसर हो तथा अनुदेशक सामग्री को तैयार करना हो जिसे भाग ले रहे अध्यापक अपने साथ अपने स्कूलों में प्रयोग के लिए ले जा सकें।

5. सेवारत प्रोग्रामों में रेडियो, टेलीविजन ऑडियो तथा वीडियो कैसेटों, ओवरहैड प्रोजेक्टर, फिल्म प्रोजेक्टर तथा कम्प्यूटर का विस्तृत प्रयोग होना चाहिए।

6. भाग लेने वालों को स्थानीय सामग्री के उत्पादन में प्रशिक्षण को प्रधानता देनी चाहिए।

7. कोर्स के अन्त में प्रोग्रामों का मूल्यांकन निष्पक्ष व खुले वातावरण में करना चाहिए।

8. कुछ मुख्य क्षेत्र, जहाँ सेवारत शिक्षा अध्यापकों के गुणात्मक सुधार में वास्तविक सहयोग दे सकती है, निम्न हैं–

(क) संदर्भ और अध्ययन कुशलताओं का विकास। (ख) पाठ्य-पुस्तक तथा सम्बन्धित सामग्री जैसे पाठ्यक्रम निर्देशिका, यूनिट परीक्षण आदि का निर्माण। (ग) सह-पाठ्यक्रम के कार्यकलापों का क्राफ्ट, नाट्यशास्त्र, सहगान, लोकनृत्य इत्यादि के जरिये संवर्धन। (घ) विशिष्ट क्षेत्र में अच्छा काम कर रहे प्रतिभाशाली अध्यापकों को पहचानना तथा उन्हें विजिटिंग फैलोशिप, अध्ययन अवकाश और उच्च शिक्षा के केन्द्रों पर कार्य करने के लिए प्रतिनियुक्ति के जरिए पुरस्कार देकर प्रोत्साहित करना।

9. सेवारत शिक्षा प्रोग्रामों में भाग लेने पर उदार पद्धति के आधार पर प्रमाणीकरण।

10. प्रत्येक अध्यापक के लिए कम से कम पाँच वर्ष में एक बार सेवारत शिक्षा कोर्सों में उपस्थिति अनिवार्य होनी चाहिए। यह मान कर कि सेवारत प्रोग्राम औसतन दो सप्ताह की औसत अवधि का है, 500 रुपये प्रति प्रशिक्षाणार्थी दिए जाएँ, जिसमें 300 रुपये दैनिक भत्ते के लिए तथा 300 रुपये यात्रा आदि के लिए।

11. एजेन्सियाँ जो सेवारत शिक्षा में प्रशंसनीय कार्य कर रही हैं उन्हें उदारतापूर्वक सहायता दी जानी चाहिए जैसे स्टेट इंस्टीट्यूट ऑफ एजूकेशन तथा स्टेट काउंसिल ऑफ एजूकेशन रिसर्च एण्ड ट्रेनिंग (एस. सी. ई. आर. टी.) आदि। शिक्षा के क्षेत्रीय संस्थानों की भूमिका भी उतनी ही महत्त्वपूर्ण है।

12. **सेवारत अध्यापकों के लिए स्कूल के अन्तर्गत कार्यक्रम**–स्कूल में अनेक प्रकार के क्रियाकलाप किए जा सकते हैं। स्कूल में समय-समय पर फैकल्टी मीटिंग बुलाना, विशेषज्ञों को बुलाना, पुस्तकालय का प्रयोग, फिल्म प्रदर्शन आदि कार्यक्रमों का आयोजन किया जाए।

सेवाकालीन अध्यापक शिक्षा के क्रियाकलाप – 1. गोष्ठी (Seminar), 2. कार्यशाला (Workshop), 3. अभिनव कोर्स (Orientation Course), 4. अध्ययन समूह (Study Group), 5. सम्मेलन (Conference), 6. व्यावसायिक विषयों पर निबंध आदि (Essay Writing on Professional Subjects), 7. भ्रमण यात्राएं (Educational Tours)।

विचारगोष्ठी विधि (Seminar)

विचारगोष्ठी का अर्थ – विचारगोष्ठी शिक्षण की वह प्राविधि है, जिसमें विषय के जानकार व्यक्ति किसी समस्या पर अपने-अपने विचार सहभागियों के सम्मुख प्रस्तुत करते हैं। विचारगोष्ठी में उपस्थिति श्रोता प्रस्तुत किए गए विचारों को ध्यानपूर्वक सुनते हैं। समस्या पर विचारों को सुन कर चिंतन तथा मनन करते हैं। यह प्राविधि प्राय: स्कूल स्तर पर तथा अन्य उच्चस्तरीय कक्षाओं में प्रयोग की जाती है।

विचारगोष्ठी के प्रमुख उद्देश्य – 1. सहभागियों को नये विचार अथवा नवीन ज्ञान देने हेतु। 2. सहभागियों की विश्लेषण शक्ति का विकास करने हेतु। 3. सहभागियों को नए अनुभवों से साक्षात्कार प्राप्त करने हेतु। 4. सहभागियों की तर्क शक्ति की विकास करने हेतु। 5. सहभागियों में विचार-प्रस्तुतीकरण कौशल का विकास करने हेतु।

विचारगोष्ठी प्रक्रिया – विचारगोष्ठी के आयोजन के लिए सब से पहला पग है आयोजकों द्वारा विषय का चयन करना जिस पर विचारगोष्ठी आयोजन की जानी हो।

दूसरा पग है विचारगोष्ठी के सम्पादन के लिए कार्ययोजना बनाना। जैसे विचारगोष्ठी की तिथि, समय, स्थान आदि।

तीसरा पग है विचारगोष्ठी के सभापति का चुनाव करना।

चौथा पग है सहभागियों का चुनाव।

पाँचवां पग है विचारगोष्ठी का संचालन तथा रिपोर्ट तैयार करना।

विचारगोष्ठी के लाभ – 1. छात्रों को इससे नवीनतम ज्ञान सीखने को मिलता है। 2. छात्रों को विद्वानों के विचार प्रत्यक्ष रूप से सुनने को मिलते हैं। 3. छात्रों की तर्क शक्ति का विकास होता है। 4. छात्रों की प्रस्तुतीकरण करने की क्षमता में सहायता मिलती है। 5. छात्रों में स्वाध्याय की आदत का विकास होता है। 6. प्रविधि छात्र को विषय की गूढ़ता में जाने के लिए प्रेरित करती है। 7. इससे छात्र में वाद-विवाद कौशल का विकास होता है।

विचारगोष्ठी की सीमाएँ – 1. इसका प्रयोग केवल उच्च स्तर के शिक्षण में ही किया जा सकता है। 2. इसमें अधिक बोलने वाला वक्ता कभी-कभी अपनी बात मनवाने में सफल हो जाता है। 3. यह प्रविधि शर्मीले छात्रों के लिए उपयुक्त नहीं है। 4. इसका केवल उसी प्रकरण के शिक्षण में प्रयोग किया जा सकता है जहाँ वाद-विवाद की संभावना अधिक हो।

सम्मेलन
(Conference)

शैक्षिक सम्मेलन का अर्थ – शैक्षिक सम्मेलन का अर्थ उस शैक्षिक आयोजन से है जिसमें बड़ी संख्या में छात्र, अध्यापक, निर्देशक तथा विशेषज्ञ आदि एकत्रित होकर वाद-विवाद तथा चिंतन के द्वारा एक निश्चित समय में किसी निश्चित समस्या का समाधान या विशिष्ट कार्य का सम्पादन करते हैं। सम्मेलन विशेष वर्गों के अलग-अलग भी होते हैं। जैसे शिक्षक सम्मेलन, शिक्षा अधिकारी सम्मेलन, अभिभावक सम्मेलन तथा छात्र सम्मेलन।

सम्मेलन के मुख्य तत्त्व – मूल रूप में शैक्षिक सम्मेलन में निम्नलिखित तत्त्व पाए जाते हैं–

1. सम्मेलन में सम्भागियों की संख्या अपेक्षाकृत अधिक होती है। 2. सीखने वाले तथा

शिक्षण करने वाले दोनों ही समान रूप से भाग लेते हैं। वैसे यह स्थिति सम्मेलन के उद्देश्यों पर निर्भर करती है। 3. एक सम्मेलन प्राय: एक उद्देश्य तक ही सीमित रहता है। 4. मूल प्रकरण के उपखण्डों में विभक्त करके प्रत्येक उपखण्ड पर अपने विचार प्रस्तुत करने हेतु सहभागियों को भी उपखण्डों में विभक्त किया जाता है। 5. सम्मेलन के प्रमुख चरण इस प्रकार होते हैं–उद्घाटन, कार्य-वितरण, उपवर्ग कार्य, कार्य प्रस्तुतीकरण, समापन आदि।

शैक्षिक सम्मेलन के उद्देश्य – 1. छात्रों को किसी विशेष प्रकरण से संबंधित तथ्यों, घटनाओं, प्रत्ययों तथा विचारों से अवगत कराना। 2. किसी विशेष प्रकरण से संबंधित तथ्यों, विचारों तथा प्रत्ययों का विश्लेषण, विवेचन तथा मूल्यांकन करने की क्षमता का छात्रों में विकास करना। 3. शिक्षण-अधिगम प्रक्रिया में छात्रों की भागेदारी बढ़ाना। 4. छात्रों में स्वाध्याय की आदत का विकास करना। 5. छात्रों में तर्क देने, चिंतन करने तथा तथ्यों को प्रस्तुत करने की योग्यता का विकास करना। 6. छात्रों में भाव-प्रकाशन तथा भाव-ग्रहण करने के कौशलों का विकास करना। 7. छात्रों में भाषण कला का विकास करना। 8. छात्रों में सुन कर अर्थ-ग्रहण की योग्यता का विकास करना। 9. छात्रों को विषय-विशेषज्ञों के विचार सुनने का अवसर प्राप्त होना।

कार्यशाला अथवा कार्य गोष्ठी (Workshop)

कार्यशाला का अर्थ – कार्यशाला जैसा कि इसके नाम से ही ज्ञात होता है, इसमें 'कार्य' पर विशेष बल दिया जाता है। कार्य-गोष्ठी अथवा कार्यशाला एक ऐसा प्राथमिक समूह है, जिसमें सामाजिक अन्त:क्रिया अधिक निकटवर्ती तथा प्रत्यक्ष होती है तथा जिसमें सदस्यों पर अधिक सामाजिक नियन्त्रण रहता है। कार्यशाला प्रत्यय इंजीनियरिंग से शिक्षा में लिया गया है।

कार्यशाला की विशेषताएँ – कार्यशाला में प्राय: 'भाषण' अथवा 'बोलने' के स्थान पर 'क्रिया' पर बल दिया जाता है। उदाहरणार्थ–गणित की कार्यशाला में गणित के प्रश्नों का हल कार्यशाला में भाग लेने वाले स्वयं निकालते हैं।

कार्यशाला में सिद्धान्त की अपेक्षा 'कौशल' पर बल दिया जाता है। सिद्धान्तों के आधार पर समस्याओं के क्रियात्मक हल निकालने को प्राथमिकता दी जाती है।

कार्यशाला के उद्देश्य – कार्यशाला उद्देश्यों के अनुसार दो प्रकार की हो सकती हैं:

1. वे उद्देश्य जो कौशल के उन्नयन के लिए होते हैं।
2. वे उद्देश्य जो किसी निर्णय करने के लिए होते हैं।

शैक्षिक सम्मेलन तथा शैक्षिक गोष्ठी में भाषणों तथा वाद-विवाद पर बल दिया जाता है परन्तु कार्यशाला में क्रियात्मकता पर।

कार्य गोष्ठी में गत्यात्मकता प्रधान कौशल होता है।

कार्य गोष्ठी में कुछ विशिष्ट समस्याओं के संबंध में सामूहिक निर्णय लिए जाते हैं।

कार्य गोष्ठी में ठोस कार्य किया जाता है।

कार्यशाला के लिए कुछ विषय – 1. पाठ-योजना का नया रूप। 2. उद्देश्यों को व्यवहारात्मक शब्दावली में लिखना। 3. कक्षा-समस्याओं पर क्रियात्मक अनुसंधान। 4. सूक्ष्म शिक्षण। 5. उद्देश्य आधारित वस्तुनिष्ठ प्रश्नों का निर्माण। 6. अध्यापक आचार संहिता निर्माण। 7. भारत तथा विभिन्न राज्यों के विभिन्न प्रकार के मानचित्र बनाना।

कार्यशाला के प्रमुख लाभ – 1. उच्च बोधात्मक तथा गत्यात्मक कौशल का

विकास करना। 2. नवीन शैक्षिक अवधारणाओं से छात्रों को परिचित करना। 3. व्यावसायिक क्षमता बढ़ाना। 4. ग्रुपकार्य को बढ़ावा देना।

कार्यशाला की सीमाएँ – 1. प्रत्येक समस्या समाधान के लिए कार्यशाला का आयोजन नहीं किया जा सकता। 2. बड़े समूहों के लिए कार्यशालाओं के आयोजन में अनेक कठिनाइयाँ आती हैं। 3. अध्यापक प्राय: वर्कशॉप में उत्साह नहीं दिखाते क्योंकि इसमें सभी को स्वयं कुछ क्रियात्मक तथा ठोस कार्य करना पड़ता है। 4. कार्यशाला के संचालन के लिए अनेक प्रकार की सुविधाओं तथा उपकरणों की आवश्यकता पड़ती है जो प्राय: उपलब्ध नहीं होते हैं।

अध्ययन समूह (Study Group) – इन अध्ययन समूह का गठन एक प्रकार के ही विषय, व्यावसायिक उत्तरदायित्व एवं रुचियों वाले कुछ अध्यापक मिलकर करते हैं तथा समय-समय पर बैठकें करते हैं।

सम्मेलन (Conference) – शिक्षा सम्बन्धी विषयों पर व्यापक रूप से विचार-विमर्श करने के लिए बड़ी संख्या में शिक्षक बुलाए जाते हैं। इनका आयोजन जिला, रीजनल या राज्य स्तरों पर किया जाता है।

व्यावसायिक विषयों पर निबन्ध आदि (Essay Writing on Professional Subjects) – एन.सी.ई.आर.टी. तथा राज्य शिक्षा संस्थान आदि कई प्रकार की ऐसी प्रतियोगिताओं का आयोजन करते हैं जिनमें सेवारत अध्यापक शैक्षिक विषयों पर अपने अनुभव निबन्ध के रूप में भेजते हैं।

विविध कार्यक्रम (Miscellaneous Activities) – ये इस प्रकार हैं (i) शिक्षा सम्बन्धी यात्राएँ, (ii) अध्यापकों का आदान-प्रदान, (iii) रेडियो तथा दूरदर्शन कार्यक्रम, (iv) फिल्म प्रदर्शन, (v) शिक्षण प्रदर्शन कार्यक्रम, (vi) विशेषज्ञों के भाषण, (vii) अध्यापक पुस्तकालय तथा वाचनालय का प्रयोग (Use of Teacher's Reference Library and Reading Room) आदि।

अभिनव कोर्स (Orientation or Refresher Courses) – इन कोर्सों का उद्देश्य नई शिक्षण विधियों, नये शिक्षा उद्देश्यों, नये प्रयोगों आदि से अध्यापकों को अवगत कराना है। वास्तव में ऊपर लिखे गए सारे कार्यक्रम इसके अन्तर्गत आ जाते हैं।

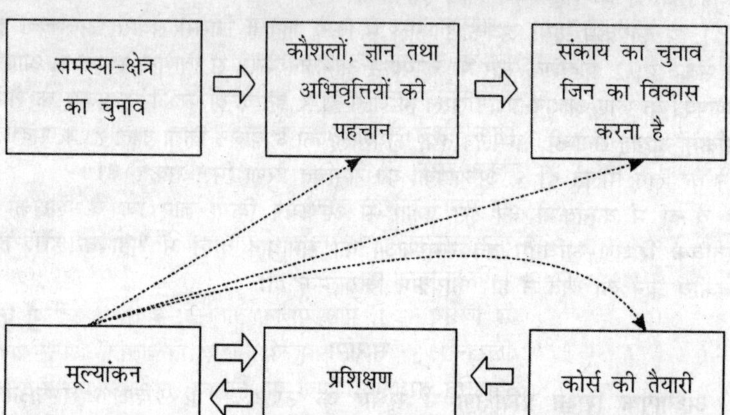

शिक्षक सेवाकालीन मॉडल (Teacher In-Service Education Model)

1. ***समस्या क्षेत्र का चुनाव***–समस्या क्षेत्र का चुनाव सर्वेक्षण, साहित्य का अध्ययन तथा परिचर्चा द्वारा किया जा सकता है।

2. ***कौशलों आदि की पहचान***–समस्या के आधार पर तत्सम्बन्धी कौशलों, ज्ञान तथा अभिवृत्तियों की पहचान की जानी चाहिए।

3. ***संकाय का चयन***–सेवाकालीन शिक्षा के लिए उपयुक्त शिक्षाविदों का चुनाव किया जाए जो वास्तविक स्थिति से परिचित हों।

4. ***मूल्यांकन***–इसका संबंध 2 के संदर्भ में उद्देश्य को परिभाषित करना है तथा उनको पूरा करने के लिए कार्यक्रमों का क्षेत्र निर्धारण करना।

प्रशिक्षण: इसका सम्बन्ध दैनिक समय चक्र विभाग बनाना है।

कोर्स का तैयार करना–इससे तात्पर्य है कोर्स की सार्थकता का मूल्यांकन करना, अर्थात् यह जानना कि कोर्स किस प्रकार से अध्यापकों के लिए लाभदायक सिद्ध हुआ है।

अध्यापक केन्द्र (Teacher Centre—TC) – अध्यापक केन्द्र मुख्यत: उन अध्यापकों के लिए होते हैं जो सेवारत हैं, अर्थात् स्कूल में शिक्षण कार्य कर रहे होते हैं। प्राय: यह केन्द्र एन.सी.ई.आर.टी. के विस्तार सेवा विभाग (Extension Services) तथा उससे सम्बन्धित राज्य इकाइयों में सेवारत अध्यापकों को निरन्तर अद्यतन ज्ञान तथा कौशल से सुसज्जित करने के लिए ग्रीष्मकालीन पाठ्यक्रम आदि की व्यवस्था की जाती है जो कि विस्तार शिक्षा के लिए अपरिहार्य है। विशेषकर विभिन्न विषयों में नवीन शिक्षण तकनीकों, प्रविधियों एवं व्यूह-रचनाओं के बारे में नवीनतम ज्ञान तथा कौशल प्राप्त करने की सुविधा इस प्रकार के आयोजनों से प्राप्त हो जाती है।

प्राथमिक और माध्यमिक स्तरीय अध्यापकों के लिए इस प्रकार के कार्यक्रमों में प्रतिभागिता करना आवश्यक माना जाता है। इसलिए उन्हें प्रोत्साहन देने का कार्य इन केन्द्रों द्वारा किया जाता है।

इन केन्द्रों का कार्य सेवापूर्व और सेवाकालीन अध्यापक शिक्षा कार्यक्रमों के मध्य अन्तर्सम्बन्ध और तालमेल बनाए रखना होता है।

इन केन्द्रों के महत्त्वपूर्ण लाभ इस प्रकार हैं–

1. ये कार्यक्रम प्राय: अवकाश काल में किये जाते हैं जिससे सेवारत अध्यापक लाभ उठा सकते हैं। 2. प्रादेशिक स्तर पर कार्यक्रम आयोजन करने से विभिन्न स्थानों से आए हुए अध्यापकों के लिए आदान-प्रदान सरल हो जाता है। 3. इन केन्द्रों पर अनेक प्रकार के शैक्षिक कार्यक्रमों अर्थात् संगोष्ठी, सम्मेलन तथा कार्यशाला का आयोजन किया जाता है। 4. संदर्भ ग्रंथ पढ़ने के लिए मिलते हैं। 5. अध्यापकों को समुचित प्रेरणा मिल सकती है।

केन्द्रों में कार्यक्रमों का इस प्रकार से आयोजन किया जाए कि वे शिक्षकों की वास्तविक शिक्षण-अधिगम की समस्याओं का समाधान करने में सहायक हों। केवल पुस्तकीय ज्ञान की बातें न हों। कार्यक्रम क्रियात्मक हो।

सारांश

अध्यापक शिक्षा प्रशिक्षण में सुधार के उपाय – 1. प्रशिक्षण संस्थाओं को विश्वविद्यालयों के शैक्षिक जीवन की धारा से जोड़ना।

2. शिक्षण संस्थाओं का स्कूलों के साथ घनिष्ठ सम्बन्ध स्थापित करना।
3. शिक्षण संस्थाओं का आपसी अलगाव दूर करना।
4. प्रशिक्षण कार्यक्रमों और प्रशिक्षण संस्थाओं में गुणात्मक सुधार लाना।
5. प्रशिक्षण सुविधाओं का विस्तार करना।
6. अध्यापकों की शिक्षा के स्तर को बनाए रखने के लिए केन्द्र और राज्य सरकारों द्वारा उपयुक्त अभिकरणों का निर्माण करना।
7. सभी अध्यापकों के सतत वृत्तिक शिक्षण की समुचित व्यवस्था करना।
8. प्रशिक्षण केन्द्रों के मानदण्ड तथा उनमें संशोधन करना।
9. स्वतन्त्र वातावरण की व्यवस्था करना।
10. शोध कार्यों की पर्याप्त व्यवस्था क़रना।
11. व्यर्थता की समस्या का उचित समाधन करना।
12. प्रवेश के लिए उचित नीति का निर्माण करना।

प्रशिक्षण कॉलिजों में प्रवेश के मापदण्ड – अध्यापक प्रशिक्षण कॉलिज में प्रवेश देने की विधियाँ बहुत ही दोषपूर्ण हैं। प्राय: यह देखा गया है, कि योग्यता तथा रुचि को आधार न बनाकर गैर-सरकारी संस्थाओं में 'जान-पहचान' 'दान' अथवा 'चन्दा' आदि ही प्रवेश का आधार बनाए जाते हैं। परिणामस्वरूप बहुत-से अनुपयुक्त व्यक्ति अध्यापक बनकर सारी शिक्षण व्यवस्था को दाग लगा देते हैं।

प्रवेश के लिए एक निश्चित विधि बनाई जाए जिसमें व्यक्तिगत प्रभाव को कम-से-कम किया जाए। अध्यापन विषय में 'रुचि' को जानने के लिए मनोवैज्ञानिक परीक्षा होनी चाहिए। यदि चुनाव करने के कुल अंक 100 हैं तो साक्षात्कार के लिए 10 से अधिक अंक नहीं रखने चाहिएँ। मापदण्ड इस प्रकार रखा जा सकता है–

1. प्रत्याशी की शैक्षिक योग्यता (विभिन्न परीक्षाओं के परीक्षाफल के आधार पर)	30 अंक
2. अन्य उपलब्धियाँ	10 अंक
3. रुचि को जाँचने के लिए मनोवैज्ञानिक परीक्षा	30 अंक
4. साधारण ज्ञान परीक्षा	20 अंक
5. साक्षात्कार	10 अंक

पर्याप्त स्वतंत्र वातावरण की व्यवस्था – प्राय: देखा गया है कि अध्यापक प्रशिक्षण कॉलेजों में छात्र-अध्यापकों को कठोर नियमों का पालन करना पड़ता है। छात्राध्यापकों को विचाराभिव्यक्ति के बहुत कम अवसर मिलते हैं। प्रशिक्षण संस्थाओं को 'स्वतंत्र एवं सक्रिय समाज' में संगठित किया जाए। उन्हें प्रशिक्षण काल में नए-नए परीक्षण करने की स्वतन्त्रता प्रदान की जाए।

अध्यापन की पद्धतियों में सुधार – विचार गोष्ठियों, वर्कशापों, प्रसार भाषणों, पुस्तकालय पठनों आदि पर जोर देना चाहिए। श्रव्य-दृश्य सामग्री का भी प्रयोग करना चाहिए।

मूल्यांकन की पद्धतियों में सुधार – (i) आन्तरिक परीक्षा रीतिबद्ध, सुदृढ़ तथा स्तरीय होनी चाहिए।

(ii) निबन्ध प्रणाली के साथ वस्तुनिष्ठ पद्धति भी अपनायी जाए।

(iii) प्रत्येक छात्र सम्बन्धी रिकॉर्ड सँभालकर रखे जाएँ तथा उन का मूल्यांकन किया जाए।

अभ्यास अध्यापन – (i) लघु-खण्ड अभ्यास तथा दीर्घ-खण्ड अभ्यास अध्यापन ठीक ढंग से आयोजित किए जाएँ।

(ii) विषय-विशेषज्ञों द्वारा दिए जाने वाले प्रदर्शन पाठों की संख्या बढ़ाई जानी चाहिए।

(iii) छात्र-अध्यापक द्वारा दिए गए पाठ के मूल्यांकन के लिए कसौटी तैयार की जानी चाहिए।

(iv) छात्रों का विषयों के चुनाव, संदर्भ सामग्री चुनाव, श्रव्य-दृश्य सामग्री चुनाव, पाठ-टिप्पणियाँ आदि में निरीक्षकों द्वारा मार्गदर्शन किया जाना चाहिए।

व्यावहारिक पाठ्यक्रम – इस समय अध्यापक प्रशिक्षण का पाठ्यक्रम अधिकतर सिद्धान्तक है इसे व्यावहारिक बनाने की आवश्यकता है।

अध्यापक संबंधी आँकड़े

तालिका 29.1: प्राथमिक स्कूलों में अध्यापकों की संख्या
(1950-51 से 2003-2004) (हजारों में)

वर्ष	*प्राथमिक*			*अपर प्राथमिक*		
	पुरुष	*स्त्री*	*योग*	*पुरुष*	*स्त्री*	*योग*
1950-51	456	82	538	73	13	86
1960-61	615	127	742	262	83	645
1970-71	835	225	1060	463	175	638
1980-81	1021	342	1363	598	253	851
1990-91	1143	473	1616	717	356	1073
1999-2000	1236	683	1919	829	469	1298
2002-2003	1166	746	1912	936	645	1581
2003-2004	1259	837	2096	944	648	1592

तालिका 29.2: हाई/हायर सेकेण्डरी/इण्टरमिडिएट स्तरों पर अध्यापकों की संख्या (1950-51 से 2003-2004)

(हजारों में)

वर्ष	*पुरुष*	*स्त्री*	*योग*
1950-51	107	20	127
1955-56	155	35	190
1960-61	234	62	296
1965-66	368	111	479
1970-71	474	155	629
1975-76	559	200	759
1980-81	669	257	926
1985-86	793	339	1132
1990-91	917	417	1334
1991-92	931	450	1381
1992-93	941	454	1395

(क्रमशः)

(क्रमशः)

वर्ष	पुरुष	स्त्री	योग
1993-94	953	492	1445
1994-95	986	495	1481
1995-96	1030	519	1549
1996-97	1069	544	1613
1997-98	1086	558	1644
1998-99	1168	579	1747
1999-2000	1142	578	1720
2000-2001	1184	577	1761
2001-2002	1157	620	1777
2003-2004	1250	774	2024

तालिका 29.3: प्रशिक्षित अध्यापकों का प्रतिशत

स्तर	*1990-91*	*2002-2003*
प्राथमिक स्तर	89.81	86.00
मिडिल स्कूल	91.04	87.00
सेकेण्डरी स्कूल	90.10	89.00
उच्च माध्यमिक स्कूल	92.39	90.00

तालिका 29.4: अध्यापक प्रशिक्षण स्कूल तथा कॉलेज

वर्ष	*अध्यापक प्रशिक्षण*	*प्रशिक्षण कॉलेज*
1990-91	1167	506
2000-2001	1283	834

तालिका 29.5: अध्यापक प्रशिक्षण कॉलेज तथा नामांकन

वर्ष	*कॉलेजों की संख्या*	*कुल नामांकन*
1950-51	36	4100
1960-61	125	19000
1965-66	193	33600
1970-71	258	56900
1975-76	315	76600
1980-81	331	71200
1985-86	403	82700
1990-91	506	99600
1995-96	565	147700
2001-2002	834	150000

तालिका 29.6: अध्यापक छात्र अनुपात (2002-2003)

स्तर	*अध्यापक छात्र अनुपात*
1. प्राथमिक	42
2. उच्च प्राथमिक	34
3. माध्यमिक	30
4. उच्च माध्यमिक	35

30

हिमाचल प्रदेश में शिक्षा
(Education in Himachal Pradesh)

30.1 हिमाचल प्रदेश का संक्षिप्त इतिहास

अप्रैल 1948 में इस क्षेत्र की 27,000 वर्ग कि.मी. में फैली लगभग 30 रियासतों को मिला कर इसे केन्द्र प्रशासित राज्य बनाया गया। 1954 में जब 'सी' क्लास की रियासत बिलासपुर को इसमें शामिल किया गया तो इसका क्षेत्रफल बढ़कर 28,241 वर्ग कि.मी. हो गया। सन् 1968 में इसमें पंजाब के पहाड़ी क्षेत्रों को मिलाकर इसका पुनर्गठन किया गया तो इसका क्षेत्रफल बढ़कर 55,673 वर्ग कि.मी. हो गया। इसी अनुपात में राज्य की जनसंख्या भी 14 लाख से बढ़कर 28 लाख हो गई। 2001 की जनगणना के अनुसार, बढ़कर 60,77,248 हो गई।

A. सामान्य तथ्य

1. राजधानी	:	शिमला
2. क्षेत्रफल	:	55,673 वर्ग कि.मी.
3. जिले	:	12
4. मुख्य भाषाएँ	:	हिन्दी तथा पहाड़ी
5. जनसंख्या (2001)	:	60,77,248
(i) पुरुष	:	30,85,256
(ii) महिला	:	29,91,992
6. भारत की जनसंख्या में भाग	:	0.597
7. रैंक	:	21
8. दसवर्षीय बढ़ोतरी	:	17.55 प्रतिशत

शिक्षा संबंधी संवैधानिक आधार

भारत में 42वें वैधानिक संशोधन के अनुसार शिक्षा समवर्ती सूची में रखी गयी अर्थात् इसके अनुसार केन्द्र तथा राज्य सरकारों की शिक्षा में भागेदारी मानी गई।

सन् 2002 में संविधान में शिक्षा संबंधी संशोधन किए गए, जिनका विवरण पहले दिया जा चुका है।

एक्ट (Act) तथा कोड (Code)

हिमाचल प्रदेश में निम्नलिखित एक्टों तथा कोड के अनुसार शिक्षा में गतिविधियाँ की जाती हैं–

— The Himachal Pradesh Compulsory Primary Education Act, 1953
— The Himachal Pradesh University Act, 1970
— The Himachal Pradesh Education Code, 1985 and as Amended in 2001
— The Himachal Pradesh Prevention of Malpractices at University, Board of Secondary Education and Other Specific Education Act, 1984
— The Himachal Pradesh University of Agriculture, Horticulture and Forestry Act, 1986
— The Himachal Pradesh, Panchayati Raj Act, 1994

शैक्षिक प्रशासनिक ढाँचा

शिक्षा विभाग, हिमाचल प्रदेश की स्थापना 1948 में हुई। कालान्तर में इसमें कई परिवर्तन हुए और प्रदेश में पहली बार शिक्षा निदेशक की नियुक्ति 1958 में हुई।

शिक्षा विभाग, शिक्षा मंत्री की देख-रेख में कार्य करता है।

शिक्षा सचिवालय का ढाँचा निम्न चित्र द्वारा दर्शाया गया है।

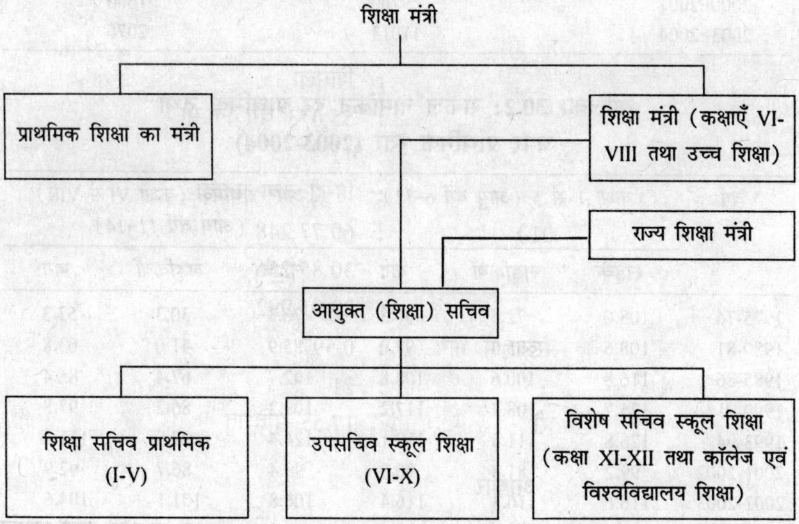

हिमाचल प्रदेश शिक्षा सचिवालय का ढाँचा

हिमाचल प्रदेश स्कूल शिक्षा बोर्ड की स्थापना 1969 में की गई।

शैक्षिक ढाँचा

1.	प्राथमिक स्तर	I से V	5 वर्ष
2.	अपर प्राथमिक स्तर	कक्षाएँ VI से VIII	3 वर्ष
3.	सेकेण्डरी स्तर	कक्षाएँ IX, X	2 वर्ष
4.	उच्च सेकेण्डरी स्तर	कक्षाएँ XI, XII	2 वर्ष
5.	डिग्री कोर्स	–	3 वर्ष

नोट: कक्षाएँ 11 तथा 12 कॉलेजों से संबंधित हैं।

30.2 हिमाचल प्रदेश में शिक्षा का विकास (Progress of Education in Himachal Pradesh)

1975-76 से लेकर हिमाचल प्रदेश में बड़ी तेजी से शिक्षा का विकास हुआ है। यह विकास नीचे तालिकाओं में दिया गया है।

तालिका 30.1: प्राथमिक तथा अपर प्राथमिक स्कूल (1975-76 से 2003-2004)

वर्ष	*प्राथमिक स्कूल*	*अपर प्राथमिक स्कूल*
1975-76	4276	968
1980-81	6093	1032
1990-91	7471	1066
1995-96	8440	1230
2000-2001	9760	1660
2003-2004	11013	2076

तालिका 30.2: सकल नामांकन दर प्राथमिक तथा अपर प्राथमिक स्तर (2003-2004)

वर्ष	*कक्षा 1 से 5 (आयु वर्ग 6-11)*			*अपर प्राथमिक (कक्षा VI से VIII) (आयु वर्ग 11-14)*		
	लड़के	*लड़कियाँ*	*योग*	*लड़के*	*लड़कियाँ*	*योग*
1975-76	108.0	72.5	90.3	76.3	30.3	53.3
1980-81	108.6	85.0	97.0	85.9	41.0	63.8
1985-86	116.8	100.6	108.8	102.7	67.4	85.4
1990-91	125.7	108.7	117.2	109.2	86.2	97.8
1993-94	126.8	111.5	119.1	124.4	97.9	111.2
2001-2002	99.2	81.8	90.0	99.4	86.7	92.9
2002-2003	116.6	116.3	116.4	106.8	101.1	104.6
2003-2004	106.10	106.88	106.47	99.91	96.49	98.24

तालिका 30.3: हिमाचल प्रदेश तथा भारत में प्राथमिक तथा अपर प्राथमिक स्तर पर नामांकन दर

हिमाचल प्रदेश	106.10	106.88	106.7	99.91	96.49	98.24
कुल भारत	100.33	95.58	98.20	66.76	57.62	62.41

Sources:

1. Education in India, 1975-76, 1980-81, and 1985-86. Ministry of Human Resource Development, Department of Education, Government of India, New Delhi.
2. Selected Educational Statistics, 1990-91 and 1993-94, Ministry of Human Resource Development, Department of Education, Government of India, New Delhi.
3. Selected Educational Statistics 2002-2003.
4. The Economic Survey, 2006.
5. State Elementary Report Card, 2004, NIEPA, New Delhi.
6. Annual Report 2004-2005, Department of Education, Govt. of India.

तालिका 30.4: प्राथमिक तथा अपर प्राथमिक स्तर पर बीच में स्कूल छोड़ने वाले छात्रों की दर (1993-94)

कक्षा	*राज्य/भारत*	*लड़के*	*लड़कियाँ*	*योग*
I-V	(i) हिमाचल प्रदेश	24.64	28.16	26.28
	(ii) भारत	35.05	38.57	36.32
I-VIII	(iii) हिमाचल प्रदेश	13.11	22.39	19.74
	(iv) भारत	49.95	56.78	52.80

तालिका 30.5: बीच में स्कूल छोड़ने वाले छात्रों की दर, कक्षा I से V तथा कक्षा I से VIII—हिमाचल प्रदेश तथा भारत 2003-2004

राज्य/भारत	*कक्षाएँ I से V*			*कक्षाएँ I से VIII*		
	लड़के	*लड़कियाँ*	*योग*	*लड़के*	*लड़कियाँ*	*योग*
हिमाचल प्रदेश	15.87	18.15	16.98	13.29	15.32	14.28
कुल भारत	33.74	28.57	31.42	51.47	51.85	52.92

तालिका 30.6: कक्षा I से X के बीच स्कूल छोड़ने वाले छात्रों की दरें–हिमाचल प्रदेश तथा भारत (2003-2004)

राज्य/भारत	*कक्षा I से X*		
	लड़के	*लड़कियाँ*	*योग*
हिमाचल प्रदेश	31.85	33.03	32.42
कुल भारत	60.98	64.92	62.69

तालिका 30.7: हिमाचल प्रदेश में हाई तथा हायर सेकेण्डरी स्कूलों की संख्या (1975-76 से 2003-2004)

वर्ष	स्कूलों की संख्या
1975-76	559
1980-81	582
1985-86	795
1990-91	955
1993-94	1154
2001-2002	1054
2003-2004	2129

तालिका 30.8: अध्यापक छात्र अनुपात (1990-91 तथा 2002-2003)

राज्य/भारत	1990-1991				2000-2001			
	प्राथमिक	अपर प्राथमिक	हाई	हायर सेकेण्डरी	प्राथमिक	अपर प्राथमिक	हाई	हायर सेकेण्डरी
हिमाचल प्रदेश	34	19	32	29	23	16	28	28
भारत	NA	NA	NA	NA	43	34	33	36

तालिका 30.9: स्कूल स्तर पर प्रशिक्षित अध्यापक (2002-2003)

	प्राथमिक	अपर प्राथमिक	हाई	हायर सेकेण्डरी
हिमाचल प्रदेश	87	99	98	99
भारत	86	87	89	90

तालिका 30.10: प्राथमिक स्तर पर प्रशिक्षण संस्थाएँ (1950-2003)

	1951	1961	1971	1981	1991	2003
हिमाचल प्रदेश	01	01	01	01	08	13
भारत	182	317	427	480	833	1023

तालिका 30.11: प्रशिक्षण कॉलेज (1951 से 2001)

	1951	1961	1971	1981	1991	2001
हिमाचल प्रदेश	0	1	6	6	6	10
भारत	128	272	469	627	872	1084

तालिका 30.12: अध्यापक शिक्षा: हिमाचल प्रदेश तथा भारत (2002-2003)

	जिले	*डायटस*	*अध्यापक शिक्षा कॉलेज*	*शिक्षा के उच्च संस्थान*
हिमाचल प्रदेश	12	12	01	0
भारत	599	498	86	38

तालिका 30.13: उच्च शिक्षा: भारत (2002-2003)

हिमाचल प्रदेश/भारत	*कुल नामांकन*	*महिला नामांकन*	*महिला प्रतिशत नामांकन*
हिमाचल प्रदेश	89,914	38,363	42.69
भारत	92,27,833	36,95,984	40.05

तालिका 30.14: साक्षरता: हिमाचल प्रदेश तथा भारत

वर्ष	*व्यक्ति*	*हिमाचल प्रदेश*			*भारत*		
		कुल	*पुरुष*	*महिलाएँ*	*कुल*	*पुरुष*	*महिलाएँ*
1961	कुल	21.26	32.31	9.49	23.95	34.37	12.95
	ग्रामीण	18.73	29.48	7.53	18.83	28.89	8.42
	शहरी	58.76	67.45	45.37	46.87	57.43	34.41
1971	कुल	31.96	43.19	20.23	29.46	39.45	18.69
	ग्रामीण	28.81	41.19	18.15	23.74	33.76	13.17
	शहरी	60.54	66.76	52.24	52.49	61.28	42.26
1981	कुल	42.48	53.46	31.46	32.26	46.89	24.82
	ग्रामीण	40.42	51.36	29.36	29.65	40.79	47.96
	शहरी	67.44	73.32	60.04	57.40	65.88	47.82
1991	कुल	63.86	75.36	52.13	52.21	64.13	39.39
	ग्रामीण	61.86	73.89	49.79	44.69	57.87	30.62
	शहरी	84.17	88.97	78.32	73.08	81.09	64.05
2001 (7 वर्ष से ऊपर)	कुल	76.48	85.35	67.42	65.38	75.85	54.16

तालिका 30.15: भारत में हिमाचल प्रदेश का साक्षरता दर

कुल	11	पुरुष	11	महिलाएँ	09

तालिका 30.16: हिमाचल प्रदेश तथा भारत में शिक्षा का व्यावसायीकरण

हिमाचल प्रदेश/भारत	*व्यावसायिक घाटा स्कूलों में*	*अनुभाग*	*नामांकन क्षमता*
हिमाचल प्रदेश	40	82	4100
भारत	6800	19599	979950

तालिका 30.17: हिमाचल प्रदेश के जिलों में प्राथमिक स्तर पर तुलनात्मक नामांकन (2003-2004)

क्र. सं.	जिलों का नाम	सकल नामांकन दर	नेट नामांकन दर
1.	बिलासपुर	95.3	74.2
2.	चम्बा	128.2	99.0
3.	हमीरपुर	91.7	73.6
4.	कांगड़ा	89.3	66.9
5.	किन्नौर	103.0	78.0
6.	कुल्लू	119.6	93.0
7.	लाहौल एवं स्पीति	83.5	67.8
8.	मण्डी	102.9	82.5
9.	शिमला	92.1	70.7
10.	सिरमौर	117.3	89.3
11.	सोलन	95.9	75.7
12.	उना	97.7	77.7

विश्वविद्यालय

हिमाचल प्रदेश में सरकारी क्षेत्र के तीन विश्वविद्यालय, दो मैडिकल कॉलेज तथा एक इंजीनियरिंग कॉलेज हैं।

30.3 हिमाचल प्रदेश में शिक्षा से संबंधित समस्याएँ तथा प्राथमिकताएँ (Problems and Priorities of Education in Himachal Pradesh)

भारत की औसत से ज्यादा विकास

हिमाचल प्रदेश की स्थापना के पश्चात् इस राज्य में शिक्षा के विभिन्न क्षेत्रों में उल्लेखनीय विकास हुआ है। शिक्षा के सभी स्तरों में भारत के औसत विकास से हिमाचल प्रदेश में विकास बहुत अधिक दृष्टिगोचर है। बीच में स्कूल छोड़ने वाले छात्रों की दरें औसत (भारत) से बहुत कम हैं। साक्षरता दरें भी ज्यादा हैं। अध्यापक-छात्र अनुपात भी अच्छा है। परन्तु फिर भी कुछ समस्याएँ हैं जिनका उचित हल ढूँढना है।

नामांकन में विषमताएँ–राज्य के विभिन्न जिलों में प्राथमिक स्तर पर नामांकन की दरों में भयंकर विषमता है। उदाहरणार्थ चम्बा में सकल नामांकन तथा नेट नामांकन क्रमशः 128.2% तथा 99% है जबकि शिमला में 92% तथा 70.7% है।

व्यावसायिक शिक्षा–सीनियर स्तर (+2) पर व्यावसायिक शिक्षा के क्षेत्र में हिमाचल प्रदेश की भौगोलिक तथा प्राकृतिक साधनों के संदर्भ में वांछनीय विकास नहीं हो पाया है।

इस दिशा में वैज्ञानिक ढंग से सर्वेक्षण करने की आवश्यकता है। यह पता लगाना चाहिए कि माध्यमिक स्तर के किन अनुभवों तथा कुशलताओं (Skills) की आवश्यकता है। तदनुसार मानव संसाधन तैयार करने के लिए व्यावसायिक धाराएँ (Vocational Streams) की स्कूलों में व्यवस्था की जाए।

गुणात्मक प्रगति–स्कूल बीच में छोड़ने वाले छात्रों की संख्या में कमी लाने के लिए ग्रामीण क्षेत्रों में विशेषकर और प्रयासों की आवश्यकता है।

लड़कियों की शिक्षा में विकास–ऐसा अनुभव किया जा रहा है कि बालिकाओं तथा महिलाओं की शिक्षा में और प्रगति की जानी चाहिए।

संस्थागत योजना–स्कूलों में संस्थागत योजना बना कर उनका उचित ढंग से क्रियान्वयन किया जाए।

अकादमिक सहायता (Academic Support)–राज्य शैक्षिक अनुसंधान तथा प्रशिक्षण परिषदें (SCERT) एवं जिला शिक्षा प्रशिक्षण संस्थान (DIETS) द्वारा अध्यापकों के लिए उपयुक्त ढंग से सेवारत्त कार्यक्रम आयोजित किए जाएँ।

पंचायती राज संस्थाएँ–शिक्षा के विभिन्न स्तरों पर पंचायती राज संस्थाओं की भागेदारी बढ़ाई जाए।

स्कूलों का निरीक्षण–निरीक्षण प्रणाली को दृढ़ किया जाए।

वित्तीय ऑडिट (Financial Audit)–वित्तीय व्यवस्था को मजबूत किया जाए तथा उचित सुधार लाए जाएँ।

गैर सरकारी संगठनों की भागेदारी

सन् 2004 में निजी नियन्त्रण के अधीन प्राथमिक स्तर पर केवल 400 स्कूल थे। इससे स्पष्ट है कि गैर सरकारी संस्थाओं की भागेदारी बहुत ही कम है। प्राइवेट उद्यम (Enterprise) को इस क्षेत्र में भागेदारी के लिए प्रोत्साहित किया जाए। परन्तु साथ ही यह भी सुनिश्चित किया जाए कि वे छात्रों तथा अभिभावकों का शोषण न करें। फीस आदि की मात्रा सुविधाओं के संदर्भ में हो तथा शिक्षा का स्तर भी अच्छा हो।

शैक्षिक प्रशासनिक अधिकारी–यह वांछनीय होगा कि शिक्षा सचिव तथा शिक्षा निदेशक शिक्षाविद हों न कि भारतीय प्रशासनिक (IAS) अथवा राज्य प्रशासनिक सेवा (PCS) से।

राज्य प्राथमिक शिक्षा रिपोर्ट कार्ड 2004: हिमाचल प्रदेश
(State Elementary Education Report Card, 2004: Himachal Pradesh)

No. of blocks/taluks	115	Number of CRC's	2,221	Number of villages	18,021	Number of schools	14,964
Basic data: 2001				Total Population in (000's)	6078	Sex ratio	968
Decadal growth rate	17.50	% Urban population	9.80	% 0-6 Population	13.0	% SC Population	24.7
Overall literacy rate	76.5	Male literacy rate	85.3	Female literacy rate	67.4	% ST Population	

I. Key data: elementary education — *Ratio of P. to U.P. Schools/Sections* 2.94

	*Total schools**		*Rural schools**		*Total enrolment**		*Rural enrolment**		*Teachers*	
School Category	*Govt.*	*Private*	*Govt. rural*	*Pvt. rural*	*Govt.*	*Private*	*Govt. rural*	*Pvt. rural*	*Govt.*	*Private*
Primary only	10,614	399	10,380	373	590,139	16,128	568,009	14,390	27,133	1,645
Primary with upper primary	1	212	1	181	66	19,181	86	15,389	8	1,372
Primary with upper primary and Sec./Higher	13	365	7	254	5,195	67,440	2,331	42,202	106	2,716
Upper primary only	1,799	6	1,765	6	134,439	225	131,292	225	6,055	16
Upper primary with Sec/Higher Secondary	1,530	25	1,440	19	250,136	3,850	229,660	2,154	9,723	157
No response	0	0	0	0	0	0	0	0	0	0
Total	13,967	1,007	13,593	843	979,995	106,824	931,378	74,360	45,025	5,906

II. Performance indicators	*School category*				
	P. only	*P+UP*	*P+sec/hs*	*U.P. only*	*UP+sec*
1. % Single classroom schools	6.4	1.4	0.5	13.1	1.6
2. % Single teacher schools	13.6	0.0	0.0	1.4	0.1
3. % Schools with SCR > 60	1.4	1.4	1.6	10.0	14.7
4. % Schools with pre-primary	3.5	59.6	64.0	0.0	0.0
5. % Schools with common toilets	28.2	76.1	70.9	23.7	48.7
6. % Schools with girls toilets	12.0	69.5	88.1	17.5	48.4
7. % Schools with drinking water facility	85.6	92.5	96.8	75.0	93.2
8. % enrolment in schools with SCR>60	3.2	1.6	2.4	17.7	32.1
9. % enrolment in single teacher schools	8.2	0.0	0.0	0.5	0.0
10. % No. of female teacher schools (tch>=2)	30.5	10.5	7.7	44.0	30.0
11. % Enrolment in schools without building	0.5	0.0	0.0	11.3	0.5
12. % Enrolment in schools without blackboard	5.7	13.2	7.5	10.2	9.3
13. Average No. of teacher per school	2.6	6.5	7.5	4.5	6.4
14. % Enrolment of Govt. schools	97.3	0.4	7.2		96.5
15. % Girls enrolment	48.8	38.6	39.8	48.5	48.7
16. Pupil teacher ratio (PTR)	21	14	26	17	26
17. Student classroom ratio (SCR)	18	12	16	37	29
18. % Schools with <=60 students	58.5	18.8	12.4	34.5	5.0
19. % Schools with PTR>100	0.2	0.0	2.9	0.0	0.5
20. % Female teachers	42.2	46.2	51.5	22.1	26.5
21. % Schools established since 1994	31.9	57.3	34.4	70.4	24.4

III. Classrooms/Other rooms			*Classrooms*			
School category	*Average No. of classroom*	*Total classroom*	*% good condition*	*% minor repair*	*% major repair*	*Other rooms*
P. only	3.0	33,306	56.1	28.9	15.1	8,247
P + UP	7.5	1,596	84.6	13.0	2.4	399
P + sec/hs	12.2	4,601	89.7	9.0	1.4	1,295
U.P. only	2.0	3,628	49.1	37.5	13.4	1,613
UP + sec	5.7	8,826	47.6	35.2	*17.3	4,689

IV. Enrolment, Repetition Rate and Enrolment of SC/ST

Enrolment		*Repetition rate*	*Enrolment of SC/ST*		
Grade	*2003-2004*			*Primary*	*U. Prim.*
I	140.832	4.7	% SC enrolment	30.2	26.3
II	134.396	3.6	% SC girls ent.	48.7	48.0
III	130.731	3.3	% ST enrolment	5.5	4.7
IV	132.220	3.7	% ST girls enr.	49.1	46.2
V	128.762	1.4	*Enrolment of Children with disability*		
VI	143.872	5.4		*Boys*	*Girls*
VII	132.841	4.3	Primary	7,475	5,050
VIII	143.165	8.1	U Primary	3,898	2,753
Pt.	666.941		Total	11,373	7,803
U. Prim.	419.878				

Transition rate P to U.P.	*98.69*	*GPI Primary grades*	*0.92*

V. Examination results (Previous academic year)

	V Boys	*V Girls*	*VIII Boys*	*VIII Girls*
% Passed	94.25	94.42	71.44	71.36
% Passed with >60%	51.26	54.62	17.07	19.67

VI. Incentives: Number of beneficiaries (Previous academic year)

Type of incentive	*Primary*		*Upper primary*	
	Boys	*Girls*	*Boys*	*Girls*
Text books	187,452	230,983	93,047	116,842
Uniform	8,633	13,023	1,170	807
Attendance	1,011	5,683	215	944
Stationary	72,174	81,450	1,348	1,073

VII. No. of Schools by type of building

Pucca	*Partially Pucca*	*Kuchha*	*Tent*	*Multiple Type*	*No: Building*
6,758	943	815	1	2,278	111
171	8	12	0	14	0
319	13	2	0	29	0
1,039	135	140	0	140	287
798	179	132	0	423	13

VIII. Position of teachers by educational qualification (other than para teacher)

School category	Below secondary	Secondary	Higher Secondary	Graduates	Post graduate	M. Phil	Others	No. response
Primary only	4,335	7,934	3,817	4,440	1,775	33	64	1,422
Primary with upper primary	35	95	141	540	279	5	5	219
Primary with U.P. & sec/higher	36	115	177	1,048	754	20	13	592
Upper primary only	704	1,800	691	2,429	1,551	74	47	603
Upper primary with sec/higher sec.	532	1,685	676	3,433	1,970	75	47	1,335
Para teachers	346	776	863	2,041	1,178	23	26	102

IX. Teachers by Gender and Castes etc.

Teachers by gender and caste		*Regular teachers*			*Para teachers*			*SC teachers*		*ST teachers*	
School category	*Total*	*Male*	*Female*	*No res*	*Male*	*Female*	*No res*	*Male*	*Female*	*Male*	*Female*
P only	28,778	13,745	10,038	37	2,853	2,102	3	2,419	1,007	1,030	555
P+UP	1,380	705	598	16	22	39	0	57	35	12	17
P+sec/hs	2,822	1,327	1,410	18	25	42	0	99	61	19	13
U.P. only	8,071	6,172	1,755	2	112	30	0	930	202	275	57
UP+sec	9,880	7,175	2,577	1	81	45	0	937	259	242	102

	Total Grossness>	Primary	22.35	Upper Primary	32.51

School category	Total enrolment*	Hindi	English	Others	Assamese
P. only	536592	527391	5874	2878	349
P. + UP	17666	11108	5990	968	0
P+sec/hs	67380	29305	33453	4622	0
U.P. only	118317	116747	533	1037	0
UP+sec	225138	220298	2380	1603	857
Grand total	965093	904849	48330	10708	1206

XI. % Teachers trained (in-service)			XII. % of School Received	
Male	Female	All Teacher	TLM Grant	School Dev. Grant
49.2	43.4	46.7	77.11	92.39
1.5	0.7	1.2	0.00	0.00
0.6	0.2	0.4	0.00	0.00
18.9	19.3	19.0	68.25	78.23
13.5	12.5	13.3	70.16	80.58

XIII. Miscellaneous		
Average No. of instructional days	230	
Avg No. of days spent on non-teaching	3.1	
	GER/NER	
	GER	NER
Primary	111.3	86.4
U. Primary	101.8	68.7

Apparent survival rate upto grade V	91.4	Retention rate	87.69	% of SDG grant utilized	90.7
				% of TLM grant utilized	84.7

\# Not applicable, na = not available, *Some totals may not match due to no response in classificatory data items.

Soure : N I E P A , 2005.